謝伯陽 編纂

全明散曲

任半塘敬題

（增補版）

（七）

齊魯書社

無名氏

天樂正音譜

套數

彌撒樂音

【南南呂一枝花】來親彌撒經。莫不相冲凛。詣臺將祭也。禮尤兢。儀注西秦。把謙躬謹行。萃我一堂忻信。

【紅衲襖】我等拜臺前將三位稱。却原來内包含無別性。只爲造成物我功難罄。使我享用生存何現成。各虔祈悔罪經。除免我罪者因其敬。聽誦古經一段於臺左也。一似古聖當年求降生。

【繡太平】開天路垂慈汲引。救我人墮孽靈魂。聽臺中正讀西音。基利厄勤依莫。三聲。連祈九遍爲分形。把兩手分開赦允。從教自省。天神歌獎。世人稱慶。

【宜春樂】瞻臺左。手按經。指經中若翰聖人。預爲開經。移經臺右申誠謹。示堂中敬服當同。主降我靈臺方寸。致邪魔畏遁。那時見我。聖蹟昭明。

【太師引】看開樽。酌葡萄酒者元分品獻。耶蘇經言訓人表。十字架血流垂盡。與今朝彌撒洪深。悔從前負罪常逆命。我本待報答慈恩。終無定。惟有規程永遵。使我就損軀纔爲致命。

【東甌令】重盥手。復轉身。請禱偕同衆罪人。乾乾洗滌無須剩。纔不負耶穌憫。元何十字劃頻頻。聖死因他釘。

【劉潑帽】舉揚聖體明湌飲。並求爲煉處靈魂。撫心時嚮誦求慈允。天上人間。地獄三般幸。

【尾聲】依彌撒歸思省。雖殘疾疲癃同是心。切不可陽奉陰違自失真。

稱頌聖母樂章

【北正宮端正好】皎團團。光無並。印照人無既無生。似海星明立極中天定。憐憫那蒼生命。

【滚繡毬】他肇觀摩德馨。仰靈光九品。遠三仇註名。於永静亟費略。保耶穌似孕如娠。猶將心兒没盡藏的謙。意兒滿也滿載的尊。誰想他聖寵着那童身之聖。一謎價救援神魂。鐵錚錚的威容純美冠天神。到如今撫世途艱啓夙興。須信道日月長明。

【叨叨令】合天真天欽和地欽。爲先知聖人宗徒敬。聖神的在蒙難日真苦辛。慘模糊將心腸迸。復活後看升了永寧。喜明明證了身言行。受教罷天神聚迎。笑吟吟滿將恩榮贈。你看他操存。兀的不主保人也麽哥。兀的不輔翼人也麽哥。要我等依歸至尊索與他誠誠懇懇的信。

【脱布衫】好生的高玄至仁。超美者卒世童貞。大君前垂慈保領。救我等去邪魔將主恩識認。

【小梁州】可憐人忘救靈魂。蹈永刑全不想地獄幽沉。一任你一罪一重煉。無窮盡。早不解早區分。

【么篇】願盡日從頭至踵遵明訓。一一的再痛悔銘心。自從今不忘。皆感奮。瞻望慈雲。恩覆心朗朗遠塵氛。

敬謝天主鈞天樂

【北黄鍾醉花陰】吾主全能遍天壤。誠赫赫今來古往。雖一體聖三皇。於穆無疆。其位尊無兩。我懷愛德。藉恩光。蕩蕩難名惟叩顙。

【喜遷鶯】自漢季聖神來降。教吾人嚮化明良恩廣。托聖母童貞。產馬房若瑟。同來獻主堂。祝贊。有西默盎。道能救靈淪喪。掃魔鬼猖狂。

【出隊子】聖寵的先知若翰。比耶穌年略長。你道他先來開導在何方。領洗何名若爾當。把昔日徑路崎嶇成夷坦。

【刮地風】主救我莽莽乾坤榮福返。命宗徒率土揚。得亞孟者常生王。永靜天鄉。其偕爾聖人同饗。爾旨承行於地上。過一州到一邦。教規指掌付。神魂爲裏糧。豈止憚九萬梯航。生存百穀真生養。感慈恩拜五傷。

【四門子】看靈奇之升天敬仰。一心心信愛望。把十誡來遵。把七克來勗。奏規程破除邪教綱。念一回經。存一回想。炙熱我心腸自挽。

【古水仙子】我我我自忖量。看看看塵俗三仇狠似鎗。將將將勸告解銘心。把把把恤哀矜慷爽。呀呀呀那些兒能久享。休休休戀烟雲瞥眼炎涼。喜喜喜指明了教中超性朗。我我我愛天國安熙攘。他他他怎知道世福不能長。休錯認沸海當康莊。

【南繞梁煞】少不得審判將來罰與賞。論中都非比遐荒。爲什麼不知天的世人拜魍魎。

按：「古水仙子」原僅書「水仙子」，兹改。下同不另注。

喻罪樂章

聖經中設喻有五：障蔽靈明，如黑雲布空；人生斯世，如舟行沸海；形神種罪，如肩負重；滅性癡愚，如街坊醉漢；招憎取厭，如食上蒼蠅。遵此五喻而填詞，以佐規誡警心云爾。

【南黄鍾賞宮花】黑雲障太虛。終兇暴可知。混跡三仇裏。强自展愁眉。争似冬蛇常掩目。指南難與話東西。喻黑雲

【獅子序】嘆世人。心易迷。離娘懷早把情移性移。似舟行沸海。到岸無期。看你在轉眼的覆溺。雖亟信棄槎。望風帆。愛家鄉。尚多愆罪。若道爲塵緣未了。此願終違。喻沸海

【降黄龍】須知。罪大愆深。如負重臨岐不勝累贅。如此傴僂罄折。難仰雲天。要息肩無地。休題。逐利趨名。寧免俛㈡躬擎跪。豈止那千鈞盎皆壓死難舒。喻負重

【大勝樂】誰非。是個醉漢狂且。啄如鷄醉似泥。包身大膽迎刀鋸。徒哺啜味修齊。無廉無耻無仁義。處己無情爲甚的。未必狂魔誘惑。自欲昏昏入夢向地獄争趨。喻醉漢

【太平歌】蒼蠅技。逐臭避香飛。看舉世人情酷似伊。還思附驥圖千里。看你逢氈見

血便忘義。塵尾揮不去。喻蒼蠅

【尾聲】黑雲沸海明明喻。負重誠愚醉漢癡。比到蒼蠅品愈低。

悲思世樂章

【南中呂尾犯序】莫謂地球寬。六水三山。一分爲田。又且聚薑如盆。萬惡歸焉。陰慘。非殺命誰能養命。非斂怨誰能無怨。那堪見。刀途血路。生死不要恬。

【前腔】膏火自相煎。葬貊同情。食色相連。你看朝土卑田。也一樣争餐。未免。貧賤者羅雀掘鼠。富貴者長驅席捲。難懲勸。貪饕無底。谿壑不能填。

【前腔】頭上月輪天。怎比無形。永静長年。況我無定形隨。日月推遷。轉眼。百忙裏生老病死。眼措裏烟雲翻變。還須念。如扁舟渡海。隔板是黄泉。

【前腔】積成罪不悛。枉説虔齋。告解消愆。若稍忤雄心。就怒髮衝冠。褊淺。這都是嚚(三)凌孽火全。不想形骸制限。無更换。總賴蒙恩救贖。守誠要心堅。

【尾聲】人心各異如其面。榮辱崇卑天主權。莫把掩襲爲能獨自賢。

警傲樂章

【南商調山坡羊】夢中人不謙不恕。病中身不醫不治。性中天從教廢弛。降中靈滅不知何處。幸主降生來。開恩在泰西。免除世罪世罪從頭洗。又把我等務憐靈魂救取。堪悲。奈蒼生猶執迷。真痴。做魔奴還不自知。

【前腔】少年長與魔隱計。老將來措身何地。急嚷嚷如撲燈火蛾。沸騰騰似聚窟尋羶蟻。又誰知。崇朝日易西。不獨三仇誘我誘我還連你。只爲業火無形當生莫避。須知。除死方休食與衣。還虧。入土方休詐與欺。

【琥珀貓兒墜】我儕求主。生定把人悲。洗罪還愁悔罪遲。生平邪妄尚沉迷。須祈。聖水驅魔。須臾不離。

【尾聲】懇祈聖母求天主。赦我從前告解非。尤怨滿腹消沮罪未除。

戒心樂章

【南仙呂不是路】徒壁深谿。難架輿梁作坦夷。如何濟。未分南北與東西。甕中鷄。初蒙啓覆知天地。物我區區焉可齊。危途裏。若不回頭陷津泥。豈無思慮。永殃難避。

【泣顏回】清濁自低。怎不教人淩制。怪似仇同不共。何妨話不投機。只爲昌揚自己。禁他人不許鼾然睡。器還歌欲正伊誰。喜把我切磋攻礪。

【前腔】口欲發從脾。欲避延燒何必。環桑穿鼻。自有身衣口食。牽拘饒你。淩雲插翅。爲饑虛不惜憑投畀。任華夷死争求。獲大罪逆天欺世。

【催拍】此誰欺欺天自欺。問誰知你知我知。行短有虧。與日俱增。罪與身齊。一旦歸泉。永獄無期。從今看真個悽其。豈教外不堪題。

【餘文】假惺惺全不取。惟憑隱德自修持。纔是真誠不我欺。

詠規程一闋

【南南吕一枝花】誰能離世網。最苦人閒況。欲求生免也。豈非罔。賴有梯航。是昇天指掌。把譯語隨方敷講。

【紅衲襖】既然悔愆尤崇教皇。也須酬救靈魂恩主降。好將誡規謹守休輕放。假饒你口裏空談何所望。你想六時中日用糧。而免我債者天恩蕩。如我。亦免我債者於今生。也才許你歸根無永殃。

【繡太平】依歸後捫心向往。尚從魔落魄徉狂。應知面目堪憎怕。難隨儕輩同行。

【醉太平】深想昌言。鐸世不尋常。比世俗差同天壤。從教自反三仇。雖猛自宜懲創。

【宜春樂】聞天國。是故鄉。始孽生厄襪亞當。豈能無恙。違天獲罪誰能挽。致羣靈造孽堪誅。教一主慈悲難仗。

【大勝樂】故耶穌降誕降。來救贖萬國遐方。〔三〕

【太師引】嘆愚氓再没有酬恩想。便相聞誰親聖傷。若不將十字架熟偎疼傍。等閒拋駒隙時光。賺終身被累隨濁浪。直等待病骨支牀。冤魔障教人飽償。總使夢南柯猶多惆悵。

【東甌令】休迷執。莫鷹揚。抑傲居謙拜五傷。勤勤告解無羈絆。存不得絲毫妄。從今寸斂九迴腸。實信常生王。

【劉潑帽】全能全善尊無兩。降生來聖史端詳。看他年審判誠非枉。賞罰升沉。再現生前樣。

【尾聲】四行迅速流光返。切不可藉口匆忙不到堂。何苦棄却靈魂赴永殃。

悲魔傲一闋

【南雙調瑞鶴仙】我主垂慈教。救靈魂大事洪恩覆幬。回頭須趁早。奈染成未化勝心猶躁。幾回西土樹謙光。轉眼吠聲如豹。且速宜迴避。物情强弱。付之一笑。

【錦纏道】苦不覺。畏塗中憑陵火燒。世苦暫相遭。問誰能今辰可卜來朝。從没有纖毫善半分功寵恩可邀。又何須共三仇角勝相嘲。猛可裏痛虚囂。把靈魂兒從魔消耗。看時光轉斗杓。纔覺我年難再少。悔從前不檢罪應招。

【好事近】威鳳乍離巢。枝頭斥盡鷦鷯。視諸凡鳥。魆地裏別類分曹。探討。取舍依違顛倒。誰似你另生成之玄妙。普天率土希少。但不能去食水米無交。

【古輪臺】乍騰蛟。頓將行潦起波濤。無人有我侔天高。無庸目覷。萬般通曉。話英豪岱岳曾交。崑崙踢倒。驚愚駭俗。管教獨步上青霄。音從別調。晦其屑居奇隨人媚竈。隱德規條。須知遐融誰能紹。逢君崖異是同袍。

【尾聲】藏頭隱面循規教。仇盜兵戈害自消。任爾牀頭僞捉刀。

〔一〕「俛」，原作「浼」。
〔二〕「囂」，原作「買」。
〔三〕以下疑有缺奪。

其他

小令

【南仙吕一封書】

藥名

檳榔去不茴香。想起人參薄荷郎。奴心懶去搽輕粉。懶把烏頭對鏡粧。口喫黄蓮心内苦。懶上牙[二]床淚兩行。十指好似柴胡樣。臉似麻黄奴怎當。半夏一去無音信。白芷全無字半行。奴今惹下防風病。喫盡芍藥不曾安。貝母浮生浪蕩子。貪戀他鄉紅粉娘。奴把一根玄胡索。吊死陰司告地黄。遠觀天南星漸曉。燒炷沉香告上蒼。保佑杏仁當歸路。願逢官桂早茴香。淚汪汪。愁斷腸。何日相逢海上方。(風月錦囊)

卦與籤兩下裡都無靈驗。奴家只得告蒼天。天。萬望週全。早送情人到枕邊。把我受盡淒涼話。與夫訴一遍。(風月錦囊)

集　句二首

春山蹙。玉筯流。樓上黄昏欲望休。青驄馬。黑貂裘。今夜醉眠何處樓。幾度相思不相見。嫁得蕭郎愛遠遊。楚江秋。漢江秋。來往風塵共白頭。（風月錦囊）

按：第六句中「何」，原作「可」。

千行淚。半是思郎半恨郎。細思量。謾思量。雲雨巫山枉斷腸。（風月錦囊）

愁脈脈。淚雙雙。萬轉千回懶下床。花易老。日偏長。窗前和淚繡香囊。一行書信風月事最難調。不知親親何處遊。真個惱。心内焦。又無便人把書捎。有朝一日成就了。滿斗焚香天地燒。心難熬。意難熬。何日相逢摟抱着。（風月錦囊）

簾兒外眼兒睃。山門撞着可意哥。來回顧。語聲多。兩下相思没奈何。有心與他鸞鳳交。白日青天人更多。俏哥哥。俊哥哥。準備今宵來會我。（風月錦囊）

高樓上滿街市。巧梳油頭穿素衣。微微笑。語聲低。金蓮小脚行步遲。愛他紅粉櫻桃口。杏子雙雙柳葉眉。左相隨。右相隨。話不迷人人自迷。（風月錦囊）

推窗看二更天。短命冤家誰家眠。奴家盼。眼欲穿。心中一似滚油煎。你在誰家閑玩耍。别得奴家守孤單。哭青天。叫黄天。枕兒雙雙人又單。（風月錦囊）

情人去扯住衣。各淚汪汪送別離。情正重。歡又美。有心結個鴛鴦枕。打散鴛鴦兩處飛。□□□□□□。你也飛。我也飛。你在東頭我在西。（風月錦囊）

元宵夜看罷燈。正撞嫦娥遊月宮。天香噴。奏樂聲。髻鬟堆鴉體無塵。紅裙罩着金蓮小。縱有丹青難畫成。想不成。畫不成。夢裡相逢纔認真。（風月錦囊）

書中意你自知。拜上親親莫待遲。黃昏後。起更時。妹子專心等待你。今夜與你成鸞配。來時休與外人知。俏人兒。俊人兒。莫把青春挫過時。（風月錦囊）

紅綾被象牙床。懷中摟抱可意郎。情人睡。脱衣裳。口吐舌尖賽沙糖。叫聲哥哥慢慢耍。休要驚醒我的娘。可意郎。俊俏郎。妹子留情你身上。（風月錦囊）

開舡後往下搖。手攀舡舷望上瞧。情人去。把手招。緊叫梢公慢慢搖。急水灘頭留不住。我爲親親走一遭。哭滔滔。淚滔滔。轉過灣兒不見了。（風月錦囊）

黃昏後點上燈。手托香腮想那人。親娘叫。不敢應。説謊喬才不志誠。欲待收拾歸房睡。只恐親親來叫門。俏書生。俊書生。今夜不來愁殺人。（風月錦囊）

簾兒内換綉鞋。膽大喬才搶入來。紐扣鬆。□□腰。漂白袴兒脱下來。這朵鮮花由你採。休在人前去賣乖。俏多才。俊多才。休向人前説出來。（風月錦囊）

鞦韆下正撞他。好似觀音活菩薩。櫻桃口。鬢堆鴉。十指纖纖似笋芽。一對金蓮剛

半折。許下丹青難畫他。恨殺咱。悶殺咱。兩下相思活害殺。（風月錦囊）

高樓上望下睄。看見高官來下操。銅鑼响。金鼓敲。對對旌旗擺列着。紅椶大帽垂金頂。左插彎弓右帶刀。絳紅袍。繫鑾絛。人又英雄馬又高。（風月錦囊）

和尚愛我年紀小。我愛和尚兩頭光。大和尚。小和尚。慢慢消停不用忙。（風月錦囊）

男兒漢性氣剛。打扮奴家去爲娼。伽藍殿。去燒香。寺裡遇着俏和尚。（風月錦囊）

外郎哥提控天津衛姐兒多。那見外郎養老婆。三分銀子猶嫌少。且將頭巾來當着。（風月錦囊）

哥。明日升堂帶甚麽。休管我。且快活。明日升堂帶舊個。（風月錦囊）

叫聲哥哥慢牀兒側枕兒偏。輕輕挑起小金蓮。身子動。屁股顛。一陣昏迷一陣酸。（風月錦囊）

慢耍。等待妹子同過關。一時間。半時間。惹得魂靈飛上天。（風月錦囊）

幾時守得同相思病幾時休。我爲親親不自由。你在誰家貪花酒。撇下奴家没人偢。（風月錦囊）

衾枕。白髮夫妻直到頭。俏風流。俊風流。及早回來解奴愁。（風月錦囊）

有朝一個中栖惶淚兩淚流。我爲情郎不自由。姊妹勸我我也罷。今日開舡兩下丢。（風月錦囊）

他意。惹得旁人把話羞。俏風流。俊風流。一去衡陽不轉頭。（風月錦囊）

骨牌名

桃紅柳緑君折脚鴈順水魚。賓鴻中彈兩分離。八不就。火燒眉。隔子眼兒珠淚垂。

去也。寒鵲争梅不見歸。正馬君賊。拗馬君賊。貪花不滿三十。（風月錦囊）

曲牌名

七娘子進繡房。口口聲聲駡玉郎。銷金帳脱布衫。收拾金釵八寶粧。你今貪戀紅娘子。忘了神前一炷香。俏才郎。俊才郎。一夜思量一夜長。（風月錦囊）

一更裡月兒高。照得牙床冷似冰。單衾孤枕誰憐我。他那裡貪歡有别人。想親親。戀親親。難忘記星前月下盟。（風月錦囊）

二更裡月兒圓。奴把新香對月燒。保他身安歸故里。早得和諧鸞鳳交。想哥哥。憶哥哥。怎下得心腸把我抛。（風月錦囊）

三更裡月兒清。一種相思淚兩行。孤燈剔盡和衣卧。翻來復去不成眠。想情郎。憶情郎。不到相逢淚不乾。（風月錦囊）

四更裡月兒歪。説道他來又不來。偶然一夢來歡會。軟褥温香抱滿懷。想多才。戀多才。醒後依然不見來。（風月錦囊）

五更裡月兒收。淚到天明枕欲浮。懨懨悶病難熬。待要休時又不休。想風流。戀風流。不是冤家不到頭。（風月錦囊）

【南仙吕一封書帶過北雙調雁兒落】

時興駡娼妓

你姐姐真個乖。子弟進門來。低頭遠接深深拜。真個乖。吃了清茶換茶待。則見他有客時歡天喜地同喝酒。無客之時惱了鴇兒打得肉綻。骨如柴。哭啼啼。思量母親母親今何在。老來時運又衰。病來時無人睬。就死在地没棺材。草薦捲便把竹扛抬。叫着鴇兒送出南門外。猪又吃狗又嗯。烏鴉當作黄薤菜。也是你前生不修。今生裡少了你忘八債。（風月錦囊）

【南仙吕二犯月兒高】〔三〕

我愛春光好。風情許多妙。寒壓花枝瘦。煖送鶯兒巧。王謝堂前。雙雙燕飛遶。春光九十已過清明了。可意不來。莫學王孫怨芳草。焦。尋思轉無聊。是春去秋來。只怕朱顔暗中老。（風月錦囊）

我愛蘭花好。蕋還小。未解心中味。先有絲通竅。待得花開。何愁蝶蜂擾。西湖畫〔三〕

舫日日知多少。翠蓋紅粧。花來比奴貌。嬌。花貌兩嬌嬈。若得交頸鴛鴦。與你白頭共諧老。（風月錦囊）

我愛月兒好。黄昏似相約。看取南樓上。歌舞人歡樂。試問姮娥。孤悽甚時了。姮娥笑我。此意誰知道。你缺少圓〔四〕多。青春等閑老。高。今日喜遷喬。怎似我萬苦千愁。清光普天照。（風月錦囊）

我愛泉聲好。懸崖落松杪。石上徑行去。澗底流將到。漱玉清泠泠。瀟瀟比琹操。泉能溉物。可暢人懷抱。更有萬種風情。誰知這幽情。情。丹青巧難描。若肯與我同盟。林丘永相保。（風月錦囊）

梧葉飄金井。更長夜人静。雲淡紗窗煖。月侵朱門冷。人在窗邊。挑燈夜織錦。金梭玉綜銀牀整。手倦抛梭。只因多病。燈。終宵對誰明。如何不照華筵。偏來照孤影。（風月錦囊）

懶把鴛鴦織。不織鸞鳳翼。不織雙蝴蝶。不織雙鶼鴣。但織錦迴〔五〕文。遠寄相思憶。千梭萬梭抛不息。深院無人。誰同憐惜。夫。終須不盈尺。只因郎掛心頭。相思倦無力。（風月錦囊）

風振窗鈴响。玉花大如掌。梭凍銀床冷。玉綜一齊斷。好似奴家髮雲亂。千絲萬絲無根掛。好似兒夫。中途抛閃。夫。玉綜斷後連。知我兒夫。何日得相見。（風月錦囊）君一從輕分散。無由再相見。謾把千行淚。灑向江兒水。流到跋涉。殷勤見夫婿。心那知妾心苦。要知妾心。只待江兒水。水。堅心等君歸。待我寄〔六〕一本迴文。夫君還故里。（風月錦囊）

四　時

綉陌花開遍。芳郊正春妍。緑柳拖金鈿。〔七〕紅杏飄香遠。去歲情人。花開共歡宴。今春謾自謾自園林羡。思憶多才。羞覩雙雁。天。何時再團圓。空教我坐想行思。辜負了艷陽天。（雍熙樂府）

海榴開紅焰。池荷泛青錢。帶綰和誰共。簟枕同誰展。對景思〔八〕情。蹙破兩眉尖。年時水閣水閣開排佳宴。戲水鴛鴦。教人羞見。天。青天肯方便。早見俺那冤家。同歡納晚涼天。（雍熙樂府）

夜雨芭蕉戰。秋風雁聲遠。驀覩鸞牋字。病憶多嬌面。曾記分離。囑付去時言。歸期暗約暗約重陽見。未見多情。木樨早開遍。天。月兒慢團圓。争奈獨守孤幃。難捱暮秋天。（雍熙樂府）

畫閣空粧遍。紅爐謾空展。縱有羊羔酒。共誰同歡宴。轉目年華。不覺度芳年。冤家那裡那裡共誰廝迷戀。瘦損香肌。殘粧嬌面。天。六出飛亂綿。争奈枕冷衾寒。難捱暮冬天。（雍熙樂府）

【南仙吕二犯傍粧臺】

題情

〔黄鶯兒〕一日九迴腸。〔傍粧臺〕何時得見杜韋娘。想不起嬌模樣。空教我細思量。怎能勾今宵成就雲雨夢。把往日相思訴一場。〔皂羅袍〕又驚鷄唱。打開鳳凰。〔傍粧臺〕覺來依舊恨茫茫。（彩筆情辭）

驟雨惱春花。愁聞散亂打清波。點點滴在奴懷抱。聲聲吹向耳邊過。軟怯怯孤身已。意沉沉怨兒夫。久不歸庭院。緣何一去音信無。思量起恨我夫。香腮悶托記當初。香腮悶托記當初。（風月錦囊）

春來無處不飛花。忽聞雨過開青蛙。輕輕移步兒觀着前庭柳。慢慢擡身觀着後庭花。惟有奇花扶不起。没主的冤家淚似麻。羞顔問。綵袖遮。夫君貪戀紅粉異鄉花。夫

君貪戀紅粉異鄉花。（風月錦囊）

【南仙吕月兒高】

這樣閑煩惱。何時受得了。極目天涯路。回首長安道。我辦着堅心。伊家已通曉。小玉你輕視。君子食無飽。（雍熙樂府）似玉如花貌。風流更波俏。兩葉眉拂翠。一對脚兒小。彼此正青春。欲成鸞鳳交。此曲纔堪聽。又吹相别簫。（雍熙樂府）看蓮開池沼。争如自家好。這樣風流事。那箇人不好。才子共佳人。彼此皆年少。看他筵席上。兩處傷懷抱。（雍熙樂府）不怕傷人道。贏得外人笑。儒乃朝中瑞。士乃國中寶。失義共忘恩。神天豈不報。善惡皆前定。一切由心造。（雍熙樂府）舊日已榮耀。斷絃遇鸞膠。今日他貧困。總似相思調。既是把琴開。何必望歡笑。自古長安馬。不喫回頭草。（雍熙樂府）甚懷食不好。賢人請些小。路上從容去。五朝七日到。若是少盤纏。差人便來討。早則成名後。千萬傳音耗。（雍熙樂府）

堦下笙歌奏。席間翠紅繞。告飲瓊盃盡。莫惜金罇倒。瑞靄騰空中。金爐噴沉腦。三疊陽關句。一曲相思調。（雍熙樂府）

我女須年少。咱今已年高。惜似心頭氣。憐若家中寶。争奈筵席中。家人口嗽嗽。我看孩兒容。似覺心焦躁。（雍熙樂府）

【南仙吕入雙調淘金令】

行孝四首

人生在世。忠孝難全美。君臣父子。自古一般理。瞽瞍不慈。舜君號泣。王季有文王慈孝。日問三時。周公武王同孝義。陸績果稀奇。郯子苦自知。〔合唱〕嘆我爲人。未報親恩。昊天罔極。（風月錦囊）

按：「績」，原作「續」。

懷身乳哺。莫負娘恩義。冬温夏凊。盡節當其禮。董永賣身。黄香扇枕。更有丁蘭刻木。泣杖伯瑜。姜詩舍側有鯉魚。郭巨活埋兒。王祥卧冰鯉。〔合前〕（風月錦囊）

按：「身」，原作「躭」，「郭」，原作「留」，兹正。

天曹地府。盡把賢良記。今人孝義。後世亦如是。閔損推車。子路負米。江革途中供母。蔡順遭飢。田真紫荆復舊時。張孝救張禮。叔齊讓伯夷。〔合前〕（風月錦囊）

按：「合前」二字原奪。

歷觀古人孝義。青史標名氏。忠臣烈士。萬古留傳記。萊子斑衣。壽昌決誓。泣竹孟宗悲。曹參採薪歸。黔婁棄官保父危。被逐薛包回。王褒珠淚垂。〔合前〕（風月錦囊）

按：「觀」原作「現」。

【南仙吕皂羅袍】

思　情

奴在房中悶懷。喚梅香拿過鋪盖。紅綾被兒忙展開。交人心下難躭待。銀燈高點。頭又懶擡。鴛鴦被衾。無心遮盖。爲才郎想的㦬㦬害。（風月錦囊）

暗想恩〔九〕情無限。負心的幾時相逢。香肌瘦損減顔容。茶飯懶吃無心用。書生不見。淚珠暗傾。更深夜静。站的腿痛。想才郎哭到東方動。（風月錦囊）

到晚孤燈點上。獨自個守定香房。孤身獨自恨更長。交奴怎不心中想。牙牀錦被。

無個伴郎。銷金帳裏。痛殺女娘。出房門不住連連望。（風月錦囊）

斜[一〇]月紗窗簷外。羅幃中展轉傷懷。殘粧界破淚盈腮。誰知惹下相思債。憂愁無奈。交奴怎捱。香肌憔瘦。容顏漸改。枕邊寒衾冷誰瞅睬。（風月錦囊）

嘆　世

暗想時光似箭。不覺的白了鬢顏。思量何用苦熬煎。爲人何不回頭轉。看看今歲。又至來年。人生在世。須行方便。嘆陰陽消長輪迴轉。（風月錦囊）

堪嘆春天景致。枝頭上巧囀黃鸝。千紅萬紫鬭芳菲。交人怎不傷春意。呢喃燕子。對對交飛。上和下睦。夫唱婦隨。有緣千里能相會。（風月錦囊）

堪嘆夏天日永。看池内戲水鴛鴦。時來風送芰荷香。交人怎不添惆悵。涼亭上坐。醉飲[一一]霞觴。女慕貞潔。男效才良。天生一對真無樣。（風月錦囊）

堪嘆秋天鴈叫。風吹梧葉落飄飄。牛郎織女度銀橋。交人怎不添煩惱。傷情對景。獨坐無聊。枇杷晚翠。梧桐早彫。有錢難買青年少。（風月錦囊）

堪嘆冬天雪降。梅花風送滿山岡。紅爐煖閣樂尋常。交人怎不心凄慘。圍爐團坐。醉飲瓊漿。對歌酒燕。接盃舉觴。醺醺醉倒銷金帳。（風月錦囊）

悲　思

這幾日神魂飄蕩。爲釵分鏡破。淚珠汪汪。我妻攝去在何方。時乖運蹇遭魔障。小橋曲澗。野梅正芳。竹籬茅舍。村醪又香。尋思那人行不上。（雍熙樂府）

聽啓休得惆悵。這夫妻拆散。豈比尋常。三年只願早還鄉。重經庾嶺來尋訪。小橋曲澗。野梅正芳。竹籬茅舍。村醪又香。尋思那人行不上。（雍熙樂府）

暗想嬌姿模樣。看施朱勻粉。巧樣梳粧。幾回携手入蘭房。何時再得同歡賞。小橋曲澗。野梅正芳。竹籬茅舍。村醪又香。尋思那人行不上。（雍熙樂府）

且喜南熏相望。榮登新任。暫免悲傷。炷香日夜告穹〔二〕蒼。夫妻同樂鴛鴦帳。小橋曲澗。野梅正芳。竹籬茅舍。村醪又香。尋思那人行不上。（雍熙樂府）

情〔三〕

柳眼新青浮動。漸千絲萬縷。染畫春工。海棠宿雨鬭啼紅。苔痕濕透弓鞋鳳。游絲簾外。凭闌也慵。啼鶯枝上。扳條也空。閒愁總被飛花送。（新編南九宮詞）

惹起閒愁千種。向緑牕斜度。對語飛蟲。低回粉面唾紅絨。停鍼怕刺雙栖鳳。團團

明月。初上井桐。依依螢火。閑過砌叢。齊紈陡覺新涼動。（新編南九宮詞）

畫角城頭三弄。想斷腸魂夢。喚醒遼東。玉簫聲斷戍樓空。雙飛漫憶秦樓鳳。關河烽火。音塵未通。江南驛使。梅花未逢。西風吹落紅冰凍。（新編南九宮詞）

翠被今宵寒重。聽瀟瀟落葉。亂走簾櫳。緑雲堆枕鬢蓬鬆。不知溜却金釵鳳。惱人堦下。凄凄候蛩。驚心樓上。噹噹曉鐘。無端畫角聲三弄。（新編南九宮詞）

勉　學

勤學須加勉勵。論男兒立志。當自修持。登科須在少年時。成名始遂平生志。〔合〕春雷鼓動。風雲會際。早登天闕。高攀月桂。那時玉帶腰間繫。（詞珍雅調）

學業休教自棄。見賢才奮志。必欲思齊。龍墀射策衆皆推。螢窗勤讀君須記。〔合前〕（詞珍雅調）

稟性從來蒙昧。慕宋宗談論。常對神鷄。若要一朝虎榜把名題。須是十年蠹簡留心肆。〔合前〕（詞珍雅調）

歲月如流迅逝。向黄昏展卷。思對青藜。春闈貢舉莫教遲。瓊林宴賞多佳致。〔合前〕（詞珍雅調）

燒香娘娘

好箇風流氣象。看不肥不瘦。不短不長。端端正正坐船艙。時興衣服喬裝扮。粉香脂氣。分明是麝蘭。嬌音細語。分明是鳳凰。只聽得喚一聲家長使我魂飄蕩。（山歌）

睏弗着

堪嘆薄情難料。把佳期做了。流水萍飄。柳絲暗結玉肌消。落紅惹得朱顔惱。情牽意掛。山長水遥。月明古驛。東風畫橋。郵人何事還不到。（山歌）

陳媽媽

媽媽從來堪羨。伴佳人才子。暮寢朝眠。任他結下好姻緣。遇咱纔卸得相思擔。色非紅紫。香非麝蘭。合歡帳裏。鴛鴦枕邊。論功勞咱是箇親箋片。（山歌）

【南仙吕桂枝香】

舊院

楊三兒號冰蟾

金風初度。半扃朱户。見長空一片冰蟾。穿透我翠幃簾幙。誰曉得秋香桂枝。秋香桂枝。斫碎吴剛大斧。驚走雪花玉兔。問姮娥。照盡人千古。自己如何夜夜孤。（風月錦囊）

蔣三兒號小蟾

煙[一四]花門路。雨雲朝暮。小蟾蜍始得成人。到學得當年歌舞。聽餘音嘹喨。餘音嘹喨。使我情牽腸肚。使我言傾肺腑。若得共歡娱。雖然不貯黄金屋。寫入丹青百媚圖。（風月錦囊）

蔣文嫺號新蟾

新蟾丰度。似花含春露。人説道買笑千金。誰肯傾城一顧。他不比花月□妖。花月

□妖。與那白家樊素。又不比荆釵裙布。莫學小[一五]卿蘇。癡心遠逐茶商客。好笑雙生不丈夫。（風月錦囊）

羅三兒號素蟾

良宵三五。揭起羅幃凝覩。最可惜素魄蟾光。也解穿窗入户。疑是情人到來。情人到來。忙移蓮步。呀。明月呵你把青春辜負。强支吾。薄情休把嬋娟誤。相思似我休虛度。（風月錦囊）

四　時

楊花心性。隨風不定。他原來假意虛名。到使我真心陪奉。怎忘了舊時。山盟爲證。坑人性命。有情人。從此分離去。何時再得成。（雍熙樂府）

荷花香噴。鴛鴦交頸。只見他兩箇飛來。戲水在沙灘相並。採蓮女到來。衝驚情幸。不相和順。好恩情。從此分離去。何時再得成。（雍熙樂府）

黄花開遍。情人同翫。只見滿目秋光。惹起我心中撩亂。怎知他近來。忘恩失伴。交人埋怨。好心酸。從此分離去。何時再得成。（雍熙樂府）

瓊花飛散。恩情相戀。只爲體態温柔。使我時刻相盼。怎知他近來。賓鴻失伴。飄然分散。歹心肝。從此分離去。何時再得成。（雍熙樂府）

閨　情

冤家要去。留他不住。在跟前巧語花言。一味裡推三阻四。平白地要離。平白地要離。不知他是何主意。想他別尋佳配。負心的。你往天邊去。妾身也插翅飛。（群音類選）

非才非勢。真心真意。俏冤家別戀娉婷。倒說我不仁不義。一時間要離。一時間要離。留他不住。盼他無計。負心的。總然是妾情兒淺。當念一夜同衾百夜恩。（群音類選）

没情没緒。翻來覆去。不知他因甚丢開。莫非我有些不是。這話兒怎題。這話兒怎題。傷情傷意。把我一時拋棄。狠心的。總然是妾有些兒過。難道當初没好時。（群音類選）

櫻桃口哺。丁香舌吐。記當初密語調情。今日裡將奴辜負。不知他爲何。不知他爲何。莫非被人嫉妒。見他無路。事糢糊。本待要丢開罷。思量他身又孤。（群音類選）

相　思

常思常念。夢中相見。只因他可意着人。悶得我不茶不飯。這病兒好難。這病兒好難。何曾經慣。一時不見。勝如半年。惹情牽。好對鴛鴦伴。何時共枕眠。（群音類選）

情濃恨別[一六]

一天愁緒。千般心事。闌[一七]珊桃李花開。寂寞琵琶門閉。想巫山夢中。巫山夢中。孤鴻天際。雙魚何處。暗尋思。怎能勾得做司花吏。獨佔河陽第一枝。（昔昔鹽）

初逢初會。多情多意。我和你似水如魚。說不盡千恩百義。倘一朝暫離。一朝暫離。牽衣難棄。臨行設誓。兩東西。未審他思我。空教我自思。（昔昔鹽）

蘭舟同載。畫樓重待。前生是那樣修來。今日裡得蒙恩愛。恨離多會少。離多會少。教人無柰。爲君難解。俏乖乖。拚爲你癡心死。權將痛淚揩。（昔昔鹽）

多愁多病。如癡如掙。怪天邊雁叫凄涼。怕草砌蛩吟孤另。才郎負心。才郎負心。佳人薄命。良宵寂靜。對殘燈。枕剩人何在。魂勞夢不成。（南詞韻選）

春　怨[一八]

閒憂閒悶。誰倸誰問。夜來時幾遍度量。人去後全無音信。羞描黛眉。羞描黛眉。慵梳雲鬢。一春將盡。暗傷神。瘦骨鬆金釧。纖腰掩翠裙。（南宮詞紀）

燒香娘娘

聽奴説訴。非奴之過。只因忘八無知。致使我心中發怒。把從前細數。從前細數。與他多年夫婦。幾見他撑持門户。盡虧奴。若不去還香願。非爲女丈夫。（山歌）

諧聲桂枝香

有題崑崙奴傳桂枝香詞，每句首尾諧平入二聲，大有思致。

嬌娃低叫。蕭郎含笑。映窗紗體態輕盈。描不就形容奇妙。想牽情這廂。想鍾情那廂。撩人猜料。朝來心照。巧推敲。原非紫玉藏春院。盜取紅綃夤夜逃。（堅瓠九集）

【南仙吕傍粧臺】

漁

眼看世路苦奔忙，謾把絲綸坐釣航。幾度月明天似水，船頭高枕自思量。

自思量。小舟一葉任徜徉。春水穩隨天上坐。晚凉便傍柳蔭藏。得魚沽酒歌滄浪。妻子團圓慮總忘。嘆吕望。釣渭陽。也曾八十遇文王。（風月錦囊）

樵

文王苑囿許芻蕘，今復容樵荷聖朝。茆屋盎然春自足，一爐煨酒自歌謡。

自歌謡。生涯隨分在山頭。攀雲踏雪無辭苦。旋斫生柴帶葉燒。高堂戲彩雙親悦。浩歌一曲頌唐堯。嘆朱氏。昔採樵。也曾富貴佐皇朝。（風月錦囊）

耕

皇朝薄賦廣天恩，稼穡惟勤獲有年。俯仰二儀無愧怍，一家温飽自安然。

自安然。一犁耕破隴頭煙。風調雨順民康阜。和睦鄉閭共樂天。謳歌擊壤清閑處。

渴飲飢飡困復眠。嘆伊尹。昔耕田。也曾金鼎賴調元。（風月錦囊）

牧

調無贊化屬良圖，自信須當大丈夫。我獨南山歌白雪，细吟赢得自歡娱。

自歡娱。常時簫篢便相隨。弟兄相好無相鬬。看取雌雄樂有餘。夕陽歸去横牛背。短笛無腔信口吹。嘆甯戚。扣角書。也曾拜相佐皇都。（風月錦囊）

嘲薄酒〔一九〕

且嘗嘗。是誰造作不如方。蒸糜止下三升米。倒用八筲漿。冷時一似金生麗。熱後渾如周發商。江湖量。酒飯囊。也應撑破褌兒襠。（南宫詞紀）

麗情〔二〇〕

爲才郎。不茶不飯懶梳粧。我命里多乖蹇。他情性太疎狂。蓋因他説下瞞天謊。被老母設下通天障。良宵永。更漏長。今宵寂寞在這象牙床。（詞林摘艷）

問才郎。連宵不見在誰行。兩膝蓋綿團也似軟。一張口賽沙糖。别有箇多情況。實

與我一紙招伏狀。無行影。少智量。今宵誰敢上象牙床。（詞林摘艷）

被才郎。百般寒賤弄輕狂。我欲待把鞋幫點。他特故里搧燈光。我愛他龐兒俊。捨不的將他搶。口兒里强。心兒里痒。不由我便隨順上象牙床。（詞林摘艷）

共才郎。同諧連理效鸞凰。越顯的腰肢瘦。共私語口脂香。成就了鴛鴦侶。匹〔三〕配上風流况。金釵墜。寶釧響。被翻紅浪在象牙床。（詞林摘艷）

〔一〕「牙」字原奪。
〔二〕「二犯月兒高」，原作「月兒高」。
〔三〕「畫」，原作「盡」。
〔四〕「圓」，原作「員」。
〔五〕「迴」，原作「成」。
〔六〕「寄」字原奪。
〔七〕「鈿」，原作「細」。
〔八〕「思」，原作「恩」。
〔九〕「恩」，原作「思」。
〔一〇〕「斜」，原作「叙」。

〔一一〕「飲」字原奪。

〔一二〕「穹」，原作「空」。

〔一三〕此曲南宫詞紀僅收三首，第四首未收，題作「閨怨」；南詞韻選亦未録末曲，無題。

〔一四〕「煙」，原作「胭」。

〔一五〕「小」，原作「少」。

〔一六〕此曲第一首與張鳳翼題作「暮春寫懷」套首曲悉同。

〔一七〕「闌」，原作「瓓」。

〔一八〕此曲南詞韻選亦收，無題。

〔一九〕此曲詞謔亦録，題作「詠薄酒」。第三句南宫作「止蒸半斗米」，據詞謔補。

〔二〇〕「麗情」四首曲牌原誤作「象牙牀」。

〔二一〕「匹」，原作「四」。

【南仙吕醉羅歌】

〔醉扶歸〕倚樓倚樓空牽掛。無語無語自嗟呀。脉脉閒情向天涯。買遍金錢卦。〔皂羅袍〕朝思暮想。也只爲他。魂勞夢攘。也只爲他。多應忘了臨行話。〔排歌〕人何在。病轉加。梁園雖好不如家。（南詞韻選）

咏弓鞋

〔醉扶歸〕日晴日煖穿花巷。含羞含恨立斜陽。凌波微步鳳頭雙。淺印在殘紅上。〔皂羅袍〕似無如有。些小兩行。初看乍見。魂飛半晌。傳情留得相思樣。〔排歌〕低低覷。細細量。悄東風忽送軟塵香。（太霞新奏）

【南仙吕鷓鴣天】

咏草鞋

少時青青老來黄。千椎萬結得成雙。甫能打就同心結。又被旁人説短長。雲雨事我承當。不曾移步到蘭房。有朝一日肝腸斷。棄舊憐新撇路傍。（堅瓠七集）

【南羽調馬鞍兒】

麗 情

鴈兒鴈兒則在天邊廂叫。叫的奴家心内焦。翻來復去睡不着。好着我傷懷抱。買一

炷兒好香燒。負心的你不來呵。我呪的你熱肉兒跳。（詞林摘艷）

月兒月兒則在天邊廂照。照的奴家心内焦。畫簷間玎玎瑲瑲鐵馬兒敲。好着我傷懷抱。是誰人將紙窗兒敲。負心的這早晚纔來到。（詞林摘艷）

見他見他則在床兒前跪。不由奴家心内喜。打聽的王魁別娶了妻。五百鬼兵當頭立。叫一聲負心賊。負心的休則管裏閑啕氣。（詞林摘艷）

桂英桂英説來的誓。你説的心自知。不似你今番來的遲。不帶酒佯粧着醉。叫一聲好妹妹。負心的一張口兒甜如蜜。（詞林摘艷）

【南正宮玉芙蓉】

春景漫歌

尋春到野庭。載酒臨芳徑。喜韶光來朝又是清明。一枝紅露牆頭杏。數點青山屋上屏。追隨處。詩朋酒朋。端的是對春光宜醉不宜醒。（詞林一枝）

香風不斷絶。好雨知時節。杏花村沽來酒味偏別。柳梢日暖鶯兒悦。花底風柔燕子斜。郊原上。雲疊錦疊。我只是趁春光忙殺採花蝶。（詞林一枝）

風前柳絲勾。雨後花香潤。遍郊原香車寶馬紛紛。撩人佳景吟難盡。到手芳杯莫厭頻。喧嘩處。鶯群燕群。我只見醉鄉中歡殺賞花人。（詞林一枝）

歌傳碧玉簫。舞溜黃金鈿。更何妨朝朝醉倒花前。海棠半落胭脂片。綵筆頻揮錦繡篇。嬉遊處。山邊水邊。端的是醉春光人似玉壺仙。（詞林一枝）

天時暗裏那。世事忙中過。百年歡郎漸無多。乘閑正好寬心坐。往事難迴逝水波。須參破。人生幾何。不如和玉人兒花庭且高歌。（詞林一枝）

浮生水聚萍。寵辱奩開鏡。怪無端兩眼看破世情。榮枯已信由天定。得失還須順理行。休强争。開筵小亭。不如和玉人兒花底弄銀箏。（詞林一枝）

閨　情

相思恨會遲。又早分離去。似鴛鴦雙雙交頸蓮池。誰知又遇强風起。一個東來一個西。無人處。淚珠暗垂。想只想他温柔軟欵俊龐兒。（群音類選）

秋　思

莓苔玉露凉。砧杵聲悲壯。共今宵皓月有人相望。秦淮淚逐寒潮漲。楚舘愁連秋艸

荒。空惆悵。關山夢長。幾回家凭欄無語自傍徨。（彩筆情辭）

湘簾捲暮霞。疎柳殘蟾掛。未黄昏時節又早栖鴉。冷揺銀燭花頻謝。腸斷青樓路轉賒。應吹罷。城頭暮笳。儘今宵離魂孤夢遶天涯。（彩筆情辭）

自　嘆

讀書期聖賢。不學終牆面。柰時乖未遇萬選青錢。芸窗未識熊丸味。杏苑高排雁字聯。〔合〕須忘倦。怕韶光易延。只須待際風雲平步上青天。（詞珍雅調）

閨　怨

相思病漸賒。禁害得身兒劣。近新來幾番夢境隨斜。當初厮守恩情熱。今日分離心性別。風流業。空遺這些。恨不得爇盟香發個呪郎牒。（太霞新奏）

按：此曲南詞韻選無題，南音三籟題作「恨別」，吴騷二集題爲「秋思」，俱不注撰人。

相思病漸添。每日心頭念。倚紗窗日長針線慵拈。有靈龜卦全不驗。無語燈花怕待占。前生欠。今生命淹。空教我數歸期屈損玉纖纖。（南詞韻選）

【南正宮普天樂】

四季閱世

到春來。垂楊鎖。枝頭上鶯聲和。花開放園苑繁華。儘遊人翫賞歡樂。〔和〕休眉上鎖。人生能幾何。問道朱顔去了還再來麽。（詞林摘艷）

夏日長。炎天似火。避暑在凉亭上坐。冰盤内沉李浮瓜。看鴛鴦戲水蓮荷。〔和前〕（詞林摘艷）

到秋來。金風播。乞巧在高樓上坐。牛郎共織女攛梭。月臺上暢飲高歌。〔和前〕（詞林摘艷）

到冬來。雪花大。暖閣内圍爐上坐。推窗看雪裏梅花。飲羊羔美酒歡樂。〔和前〕（詞林摘艷）

按：以上四首雍熙樂府題作「四時歡娱」。

四季賞翫

雨初晴。風纔定。山色與湖光映。瓊花畔拍按銀箏。梁園上酒滿金瓶。賞三春美景。

杯行莫要停。看柳嬌花嫩。水秀山明。（雍熙樂府）

藕花開。榴花放。正炎暑熏風蕩。池塘内雲影天光。水沁亭避暑乘涼。有蘭舟畫舫。

流霞泛玉漿。看採蓮池裏。驚起鴛鴦。（雍熙樂府）

水波澄。霜林醉。玉露冷金風細。黄雞嫩紫蟹初肥。金橙香糯酒開醅。喜三秋景美。

玉山漸漸頽。你看他前遮後擁。翠繞紅圍。（雍熙樂府）

朔風寒。同雲布。鋪萬里瓊瑶素。歌花妓煖閣紅爐。啖肥羊美酒金壺。正江梅半吐。

王維堪畫圖。受用足重裀繡榻。錦帳流蘇。（雍熙樂府）

【南大石調兩頭蠻】

四季閨怨

堪憐堪愛。倚定門兒手托則箇腮。好傷則箇懷。一似那行了他不見則箇來。盼多則箇才。萬紫千紅明媚色。桃花一剛開。杏花一剛開。交我無心戴。也是我命該。也是我命乖。也是我前生少欠他相思債。（詞林摘艷）

按：群音類選題作「四景閨怨」。

交我愁腸。你那裏歡娛我這裏單。守空則箇房。一似那行了他不見則箇郎。好悽則箇惶。忙把明香禱告上蒼。荷花一剛香。鴛鴦一剛雙。交我成悒怏。我心裏穰穰。我身魂蕩漾。哭的我淚滴在鮫綃上。（詞林摘艷）

多病多愁。你那裏歡娛我這裏憂。自僝則箇愀。一似那行了他不見則箇遊。怕登則箇樓。月兒彎彎照九州。黄花一綻秋。幾人一剛憂。交我添憔瘦。這般樣證候。那般樣證候。害的我伶伶仃仃身子兒瘦。（詞林摘艷）

按：「彎彎」，原作「灣灣」。

聲説不的。滿腹内愁腸訴與則箇誰。好傷則箇悲。一似那行了他不見則箇囬。受孤則箇恓。丢了朱顔唤不囬。朔風一剛吹。雪花一剛飛。交我添顦顇。一箇在這壁。一箇在那壁。生拆散鴛鴦會。（詞林摘艷）

【南大石調催拍】

閨 情

盼天涯書兒信兒。聽風聲花枝柳枝。算多應害死。多應害死。一幅鸞箋。幾首新詞。

三尺鮫綃。幾曲情詞。蠅頭字多是相思。腸寸寸。淚絲絲。（太霞新奏）

【南中呂山花子】

尋芳拾翠遊情雅。園林春色繁華。壺天中神仙會佳。對景莫厭流霞。〔合〕假山上奇觀怎誇。鶯聲嚦嚦柳低掛。花逕迢迢步轉賒。四時行樂太平人家。（風月錦囊）

浮瓜沉李真閒灑。池亭上下交加。小軒中琴書意佳。留連長日未斜。〔合前〕（風月錦囊）

團圓皓月誰持把。憂樂幾處人家。茅屋中敲詩韻佳。清宵良夜生涯。〔合前〕（風月錦囊）

白雪密洒歌樓瓦。漁翁獨釣水涯。煖閣中透映紅霞。梅開又遭歲華。〔合前〕（風月錦囊）

【南中呂泣顔回】

送　別翻北詞

易水小橋東。送相思幾度征鴻。把淒凉引逗。滴溜溜落葉秋風。向鴛鴦帳中。强朦朧合眼難成夢。這些時夜半衾空。急温存雲雨無蹤。（南詞韻選）

【南中呂番馬舞秋風】

閨 情

暗想多情。遠迢迢上國求官不見影。想着他潘安般容貌。子建般才華。宋玉般聰明。果然俊俏美聲名。自從他去閃的咱孤另。漸漸腰肢瘦伶仃。都害做了相思病。（詞林摘艷）

坐想行思。獨守孤幃憔悴死。消磨容貌。減盡腰肢。瘦損香肌。無情無緒氣如絲。多才去後何時至。欲把花牋寫别離。書不盡心間事。（詞林摘艷）

詠美色

百媚千嬌。顫巍巍寶髻斜簪金鳳翹。眉彎新月。眼似秋波。臉拂春桃。楚宫楊柳小蠻腰。絳綃裙底微露金蓮小。便有丹青擅能描。描不就千般俏。（詞林摘艷）

按：此曲亦見雍熙樂府卷十六，題作「閨情」，由「番馬舞西風」（百媚千嬌）、「兩頭蠻」（冠兒不戴懶梳粧）、「風入松」（記前日席上泛流霞）、「尾聲」組成。惟蔣孝舊編南九宫譜以「風入松」爲南戲董秀英之一隻，而詞林摘艷頁五九却作爲元趙天錫「憶舊」小令四首之一。同書頁二七又以此套之「番馬舞西風」、「兩頭蠻」兩隻各爲小令。雍熙此套疑由無名氏湊集小令而組成，亦未可知。

【南中吕駐馬聽】

酒色財氣

樂酒忘憂。鎮日醺醺飲數甌。便做道劉伶貪飲。李白百篇。也只休休。曉星殘月柳梢頭。醒來不記歸時候。你早早回頭。常言失事皆因酒。（雍熙樂府）

色膽如天。卧柳眠花誰肯休。便做道王魁貪戀。桂英恩情。也只休休。人心不似水長流。到頭誰肯常相守。你早早回頭。菱花照的龐兒瘦。（雍熙樂府）

得失榮枯。造物安排莫强求。便做道石崇豪富。鄧通錢山。也只休休。金珠財寶莫貪求。前生修得今生受。你早早回頭。榮華怎肯常相守。（雍熙樂府）

鬭勇争强。各逞英雄不自由。便做道築壇拜將。項羽烏江。也只休休。饒人一步未爲羞。是非只爲多開口。你早早回頭。强中自有强中手。（雍熙樂府）

怨　别

一種閑愁。暮暮朝朝無盡頭。空教我慵薰鴛被。懶傍粧臺。怕倚危樓。繡簾寂寞控金鈎。雕盤冷落閒金獸。心事悠悠。多應是前生欠下。今生還受。（南宫詞紀）

一見嬌姿。無奈柔腸强自支。他比那名花有色。皓月增輝。美玉無疵。耳邊唱徹柳枝詞。眉頭蹙損春山字。這種相思。分明爲你。無人傳示。（南宫詞紀）

按：此二曲南詞韻選亦録，無題。

骨牌名

天地人和。龍虎風雲會幾何。見桃紅柳緑。蝶戀花繁。公領孫多。巫山十二任嵯峨。梅梢月上孤鴻過。順水魚多。順水魚多。雙雙紫燕穿簾幙。（風月錦囊續編）

晝夜亭前。金菊芙蓉色對鮮。臨老入花叢玩遣。沉醉楊妃。五岳朝天。雙蝴蝶戲在野梅邊。踏梯望月七星劍。正焉軍前。正焉軍前。賓鴻中彈成一個折脚雁。（風月錦囊續編）

四有可樂

春有花香。紅紫紛紛鬭巧粧。看那桃紅萬樹。李白千枝。柳絮顛狂。王孫士女賞春忙。東園載酒西園喝。仙子清狂。仙子清狂。也來醉倒在花茵上。（風月錦囊續編）

夏有風凉。水閣凉亭白晝長。他那裡披襟散[一]。沉李浮瓜。玄酒霞觴。採蓮舟裡笑聲忙。清歌一曲聲嘹喨。仙子清狂。仙子清狂。也來醉倒在蓮舟上。（風月錦囊續編）

秋有月明。萬里長空没點雲。有人在高樓上。翫月清歌。長笛一聲。姮娥月裡貌娉婷。我這裡黄花又比姮娥嫩。滿飲十分。滿飲十分。一樽酒盡無些賸。（風月錦囊續編）

冬有雪飄。玉宇瓊樓萬里遥。有人在紅爐煖帳。謾舞喧彈。美酒羊羔。我這裡梅花一點夢魂消。神仙風味誰知道。爛醉村醪。[二]爛醉村醪。日高又午無人驚曉。（風月錦囊續編）

〔一〕「散」字下疑脱「髮」字。

〔二〕「爛醉村醪」脱疊，據曲律補。

【南中吕駐雲飛】

暑往寒來。紅紫凋殘菊又開。景物多更改。山水依然在。嗏。萬事命安排。富貴榮華。争奈遲和快。歲歲春風桃李開。（風月錦囊）

古往今來。多少英雄實可哀。楚漢今安在。勳業多成敗。嗏。休得嘆時乖。天運循環。否極還生泰。管取春來花自開。（風月錦囊）

榕城東林太保書於歸田録

解組歸田。感謝君王賜驛船。優老承恩眷。領禄安車便。嗏。稽首鳳樓前。内監傳宣。寶鈔三千。捧出金鑾殿。瞻仰龍顔淚暗彈。（風月錦囊）

詔歸休憂。秋水芙蓉萬里舟。祖帳都門候。纔祖多朋舊。嗏。别酒醉金甌。欲去還留。後夜相思。人比黄花瘦。月滿江天怕倚樓。（風月錦囊）

歸隱青山。出入三朝四十年。懇疏明光殿。纔遂清幽願。嗏。拂袖向林泉。好似登仙。玉帶麟袍。晝錦人争羨。未老得閑纔是閑。（風月錦囊）

白髮衰翁。薄德深慚位不充。富貴成何願。枕上黄粱夢。嗏。沉醉舞青松。海角天

空。一曲滄浪。笑傲烟霞洞。紅日三竿睡正濃。（風月錦囊）

四季花名

春景融和。瑞香花兒開數朶。長春花開如賓賀。海棠花開堂前坐。嗏。辛夷花開笑呵呵。桃李争春。芍藥齊相賀。牡丹花開秀氣多。（風月錦囊續編）

夏景炎威。金鳳花開滿地飛。荷蓮花開池中戲。月桂花開紅滴滴。嗏。細辛花開笑微微。荼蘼花開。怎比玉蘭桂。如有葵花嚮日傾。（風月錦囊續編）

秋景風凉。木樨花開攔路香。鶯粟花開甚麽樣。鶯粟花開高一丈。嗏。鷄冠花開葉兒長。木槿花開。獨佔秋江上。怎比東籬金菊黄。（風月錦囊續編）

按：第三句原奪「甚麽」；第四句原奪「鶯粟」。

冬景寒來。惟有梅花鬭雪開。萱草花堪愛。百般花兒都不奈。嗏。花茶花開笑呵呵。羅漢花開。更有多人愛。金盞銀臺舉酒盃。（風月錦囊續編）

閨　怨

潑水難收。一度思量一度愁。止望長相守。誰想不能勾。嗏。一筆盡都勾。免僝僽。

月下星前。題着名兒咒。咒你心腸不應口。（雍熙樂府）

知在誰家。賣弄精細閑磕牙。全無真實話。色膽天來大。嗏。若還到奴家。跪在床前。笑臉由咱駡。一半兒真情一半兒假。（雍熙樂府）

是話休題。你是何人我是誰。你把奴拋棄。皮臉没仁義。呸。駡你聲負心賊。歹東西。不上我門來。到去尋别的。負了奴情遷萬里。（雍熙樂府）

題起情人。悔我從前錯用心。將你十分敬。敬你成何用。人。題起來痛傷心。傍人論。負了我前情。自有天作證。昧了恩情你自省。（雍熙樂府）

道　院

若説仙家。不着輕裘乘駟馬。道德看誦罷。悶把周易畫。嗏。携籃採山茶。不矜誇。

洞口尋朋。醉卧碧桃下。散誕逍遥誰似咱。（雍熙樂府）

若説仙家。猿鶴爲朋山是家。危坐岩阿下。雲霧爲名畫。嗏。興亡任從他。儘爭差。

謹固靈根。不説黄金價。散誕逍遥誰似咱。（雍熙樂府）

若説仙家。傲煞長安豪貴家。茅厦吾自架。幽雅峰巒下。嗏。丹藥是生涯。遠繁華。

功行完成。纔説刀圭話。散誕逍遥誰似咱。（雍熙樂府）

按：此題共四首，第一隻「若説仙家。牢鎖心猿和意馬」已見新編四季五更駐雲飛「詠道情」，不重出。

閨　情

門掩黄昏。人比黄花瘦幾分。寶鼎香微燼。翠幙寒成陣。嗔。誰共捧金尊。暗自消魂。獨擁重衾。把他閑評論。一半兒風流一半兒村。（群音類選）

夢到陽臺。又被鶯聲唤覺來。錦被餘香在。珊枕春猶解。猜。多因戀花街。共誰歡愛。寶髻慵梳。花也無心戴。一半兒蓬鬆一半兒歪。（群音類選）

數盡歸鴉。那裡貪歡不到家。獨立垂楊下。月上葡萄架。嗏。一時間語言差。變成虚話。呫着名兒。瞑子裡低低駡。一半兒真情一半兒假。（群音類選）

命裡合孤。等到春來魚雁無。燕子樓前過。芳艸池邊渡。嗏。教奴想當初。送别南浦。知你不來。怎放離鞍路。一半兒傷心一半兒苦。（群音類選）

忍怕擔驚。辜負嬋娟月下等。惹起相思病。險害奴性命。嗏。結髮這恩情。一言已定。誰想如今。心口不相應。一半兒推辭一半兒肯。（群音類選）

按：詞林摘艷録第一、二、三首，題作「閨麗」，新編南九宫詞録第三、四、五首，題作

「情」，南詞韻選録第四首無題，俱不注作者。其中第三首（數盡歸鴉），顯係改寫陳大聲樂府全集月香亭稿題作「題情七首」之一而成。

閨　怨三首

晛晥倉庚。斜日空園春草青。對不上徐生鏡。醫不可相如病。嗏。隨水落花輕。去無情。獨采香蘭。芍藥誰相贈。孔雀何年開畫屏。（南宮詞紀）

按：南詞韻選題作「春」。

池館黄昏。數點新荷間翠蘋。打不破相思陣。捱不出凄涼運。嗏。欹枕暗消魂。兩眉顰。事只因循。夢又難憑信。十二巫山隔暮雲。（南宮詞紀）

按：南詞韻選無題。

大火西流。絳燭銀屏閒畫樓。龜卦兒多虛謬。柬帖兒空拖逗。嗏。一日抵三秋。思悠悠。舊日潘郎。不似今年瘦。紅葉無端沉御溝。（南宮詞紀）

按：南詞韻選無題。

午夢初消。雨過池塘蛙鼓敲。荷葉青錢小。菡萏紅香繞。嗏。槐影緑窻摇。幾遍無聊。欲撫絲桐。流水高山調。一半恓惶一半焦。（南詞韻選）

花落春深。無奈懨懨鬼病侵。弱體應難任。愁思應難禁。心。寂寞對瑤琴。怪煞知音。重續新絃。情性疎狂甚。流水高山何處尋。（南詞韻選）

山人

笑殺山人。終日忙忙着處跟。頭戴無些正。全靠虛幫襯。嗏。口裏滴溜清。心腸墨錠。八句歪詩嘗搭公文進。今日胥門接某大人。明日閶門送某大人。（山歌）

鞋子

我是紬絹通身。舉步生風前後雲。裏外多幫襯。行動都齊整。嗏。只爲足下欠真誠。腳斜不正。弄得我頭綻跟穿齷齪無乾凈。如今箇棄舊憐新惱殺人。罵你胡行老腳跟。（山歌）

燒香娘娘

上告娘行。借物雖多儘不妨。感你多情況。教我難推讓。嗏。首飾共衣裳。管教停留。事事俱完。免掛心兒上。明日安心去進香。（山歌）

破騌帽歌

帽樣新鮮。不復完今剩缺連。一向承裝觀。今日堪埋怨。嗏。戴你不多年。如何稀爛。想是當初。修舊將咱騙。爲你冤家費我錢。（山歌）

嘲癩子

癩子希奇。不長頭髮只長皮。裏不得天羅地。挽不得風流髻。嗏。帽子扯齊眉。鬢猶露體。走向人前。一陣乾蝦氣。兩手搔頭似雪飛。（堅瓠九集）

按：「猶」，原作「尤」。

【南南吕一江風】

麗　情

步蒼苔。月下深深拜。拜罷向西廂待。盼多才。時樣冠兒。貼體衫兒。綉的香羅帶。相思淚滿腮。好似梨花帶雨開。怎不交人愛。（詞林摘艷）

整金釵。睡醒無聊賴。懶畫春山黛。殢人才。欲語還羞。笑眼相看。故把人禁害。

玉腕枕粉腮。好似荷花在藕上開。怎不交人愛。（詞林摘艷）

繡羅鞋。淺露在簾兒外。舉步金蓮折。動人才。手撚花枝。笑問情郎。奴比花誰態。

臨鸞對鏡臺。好似芙蓉映水開。怎不交人愛。（詞林摘艷）

女裙釵。舉止多嬌態。有西子應難賽。可人才。百媚千嬌。萬種妖嬈。一笑千金買。

月面付粉腮。好似梅花雪裏開。怎不交人愛。（詞林摘艷）

按：雍熙樂府題作「題情」。「綉的」上原衍一「想」字。「賴」原作「奈」。

盼望

倚危樓。幾度黄昏後。望不見鴛鴦偶。自含羞。思慮憂愁。俏體伶仃瘦。雲鬟懶整修。珠簾半上鈎。遮不得相思醜。（雍熙樂府）

恨薄情。一似鹽落井。一去無踪影。守孤燈。冷冷清清。最苦是良宵永。汪汪淚珠零。懨懨病漸增。積成了相思症。（雍熙樂府）

憶多嬌。鎮日傷懷抱。只爲你薄情惱。好心焦。眼去眉來。引的傍人笑。從今後害瘦勞。渾身似火燒。燒不得相思倒。（雍熙樂府）

一江風。捲起層層浪。獨立在沙灘上。望情郎。那裡戀酒貪花。歡飲在歌樓上。銀

燭照兩行。金釵列兩行。好教無心況。（雍熙樂府）

那佳人。舉止多嬌態。比西子應無賽。俊多才。一笑回頭。紫陌風流態。玉手托香腮。一似荷花藕上開。見了怎不教人愛。（新編南九宫詞）

穿着繡弓鞋。素淡衣冠帶。徐步多嬌態。俏多才。手拈花枝。真個是花無賽。玉汗濕香腮。一似梨花帶雨開。見了怎不心相愛。（新編南九宫詞）

三　元

解元郎。六翮連雲長。三試羅賢綱。棘圍開。才湧湘流。葩藻呈天象。九秋丹桂芳。九秋丹桂芳。風飄兩袖香。宴鹿鳴豪氣三千丈。（群音類選）

會元郎。三汲桃花浪。一震雷聲響。禮闈開。鳳翥鸞翔。際會風雲壯。瞻依日月光。瞻依日月光。披拂御爐香。名和姓喜見魁春榜。（群音類選）

狀元郎。獨對丹墀上。首聽傳臚唱。杏園題。看遍長安。轉過平康巷。宫花耀日光。宫花耀日光。緑袍稱體長。醉瓊林從此輸忠讜。（群音類選）

閨　怨

病沉沉。坐臥如跌窨。不似今番甚。爲知音。脂粉慵施。琴瑟難調。下指成拘禁。

鄰家幾處砧。孤幃一點心。到晚愁偏恁。（南宮詞紀）

夢悠悠。斗轉三更後。夢醒愁依舊。懶明眸。鬧攘簷鈴。絮聒堦蛩。又把淒涼湊。牕疎月影流。衾單風力颼。好教我難禁受。（南宮詞紀）

瘦亭亭。又是年時病。羞對菱花鏡。好傷情。熱閃輕離。動歲經年。恨煞人薄倖。愁多睡不寧。魂勞夢不成。姻緣事皆前定。（南宮詞紀）

按：此題南詞韻選亦收，無題。

爲才郎。鎮日無情況。對景添惆悵。入蘭房。燭滅香消。枕冷衾寒。誰與相親傍。鶯兒燕子忙。蜂媒蝶使狂。都來在咱心上。（南詞韻選）

自尋思。惹起傷心事。懶把春衣試。減容姿。脂粉羞搽。針線慵拈。怕繡鴛鴦字。含情不語時。愁腸萬縷絲。可憐翠被人獨自。（南詞韻選）

病沉痾。每日懨懨臥。苦海實難過。歹哥哥。事到如今。悔起當初。還是咱之錯。姻緣數未合。別離恨更多。天降與風流禍。（南詞韻選）

恨重疊。寂寞如年夜。篆鼎薰蘭麝。暗傷嗟。一盞孤燈。半壁寒衾。無箇人温熱。心間悶未歇。眉尖恨又趄。還不了相思業。（南詞韻選）

閨　怨

眼巴巴。好事從今罷。鬼病天來大。歹冤家。負義忘恩。巧語花言。就裡空奸詐。姻緣手内沙。相思鏡裡花。摶不就。摘不下。（太霞新奏）

按：此曲南詞韻選亦録，無題。

一江風。風擺動。擺動我的船兒箭。急回頭。望不見我的我的家鄉面。只見八面隨風轉擺轉擺。要見我郎我郎難相見。好一似荷花出水鮮。月缺十五圓。泰山也有重相見。過了千重山萬重水。過了幾多幾多州府縣。站時站得腿兒酸。望時望得眼兒穿。想時想得肝腸斷。不如收拾歸家。歸家去拈針挑線。（風月錦囊）

【南南吕一剪梅】

詠小考題目牌詞

高脚長身粉面妝。不爲才郎。却爲才郎。長長短短兩三行。此亦驚慌。彼亦驚慌。搖搖擺擺下廳堂。纔過西廊。又到東廊。遮遮掩掩倚簷傍。你也思量。我也思量。

（堅瓠補集）

【南南吕七犯玲瓏】

寒風宋玉樓。樓頭雪靄浮。凝華積素冰霜厚。田舍火爐頭。顛倒天吴畫。昂藏日本裘。笑藏鉤。孤斟自壽。試問早梅開未。花下合梁州。傳柑賦翻做遏雲謳。蟻丘漿汕盡談天口。掃除煩惱。坡仙詩帚。争光日月。屈平遠遊。枕上邯鄲破。尊前歲月流。文傳世。名覆甌。短長相較定誰優。一望小岣嶁。（玲瓏倡和）

案：「寒風宋玉樓」曲前嘉靖本缺一頁，計其行字，恰奪三曲，此四首不知爲誰和詞。飲虹簃所刻曲誤以此首接前詞，並歸楊糙。

【南南吕大勝樂】

把一床絃索塵埋。兩眉峰不展開。香肌瘦損愁無奈。懶刺綉傍粧臺。舊恨新愁教我如何捱。我只怕蝶使蜂媒不再來。臨鸞鏡也。問道朱顔未改。郎意先改。（舊編南九宮譜）

按：此曲南詞新譜亦録。注云：「散曲，繁花滿目開奁。」舊編曲牌作〔針線箱兒〕，非也。兹從新譜。

【南南吕綉帶兒】

改琵琶曲

崇禎壬午，南畿榜發，物議沸騰。有告廟文，四六精工，哄傳一時。又改琵琶記二曲。

身將老觀場有幾。得志正當今日。終不然爲着滿把牙籤。却落後一領荷衣。真癡。此番榮貴雖可擬。怕錢少買不得榮貴。秋闈裏。紛紛的多是富儒。堪笑那没家私的也去求試。（堅瓠首集）

按：曲牌原誤作【太師引】，據譜正。

費金錢穩取圖甘旨。又落得誇兒耀妻。終不見范丹寒賤。有一個應舉及第。須知。功名富貴錢所與。錢若與不求而至。營生是。把文章擲取。天須鑒我。我秀才不富的情罪。（堅瓠首集）

【南南吕折腰一枝花】中三句轉調故曰折腰一枝花

堪嗟命裡薄。偏我孤星照。鳳凰分配偶。這情苦。却教我向誰行論。寃家頓忘了

海誓山盟。抛閃得我没投没奔。名園堪翫賞。背立鞦韆。羞覩日移花影。（舊編南九宮譜）

按：此曲南詞新譜亦録。首二句作：「堪嗟奴薄命。偏犯孤辰運」。

【南大石調兩頭蠻】

閨　情

冠兒不戴懶梳粧。髻綰青絲雲鬢光。短金釵斜插烏雲上。我這裏唤梅香。開籠箱。揀一套縞素衣裳。打扮的似西施模樣。西施模樣出綉房。梅香。你與我捲起簾兒。我燒一炷兒夜香。（詞林摘艷）

按：此曲亦見雍熙樂府卷十六之〔番馬舞西風〕（百媚千嬌）套及金瓶梅詞話，題作「閨情」。雍熙此套疑由無名氏四隻小令湊集而成，詳見本書無名氏〔番馬舞西風〕「詠美色」注語。

【南南吕香柳娘】

燒香娘娘

這擡來女娘。這擡來女娘。身材停當。鄉村郙得神仙降。怎禁他這巧粧。怎當他這俏粧。只少箇小紅娘。鶯鶯無兩樣。看蜂喧蝶嚷。看蜂喧蝶嚷。到處生香。令人妄想。（山歌）

【南南吕紅衲襖】

你好似紙蝴蝶忒煞輕。你將我做紙湯瓶容易冷。言盟誓好像風裏楊花自來無定準。甲子日連陰想起你有甚情。早知你不志誠。枉用了一片心。虧負了人。辜負了人。空教人倒枕搥床。短嘆長吁。算來有千聲和萬聲。（雍熙樂府）

我將你岸投鈎空掛腸。我爲你採花蜂空自忙。酒店前旗兒每日家空懸望。撇的我孤雁兒不成行。害這般潑伎倆。我喚做不氣長。朝念想夕念想搵淚眼。空教我淚滴濕了鮫綃。痕界破了殘粧。算來有千行和萬行。（雍熙樂府）

你做了脱腮魚難上鈎。我做了半篙舡不到頭。恰便似線斷風箏百忙的没收救。燈盞裡無心枉費了油。誰承望你心腸多滚走。我一似癡猫兒空自守。只落了些山樣般愁海樣般憂。想往日有許多恩情。到今番都千休和萬休。（雍熙樂府）

被蛇傷怕井索。盞兒空休許托。麫房裡驢兒鎮日乾推磨。嗑睡人靠着青布幞。早知這一着。當初何似莫。伊命薄。我命惡。空被你巧語花言。謊殺人冤家千錯和萬錯。（雍熙樂府）

插金花衣錦袍。倚蘭堂開畫閣。設華筵列玉肴。珍羞共羊羔。金盃飲香醪。恰便似神仙般快樂。則喫的醉醺醺懨懨了。（雍熙樂府）

按：「像」，原作「相」。「搥」，原作「垂」。「懨懨」原作「厭厭」。

【南南吕掛真兒】

月缺花殘怨薄命。何曾受許多孤另。鏡裡愁容。燈前瘦影。即漸懨懨成病。（舊編南九宫譜）

【南南吕滿園春】

悄悄庭院深。默默情掛心。凉亭水閣。堪宜宴飲。不見俺情人。和誰兩個開尊。把

絲絃再理。將琵琶自撥。歌歡悶情。愁耳倦聽。（舊編南九宮譜）

【南南吕繡帶引】

壬午之歲，聖主當陽，而主考何瑞微賄賂公行，凡縉紳之子，豪富之家，十得八九。貧士扼腕，叫閽無路，競爲歌詩以傳之。

恨貪臣通謀樹黨。專文政濁亂皇綱。我寫不出他傳題深罪樣。我寫不出他字眼暗中藏。我只寫他滿城豪富同通線。一榜交通貨利場。還思想。畢竟有多端關節。面訴君王。（識小録）

嘆微臣芸窗誓喪。只爲那主試猖狂。怪經房無肯持公道。又誰個論文章。我一心要展盤龍手。國初學士劉三吾主試不公以錫盤龍捺死數人 更管不得銅臭鞭敲血未央。還思想。只須這墨痕筆迹。激怒君王。（識小録）

【南南吕懶畫眉】

業　報

刀山劍樹與灰河。羅刹阿旁來往多。悲心不忍再經過。凡夫好把無明破。回首天宫

只剎那。（曇花記）

燒香娘娘

嬌娘早起拂粧臺。炭畫蛾眉粉彈腮。只愁裝不就好身材。盡情把衣飾來穿戴。且喜得人家肯借來。（山歌）

【南南吕羅江怨】

別　懷

移舟傍柳汀。方知去程。愁紅慘緑眉黛顰。强將別酒共伊斟也。心先如醉。何須再飲。今宵向你日近親。則怕明日翻成人遠天涯近。恩如線斷箏。情如紙畫餅。似擊碎了菱花鏡。（雍熙樂府）

相隨離鳳城。舡兒暫停。臨行告別淚珠傾。海盟山誓[二]耳邊風也。休相薄倖。切莫負心。奴家有許多陪伴恁。則怕浪蕋閑花惹的心不定。君知奴志誠。奴知君意深。休一似楊花性。（雍熙樂府）

陽關第四聲。風帆去緊。汪汪淚眼親送君。水光山色暮雲萍也。歸來時候。月兒正明。今宵破題兒獨自寢。最苦傷情獨守房櫳静。餘香被内情。鴛鴦枕上恩。有心事和誰論。（雍熙樂府）

釵留半股金。香羅帕新。物在那人不見影。悶來低按小銀筝也。聲聲調弄。絃絃訴情。終朝在綉房中停線針。所事無成只落的添愁悶。頭兒常忍疼。心兒常怕驚。害做了相思症。（雍熙樂府）

時尚楚歌

紗窗外月正圓。洗手焚香禱告天。對天發下洪誓願。一不爲自己身單。二不爲少吃無穿。三來不爲家不辦。爲只爲妙人兒我的心肝。阻隔在萬水千山。千山萬水難得見。告蒼天早賜一陣神風。把冤家吹到跟前。那時方顯神明現。（詞林一枝）

紗窗外月正收。送别情郎上玉舟。雙雙携手叮嚀囑。囑咐你早早回頭。熱碌碌難捨難丢。難丢難捨心肝肉。旱路兒去早早投宿。水路兒去少坐舡頭。夜風吹了無人顧。那時節郎在京都。小妹子獨守秦樓。相思兩下難禁受。（詞林一枝）

紗窗外月正西。洗手焚香到廟裡。雙膝跪〔二〕在塵埃地。禱告着過往神祇〔三〕。保佑奴成就夫妻。大紅袍一領還有猪羊祭。簽筒兒拿在手裏。抽一簽上上大吉。一簽抽到三十四。簽簿上寫得明白。一句句許我佳期。那時方顯神靈應。（詞林一枝）

紗窗外月影斜。奴害相思爲着他。如何叫我撇得下。終日裡默默自嗟。不由人珠淚如麻。雙手指定冤家駡。駡幾句短倖天殺。怨幾句倖短冤家。如何將奴拋撇下。忽聽得數鳥歸巢。又聽得唧唧喳喳。教奴孤守心驚怕。（詞林一枝）

紗窗外月轉西。思憶情人不見歸。貪花戀酒何方地。莫不是改了初心。發誓願一似故紙。虚空過往神如會。真心兒向着他人。假意兒戲着奴心。迎新棄舊多薄倖。（詞林一枝）

紗窗外月影昏。手扳床廳嘆一聲。凄凄冷冷誰來問。也不必二意三心。要丢你等不得如今。把心猿意馬牢拴定。愛只愛伶俐聰明。爲只爲軟欵温存。誰人似你心相稱。又何須海誓山盟。也不必剪下香雲。把心一點爲媒證。（詞林一枝）

紗窗外月影朦。見個和尚進院門。包頭札腦挨身進。那和尚起了慾心。那秃驢敗壞山門。傍人見了心不忿。送到官問你不應。要私和取下砂盆。砂盆擂了還打三十棍。告施主早發慈心。放了我念佛看經。保佑你福壽康寧。算來和尚孤單命。（詞林一枝）

紗窗外月正明。那張生月下等鶯鶯。一等等得更闌静。粉牆外站立張生。太湖石斜倚鶯鶯。紅娘遞柬傳書信。那張生跳過牆來。雙手兒摟抱鶯鶯。輕言細語低聲問。肯不肯見憐小生。我爲你死裡逃生。生生死死憂成病。（詞林一枝）

紗窗外月影清。秦樓盼見我的情人。人前懶堆烏雲鬢。鬢鬆鬆染病躭驚。驚幾個帶月披星。星前那有箇人來問。問神天我命遭坑。坑得奴獨守孤燈。燈前冷冷空愁悶。悶煎煎展轉難眠。眠思夢想在奴前面。面生少欠相思願。（詞林一枝）

紗窗外月影歪。山伯來訪祝英臺。寃家閃得我無聊賴。在杭州賣盡巧乖。今日裡訴出情懷。教人牽惹得相思害。想當初老實痴呆。誰猜你是個裙釵。這場瞞哄真奇怪。想前生分薄緣虧。今世裡不得和諧。生生再結同心帶。（詞林一枝）

紗窗外月影昏。我爲寃家半掩門。綉衾鴛枕安排定。等得我意懶心慵。向燈前撫會瑶琴。彈來滿指都是相思韻。在誰家戀着閑花。別得我冷冷清清。清清冷冷誰偢[四]問。也不是棄舊迎新。也不是負義忘恩。算來還是奴薄命。（詞林一枝）

臨行時扯住衣襟。問寃家幾時回程。要回直待桃花綻。這盃酒遞與心肝。雙膝兒跪在跟前。臨行囑咐千千萬。逢橋時須下雕鞍。過渡時切莫争先。在外休把閑花戀。得意時及早回旋。免使我受盡熬煎。那時方遂奴心願。（詞林一枝）

思罷了想。想罷了焦。寫下情書無人捎[五]。方才寫下賓鴻到。此封書寄與多嬌。一路上少把人瞧。書到就把相思害。你對他説黄瘦多少。再對他説我命難熬。相思害得無倚靠。來得早還與你相交。來得遲我命難逃。相思要好除非冤家到。（詞林一枝）

惱得奴是。怪得奴諛。我和你相交等待。誰來甜言蜜語將人愛。動不動就要丢開。説個明白。明明説了有何害。想當初曾與你好來。到如今情性更改。冤家有些蹊蹺。怪你説你惱。惱不上心來。你説你乖。誰又痴呆。冤家休把我做孩童待。（詞林一枝）

煙〔六〕花寨埋伏窩巢。綉房中刑部天牢。汗巾兒一似追魂票。破肉皮任你們燒。青絲髮剪了幾遭。燒剪都是催錢鈔。你説我笑裡藏刀。香茶啞迷虚圈套。有錢的是我孤老。無錢的兩下開交。有錢那管村和俏。（詞林一枝）

紗窗外月正圓。恨不得情人到枕邊。終朝爲你空留戀。空行下兩次三番。受盡了許多閑言。口兒不語心中厭。我與他兩下情真。到跟前不敢高聲。拳拳謹守娘親命。怎奈他手内無錢。受盡了許多熬煎。聲聲只把蒼天怨。（詞林一枝）

幾番間推他出門。心兒裡好不酸疼。冤家説我多薄倖。寄一封書啞迷傳情。明日裡少要來行。來時又惹媽媽恨。真心腸那有别人。我與你兩下情真。茶思飯想憂成病。（詞林一枝）

藥方兒寫得分明。望冤家逐一查清。如同妹子眼前問。吃黄連苦苦思君。服甘草想你温存。川芎活[七]血結成了相思病。知母親愛的金銀。顛檳榔撥霧開雲。萇蓉唤我柴胡進。這銀子若有黄芩。使君子茯苓長情。情長白芷包不盡。（詞林一枝）

按：右三首原合爲一曲，中間轉韻，兹據韻脚及文意分隔。

相思病病纏身。身似麻楷苦伶仃。叮嚀囑付早寄平安信。信難通雁杳魚沉。思念你忍氣吞聲。吞聲只把君身恨。恨當初差結姻親。親口兒誓不忘恩。恩親今已成孤另。

冷清清淚滴羅襟。羅襟上形跡留存。存心休惹得傍人論。（詞林一枝）

紗窗外月影開。乖親要去奴淚盈腮。臨行扯住衫和帶。囑付你早些回來。枕邊言切莫丟開。閑花野草休貪戀。戒指兒授送多才。悶來時留解愁懷。心猿意馬牢拴在。

程途上早早安排。旅店中休逞刁乖。夜眠少起怕風吹壞。好姻緣平白的分開。撇得奴孤枕難捱。冤家怎捨得你在天涯外。（詞林一枝）

紗窗外月影昏。只見才郎進院門。丫頭站立忙恭敬。入門來請號尊名。唤鴇兒連把茶斟。花言巧語相調戲。步房幃殺酒忙隨。那媽媽恐把銀催。眉來眼去都是連環計。

鐵心腸想得痴呆。枕邊言百事相依。良田萬頃都坑費。（詞林一枝）

紗窗外月影光。照在奴家在綉房。凄凄冷冷誰爲伴。想才郎痛斷肝腸。盼才郎淚洒千行。一時誰把冤家放。夢兒裡摟抱胸膛。醒來時獨守空床。薄衾單枕無倚仗。去

時節嫩柳成行。到如今菊老花黃。冤家來了才把相思放。（詞林一枝）

紗窗外月兒昏。奴爲親親伴孤灯。灯前悽慘誰偢問。問蒼天奴命何孤。棄負奴二八青春。春光滿眼都成恨。恨只恨一片真心。心兒裡無限離情。情真牽惹相思病。病沉沉暮想朝思。思量起舉目無親。親親誰想言無信。（詞林一枝）

紗窗外月影高。忽聽得秦樓品玉簫。簫中吹出凄涼調。調宮商盡是離愁。愁殺人寂莫無聊。聊將心事從頭告。告蒼天怎不由人。人別後水遠山遥。遥聽得孤雁天邊叫。叫丫環掩上東窗。窗兒裡灯滅灯消。消魂落魄誰知道。（詞林一枝）

妾命薄淚滿腮。獨自思量命裡乖。爹娘不幸將奴賣。怎不賣富室豪門。做丫環其受裙釵。如何賣在煙花寨。動不動就罵奴才。受盡了多少虧來。含悲怎敢將他怪。朝早起離了粧臺。繫紅裙站立花街。茶鹽柴米都是奴身。待遇知音强把顔開。接村郎不稱奴懷。虔婆只把錢財愛。奴本〔六〕是嫩蕋初開。怎禁他蝶去蜂來。愁雲怨雨心無樂。幾番悶跌綻綉鞋。正青春失陷塵埃。何時了却冤孽債。迷魂陣四下安排。陷人坑苦把人埋。有一日年邁顔衰。縱打扮不似初來。相交人我愛他他不愛。（詞林一枝）

紗窗外月正圓。争柰手内又無錢。受盡了多少虧來。傍人把奴多輕賤。幾番要撇下冤家。丟不開左難右難。聲聲只把蒼天怨。暗修書多拜上心肝。到明日少要來行。

行時又惹爹娘恨。（詞林一枝）

妾命薄淚滿眶。獨自悲啼情慘傷。萬般愁苦憑誰問。奴既有月貌花容。怎不生綉閣蘭房。如何流落在秦樓上。到早來把粉梳粧。整日裡站立門傍。飢寒飽暖誰倚仗。到晚來獨自歸房。老鴇〔九〕兒冷臉如霜。教奴怎把心兒放。受盡了賤語輕言。受盡了伴月凄凉。誰人痛我心兒上。受盡了冷冷清清。受盡了悽悽惶惶。人兒須有都是虛情况。不疼熱枉自思量。有錢來强要成雙。暫時摟抱在銷金帳。那人兒倚着多錢。他怎肯惜玉憐香。村頭村腦村模樣。本待要尋個知音。知音的鶖短拳長。無錢不把門兒上。每日裡思思想想。那有個接客心腸。何時填滿窮坑壋。無人處痛哭一場。叫不應養我爹娘。如何賣我在烟花巷。欲待要尋個無常。辜負了年少春光。回頭且把程途望。欲待要收拾從良。怕那人性氣不常。那時我在孤舟〔一〇〕上。本待要又戀烟花。細思量無底空囊。百年却把誰倚仗。奉勸你姐妹同行。趁青春急早從良。你牢牢緊記在心兒上。（詞林一枝）

寄封書啞迷傳情。俏冤家仔細思尋。離多會少憂成病。綫繫着十二個時辰。真心腸那有別人。茶思飯想懨了悶。想得奴悶了懨懨。害得奴骨瘦伶仃。靈丹妙藥難調性。斷頭香燒在前生。鴛鴦枕不得交成。長吁短嘆奴薄命。（詞林一枝）

紗窗外月影西。浄手焚香禱告神祇。雙膝跪在塵埃地。保佑我的人早早回歸。保佑我成就了夫妻。絳紅袍一領。還有猪羊祭。籤筒兒拿在手裡。賜靈籤早定歸期。求籤[二]發筈全不濟。我這裡常常念你。你那裡知也不知。這還是誰是誰不是。（詞林一枝）

紗窗外月影黄。只爲長江水渺茫。忽然又聽人歌唱。好姻緣不得雙雙。好姊妹不得久長。昏昏日日懸懸望。想只想我的親親。痛只痛碎裂肝腸。何日得同銷金帳。終有日等他還鄉。會見時再結鸞鳳。那時才把相思放。（詞林一枝）

紗窗外月影光。奴去後花園燒夜香。輕輕便把桌兒放。又恐怕牆外人張。又恐怕驚了爹娘。抬頭只把姮娥望。一炷香禱告穹蒼。保佑他早早還鄉。願郎早共銷金帳。焚罷香單入蘭房。聽簷前鐵馬叮噹。凄凄冷冷添愁怨。（詞林一枝）

紗窗外月影殘。忙叫丫環取過課錢來。對天慢把周易算。先卜的單上見拆。后卜的拆上見單。卦中許我目前見。猛聽得窗外人言。却原來是妙人兒心肝。卦中爻象無虛斷。喜孜孜滿面笑盈。並摟香肩。今宵才遂奴心頭願。（詞林一枝）

紗窗外月影昏。獨自寒窗半滅灯。灯前冷眼誰偢問。問青天奴命何辜。辜負奴二八青春。春光滿眼都成恨。恨冲冲一片痴心。心兒裡無限傷情。情真牽惹得相思病。

病沉沉坐想行思。思量起舉目無親。誰想你原無音信。（詞林一枝）

曾經害有時休。不似今番害得愁。無明無夜因他瘦。不由人意惹情牽。不由人常罣心頭。不由人常把眉皺。我愛你伶俐聰明。我愛你軟欵温柔。爲温柔把奴牽瘦。我與你死也不丢。我和你死也不愁。愁只愁你和别人厚。（詞林一枝）

按：右二曲原誤合爲一，兹正。

我與你兩下情真。在人前不敢高聲。拳拳謹守娘親命。幾番間要撇下寃家。綫繫了十二個時辰。茶思飯想憂成病。想得我昏昏沉沉。真情那有别人。口中不語心中明。那人兒没信音。害得我骨瘦伶仃。良醫妙藥難醫症。我若不死寫分明。藥味兒照様查清。即同小妹子靈神跟前問原因。誰想你的温存。服黄連苦苦思君。川芎活血結害了相思病。知母親愛的是金銀。懇檳榔撥霧見明。休把閑花戀。得意早回還。免得奴受盡熬煎。那時方稱奴心願。（詞林一枝）

按：此曲與前面「紗窗外月正圓」三曲曲文有互爲雷同、參雜拼湊的情況，這種現象在無名氏作品中時有。

【南越調山桃紅】〔三〕

大明一統錦華夷。萬國來朝會。八方進奉拜丹墀。正遇着豐年太平日。百姓每樂雍

熙。麥雙岐。鳳來儀。穀雙穗也。黎民堪羨産靈芝。路不拾遺。（詞林摘艷）

【南越調浪淘沙】

道　情

緑竹間青松。翠影重重。仙家樓閣白雲中。隔岸紅塵飛不到。水浸寒空。（群音類選）

此景與誰同。口口仙翁。素琴彈罷倒金鍾。笑傲煙霞無一事。明月清風。（群音類選）

一箇主人翁。住在靈宫。無形無影亦無踪。鐵眼銅睛觀不見。體似虚空。（群音類選）

出入不通風。天地難籠。被吾擒在藥爐中。運起周天三昧火。煅鍊真空。（群音類選）

我有屋三間。住在深山。四無牆壁堵遮攔。萬象森羅爲斗拱。瓦是青天。（群音類選）

不漏數千年。也是前緣。一朝功行滿三千。降得活龍伏得虎。方表神仙。（群音類選）

【南越調綿搭絮】

思　情〔三〕

當初奴愛你聰明。和你月底星前。吐膽傾心説誓盟。暗偷期。膽戰心驚。怕人瞧見。

掩耳偷鈴。本待要棄了你箇冤家。刀攪我心腹。教奴怎不害疼。（雍熙樂府）

誰想你另有了女裙釵。氣的奴似醉如癡。斜傍定幃屏故意兒猜。不明白。怎生丢開。

傳書寄柬。你又不來。你若還負了奴的恩情。人不爲仇天降災。（雍熙樂府）

奴家又不曾愛你錢財。只愛你個可意的冤家。知重知輕情性兒乖。奴本是朵好花兒。

園内初開。蝴蝶兒飡破。再也不來。我和你黑海般恩情。前世裏姻緣今世裏該。（雍熙樂府）

心中轉轉兩三翻。瘦損了香肌。茶飯上無心珠淚漣。好心酸。禱告青天。非奴輕賤。

也是前緣。怎下的抛閃了奴家。要和你離别難上難。（雍熙樂府）

當初奴愛你風流。共你剪髮燃香。雨態雲踪兩意綢。背親娘。和你情偷。怕甚麽傍

人講論。覆水難收。你若是負了奴真情。正是緣木求魚空自守。（雍熙樂府）

奴今爲你好没來由。又不曾圖覓了東西。寄柬傳書惹下愁。搥胸埋怨。滴淚含羞。

奴爲你枉躭了虚名。好似畫餅充飢枉用了謀。（雍熙樂府）

心中猶豫輾轉成憂。常言道女子癡心。惟有情人意不周。是我迎頭。和你情偷。鮮

花付與。怎肯干休。你如今另有知心。海神廟威靈把狀投。（雍熙樂府）

郎心奸詐。許久不來家。何處貪花。直恁疎狂虧負咱。眼巴巴。望遍天涯。教我慵

占龜卦。怕數昏鴉。早知是會少離多。悔不當初不見他。（南詞韻選）

這場春病。弱體未曾經。只爲多情。反被多情禁害成。恨難平。兩淚偷零。却怪良宵寂靜。獨守着殘燈。折倒得短嘆長吁。斜倚薰籠坐到明。（南詞韻選）

怨　別〔一四〕

自別郎面。閒阻又經年。想起從前。美滿恩情那樣堅。誓盟言。萬萬千千。你說無人知見。瞞不過青天。不爭你熱閃輕離。倒惹傍人作話傳。（太霞新奏）

【南越調霜天曉角】

炎光謝了。千朶奇峰巧。且喜新秋已到。風光好。暑潛消。（舊編南九宮譜）

【南越調鬬寶蟾】

夜無眠。笑姮娥獨在廣寒。照人間千愁萬歡。步蒼苔露濕金蓮。惜花殘。隨月邊。敢只是秦樓戀着管絃。惡姻緣非偶然。何日得跨青鸞。瘦龐兒和誰並肩。不由人珠淚漣。剪斷了連枝。分開並蓮。把鴛鴦一對雙雙拆散。謾把菱花擘破。何日再團圓。

香肌玉減。怎當得他多情相纏。幾番勉[一五]强傍粧奩。眉峰不轉。又聽得誰家庭院。奏着管絃。金樽斟琥珀。寶鼎玲瓏筵。一生辜負海棠院。（風月錦囊）

按：此曲與【鬭寶蟾】句式迥異。

【南商調山坡羊】

骨牌名

牺惶淚把錦裙襴濕遍。想冤家把柴[一六]米粟不戀。你在那裡魚遊春水。撇得奴如同折脚鴈。蘇秦背劍何日還。睇望月望得奴眼兒穿。許下奴觀燈十五。到如今十月應小春怎不見面。恨只恨揉[一七]碎梅花也。哎劈破蓮蓬何日再見[一八]。傷慘。緑暗紅稀流落在那邊。傷慘。一見了雙飛燕越交人熬煎。（風月錦囊）

藥名

想檳榔相思成病。寄杏仁一封書信。因何半夏白芷不見一張影。我爲你焚沉香叩茯神。我爲你使君子拜南星。指望當歸遠志。誰知甘草口改變做個黄連意。閃得我好似柴胡也。麥[一九]門冬請太醫。傷悲。倒把三棱針住我的大腹皮。孤栖。哎三黄湯交

奴怎的吃。思知。枳實茴香莫待遲。（風月錦囊）

藥名

姐姐聽朱苓一言訴與。怎忘你細辛恩義。怨只怨黄芪貝母道你另招了牽牛壻。惱得我氣川芎没藥醫。悶得我麻黄跳綻了地骨皮。又一見陳皮故紙。方表姐姐人參意。恨不得插翅飛來也。哎。知母防風不放離。傷悲。厚朴恩情你自知。休癡。待蓯蓉附子歸。須知。哎我把山坡羊訴與你。（風月錦囊）

無題

冰肌消瘁裙兒掩過。珠淚垂香腮拭破。重門半掩獨對着銀缸坐。見花稍月影多。那愁腸眉鎖鮫綃帳。俺勉强在牀兒上卧。聽盡殘更也。哎寂寞的那曾睡着。情多。哎情多恨也多。恩多。哎恩多怨也多。（風月錦囊）

月兒缺星兒不缺。花兒謝枝兒不折。月兒淡尚有星明。花兒謝尚有枝和葉。月似哥哥。花似那姐姐。兩下相思不得個妥帖。月兒缺還有個十五。花兒謝尚有個春三月。月缺花殘尚有歸期來也。哎相交的人兒豈無一個斷絶。傷嗟。哎且自沽酒賞花玩月。

（風月錦囊）

官　名

通判的無音無信。到如今憂〔二〇〕成疾病。請一位郎中參議。推官主事害了相思病。唉繡衣檢校紅。悶懨懨尚應了幾聲。猛聽得員外侍郎言語。連使梅香將他理問。梅香道門外都司行人來也。哎提舉起司獄心。陽丞。哎耽擱了幼年少卿。（風月錦囊）

離家自嘆

常言道人離鄉賤。虎離鄉善。蛟龍離大海。鳳凰落在鷄群伴。吕洞賓墜〔二一〕落在凡間。有誰人曉得他是神仙。夫子在陳絶糧七日。薛仁貴受盡了多磨難。休提起三百個古人來。離鄉人只在外邊傷殘。哎人離家到處又難。聽言。哎人善人欺惡被人嫌。聽言。哎在家千日好出路半朝難。（風月錦囊）

月在天邊雲黯。人在招商旅店。鴈爲群失楚。人爲財不把家鄉戀。鴈爲食飛在他方。人爲財抛離在外邦。鴈無食不把翎毛去整。人無財做不得風流漢。鴈思江展翅騰空來也。哎人思鄉千難萬難。傷慘。哎鴈與人總是一般。常言。哎鴈飛不到處。人爲

利名牽。（風月錦囊）

無　題

自恨五行不通不至。受了人無端之氣。好一似龍遊淺水魚蝦每都來相調戲。虎落平陽被着犬欺。退毛鸞鳳不如鷄。有朝一日虎歸山鳳歸巢龍歸滄海。那時節整翎毛露頭角現牙爪。方顯的是英雄志。貧富由天誰能料己。聽知。哎要量人先度自己。聽知。哎苦盡甘來泰生否極。（風月錦囊）

好花兒又被强風吹落。好恩情反將仇報。好人兒相交去了。好靈鵲飛在山林裏叫。好山兒嘆嶺高。好水兒終歸海潮。好風兒無縱無影。好月兒又被烏雲罩。似這等好事難成也。哎好姻緣不能湊巧。聽着。哎正好燒香又被廟門兒閉了。聽着。哎正好撫琴又被絃兒斷了。（風月錦囊）

姐姐似釣魚人在釣臺上行坐。小兄弟好似遊魚兒在水面上遊卧。你把垂鈎放下。鈎兒上搭着一塊甜滋味。遊魚兒遊得肚飢。近前來吞在口裏。到如今吞不得吐不出牽腸割肚。神鈎搭住在心肝肺。本待要吐出神鈎也。哎捨不得甜甘甘香馥馥一口食。聽知。哎遊魚似我垂鈎似你。聽知。哎啞子吃黄連苦在心裏。（風月錦囊）

鴛鴦鏡塵埋了難照。鳳凰簫風吹了別調。妙人知他那裡瘦損了潘安貌。五更鼓幾點敲。一寸心倒有百樣焦。幾時再得和他戲耍。摟抱着花枝笑。從不曾受過這樣淒涼也。哎好姻緣難湊巧。聽着。哎相思擔兩下裏挑。今宵。哎燈盡了情難盡。香消了恨未消。（風月錦囊）

孤鴈兒你在半空中哀怨。孤人兒在繡房中嗟嘆。孤雁兒也叫得悲悲切切。孤人兒哭得肝腸斷。孤鴈兒叫得可憐。孤人兒怎不悲怨。孤鴈兒到晚來落在孤林中來也。孤人兒只在孤枕上嘆。傷慘。想那孤鴈兒和那孤人兒一般。傷慘。哎幾時守得那孤鴈兒成雙。和那孤人兒團圓。（風月錦囊）

青銅鏡隔窗兒難照。上水船急慌忙不到。他那裡傳書寄柬。書到人不到。到如今把俺拋。好夫妻不能湊巧。我欲待提名兒罵你。又恐怕人知道。交我好似刀割心腸也。哎如同在那火上燒。心焦。哎翻來復去睡不着。難熬。哎過了今宵又怕明朝。（風月錦囊）

姐姐生得嬌態。比楊妃真個無賽。椒子眼兒鬢堆鴉。櫻桃小口誰不愛。羅裙又被風閃開。露出一雙紅繡鞋。不由人見着越愛。勾得〔三〕人魂不在。幾時得和他共枕同衾也。哎許下三牲共拜着玉臺。哀哉。哎莫不是玉天仙降下來。（風月錦囊）

小丫頭誰人不愛。長大時成人作怪。在娘的牢看生子。子得你身在心不在。好一似牆裡花去牆外開。牆外花誰人不採。你又不是風吹雨洒。自己要把名兒壞。好似路柳牆花也。哎路柳牆花人人折採。傷哉。哎都因上梁不正下梁歪。（風月錦囊）

兩情濃銷金帳裡鏖戰。一霎時魂靈兒不見。我和你波翻浪滾香汗交流。淚滴一似珍珠串。枕頭兒不知歪〔二三〕在那邊。烏雲髻散了亂挽。一霎時雨收雲散。舌尖兒一似冰冷□。雙手摟抱心肝來也。哎似睡不睡朦朧閤〔二四〕眼。心肝。哎一個昏昏一個氣喘。心肝。嗏。哥哥腰痛小妹子腰酸。〔二五〕（風月錦囊）

新增吕蒙正遊羅漢堂〔二六〕

剪鵝毛雪花片片。受飢寒千磨百難。沖寒步入梨花院。五百僧儀容端相好威顏。又見諸尊菩薩各莊嚴。〔合〕鐘聲喨。悶轉添。困龍何日得昇天。（風月錦囊）

文殊普賢

自慘然。左有文殊右普賢。猱獅白象雙巍生。金馬何曾花我言。〔合前〕（風月錦囊）

觀音菩薩

轉廊西。低頭無語拜觀音。觀音菩薩雲端現。玲瓏寶塔碧波漓。〔合前〕（風月錦囊）

失志菩薩

自慘悽。忍〔二七〕飢受凍見失志。失志菩薩端然坐。□單凍煖好難過。〔合前〕（風月錦囊）

彌陀菩薩

自嗟哦。低頭揾淚拜彌陀。阿彌陀佛真經色。四十八願度衆生。〔合前〕（風月錦囊）

諸天菩薩

自俄然。看看到此拜諸天。諸天菩薩念我寒儒苦。如願功名便登先。〔合前〕（風月錦囊）

合龍祖師

好威嚴。一顆明珠也會别。龍蛇形象甚威儀。岩前説法虎皈依。〔合前〕（風月錦囊）

對月看經

身穿百衲衣。手執經書看不批。〔合前〕（風月錦囊）

銑耳禪師

聽盡靈山鐘鼓聲。如今流落在人間。〔合前〕（風月錦囊）

長眉祖師

好長眉。眉髮鬚長不過膝。〔合前〕（風月錦囊）

梁武帝

去髮留鬚除煩惱。如願家正早登仙。〔合前〕（風月錦囊）

彌勒菩薩

彌勒菩薩笑嘻嘻。一包行囊附與伊〔二八〕。〔合前〕（風月錦囊）

寒山拾得

出山〔二九〕門。左有拾得右寒山。寒山拾得兩頭陀。朝朝無語笑呵呵。凡人笑你無了日。你笑凡人災瘴多。〔合前〕（風月錦囊）

按：右十三首原刻本曲牌作山坡羊，然句式不合。

李開先云：妓有年頗長而假作少者，子弟輩以一山坡羊譏之。以其出韻，止録數句。

嘗記得老彭祖。滴溜着洒跋𨆶。就在你家行走。誰知你是一個織機梭兒。一包穗都在裹邊。難言。心坎裏埋伏着一萬把殺人不睒眼的刀山。詳觀。眼角旁斜掛着一領捏褶子的人肉布衫。（詞謔）

李開先云：市井艷詞百餘，予所編集，中有改竄且多全作者。只録三山坡羊，三鎖南枝，一即李、何所愛者。餘悉此類，不相上下，似出一人之手云。

你性情兒隨風倒舵。你見識兒指山賣磨。這幾日無一個蹤影。你在誰價家裏把牙兒嗑。進門來牀兒前快與我雙膝兒跪着。免的我下去採你的耳朵。動一動就教你死。那一那惹下個天來大禍。你好似負桂英王魁也。更在王魁頭上壘一個兒窩。哥哥。

一心裏愛他。一心裏愛我。婆婆。一頭兒放水。一頭兒放火。（詞謔）

熬這頂鬏髻如同熬紗帽。想這紙婚書如同想官誥。聽的人家來通媒行禮。患病的得了一貼靈丹妙藥。福分薄。纔有幾分成。又早把卦來變了。好似做官的得了陞轉。原來是虛傳了一個通報。花朵身子一年大似一年㗽。只恐怕弄的我有上稍無下稍。我的娘你試聽著。這件事靠不的哥哥。告訴不的嫂嫂。我的娘你再聽著。生不的娃娃。誰叫你老老。（詞謔）

熨斗兒熨不展眉尖摺皺。竹掤兒掤不開面皮黃瘦。順水船兒撑不過相思黑海。千里馬兒也撞不出四下裏牢籠扣。俺如今吞了倒鬚鈎。吐不的嚥不的何時罷休。奴爲你夢魂裏撾破了被角。醒來不見空迤逗。淚道也有千行㗽。恰便似長江不斷流。休休。閻羅王派俺是風月埸行頭。羞羞。夜叉婆道你是花柳營對手。（詞謔）

題　情〔三〇〕

一點芳心拖逗。兩葉眉兒頻皺。前春病了今春又。心暗羞。朱簾懶上鈎。菱花也笑我因誰瘦。只爲你寃家教人出盡醜。風流。凝粧上翠樓。休休。黃花蝶也愁。（南宫詞紀）

贈妓鏡兒

鏡兒鏡兒你是個響丁當的材料。這幾日昏了你不把我來照。見了你不由人不把你架起。借你的輝光。添我的容貌。我惱時與你同惱。我笑時與你同笑。每日間在我胸堂兒前磨過了幾遭。我怎肯把你大氣兒呵着。我怎肯把你腦背後丢了。聽着。不改臉的終須是好。聽着。若明白與你團圓到老。（南宫詞紀）

【南商調水紅花】

憶 舊

弓鞋襪小步難行。盼田程。佳期將近。佳人才子整前盟。儘今生一夢永定。再綰合歡羅帶。終久兩同心。休得要有别情也囉。（詞林摘艷）

兀良一黛遠山青。晚風輕。長天如浄。呀呀寒鴈叫了兩三聲。蓼花汀黄蘆相映。向這白蘋舟畔。一點打魚燈。碧熒熒半籠明也囉。（詞林摘艷）

憶昔歌舞宴樓臺。會金釵。風光還在。思之對酒看書齋。命多乖。歡娱難再。母親知他何處。尊父阻隔天涯。不能勾千里故人來也囉。（詞林摘艷）吟題詩句那才能。甚聰明。模樣實峥。先王之道美家風。禮之用宋玉神興。怎不交人成病。便做鐵石人。心疼不過俺中人也囉。（詞林摘艷）

【南商調金絡索】

四景閨情

東風妒物華。白糝紅飛下。蝶抱花鬚。不放香飄謝。恨才郎薄性兒。不思家。一似風颭遊絲難按拏。愁來添上愁兼病。半是傷春半恨他。從别後。容光減却臉邊霞。一任風捲楊花。雨打梨花。狼籍了荼蘼架。（群音類選）

薫風弄帳紗。展簟槐陰下。紈扇停摇。水閣涼瀟洒。見池塘水淺深。翠屏遮。幾柄紅蓮又吐葩。看雙飛雙倚鴛鴦鳥。我隻影孤形怎及他。從别後。碧筒誰共吸流霞。辜負了映日榴花。向日葵花。空對着人孤寡。（群音類選）

西風送落霞。黄葉瀟瀟下。露冷芙蓉。憔悴難禁架。怪絲絲雨又來。洒窻紗。撩亂柔情似落麻。朝來獨自開香篋。寒到奴身憂念他。從别後。鳳釵落盡鬢雲霞。我爲

他瘦似黄花。羞對菱花。眉淡了無心畫。（群音類選）

朔風寒倍加。十二簾垂下。暗擲金錢。更卜箇龜兒卦。相思與夢魂。遶天涯。路阻藍關未到家。危樓獨上憑闌久。只見密布彤雲不見他。從别後。窻前幾見放山茶。不覺梅又開花。雪又飛花。越越的添幽雅。（群音類選）

【南商調梧桐樹】

花初綻怕風篩。怎禁奈蜂蝶戲採。又被沾衣露珠。冷浸羅鞋。怕青春去後不再來。因此上獨步芳街。緩行過湖山。玉纖輕摘。（詞林摘艷）

【南商調琥珀貓兒墜】

燒香娘娘

天災神禍。打你大巴掌。誰許你胡言亂主張。我今立意要燒香。無狀。再開言教你滿身青胖。（山歌）

【南商調聯字山坡羊】

山盟咒海誓咒和你齊心發咒。你依舊我依舊盟兩個休得要忘舊。情兒長意兒長相交人兒都要長遠。到如今害得我身子瘦香肌瘦伶俐瘦。行裏想坐裏想幾番間念想。從別後自別後那一日不望你到黃昏後。潮長流水長流晝夜長流。幾時守得鸞成雙鳳成雙人兒都要成雙來也。愁好收悶好收淚珠兒也難收〔三一〕。丢〔三二〕愁好丢悶好丢情意難丢。（風月錦囊）

心焦燥意焦燥情兒焦燥。想他到盼他到不見他來到。今日哄明日哄逐日來哄。千推調萬推調百般推調。秦臺高楚臺高陽臺又高。會藍橋阻藍橋水溢藍橋。知他在長春院富春院麗春院裏。朝歡暮樂與誰人歡樂。我這裡寫迴文織迴文遇寄迴文來唲。門〔三三〕多嬌別多嬌盼望殺多嬌情薄唲。長等着短等着耐心兒等着。（風月錦囊）

似這等思難斷情難斷淚珠兒不斷。似這等愁無限悶無限相思無限。我如今過一日數一日強捱了一日。我爲你茶難咽飯難咽諸般難咽。好姻緣反做惡姻緣。也是我對蒼天□蒼天都做了離恨天。他那枕兒冷被兒冷房兒中清冷。我這裡把珠幃開一扇掩一扇□□。山〔三四〕望天山做了海誓山。情牽想幾番念幾番嗟嘆了幾番情牽。孤自單獨自

單也是我命裏單。（風月錦囊）

一更裏關大王看春秋獨行獨坐。二更裏孝王祥獨眠獨臥。三更裏崔鶯燒夜香盼張生千思萬想。四更裏李三娘磨房中捱不過五更。五更裏似陳摶方纔睡着又被鄰雞驚醒了。我恰纔做個團圓夢兒。夢見我的親親倒在懷裏臥。□得我腳手齊權也醒來爬時候住了被窩。我的哥哥。你麼夢中還來哄我。我的哥哥。呂洞賓過黄河一尺水分做了兩丈波。（風月錦囊）

〔一〕「誓」，原作「擔」。

〔二〕「跪」，原作「脆」。

〔三〕「祇」，原作「祈」。

〔四〕「偢」，原作「愁」。

〔五〕「捎」，原作「稍」。

〔六〕「煙」，原作「胭」。

〔七〕「活」字原奪。

〔八〕「本」，原作「不」。

〔九〕「鴇」，原作「媽」。

〔一〇〕「舟」，原作「洲」。

〔一一〕「簸」，原作「阡」。

〔一二〕此曲盛世新聲、盛世詞林亦收。

〔一三〕此題第二、三、五、七首，金瓶梅詞話亦録。

〔一四〕此曲南詞韻選亦收，無題。

〔一五〕「勉」，原作「免」。下同，不另注。

〔一六〕「柴」字原奪。

〔一七〕「揉」字原奪。

〔一八〕「見」字原奪。

〔一九〕「麥」字原奪。

〔二〇〕「憂」字原奪。

〔二一〕「墜」，原作「追」。

〔二二〕「勾得」二字原奪。

〔二三〕「歪」字原奪。

〔二四〕「閤」，原作「磕」。

〔二五〕以下疑有訛奪。

〔二六〕「堂」字原奪。

〔二七〕「忍」，原作「認」。
〔二八〕「伊」字原奪。
〔二九〕「山」，原作「三」。
〔三〇〕此曲新編南九宫詞無題，注「新詞」；南詞韻選無題，不注撰人。
〔三一〕「難收」原作「收難」。
〔三二〕「丢」字疑衍。
〔三三〕「門」，疑作「問」。
〔三四〕「山」字前當脱兩字。

【南商調黄鶯兒】

月冷夜風寒。想征人已渡關。帛書難寄南飛鴈。空令腸斷。頓覺淚漣。眼睁睁。望不得天鴈遍。（風月錦囊）

攜手並香肩。鎮晨昏倚畫欄。笑迎花面春風軟。金釵半折。銀缸初綻。淚汪汪。怎覓得飛鴻轉。（風月錦囊）

新　婚

扳桂步蟾宫。慶長空萬里風。飄飄兩袖天香噴。知他在醉中。知他在夢中。嫦娥親

把羅衣送。謾從容。雲生足下。高折狀元紅。（風月錦囊）

一笑喜相逢。似嫦娥下月宮。丹山念夜鸞求鳳。天台路通。巫山簇峰。柳稍露滴花心動。正情濃。鴛鴦枕上。又被五更鐘。（風月錦囊）

離　別

難別意中人。默默無語珠淚零。匆匆話別情難盡。君今遠行。何日轉程。遇鱗鴻早寄一封信。再叮嚀。山盟海誓。休忘却舊時情。（風月錦囊）

離別苦匆匆。難割捨兩情濃。綢繆恩愛如山重。愁懷千種。離懷萬種。休將往事如春夢。去匆匆。今朝遠別。何日再相逢。（風月錦囊）

拜月四首

拜禱月兒高。把心香對月燒。危途骨肉真難保。豺狼怒號。災來怎逃。霎時間迷却邯鄲道。路迢迢。婦姑兩處。腸斷可憐宵。（風月錦囊續編）

拜禱月兒圓。望長空愁黯然。兒夫一別風箏斷。蕭條故園。烟塵塞垣。如今悔却封侯願。告蒼天。抛家傍路。何日太平年。（風月錦囊續編）

拜禱月兒明。嘆愁來白髮生。紅顏自古多薄命。芳心早驚。柔腸亂縈。菱花自弔孤鸞影。塞鴻鳴。音書難寄。怎能彀到邊庭。（風月錦囊續編）

拜禱月兒斜。被空山樹影遮。孤村畫角悲長夜。兒夫久別。奴身還涉。白頭慈母無依籍。恨重疊。鴛鴦舊侶。怎能彀再歡悅。（風月錦囊續編）

情人送別四首

離別了便登程。路途中須小心。晚些在舡誰瞅問。你若還到京。緊要捎搭一封平安信。好傷情。淚垂眼衮。難括捨有情人。（風月錦囊續編）

離別呼我對誰說。你去也有三五個月。真心去也路途中早歇。野草閑花休惹。好傷切。陽關兒咫尺。斷腸人送。斷腸人別。（風月錦囊續編）

思量叫我好傷懷。好夫妻生拆開。這場離緒深似海。我思量没擺。你在京不知與誰歡愛。好傷懷。把歸期數。又不知甚日回。（風月錦囊續編）

盼望我眼兒花。盼望情人不到家。行眠立坐心牵掛。魂夢中見他。交奴説不盡離情話。淚如蔴。愁懷怎解。盼望殺俏寃家。（風月錦囊續編）

又

吹遍柳條青。向遊人拂面輕。南池摇動荷花柄。與明月並稱。落殘紅滿庭。浮萍來往飄難定。透窗櫺。愁人側耳。嘹峭不堪聽。（萬花小曲）

解語似知音。錦重重滿上林。何勞羯鼓相催甚。對緑蟻滿斟。遇佳人稱心。嬌容端的欺潘沈。緑陰陰。蜂喧蝶嚷。買盡洛陽金。（萬花小曲）

蝶翅舞交加。党將軍受用殺。騷人呵手評詩話。鄭元和怨他。孟浩然喜踏。陶公稱賞茶鐺下。剪梨花。瓊樓玉宇。何處辨天涯。（萬花小曲）

四海共嬋娟。配清風作二賢。佳人愛爾渾忘倦。將冰輪比圓。把蛾眉比彎。溶溶色滿梨花院。向窗前。尋常一樣。清影對愁眠。（萬花小曲）

題情

金殿鎖鴛鴦。碧梧桐棲鳳凰。往常間和那俏書生賡和在樽席上。寶鼎焚篆香。金波泛玉觴。我只見醉醺醺揮染在高堂上。細端詳。看了這龍蛇翰墨。心兒裏盼才郎。

（雍熙樂府）

粉面膩殘粧。展鮫綃挹淚行。恨只恨俏冤家一去了無情況。統鏝的是巨商。愛錢的是俺娘。將一箇販茶客揣與同鴛帳。細思量。又不是七夕牛女宿。怎生教配才郎。（雍熙樂府）

想象賦高唐。統金珠賺我娘。只因他愛錢精抛棄我在茶舡上。那江水渺茫。這風浪怎當。我只見浪滔天驚諕的我魂魄喪。好愴惶。常言道好花嫩蘂。都輸與富家郎。（雍熙樂府）

月夜晚風凉。捧琵琶撥悶腔。他將這販茶舡撑入在蘆花港。這壁廂是豫章。那壁廂是大江。驀然見俏書生端坐在鄰舡上。細思量。恨不的脇生兩翼。飛騰的奔才郎。（雍熙樂府）

相　思

因爲你減容顔。不能勾共枕眠。何年得稱平生願。俺這告天。告青天可憐。但合眼夢見在根前現。淚漣漣。不茶不飯。相思病來纏。（雍熙樂府）

相思病來纏我。有靈丹治不可。要好除是舌尖唾。心兒裏想他。口兒裏念他。怎能勾同床共枕和衾卧。淚如梭。牽牛織女。生隔在天河。（雍熙樂府）

生拆散燕鶯期。無人處珠淚垂。使碎心腸成何濟。一時間想起。昏迷了半日。急煎煎刀絞心肝肺。有誰知。人死心還在。忘不了有情的。（雍熙樂府）

心間事有誰學。好姻緣不湊巧。一天怨恨誰知道。心兒裏想着。口兒裏念着。不能勾同床共枕同歡樂。淚滔滔。馮魁使鈔。拆散鳳鸞交。（雍熙樂府）

四時

春來呵景物妍。鬬濃芳偏醉眼。十分春色收拾遍。買笙歌幾錢。吟花鳥數篇。看門前紅雨溪花泛。儘盤桓。學醉仙懶仙。終日家任風顛。（雍熙樂府）

夏來呵景物稠。柳陰中頻搔首。採蓮池上人依舊。戀沙間野鷗。愛江干釣鈎。看鴛鴦浴雨浮緑皺。儘優游。醉深甌淺甌。終日家任風流。（雍熙樂府）

秋來呵景物荒。正梧桐夜露凉。北窗閑煞陶元亮。賞黄花晚香。醉白衣酒漿。眼中不看卿和相。儘徜徉。拖衫長袖長。終日家任風狂。（雍熙樂府）

冬來呵景物凋。正六出花亂飄。秦樓謝館胡喧鬧。滴珍珠小槽。炙紅雲錦羔。醉來不管嗔和笑。儘粗豪。倚輕腰細腰。終日家任風騷。（雍熙樂府）

三　元

科舉稱槐黃。占秋風姓字香。桂花開放成三樣。變化瑞祥。風清月朗。吴剛一斧和根放。好文章。人人鑒賞。魁顯得解元郎。（雍熙樂府）

側陋喜名揚。好英雄入試場。春來三月桃花放。變化異常。鸞騰鳳翔。早施霖雨蒼生望。好文章。萬人頭上。魁顯得會元郎。（雍熙樂府）

國士更無雙。掃虹霓萬丈長。萬言策奏君王上。瓊林宴張。恩榮故鄉。名揚丹陛鴻臚唱。好文章。翰林氣象。魁顯得狀元郎。（雍熙樂府）

重　陽

佳節值重陽。喜晴明景物良。正宜載酒同遊賞。黄花路傍。西風鬢傍。效孟嘉落帽在龍山上。謝匆忙。賁登臨大象。沉醉了又何妨。（雍熙樂府）

沉醉了又何妨。且開懷樂一塲。天高雲淡時清爽。幽菊正香。村醪又香。效淵明醉倒在東籬上。慢悲傷。折腰飄泊。赢得鬢如霜。（雍熙樂府）

赢得鬢如霜。嘆功名紙半張。不如對景相酬暢。遥山珠光。晴川映光。效宋公戲馬

在江樓上。細思量。百年渾醉。三萬六千塲。（雍熙樂府）
老子且疏狂。笑浮生空自忙。蕭騷景物多佳況。雛雞正黃。香橙又黃。效滕王會飲
在高堂上。細評量。榮枯有命。老子且疏狂。（雍熙樂府）

旅店雨懷

夜雨滴空堦。聽聲聲到客懷。夢回孤枕愁無柰。風寒怎捱。離情怎擺。想家鄉遠隔
在雲山外。悶難排。更長漏永。無復到陽臺。（群音類選）
風雨阻歸舟。柰舟中有客愁。無端風雨聲狂驟。聽風聲在樹頭。送雨聲到枕頭。把
一場愁悶都驚覺。悶無聊。翻來覆去。厭聽雨瀟瀟。（群音類選）
厭聽雨瀟瀟。雨纔收雪又飄。把江山頃刻聊遮罩。望前程路遥。盼家鄉遠抛。幾多
離思縈懷抱。悶無聊。見舟人報道。壓壞了舊蓬茅。（群音類選）
壓壞了舊蓬茅。聽舟人胡嚷鬧。怨天公做作真難料。風兒又亂撓。雪兒又亂飄。柰
風寒雪冷船難棹。好蹊蹺。似撒鹽舞絮。遍地洒瓊瑤。（群音類選）

嘲村婦

村婦入城來。鬢鬅鬆鬏髻歪。搽胭抹粉喬作怪。錫環子傻白。銅簪兒密排。野花亂

往頭上戴。大花鞋。不寬不窄。堪可做挨牌。（詞謔）

弄　猴

終日穿長街。大皮鞭怎的捱。學成本事人前賣。賣將過來。成功唱彩。箱中鬼臉輪着帶。把鑼摁（雜字音篩）。街坊烘動。兒女鬧咳咳。（詞謔）

題副净

粉嘴又鬍腮。墨和硃臉上排。戲衫加上香羅帶。破蘆蓆慢躧。皮爬掌緊擺。磕爪不離天靈蓋。打歪歪。攙科撒諢。笑口一齊開。（詞謔）

題　旦

換卻舊身材。綰鴉鬟插鳳釵。筵前強作妖嬈態。把湘裙蹙開。那裏是繡鞋。一雙闊履難遮蓋。漫疑猜。曾將玉樹。移向後庭栽。（詞謔）

李開先云：偶得皆來韻黄鶯兒三曲，聲調俱不過人，兼上字不用平聲。時方編捏詞謔，因採入之。

嘲妓

假訂百年期。放甜頭他自迷。金刀下處香雲墜。你繫我的。我繫你的。青絲一縷交纏臂。又誰欺。頻施巧計。只落得頂毛稀。右剪髮妓。（南宮詞紀）

脱珥勸君收。見潘安果滿投。賈香暗裏歸韓壽。得留便留。得偷便偷。願郎憐妾休嫌醜。算牙籌。花來花去。強半買風流。右貼物妓。（南宮詞紀）

半額翠蛾揚。笑東施柳葉蒼。春山兩座如屏障。刀剃了又長。線絞了又長。萋萋芳草烟波漲。試晨妝。濃施青黛。羞殺那張郎。右重眉妓。（南宮詞紀）

兩岸草萋萋。到桃源路更迷。遊絲繚繞朱門閉。蒙茸怎披。綢繆怎窺。一番雲雨和黏膩。似玄妃。蘭湯浴罷。帶雨黑簑衣。右叢毛妓。

小卒戴兜鍪。跨雕鞍罩玉鰍。磨臍只向心兒透。雄的下頭。雌的上頭。地天泰卦中間輳。意綢繆。雨中破傘。水傍柄兒流。右倒澆妓。（南宮詞紀）

富貴待如何。且安心何不可。眼前光景如流過。蓋一座小窩。將紅塵暫躲。粗衣淡飯繩牀臥。自蹉跎。心兒裏定妥。再不必論其他。（南詞韻選）

知足的且粧憨。落便宜休放膽。功名不是輕擔的擔。既無才不堪。把痴心少貪。沒來由枉惹人拖賺。且粧憨。好合好散。退一步也心甘。（南詞韻選）

春病苦懨懨。怕飛花不捲簾。一身常把淒涼占。繡針兒懶拈。茶飯兒怕沾。業相思應是前生欠。數春纖。閒愁一點。心上與眉尖。（南詞韻選）

勸 世

世事轉頭空。笑痴人不大懂。每日家不肯把頭縱。利和名只兩宗。是和非到百種。苦巴苦拽的沒些縫。且從容。窮通有命。也不必靠家兄。（太霞新奏）

舞 妓

長袖亂飄揚。舞春風滿畫堂。陽阿激楚輕盈樣。銀筝鬧塲。綵繩綴梁。金蓮倒蹴鞦韆上。力趫鏘。纏頭無錦。身有汗如漿。（黃鶯兒）

教 妓

私語若蜂糖。軟尖刀賺斷腸。私情暗地無空放。上頭這椿。生辰那椿。一年五次纔

停當。派差忙。計行苦肉。剪刺與燃香。（黃鶯兒）

駝　妓

背聳肉山尖。儼僧尼向佛參。磨兜頭屈肩窩畔。迎郎太謙。送郎太謙。春郊拾翠偏方便。雨雲酣。枕邊繡褥。漸漸壓成潭。（黃鶯兒）

瘦　妓

弱質不勝衣。乍臨風體欲飛。羅襴寬褪疑無髓。花容半衰。柳腰半摧。硬巴巴被裡添枯鬼。忒清癯。亭亭骨立。堪作沈郎妻。（黃鶯兒）

逃　妓

蕩性總難馴。約更闌潛出門。那人期在津頭等。怕的門兒有聲。愁的鷄兒早鳴。弓鞋浥露行難進。笑文君。相如去也。兀自動琴心。（黃鶯兒）

肥　妓

縮頭脹彭亨。步蹣跚喘風迎。半窗遮却梧桐影。蹄兒百觔。肚兒百觔。牙床壓倒頻

頻整。肉卿卿。除非彌勒。方認是輕盈。（黃鶯兒）

偷 妓

佯説被風傷。搗些姜入滚湯。出房踐約凉亭上。梧桐隱光。草茵軟穰。花陰權當紅羅帳。不須忙。繇君盡興。有酒夢偏長。（黃鶯兒）

富 妓

峻宇且雕牆。有金釵十二行。山肴海錯排方丈。嘉賓滿堂。奉笏捧觴。輕敲檀板低聲唱。這鋪張。迷魂陣勢。享用僭侯王。（黃鶯兒）

按：「錯」，原作「蜡」。

饞 妓

對案便唾涎。筋頭兒不住拣。秦樓最喜頻開宴。肥猪喫得半邊。肥羊喫得一牽。舞腰那怕難胡旋。願蒼天。今生有幸。飽死肉山邊。（黃鶯兒）

矮妓

螺髻綰宫粧。尺五裙掃地長。兩層高低歪纏上。僬僥共房。侏儒配雙。床閒半段偎衾帳。枕邊廂。風情不減。縱矮有何妨。（黄鶯兒）

盟妓

花下禮三星。縱無情似有情。雙雙歃血神明證。疤燒在左肱。名刺在右肱。香雲各剪膠纏定。也難憑。瓣香未燼。門外又迎新。（黄鶯兒）

按：「縱」，原作「總」；「瓣」，原作「辦」。

者妓

扭捏做行藏。請三番不出房。半真半假粧模樣。酒推怕嘗。餚推懶嘗。鍋前冷飯將茶盪。好肥羊。明朝時退。饞口枉思量。（黄鶯兒）

瘡妓

玉體遍成瑕。歎紅顔變黑麻。眠來坐起多尷尬。痒時手扒。疼時藥搽。暗中只把冤

家罵。筭香疤。縱然人愛。焉得滿身花。（黄鶯兒）

按：「縱」，原作「總」。

醜　妓

生就靣皮黄。厚胭脂不耐粧。無鹽嫫母争些像。床眠半張。淚傾兩行。媽兒要打無錢棒。問穹蒼。蛾眉螓首。何不遣爲娼。（黄鶯兒）

瞽　妓

自小把明傷。幸師傳伎倆長。琵琶簫管兼清唱。安家口糧。棲身賃房。諸般盡靠奴身上。講詞場。百家小説。戰國與殘唐。（黄鶯兒）

優　妓

伎倆無青衫。怪花奴忽有髯。梨園并做勾欄院。這一兒也不能。賭色兒也不能。兩般風月伊都占。假粧男。三年五載。半句未成聲。（黄鶯兒）

售　妓

緘怨別恩娘。賤紅顏已半中。乜斜雙眼銀波湧。歌兒兩行。愁懷萬椿。此回羞換香肩聳。鬢雲鬆。石榴裙上。重拆舊衷腸。（黃鶯兒）

病　妓

春病獨眠床。戀風情惹禍朝。陽臺一倒何時覺。莊周賣裳。買茶備湯。媽媽還罵那知曉。曙光摇。纔臨粧鏡。快起傍門牆。（黃鶯兒）

貧　妓

眉鎖鬱難開。布爲裙荊作釵。紅羅帳裏鍾馗臥。鼎鐺的不來。許米的不來。來的幻就無鹽婦。插牙梳。似崐風雪。誰伴飲茅柴。茅柴吴白酒名（黃鶯兒）

按：「釵」，原作「膚」。

貪　妓

只要物兒多。便村郎没奈醒。情人箇箇忘名姓。抹牌行兒也兼。那一行兒也兼。猜

謎只把秋波睁。教彈箏。叔敖渾似。但露足纖纖。（黄鶯兒）

醉妓

桃暈兩腮烘。軟腰肢如病蒼。依然又送刀山上。淚珠意慵。舞兒意傭。倡人漫把新衾帳。舊情郎。還來尋訪。翻污吐花紅。（黄鶯兒）

睡妓

春夢海棠嬌。錦重重混暮殀。誰來倸倸空惆悵。典衣半宵。陳將半宵。鄰鷄唱罷喬粧樣。懶花娘。無柴無米。尚朦着眼兒稍。（黄鶯兒）

黔妓

嫫母恁般烏。炭爲拳漆染釵。飢寒減却傾城色。許柴般耳朵。烟囱般鼻窩。墨池却又催還債。實堪哀。蓬門崘初月。一片出玄都。（黄鶯兒）

按：「朵」，原作「孕」。

拙妓

蠢物太懵鈍。做衏家全不何。少年兀自尋窠座。是石崇也接他。是范丹也接他。生辰一月三迴做。你知麽。迷魂太歲。不怕鄭元和。（黄鶯兒）

毬妓

圓社約尋芳。展花前蹴踘場。弓鞋踢打強靴壯。搽頭不傷。下頭慣張。鎖腰懸腿都停當。汗羅裳。貪眠到曉。無意多情郎。（黄鶯兒）

按：黄鶯兒一卷「嘲妓」四十首中之十一首（孕妓、長妓、麻妓、眇妓、跛妓、禿妓、鑽妓、妬妓、癡妓、航妓、老妓），南宫詞紀題作孫百川撰。兹已輯於孫樓卷中，此不重出。

村妓

茅屋學鉛華。髻丫邊插野花。田郎箇箇拖來耍。溪邊浣紗。丘中種蔴。三升麥子真高價。這嬌娃。吴城香刷。從未濺君牙。（黄鶯兒）

啞　妓

倚席悄無歡。縱千金一曲難。笙歌空鬧鄰姬館。箜篌兒只暗彈。琵琶兒只暗彈。強將象板隨人按。這勾欄。耳聾孤老。翻作遶梁看。（黃鶯兒）

拖　妓

携手假温存。聳香肩擠入門。籠他兩袖都挖盡。贖簪兒也要銀。贖帽兒也要銀。冷茶一盞爲幫襯。告親親。可憐幾日。發市尚無人。（黃鶯兒）

按：「挖」，原作「捞」。

淫　妓

逸興實難收。未交情慾已流。雨雲初過鮫綃透。恣意不休。恣聲不由。情濃不管釵和扣。忒風流。咬牙合眼。水活任魚遊。（黃鶯兒）

湯婆子

名色號湯婆。戊戌生年不多。湯家還是我的親生父。我只爲熱心腸似火。俏冤家愛

我。苦憐我被窩中準夜如搾磨。一腳就撻開奴。到如今經風露水。你心上道如何。（山歌）

竹夫人

想起舊恩情。竹夫人浪得名。雖與他同床不得同衾枕。摟抱我在身。心兒裏感承。誰知不久成孤另。悔初心。只爲趨炎附勢。如今落得冷清清。（山歌）

老鼠

兩腳像冰團。被窩中快快鑽。偷油手段把偷香按。雖然未安。得歡且歡。只愁五箇更兒短。囑付俏心肝。他老人家醒睏。須是悄悄好遮瞞。（山歌）

鑊子

挑出郸閶門。上新橋望北行。冶坊浜裏家居近。姓王近村。三代有名。家中大小多得甚。細詳論。指望一夫一婦。原來靠此做營生。（山歌）

蚊比妓

名賤且身輕。遇炎涼起愛憎。尖尖小口如鋒刃。叮能痛人。叮能癢人。嬌聲夜擺迷魂陣。好無情。偷精吮血。猶自假惺惺。（堅瓠九集）

佳人出浴

衣褪自藏羞。似芙蓉映素秋。胸酥香潤蘭湯透。金蓮兩鈎。玉山汗流。起來漫倚欄杆後。粉痕收。烏雲半彈。懶上晚妝樓。（堅瓠九集）

抹布

尊相犯水星。濕淋淋過一生。昔日華靡今休論。喜混濁同塵。更相尋無憎。半生薄禄多餘瀋。没收成。揩檯抹桌。即此是終身。（堅瓠十集）

木套

足下屬陰形。主用事是水星。半生勞碌奔波命。長頸把頭伸。紅光滿面生。不無折

挫須防慎。待時臨。太陽部位。方許得安甯。（堅瓠十集）

踢　毽

只爲兩文錢。做虚頭一線穿。渾身裝裹些花毛片。撇人在眼前。賣俏在脚尖。翻來覆去一似風前燕。這身邊。方纔着脚。又到那身邊。（堅瓠十集）

【南商調黄鶯學畫眉】

離　思

〔黄鶯兒〕無語自尋思。爲多情憔悴死。天涯不見歸來字。怕織的錦詩。難逢的驛使。近新來無限傷心事。〔畫眉序〕强支綉被人獨自。空辜負美景良時。（南宫詞紀）

按：此曲南詞韻選亦收，無題。

〔黄鶯兒〕無語自思量。倚危樓多半晌。百忙中算不了風流賬。盼情人那廂。一會家暗傷。看看瘦損嬌模樣。〔畫眉序〕恨郎似這等心狂蕩。怎能勾地久天長。（南詞韻選）

無語自量度。俊庬兒憔瘦了。爲只爲才郎一去無消耗。心腸兒轉焦。夢魂兒又勞。這淒涼敢向誰行道。儘教辜負人年少。到神前情理難饒。（南詞韻選）

無語自傷嗟。這相思索害也。九回腸翻倒得無明夜。心兒裏又呆。身子兒又怯。沒來由墚下相思業。痛切似這等情兒劣。倒不如義斷恩絶。（南詞韻選）

【南商調喜梧桐】

四季閨怨

春來景色嬌。燕子歸來早。偏俺那有情人。一去了無消耗。手抵着牙兒教我好心焦。時景兒不相饒。辜負了人年少。這其間共誰共誰兩箇同歡樂。（詞林摘艷）

炎天似火燒。水閣涼亭遶。交頸鴛鴦。因惹心煩惱。沉李浮瓜等待着。辜負我青春。惟有天知道。這其間共誰共誰兩箇同歡樂。（詞林摘艷）

梧桐一葉凋。委實零落了。風擺動簷前。鐵兒玎璫鬧。細雨淅零零洒芭蕉。不見有情人。一盞孤燈照。這其間共誰共誰兩箇同歡樂。（詞林摘艷）

窗外雪亂飄。交奴添煩惱。倦整烏雲。懶把菱花照。凜冽寒風響樹稍。這早晚不囬

來。雪擁了藍關道。這其間共誰共誰兩箇同歡樂。（詞林摘艷）

【南商調繫梧桐】

梧葉飄。金風動。漸漸害相思。落入在深深井。一日一日。夜長夜長。難捱孤枕。懶上危樓。望不見我情人。未必薄情與奴心相應。知他在那裏那裏貪歡宴飲。（舊編南九宮譜）

一日三。三日九。則爲恩情呵。每日在你門前走。水遠山遥。和你兩休休。你若是無情時。要見你不能勾。相思病害得害得奴伶仃瘦。（舊編南九宮譜）

按：此曲爲【減字繫梧桐】，比前曲【繫梧桐】「梧葉飄」減去兩句，原誤入喜梧桐「窗外雪亂飄」後，兹正。南北詞簡譜按云：「一日三」一曲，係是減句格。

【南商調二犯簇御林】

四花妖遊

瑶池畔。金谷傍。吐出胭脂萬卉降。霞襯林梢粧錦綉。光摇水面焕開章。禹門湧起乘龍浪。徐園聚會安邦將。忒誇奬。飄飄片片隨風舞。輕薄翩翩逐水揚。〔合〕休論

短和長。都是乾坤造化各自有時光。（玉谷新簧）

液池内。水雲鄉。色媚香清迥異常。霞標麗質如西子。雲錦芳姿似六郎。團圓會許碧筒賞。嬌嬈那更烏雲上。忒誇獎。花爲梵宇靈佛座。葉作商家萬物嘗。〔合前〕（玉谷新簧）

霜下傑。卉中王。疊玉堆金白間黄。懶與百花襲春意。喜隨丹桂噴秋香。寒英不惹蜂蝶嚷。臨霜豈改金容狀。忒誇獎。杏林醫士爲藥枕。又與五柳先生陪酒觴。〔合前〕（玉谷新簧）

冰肌秀。玉骨剛。朵朵奇花似粉粧。貞姿勁節名騷賦。玉面芳容宫女龐。宫商協律和師曠。調羹鼎鼐稱商相。忒誇獎。曹兵渴想沿途望。孟氏尋蹤踏雪忙。〔合前〕（玉谷新簧）

【南雙調武陵春】

滿院梨花恒帶雨。春色不回頭。有意傷春無計留。景物付東流。矮室人歸心不老。悔逐利名遊。載酒松間盡日遊。更不聽鷓鴣愁。（風月錦囊）

香散風飄三月雨。蜂蝶惱心頭。喚起明年春復留。不減舊風流。事業青門人未老。

重約故園遊。野眠芒鞋懶散遊。都不管世間愁。（風月錦囊）

【南雙調朝元歌】

思　情

殘春晚春。桃杏飄紅粉。思君想君。常閉香閨寢。喜鵲無憑。燈花不準。瘦損羅衣寬褪。怕到黄昏。衾寒枕冷誰與温。别後杳無音。時時牽掛心。迴文織錦。對誰訴滿懷愁悶。滿懷愁悶。（群音類選）

因郎爲郎。憔瘦了嬌模樣。思郎想郎。引得奴心飄蕩。冷落難當。恨如天樣。寂寞人兒。偏嫌更漏長。他本是鐵心腸。我錯認做可意郎。山盟盡忘。再來時怎生輕放。怎生輕放。（群音類選）

會　合

因誰爲誰。昨夜在誰家睡。瞞誰哄誰。你會誰不會。爲你通宵不寐。我受盡人虧。你何當又逞風流别畫眉。問你如何推醉。我已自明知。你還來辯是非。床前且跪。

打破你渾迷啞謎。渾迷啞謎。（群音類選）初交乍交。我愛你情意好。長交久交。只怕你心變了。前世姻緣。今生湊巧。咱兩個同歡同笑。似漆如膠。把誓盟先設了。你負心天喪早。我忘恩奴壽夭。名人記着。這誓盟有日相報。有日相報。（群音類選）

【南雙調鎖南枝】

春 願

同心帶。連理枝。桃花浪暖魚戲水。月樣好眉兒。天生的來好花枝。温柔旖旎。幾等偎隨。一團和氣。恨不得結髮齊眉。合口兒。同出氣。言可依。情可喜。事果偕。和你謝天地。（詞林摘艷）

鞋打卦。無處所求。粉臉上含羞。可在神面前出醜。神前出醜。告上聖聽訴緣由。他如何把人不睬不瞅。丟了我又去别人家閒走。繡鞋兒褻瀆神明。告上聖權將就。或是他不來。或是他另有。不來呵根兒對著根兒。來時節頭兒抱著頭兒。丁字兒滿懷。八字兒開手。（詞謔）

風 情

傻俊角。我的哥。和塊黄泥兒捏咱兩個。捏一個兒你。捏一個兒我。捏的來一似活托。捏的來同床上歇卧。將泥人兒摔碎。着水兒重和過。再捏一個你。再捏一個我。哥哥身上也有妹妹。妹妹身上也有哥哥。（南宫詞紀）

提起你的勢。笑寫我的牙。你就是劉瑾江彬。要柳葉兒刮。柳葉兒刮。你又不曾金子開花。銀子發芽。我的哥嚛。你休當頑常耍。如今的時年是個人也有三句話。你便會行船。我便會走馬。就是孔夫子也用不着你文章。彌勒佛也當下領袈裟。（南宫詞紀）

按：原注「汴省時曲」。第二首亦見詞謔，無題。

【南雙調鎖南枝半插羅江怨】

代手指訴冤

剜只該剜你那脚。割只該割你那唇。去一塊額顱才是個妙人。去一般添上一般俊。三般兒長的蹊蹺。因此上客不臨門。胡塗蟲拿着俺煞恨。俺也曾替你拉人。俺也曾

替你揭皺。俺也曾替你雜虱子使的俺渾身困。俺又不曾撐着您那琵琶。俺又不曾摸着您那瑤琴去了。俺看你燒火笨不笨。（小令）

得一鎖南枝半插羅江怨，乃醜妓剁去手指，代手指訴冤者。予甚愛其逸婉，第不知作者爲誰。恐久而失傳，故附刻。丁綵

按：「剁」，原作「刹」。

【南仙吕入雙調二犯江兒水】

閨　怨

悶把幃屏來靠。和衣兒强睡倒。聽風聲嘹喨。雨灑芭蕉。儘交窻外敲。懶把寳燈挑。慵將香篆燒。捱過今宵。怕到明朝。細尋思這煩惱何日是了。〔和〕想起來心兒裏焦。誤了我青春年少。你撇的我有上稍無有下稍。（詞林摘艷）

懊恨薄情輕棄。離愁悶自惱。論殺人可恕。情理難饒。負心的天鑒表。心痒痛難揉。愁懷悶自焦。漾了甜桃。去尋酸棗。我將他定盤星錯認了。〔和前〕（詞林摘艷）

常記的當初相聚。痴心兒望到老。被雲遮楚岫。水淬藍橋。打拆開鸞鳳交。心遠路途遥。情疏魚鴈杳。地厚天高。夢斷魂勞。俏冤家這其間何處去了。〔和前〕（詞林摘艷）

羞把菱花來照。蛾眉懶去掃。暗消磨精彩。折倒丰標。瘦形骸不甚好。香褪海棠嬌。衣鬆楊柳腰。悶悶無聊。穰穰勞勞。淚珠兒爲他滴盡了。（和前）（詞林摘艷）

按：「閨怨」前三首亦見雍熙樂府，題作「題情」。金瓶梅詞話四隻皆收，作套曲。南詞韻選僅收首曲，無題。

題　情

因打流鶯時分。無情似有情。自別離故鄉。投奔前程。共諧百歲姻。閃我在路途。教我有家難奔。賣花兒養身。短命虧心。負義忘恩。早知你將奴薄倖。我便不思量共誰成眷姻。（雍熙樂府）

按：雍熙此題共四首，其餘三首（「悶把幃屏來靠」、「懊恨薄情輕棄」、「常記的當初相聚」）亦見詞林摘艷，題作「閨怨」。

【南仙吕入雙調二犯柳摇金】

春　遊

韶光明媚。桃花笑。柳展眉。和風淅淅。麗日遲遲。雨乍晴。山疊翠。遍園林花似綺。好良時。景偏宜。淡白梨花瓊英粧綴。深紅嫩緑總相依。看落花深處蝶舞蜂飛。野外鶯啼燕啼。步香塵杏塢桃溪。遊賞芳菲。弄盞傳盃盡醉方歸。賞心樂意。（詞林摘艷）

【南仙吕入雙調玉抱肚】

新增西廂情曲

姓張名珙。字君瑞家居洛中。因科舉來到蒲東。普救寺裡寄修齋。輿鶯鶯姐偶相逢。惱亂春心不自容。思想轉心意濃。何時結做並頭紅。（風月錦囊）

道場和哄。兩情牽心濃意濃。只因他眼去眉來。勾引得異鄉心動。西廂月下理絲桐。寄柬傳書托小紅。殷勤送要信通。管教兩下喜相逢。（風月錦囊）

黄昏將傍。對孤燈心中慘傷。向青鸞把雲鬢重粧。粉牆東月兒初上。偷開金鎖出西廂。拜月亭前燃夜香。深深拜告上蒼。願奴母子保安康。（風月錦囊）

夜香燒罷。喚紅娘扶歸繡房。步蒼苔轉過回廊。忽聽得冰弦嘹亮。其聲哀苦一似鳳求凰。莫不是那日相逢俊俏郎。思量起情慘傷。不知何日得成雙。（風月錦囊）

月明星朗。撫瑶琴無心倦彈。聽西廂嚦嚦人聲。好一似弄巧鶯皇。嬌聲細語動人腸。莫不是佛殿相逢窈窕娘。心悒怏情怎當。密期幽約早成雙。（風月錦囊）

躊躕暗想。怎能勾花燭洞房。怨只怨崔老夫人。背盟言口不停當。相思日夜意徬徨。不念我書劍飄零在異鄉。長嗟嘆俊俏娘。少同衾枕死難忘。（風月錦囊）

春心蕩漾。蝶雙飛遊蜂輕狂。畫梁間紫燕營巢。綉房中寂寞難當。便將春信作醫方。手倦詩書夜夢長。懨懨瘦悶怎當。相思成病害張郎。（風月錦囊）

聞君有恙。喚紅娘忙傳藥方。我心事你也知之。君瑞前多多拜上。忙移衾枕出西廂。付與東君自主張。巧言理瞞我娘。輕移蓮步到書房。（風月錦囊）

紗櫥月上。並香肩相勾入房。顧不得鬢亂釵横。紅綾被翻波滚浪。花嬌難禁蝶蜂狂。和葉連枝付與郎。張君瑞休要忙。鴛鴦枕上少顛狂。（風月錦囊）

旱逢雨降。覷鮫綃腥紅染粧。滴溜溜粉汗如珠。楚陽臺夢魂飛上。千金難買此一場。喜殺梁鴻與孟光。鴛鴦解整巽裳。開門覩月上東牆。（風月錦囊）

漢卿不妙。逞風騷不辭苦勞。做春秋有惜無褒。逞甚麽蓋世才學。説來謊話不推敲。□□□虚詞巧。死後絶支無下稍。（風月錦囊）

按：第三首（黄昏將傍）新編南九宫詞無題，注時曲。群音類選無題，不注著者。第四首

（夜香燒罷）新編南九宮詞無題，注時曲。群音類選題作「閨情」，不注撰人。

四時

楊花心性。舞春風何曾暫停。逞輕狂亂沾不定。到底老來作浮萍。你如今果有風流罩情。往早尋箇心愛人。（雍熙樂府）

荷花香噴。見鴛鴦交頸動情。兩相偎葉底藏身。却被採蓮人散驚。你如今果有風流罩情。往早尋箇心愛人。（雍熙樂府）

黃花香噴。滿長空寒鴉數聲。促織兒叫的聲頻。教我有夢也難成。你如今果有風流罩情。往早尋箇心愛人。（雍熙樂府）

梅花香噴。喜新鮮斜插鬢雲。飲羊羔美酒同斟。紅爐煖閣齊歡飲。你如今果有風流罩情。往早尋箇心愛人。（雍熙樂府）

閨情

躊躕悶想。韻叮咚砧聲過牆。把玉釵敲落燈花。怎支吾此夜凄涼。一聲寒雁過瀟湘。月在南軒漏正長。（群音類選）

没情没緒。這悶懷終無了期。想從前萬種恩情。怎捨得一時抛棄。教人徹夜費相思。夢見雖多相見稀。（群音類選）

薄情心變。頓忘了香囊翠鈿。只爲他假話虛言。哄得我意惹情牽。朝思暮想病懨懨。瘦損花容不似前。（群音類選）

銀河瀉影。度凉飈花香細生。捱人間不盡離愁。猛擡頭又見雙星。月寒雲淡夜無聲。銀燭秋光冷畫屏。（群音類選）

按：第一首（躊躕悶想）南宮詞紀題作「題情」，南詞韻選無題；第四首南詞韻選無題。

龍江浩渺。這離情還隨水流。共江漚萬點争浮。又早是暮春時候。楊花如雪滿滄洲。撲向征帆欲暫留。（南詞韻選）

【南仙吕入雙調四塊金】

憶　別

前生想咱。少欠他相思債。中途漾却。綰不住同心帶。説着交我淚滿腮。悶來愁似海。萬誓千盟。到今日何在。不良才。怎生消磨的我許多恩愛。（詞林摘艷）

按：此首亦見舊編南九宫譜、金瓶梅詞話，俱無題。

情書到日。兩字平安好。開封看時。滿紙都是相思調。又被别人放啞刁。是咱思筭少。水渰藍橋。火燒祆廟。好心焦。怎生消磨的我許多煩惱。（詞林摘艷）

恩多怨多。非是咱之過。情多恨多。也非是咱之錯。説着交我怎柰何。悶來時没處趓。水宿風飡。雨歇雲破。好哥哥。怎生消磨的我許多折挫。（詞林摘艷）

劉伶好酒。怎解别離悶。盧醫有藥。怎治相思病。説着交我淚珠傾。害的我腰似沈。枕剩衾餘。夜闌人静。好傷情。怎生消磨的我許多愁悶。（詞林摘艷）

按：樂府名詞録第二、四首，題作「閨怨」。

開書思恨

初相見時。指望能偕老。心腸變也。更没些兒好。你便藏着笑裡刀。誤了我漆共膠。他如今撇了甜桃。却尋酸棗。自敲爻。怎教消磨得盡許多煩惱。（昔昔鹽）

按：此題原二首。第一首「情書到日」，已見詞林摘艷題作「憶别」之次曲。南詞韻選二曲俱收。此曲亦見南詞新譜。舊編南九宫譜曲牌作「淘金令」。

【四拗子】

前　闕

十月烏鴉排陣。小窗外陽和泄漏東君。早梅先報一枝春。紛紛樹葉飄零盡。漁翁江上。喜捉錦鱗。樵夫執斧。砍伐柴薪。漁翁訴說江梅盡。（風月錦囊）

十一月朔風如箭。望長空亂撒柳絮飄綿。錦鸞閣上掛珠簾。紅爐煖閣新妝遍。早梅初綻。喜插鬢邊。山茶開放。喜笑樽前。羊羔美酒頻頻勸。（風月錦囊）

十二月三冬景暮。見彤雲密佈撒玉拋珠。六花飄盡又年除。河清呵筆吟詩句。着憐此景。春又將至。家家户户。桃符掛起。東君送別殘年去。（風月錦囊）

按：本篇據内容應爲十二首，底本有缺頁。

【南仙吕入雙調江兒水】

詠　燭

一自交遊後。其中慾火燃。對天結個丹心願。無多光景難留戀。明心不昧有神靈鑒。白日青天不便。要逞風流。約定在黄昏夜半。（堅瓠十集）

【南仙吕入雙調江頭金桂】

思憶翻北詞

〔五馬江兒水〕猛省得東君薄倖。方信我俏心腸忒志誠。似這落花風穩。杜宇無情。惜花人不耐聽。〔淘金令〕好教我對景愁增。追思行徑。枉把箇中風月。錦片前程。没來由霎時付那生。〔桂枝香〕嘆相思路阻。嘆相思路阻。夢魂不應。好無憑。怕隱隱仙姬去。悠悠環珮聲。（南宫詞紀）

按：此曲亦見南詞韻選。

【南仙吕入雙調風雲會四朝元】

四時

春光明媚。榮歸故里稀。見黄鶯枝上。巧聲嚦嚦。粉蝶兒穿花蕋。嬌滴滴動情。翠色朦朧。景物淒淒。仕女顛狂。把金釵斜墜。參下透佳人意。嗏。一會家自尋思。

空有錦被重重。空有錦被重重。缺少箇鴛鴦會。光陰似箭催。人生能有幾。千思萬想。凄凄涼涼怎不憔悴。（雍熙樂府）

三伏天道。枝頭梅子焦。並頭蓮開放。海棠未老。惜花春起早。嘆光陰迅速。淚眼啼痕。粉香暗消。誤了青春。躭閣年少。煩惱的人無顛倒。嗏。一會家自心焦。好似線斷風箏。一去了無消耗。前生我命薄。今世相會少。孤眠獨宿。凄凄涼涼有誰知道。（雍熙樂府）

金風初動。促織兒弄巧聲。見梧桐葉落。萬物凋零。怎禁寒露冷。對中秋月明。想我兒夫。不知那裡飄零。想起恩情。常懷憂悶。怎不憂成病。嗏。悶懨懨倚定幃屏。幾時能勾携手相攙。月下相隨定。思量可意人。一去無踪影。山長水遠。凄凄涼涼怎不成病。（雍熙樂府）

梅花開放。朔風透紙窗。亂紛紛雪降。冷氣風狂。不由人心勞攘。寂寞在繡房。枕冷衾寒。怎禁夜長。羞對菱花。粧臺懶傍。瘦損了喬模樣。嗏。一會家自尋思。好似風擺簷前。鐵馬聲嘹喨。心兒裏痛感傷。不思量都是謊。情書再寫。千千萬萬把他拜上。（雍熙樂府）

按：曲牌原作「四朝元」，兹據律改。

【南仙吕入雙調風入松】

省　悟

想從來詩酒是生涯。且消磨荏苒年華。浮生勞攘從今罷。看破了虛舟飄瓦。一任教呼牛道馬。不聽你也由咱。（南宮詞紀）

按：南詞選選無題。

【南仙吕入雙調朝天歌】

閨　情

燈昏燭暗。樓頭鼓正三。先自解羅衫。香肌微露。默然間驚破膽。不由人悶懨懨。不由人魂慘慘。不能勾和他每夜歡娛。但能勾和他片時相聚。我把這相思病兒擔。（詞林摘艷）

按：此曲盛世新聲、雍熙樂府、南詞韻選、舊編南九宮譜俱無題。舊編調作〔朝元令〕，誤。

蛾眉恨淡。尊前酒半酣。偷把眼兒瞷。我見他欲言難訴。把脚尖兒分付俺。他心裏須是敢。咱心裏終是慘。不由人便喏喏連聲。笑吟吟的暗裏承當。我把這相思病兒覽。（詞林摘艷）

按：南宫詞紀題作「題情」，南詞韻選無題。

甜言啜賺。奴將鬼病擔。愁悶豈心甘。我爲他終朝娘駡。時常埋怨俺。傍人將冷句蘸。女伴每呪駡俺。都説道是負德辜恩。不能勾和他共枕同眠。我把這相思病兒躭。（詞林摘艷）

按：此曲南詞韻選亦録。

高天須鑒。奴將鬼病添。出醜惹人嫌。我這裏因他薄倖。熬煎成黄瘦臉。金錢懶去占。針指怕待拈。空交我短嘆長吁。但能勾和他半點兒真情。我把這相思病兒染。（詞林摘艷）

【南仙吕入雙調嬌鶯兒】

春思

騰騰春困。梨花半掩門。人去暗消魂。是我龐兒清減。一似柳色黄金嫩。情知憔悴損。

自知憔悴損。好教我羞答答懶覩菱花。没出豁一聲長嘆。呵得這鏡兒昏。（南宮詞紀）

按：昔昔鹽題作「春困幽思」，南宮詞紀題作「春思」，南詞韻選無題，樂府名詞題爲「閨情」，俱不注撰人。舊編南九宮譜無題，注散曲。又：南北詞簡譜亦引用此曲，曲牌作朝天歌，按云：「此調舊題嬌鶯兒，實與朝天歌無異。」

【南仙吕入雙調攤破金字令】

秋　思

紅粧艷質。今日多僝僽。家鄉縹緲。對景空囬首。懊恨雙親。下得毒手。把奴推出門外。做出場醜。如今到此不自由。寒風冷颼颼。寒蛩泣暮秋。月掛銀鈎。鴈過南樓。寒燈冷落獨自憂。〔夜雨打梧桐〕梧桐樹。一葉秋。寂寞幾時休。轉添愁。黄昏時候。萬木凋零將盡。恨鎖眉頭。娘行謾自凝淚眸。像奴家命薄天知否。和天也瘦。恨悠悠。峭似長江水。涓涓不斷流。（詞林摘艷）

按：【金字令】必與【夜雨打梧桐】相聯，各用二隻即可聯套，不必用尾。本曲【夜雨打梧桐】曲牌原脱，兹補。下曲同，不另注。

春遊

良辰美景。仕女尋芳翠。香車寶馬。玉樓遊人醉。共出郊西。向鬧花叢裏。見陣陣香風羅綺。花底黃鸝。雙雙粉蝶不暫離。杏塢與桃溪。魚遊芳草池。絃管聲齊。堪賞堪題。花籃兒和鬧杆並食壘。〔夜雨打梧桐〕鞦韆下。共相隨。花壓帽簷低。泛霞盃。幕天席地。海棠軒荼蘼相對。燕子鬬啣泥。鶯聽的子規不住啼。遇風和麗日香風細。春光和氣。間芳菲。正宜登高會。踏青賞玩時。（詞林摘艷）

【南商調滿院榴花】

別離幾番。恨青天好事傷殘。傷心夜夜空長嘆。頻將我這淚眼。甚日曾乾。一會家盼他時。如盼南來鴈。乍離別幾曾到是經慣。恰便似竹林寺埋没箇楚山。把一箇豫章城生扭做了陽關。我這裡空長嘆。猛可裡想起他的語言。不能勾共枕同眠。嗜落的傳書寄緘。（雍熙樂府）

按：此曲南詞新譜亦録，注散曲。

時逢禁烟。出蘭亭行至西院。有王孫仕女真堪羨。笑聲是争蹴鞦韆。自見那綵繩上。

兜遑芙蓉面。似仙子謫降瑶天。亂烏雲吹半偏。汗浸濕粉黛花鈿。下鞦韆怕人瞧見。有些兒身子兒困倦。他那裡斜倚定湖山。口兒裡微微氣喘。（雍熙樂府）

【南仙吕入雙調銷金帳】

題　情

三更漏轉。塞雁聲嘹嚦。半明滅燈餤煤。尋思這般樣岑寂。這般樣狼狽。别來到今。到今只他怎地。冷落在空房。藥餌交誰調理。床兒上怎生。怎生獨自個睡。（詞林摘艷）

【北黄鍾出隊子】

有一個唐朝的李白。翰林院誰似他。采石江邊受波楂。沉醉江心摸月華。酒送了人心猿和意馬。（北曲拾遺）

有一個良言中不納。寵嬌妃惹起他罵。宫中齊唱後庭花。陳後主因他遭了殺伐。色送了人心猿和意馬。（北曲拾遺）

有一個石崇那廝膽大。敵國富誰似他。晉朝天子怒交加。簇擁着武士金瓜卸下馬。

財送了人心猿和意馬。（北曲拾遺）

有一個英雄楚霸王。到咸陽才是家。平分天下。又争知趕到烏江自刎殺。氣送了人心猿和意馬。（北曲拾遺）

想人似燈。燈明燈滅。燈明時花正結。風吹燈影吐紅舌。則恐怕半夜殘燈天曉月。燈有一日油盡心灰有甚説。（北曲拾遺）

想人似雲。雲來雲去。雲來時必降雨。遮星蔽日滿天塵。恐一陣狂風吹散伊。雲有時間依舊青天紅日出。（北曲拾遺）

想人似風。風狂風細。風狂時威勢起。撼山拔木遍東西。播土揚塵能有幾。風有一日無影無形還自息。（北曲拾遺）

想人似花。花開花落。花開時人看好。千紅萬紫逞妖嬈。則恐怕驟雨狂風容易老。花有一日粉碎烟憔零落了。（北曲拾遺）

想人似雪。雪飄雪墜。雪飄時到處飛。灞陵橋上怎騎驢。馬阻藍關行不得。雪有一日春到陽回不見迹。（北曲拾遺）

想人似月。月圓月缺。月圓時光皎潔。佳人賞翫正歡悦。待得圓時雲又遮。月過了十五六團圓還又缺。（北曲拾遺）

【北正宫小梁州】

畫舡兒撑入在柳陰凉。一派笙簧。採蓮人和採蓮腔。聲嘹喨。驚起宿鴛鴦。佳人才子遊舡上。笑吟吟滿捧瓊漿。這其間歸棹晚。清波蕩。一鈎新月。十里芰荷香。（詞林摘艷）

水雲蕩漾浸明霞。桃李繁華。銀箏錦瑟間琵琶。隨牧童。問酒指誰家。輕煙一帶山如畫。看投林無數啼鴉。小橋邊。孤峰下。遊人歸去。流水逐桃花。（風月錦囊）

嵐光結翠映横塘。陣陣荷香。畫船簫鼓趁斜陽。堪凝望。窈窕盡紅粧。採蓮摇拽移蘭槳。看隨風柳絮顛狂。遊人醉。聲嘹亮。棹歌齊唱。驚起宿鴛鴦。（風月錦囊）

亭皐一葉下驚秋。鴈度危樓。淡雲疏雨濕松楸。山色瘦。江樹向人愁。籬邊黄菊開時候。對芳樽盃酒綢繆。去難留。光陰驟。歌喉舞袖。此日趁風流。（風月錦囊）

冰壺光漏水晶寒。雪意初殘。騎驢踏遍小江山。尋梅慣。香插一枝還。漁翁罷釣江天岸。向前村沽酒情歡。浩歌殘。歸路晚。玉樓人倦。争捲繡簾看。（風月錦囊）

【北正宫甘草子】

夏景

薰風蕩。噴火榴花。似錦争開放。捧玉觴。葡萄釀。一陣陣茉莉香。象板銀筝。笙歌齊唱。樂醄醄入醉鄉。賞玩荷花夏景長。喜孜孜滿飲瓊漿。（詞林摘艷）

芭蓬下。幾箇頑童。笑耍在坡直下。一箇喂老鴉。一箇撲螞蚱。一箇漚麻坑裏摸魚蝦。一箇牛背上吹笛在夕陽斜下。一箇轆軸上喬坐衙。一箇打碎車翻觔陡磕損牙。這一夥頑小廝是誰家。（詞林摘艷）

【北正宫叨叨令】

李開先云：郵亭壁上詩，題者皆東西南北之人，信筆胡云，如出風道士之口者爲多，有刺之云。

東來的也寫在牆兒上。西來的也寫在牆兒上。南來的也寫在牆兒上。北來的也寫在牆兒上。兀的不羞殺人也麽哥。兀的不惡殺人也麽哥。再來的休寫在牆兒上。（詞謔）

詠瘧疾

熱時節熱的在蒸籠裏坐。冷時節冷的在冰泠上卧。顫時節顫的牙關錯。疼時節疼的天靈破。兀的不害殺人也麽哥。兀的不怕殺人也麽哥。似這般寒來暑往都經過。（詞謔）

别情

夕陽芳草長亭路。一樽酒盡青山暮。欲留無計君何處。一聲杜宇催歸去。想殺人也麽哥。想殺人也麽哥。知他何處桃源路。（雍熙樂府）

一樽别酒辭君去。馬頭明月關山暮。被蛩吟砌下啾啾絮。恨無人對説相思句。悶殺人也麽哥。悶殺人也麽哥。何時得到陽關路。（雍熙樂府）

春暮歸去無尋路。佳人悶向蒼苔步。爲傷春病得無情緒。星眸擎淚留君住。悶殺人也麽哥。悶殺人也麽哥。一樽酒盡人何處。（雍熙樂府）

按：雍熙此題四首。末曲「緑楊堤畔長亭路」，見全元散曲無名氏卷。

相思

不來時懶把蛾眉畫。不來時寬了羅胸抹。不來時哭立在簾兒下。不來時恨匆匆問遍龜兒卦。兀的不想殺人也麽哥。兀的不想殺人也麽哥。不來時還與我鮫綃帕。（雍熙樂府）

玉腕消鬆了黄金釧。粉脂殘淡了芙蓉面。紫霜臺懶使端溪硯。斷腸詞絮兀兀空寫在桃花扇。兀的不害殺人也麽哥。兀的不害殺人也麽哥。恨鴛鴦不鎖黄金殿。（雍熙樂府）

紫燕兒梁上肩相並。粉蝶兒枝上飛相趁。鴛鴦兒水上相交頸。虎猫兒墩上相偎定。幾般兒兀的不迤逗殺也麽哥。幾般兒兀的不迤逗殺也麽哥。越助起奄奄相思症。（雍熙樂府）

按：雍熙此題四首。首曲「不思量猶在心頭記」，見全元散曲無名氏卷。

幽興

錦幃不如新栽樹。畫閣何堪舊苫廬。閑携猿鶴尋知故。誰似咱儂家鸚鵡洲邊住。兀的不快活殺也麽哥。快活殺也麽哥。再不向金門玉砌成名去。（雍熙樂府）

按：雍熙此題四首。第一首「溪邊小徑舟橫渡」、第二首「淡烟籠罩西湖路」、第三首「青帘高掛垂楊樹」，見全元散曲無名氏卷。

寫一筆走龍蛇帶草連真字。包藏着平天下治國安邦智。不枉了守青燈黄卷十年志。剗地到居陋巷一瓢飲一簞食。年紀小也麽哥。年紀小也麽哥。只博得玉堂金馬三學士。（雍熙樂府）

我是箇惜翎毛背錦天邊鷂。得時人草地鶴鶉哨。我是箇大鵬鵰落得群鷄鬧。龍居淺水遭蝦笑。男兒漢志氣高也麽哥。男兒漢志氣高也麽哥。青雲有路終須到。（雍熙樂府）

選場開一舉把龍門跳。平奪得紫羅襴白象簡烏紗帽。玉皇金榜標名號。蟾宫欵步閬仙樂。天子重英豪也麽哥。天子重英豪也麽哥。一時間未得志到惹的兒曹笑。（雍熙樂府）

方信道書中自有黄金屋。再休題儒冠反把書生誤。不枉了男兒熟誦五車書。平地裡逍遥獨步三臺路。大丈夫也麽哥。大丈夫也麽哥。志伸纔上昇平賦。（雍熙樂府）

疊字體

畫簷間玎玎璫璫鐵馬兒鬧。砌堦傍啾啾唧唧促織叫。銀臺上昏昏慘慘殘燈兒照。南

樓上嘹嘹唳唳寒鴻兒叫。幾般兒廝禁害人也麼哥。幾般兒廝禁害人也麼哥。紗窗外雨珠兒滴滴點點落。（雍熙樂府）

羞羞答答懶把菱花照。呆呆鄧鄧煩惱無顛倒。淒淒凉凉怎得鷄兒叫。孤孤另另倦聽促織兒哨。兀的不迤逗殺人也麼哥。兀的不迤逗殺人也麼哥。悄悄戚戚傷懷抱。（雍熙樂府）

歡歡喜喜多少恩和愛。美美匝匝夫婦無嗔怪。冷冷清清日月難支待。思思量量難徹相思債。兀的不禁害殺人也麼哥。兀的不禁害殺人也麼哥。腌腌臢臢病症着床害。（雍熙樂府）

孤孤另另獨對殘燈照。懨懨悶悶自把幃屏靠。思思量量想起人兒俏。絮絮叨叨念的傷懷抱。兀的不熬煎殺人也麼哥。兀的不熬煎殺人也麼哥。寂寂靜靜怎得鷄兒叫。（雍熙樂府）

遇美

金烏半墜啣山玉。樽前有箇人如玉。春葱半露纖纖玉。烏雲半朶橫釵玉。兀的不愛殺人也麼哥。兀的不愛殺人也麼哥。方信道書中有女顔如玉。（雍熙樂府）

期約

叮嚀約定偷期話。欵把門兒悄悄呀。潛潛獨立在花陰下。戰戰不住心兒怕。忽的走將來也麽哥。忽的走將來也麽哥。果然色膽有天來大。（雍熙樂府）

交歡

拈拈恰恰人來倦。挨挨靠靠熱廝纏。絮絮叨叨情不厭。羞羞答答怕待言。只恁的慣禁害也麽哥。只恁的慣禁害也麽哥。顛鸞倒鳳忒心寒賤。（雍熙樂府）

敘別

鐘聲殘窗外鷄兒叫。鼓聲催園内鴉兒譟。絳蠟昏牀下紅兒報。説誓盟不捨人兒俏。好恩情易別離也麽哥。好恩情易別離也麽哥。得功名即便先來報。（雍熙樂府）

懷金陵

長干橋畔梁王寺。胭脂井上陳家字。吴宫晉闕誰爲主。空遺幾册金陵志。上面都寫

着也麽哥。上面都寫着也麽哥。寫的是南朝千古傷心事。（雍熙樂府）

淹淹水裏金山寺。寺壁寫着佳人字。後來猶望雙生至。寫道小小蘇傳示。上面都寫着也麽哥。上面都寫着也麽哥。寫的是南朝千古傷心事。（雍熙樂府）

不如愚

韓信功不如張良計。孔明進不如陶潛退。謝安卧不如陳摶睡。屈原醒不如劉伶醉。他每都不省的也麽哥。他每都不省的也麽哥。大都來不解其中意。（雍熙樂府）

淮陰侯滅楚爲元帥。漢高皇捧轂推輪拜。做三齊王積累的功勞大。未央宫鈍劍把殘生害。送了他也麽哥。送了他也麽哥。將軍戰馬今何在。（雍熙樂府）

青山廓外張良志。緑楊堤畔嚴陵寄。黄花籬畔陶潛醉。白雲堆裡陳摶睡。他每都快活殺也麽哥。他每都快活殺也麽哥。一任教兩輪日月搬興廢。（雍熙樂府）

春來杜甫尋芳醉。右軍夏景觀鵝戲。秋天賞菊淵明醉。浩然踏雪漁樵會。他每都快活殺也麽哥。他每都快活殺也麽哥。華峰高興希夷睡。（雍熙樂府）

【北正宫梁州】

春　景

春風花草滿院香。馬繫在垂楊。桃紅柳緑映池塘。堪遊賞。沙暖睡鴛鴦。雪兒對舞雲娥唱。百年有幾箇春光。一壁廂仕女彈。佳人唱。採蓮人和。齊和着採蓮腔。（詞林摘艶）

畫角悠悠又黄昏。静掩重門。别離不覺過三春。無音信。何日會緣姻。心間多少閑愁悶。意癡癡失魄消魂。逃不出離恨關。打不開相思陣。不能勾歡會。則落的病纏身。（詞林摘艶）

題　情

每日朝朝爲你憂。題起來萬休千休。又不道不聰明不浪子不風流。記的説來呪。相守到白頭。常言道瘦殺的羔兒則是羊肉。撇了這錦綾羅道守着絲紬。苦苦的哀告他。百般的不能成就。常言道心去意難留。（詞林摘艶）

拈起東來忘了西。我根前支持。瞞心昧己負心的。負心的説來的誓。負心的有天知。

十分説謊十分昧。我根前昂昂而已。罵你句小短命。小短命無恩義。罵了句負心賊。心疼了我兩三日。（詞林摘艷）

巴的到黄昏禱告天。寶爐香燃。自從他去淚漣漣。關山遠。他無分俺也無緣。告青天早早重相見。知他是甚日何年。則願的天可憐。天與人行些方便。普天下團圓。帶希的俺也團圓。（詞林摘艷）

【北正宫脱布衫兼小梁州】

妓思

映斜陽數點歸鴉。蘸秋波幾縷殘霞。珊瑚枕鮫綃半榻。水晶簾玉鈎高掛。廢寢忘飡子爲他。他如今遠在天涯。想着那月明纔上海棠花。却又早相約在鞦韆下。題起來滿身兒麻。老夫人知道呵怎肯甘休罷。小梅香絮絮答答。俺則索悄悄央。低低罵。似這般躭驚受怕。辜負了俏冤家。（雍熙樂府）

慶賀

明聖主仁彷三皇。明聖主德佛陶湯。明聖主千邦進禮。明聖主萬民仰望。百姓每虔誠一炷香。一齊道謝吾皇。謝吾皇垂整朝綱。今日得昇平降。黎庶每得安康。願祝我聖子神孫常興旺。金枝玉葉盛隆昌。願吾皇聖壽長。保山河壯帝疆。普天下人民仰望。賀萬世大明皇。（雍熙樂府）

【北正宮塞鴻秋】

悔悟

蘸鋼鍬難用銜鋼鋼。紙湯瓶不耐温湯盪。愛錢娘枉把人央怏。没來由惹得傍幫謗。多少晃謊荒。每日閑郎浪。姨夫每使鈔難當當。（詞林摘艷）

淡濛濛斜月上紗窗上。碧熒熒燈點上銀臺上。密層層花影上簾櫳上。冷清清獨自上牙床上。寒鴈上南翔。叫過東樓上。一聲聲攛掇上眉尖上。（詞林摘艷）

水晶簾捲薔薇院。薔薇院鎖垂楊線。垂楊線惹桃花片。桃花片點芭蕉扇。二八小嬋娟。恐怕人瞧見。芭蕉扇掩芙蓉面。（詞林摘艷）

按：盛世新聲亦收，無題。

【北正宫醉太平】

走蘇卿

聰明的志高。懵懂的愚濁。一船茶單換了個女妖嬈。豫章城嗤了。老卜兒接了鴉青鈔。俊蘇卿受了金花誥。俏雙生披了綠羅袍。村馮魁老曹。（詞林摘艷）

按：此曲詞林摘艷署「前人」，全元散曲收入劉庭信卷。

好睡的丢與他箇枕頭。刁奸的抹與他些甜頭。休休休着一箇甚來由。看烏飛兔走。醫的這眼中瘡剜却心頭肉。消的這腹中愁展放眉間皺。照的這鏡中春添上鬢邊秋。不如我且高歌對酒。（詞林摘艷）

按：此曲盛世新聲亦收，無題。

花陰下管絃。粉牆外鞦韆。春光春色正春妍。惜花人少年。紫騮嘶入梨花院。香輪碾破桃花片。玉樓人醉杏花天。好一箇風流的禁烟。（詞林摘艷）

按：盛世新聲亦收。

休問我咬嚼。且看我穿着。乞窮儉像死軀老。不凍倒是餓倒。破荷葉遮着歪靴靿。舊汗替絞了雜毛套。油手巾改做布裙腰。這的是子弟每下稍。（詞林摘艷）

爲甚麽下翻的恁早。誰交你着迷處先杓。今日人離財散無歸着。怎了也怎了。趕齋處扮着箇白蓮道。化飯處粧着箇全真教。送殯處將着箇紙幡兒挑。這的是子弟每下稍。（詞林摘艷）

按：盛世新聲亦收。

王魁做了狀元。雙漸除了臨川。鄭元和春日墜金鞭。好美長安少年。有一日桂英哭倒森羅殿。亞仙哭入悲田院。小卿哭上販茶船。好美長安少年。（詞林摘艷）

按：盛世新聲亦收。

夜將闌玉融。春信隔歸鴻。翠鸞不舞鏡奩空。瘦梨花玉容。紫霄寒聲斷丹山鳳。錦屏寒魂斷巫山夢。寶香寒煙斷博山銅。有離愁萬種。（詞林摘艷）

按：盛世新聲亦收。

利名場事冗。林泉下心沕。小柴門晝戟古城東。隔風波數重。華山雲不到陽臺夢。磻溪水不接桃源洞。洛陽塵不到武夷峰。老先生睡濃。（詞林摘艷）

相携道童。閑訪仙翁。酒壺斜挑杖藜筇。吟肩瘦聳。雲鶴白鹿相迎送。黄花紅葉供詩詠。青山緑水任從容。出家兒受用。（詞林摘艷）

葫蘆酒鍾。箇子雲筒。紅塵不到醉鄉中。蓬壺晝永。繁華枕上回春夢。英雄火上消

冰凍。功名草上轉秋風。出家兒受用。（詞林摘艷）

燒丹煉汞。啖柏飡松。醉騎鶴背駕天風。朝真半空。撫冰絃謾把瑤琴弄。執雕盤閑把黃庭誦。倚瓊樓悶把鐵笛橫。出家兒受用。（詞林摘艷）

飄飄朔風。隱隱騰空。幾人解脫出凡籠。竊比於我老彭。登樓邀月閑陪奉。尋山載酒相隨從。採茶掬水自煎烹。出家兒受用。（詞林摘艷）

我癡呆懵懂。您剔透玲瓏。吾師飛劍斬黃龍。純陽吕公。化仙蝶悟入黃粱夢。牧牛羊曾入白雲洞。跨青鸞曾到紫微宫。出家兒受用。（詞林摘艷）

幽蘭種種。黃菊叢叢。萬山削出玉芙蓉。相尋赤松。玄機參透乾坤甕。丹光深鎖烟霞洞。夢魂不到雨雲峰。出家兒受用。（詞林摘艷）

嫩蔓菁做虀。醇糯酒新醅。野田啄黍正鷄肥。醒時節再喫。他榮他貴他名利。咱癡咱懶咱伶俐。自歌自飲自便宜。不喫呵圖一箇甚的。（詞林摘艷）

訪堯峰禹穴。遇東海西浙。蓬萊萬里水天別。問神仙在那些。遇真人口受丹砂訣。泛浮槎悟入黃金闕。馭天風穩坐紫雲車。老先生去也。（詞林摘艷）

咱心裏哽咽。阿誰行疼熱。十朝半月信音絶。虧心的議者。七淋侵幾千般等的雕鞍卸。滴留撲數十場摔的菱花缺。珨玎璫兩三番掂的玉簪折。我今番省也。（詞林摘艷）

急烹翻蒯徹。險餓死靈輒。今人全與古人別。漸學些箇轉折。纔撩蜂赤緊的寃了毒蝎。釣鯨鰲不上杈了柴鱉。打青鸞無計撲了蝴蝶。老先生手拙。（詞林摘艷）

拄着杖脊缺。頂着斗頭斜。裹着巾出落着臉粧呆。行院處打趐。問的末不會先開說。學蠻里從小無觔節。看列子及挺了腰截。老先生骨拙。（詞林摘艷）

老没了氣血。眼脖上黃絶。遠看人一似樹樁撅。認不的之乎者也。千呼干頭上争一撇。川呼三腹内元横寫。目呼四口裏少分别。老先生眼拙。（詞林摘艷）

問何方老者。到此處跋涉。閲前賢列傳便咨嗟。濕腮邊淚血。陶淵明去也腰難折。段秀實來也頭難捨，顔杲卿死也舌先截。老先生口拙。（詞林摘艷）

顔子瓢掛者。曾子蓆挾者。孔子拄杖那直節。古懂鋪裏不惹。魯之大聖名難滅。唐之亞聖人纔説。宋之希聖道元捷。老先生命拙。（詞林摘艷）

怕夜冠束縛。遇詩酒磨跎。三分春色二分過。想人生幾何。彭澤縣都笑淵明偘。守陽山干忍夷齊餓。汨羅江誰救屈原活。不喫呵圖箇甚麽。（詞林摘艷）

近三叉道北。傍獨木橋西。鑿開數畝養魚池。編一遭槿籬。蜂兒直早衙催釀就殘花蜜。鶯兒啼曙光移夢遶蘆花被。燕兒飛矮簾低啣入落花泥。老先生未起。（詞林摘艷）

南華經看徹。東晉帖觀絶。西凉州美醖一壺竭。臘紅燈照者。木綿雪被春初熟。沉

檀雲母香慵爇。梅花斗帳月兒斜。老先生睡也。（詞林摘艷）

喫了些無憂愁酒食。過了些有程限年紀。醉鄉中不飲是呆癡。醒時節再喫。得一日過一日無一日。笑一會耍一會頑一會。舉一盃圓一盃換一盃。不喫呵圖箇甚的。（詞林摘艷）

一箇官封在翰林。一箇血染了衣襟。他兩箇海神行折證到如今。我與你分明的再審。你如今居官享祿三年任。他那裏山盟海誓曾言甚。又不曾生男長女兩情深。怎做的王魁負心。（詞林摘艷）

怕的是晚夕。没着落身已。角聲殘鼓聲動漏聲催。百忙裏鴈兒那裏叫起。鼕鼕鼕聽一下如錐剔。瑺瑺瑺揑一點如針刺。呀呀呀聒一會似刀劅。這的是客中過月日。（詞林摘艷）

書囊綉篋。悶担愁車。幾番放下睡些些。又被這幾般兒惱者。曉風擺動簷間鐵。錦鷄叫落殘更月。扶桑迸出紫金蛇。俊嫦娥醒也。（詞林摘艷）

扶頭酒過。爽口食多。近新來貧病兩相磨。怎生般奈何。白肉面翻做了糠磨磨。軟羊羹變做了韲和和。少年妻憂做了老婆婆。受阿的般過活。（詞林摘艷）

別離半日。愁悶千疊。眼面前一弄兒景堪嗟。景堪嗟那些些。碧熒熒寶鼎内香慵爇。

昏慘慘銀臺上燈將滅。冷清清紗窻外月兒斜。怎不交人害也。（詞林摘艷）

自　警

恰金烏去也。早玉兔跟者。想百年一枕夢蝴蝶。有甚麽話説。幹功名有若花開謝。

享榮華相比燈明滅。競錢財情似影盤�。老先生意歇。（雍熙樂府）

向山村静處。築茅舍幽居。任教他日夜儘貪圖。使身心受苦。大粧妖幾箇登豪富。

强争頭幾箇張名譽。乍施逞幾箇鐵規模。老先生笑汝。（雍熙樂府）

恰門前雨歇。又屋角雲遮。愛青山四面緊圍者。笑無休話説。玳筵前朝日添懽悦。

翠屏邊每夜知疼熱。畫堂中整月最驕奢。老先生笑也。（雍熙樂府）

三家彎路邊。五岔口門前。撫孤松終日自盤桓。喜山居過遣。愛嵐光鎖洞青如靛。

看烟光明媚白如練。玩波光瀲灎碧如天。老先生對眠。（雍熙樂府）

看白雲萬丈。映翠竹千竿。賦歸來飽飯兩三飡。晃韶光過眼。怕行舟遠使追張翰。

倦登樓爛醉思王粲。緊關門高臥效袁安。老先生意懶。（雍熙樂府）

清風生樹梢。明月上花梢。畫堂深不换草團瓢。向蓬窗咲傲。喜歐蘇翰墨難能效。

慕班揚才望何能到。講程朱義理怎能學。老先生看了。（雍熙樂府）

不經商販茶。莫在縣栽花。就安排村裡做莊家。要尋常淡雅。向東皐冒雨扶犁耙。去西坡帶露鋤苗稼。對南山映日看桑麻。老先生傲煞。（雍熙樂府）

孝劬勞父母。敬遠近親屬。棄功名多讀聖賢書。感唐堯帝主。謝天恩放道休官路。省人情置所安身處。盡公心得紙護身符。老先生願足。（雍熙樂府）

春夏秋冬情思

啼春殘杜鵑。掃花落鞦韆。杏桃張錦柳含烟。供相思淚眼。啼痕界破殘粧面。離情題遍緑紈扇。新愁寫滿碧雲天。無一箇鴈傳。（雍熙樂府）

碧紗厨錦囊。紫藤簟牙牀。榴花噴火晝初長。夢回時念想。朱顔遊子常飄蕩。紅粧仕女空凝望。青鸞舞鏡自惝惶。遣愁人斷腸。（雍熙樂府）

轉梧桐月影。穿簾幙秋聲。衣裳微露暮寒生。入深閨户扃。芭蕉風定羅幃静。麝蘭香散鴛衾剩。轆轤聲斷夢魂驚。盼不到五更。（雍熙樂府）

寒梅開正濃。斜月淡烟籠。東簷鐵馬戰西風。動凄凉萬種。恨君絶念離情重。思君不見牽心痛。見君無語正歡濃。覺來時夢中。（雍熙樂府）

歡情

樂閑身酒酡。乘高興詩魔。詩酬花酒債偏多。儘虚名負我。鸞簫寫恨銀箏和。鳳盃把酥金橙破。雲窗並枕玉人歌。快活也快活。（雍熙樂府）

離情

積閑愁渭城。分離恨長亭。戀君無計送君行。唱陽關蹇情。一篇疊怨雙愁聽。一盃別酒君休剩。一聲保重淚如傾。則離心最疼。（雍熙樂府）

嘆世

散牛羊漢塚。走狐兔秦宫。一般瀟洒月明中。競虚名鬬勇。一身罪惡千鈞重。百年勳業三生夢。五湖烟水一帆風。養殘軀善終。（雍熙樂府）

君唐虞聖明。臣伊吕廉能。兆民簫鼓賀豐登。舊風流老成。貪婪花酒酬歡慶。留連歌舞添盃興。糊突夢魂有誰醒。大家醉太平。（雍熙樂府）

按：雍熙嘆世原四首，此即第一、四兩首。其第二首「陶朱公釣船」，第三首「人皆嫌命窘」，見全元散曲張可久卷。

知州對知縣自誇

官居從五。太守稱呼。上表章名姓達皇都。問郎官有無。起花帶壓倒光銀素。白鷳補勝似雲中鷺。柳柴皮怎比象牙笏。峥嶸也大夫。（北宫詞紀）

知縣答知州

州衙縣衙。有甚争差。也何勞事事自張誇。活把人笑殺。打比較彼此無閑暇。見老通同跪階簷下。申府堂一樣細花押。還大些甚麽。（北宫詞紀）

玉堂中散仙。翰苑中青錢。文章豪富湧如泉。喜春闈首選。夜來親見嫦娥面。晚來獨召金鑾殿。玉樓人醉杏花天。是一個風流狀元。（萬花小曲）

辛勤了幾年。變化在今番。天香高折一枝還。把花枝笑燃。廣寒宫闕都遊遍。嫦娥粉面親相見。英雄誰與我争先。是一個風流解元。（萬花小曲）

按：「辛」，原作「新」。

【北正宮醉太平帶蓮花落】

掉　訑

寸打俫不能肚飽。博末子委實心焦。夢豁了漫水怎生熬。須得把社忽雷賣了。頂老打了個當頭砲。騍頭丢了個漫天套。俫兒落在下風橋。種科盡了。鏝的没了。猛骨使了。再休題嗑着齒老。剪着稍老。睁着矑老。側着聽老。聳着訓老。摸着乳老。舒着爪老。執着磁老。就着盞老。飲着海老。喫着氣老。哩蓮花。蓮花落。（詞謔）

【北仙吕一半兒】

春　妝

自將楊柳品題人。笑撚花枝比較春。輸與海棠三四分。再輸匀。一半兒胭脂一半兒粉。（詞林摘艷）

美人

桃花嬌面不勝春。白練銷金俏背心。笑把花枝傍竹門。引人魂。一半兒看花一半兒等。（群音類選）

秋波如眼柳如眉。小小櫻唇一點脂。笑捧金盃唱小□。故嬌癡。一半兒南腔一半兒北。（群音類選）

纖腰如柳臉如花。舉止端詳宛大家。最喜輕狂没半些。可人殺。一半兒妖嬈一半兒雅。（群音類選）

夢迴寒月半簾櫳。翠幙猶憐燭影紅。枕畔顰眉聽曉鐘。説芳衷。一半兒真情一半兒哄。（群音類選）

閨情

多才去久寄天涯。點檢柔腸亂似麻。愁怕黄昏報晚鴉。埋怨他。一半兒真來一半兒假。（群音類選）

喬才昨夜宿誰家。粧啉粧痴瞞過咱。人講風聲没亂殺。打聽他。一半兒真來一半兒

假。（群音類選）

雕鞍留戀在誰家。別後相思病轉加。他似那風中飛絮鏡中花。一半兒真來一半兒假。（群音類選）

才郎何處折牆花。昏鐘敲罷未歸家。負心自有神鑒察。埋怨他。一半兒真來一半兒假。（群音類選）

薄倖何處戀牆花。狠毒心腸誰似他。風流時故使奸猾。罵冤家。一半兒貪淫一半兒要。（群音類選）

雕簷喜鵲叫喳喳。昨夜銀燈喜結花。畫堂開宴笑歡洽。喜氣加。一半兒風流一半兒要。（群音類選）

【北仙呂三番玉樓人】

閨　情

風擺動簷間馬。雨打響碧窻紗。枕剩衾寒没亂煞。怎不着我題着名兒罵。暗想他。忒情雜。等來家。好生歹鬭咱。我將他臉兒上抓。耳輪兒揪罷。我問你昨夜宿誰家。

（詞林摘艷）

【北仙呂後庭花兼青哥兒】

喜孜孜擺珍羞開大筵。韻悠悠奏笙歌列管絃。細氤氳鼎内香風動。錦重重彩雲飄則在雲外懸。四時慶豐年。恰便似蓬萊仙苑。兜率宫極樂天。似瑶池如閬苑。呀。你看那龍樓龍樓金殿。見如今鳳凰鳳凰來現。海外直臣朝帝輦。更有那百司官員。武勝文賢。正直忠良。受賞傳宣。東魯西戎。北狄南蠻。四海千邦。萬國來降。喜孜孜拜舞在玉堦前。萬萬載昇平宴。（雍熙樂府）

進忠良爲股肱。懾偏邦朝鳳城。舉意言忠信。則要俺爲人行志誠。既然是用賢能。須索要忠良直正。定邊疆無戰争。嚇蠻夷須拱辰。保山河朝帝京。呀。現鑾輿皆歸皆歸仁聖。進忠心率土來賓慶。都只爲大放賢門。一箇箇選俊英。見如今四序和平。禮樂欣欣。黎庶歡慶。鳳舞麟生。海晏河清。普天下軍民。無憂無慮大咸寧。皆因是托賴着吾皇聖。（雍熙樂府）

【北仙吕寄生草】

怕　別

行裡坐裡相隨趁。歡歡喜喜廝問當。雙雙共飲葡萄釀。醉薰薰同入銷金帳。今朝並枕相歌唱。怕怕惜惜摟抱着意中人。一千般淒淒涼涼都撮在眉尖上。（雍熙樂府）

相　思

將奴這桃花面。只因他憔悴損。不是因惜花愛月傷春困。則是因今春不減前春恨。常則是淚珠兒滴盡相思症。恨的是綉幃空暖面生寒。書房人遠天涯近。（雍熙樂府）

按：此曲金瓶梅詞話無題。

銀臺上燒殘蠟。寶鼎内焚篆香。遥天外寒雁聲悲愴。金井畔梧葉風飄蕩。畫簷間鐵馬聲嘹喨。幾般哀怨耳邊廂。把淒涼撮在眉尖上。（雍熙樂府）

往常時㦨㦨悶。到秋來悶轉添。南樓外寒雁聲悲怨。砌堦傍促織聲無倦。畫簷間鐵馬敲無斷。才郎一去杳無踪。恓惶每夜思量遍。（雍熙樂府）

孤另另和衣臥。戰驚驚出綉幃。月朦朧獨立在紗窗外。才郎來赴鴛鴦會。相偎相就

渾如醉。雨雲恐怕有人知。那喬才子管將人累。（雍熙樂府）

相思

昏慘慘燈將滅。淡氤氤香篆絶。黑朦朦雲蔽天邊月。淅零零雨灑窗前葉。擊玎璫風擺簷前鐵。悶懨懨愁恨有誰知。冷清清却怎捱今夜。（雍熙樂府）

按：雍熙此題四首。其餘三曲（「寬褪了羅裙帶」、「動不動將人駡」、「將我這知心話」，見全元散曲無名氏卷。

他生的百清秀。百清秀兩意濃。兩意濃只爲風流種。風流種委實堪人重。堪人重行坐肩相並。肩相並同樂廣寒宮。廣寒宮做了桃源洞。（雍熙樂府）

將我這桃花面。桃花面憔悴損。憔悴損不是傷春困。傷春困不減前春恨。前春恨到今愁無盡。愁無盡只爲俏書生。俏書生一去無音信。（雍熙樂府）

待不寫鴛鴦字。鴛鴦字錦繡詩。錦繡詩寫在花牋紙。花牋紙訴盡心間事。心間事寄與多才士。多才士和我再成雙。再成雙謝此鴛鴦字。（雍熙樂府）

他生的顔如玉。顔如玉臉襯霞。臉襯霞嬌媚堪描畫。堪描畫檀口些娘大。些娘大緊襯凌波襪。凌波襪輕踏淡春山。淡春山兩道眉誰畫。（雍熙樂府）

按：梨園樂府有〔寄生草〕一首：「他生的顔如玉。他生的臉襯霞。他生的腰肢一捻堪描畫。朱唇一點些娘大。金蓮半折凌波襪。他生的龐兒丰韻可人憎。不剌。你眉兒淡了教誰畫。」雍熙樂府似即改此曲而成者。

勸　世

當時王新室。圖江山奪世界。磣可可約定把君王害。不隄防光武依然在。二十八宿河山帶。騎牛奪馬再中興。將軍戰馬今何在。（雍熙樂府）

當時韓元帥。真箇是名將才。漢高皇捧轂推輪拜。九里山十座連雲寨。烏江岸霸主無舟載。打魚船釣叟賺龍車。將軍戰馬今何在。（雍熙樂府）

說起韓元帥。曾登拜將臺。把田横趕入東洋海。楚重瞳自刎傷殘害。吕太后定計鋪謀壞。想英雄都在土中埋。將軍戰馬今何在。（雍熙樂府）

誅董卓英雄將。立朝綱逞氣概。温侯敢勇人無賽。虎牢關三戰何曾敗。水圍了下邳方生害。侯成盜馬也同亡。將軍戰馬今何在。（雍熙樂府）

樂　酒

辭朝去。山内居。竹籬茅舍柴門户。漁樵說到興亡處。玉堂金屋無心住。清風明月

兩閑人。〔和〕相逢不飲空歸去。（雍熙樂府）

衣和祿。天付與。貧窮富貴前生注。鴛鴦遠定蒹葭浦。鳳凰飛在梧桐樹。鶴長鳧短幾曾齊。〔和〕相逢不飲空歸去。（雍熙樂府）

依宮調。品鶤鴣。揭天擂地鼉皮鼓。細腰按盡霓裳曲。佳人唱徹黃金縷。主人開宴出紅粧。〔和〕相逢不飲空歸去。（雍熙樂府）

盃盤列。錦繡鋪。一樽酒盡青山暮。醉歸錦障遊仙宇。夢回明月鋪南浦。滿身花影倩人扶。〔和〕相逢不飲空歸去。（雍熙樂府）

秋聲盡。景物疎。飄飄敗葉辭芳樹。雁聲嘹喨歸南浦。燕知社日辭巢去。龍山約慶賞黃花。〔和〕相逢不飲空歸去。（雍熙樂府）

彤雲布。瑞雪鋪。朔風凛冽江天暮。浩然尋得梅花樹。退之迷却藍關路。子猷訪戴凍回來。〔和〕相逢不飲空歸去。（雍熙樂府）

尋真誤入蓬萊島

遠俗客疎非友。隱山村少故交。潺潺澗水鳴琴調。嵬嵬古樹侵雲表。亭亭修竹平安報。烟霞深處草堂中。抵多少尋真誤入蓬萊島。（雍熙樂府）

香風不動松花老

砍翠竹修爲舍。伐枯木架做橋。清幽獨樂塵不到。岩壑惟聽猿鶴叫。身安不受徵賢詔。烟霞深處草堂中。一任教香風不動松花老。（雍熙樂府）

採芝人去未歸來

吸村酒銜瓦缶。遠朝綱好避乖。將身跳出紅塵外。全家不受衣冠害。漁樵一話心神泰。烟霞深處草堂中。契同人採芝何處未歸來。（雍熙樂府）

白雲滿地無人掃

駐日月無繩繫。御風霜有布袍。藤冠草履絶驕傲。觀山翫水閑行樂。乘流遇坎從吾樂。烟霞深處草堂中。一任教白雲滿地無人掃。（雍熙樂府）

隱　逸

恁縱富愁無限。俺雖貧樂有餘。孤飛塞雁蘆花浦。一聲啼鳥垂楊渡。幾行蒹葭藏鷗

鷺。試看俺柴門半掩隴頭雲。强如恁珠簾暮捲西山雨。（雍熙樂府）

度日月非塵世。看江山如畫圖。共君竹葉舟中語。從他紅蓼灘頭宿。儂家鸚鵡洲邊住。牆頭雲岫碧如藍。門前流水清如玉。（雍熙樂府）

把一葉扁舟駕。將一壺村酒沽。一篙水漲溪橋路。一鈎香餌鴛鴦浦。一竿落日斜陽暮。一舡風月緑楊堤。一蓑烟雨白蘋渡。（雍熙樂府）

一局棊興和廢。一夢間榮共枯。一汀紅蓼蒹葭渚。一彎紫陌蕭疎處。一行白鷺忘機侶。一身跳出是非場。一生不被功名誤。（雍熙樂府）

得　意

前賢語。不是虚。書中車馬多如簇。書中有女顔如玉。書中自有千鍾粟。白衣人得做狀元郎。緑羅襴換却青衫去。（雍熙樂府）

全　終

事事立。榮顯身。三品四品官人分。五旬六旬功名進。七十八十老顔侵。九十一百壽方盡。九重宫裏受皇恩。怕甚麽十年窗下無人問。（雍熙樂府）

困 志

攔賢路。當仕途。聰明越受聰明苦。聰明反被聰明誤。寒窗空費死工夫。學優未得循環趣。淵明抱節速休官。子張仗義徇干禄。（雍熙樂府）

富 豪

排金門。入紫闥。公私一抹無真假。曾教漢相陳榻下。紫袍金鯉任君懸。金鞍玉馬從他跨。通神莫若鄧君錢。無錢反被時人駡。（雍熙樂府）

【北南吕玉嬌枝帶過四塊玉】

躭擱青春年少。不能够佳期會約。繡房中無語添煩惱。見别人成就了鳳鸞交。偏奴家守得没下梢。命犯着寡宿孤星照。莫不是姻緣簿上錯。花朵兒身軀却愁的是到晚來那一宵。獨自箇受煎熬。被兒怕展放開。枕兒斜倚定圍屏靠。淚珠落滿腮。所事兒思量到。呀。一百遍長吁到不得曉。（樂府羣珠）

閨情

夫人利害。獨占了春情艷色。橫枝兒焦擻胡捏怪。把丫頭每緊妬猜。達達袴兒異樣裁。窄着袴兒多着帶。紙條封如何敢擅解。勒住滿園花。不隨風亂擺。動不動隨煩腮劈面摑。手兒摳棍兒摔。廚竈下常檢搜。臥房裏把關隘。㑳梅香喪了魂。詐妮子亡了魄。哈。教人不自由。不自在。（樂府羣珠）

書生本分。幾曾慣調朱弄粉。見着美色身倒褪。調戲言也厭聞。一任落花趁逐流水春。無情流水不隨順。恰便似封陟般崛强紂村。柳下惠痴呆擠蠢。謙謙文質彬。孜孜德性淳。只會閑課賦細論文。未成就燕燕婚。那裏把鶯鶯問。折莫將柳絮沾。由你泛桃花引。迤逗得楚巫娥心忙意緊。（樂府羣珠）

梅香乖劣。每日調唆着小姐。後園中戲耍無明夜。蹴鞦韆打蝴蝶。鬬百草採花閑走趄。燒夜香聽琴看明月。瞞了老夫人書房中去也。把一箇俏書生撩撥來不歇。去不徹。傳消息送書帖。覓素紙描繡花偷彩筆。没人處把烏帽擡。有時分將白襴扯。由不得他志誠古拙。（樂府羣珠）

敲才死勢。更敢瞞神嚇鬼。分明做下迷天罪。剗地又諱咻食。狂蜂浪蝶心性癡。蒺藜花發他留意。茆廁邊潛蹤隱跡。廚房裏輕憐痛惜。我這裏佯不知。咳嗽起纔慌忙緊收拾。答應信口推不老實。厮瞞昧頑涎兒不退些。飽病好難醫治。呸。不識羞。誰人似你。（樂府羣珠）

四季

春

春宵無價。才子佳人戲耍。王孫士女争高價。柳影中酒共茶。桃花杏花争放芽。大踏步走向花陰下。沙茵濕透綾波韈。呀。咱兩箇把鞦韆再打。我將綵繩拿。花板踏。舞東風海棠花。輕舞動楊柳腰。汗濕透香羅帕。猛見他堪描畫。恰便似醉楊妃扶上馬。（樂府羣珠）

夏

紅蓮白蓮。才子佳人坐畫船。浮瓜沉李敲冰片。柳陰中噪晚蟬。沙灘上數對鷗鷺眠。芰荷香數對鴛鴦串。呀。且把珠簾半捲。舞一回。唱一遍。只吃的沉醉夜遲眠。看

榴花爛熳開。散髮摇紈扇。飲玉漿開筵宴。呀。且把眉頭笑展。（樂府羣珠）

秋

黄花初放。才子佳人翫賞。淵明賞菊登高望。看天邊雁幾行。拆離人惱的愁斷腸。宋玉悲秋望。到想桂子香。更漏長。鐵馬兒響玎壋。珠簾外懸玉鈎。又被金風蕩。今宵少箇相偎傍。孤宿在幃屏帳。呀。怕的是風清月朗。（樂府羣珠）

冬

瓊花梅花。碎翦鵝毛亂撒。横疎影裏堪描畫。似一片玉無瑕。負薪人買臣迷路差。浩然怎把驢兒跨。張儀把蘇秦凍殺。路兒滑。脚兒麻。頭直上舞梨花。半空中瑞雪飄。沽美酒争高價。暖閣中閑談話。呀。要相逢只等的泥中再打。（樂府羣珠）

四　季

猛聽的杜鵑啼報。報道是繁華漸老。覺知音同歡笑。直吃的月上杏花梢。慘慘紅雨點風飄。似胭脂滿地紛紛落。可知道緑柳河邊杖高。杜甫遊春醉倒。我只見燕子飛。

不壘巢。見來往度溪橋。杜甫驢兒怎生騎。□失記來時道。看天涯一帶山雲靄靄紗籠罩。兀良不覺的江輪西墜了。（樂府羣珠）

猛聽的知音同報。報道是霧鎖了綠楊梢。噴清香兩岸風亂飄。見白鷗點點沙邊落。可知道此景人間最高。羲之觀鵝醉倒。皓齒歌。象板敲。吹一曲紫鸞簫。金甌内飲玉漿。藕絲細切銀沙耀。歸來時月正明。歌唱回蘭棹。兀良把一對鴛鴦驚散了。（樂府羣珠）

猛聽的寒蟬高噪。噪道暑去秋風漸老。有白衣送酒題詞報。報道喜墜遊。風落了烏紗帽。可知道五柳莊前静悄悄。賞菊先生醉倒。鷗鷺飛。朱頂鶴。動一派每逍遥。草庵門前看一回棋。疎林數點昏鴉噪。滿山中紅葉飄。百般凋零落。兀良會故友臨川醉倒。（樂府羣珠）

猛聽的山童來報。報道是霧鎖天關閉了。採樵人拍掌呵呵笑。笑道是雪壓了臘梅梢。舞梨花片片飛亂飄。似玉龍噴出紛紛落。可知道沽酒前村本價高。大雪裏把先生凍倒。寒鴉飛離巢。怎敢過溪橋。浩然驢兒怎生騎。退之雪迷了藍關道。白茫茫雪滿山。黑暗暗烏雲罩。兀良把一帶青山粉玷了。（樂府羣珠）

【北南呂四塊玉】

嘲江湖客

貨物收。金珠有。勞勞終日早白頭。鹽商茶客結朋友。江内宿。湖上遊。死纔休。（雍熙樂府）

人自迷

李白好貪盃。每自醺醺醉。帶酒上金鑾。觸犯明皇帝。今日在波中。喪了身和體。酒不迷人人自迷。（雍熙樂府）

楊貴妃捧硯成何濟。高力士脱靴總是虚。思量起。總不如山林間蓋一座草庵兒。從今後斷却了酒色和財氣。酒不迷人人自迷。（雍熙樂府）

紂王寵妲己。不信賢臣議。敗國又亡家。社稷全抛棄。武王領兵來。喪了身和體。色不迷人人自迷。（雍熙樂府）

玉天仙美女成何濟。月窟裡姮娥總是虚。思量起。總不如山林間蓋一座草庵兒。從今後斷却了酒色和財氣。色不迷人人自迷。（雍熙樂府）

石崇世無雙。家本多富積。積玉並堆金。行坐尚深思。只因金谷園。喪了身和體。財不迷人人自迷。（雍熙樂府）

砌遍谷黄金成何濟。填滿庫珍珠總是虚。思量起。總不如山林間蓋一座草庵兒。從今後斷却了酒色和財氣。財不迷人人自迷。（雍熙樂府）

霸主楚王孫。舉鼎千斤力。楚漢兩英雄。吞併乾坤世。兵敗到烏江。喪了身和體。氣不迷人人自迷。（雍熙樂府）

江山萬里成何濟。韓信功勞總是虚。思量起。總不如山林間蓋一座草庵兒。從今後斷却了酒色和財氣。氣不迷人人自迷。（雍熙樂府）

按：群音類選亦收，題同。

【北南吕金字經】

酒

三斗朝天去。一尊邀月明。都道當筵酒有靈。聽。高樓鼓吹聲。人皆醉。有誰獨自醒。（樂府羣珠）

色

暮雨朝雲興。偷香竊玉機。拚却千金買笑歸。伊。惺惺顛倒迷。蓮花落。那時悔後遲。（樂府羣珠）

財

盛把田園置。廣將金玉收。空與兒孫作馬牛。休。安居莫外求。乾生受。浮生水上漚。（樂府羣珠）

氣

滅楚功非易。吞吴事亦難。怒氣衝天壓泰山。看。轉頭雙鬢斑。周秦漢。漁樵一話間。（樂府羣珠）

閨情

畫眉人何處。鏡中惜少年。夜夜燒香禱告天。天。月圓人未圓。題紅怨。欲將心事

傳。（樂府羣珠）

寶釵横雲髻。晚粧燭上樓。十二珠簾閑玉鈎。颼。井梧一葉秋。空搔首。錦韉何處遊。（樂府羣珠）

自從别離後。一春不到家。掩過湘裙翡翠紗。他。料應虧負咱。提名罵。戀誰牆外花。（樂府羣珠）

故人音書斷。悶懷何日休。料想歸期不自由。愁。怕逢新雁秋。難禁受。見他雙燕羞。（樂府羣珠）

寶香薰鴛被。地爐煎鳳茶。獨守香閨盼望殺。咱。幾曾虧負他。門兒亞。夜深須到家。（樂府羣珠）

膩玉搽胭項。緑雲堆鬢絲。嬝娜春風楊柳枝。詩。自題羅扇兒。鶯花市。惱人情緒時。（樂府羣珠）

月明西廂下。疑將門半開。倚定闌干手托腮。哈。料應緣分該。實心兒待。玉人今夜來。（樂府羣珠）

紫檀歌金縷。錦茵頽玉山。咫尺樽前音信慳。看。那回相見難。人應散。翠衾今夜寒。（樂府羣珠）

詠蘇卿

手按銀箏坐。故人何處尋。忙喚梢公解纜繩。聽。戍樓纔二更。江聲靜。馮魁酒未醒。（樂府羣珠）

私情

錦箋題芳恨。舊香餘繡衾。兩處相思一樣深。琴。有誰能解音。情難禁。愛郎不用金。（樂府羣珠）

秋閨

寶鼎香銷盡。銀釭燈半明。困倚幃屏夢不成。聽。亂蛩階下鳴。瑶天静。月明孤雁聲。（樂府羣珠）

詠韓翠顰

寂寞深宫内。風流女豔姿。暗卜佳期信有之。思。題成兩句詩。傳心事。御溝紅葉

兒。（樂府羣珠）

閨　情

帕羅啼痕在。又看春事殘。帶恨眉兒蹙遠山。攀。鱗鴻音信慳。空長嘆。無言倚畫闌。（樂府羣珠）

月夜聞箏

萬里瑶天浄。長空新月明。深院佳人調玉箏。聲。鳳鸞和唱鳴。憑欄聽。慢搊金字經。（樂府羣珠）

春　遊

斷橋青山下。野人三四家。水畔輕烟籠岸沙。咱。玉鞭催駿馬。青帘掛。幾株桃杏花。（樂府羣珠）

載酒尋芳徑。畫橋攜杖行。滿目韶華屬後生。鶯。緑楊深處鳴。添遊興。醉眠湖上亭。（樂府羣珠）

漁家

一竿爲活計。往來西又東。笑着荷衣不嘆窮。翁。醉眠楊柳風。波微動。晚來舟自橫。（樂府羣珠）

鱠魚裁霜縷。酒盃汲怒濤。未肯青蓑換紫袍。高。解將名利逃。漁家傲。紅塵絶世交。（樂府羣珠）

失題

後園燒香罷。夜深碧月明。閑理銀筝韻更清。燈。宫商指下生。堪人聽。相雜寶釧聲。（樂府羣珠）

□□□□□。□□□□□。□□□□□□□。□。□□□在哉。慵梳洗。斜簪碧玉釵。（樂府羣珠）

千秋

綵繩千秋掛。艶陽三月天。仕女颼颼若墜仙。暄。汗香淹翠鈿。吁吁喘。倒將羅扇

袖揹。（樂府羣珠）

秋　夜

我來山中宿。夜深雲滿衣。月皎風清星斗稀。飛。驚烏無所依。乘秋意。臥將簫管吹。（樂府羣珠）

道　情

道人山中住。黄茅屋數間。煉就爐中九轉丹。丹。服之永駐顔。掀髯嘆。白雲終日閑。（樂府羣珠）

鬧五更

一更裏不來也。直等得月上來。斜掩門兒手托腮。短命才。將人醉定害。梅香道。房中睡去來。（樂府羣珠）

二更裏不來也。等得寒露涼。焚盡金爐一炷香。痛咸傷。撲簌簌淚兩行。鴛鴦帳。錦被兒閑半床。（樂府羣珠）

三更裏不來也。起身兒吹滅燈。短嘆長吁三四聲。月正明。銅壺滴漏聲。咱薄倖。原來不志誠。（樂府羣珠）

四更裏不來也。夢兒裏夢見他。共枕同眠摟抱着咱。我問他。全無一句話。歡娱罷。覺來不見他。（樂府羣珠）

五更裏不來也。好教人心内焦。風擺簷前鐵馬兒敲。淚轉抛。百般的睡不着。金雞兒叫。閃得情人没下梢。（樂府羣珠）

鬧五更

一更裏不來也。翠眉兒愁玉顰。低鎖珠簾半掩門。燈漸昏。西風相送人。殘雲褪。閃出梅梢月半痕。（樂府羣珠）

二更裏不來也。被窩兒裏作念他。何處緑楊垂繫馬。短命咱。將人定害殺。和今夜。兩宿不到家。（樂府羣珠）

三更裏不來也。照紗窗涼月明。枕剩衾寒夢不成。和淚傾。梅花枝上鳴。人孤另。長吁三四聲。（樂府羣珠）

四更裏不來也。和殘更畫皷兒敲。枕冷衾寒睡不着。心内焦。撲簌簌淚點抛。腮邊

落。濃濃濕絳綃。（樂府羣珠）

五更裏不來也。下西廂殘月低。盼殺奴家猶未歸。戀酒盃。將人忒下得。和衣睡。

玉驄門外嘶。（樂府羣珠）

觀音舞

五臺山上有。他那一萬僧。口念彌陀觀世音。音。南無觀世音。寶爐內香滿焚。齊聲賀。南無觀世音。（樂府羣珠）

五臺山上有。他那松樹多。喜鵲銜柴壘舊窠。窠。松樹多罩鶴。好教我。難存坐。獐麃麋鹿多。（樂府羣珠）

失　題

這家裏春糯酒。那家裏磁甕開。賣了肩頭一擔柴。柴。酒錢兒常在懷。醉了方何礙。大家歸去來。（樂府羣珠）

今日要搖椿。見準備着來日行。手拿着絲鞭門外等。等。行了一程盼一程。怕不待要望前進。撇不下我心上人。（樂府羣珠）

我茶褐羅的傘兒下。馬兒上台孩。五花頭踏擺將來。來。腰插着虎頭牌。哈哈咳。也是我前世裏好修來。（樂府羣珠）

我銀壺瓶裏酒。熱滿滿的斟也麼釃。舞着彈着唱着些。等。待官人早來些。早來些。笑吟吟直喫到月兒斜。（樂府羣珠）

呀古今從頭不唱。唱的是馬貨郎噹噹。四下裏推開那弔窗。只聽雨丁當。響的來淒涼。（樂府羣珠）

呀古今從頭唱起。唱的是那王更行飛。早知其中就裏。是不如我。快活了一日是便宜。（樂府羣珠）

我是張果老的徒弟。從來不愛人的便宜。街失了個次位。慌忙揣在懷裏。何兒何兒免憂□。（樂府羣珠）

璽珠子大似豌豆。若還能彀得成就。則除是爛了黄河裏石頭。（樂府羣珠）

石頭一塊。有情捎將書來。金漆桌上展開。不由人撲簌簌滚下淚珠來。（樂府羣珠）

按：從「呀古今從頭不唱」起以下五曲，句式與前曲迥異，疑誤接〔金字經〕之後。

華嚴海會唱舞金字經

華嚴海會。捨身如來。法聲鼕鼕普賢才。楞嚴波羅密。哈哈海。渾身遍法界。（樂府羣

珠）

觀音菩薩。大悲如來。法像端嚴衆生敬。般若波羅密。哈哈海。南自在。（樂府羣珠）

紫袍金帶。拜立丹墀。文官武官做筵席。文武兩班齊。飲金盃。皇帝萬萬歲。（樂府羣珠）

人生百歲七十稀。鬢邊白髮老來催。快活了是便宜。飲金盃。皇帝萬萬歲。（樂府羣珠）

三簷傘下。馬兒上台孩。五花頭踏兩邊排。腰插一面虎頭牌。哈哈海。前世好修來。（樂府羣珠）

王魁短命。負了桂英。海神廟裏説山盟。賁發得做官人負心。一品官。不得娶娼人。（樂府羣珠）

鴛鴦簡帖。親人自疊。分付王魁那賊也。害殺桂英也。早來些。休等月兒斜。（樂府羣珠）

馮魁有鈔。雙漸多才。茶船兩行擺將開。蘇氏自劃裁。醜敲才。撇了楚陽臺。（樂府羣珠）

風流滿面。玉笋纖纖。羅裙半露繡鞋尖。可喜臉兒甜。禱告天。何日得再團圓。（樂府羣珠）

紅娘何處。冷落書齋。懨懨情思不舒快。何日稱心懷。哈哈海。教人轉添害。（樂府羣珠）

又感起相思病。一更裏來不來。斜倚銀箏淚滿腮。淚滿腮。喬才忒分歪。做下了相思債。這姻緣簿怎挨。（南音三籟）

怎受得凄涼況。二更裏夜轉深。短歎長吁淚滿襟。淚滿襟。休將盟誓尋。想着他薄情甚。這冤家忒狠心。（南音三籟）

做了傷情淚。三更心越焦。倒枕搥床眼怎交。眼怎交。偷睛窗外瞧。只恐他來到。把門兒休閉了。（南音三籟）

共效于飛願。香羅帶解開。玉軟香温抱滿懷。抱滿懷。霎時驚覺來。孤燈在。空閑了雲雨臺。（南音三籟）

夜宿在平康巷。鐘鳴恰到家。我百樣禁持傒落他。傒落他。床兒前忙跪下。他道是今番罷。再來呵花街不去踏。（南音三籟）

【北南呂罵玉郎過感皇恩採茶歌】

望　信

閑雲肯分迷寒漢。鸞另隻鳳孤單。音書近日絕魚雁。心坎上。尾閭尖。怨無限。分淺緣慳。月缺花殘。氣吁絶。肌瘦損。淚流乾。愁臨繡榻。悶倚雕闌。望回車。聽過棹。盼歸鞍。恨巫山。怨陽關。雲情雨意煞艱難。訴盡别離央淚眼。風流寃業索填還。（樂府羣珠）

閨情

這幾日愁來愁去只是無窮處。割捨了柔腸肚。柔腸肚撇不下病身軀。這幾日魂勞夢裏只是尋他去。魂和夢厮間阻。夢和魂却對付。魂和夢總成虚。這幾日夢景强虚。只落得暫時完聚。做了一箇半成不就夢兒迴。對着盞半明不滅燈兒暗。伴着半死不活影兒孤。怎禁畫簷間玎玎璫璫追魂那厮鐵馬。譙樓上滴滴點點索命銅壺。一壁廂蛩聲足。一壁廂砧韻切。却怎麼雁聲無。雁兒往常時渡江湖。渡江湖也是盼程途。姑姐娘只爲你悲悲切切鬧喧呼。今夜毛團不言語。雁兒莫不是那搭兒裏錯下了斷腸書。（樂府羣珠）

詠雪

這瓊花頃刻飄揚遍。都做了銀海島玉山川。你看那滄波萬頃白如練。龍鱗般雲外卷。

鵝毛般江上翦。蝶翅兒般風中旋。呀。只見滿天漫地。竞撲頭撲面。雪擁做浪千堆。雪裁成花六出。雪壓做柳三眠。你看那合着雙目。跪着雙足。抱着雙肩。你道是愁風怕雪。怎生是帶雨拖烟。他借我緑簑穿。忙把櫓繩牽。覷波呵正是柳絲摇拽在晚風前。我道是雪片紛紛迷近遠。可正是楊花滚滚亂飛綿。（樂府羣珠）

御前用

龍樓鳳閣祥光罩。香霧靄瑞雲飄。雕欄玉砌瑶階道。照金盤日色臨。潤旌旗露未乾。迎劍佩星初落。九重宫壯觀皇朝。十二樓勢接青霄。按五音奏笙歌。分八佾承隊舞。上萬壽捧香醪。綺羅叢筵間玳瑁。紫霞盃酒泛葡萄。韻悠悠吹龍笛。擊鼉鼓。品鸞簫。設御宴飲廚庖。列珍羞擺佳肴。笑吟吟開懷乘興樂醄醄。看了這御殿瓊樓均地福。煞强如海山銀闕宴蟠桃。（樂府羣珠）

送別

一盃別酒長亭畔。閣不住淚漫漫。瓊簪折也冰絃斷。離愁是今夜管。相思看何日滿。煩惱從明朝筭。俺正是嬌鳳鸕鸞。到做了病沈愁潘。紙錢灰裏劃同心。花影兒裏成連理。藕絲兒上結合歡。鴛鴦夢短。翡翠衾寬。這些兒冰肌褪。寶釧鬆。翠眉攢。離愁有百千般。煩惱有萬千端。老天知道也心酸。填不了愁坑看何日滿。頓不開眉鎖幾時寬。（樂府羣珠）

按：此曲盛世新聲、詞林摘艷亦收，無題。

【北中吕十二月帶過堯民歌】

別　情

淡氤氳爐烟縹緲。昏慘慘暮景朝朝。低矮矮圍屏靜悄。冷清清涼夜迢迢。悶懨懨情人去了。急煎煎心癢難揉。我可愁的是兩星兒析零零窗外滴滴點點碧碧卜卜灑芭蕉。又見箇紅葉兒風裏丢風裏穰紛紛揚揚穰穰風風下亭梢。見箇宿處兒出律律縱出律律串出律律律律出出串上花梢。不猶的淚點兒撲裏丢撲裏穰懸懸點點淚濕鮫綃。心也麽焦。陳摶睡不着。不猶我轉轉傷懷抱。（樂府羣珠）

相　思

這的是金山豫章。這的是普救高堂。痛殺殺緣薄分淺。眼睜睜水遠山長。拆離別金釵鳳凰。生分散綉帶鴛鴦。每日家急急煎煎斷人腸。常子是撲撲簌簌淚千行。往常時風風韻韻可喜娘。央及煞悲悲切切瘦劉郎。哎。昏黃。昏黃傳消息寄錦囊。每日家盼望在西樓上。（雍熙樂府）

遥山隱隱。淺水粼粼。東風陣陣。紅雨紛紛。寫凄凉孤月淡雲。深掩重門。怕黄昏忽地又黄昏。不銷魂怎地不銷魂。新啼痕壓舊啼痕。斷腸人憶斷腸人。今春。今春相思瘦幾分。寬掩過羅衫褙。（雍熙樂府）

按：雍熙此題三首。合兩曲僅標堯民歌，誤。首曲「看看的相思病成」見全元散曲無名氏卷，無題。前曲樂府羣珠亦收；後曲疑改中原音韻「自别後遥山隱隱」而成者。

【北中吕上小樓】

杜　鵑

堪恨無情杜宇。你怎麽傷人心緒。啼的花殘。叫的愁來。喚將春去。索甚不把離人叮嚀囑咐。我也道。在天涯不如歸去。（樂府羣珠）

西　湖

西湖左側。神仙境界。山秀林疏。露冷風清。夜靜雲開。正快哉。共開懷。飛來峰外。尋思着花開也月圓人在。（樂府羣珠）

思　情

眼見的他香消玉肌。眼見的他雲鬆螺髻。眼見的縈損柔腸。困酣嬌眼。欲開還閉。眼見的他坐不的。臥不的。一絲兩氣。眼見的他相思病。和我恁的一般滋味。（樂府羣珠）

擔　閣

風流廝貪。聰明相嫌。於他有意。於我無情。不放相參。左不敢。右不敢。似孤舟無纜。做了箇兩頭脱一條尖檐。（樂府羣珠）

惜花春起早

流鶯未起。蝴蝶猶睡。我這裏兜了羅鞋。穿了羅衣。悄出羅幃。只見那花梢上。月

未低。徘徊久處。一會把惜花人爲花憔悴。（樂府羣珠）

愛月夜眠遲

忙呼侍妾。同登臺榭。直熬的絳蠟燒殘。寶篆香消。畫角聲絶。霎時間衣袂寒。捨不得。團圓明月。冷冰冰被窩兒誰温熱。（樂府羣珠）

掬水月在手

春纖款掬。金盆水緑。你看那天外銀蟾。水面嫦娥。掌上明珠。猛然間。手罷浴。清光難聚。攪碎了亂紛紛一團寒玉。（樂府羣珠）

弄花香滿衣

忙舒玉手。輕揎羅袖。我只索遶遍名園。折得花枝。弄會嬌柔。破殘英。隨處逐。把羅襦香透。引的些蜜蜂兒不離前後。（樂府羣珠）

道　情

家住在終南勝境。喜的是山深人静。每日家領着仙童。引着仙鶴。點上仙燈。覷着

半空中。白雲裏。樓台掩映。只聽的韻悠悠唸經敲磬。（樂府羣珠）

家住在深山曠野。又没有東鄰西舍。只見那交頸鴛鴦。點水蜻蜓。戲花蝴蝶。到晚來人影稀。鳥聲絶。烟消火滅。我伴着樹梢頭曉星殘月。（樂府羣珠）

家住在深山洞裏。無有那珍羞百味。吃的是野杏山桃。竹笋茶芽。淡飯黃虀。喜的是白面猿。朱頂鶴。仙童作戲。强似你鬧垓垓苦争名利。（樂府羣珠）

我住的是茅庵草厦。不離了泉邊林下。我種竹爲籬。引水成河。不種桑麻。也宜春。也宜秋。也宜冬夏。每日家樂陶陶並無牽掛。（樂府羣珠）

我喜的是茅庵草臺。我愛的是清閒自在。我這裏獨木爲橋。柴門半掩。果勝蓬萊。我只待拄着拐。穿草鞋。麻袍寬大。我把利名心撇在九霄雲外。（樂府羣珠）

您愛的是金章紫綬。俺愛的是麻袍寬袖。俺只待家住青山。門栽緑柳。到大清幽。酒色休。意馬收。玄機參透。一任他市朝中虎争龍鬭。（樂府羣珠）

翠巍巍青山緑水。白茫茫洪濤無際。喜的是月漾金波。水浸銀屏。酒泛玻璃。您一盃。我一盃。同歡同會。這的是葫蘆提醉了還醉。（樂府羣珠）

若説他功勞汗馬。不如俺山間林下。想着那滅楚韓侯。興周吕望。嘆酒欒巴。高臥袁安。歸湖范蠡。英雄楚霸。因此把利名心一筆勾罷。（樂府羣珠）

叮叮噹噹鐵馬敲。嘹嘹嚦嚦賓鴻叫。只聽得窗外秋蟲。啾啾唧唧。絮絮叨叨。這壁廂。那壁廂。都來聒噪。把俺這團圝夢又還驚覺。（樂府羣珠）

我愛的是高山流水。我愛的是青松林裏。俺只待獨木爲橋。洞門深處。果是奇異。閒來時唱一回。打一回。雲筒氣息。這的是俺出家人久長活計。（樂府羣珠）

俺住在茅庵草標。喜的是青山倚靠。也有獐鹿相交。野猿爲伴。朱頂仙鶴。到晚來。林樹梢。山鵲兒叫。却把俺黄粱夢又還驚覺。（樂府羣珠）

俺將這猿心馬意。牢拴緊繫。我這裏近着清溪。一葉扁舟。任我東西。看富貴。使英雄。都成何濟。不如我葫蘆提醉了還醉。（樂府羣珠）

到春來山花豔媚。夏天至荷香風細。秋暮時光。一輪明月。勝似白日。冬凜冽。布彤雲。六花飄墜。俺這裏問仙童臘梅開未。（樂府羣珠）

嘲妓家

鴇兒從來性乖。百千般迷人狠態。愛的是響鈔精銀。美酒肥羊。細米乾柴。折末你潘安態。子建才。諸般不愛。道你這五言詩不中還債。（樂府羣珠）

無情孏孏。將人禁害。却教我背了雙生。瞞了黄肇。嫁了茶客。你愛財。我命乖。

分明恩愛。只管道五言詩不中還債。（樂府羣珠）

覷了他文章似海。人才可愛。他有百卷頭名。官封一品。位至三臺。若是我命該。他命快。便是夫人相待。怎道五言詩不中還債。（樂府羣珠）

若說他風流李白。君王寵愛。他也曾走馬平康。殢酒秦樓。夜宿章臺。那秀才。掛紫襴。腰拴金帶。却不道五言詩不中還債。（樂府羣珠）

馮魁富豪。雙生貧暴。眼不榮華。久後成材。兩件誰高。折莫有千錠金。萬顆珠。精銀響鈔。買不得他七香車五花官誥。（樂府羣珠）

天　地

太極初生兩儀。分開天地。一氣流行。化生萬物。久而不墜。元亨利貞。春夏秋冬。循環無已。止不過至理附陰陽五行之氣。（樂府羣珠）

人

人稟得五行秀氣。萬物中最爲靈貴。行得人倫。盡得人道。可參天地。飽食煖衣。逸居無教。不知仁義。恰便與禽獸一般無異。（樂府羣珠）

性

人與飛潛動植。都稟受陰陽二氣。物得其偏。人得其正。名成形體。萬物中。人能全。中和仁義。□□盡其性繼天出治。（樂府羣珠）

道

人倫道理。公平簡易。大路一般。四通八達。衆人行得。蕩蕩平平。周周正正。無偏無陂。由小徑履荆榛率多顛躓。（樂府羣珠）

教

聖人設教。修行人道。教以禮樂。輔以刑政。義理昭昭。治天下。明人倫。旌賢除惡。非如釋道流説虚無寂滅爲樂。（樂府羣珠）

中　和

不偏不倚。無過不及。體道行權。明道適用。順時合宜。性常存。言中節。無些乖

戾。便有天地位萬物育聖神功致。（樂府羣珠）

心

人之内體。虚靈不昧。方寸之中。統乎性情。萬理咸備。操則存。捨則亡。最危可畏。盡具量致其養放時求覓。（樂府羣珠）

氣

人生稟天地正理。本都有浩然之氣。只被利欲牽纏。心動神疲。以致衰萎。若窮究得理上明。把持得心裏正。見義忘利。便依舊充於身塞乎天地。（樂府羣珠）

孝

想爺娘天恩罔極。爲人子孝當竭力。夏清冬温。昏定晨省。敬養無違。病致憂。喪致哀。祭之以禮。臨危處不顧身向前死爲。（樂府羣珠）

悌

敬兄悌長。常存恭讓。同氣相求。同聲相應。同難相當。内鬩於牆。外禦其侮。心

無偏向。都絶了悖逆鬬争狂蕩。（樂府羣珠）

忠

匡君愛國。忠心誠意。盡職納言。將順匡救。不顧安危。若不幸。遭變故。忘身守義。怎肯屈事讎敵行如狗彘。（樂府羣珠）

節

貞潔有恥。循乎仁義。一與之醮。終身不改。志同金石。白刃加。心不渝。死而無悔。怎肯似禽獸般亂羣重配。（樂府羣珠）

仁義禮智

心中性理。仁義禮智。聖與人同。得之於天。智明愚蔽。根於心。發乎情。其端微細。擴充之可放乎六合之内。（樂府羣珠）

綱　常

三綱五常。理從天降。君爲臣綱。父爲子綱。夫爲妻綱。長幼序。朋友信。誠實無

安。百世相承萬年不喪。（樂府羣珠）

易

乾坤坎離。艮巽震兑。八卦變成。六十四卦。義理精微。先伏義。後文王。孔周相繼。演人文教人變易從義。（樂府羣珠）

書

虞夏舊典。商周成憲。典謨訓誥。誓命之文。有書百篇。孔壁藏。伏生誦。半存今見。該載着帝王治大經權變。（樂府羣珠）

詩

十五國風。二雅三頌。孔子删存。三百篇詩。與人傳誦。善者勸。惡者戒。朝夕吟詠。涵養性情正易爲感動。（樂府羣珠）

春秋

孔仲尼因他魯史。明吾心志。筆削春秋。二百四十二年之事。抑霸尊王。褒善貶惡。

致嚴一字。使得亂臣賊子不敢驕肆。（樂府羣珠）

禮記

天秩有禮。先王所制。冠婚喪祭。鄉射燕享。各有等第。自春秋。至秦漢。諸儒所記。大小戴存四十九篇文義。（樂府羣珠）

四書

論語言學而時習。孟子既亦有仁義。大學明德。中庸率性。理一而已。讀四書。將首篇。相參融會。便知得聖賢立言教人深意。（樂府羣珠）

孝經

曾子傳述聖經。著明孝行。簡編錯亂。漢儒傅會。意不分明。後來得。朱考亭。親曾判定。纔得聖經賢傳理明辭正。（樂府羣珠）

論語

東周衰不能振起。孔子生不得其位。周流四方。以身教人。道德光輝。衆門人。將

言行。懨懨書記。著論語二十篇道明于世。（樂府羣珠）

孟　子

鄒孟軻生於戰國。遇時君急於功利。遍遊齊梁。爲陳王道。勸行仁義。道不行。與其徒。萬章之輩。集成七篇書以傳於世。（樂府羣珠）

中　庸

去聖遠異端並起。子思憂道之將廢。作成中庸。三十二章。發明詳細。謹戒懼。慎隱微。無過不及。盡都是平常道不中改易。（樂府羣珠）

大　學

格物致知。正心誠意。曾子傳述。大學之道。教人脩己。苟日新。克明德。家齊國治。然後平天下得衆心天意。（樂府羣珠）

擬古述懷

本待要經天緯地。安邦濟世。學不得渭水呂望。南陽諸葛。倒做了陋巷顏回。釣鰲

手。屠龍技。都成何濟。兀的不屈沉殺五陵豪氣。（樂府羣珠）

鉛　汞

説鉛汞堅牢固久。玄妙中自有參透。你那裏不會擒拿。又無制度。汞不停留。你火侯差。配合錯。金丹不就。須待要拜明師口傳心授。（樂府羣珠）

説鉛汞真成至寶。言語中不識玄妙。我這裏拿住青龍。擒住白虎。爐内相交。配陰陽。合二氣。昇胎懷抱。我這裏拜明師只求些訣竅。（樂府羣珠）

蝸　牛

家居四壁。頭挽雙髻。喜的是雨意雲情。捱不得霜清氣爽。月朗星稀。被人彈即便歸。柴門緊閉。只恐怕死無個葬身之地。（詩禪）

【北中吕山坡羊】

思　念

敲才心斜。不來家一月。被窠兒裏整呪三十夜。你俏心兒别。俺癡呆。先不合做的

十分價熱。容易得來容易捨。他。忺過也。咱。緣分拙。（樂府羣珠）

凌波羅襪。天然生下。斂紅雲印下一對兒相思卦。藕生芽。恰開花。怎生般纏得些娘大。柳條兒比來剛半折。他。怎到家。我。想念他。（樂府羣珠）

簾兒私下。門兒欲呀。被窩兒裏咕道着名兒駡。戀烟花。不來家。眉兒淡了教誰畫。何處緑楊拴繫馬。他。欺負咱。咱。想念他。（樂府羣珠）

按：第一、二首亦見金瓶梅詞話，題作「相思卦」。雍熙樂府收三首，題作「思情」。羣珠此題共四首，末曲「晨雞初叫」見全元散曲陳草庵卷。

價　餘

貧窮也罷。利名不掛。清閑半世林泉下。富也由他。貴也從他。門牆瀟灑無迎迓。客至三盃酒當茶。同。咱笑耍。共。咱蹴踘。（樂府羣珠）

清閑可尚。貧窮無恙。安居守分無災障。罷奔忙。莫疎狂。是非不到簞瓢巷。萬事浮雲夢一場。福。來莫望。死。來休强。（樂府羣珠）

前程漆暗。世情波泛。光陰石火留時暫。不貪婪。似愚憨。功名兩字全疎淡。啞謎從教衆口參。是。也没俺。非。也没俺。（樂府羣珠）

失題

情占羅帕。香薰金鴨。蘇卿不准馮魁嫁。面如花。笑如花。清歌妙舞增高價。肯學王魁負了他。呪。不是耍。命。不是耍。（樂府羣珠）

客居

僧房且過。禪關冷坐。人情世事都參破。命蹉跎。景消磨。詩詞静裏閑追和。得失升沉亦任他。窮。難笑我。死。難替我。（樂府羣珠）

餘録莊值雪

廳前犬叫。痴翁驚覺。行舟船子心焦燥。自來朝。至今朝。東君款我成談笑。天上濃雲尚未消。風。雖住了。雪。又下了。（樂府羣珠）

憶阿雲

眉頭不下。心中牽掛。愁煩待罷何時罷。落天涯。苦思家。臥癡樓子虚閑暇。明日

孤舟向晚發。疾。如快馬。穩。如坐榻。（樂府羣珠）

心懷悒怏。孤岑惆悵。阿雲此會空凝望。坐中堂。謾思量。料應到此傷情況。兩地憂愁天一方。孩兒潑養。消愁鬧攘。（樂府羣珠）

按：周暉金陵瑣事云：「阿雲，姓何，號白雲，聰明解事，喜畫小景，工篆事，知音律。史癡翁之愛姬。」右三曲，疑爲史忠所撰。

暮春

緑肥紅瘦。燕孱鶯愀。春歸正是愁時候。掩粧樓。控金鈎。錦綳閑却無心繡。又是一年花事休。蜂。也罷手。蝶。也罷手。（樂府羣珠）

失題

花錢酒債。柳妖花怪。相思鬼病尋常害。裩羅鞋。溜金釵。風情不是馮員外。誓海盟山緣分該。你。休做猜。我。不意改。（樂府羣珠）

北邙山

悲風成陣。荒煙埋恨。碑銘殘缺應難認。是漢君。是晉臣。風雲慶會消磨盡。化做

北邙山下塵。君。也喚不應。臣。也喚不應。（雍熙樂府）

【北中呂山坡裏羊】

警戒

失時休懊。得時休咲。得失兩字循環到。恰歡樂。早憂焦。兩般微理誰知道。老儂參破逃樞要。得。字不好。失。字不惱。（雍熙樂府）

按：雍熙此題八首，前五首（「鷄鳴早去」、「榮華休傲」、「虚名休就」、「花逢春到」、「財帛争競」），後二首（「紅塵千丈」、「塵心撇下」）分别見全元散曲曾瑞卷和陳草庵卷。

【北中吕山坡羊過青歌兒】

知幾

聖朝三代。英雄一概。惟存青史觀成敗。笑狂乖。勸吾儕。時間不遇君何害。知分莫嫌天地隘。閑。身自在。安。心快哉。招災浮財休愛。看季倫金谷塵埃。六國繁華過眼哀。漢塚雲埋。楚廟風篩。富貴忘懷。貧賤何哀。想當日吴宫越王臺。今何

在。（樂府羣珠）

按：「季倫」，原作「李瑜」。

【乾荷葉跨調山坡羊】

瓊花綻錦鮮。香逐東風院。黄鸝弄巧音。提起來心頭上怨。奴爲你般般懶做。受盡了爹娘駡。傍人講。生也只爲他。死也只爲他。從早晨望你黄昏下。親親不見來。踢綻紅繡鞋。恨不得提起來把你小名兒駡。奴把你當作一個浮萍上草。水面上遊。遊來遊去。根定了身還不定。相思轉見加。害得奴朦朧懶説話。忙請一個巧丹青。把奴家妙人兒描。故一固有各畫〔二〕。一日十二時行的坐的茶的飯的想的念的。想得奴心頭上掛。相思轉見添。激得奴束腰見繩寬。□髮存髮。祐口苦又乾。到枕褶眠床上。紬髻兒須繚亂。臨行時送你到木陽關。奴問親親幾時回還。他許我把一年十二個月日。從頭倒數一轉。梅花臘月天。到如今十一月還不曾見。小陽春十月天。九月重陽八月中秋看看又是七月半。六月六日去半年。五月端陽四月八。三月清明還不見轉。二月春分梁上燕。新年過了。清清又是正月半。教奴家想得肝腸斷。□請先生把卦占。占得單見折。折見單。奴問親親幾時回還。他許我把十個日。從頭倒數一遍。初十初九初八初七不得團圓。初六初五初四初三初二初一想得奴肝腸斷。忙占了周易文王卦。錯抽了城隍廟裏籤。籤與卦。卦與籤。都不靈驗。早願情人到枕邊。奴把受盡淒涼輕輕與他訴一遍。（風月錦囊）

〔一〕「故一固有吝畫」，底本此句文意不通，疑有誤字。

【北中呂四邊靜】

牽情

違咱嚴假。落盡江梅不到家。紗窗直下。低低罵。薄情我兒。眉淡了教誰畫。（樂府羣珠）

因些閑話。海樣恩情一旦差。門兒不抹。心見常掛。關情的我兒。便怎生撇的下。（樂府羣珠）

按：次曲亦見金瓶梅詞話。「牽情」二曲，雍熙題作「題情」。

相思

佳人安在。此去知他甚日來。風流嬌態。幸咱歡愛。那裏也孄孄。還取說相思債。

（樂府羣珠）

更闌人静。獨言獨語冷清清。因他薄倖。教咱成病。殘燈瘦弱。相伴着人孤另。（樂府羣珠）

按：第一首乃雍熙樂府同題四首之第一首，第二首乃雍熙題作「獨念」四曲之第三首。

獨 念

繡簾不掛。和衣側卧等待他。月兒西下。不到家。知他待怎麽。空作念無心駡。（雍熙樂府）

按：雍熙此題四首，此其第二首。首曲「非咱薄倖」，末曲「言盟説誓」，見全元散曲無名氏卷，無題。以上五首，曲牌原作〔四换頭〕，兹據律改。

【北中吕朱履曲】

山居樂道

我向山居逍遥自在。也無憂無慮開懷。傍溪松竹自家栽。吃的是黄虀淡飯。穿的是草履麻鞋。愛的是緑溪濃茅屋矮。（樂府羣珠）

我愛的是青山疊翠。喜的是緑水成溪。更那堪野花芳草滿疎籬。不戀他名和利。更無有是和非。我則待孤另另在茅舍裏。（樂府羣珠）

道情

緑檜青松相近。閑花野草爲鄰。明月清風兩閑人。紙窗明覺曉。布被暖如春。清閑真道本。（樂府羣珠）

遠水遥山爲樂。虛名薄利絶交。粗衣淡飯且淹消。乾坤壺内走。日月杖頭挑。清閑直到老。（樂府羣珠）

本分隨緣且過。逍遥散誕蹉跎。紫袍金帶是非多。不戀麒麟閣。跳出虎狼窩。清閑誰似我。（樂府羣珠）

按：以上三曲雍熙樂府題作「道意」。

悶與漁樵談話。閑時汲水烹茶。藥爐經卷老生涯。引清風栽竹子。鋤明月種梅花。鎖心猿收意馬。（樂府羣珠）

計一悟真心脩道。披一領麄布寬袍。繫一條無拘束麻縧。拄一條新藤杖。掛一箇舊椰瓢。一生快活到老。（樂府羣珠）

按：雍熙樂府題作「道意」。首句作「一篇悟真修道」。

住處靠深溪淺澗。閑喜遊遠水遥山。衲被蒙頭日三竿。化一鉢千家飯。燒九轉萬年丹。披一領禁風霜麄布懶。（樂府羣珠）

按：此下三曲雍熙樂府俱題作「隱逸」，曲牌書〔紅繡鞋〕。

世人從今參破。利名再不争羅。無情歲月暗消磨。朱顔鏡裏老。白髮鬢邊多。更不發心上火。（樂府羣珠）

喜住静悄悄清幽庵觀。不戀虚飄飄升斗微官。舞清風大袖布袍寬。乾坤上下轉。日月往來搬。任興亡誰待管。（樂府羣珠）

佳　期

遠望着難描難畫。近覷着堪羡堪誇。鬢邊斜插一朵海棠花。身子兒天生俏。撇道兒自然窄。穿一對紅繡鞋白絹襪。（樂府羣珠）

按：此下三首雍熙樂府題作「題情」。

腰繫着檳榔縷帶。烏雲上斜插金釵。因此上後花園裏看回來。回來行不動。行不動好難捱。百忙裏撒不上紅繡鞋。（樂府羣珠）

按：雍熙首句作「纖腰間繫着錦帶」。

則爲我今朝不快。猛然間轉過多才。正好裏親娘撞將來。怕揪了雲髻。怕捏了金釵。百忙裏兜不上紅繡鞋。（樂府羣珠）

按：雍熙首句作「正憂思精神不快」。

款款地分開羅帳。慢慢地脱下衣裳。潛潛地把蠟燭臺回照着碧紗窗。輕輕地把繡鞋放。感感地把被兒揚。則怕着角門兒呀的響。（樂府羣珠）

按：雍熙樂府又有紅繡鞋「題情」三首，其第四首與此曲極相似，兹録於下：「欸欸的分開羅帳。慢慢的脱了衣裳。將蠟燭囬照碧紗窗。輕輕的把繡鞋兒放。潛潛的把錦被兒張。正懽濃又怕娘聽的響。」

謔　妓

小大姐生得來可喜。我問你要一件東西。肯不肯休教恁娘知。也不要你箱兒裏鈔。也不要你籠兒裏衣。只要你紅裙兒裏面的。（樂府羣珠）

贈　妓

長江水流不盡心事。中條山隔不斷情思。想着你夜深沉人静悄自來時。來時節三兩

句話。去時節一篇詞記。在你心窩兒裏直至死。（樂府羣珠）

長彎彎宮腰媚楚。喜孜孜笑臉歡吴。倚芭蕉一幅美人圖。講歡處知疼熱。坐飲處解嘲呼。假若沾着他也是前世福。（樂府羣珠）

按：「中」，原作「終」。

讀 史

一代英雄楚項。三章法律劉邦。山河依舊古咸陽。黄金新世界。青史淡文章。付漁樵閑話講。（樂府羣珠）

樂毅腰金入相。蘇秦衣錦還鄉。回頭人世雨荒荒。落花談論地。芳草戰争場。付漁樵閑話講。（樂府羣珠）

黄菊留情元亮。赤松慕道張良。拜辭象簡納金章。漢家俱渺絶。晉世已荒涼。付漁樵閑話講。（樂府羣珠）

溪上垂鈎吕望。灘頭把釣嚴光。一般都是討魚郎。興周八百載。辭漢兩三場。付漁樵閑話講。（樂府羣珠）

造律蕭何拜相。破齊韓信封王。因君富貴爲君王。功勞成十大。約法止三章。付漁

樵閑話講。（樂府羣珠）

幽居即事

簾外花香荳蔻。亭前鶯囀箜篌。畫堂人静日悠悠。餐霞開酒瓮。捲雨上簾鈎。磨墨歸硯口。（樂府羣珠）

幾葉黄花詩興。數年紫竹秋聲。茅廬琴罷老懷情。檢書尋酒頌。磨墨註茶經。米家圖内景。（樂府羣珠）

村中即景

稚子村姑荷蕢。山僧野老圍棋。獮猴争菓學猿啼。柳和花作配。鶯與燕相期。水和山共碧。（樂府羣珠）

池陽道中即景

一帶林泉淡净。一泓澗水清泠。荒村古道野苔生。土花沿路碧。山果墜枝青。似郭熙圖内景。（樂府羣珠）

老人娶幼室

七十歲紅鸞入運。一時間花燭成婚。乾宮匹配兑宮人。容顔雖老邁。枝節尚陽春。好姻緣今夜準。（樂府羣珠）

秋日述懷

一曲秋詞口讖。幾聲古調商音。黄花晚景暮年心。粥甜和荳煑。詩苦帶茶吟。酒香和桂飲。（樂府羣珠）

好飲尋常酒債。能吟次第詩才。得寬懷處且寬懷。朱顔愁引去。白髮老將來。丹心貧未改。（樂府羣珠）

池陽旅懷

文字虚花些口讖。利名老華了光陰。異鄉風景故園心。舊交如一寶。家信值千金。前程期片錦。（樂府羣珠）

歌者李相雲病酒

嚲雲髻瓊簪斜溜。印香腮紅線輕柔。不忺梳洗傍粧樓。龍涎焚玉鼎。鳳髓啜金甌。倚東風人病酒。（樂府羣珠）

夜宴

翠袖舞金釵將墜。錦箏搊玉雁斜飛。瓊漿滿捧紫霞杯。珠簾燭影粲。寶鼎篆烟微。倚青蛾留醉筆。（樂府羣珠）

席上

溜星眼偷傳心事。啓朱唇疑索言辭。拂銀箋贈一首鷓鴣詞。金杯行酒令。烏帽插花枝。拚今宵沉醉死。（樂府羣珠）

嘲醜妓

燒餅臉石灰抹就。黃頭髮搽上香油。兩隻脚大似打漁舟。你也歌不的新水令。唱不

得小梁州。姐姐則好去桌兒上收按酒。（樂府羣珠）

春 閨

恨緑柳鶯啼春晝。想玉堂人在黄州。落紅飛過粉牆頭。黄昏添鬼病。白日替花愁。薄情知道否。（樂府羣珠）

嘲大足

一疋絹鞋幫剛勾。底根用半箇絲紬。上面繡着一對大黄牛。雨傘大枯荷葉。七尺五牡丹頭。姐姐猶兀自穿不上提着走。（樂府羣珠）

偷 期

因甚麽蓬鬆鬅髻。因甚麽氣喘微微。脊梁上都是些土和泥。因甚麽眼皮兒慢。因甚麽主腰兒低。因甚麽裩襠兒上濕。（樂府羣珠）

貪春色蓬鬆鬅髻。蹴鞦韆氣喘微微。靠薔牆惹下這土和泥。貪針指眼皮兒慢。身子瘦主腰兒低。恰纔採紅花惹下些露濕。（樂府羣珠）

鴛枕歪蓬鬆鬏髻。他慌上來氣喘微微。是微塵不是些土和泥。我躊躕他眼皮兒慢。我揣摸他主腰兒低。恰纔雲雨罷裩襠兒上濕。（樂府羣珠）

春

風纔定江村雲淡。雨初收山色晴藍。往來的車馬鬧相纔。花插滿烏紗帽。酒淹濕緑羅衫。這正是過清明三月三。（樂府羣珠）

夏

交枝艾斜遷朱户。注金瓶酒泛菖蒲。倚危樓士女巧粧梳。玉腕上拴着粉線。金釵上挑着靈符。這正是賞端陽五月五。（樂府羣珠）

嘆世

要富貴不能富貴。有文齊福不能齊。常言道能走不能飛。有東西無了南北。有南北少了東西。因此上我難明天地理。（樂府羣珠）

誰肯學言而有信。誰肯學曾子修真。誰肯學憂道不憂貧。誰肯學顔回意。誰肯學子

路心。誰肯學曾參三日省。（樂府羣珠）

秋

蛛結網金風淅淅。鵲填河江雨霏霏。乞巧的佳人在畫樓西。對青山并緑水。釀白酒烹黄雞。這正是喜新秋七月七。（樂府羣珠）

重　九

金井畔梧桐飄墜。玉園中丹桂香浮。我只見呀呀的寒鴈兒過南樓。摘黄花簪烏帽。約故友泛金甌。這正是慶重陽九月九。（樂府羣珠）

上廟女人

山頂上一座古廟。但來的小大姐妖嬈。面花兒貼在兩眉梢。下了幾陣連陰雨。跌了他兩三交。把一雙紅繡鞋泥污了。（樂府羣珠）

樂道述懷

一口氣吹開雲散。兩隻手掇轉天關。論文章欺著北斗。論志氣壓着南山。把一箇紫

羅襴希甚麽罕。（樂府羣珠）

外　事

鉛與汞結成一塊。虎和龍纏定難開。入爐中全憑火安排。又不要傷了母氣。又不要損了靈胎。産得一箇玉嬰兒還將母奶。（樂府羣珠）

【北中吕快活三帶過朝天子】

慶　壽聯珠五曲

老人星奉玉勑。伴仙子下瑶池。朱頂鶴引定緑毛龜。特□生辰日。左壁。右壁。擺列着那仙隊。金童玉女捧壽盃。齊唱迎仙客。壽比南山。福如松檜。願長生享富貴。此盃。莫推。滿飲千千歲。（樂府羣珠）

論　世

想凌烟閣上人。嘆蝴蝶夢中臣。貴無苗裔富無根。屈指從頭論。伊尹。耕莘。子牙曾釣渭濱。刖足的齊孫臏懷恨。吹簫楚伍員。乞食窮韓信。比及成名。都曾遭困。

想榮華有甚定準。上至宰臣。下至庶民。好歹有十年運。（樂府羣珠）

失　題

捲江湖才思高。覷蟾宫等閑到。一時未過樂簞瓢。引得兒曹笑。一日。聖朝。選場開崇儒教。全看詩賦萬言策奪錦標。有路終須到。錦繡胸襟。文章深奥。笑談間勤業了。看書生氣高。把羣儒盡掃。金榜上標名號。（樂府羣珠）

【北中吕快活三過朝天子四邊静】

失　配

有丹青怎下筆。論才調何誰及。爲何常是鎖愁眉。不解其中意。旦夕。勸你。休恁長嘘氣。收心改嫁古來正理。休賣弄小年紀。未過了東君。花容憔悴。想光陰如過隙。倘或。病疾。有誰是着疼的。惺惺伶俐。事要前思免後悔。一張文契。三年奴婢。過呼次妻。死後無墳地。（樂府羣珠）

按：「失配」，原作「尖配」。曲牌中「四邊静」，原作「四换頭」。

離　別

忒風流忒俊雅。好才調好根芽。十朝半月不來家。不來呵還我香羅帕。悔煞。懊煞。因恃酒將他來駡。樽前席上意兒差。失口過從今罷。不想今番。門也不踏。空教人没亂煞。相識每見他。問咱。準備着先陪話。堪恨冤家。陪酒陪歌爲甚那。撇他不下。心腸牽掛。見他。問他。道眉淡了教誰畫。（樂府羣珠）

按：「俊雅」前原奪「忒」字；「牽掛」後原衍「如還」二字。

【北中吕迎仙客】

閨　情

風露冷。月華明。寒梅半窗橫瘦影。恨天高。嫌漏永。金屋銀屏。得不了相思病。（樂府羣珠）

風樹杪。月梅杪。風月滿庭無處着。夜深沉。人静悄。獨悶無聊。此恨有誰知道。（樂府羣珠）

愁滿懷。淚盈腮。愁淚比來深似海。枕屏寬。天地窄。無處安排。滿眼是相思債。

（樂府羣珠）

歌扇整。舞裙輕。天下有名的蘇小卿。尚着迷。猶未省。真個是聰明。肯不嫁臨川令。（樂府羣珠）

清　閑

閑看書。醉騎驢。眼前笑呼兒共女。畢罷了利名心。尋些清淡福。新詞好話。一任教山妻絮。（樂府羣珠）

遠市朝。近漁樵。江山趁時採藥苗。往常時紫羅袍。今日穿白布襖。丫髻環絛。一任教山妻笑。（樂府羣珠）

陶令花。邵平瓜。雞豚社酒三四家。題着利和名。一似聾共啞。活計生涯。一任教山妻駡。（樂府羣珠）

按：「穿」，原作「窄」。「教」字原奪。

閨　怨

花艷吐。柳眉舒。花柳帶來愁萬縷。落花香。飛絮舞。花柳登途。却不帶閑愁去。

（樂府羣珠）

【北中吕紅繡鞋】

四時景

士女鞦韆争戲。王孫寶馬相隨。處處郊園賞寒食。杏桃紅灼灼。楊柳緑依依。小橋下細流金線水。（雍熙樂府）

小院柳垂緑線。方池荷列青錢。夕陽風送晚天涼。畫樓眠醉客。緑樹噪新蟬。高枝上黄鶯不住喧。（雍熙樂府）

馥馥籬邊黄菊。依依堤畔青蒲。池塘幾處敗荷枯。退毛白鷺宿。脱殼錦蟬浮。相伴着帶霜紅葉舞。（雍熙樂府）

暖閣氊簾低放。小槽美酒初香。醁醅新釀泛金觴。萋萋雲密布。片片雪飛揚。樂陶陶閑尋梅正芳。（雍熙樂府）

梁間語燕

啓朱扉堦前閑站。猛然見語燕雕梁。高高下下舞相將。他怎成雙對。偏我受孤孀。

你便是鐵石人也斷腸。（雍熙樂府）

隔壁聞箏

倚闌干閑行散悶。忽聽的鄰院搊箏。清濁高下甚分明。句句離恨譜。字字斷腸聲。你便是鐵石人也碎心。（雍熙樂府）

金錢問卜

卜金錢時常問信。屈春笋暗數歸期。何年月日是來時。畫堂從別後。不覺二年餘。你便是鐵石人也盼死。（雍熙樂府）

玉臉魔消

控金鈎朱簾不掛。掩紗窗羞對鶯花。腮枕玉腕繡衾壓。睡魔消玉臉。愁思暗菱花。你便是鐵石人也害殺。（雍熙樂府）

功名事不掛口

鄉夢斷城樓殘漏。歸心逐渭水東流。雲山渺渺思攸攸。五株陶令柳。一葉范公舟。

功名事全不掛口。（雍熙樂府）

幾次向邊關馳驟。數番在州郡淹留。不慚不怨不人尤。中山千日酒。江上一沙鷗。功名事全不掛口。（雍熙樂府）

也不管龍争虎鬭。也不慕拜將封侯。是非遠遠自休休。兩隻張良袖。百尺仲宣樓。功名事全不掛口。（雍熙樂府）

須索要顧前顧後。休只管無了無休。綿針肉刺浪中舟。玉堂今豈在。金谷盡東流。功名事全不掛口。（雍熙樂府）

失　題

傍粧臺慵匀粉面。對菱花懶畫蛾眉。釵環不整緑雲垂。腰肢瘦裙帶儹。身子弱步難移。多應是病懨懨憔悴死。（雍熙樂府）

望音書魚沉雁杳。盼佳期夢斷魂勞。香肌清減損丰標。針指上無心整。茶飯上怕嘗着。每日家病懨懨難自保。（雍熙樂府）

譙樓上昏鐘初撞。畫簷前鐵馬玎璫。寃家件件助凄涼。做了箇團圓夢。覺來時自孤孀。空着咱意遲遲多半晌。（雍熙樂府）

惡相思何日畢罷。俏冤家甚日還家。不茶不飯只念他。蛾眉兒無心畫。粉面兒不待搽。爲才郎病懨懨索害殺。（雍熙樂府）

嘲孫士禿頭宿娼

醉昏昏不能答話。軟濃濃没根頭髮。眉梢上印着一道網巾巴。頭皮上頂着箇銅鏇。肩窩裡長出箇西瓜。便畫箇醜猢猻都是假。（雍熙樂府）

按：「網」，原作「綱」。

題　情

從他去空閑羅帳。病懨懨寂寞殘粧。心慵懶刺錦鴛鴦。鶯兒啾唧。燕子顛狂。瘦的人紅綉鞋撒不上。（雍熙樂府）

恩　愛

裁剪下才郎名諱。端詳了展轉傷悲。把兩箇字兒燈焰上燎成灰。或搽在雙雲鬢。或搽在兩蛾眉。則要我眼根前常見你。（雍熙樂府）

裁剪下才郎名號。粧點的字樣妖嬈。做一箇面花兒鋪翠縷金描。歡喜時貼臉上。煩惱時貼眉稍。則教我眼根前把你瞧。（雍熙樂府）

裁剪下才郎名字。五色絨繞的標致。做一箇應節令端午符牌兒。或挑在雲髻上。或插在鬢邊垂。則教我眼根前常見你。（雍熙樂府）

裁剪下才郎名號。五色線合就花條。用心兒結做箇紐子好奇巧。或綴在羅衫領。或綴在錦束腰。我將你酥胸上常廝靠。（雍熙樂府）

按：此題樂府羣珠僅録第一、二首。曲牌作〔朱履曲〕。

題　情

倚鮫綃枕麻玉腕。輾轉時滚亂雲鬟。夜深沉翠被又生寒。紗窗外刮的風兒劣。銀臺上點的燭花殘。好着我睡不穩千萬翻。（雍熙樂府）

夜深沉香閨寂静。孤另另對照殘燈。翻來覆去夢兒難成。鴛鴦枕空剩無人伴。鮫綃被冷落有誰温。好着我實難捱更漏永。（雍熙樂府）

遇　美

轉屏風鶯啼燕語。出門闌哽咽歔欷。子見那桃杏花上滚珍珠。恨匆匆心情急。絮叨叨口嚼咀。險些兒癡呆殺東道主。（雍熙樂府）子見那海棠花上露珠落。葫蘆題猜不破。死木哭聲似流鶯轉過。料應也心如刀割。藤無回活。俊庬兒就死呵當顧我。（雍熙樂府）

按：雍熙樂府原四首，此爲其中第二、三首。其餘兩首（「手掌兒血噴粉哨」、「荼蘼院風香雪霽」）彩筆情辭題作「贈美妓」，注張雲莊作，未必可信。

【北中呂剔銀燈】

述懷

折末商謎續蔴合笙。折末道字説書打令。諸般兒樂藝都曾領。向人前舉目回情。疎狂性。湖海情。更愛的是弟兄。（樂府羣珠）

【北大石調初生月兒】

題情

初生月兒一似鈎。占斷天香八月秋。秋蟬鬢邊常見有。掛着頭。難再收。照人間萬

種愁。（雍熙樂府）

按：雍熙此題五首，此其第五首。其餘四首，見全元散曲無名氏卷，無題。楊慎陶情樂府續集誤收四首，此其第四首，無題。

【北中呂普天樂】

美甘甘好姻緣。喜孜孜心歡悦。阿的般恩愛。怎生麽離别。心間悶是眉上愁。眼角淚是腮邊血。馬兒投東行。車兒望西拽。我這裏探身軀再囑付你些些。心兒裏常常的想者。口兒裏頻頻的念者。有情分早早來者。（盛世新聲）

按：此曲亦見詞林摘艷。

連理樹帶根掘。比目魚和麟㓟。分開鴛燕。絞碎香羅。離情似海様深。煩惱比天來大。一刻春宵如何過。到不如死去來波。頓不開眉間恨鎖。搵不乾腮邊淚顆。填不滿心上愁窩。（盛世新聲）

按：此曲亦見詞林摘艷。

心坎上已成灰。淚點兒剛流血。生時間阻。死後離别。死離别猶庶幾。生間阻如何捨。纔得相逢着疼熱。怎禁他那不堅牢兩下裏堆疊。藕絲般香羅帶結。琉璃脆青銅

鏡缺。通草兒碧玉簪折。（盛世新聲）

按：此曲亦見詞林摘艷。

生摘下鳳凰心。活刺出鴛鴦血。遭逢末劫。況值離別。海枯時淚怎乾。石爛也情難捨。萬種愁千般恨三生業。不思量除死寧帖。綰不就香羅帶結。鬬不圓青銅鏡缺。接不上碧玉簪折。（盛世新聲）

按：此曲亦見詞林摘艷。

玉樹鳳凰棲。金殿鴛鴦鎖。被翻紅錦。帳掩香羅。急切裏逢着間阻。酩子裏遭着折剉。琣玎的玉簪折。撲蘩的銀瓶墜。撞的菱花破。將俺這好姻緣兩下裏躭閣。知他你便想我也念我。罵我也呪我。知他你是有我也無我。（盛世新聲）

按：此曲亦見詞林摘艷。

讓與您。逞僂儸。輪到咱粧癡傴酌。別了濃粧艷裹。拜辭了妙舞清歌。暖烘烘熱被窩。沉點點精銀顆。又道孩兒是陪錢貨。恨不的把黄金砌就鳴珂。姐姐每鑽冰取火。婆婆每指山賣磨。哥哥每擔雪填河。（盛世新聲）

按：此曲亦見詞林摘艷、樂府羣珠俱不注撰人；北宫詞紀外集注元人。

乞塔撲把套頭兒拴。猛可裏將關兒犯。生忔支前生少欠。阿的般今世填還。顛不刺的見了萬千。滴溜撲輪了千萬。熱忽剌的姻緣誰曾慣。滑禿轆的對上連環。干厮迓的姨夫快赸。緊統鏝的郎君熱趲。忒聰明小姐休頑。（盛世新聲）

按：此曲亦見詞林摘艷、樂府羣珠。

楚臺雲。秦樓月。雲生時月缺。月滿處雲遮。磨杆兒湯着折。砲架兒實難拽。柳寵花嬌恩情熱。識破也便是英傑。姐姐每將蝦鈎鼈。哥哥每撩蜂剔蝎。婆婆每打草驚蛇。（盛世新聲）

按：此曲亦見詞林摘艷、樂府羣珠、北宫詞紀外集。

居

既待捨之藏。何用沽諸價。清閒活計。冷淡生涯。採靈芝西海邊。看黄菊東籬下。樂樂淘淘無牽掛。三般兒到處里堪誇。或是向東籬看花。或是在東門種瓜。或是去東里爲家。（樂府羣珠）

離　情

夫婦惡別離。兒女情牽掛。半路裏滑滑擦擦。臨老也欠欠答答。病和疾逐日添。愁肋與悶何時罷。便是鐵石心腸也難撇下。三般兒陡恁的稀姹。眼脖兒昏瞪瞪土撒。一落兒裏明晃晃刃扎。心窩兒内翻滚滚油煠。（樂府羣珠）熱廝撲的蜂蝶早是客蹉跎。忍見春零落。繁華一撮。好事多磨。大廝八的燕雀喧。一聲聲勸我。一過。這一火毛團休嚇嚇鶻鴣。嗏。走將來入火絮聒。一番番過他。步步行不動也哥哥。（樂府羣珠）

按：以上二曲盛世新聲、詞林摘艷無題。「眼脖」，原作「暱胞」；「絮」，原作「繫」。

寄 情

愁悶海來深。煩惱天來大。薄情短命。負德寃家。你不將俺門徑踏。動不動和咱罷。罷字兒傒落的咱來怕。倚仗着愛他着他。相識每見他。見他時問他。好教那廝早早的來家。（樂府羣珠）

按：盛世新聲、詞林摘艷無題。

四 時 花

雨初收。香塵洒。秋千掩映。緑柳人家。舞酒旗。茅簷掛。士女王孫遊車馬。趁夕

陽芳草天涯。香風拂拂。春光處處。開遍桃花。（樂府羣珠）

上危樓。淋炎夏。冰壺旋酒。沉李浮瓜。小膽瓶。榴花插。藤簟紗厨宜床榻。對青山淡淡烟霞。龍舟棹舉。清風菡萏。十里荷花。（樂府羣珠）

值深秋。添瀟洒。賓鴻嚦嚦。點破天涯。控玉鈎。朱簾掛。燕子辭巢雕梁罷。消疎竹掩映窗紗。登高興飲。重陽宜賞。紅葉黄花。（樂府羣珠）

剪鵝毛。瓊花撒。寒風凛冽。可飲流霞。玉筋成。冰稍壓。雲褪初堪圖畫。宿疎林幾簇寒鴉。黄昏淡月。横斜疎影。窗外梅花。（樂府羣珠）

按：以上四首亦見雍熙樂府。

歡　情

那廝口兒奸。偏寒賤。向牀兒前跪下。把人熬煎。將我鞋樣掀。奪了我針和線。只恐怕窗兒外人瞧見。走將來白日要姻緣。摟抱得人纖腰困倦。團弄得人香嬌玉軟。寶髻斜偏。（樂府羣珠）

按：雍熙樂府題作「交歡」，首句無「那廝」二字。

孤　零

楚天秋。山如畫。想書生何處。妾在天涯。烟樹晚。夕陽下。悶倚篷窗添瀟洒。淚和愁付與琵琶。寒波漾漾。芳心默默。明月蘆花。（樂府羣珠）

按：雍熙樂府題作「秋江望」。

往常時並頭蓮。到如今孤飛鴈。顛鸞倒鳳。引動意馬心猿。這些時衣褪了楊柳腰。粉淡了芙蓉嬌面。倚遍危樓無由見。望夕陽芳草連天。俺則見又不曾桃花泛水。劉晨阮肇。誤入桃源。（樂府羣珠）

按：雍熙樂府題作「長相思」。「嬌面」，原作「酒面」。

細思量。添惆悵。衾單枕冷。獨守蘭房。温不暖翡翠衾。冷落了鴛鴦帳。美景良辰無情況。怕黄昏又早昏黄。香消寶鼎。燈殘絳臘。月上紗窗。（樂府羣珠）

按：雍熙樂府題作「孤另」。

美　色

俏冤家。天生下。魚沉鴈杳。閉月羞花。生得來可喜娘。活菩薩。費盡丹青難描畫。

比昭君少一個琵琶。纖腰一捻。凌波半折。雲鬢堆鴉。（樂府羣珠）

他生的臉兒浄。龐兒正。諸餘裏要俏。所事裏聰明。忒可憎。没薄倖。行裏坐裏茶裏飯裏相隨定。恰便似紙幡兒引了人魂靈。想那些個滋滋味味。丰丰韻韻。老老成成。（樂府羣珠）

按：此曲雍熙樂府題作「初見」。

按：此曲雍熙樂府題作「曉起」。首二句作「臉兒嬌。龐兒俊」。

詠　扇

扇背兒涿州羅。扇面兒宣州絹。鴉青茸線。鎖定圓圈。紫竹柄兒上下停。更使藤絲兒纏。畫一般故事堪人羨。畫的是上馬嬌花萼樓前。他羞時把微紅面掩。笑時節把櫻桃口遮。熱時節把玉體頻搧。（樂府羣珠）

按：此曲亦見雍熙樂府。

風　情

不茶不飯怎存活。一時一刻捱昏晝。恰便似孤鶴兒廝。似瘦影兒相逐。打睃這波面色兒黃。撲撒這波皮膚皺。暮暮朝朝恩情厚。則俺這箇謊敲才又那裏胡謅。本待要咒他來呵我則怕咒出他些兒箇證候。本待要撇了他來呵我則怕撇了時我便罷收。待不想來呵怎不想他風流。（樂府羣珠）

兩三日不來家。入門來由咱罵。走將來便口兒裏哩哩喇喇。吃的來無上下稷稷答答。劣性子用心機怎捉拏。涎眼腦巧待詔也難描畫。割捨了我咬着牙狠一會和他罷。罷則罷他害羞也顛倒做了真假。他猛可裏便走將來問一聲我好麽。我則索陪着笑忍着氣怕他怒發。一兩日不來家覓一箇人去尋他。（樂府羣珠）

按：以上二曲盛世新聲、詞林摘艷無題。「捱」，原作「堆」；「謅」，原作「傷」。

離 情

一天愁。何時徹。昨宵剩下。今日添些。恰歌殘玉樹花。早夢斷瑶臺月。寸寸柔腸千千結。只消的這場離別。知他你便醒也醉也。貧也富也。有也無也。（樂府羣珠）

老證候正遭逢。業身軀無安插。見一朝有一朝打捱。捱一夜受一夜波查。聽二十五聲秋點絶。數一百八下鳴鐘罷。眼欲合眉恰放愁撇下。惡景象一發添多。天默默陰雲匝匝。雲匝匝西風颯颯。風颯颯寒鴈呀呀。（樂府羣珠）

呀的鴈兒來。忽的花兒謝。情牽恨惹。信斷音絶。獨獨寞寞過一春。悄悄魆魆捱今夜。陡恁的他行着疼熱。少魂失魄害殺人也。知他你便醒也醉也。貧也富也。有也無也。（樂府羣珠）

五花驄。千金夜。青銅鏡缺。碧玉簪折。冷清清楊柳風。昏淡淡梨花月。不許離人心不趄。我思他他向那裏隨邪。知他你醒也醉也。貧也富也。有也無也。（樂府羣珠）

愁減翠蛾眉。淚濕紅鴛袖。思他一日。幾度登樓。白鴈來。黄花瘦。倚遍闌干黄昏後。盼佳音想又還休。那答兒裏眠花卧柳。那答兒裏閑茶浪酒。那答兒裏燕侣鶯儔。（樂府羣珠）

按：以上五曲盛世新聲、詞林摘艷無題。

撒嬌

横死賊入門來。咏的來醺醺醉。我見他乞皺着箇嘴臉强打挣着身己。哎麨切音皮待揪撏你呵又怕損了我指甲。哎麨皮我待駡你呵我又怕咷了元氣。我見了他撒地殢眼乜斜走在身邊跪。覰不的他那喬軀老佯小心捉弄阿誰。唔廝才見了我説的話藏頭露尾。疘廝才賣風情走將來喋牙料嘴。謊廝才我根前得些便宜呵。展眼舒眉。（樂府羣珠）

按：盛世新聲、詞林摘艷無題。「味」，原作「咪」。「醺醺」，原作「醮醮」。

嘲妓朱觀音奴

歌徹海潮音。舞動天花旋。纔離洛浦。又下梨園。四十八般咒誓別。五十三度容顏變。羅漢同遊韓王殿。散香風款步金蓮。肯慈悲救苦。把羣生普濟。結歡喜良緣。（樂府羣珠）

待　時

同類在小兒曹。屈沉了英雄輩。搵不住一雙淚眼。展不開兩葉愁眉。幾時得名標在龍虎榜。何日聚風雲會。家業凋零傷心憔悴。你個宋天子見賢思齊。命薄似謁齊呂蒙。運蹇如那吹簫子胥。時乖似棚筆陳夷。（樂府羣珠）

秋　興

暮雲閑。金風散。清哉流水。樂矣秋山。噪夕陽點點鴉。亂長空行行鴈。滿目黃花金錢綻。染胭脂楓葉凋殘。傷心漢國。西風渭水。落日長安。（樂府羣珠）

豪貴

畫麒麟。麒麟畫。榮華富貴。富貴榮華。金門下玉馬嘶。玉馬嘶在金門下。宰相人家規模大。大規模宰相人家。莫不是王侯駙馬。簪花御酒。御酒簪花。（樂府羣珠）

寄情

唱陽關。陽關怨。牽情惹恨。暮雨朝烟。和愁將錦字封。折柳將行人餞。若見才郎叮嚀勸。你與俺勸他來早早團圓。想殺我長安少年。悔殺我離別去年。害殺我感在今年。（樂府羣珠）

把酒唱三疊。咫尺在春三月。偷寒送暖。塞鴈横斜。明知他去路忙。迭不得把音書寫。若見他才郎叮嚀說。說道是俺倚扉盼殺人也。知他是醒也醉也。貧也富也。知他是有也無也。（樂府羣珠）

孤零

乍離別。新秋夜。情慳翡翠。夢斷蝴蝶。西風桂子香。暮雨梧桐謝。眼底凄凉無休

歇。對銀缸獨自咨嗟。這其間知他是愁也悶也。知他是思也念也。知他是喜也歡也。（樂府羣珠）

警　省

收拾了釣鰲鈎。埋藏了屠龍劍。補天石難煉。修月斧休拈。蟾空低如土階。鳳池險過天塹。美玉沽諸教人厭。到不如韞匵深潛。安樂窩怎肯棄。嫌虛無路何須指點。利名場脱了拘鉗。（樂府羣珠）

旅　懷

杜鵑啼。春將過。鷓鴣又叫。他兩箇意不相和。一箇知我爲客愁。道不如歸去樂。一箇知前路艱難多折挫。説道是要去時行不得也哥哥。我也是没計奈何。您兩箇相參評跋。看那一箇説得長呵。（樂府羣珠）

自　嘆

錦片似故鄉抛。銅斗般家緣破。天涯流落。歲月蹉跎。夫妻受折磨。兒女捱寂寞。

正好風光成虛過。臨老也折倒得似有風魔。頓不開眉頭恨鎖。彈不住腮邊淚顆。填不滿心上愁窩。（樂府羣珠）

擬國初克捷四章

平九江

虎狼多。魚龍混。奉承時運。順應天人。康狼山殺氣騰。彭蠡湖軍聲震。矢中長鯨雲收晝。青天上白日重輪。九江底平。一人有慶。萬衆推尊。（樂府羣珠）

克姑蘇

武陵降。姑蘇震。孤城印累。萬甲雲屯。大勢張。重圍困。智屈力窮應難當。砲聲揚火起齊雲。渠魁就擒。東吴已定。漸水流津。（樂府羣珠）

收閩廣

凱東旋。師南進。舳艫雲擁。步騎雷奔。浪不驚。山無峻。所指兵戈不血刃。瘴烟收率土之濱。嶺南盡欣。閩中相慶。海外生春。（樂府羣珠）

伐幽齊。征秦晉。旌旗指處。億兆歸仁。强將降。殘胡道。直此關山威聲震。恰便似風捲殘雲。四方砥寧。萬年基業。一統乾坤。（樂府羣珠）

定中原

旅 況

客中愁。何日罷。爲功名半紙。憂愁的兩鬢白髮。抛的俺父母憂。閃的我妻兒怕。一夢中纔説罷家常話。醒來時依舊天涯。傷心處痛殺前程在那答。千山萬水。何日還家。（樂府羣珠）

客中愁。何日盡。沉埋黑海。虚度青春。嘆人生促別離。思骨肉無音信。鴈叫天邊西風緊。痛傷心怕黄昏。燈殘酒醒。衾單枕冷。鳳隻鸞分。（樂府羣珠）

客中愁。何時罷。爲經商買賣。走盡天涯。離別時正暮秋。回轉春歸夏。暑熱風霜教人怕。想途中朝暮巴巴。母親望他。妻兒問咱。知他是何日還家。（樂府羣珠）

客中愁。何時了。家山渺渺。岐路迢迢。兹親壽已高。兒女年方少。家事紛紛誰能了。細思量睡不通宵。把殘燈剔盡。寒更蕭蕭。空教我兩淚飄飄。（樂府羣珠）

景鮮明。人瀟洒。淡煙輕抹。嫩柳低斜。響叮噹。簷前掛。往來無數鬧車馬。笑王孫遊遍天涯。春風拂面。韶華處處。滿院桃花。（風月錦囊）

水邊亭。薔薇架。珠簾鈎捲。寶篆煙斜。五絃鳴。熏風下。欹枕松聲徐孺榻。對靈峰幾簇烟霞。畫船晚載。涓涓明月。十里荷花。（風月錦囊）

值新秋。金風灑。一天錦字。雁陣橫斜。新雨過。斂殘霞。晚涼初浴蘭湯罷。一勾月光透牕紗。重陽節近。登高莫負。共賞菊花。（風月錦囊）

□□□。問□□。疎疎密密。整整斜斜。寒風冽。飲流霞。煖閣紅爐獸炭加。向黄昏幾陣棲鴉。東君漏洩。春光消息。試問梅花。（風月錦囊）

四時歡

馬頻嘶。芳草地。王孫士女。是處遊戲。早不覺柳絮飛。紅輪墜。九十日春光看看去。無端被杜宇催歸。荼蘼似雪。黄鸝聲老。燕子雛飛。（雍熙樂府）

石榴花。紅似火。西園醉酒。摘盡枇杷。暑漸暄。荷花發。夏日舒長薰風颯颯。向涼亭沉李浮瓜。一葉秋早來。時光迅速。庭前瀟灑。（雍熙樂府）

不相思。離別苦。月圓時。人未圓時。步蟾宫。扳仙桂。摘取天香歸人世。恁時節

方表情意。重陽近也。囊茱泛菊。休負佳期。（雍熙樂府）
朔風狂。彤雲布。堆金積玉。萬景增光。向前村。梅花放。南枝獨占春頭上。臘梅開共瑞雪同賞。人生快樂。銷金帳裡。倚玉偎香。（雍熙樂府）

四時思

對春光。空惆悵。見千紅萬紫。似錦織粧。聽得燕子鶯啼。對人徘徊凄凉。落紅數點離枝上。不見那人歸故鄉。心悒怏。空費鎮日梳粧。鶯啼艷陽。不由人不斷腸。腸斷思量。（雍熙樂府）
夏日長。薰風蕩。向凉亭水閣。時送微凉。見翠荷翻蓋。藕花風送清香。鴛鴦戲水在波心上。怎得那人同歡賞。心悒怏。辜負媚景時光。今宵夜凉。不由人不斷腸。腸斷思量。（雍熙樂府）
按：此首「盛世新聲」無題，「詞林摘艷」題作「端午」。
景凄凉。添愁況。見皓月朦朧。偏照紗窗。試問恁團圓。照我孤單悽惶。家家搗練砧聲響。獨自展轉懶上牙牀。心悒怏。那堪雁聲嘹喨。木犀噴香。不由人不斷腸。腸斷思量。（雍熙樂府）

凍雲垂。寒威壯。紅爐泛清香。似食葉蠶。蟹行沙洲聲響。六花半空飛遊漾。銷金帳裡誰共賞。不由人不斷腸。腸斷思量。（雍熙樂府）

敍　別

短長亭。東西渡。滿懷惆悵。舉步趦趄。離別酒。陽關曲。地闊天高長安路。生分開燕子鶯雛。光陰迅速。功名顯否。早上歸賦。（雍熙樂府）

思　情

淚雙垂。垂雙淚。三盃別酒。別酒三盃。鸞凰對拆開。拆開鸞凰對。嶺外斜暉看看墜。看看墜嶺外斜暉。天昏地黑。徘徊不捨。不捨徘徊。（雍熙樂府）

按：此首樂府羣珠題作「送別」。惟句末錯入湯菊莊「送友人赴杭」中之「青鸞寄語，盼則盼碧天邊紫鳳啣書」二句。金瓶梅詞話亦收。

話虛頭。虛頭話。冤家說謊。說謊冤家。曾說下今晚來。今晚來曾說下。曉夜家思他情牽掛。情牽掛曉夜家思他。相思爲他。因他害殺。害殺因他。（雍熙樂府）

皺雙眉。雙眉皺。憂愁怎了。怎了憂愁。不能勾雲雨情。雲雨情不能勾。無了無休

情迤逗。情迤逗無了無休。相思若丟。綢繆到底。到底綢繆。（雍熙樂府）

怕别離。離别怕。冤家去了。去了冤家。丟不下心上人。心上人丟不下。雪月風花

從今罷。從今罷雪月風花。等他來問他。在誰家安插。安插在誰家。（雍熙樂府）

【北中吕喜春來】

一時間口強心難強。半霎時恩情只恁忘。人前強道不思量。却是謊。瞞不過我心腸。

（樂府羣珠）

按：此曲雍熙樂府亦録，首句無「間」字。

佳　遇

緑滔滔俊眼横堆俏。紅拂拂香腮出落嬌。玉纖纖一搦楚宫腰。羅襪小。無福也難消。

（樂府羣珠）

按：雍熙樂府題作「並枕」（星星俊眼横鋪俏），疑係改此曲而成者。

閨　情

三春天外無消息。八字峰前不暫離。日長人困晚粧宜。鸞鏡裏。和影一雙飛。（樂府羣珠）

按：此係雍熙樂府題作「遣興」四曲之第三首。「三春」雍熙作「三月」。

騰騰似入烏雲内。簇定峰門不肯離。昭君薄倖怪來遲。凝望你。猶自眼前飛。（樂府羣珠）

按：雍熙樂府題作「同行」（騰騰共入蘭房内），疑係改此曲而成者。

玉纖巧翦孤飛雁。起離秋波入遠山。佳人終日盼雕鞍。凝望眼。傳信到眉間。（樂府羣珠）

按：雍熙樂府題作「盼望」四曲之第二隻。「玉纖」雍熙作「玉緘」。

讚武功

金粧寶劍藏龍口。玉帶紅絨掛虎頭。旌旗影裏驟驊騮。得志秋。喧滿鳳凰樓。（樂府羣珠）

道情

扁舟雖小乾坤大。活計雖貧受用過。世情日月暗消磨。青鏡睃。白髮又添多。（樂府羣珠）

按：此曲及以下第二首（塵寰跳出無牽掛）、第三首（皮縫執袋腰間掛）雍熙樂府題作「道情」四曲之第一、三、四首。「雖小」，原作「是小」，兹從雍熙。

官高一品終爲患。商賈千金睡不安。傍人休笑許由乾。三件揀。名利不如閒。（樂府羣珠）

按：雍熙樂府題作「隱居」四首，此其第一首。

塵寰跳出無牽掛。意馬心猿自捉拿。藥爐丹竈是生涯。得清暇。白雪長黄芽。（樂府羣珠）

按：「藥爐」三句，羣珠作「藥爐茶竈作生涯。無事麽。學種邵平瓜」，兹從雍熙樂府。

皮縫執袋腰間掛。草結芒鞋脚底踏。充飢飯罷一甌茶。散誕殺。脚到處爲家。（樂府羣珠）

按：「執袋」羣珠作「執帶」，「散誕」羣珠作「散袒」，兹從雍熙樂府。

人能克己身無恙。事不欺人睡自安。損人益己有何難。悔後晚。天理有輪還。（樂府羣珠）

按：雍熙樂府題作「詩酒」四曲之第一隻。「身無恙」，雍熙作「終無患」。

傷春

黄鸝嚦嚦緑楊内。紫燕喃喃翠柳枝。尋芳感起久違思。三春裏。對景不逢伊。（雍熙樂府）

按：此爲喜春來「傷春」四首之第四首。第一首「梅花已有飄零意」，見張養浩散曲集雲莊休居自適小樂府，題作「探春」。第二首「海棠零落空遺恨」，第三首「可憐沈約腰肢瘦」，俱見朱有燉誠齋樂府。

初見

繡簾兒外初相見。嬌眼頻將恩愛傳。滿懷心事總難言。天哪天。教我幾時圓。（雍熙樂府）

按：此曲樂府羣珠題作「離恨」（七首）之第五首。

同行

騰騰共入蘭房内。困困相偎不暫離。昭君恠道會較遲。凝眸視。猶自眼前飛。（雍熙樂府）

按：此曲疑係改樂府羣珠題爲「閨情」（騰騰似入烏雲内）而成者。

小酌

金盃頻勸瓊花釀。玉斝冰調荔枝漿。洛神西子鬬濃粧。推窗望。月色轉回廊。（雍熙樂府）

按：此曲疑係改元曾瑞題作「夏」（金杯冷酌瓊花釀）而成者。

沐浴

烏雲斜挽摘花鈿。素手相將入蘭堂。鴛鴦同浴碧池塘。桐槽放。拂面麝蘭香。（雍熙樂府）

並枕

星星俊眼横鋪俏。馥馥香腮出落嬌。纖纖一搦楚宫腰。羅襪小。無福也難消。（雍熙樂府）

按：此曲疑係改樂府羣珠題作「佳遇」（緑滔滔俊眼横堆俏）而成者。

交 歡

情郎耳邊低低道。渾身春透兩心樂。情濃不厭顫聲嬌。投到了。斜月上花梢。（雍熙樂府）

按：樂府羣珠有題作「佳遇」四首。此其第四首。

曉 起

鄰笛吹徹五更歌。日色蒼蒼映碧波。佳人微笑問郎呵。睡甚麽。再樂些兒箇。（雍熙樂府）

梳 粧

腰肢楊柳風前瘦。腮頰桃花鏡裡羞。嬌紅嫩緑付温柔。梳粧後。仙子下瀛洲。（雍熙樂府）

敍 別

一盃別酒強掙捱。兩意綢繆解不開。長安得志早歸來。休只待。野草蔽庭堦。（雍熙樂府）

按：雍熙「曉起」前尚有「言盟」（鴛鴦作對關前世）一首，見全元散曲曾瑞卷，題作「相思」。

妓情

元和還徹烟花債。亞仙消殘陌柳懷。爻槌瓦鑵串花街。鴇兒乖。只道去休來。（雍熙樂府）

輕歌慢舞梨花院。皓齒湘裙柳陌闌。王孫公子買幽歡。有餘錢。醉卧麗人天。（雍熙樂府）

有錢得飲葡萄釀。無鈔難嘗荔枝漿。古來多少淡濃粧。死偎纏。結果落空拳。（雍熙樂府）

按：雍熙此題四首。首曲「無錢難買蘇卿俏」，見全元散曲曾瑞卷，題作「妓家」。

隱居

龍樓辭却無牽掛。鳳闕登開少恐呀。竹籬茅舍是吾家。虛名罷。學種邵平瓜。（雍熙樂府）

按：雍熙此題四首，此其第二首。第一首即樂府羣珠題作「道情」（官高一品終爲患）之曲。第三首「沾花惹草沙中俏」，第四首「牧羊枉嘆白石爛」，俱見全元散曲曾瑞卷，前曲題作「妓家」，後曲題作「隱居」。

春遊芳草地

踏青閑翫心神泰。杖竹歌謳好快哉。天台路上遇嬌態。桃溪畔。洞裡酒方來。（雍熙樂府）

夏賞緑荷池

金盃頻勸凉亭上。玉斝重斟暑閣邊。玉人歌舞動笙簧。臨畫舫。拂面芰荷香。（雍熙樂府）

按：雍熙一組四首，尚有題作「秋飲黄花酒」（青霄霜降楓林醉）與題作「冬吟白雪詩」（纔臨溪畔香先到）二曲，見全元散曲曾瑞卷，分別題爲「秋」及「詠雪梅」。

遁　迹

官高必定爲身患。財廣還須是己殃。許由不受帝堯禪。非是憨。難買一身閑。（雍熙樂府）

凌烟閣上功名濫。青史書中姓字繁。算來省事是山岩。遠長安。妻子保平康。（雍熙樂府）

按：「長安」，原作「安長」，今正。

威權大呵災必大。仕禄多呵禍定多。龍顔變了怎能躱。不如我。早解落魂魄。（雍熙樂府）

按：雍熙此題四首。首曲「張良辭漢全身計」，見全元散曲白樸卷，題作「知幾」。

【北中呂朝天子】

繁華作戲場。功名念忘想。龍虎鬭空勞攘。朝鷄唱徹五更霜。擁袍笏趨仙仗。塵土衣

冠。江湖識量。嘆鳳麟疏結網。任的是清狂。愛的是疎放。早則是風流樣。（風月錦囊）

隱山閣提壺。守仙宅藥爐。壽星峰猿鶴舞。花街日午倦抛書。箇中景誰知趣。秦漢强梁。曹劉鼎峙。任風月誰做主。遇雪後騎驢。傍溪流釣魚。都不管人間事。（風月錦囊）

爛柯遠市朝。壺天絶吏曹。真棄着許由瓢。風烟逈隔長安道。喜無事縈懷抱。南畝躬耕。東皐舒嘯。共青山長不老。携一琴一鶴。做半漁半樵。到處裏俱行樂。（風月錦囊）

繞翠微看花。依薜蘿種瓜。趁春雨耘苗稼。四時風物自生涯。過芳春又九夏。着鞭梅蹊。開樽花謝。製新詞隨意寫。看明蟾東掛。送紅輪西下。閒厮共漁樵話。（風月錦囊）

鴉翎般錦袍。猩血般戰袍。送了些呆神道。農家自古有下稍。不識長安道。淺種深耕。無甚煩惱。臥東窗日影高。芭棚下飯飽。麥場上醉倒。快活殺村田樂。（雍熙樂府）

詠　美

素雲。瘦踪。飽載凌波重。玉蓮歌罷紫芝風。太液金波動。明月池塘。黄昏誰共。碧澄澄羅襪冷。錦封。翠濛。蛩驚散鴛鴦夢。（雍熙樂府）

玉徽。玉梅。摇落雙雲佩。紫芝天苑鳳凰飛。忽變琉璃脆。欲買湖舡。今宵同醉。酒未醒月漸低。冰絃。漸離。消弭盡風雲氣。（雍熙樂府）

隱逸

紫袍。緑袍。未若貧而樂。雖然束帶立於朝。難脱邯鄲道。未必吾儂。巢由同調。一葫蘆一箇瓢。儘教。睡着。凍宰相聽鷄叫。（雍熙樂府）

省者。見麽。鏡裡添白髮。功名場上看甚麽。不入麒麟畫。户静門清。兒成女大。且隨緣度歲華。詩家。酒家。任意訪閑尋踏。（雍熙樂府）

鋪的。蓋的。毛毯粗衲被。百草爲冠著麻衣。淡飯虀鹽味。竹屋柴扉。終日深閉。釃村醪輪瓦盃。陶朱。棄職。是遠害全身計。（雍熙樂府）

村樂

醒來。又來。親謝東君愛。山肴重列酒筵盃。烏兔從他快。縱飲狂歌。精神康泰。唤童兒酒急釃。賓主意諧。情志不解。一任湖山恠。（雍熙樂府）

嘲妓名茶

細茶。嫩芽。長在春風下。不俅不採葉兒查。但採扳高價。絶品清奇。難描難畫。

無錢呵甘相罷。醉了時想他。醒了時愛他。一簍兒千金價。（雍熙樂府）

按：金瓶梅詞話題作「茶」。

詠景

鳥呼。燕語。桃花月梨花露。海棠春夢歡未足。風雨過沾泥絮。蜀錦機空。輕陰成緑。剪紅綃點翠蕪。酒徒。嗇夫。猶自尋芳去。（雍熙樂府）

草鋪。柳舒。紅紫艷歸何處。楊花滿院風亂舞。泛池沼浮萍緑。燕侶鶯儔。傷心題目。恨黄梅簾幕雨。鷓鴣。杜宇。唤得春光去。（雍熙樂府）

樂花

玉奴。醉扶。花底尋歸路。銀屏畫屋錦糢糊。處處天然富。萱草堆金。梨花積玉。看輕飛蝶亂舞。緑窗前纔睡足。再歌彈再舞。任賓鴻來還去。（雍熙樂府）

按：此爲朝天子「樂花」四首之第三首。其餘三曲見朱有燉誠齋樂府，題作：「中秋席上有贈」。

放 懷

忖量這老懷。揣摸這壯懷。有變化多奇怪。壯懷不減老懷開。虎瘦雄心在。磊磊落落。寧爲玉碎。這胸襟寬似海。世情漸乖。光景漸衰。獨有寒松耐。（雍熙樂府）

打疊起病懷。閣掛起倦懷。風月情元來大。也無煩惱也無哀。誰咲狂無賴。得失榮枯。青霄雲外。醉來時天地窄。人情冷哉。世事怪哉。惟我樽前在。（雍熙樂府）

散春風好懷。徹壺漿雅懷。任從容無些害。人情冷暖自安排。任他翻興敗。鏡中未老。樽前常在。嘆逢冠誰去解。笑顔放開。酒船載來。醉卧妨何礙。（雍熙樂府）

有花時暢懷。有酒時放懷。這勾當人人愛。花枝前擁酒盈釃。花酒精神大。醒時無愁。醉時無害。孟嘗君空有客。光陰旋捱。消息任來。莫攢眉頭債。（雍熙樂府）

按：「攢」原作「揝」。

述古人

伯夷。叔齊。喜虞舜傳堯位。武王伐紂惡戰敵。耻周粟湯仁義。死葬屍骸。清名難立。天喪身不喪德。願爲。餓死。恨不遇羲皇世。（雍熙樂府）

太公。受窮。有誰識真梁棟。安居久待曆數通。兆先入非熊夢。偶遇文王。雲龍相從。便能爲百代功。倘蒙。不逢。人與藝皆無用。（雍熙樂府）

范蠡。相國。因主辱思良計。平吴事了復會稽。將三致千金費。臣有餘謀。君心長疑。不歸湖等甚的。自評。自議。君與臣皆賢智。（雍熙樂府）

孔明。自耕。劉玄德親徵聘。茅廬一論帝業興。漢鼎峙三分定。六出祁山。施呈才能。志平吞吴魏兵。蜀方。太平。國祚短天絶命。（雍熙樂府）

太白。大才。時不遇將何奈。明知帝王蓄禍胎。相林甫朝綱敗。以酒忘憂。以醉忘懷。學劉伶死便埋。可哀。痛哉。江月滿人何在。（雍熙樂府）

楚王。漢王。祖龍死烟塵蕩。鴻門會上那一場。得用也英雄將。先到咸陽。爲君爲相。斬白蛇應上蒼。韓侯。智量。子房共蕭丞相。（雍熙樂府）

屈原。命舛。懷忠正讒臣謗。唐虞盛治不再傳。思王道無由見。舉世獨清。執中無權。反能爲漁父篇。可憐。大賢。死不肯隨機變。（雍熙樂府）

賈誼。爲國。獻長策驚天地。君臣之際有間隙。上不能從其計。時務和他。明知相違。愁無人扶漢室。太息。痛泣。都滴盡傷時淚。（雍熙樂府）

子房。智量。考天道炎劉盼。韓彭滅了楚霸王。功蓋世辭卿相。馬啄無恩。親誅二王。想留侯好見長。廟堂。配享。播萬載高名望。（雍熙樂府）子陵。本情。以垂釣乘高興。潛居要學魯二生。恨文叔知名姓。一足高蹺。君王親擎。客星曾犯帝星。遇酒。滿斟。醉了重還醒。（雍熙樂府）

梅　雪

孤芳。暗香。正雪霽梅花放。可愛西南凍枝傍。掛新月蛾眉樣。出牆横窗。疏影昏黄。恰詩人準備賞。怎當。斷腸。品寒角南樓上。（雍熙樂府）冰消。雪消。漸減却山容老。推倒泥牛出東郊。見遍野梅花落。市橋溪橋。教人知道。點紅花弄翠條。花梢。柳梢。報次第春來到。（雍熙樂府）梨花。柳花。風外舞空中下。天地冰壺玉無瑕。竹枝偃梅梢壓。銀沙瓊沙。瀰漫抛撒。近青旗纜釣艖。漁家。酒家。映一帶山如畫。（雍熙樂府）冰花。雨花。片片墜紛紛下。瓊田萬頃絶纖瑕。鹽虎陷蒼龍壓。玉沙銀沙。空中亂撒。凍梅低傍釣艖。陶家。党家。映一抹王維畫。（雍熙樂府）

嘆　世

暢哉。快哉。極目乾坤大。不知何處是彭澤。有箇淵明在。放蕩形骸。由他成敗。

到重陽菊自開。去來。去來。不怕青山恠。（雍熙樂府）

省也。悟也。人死如燈滅。光陰疾似下坡車。白髮捱年月。富貴貧窮。前生冤業。鬼争争蠅競血。富者。貧者。水底撈明月。（雍熙樂府）

要足。便足。須索歸山去。樽前無厭酒頻沽。一任功名誤。宰相王侯。英雄人物。轉回頭化做土。自古。細數。宫闕廢千處。（雍熙樂府）

得閑。且閑。已過中年限。浮名薄利莫相干。静裡睁睛看。邯鄲長安。皆是虚幻。屬漁樵一論間。山居。自安。不管唐和漢。（雍熙樂府）

離　思

長亭。短亭。是日分鴛頸。關山萬里此離情。縈繫的人成病。長短燈檠。知人孤另。强支持秋夜永。蛩聲。雁聲。逗引起凄凉興。（雍熙樂府）

千難。萬難。别離誰曾慣。當時只合鎖雕鞍。愁易减人難盼。悶倚雕闌。羞看雙燕。對東風淹淚眼。吴山。楚山。阻隔斷傳書雁。（雍熙樂府）

新愁。舊愁。撮的眉頭皺。思君白日且登樓。怕夜晚來孤宿。恨壓重衾。愁聞寒漏。捱一宵如九秋。心頭。口頭。念想到三更後。（雍熙樂府）

雲中。塞鴻。寒角聲相送。沙平水冷月溶溶。蘆花老霜寒重。淮北江東。烟雲無縫。捎不的書一封。睡中。驟風。忽驚起團圓夢。（雍熙樂府）

相　思

翠蛾。恨鎖。解不開些兒箇。愁魔病魔怎離脱。行坐裡相着摸。簷馬鄰砧。蛩吟相和。助凄凉欺負我。淚顆。似梭。羅帕揾腮淹破。（雍熙樂府）

酒斟。悶飲。感離思凄凉甚。良人無夢到羅衾。淚滴濕鴛鴦枕。衾枕無情。香消寒沁。碎人心蟋蟀吟。夜深。未寢。情易感人難近。（雍熙樂府）

恨添。病染。思量心何曾厭。辜恩人去母又嚴。直恁麽歡娱儉。月舘風亭。離愁都占。好教我無處閃。杏臉。淚淹。滴不盡相思欠。（雍熙樂府）

感懷。痛哉。生剪碎合歡帶。良人去久不歸來。割不斷情深愛。紅日西沉。雕鞍何在。盼青鸞音信乖。可哀。病衰。少欠他相思債。（雍熙樂府）

述世情

氣豪。志高。談笑把公侯傲。貧而無諂富無驕。陋巷簞瓢樂。黄卷青燈。常存吾道。

近山林遠市朝。咲他。穿紫袍。一起一箇鷄兒叫。（雍熙樂府）

仕途。利途。賢不肖人皆欲。蠅頭蝸角苦上苦。捨命争着做。造物瞞人。誰曾省悟。功名心無厭足。自今古。細數。能有幾箇歸山去。（雍熙樂府）

按：「瞞」，原作「曼」。

少貪。莫婪。好隨分捱虀淡。雖無暴富得重銜。也不着坑陷。詩賦成篇。琴書成擔。出風波海内渰。繭蠶般。脱籃。硬掙斷這功名纜。（雍熙樂府）

左難。右難。枉把那功名幹。烟波名利不如閑。到大無憂患。積玉堆金。無邊無岸。限來時悔後晚。病患。要過關。誰救的你貪心漢。（雍熙樂府）

相　思

早知。恁的。到不如不相識。前緣前世少欠伊。少欠伊相思淚。曾惹憂愁。曾躭憔悴。只今番忒下的。想伊。所爲。落幾聲長吁氣。（雍熙樂府）

幾番。近晚。目斷南來雁。佳期空盼怎生慳。想念的憂成患。燭滅烟消。香風初散。綉簾垂怯暮寒。偷掩。淚眼。長吁氣千千遍。（雍熙樂府）

此宵。誤却。陡恁的傷懷抱。胭憔粉悴越添焦。㴱逗的心煩躁。信斷音絶。特無消

耗。受孤悽情似燒。細思。量度。他甚日得來到。（雍熙樂府）

這宵。怎熬。被一盞孤燈照。促織窗外絮叨叨。鐵馬兒簷前鬧。雁過南樓。鐘聲初報。淚珠兒滴到曉。夢裡。夢着。驚醒人鷄兒叫。（雍熙樂府）

詠　美

想咱。念咱。玉有價春無價。秋波生潤臉如花。兩葉眉兒畫。口兒頻掂。心兒牽掛。告神明合暗察。病殺。害殺。未得句明白話。（雍熙樂府）

晚晴。月明。一色瑶天静。夜香燒罷步閑庭。躡足行潛踪聽。翠檻朦朧。雕闌掩映。元來是風弄影。此情。此心。管害入相思症。（雍熙樂府）

心攘。意勞。作念無顛倒。胭憔粉悴轉心焦。陡恁的傷懷抱。信斷音絶。杳無消耗。捱火宅熱廝燒。這煩。這惱。想殺人誰行告。（雍熙樂府）

眉峰。恨鎖。未展些兒箇。愁神病鬼怎祛脱。害的咱無着摸。鐵馬頻敲。蛩吟相和。助凄凉禁仗我。淚顆。似梭。羅衫濕腮揾破。（雍熙樂府）

題　情

畫橋邊柳枝。粉牆頭杏枝。春去人獨自。粉郎不見許多時。冷落鶯花市。爲甚憂愁。

教誰扶侍。病懨懨真似死。柳結成穗兒。花退却瓣兒。都做了眼中淚心頭事。（雍熙樂府）

梨花月夢雲。桃花雨送春。鶯燕無情分。落紅滿地掩重門。不見歸來信。遊子何之。丫鬟休問。悶懨懨憔悴損。羅衫上淚痕。粉腮上枕痕。都做了眼中淚心頭恨。（雍熙樂府）

薔薇架露鮮。海棠軒月圓。悄悄閑庭院。雕鞍別後夜如年。何日重相見。錦字書牋。香羅題遍。寫佳人薄命篇。眉尖上墜鈿。指尖上斷絃。都做了眼中淚心頭怨。（雍熙樂府）

塵蒙了錦箏。香消了翠屏。恨殺人孤另。自從別後憶多情。無福和薄倖。暗想姻緣。須關前定。似江心撈月影。淅零零雨聲。虛飄飄夢境。都做了眼中淚心頭病。（雍熙樂府）

慶壽圖

秋將半好天。見新月下弦。臨素魄開筵宴。佳辰正遇太平年。壽域開宮殿。寶扇齊分。金盃頻勸。玳筵前鼓樂喧。願言。地仙。千載常康健。（雍熙樂府）

買臣圖

買臣在困窘。守虀鹽負薪。當日有誰偢問。斧頭擔上度年春。難出恓惶運。藜藿隨時。寧心甘分。由山妻别嫁人。五旬。面君。平地春雷信。（雍熙樂府）

夷齊圖

枉進言伯夷。空上策叔齊。周武王興兵世。言策不聽拂袖歸。仗節存名義。萬古千秋。清高不易。首陽山忍餓死。此時。采薇。誰解其中味。（雍熙樂府）

贈襄城

廟堂。棟梁。義勇忠良將。寶匣秋水射龍光。豪氣三千丈。星斗文章。江湖心量。定三邊守四方。料韓彭怎當。比孫吴更强。堪寫在凌烟上。（雍熙樂府）

嘲吕卿納寵

吕仙。吕仙。袖褪青蛇劍。純陽兩字是虚傳。就裏工夫欠。養得還丹。全無靈驗。

小桃紅一處眠。一箇在裡邊。一箇在外邊。累的呵颯颯戰。（雍熙樂府）

題妓者扇

最高。用着。素質人人好。一人摇罷一人摇。惹得争風鬧。透骨清凉。誰肯抛吊。傍着你歡樂倒。到夏來用着。到秋來棄却。倒陪錢没人要。（雍熙樂府）

連環體

楚宫。祖風。此日皆珍重。香湯沐洗紫金容。瑞靄祥烟映。玉燭新調。琅函高誦。緑陰濃白晝永。厚禄萬鍾。恩自九重。遥祝南山頌。（雍熙樂府）

祝南山壽長。授東華道光。懸艾虎祈無恙。鬆襟解珮浴蘭湯。白石枕青山障。楊柳烟微。荷花輕放。倚闌干隨意賞。洞房。晚凉。月轉西樓上。（雍熙樂府）

西樓月轉時。對花叢和詩。閑煞蜂蝶翅。畫橋兩岸柳垂絲。青鳥傳書至。勑賜仙官。長生兩字。獻蟠桃時在邇。口吟壽詞。手擎玉巵。醉後尋芳去。（雍熙樂府）

尋芳去晚來。百花叢正開。紅紫堪人愛。三秋景致巧安排。造化元無外。海岳昇平。乾坤清泰。對芳樽且放懷。黄流酒在釃。烏紗帽任側。沉醉倒妨何礙。（雍熙樂府）

按：「何礙」，原作「何愛」。

沉醉倒酒樽。相邀請貴賓。俊雅多丰韻。玉樓無福怎存身。自有清高分。送盞傳盃。高談闊論。列金釵舒玉笋。紅牙板按匀。紫鸞簫謾品。一曲蓬萊近。（雍熙樂府）

蓬萊近好山。雲綵絨翠乾。羅袖沾香汗。炎炎蒸暑漸消殘。斗柄回銀漢。桂子香飄。榴花紅綻。詩方成酒興闌。坐間。向晚。玉露滴金風散。（雍熙樂府）

金莖滴露盤。冰花敲玉碗。不覺時光換。搊箏撥阮笑聲喧。花下宜清玩。紫燕頡頏。黄鶯呼喚。隔宮牆鳴似莞。眼寬。遠觀。千百載燈然變。（雍熙樂府）

千百載衆謡。説牛女度橋。烏鵲年年噪。銀河耿耿夜迢迢。一葉梧桐落。紫燕習飛。金蟬高噪。遍園林即漸老。南熏盛茂。被西風一掃。論造化真箇妙。（雍熙樂府）

論造化果何。因乾坤盪磨。眼底倏忽過。兩輪日月似攛梭。看花影時刻錯。有酒頻釃。有詩須和。任逍遥須在我。放歌。放歌。似隙影窗間過。（雍熙樂府）

看窗間隙影。却又早暮景。雨洗園林浄。寒來暑往兩交併。萬物循天性。紅葉黄花。酒懷詩興。被幽禽猛唤醒。世情。自警。聽一調朝天令。（雍熙樂府）

嘆　世

救忙的忒多。愛閑的較可。得過隨緣過。人生能有幾年活。擺布天來大。萬櫃黄金。

千箱銀錁。死將來無處躲。病懨懨守着。眼睁睁看着。將不去些兒箇。（雍熙樂府）

有青田萬頃。積黄金萬餅。尚自古往前挣。寒來暑往兩無情。日夜心無定。每歲奔波。何年安静。空惹的兒孫恨。東流水聲。西樓日影。斷送了忙人命。（雍熙樂府）

聰明的分苦。智慧的命無。愚蠢的天然富。神靈這恁忒糊突。虧負人無其數。惡人不誅。善人不舉。有屈也誰行訴。志高伯夷。才超仲舒。説的去行不去。（雍熙樂府）

吹雲瑶紫簫。飲香醪醉瓢。唱一曲村田樂。貧而無諂富無驕。得與失天之道。蟻陣崎嶇。蜂衙喧鬧。亂紛紛何日了。靈鵲會塟橋。杜鵑會補巢。惹的斑鳩笑。（雍熙樂府）

嘲妓名鍾兒

自家。莫誇。柳陌樓頭掛。八成顔色性兒雜。嚮眼兒天生大。巴到黄昏。一百八下。零敲撞不算打。五更裡看他。潛踪兒聽他。一下下撞的聲兒岔。（雍熙樂府）

嘲樂工偷馬

不打賒賣花。喬相識盗馬。膽比侯成大。剛到家時早决撒。鎖拽在公堂下。毛寶嗔怒。不肯放他。干磕頭怎赦他。伸着頭帶枷。舒着腿上匣。險些兒打轉了這箇軀兒

卦。（雍熙樂府）

遇美人折花

偶然。步輦。行到閑庭院。折花人立粉牆邊。露出芙蓉面。星眼偷觀。心情留戀。珮玎瑺聲漸遠。是緣薄分淺。早不發可憐。人已去花枝顫。（雍熙樂府）

妓祈春雨作

想殺。盼殺。盼望殺又干罷。西風不住捲黄沙。米菜都增價。赤金白銀。琴棋書畫。喫不得值甚麽。張天師好法。李淳風會掐。算不準何日下。（雍熙樂府）

席上遇美人

眼溜玉柳。眉顰翠柳。半扎宫鞋瘦。樽前席上捧金甌。故意將人鬬。半掩酥胸。雙垂羅袖。俊嬌娥微帶酒。話兒暗兜。情兒似有。便死呵甘心受。（雍熙樂府）

戲約寒士至不待

早衙。喚咱。欲討論興亡話。約人不待是無暇。怎不放回家罷。凛凛寒風。鵝毛雪

下。凍殺人也不是耍。身子冷撒。肚子餓撒。靴子裡無氈韈。（雍熙樂府）

逸　興

梅溪。竹村。遠近相遮映。鄰笛吹徹曉未分。聽一派鸞鶴韻。竹杖芒鞋。穿花步趁。覓知情漁父吟。陶情。適興。也不弱林和靖。（雍熙樂府）

按：此乃雍熙樂府「逸興」四首之第四首。前三首：「日居。月諸」、「恰陰。却晴」、「錦屏。翠屏」，見全元散曲張養浩卷。

麗春園可誇。梁山泊撒花。易打散難抄化。太和音譜出君家。曾許借牢牽掛。往取了數回。思量了幾夏。不賺來敢是夢撒。狗口裏象牙。小孩子手裏螞蚱。有則借無則罷。（詞謔）

李開先云：又有兩人，一借太和正音譜，慳而不與，亦以朝天子譏之。

乞兒見財。孩兒見嬭。舍了命。荒了脈。俺家詩禮你來捱。便遲也宜擔待。你愛也。人皆愛。（詞謔）

李開先云：回復者不記其全。

嘲買糙米者

買糠秕糙米。作粗糲飯食。圖減省當家計。算來還是不便宜。嚼一口噴一地。稊稗紛紜。沙石瑣碎。硬柤柤難動嘴。滿口牙見鬼。五臟神皺眉。喫了也傷脾胃。（詞珍雅調）

壽

此戹。莫推。酒令兒新條例。天之美禄唤做福水。四海皆兄弟。酒解愁腸。人和百事。不飲呵圖甚的。這酒兒好吃。眼前可知。滿飲過千千歲。（北曲拾遺）

恁知。此席。爲貴誕生辰日。王母仙桃親獻與伊。特賜丹砂粒。南極龜鶴。雙雙隊隊。祝遐齡來宴會。金童玉女。捧壽盃。滿飲過千千歲。（北曲拾遺）

【北中呂滿庭芳】

西廂十詠

張生俊雅。諸餘可愛。所事堪誇。吟詩和句在西廂下。引動嬌娃。一封書戰退了眼前士馬。七絃琴匹配上宿世冤家。登科罷。香車駟馬。夫婦享榮華。（雍熙樂府）

鶯鶯女娘。奇花嫩蕋。軟玉温香。天生俊俏嬌模樣。聰慧非常。待月處心懷粉郎。燒香時詩訴衷腸。成就了風流況。時殊事往。千古説西廂。（雍熙樂府）

紅娘艷質。能傳芳信。善做良媒。偷寒送暖將婚姻配。使盡心機。你教他操瑶琴包含着道理。寫花箋引惹出佳期。配合就鴛鴦會。非你做美。焉得做夫妻。（雍熙樂府）

夫人不乖。想當日遭危受困。怎生得脱難逃災。謝張生計策把賊兵敗。情願要配與裙釵。既然你悔親盟宜離院宅。誰教你拜兄妹請入書齋。他私自成歡愛。非干事。鶯鶯不才。單註着天地巧安排。（雍熙樂府）

法聰老髡。慈悲爲本。方便爲門。一堂經勾引的成秦晉。於理合尊。守戒行持心敬謹。主婚姻用意慇懃。閑評論。似這等寬柔上人。當可報深恩。（雍熙樂府）

將軍杜確。能通虎略。善曉龍韜。全憑威武居津要。名播唐朝。則爲那一封書飛星到了。霎時間五千人風捲雲濤。除殘虐。如斯俊豪。不枉了做知交。（雍熙樂府）

鄭恒太魯。須知淑女。怎配愚夫。當日箇軍圍普救誰扶助。多虧了君瑞呈書。你則待逞其志馮河暴虎。他怎肯從其心似水如魚。傷時務。你專一架虛。枉自敗風俗。（雍熙樂府）

孫虎恃强。不思燕雀。怎配鸞凰。硬圍普救驅兵將。敗壞綱常。你只待擄嬌姿朝歡

暮賞。他怎肯順賊徒共枕同牀。半霎兒將身喪。這廝心術不良。斬首正相當。（雍熙樂府）

多才漢卿。廣知故事。洞曉新聲。移宮換羽真堪聽。義理兼明。一句句包藏着媚景。一篇篇醞釀出深情。無疵病。不俗易省。萬載播芳名。（雍熙樂府）

聰明實甫。胸藏錦繡。口吐璣珠。清新樂府真無數。壓盡其餘。翻騰就尤雲殢雨。顯豁出寄柬傳書。多佳趣。超今越古。堪與後人述。（雍熙樂府）

西厢十詠

張生不才。學成錦繡。喪與裙釵。嘲風詠月西厢待。眼去眉來。寫封書文學似海。害塌病形體如柴。險把聲名壞。全不想賢賢易色。弄甚麽秀才乖。（雍熙樂府）

鶯鶯鬼精。麝蘭半匀。花月娉婷。結絲羅不用媒和證。眼角傳情。聽瑶琴宵奔夜行。燒夜香膽戰心驚。家不幸。枉着你齊齊整整。弄出箇醜名聲。（雍熙樂府）

夫人不良。孤兒寡婦。幼女新喪。不將靈柩去安葬。暴露在僧房。做水陸搜尋出禍殃。改婚姻敗壞盡綱常。可不道消魔障。惹的那蜂喧蝶攘。不賢惠老尊堂。（雍熙樂府）

紅娘快趔。傳書寄柬。送暖偷寒。星前月下把鶯鶯賺。使碎心肝。伺候到更深夜闌。

弄得那月缺花殘。粧科犯。左難右難。做了箇撮合山。（雍熙樂府）

按：此處原有「夫人你聽。我爲官長」一首，曲末另有題目：「嘲人懼内納寵」，注春泉作，與崔張故事無關，故不録。全文另見本書王春泉卷。

將軍不仁。擅離信地。難保黎民。怎做的於家爲國扶危困。輕舉三軍。輸時節滅了己身。贏時節好了別人。圖甚麼言而信。没來由鬬狠。何處顯功勳。（雍熙樂府）

髡郎法聰。不諳經典。不理禪宗。爲媒作證虚迎送。圖受些羊酒花紅。不争將崔小姐窩藏着弄影。險把箇普救寺燒的精空。强兵動。枉施英勇。捨命去争鋒。（雍熙樂府）

鄭恒發昏。不應撞死。怎得招魂。曠夫怨女何須論。成甚人倫。立志氣別尋箇主婚。仗家風另選箇名門。可不道名聲俊。没來自殞。越顯的小哥村。（雍熙樂府）

漢卿不高。不明性理。專弄風騷。平地裏褒貶出村和俏。賣弄你才學。瞞天謊説來不小。拔舌罪死後難饒。着人道。虚空架橋。枉自筆如刀。（雍熙樂府）

王家好忙。沽名釣譽。續短添長。別人肉貼在你腮頰上。賣狗懸羊。既没有朱文公肚腸。又没有程夫子行藏。忒狂蕩。用心一場。上不的廟和堂。（雍熙樂府）

按：本卷目録此處有「夫人你聽」首句，但書内並無曲文。故僅存「九詠」。「釣」，原作「吊」。

閨房十事

葫　蘆

看生見長。香醪許納。粟粒難藏。可人一種風流像。嫩蕋鵝黄。腰瘦似春風緑楊。體輕如白玉玎璫。雖無量。天成氣象。壓盡錦香囊。（雍熙樂府）

剪　子

雙鋒並聳。無塵似水。有嘴如蟲。多情尖指輕分動。想像成功。只與金針競争。偏和銀鑷相從。堪珍重。花間萬種。何用樹頭風。（雍熙樂府）

鑷　子

秋毫厭爾。春榆破甲。連理分枝。金鈴口吻那能似。吞吐尤時。樊素嵒封皓齒。小蠻輕束腰肢。闗心事。菱花鏡裡。不放鬢狂絲。（雍熙樂府）

罐兒

索諸餘異種。有懷可測。無物堪容。寬洪笑殺玻璃甕。到底成空。蓋偃荷翻曉風。垂貫日晴虹。雖無用。紅遮翠擁。樂亦在其中。（雍熙樂府）

瓶兒

壺中緑醑。盃斟鸚鵡。索拽銀絲。空懸着緑膽渾相似。造物宜時。席上難温玉指。瓶中墜長絲。芳春至。東風殢死。無任插花枝。（雍熙樂府）

盒兒

別脂膏易滿。虛心未足。空腹無寬。故教銀索相牽絆。恐失鴛鴦。渾似齊分索暖。離復對合歡。堪爲伴。香温玉軟。人共永團圓。（雍熙樂府）

針筒

十韜光晦迹。胸中有物。囊裡藏錐。剖開混沌三才内。吐出虹霓。一寸鋼腸難比。

分快性誰及。多鋒利。些兒繡氣。成就四時衣。（雍熙樂府）

獐牙

雙鰲破甲。光勻麝粉。色潤冰花。並頭不讓金刀叉。粧點鉛華。背似犀梳半插。面如珊掠微凹。西廂下。黄昏妬殺。明月吐新芽。（雍熙樂府）

虎爪

英魂杳冥。仍留古迹。尚播威名。蘭湯暖浴垢塵浄。不染餘腥。狐兔抽頭早嗔。犬羊側目先驚。何須命。桃花扇影。席上自生風。（雍熙樂府）

牙杖

清香滿腹。四方志小。一寸心虚。此身不厭頻拘束。世味難疎。不尖着肉自出。暫時韞匵藏諸。開懷處。春纖半屈。花蕋上蜂鬚。（雍熙樂府）

富貴貧窮

陳糧滿倉。財盈聚寶。羅綺千箱。終朝受用應時饌。細酒肥羊。笑欣欣擎擡過盞。

喜孜孜舉案流觴。寬弘量。樽前翫賞。開宴出紅粧。（雍熙樂府）

心廣體胖。腰金衣紫。氣宇軒昂。威儀濟楚多名望。德厚仁寬。扶社稷賢才棟梁。

保山河永遠安康。包公量。承恩受賞。爵禄秉忠良。（雍熙樂府）

身貧可憐。多憂多恥。少語無言。雖貧怎肯將身賤。禮義和謙。新朋來清茶消遣。

舊友至閑話何妨。休輕量。非吾腼腆。窮達任皇天。（雍熙樂府）

湫巾破裳。形骸臞秀。容貌堂堂。靈輙不遇桑間飯。每誦詩篇。住半間無扉草菴。

卧一枕楊柳夕陽。休輕量。炎凉莫管。否泰任循環。（雍熙樂府）

春遊芳草地

春遊美哉。名園佳圃。會賞吾儕。花紅柳緑堪人愛。蝶笑蜂猜。臉桃花三分酒色。

吐珠璣七步奇才。疎狂態。天寬地窄。沉醉恰歸來。（雍熙樂府）

夏賞緑荷池

炎天景佳。脱巾露頂。幔罩輕紗。乘凉池閣無休暇。滿眼繁華。楊柳堤金樽玉斝。

荷花池沉李浮瓜。歌笙罷。天寬地狹。沉醉恰歸家。（雍熙樂府）

秋飲黄花酒

秋天景奇。金風玉露。北雁南飛。長堤高柳吟蟬蜕。菊桂芬菲。翫月樓直侵北極。賞花亭正對東籬。花簪墜。天幃地席。沉醉恰扶歸。（雍熙樂府）

按：「北」，原作「白」。

冬吟白雪詩

三冬景殊。雪花絮滚。梅蕋香浮。氊簾低簇寒威布。煖閣紅爐。光爛燦凝合玉宇。明滴溜凍徹冰壺。吟詩處。天遮地阻。沉醉玉人扶。（雍熙樂府）

送宗叔仕

居官體統。何憂倉廩。不得長盈。寮屬和協休嫌衆。同盡微忠。勸農桑將供歲用。莫偷安坐看民窮。歸家頌。清白古風。纔是大宗翁。（雍熙樂府）

金鞍錦韉。青驄寶馬。玉勒絲鞭。宜時遊賞園林遍。景樂壺天。横槊賦詩揮綵箋。穿楊手箭射飛鳶。時稱羡。芳名播遠。看功業勒燕然。（雍熙樂府）

嘲狂儒

乂子亂搗。摇摇擺擺。擺擺摇摇。氅衣雲履坡仙帽。一弄虚囂。匾陂頭磕碎了㝵腦。重皮偌會做些劬勞。人都道。泥佛纔捏了。便待把香燒。（詞謔）一團茅草。半瓶薄醋。三脚瞎猫。撋文劣句人前叫。總是喬嘲。撞死鼠方能肚飽。聽鳴禽轉覺心焦。人都道。雲梯壞了。落在下風橋。（詞謔）

嘲夫妻磨豆腐

夫妻早起。相推相送。相趁相隨。同心合意爲活計。一併幫持。兩口兒忙搬漿弄水。一家兒靠吃飯穿衣。儘氣力。終朝累。你擠來我擠。壓的水淋漓。（詞珍雅調）

按：「忙」，原作「慢」。

【北中吕滿庭芳兼清江引】

漁樵耕牧

一簑晚烟。斜風短笛。小棹平灘。沙鷗野鷺時相戀。無限清閑。携金鱗也做的酒錢。

卧江蘋也當的寒氈。不受人輕賤。釣舡兒慢牽。人在水中天。風清月小江波淺。釣罷空牽纜。篷收紅蓼濱。夢繞黃蘆岸。這生涯散誕誰人管。（雍熙樂府）

遠山近山。生涯入斧。風月隨肩。桑烟柘雨曾經慣。不惹憎嫌。飢時節柴供爨烟。飽時節柴換青錢。甘貧淡。酒債旋還。醉蓋野雲眠。百年日月一擔擔。野鳥相識慣。肩頭薪兩束。瓮裡清一半。這生涯快樂誰人管。（雍熙樂府）

村前野田。一犁春雨。兩壟寒烟。東西阡陌深耕遍。無掛無牽。鋤一會閑辛苦心腸也寬。收一會貧受用老幼都歡。濁酒隣家換。醉了穩眠。飢飽且隨緣。小小山岡平川遠。買箇黃牛賤。種時種一回。收時收一遍。這生涯自在誰人管。（雍熙樂府）

烟連草連。羊歸隴上。牛飲溪邊。斜風細雨陰晴變。簑笠當先。吹一曲寒林葉捲。歌一聲晚照雲閑。富貴從他戀。醉了穩眠。無夢到長安。夕陽入照風力軟。笛弄梅花變。騎牛過遠村。名利都不見。這生涯放浪誰人管。（雍熙樂府）

【北中呂蔓菁菜】

述懷

脚到處人相敬。都爲我忒惺惺。倒耽閣了半生。幾番待發志氣修身幹功名。争柰一

纏頑涎硬。（樂府羣珠）

【北中呂賣花聲】

揚揮使賞荷花

碧筒滿泛金盤露。沉水輕焚白玉爐。調琴仕女淡粧梳。知音伴侶。風流人物。醉荷花晚涼深處。（樂府羣珠）

春　宴

雕盤香裊黃金串。彩筆題詩玉版牋。錦江曲按水晶絃。美人歌遍。香醪争勸。風流殺海棠庭院。（樂府羣珠）

【北大石調喜梧桐】

贈張茶花妓名

蒙山頂上茶。不比閑花卉。採得茶來。一篗兒千金貴。香香噴噴瓶兒裡煨。想起茶

來。酒也無滋味。前緣前世少下少下茶行利。（雍熙樂府）

蒙山頂上茶。穀雨晴時採。採得茶來。一簍兒千金買。香香噴噴瓶兒裡釃。想起茶來。酒也無心愛。前緣前世少下少下茶行債。（雍熙樂府）

【南小石調象牙床】

思　情

到春來花柳芬芳。聽園林杜宇聲狂。王孫仕女堪遊賞。怎不教心勞意攘。盼才郎甚日還鄉。（雍熙樂府）

到夏來炎日偏長。見鴛鴦交頸在池塘。涼亭水閣無心賞。有浮瓜沉李懶嚐。盼才郎甚日還鄉。（雍熙樂府）

到秋來處暑生涼。聽人家砧杵聲忙。牛郎織女成歡賞。撇奴家孤眠綉房。盼才郎甚日還鄉（雍熙樂府）

到冬來萬物皆藏。惟松竹梅蘂生香。紛紛雪下如銀樣。怎禁他天寒夜長。盼才郎甚日還鄉。（雍熙樂府）

【北商調梧葉兒】

題　情

鶯花寨。楊柳街。誰不待探春來。雕闌外。曲檻側。正花開。少甚麽蜂蝶戀採。（雍熙樂府）

蜂蝶戲。桃李香。恰蓓蕾未芬芳。他親當。君謾賞。燕休忙。簾不捲春風畫堂。（雍熙樂府）

按：雍熙此題四首。第一首「情如訴」，第二首「桃腮嫩」，見全元散曲無名氏卷。

嘆　世

急攘攘争名利。亂紛紛競是非。看日月走東西。舊歲新年换。前人後輩催。知他幾千回。恰便似黄葉落東流逝水。（雍熙樂府）

看歲歲青山舊。玩年年緑草齊。烏和兔走如飛。近覺朱顔改。忽驚白髮催。暗裡自家知。恰便似黄葉落東流逝水。（雍熙樂府）

觀世事真堪嘆。説浮生真可悲。論好歹與高低。日月如梭快。時光似箭疾。白髮故

人稀。恰便似黄葉落東流逝水。（雍熙樂府）

和非。恰便似黄葉落東流逝水。（雍熙樂府）

箭也似金烏快。梭也如玉兔疾。晝夜緊相催。白髮明明報。朱顔暗暗虧。翻餅般是

柳嫩花嬌春意濃。香風拂拂滿清宮。瑣窗日上緑陰重。淡朦朧。銀鴨香薫和氣中。

按：雍熙此題五首。第五首「嘆貧富十年運」，見全元散曲無名氏卷。

（雍熙樂府）

花外啣泥燕。林間唤雨鳩。好鳥叫鵂鶹。芳草迎堦緑。嬌花出檻幽。醉盈眸。争奈

花光去走。（雍熙樂府）

按：雍熙失題四首。第三首「湖山外」，題作「夜坐」；第四首「花垂露」，題作「春曉隄上」，均見全元散曲張可久卷。

嘆　世

世事夢中身。人情水上漚。歲月苦難躭。白髮三生老。青山萬古愁。且休休。因此

上簪花殢酒。（雍熙樂府）

塵事三春夢。江湖萬里心。何處覓知音。上暗雙龍劍。絃絶孤鳳琴。慢沉吟。因此

上狂歌痛飲。（雍熙樂府）

土埋英雄墓。燈照韜略書。看罷越躊躕。土埋張良計。書藏韓信謀。富貴待何如。

只落的身心受苦。（雍熙樂府）

按：雍熙此題四首。第三首「日月雙飛箭」，見全元散曲無名氏卷。

秋思

江天闊。江水茫。家在路何長。飄零客。憶故鄉。立夕陽。海嶠天涯斷腸。（雍熙樂府）

夕陽下。暮景催。淡淡遠山迷。人南去。鴈北飛。片帆疾。堪寫丹青畫裏。（雍熙樂府）

秋來到。夏景殘。黄菊近重陽。荷擎露。草帶霜。鴈成行。越顯愁人斷腸。（雍熙樂府）

按：雍熙此題四首。末曲「秋來到。即漸涼」見全元散曲無名氏卷。

嘆世

催流水波聲急。送夕陽樹影偏。詩和酒且留連。人老三生夢。花開四月天。日和月

似走空盤。撇了些風流少年。（雍熙樂府）

拳來大心難滿。天樣般眼不合。每日家苦奔波。白玉鋪成地。黄金砌就窩。有一日

死來魔。問先生那時間何處躲。（雍熙樂府）

喜久遠天和地。愛堅牢水共山。看日月自循環。恰桃李三春暮。早秋霜九月天。人換了幾千番。不覺的夕陽又轉。（雍熙樂府）

按：雍熙此題四首。末曲「過一日無一日」，見全元散曲無名氏卷。

述樂

釣月蘭舟便。歌雲翠袖勤。湖上絶纖塵。瓜剖玻璃瓮。酒頓白玉盆。鱠切水晶鱗。醉倒羲皇上人。（雍熙樂府）

竹檻敲蒼玉。蕉窗掩緑紗。笑語問琵琶。月淡娑婆樹。風香富貴花。偎定俏冤家。小小仙鬟過茶。（雍熙樂府）

散慮酒數杯。陶情詩幾篇。詩酒且留連。暷暷平安日。熙熙自在天。忙裏且偷閑。休負青春少年。（雍熙樂府）

按：雍熙此題四首。末曲「長空一行鴈」，見全元散曲張可久卷，題作「春日郊行」。

蘇卿

臨川令。蘇小卿。直趕到豫章城。秋天浄。江月明。問蘇卿。又恐怕馮魁睡醒。（雍

熙樂府）

秋天淨。銀月明。秋江水碧澄澄。秋風動。秋氣冷。聽秋聲。秋葉兒梧桐弄影。（雍熙樂府）

四時景

和風動。百草生。桃杏滿園紅。樽酒斟。琥珀鍾。緑莎茵。杜甫踏青探春。（雍熙樂府）

薰風細。擺緑楊。荷滿錦池塘。榴花綻。開紫囊。列盃觴。羲之觀鵝畫舫。（雍熙樂府）

金風至。漸漸涼。寒鴈往南翔。紅葉落。金菊香。近籬傍。淵明對菊翫賞。（雍熙樂府）

朔風緊。雲勢低。翠竹間寒梅。茅簷下。掛酒旗。雪花飛。和靖尋梅醉歸。（雍熙樂府）

嬌　麗

春山翠。秋水明。無語送春情。多嬌態。百媚生。艷傾城。不枉了癡心志誠。（雍熙樂府）

仙肌雪。宮鬢鴉。粉臉襯紅霞。魚沉水。鴈落沙。見嬌娃。羞的那枝頭落花。（雍熙樂府）

清明節

聖賢三尺墓。英雄一土丘。勒馬嘆淵流。高塚韓元帥。孤墳烈武侯。且休休。怎禁他年深月久。（雍熙樂府）

紅紫紛紛見綺羅。武陵驕馬出城多。穿花携酒聽悲歌。桃杏花。滿園春色更如何。（雍熙樂府）

恰是蘭亭修禊時。夢回野興想羲之。壺觴滿飲兩三巵。有懷思。不是知音誰到此。（雍熙樂府）

柳絮飛綿桃李香。化萍結子泛池塘。青春莫負好時光。着意忙。雨打風吹一半妨。（雍熙樂府）

遊春

駿馬雕鞍出野郊。萋萋芳草露纔消。唤雨鳴鳩出林皋。春光曉。楊柳覆黄龍畫橋。（雍熙樂府）

寶馬黄金鐙。銀勒白玉鈎。碧樹緑苔幽。垂楊穿紫燕。青草映白鷗。喜重遊。引王孫行歌載酒。（雍熙樂府）

淑氣籠金殿。花香出玉溝。粉黛逞幽柔。畫屋通丹陛。珠簾上玉鈎。鳳輦進花樓。笑折垂楊在手。（雍熙樂府）

玉水溶人緑草萋。深宮近苑足芳菲。譙樓更鼓夜遲遲。玉山頽。碧桃花裡醉扶歸。（雍熙樂府）

按：前「柳嫩花嬌春意濃」一首、「清明節」二、三、四首，「遊春」一、四首疑誤入〔梧葉兒〕，句式同「憶王孫」。

妓者黑女兒

黑自黑天生的俏。黑人兒心意好。一雙黑眼似葡萄。黑手兒把銀箏按。黑頭髮兒亂挽着。叫一聲黑多嬌。黑心腸休昧了。（雍熙樂府）

簾兒下低低叫。叫一聲可意人。赫的我戰兢兢。只恐怕親娘見。又恐怕外人聽。兩下裡怨無成。怨無成。幾時能勾懷兒中抱緊。（雍熙樂府）

席上偷睛看。一心愛上他。輕輕的把脚兒踏。他將我身子靠。我將他手兒掐。叫一聲黑冤家。黑冤家。咱兩箇得空時閑耍。（雍熙樂府）

你本是初生蕋。初生蕋不耐揉。一朶兒逞風流。花葉兒遊蜂戲。花心兒戀蝶收。有

一日葉歸秋。葉歸秋。那其間惜花人罷手。（雍熙樂府）

別　離

恰收拾歡濃夜。又別離鴈各天。亭酒盡意纏綿。恩難斷愁扳轡。心如醉怕着鞭。一去也怎留連。淚眼兒越看越遠。（雍熙樂府）

說不盡臨行話。訴不盡相戀情。言海誓共山盟。細思量肝腸斷。怕離別魂夢驚。甚時節是歸程。專心兒耐守耐等。（雍熙樂府）

嘲鶯鶯

因斟酒。推過茶。欵欵的把小脚兒踏。偷睛抹。手上掐。俏寃家。夫人行待怎麽。（雍熙樂府）

花　朝

曉雨紅將綻。青山翠欲流。桃杏滿山丘。禮樂堯舜禹。詩書孔孟周。閑談道忘憂。中和樂題心在口。（雍熙樂府）

端陽

花開榴綻吐濃芳。倒繡金鍼一線長。笑看啣泥燕子忙。蝶趄狂。領掠香過粉牆。（雍熙樂府）

按：此曲疑誤入〔梧葉兒〕。

上巳

時臨春上巳。壺觴郊外遊。一枕睡齁齁。羲之修禊日。蘭亭今古留。共誰愁。白雲與青山共偶。（雍熙樂府）

祝壽

千壽千壽。七奏七奏。簫韶一派小梁州。滿泛黃流。感荷洪休。前世交修。無慮無憂。共享千秋神天祐。（雍熙樂府）

江景

江風静。江水澄。江面上弄波行。江天晚。江月明。隔江聽。江上何人搊箏。（雍熙樂府）

府）

帆高掛。舡勝馬。水遠接天涯。夕陽下。五六家。映蘆花。畫出的丹青是假。（雍熙樂府）

江天浄。江水明。江上晚風清。江潮定。江水平。倚江亭。看不盡江天暮景。（雍熙樂府）

江天暮。江梅發。似玉女糝瓊花。孫康映。訪戴誇。浩然踏。緊擁定藍關瘦馬。（雍熙樂府）

嘲蕩子

黑油的喪門劍。紅漆的弔客槌。無字的大石碑。入來的钂上名字。出去的抹了姓籍。狼牙棒等身齊。湯着的誰人替你。（雍熙樂府）

嘲子弟

舖席片。抱破瓢。歇屁骨露卵包。嗄齁病。虢虎勞。癡儍漢。狠蓋老做不着郎君下稍。（雍熙樂府）

【北越調小桃紅】

別憶

霜毫斑管寫情書。行寫行啼哭。寄與多情那人去。暗嗟吁。其中更有相思句。忙中草率。不及細語。好覷俏身軀。（雍熙樂府）

零零細雨洒芭焦。鐵馬簷前鬧。堦前促織絮叨叨。痛難熬。淒涼一弄相和炒。銀臺燭燦。金爐篆燒。無夢枕衾薄。（雍熙樂府）

看罷才郎寄來書。訴說從前苦。鳳交鸞友不完聚。暗追慮。前生命苦今辜負。衾寒枕餘。行眠立困。悲怨悔當初。（雍熙樂府）

按：雍熙此題四首。第二首「斷腸人寄斷腸詞」，見全元散曲無名氏卷，題作「情」。

悲世

馬頭垂淚出神京。一望兵塵盛。留得陳公半邊鏡。可憐生。後期好在嫦娥影。傷心莫把。菱花重照。不似舊時明。（雍熙樂府）

禁城值暑夜傳宣。別殿分茶宴。更撒金蓮送歸院。玉堂前。雌雄誰與羣雞辨。斷教

一朵。嬌雲留在。不恨海南仙。（雍熙樂府）

按：雍熙此題四首。第三、四首（「故城一帶鎖寒烟」、「姑蘇臺上望姑蘇」）見本書湯式卷，題作「姑蘇感懷二首」。

知機

月明垓下楚歌悲。玉帳人無寐。一曲離腸數行淚。嘆烏騅。烏騅不渡烏江水。英雄到此。拔山力已。死也泣虞姬。（雍熙樂府）

節毛啖盡鬢毛斑。志在歸何晚。幸有南飛上林雁。報平安。不應羝乳仍歸漢。尚留一子。相隨羗婦。情在未闌間。（雍熙樂府）

五湖高興動扁舟。一舉平吳後。蓋世功名得成就。去來休。眼中西子渾依舊。風帆掛起。飄摇載酒。明月洞庭秋。（雍熙樂府）

幾年流滯九江濱。淚眼春衫揾。晚節功名有誰問。樂閑身。一盃緑蟻開新醞。小蠻解舞。桃枝能唱。賞遍洛陽春。（雍熙樂府）

隱逸

澗泉松竹蔽山高。隔斷紅塵道。鐵笛仙人玉華好。醉陶陶。袖中自有忘憂草。一聲

石裂。西風猛號。明月上林梢。（雍熙樂府）

錦袍曾醉鳳凰樓。笑拂歸來袖。一帶春山寫難就。好追游。吴姬歌盡葡萄酒。紅靴細馬。馳將春去。誰道不風流。（雍熙樂府）

水流金谷柳絲垂。別舘春明媚。底事婆娑苦如意。是和非。等閑一擊珊瑚碎。東君去也。幾聲笛怨。都逐落花飛。（雍熙樂府）

小喬得配意中人。誰似周公瑾。灑落君臣百年運。氣凌雲。笑看狂虜灰飛盡。當時不覩。東風一陣。銅雀鎖濃春。（雍熙樂府）

思情

鳳隻鸞孤不成雙。冷落銷金帳。獨坐牙牀甚情况。細思量。人前强把心兒强。蛾眉蹙損。雙眸淚掩。愁斷九回腸。（雍熙樂府）

陽臺夢斷碧雲遮。離恨愁千結。嚮日情懷對誰説。似癡呆。㦬㦬怎捱如年夜。鸞孤鳳隻。釵分鏡破。瓶墜玉簪折。（雍熙樂府）

愁斟悶酒腸欲斷。情思何曾放。千里相違兩分張。意徊徨。猛然似在咱心上。口兒廝强。心兒廝念。怎道不思量。（雍熙樂府）

音書不帶雁行斜。又是愁時節。千里關山路途賒。愁縈結。受了這般閑磨滅。朝雲暮雨。何時遇也。苦煞惡離别。（雍熙樂府）

三　歌

傭人以牧短衣褐。無奈隨緣過。一事無成手空唾。鬢雙皤。桓公何日臨山廓。蕭蕭暮景。漫漫長夜。誰聽叩牛歌。（雍熙樂府）

南柯夢裡避風波。寵辱先參破。日月循環蟻沿磨。盡消磨。百年光景石中火。潛身龜吉。殺身牛禍。都賦鼓盆歌。（雍熙樂府）

好躭佳句被詩魔。總是閑工課。一代孤高快吟和。待如何。曾將西漢披讀過。功名百戰。文章一世。三句大風歌。（雍熙樂府）

題白蕉扇二首

素雲葉剪曉霜侵。缺月銀波浸。萬縷冰絲夜光蔭。遇知音。桃花難比風流甚。清歌意深。佳懷不禁。纔是得舒心。（雍熙樂府）

雨窗驚夢勝庭梧。隨手薰風度。蝶翅輕盈粉香妬。鏡鸞孤。歌聲引得雲來去。清談

咲語。風流人物。白甚不心舒。（雍熙樂府）

西厢百詠

生離洛陽

辭家曉出洛陽城。吟鞭裊敲金鐙。琴劍書箱擔隨定。赴神京。今番看把功名競。趁東風媚景。去上朝取應。從此奮鵬程。（雍熙樂府）

生至蒲東

馬蹄香襯落花塵。二月東風信。緑映紅遮錦成陣。正芳春。經遊暫住浦東郡。望長安去穩。向南宫奪俊。準備跳龍門。（雍熙樂府）

生遊普救

客中遣悶訪禪扃。散步穿松逕。金碧樓臺紫霞映。伴山僧。往來觀看添吟興。愛清幽勝境。把功名懶競。待聽講三乘。（雍盡樂府）

按：「遣」，原作「適」。

生遇紅娘

淹淹潤潤走將來。舉止真堪愛。四鬢掙掙剪花額。本乖乖。低言多道夫人拜。使賤妾禀白。望尊師擇派。何日好修齋。（雍熙樂府）

生見鶯鶯

給孤園裏遇神仙。掩映芙蓉面。縞素衣裳越羅扇。蹴金蓮。只疑南海觀音現。把花枝咲撚。向柳陰閑串。引得俺似風顛。（雍熙樂府）

生私扣紅

暫辭長老出禪門。惹下漫天悶。特向小娘問一問。恁佳人。夜來見了心中印。咱先善文。更多丰韻。倩你把情伸。（雍熙樂府）

紅娘答生

咬文嚼字賣查梨。作要無真意。口是心苗暗越地。笑迷嬉。知書何故不知禮。若夫

人得知。請小哥恕罪。閒話兒快休題。（雍熙樂府）

鶯自嗟嘆

悶來倚遍畫闌干。懶把花英看。手托香腮暗長嘆。淚淹淹。尋春自恨逢春晚。盼得眼乾。引得魂散。蹙損遠春山。（雍熙樂府）

生步月吟

花陰柳影過東牆。咫尺空凝望。迤逗的春心倍悒怏。賦詩章。雨雲夢阻陽臺上。西廂月朗。中宵惆悵。想像賦高唐。（雍熙樂府）

鶯和生詩

月明花影舞婆娑。來往空篤抹。猛聽湖山那邊嗑。慢吟哦。依着韻脚將詩和。故來撒科。咱先瞧破。一見了便情多。（雍熙樂府）

生看修齋

諠天鈸鼓鬧連朝。滿殿香烟罩。和尚每齊聲念佛號。小妖嬈。可身穿領團衫孝。那

答兒立着。越顯的嬌俏。長老也偷瞧。（雍熙樂府）

軍圍普救

驚聞人馬鬧垓垓。密匝匝鎗刀擺。鐵桶似屯圍寺門外。好傷懷。一箇箇臉如蠟柤魂離魄。你可甚賢賢易色。要鶯鶯壓寨。誰有解圍才。（雍熙樂府）

生自悲歎

鎗刀圍住古菩提。陣擺長蛇勢。看看死無葬身地。枉傷悲。一時玉石俱焚毁。當局者迷。走投無計。尋不見上天梯。（雍熙樂府）

夫人許親

可憐眼見老無歸。見兵據伽藍地。誰有出師退賊計。有能爲。與他小姐成婚配。若還事已。便招爲婿。衆和尚是盟媒。（雍熙樂府）

張生答允

既然老母許爲親。小子有兵機運。至死合當往前進。寫篇文。登時便解咱危困。俺

先上緊。恁休失信。看筆陣掃千軍。（雍熙樂府）

張生致書

恭修尺牘訴愚懷。賊見困黄金界。萬福仁兄杜元帥。莫推捱。可憐早離蒲東寨。領虎賁數百。救鰥生一厄。專望故人來。（雍熙樂府）

惠明發怒

權時袒了錦袈裟。騙上如龍馬。鐵棒一條手中架。咬穿牙。這賊無禮難干罷。將咱惱發。非誇膽大。看把恁去活拏。（雍熙樂府）

惠明送書

從來劣性軟不欺。見惡心偏氣。要使貧僧把書寄。不辭推。咲嘻嘻接在懷兒内。見如今事危。敢消停遲滯。一騎馬如飛。（雍熙樂府）

杜確得書

故人書寄到轅門。看了心生憤。便索離營救危困。領三軍。摇旗吶喊連天震。兵臨

外闥。擺成堅陣。施勇略蕩妖氛。（雍熙樂府）

確追飛虎

你偏好勝遇咱敵。奮膽施英銳。疾走銜枚莫遲滯。運兵機。暗不察撞入賊營内。也不索安營下壘。交鋒對敵。平踏做一堆泥。（雍熙樂府）

生謝杜確

顛危性命在分毫。早是將軍到。細柳營中發嚴號。奮威豪。霎時盡把妖氛掃。若不是故交。能扶危濟弱。安得有今朝。（雍熙樂府）

按：「得」，原作「能」。

白馬回營

據鞍躍馬統精兵。闥外將軍令。賊寇勦除得乾浄。便回營。西風招颭旌旗影。沿岡驀嶺。鞭敲金鐙。齊和凱歌聲。（雍熙樂府）

夫人背盟

聊陳蔬酒表予衷。謝秀才多勞動。救俺全家德恩重。捧金鍾。並非面譽將先生頌。才超孔融。量寬管仲。喚小姐拜仁兄。（雍熙樂府）

按：「並」，原作「豈」。

鶯鶯遞酒

揉眉搵眼捧金波。盞到難推托。老母機關怎猜破。道兒多。忘恩失幸誰之過。不知死活。没些回和。教俺拜哥哥。（雍熙樂府）

生怨夫人

恰纔兵退得安然。又早消息轉。有始無終不曾見。悔前言。却爲兄妹將盃勸。小生分淺。夫人窑變。阻隔斷好姻緣。（雍熙樂府）

按：「悔」，原作「梅」。

生回書舍

滿懷鬱悶帶愁歸。無酒佯推醉。回到書齋把門閉。好傷悲。孤孤另另長吁氣。自嗟自悔。前緣前世。撞着箇女王魁。（雍熙樂府）

紅獻生策

先生何苦自傷懷。我有一奇策。教你今宵了愁債。得和諧。瑶琴彈動他偏愛。按別鶴數拍。奏孤鸞一派。俺姐姐自然來。（雍熙樂府）

張生彈琴

幽齋明月照黄昏。那有人偢問。静裡焦桐遣孤悶。那佳人。必來聽這琴中韻。將金徽玉軫。瀉離愁別恨。訴與卓文君。（雍熙樂府）

鶯鶯聽琴

夜香燒罷月明中。滿耳清音送。此是何人把琴弄。響玎璫。聲聲彈出孤鸞鳳。未聽

得曲終。早先咱心動。無語立花叢。（雍熙樂府）

鶯鶯染病

紅稀緑暗總關愁。正是傷春候。染病擔疾爲誰瘦。這根由。自從月下聽琴後。盼鸞交鳳友。懶描鸞刺繡。減了舊風流。（雍熙樂府）

紅教生柬

聰明當鑒妾之言。特向郎君獻。小姐新來懶針線。病淹煎。命薄不遂風流願。你修封錦箋。我瞧些空便。替你把情傳。（雍熙樂府）

生央遞柬

錦牋寫就鳳求凰。倩你通情況。倚靠似銀山鐵壁樣。對鶯娘。若還此去説合上。奉酧勞重賞。扳肩紅一段。至死也難忘。（雍熙樂府）

紅遞與鶯

此書莫怪小丫鬟。是君瑞傳華翰。使我將來姐姐看。意思間。度量必有蹺蹊幹。他

的巧關。俺不瞧犯。埋没着九疑山。（雍熙樂府）

鶯得生書

封皮拆破自詳觀。靠定粧臺畔。滿紙情懷訴不斷。恨漫漫。顛來倒去乾没亂。助相思數欸。添新愁一段。何日得團圞。（雍熙樂府）

鶯遺生書

就將柬尾把詩題。回奉張君瑞。囑付叮嚀在心記。莫疑惑。今宵準備同歡會。離西廂月底。來後花園内。休要誤佳期。（雍熙樂府）

生赴鶯約

月移花影上窗虚。静院閑凝竚。洛浦神仙在何處。步堦除。歡天喜地尋他去。休説尤雲殢雨。摶香弄玉。摟一摟也心舒。（雍熙樂府）

鶯鶯搶生

不達時務逞輕薄。無故因何到。半夜三更把牆跳。好不學。贏奸賣俏真强盜。恕尊

兒這遭。若夫人知道。拏住怎輕饒。（雍熙樂府）

張生羞退

傳消寄信請咱來。啞謎兒誰能解。既得相逢又嗔怪。熱搶白。顚着冷臉將人矖。佯偢不採。是何相待。羞下楚陽臺。（雍熙樂府）

張生自嘆

誰知你箇小冤家。走滚機謀大。不想今番變了卦。受白擦。這場風月乾休罷。恁故來調發。俺險些兒立化。尖擔兒兩頭滑。（雍熙樂府）

張生自縊

志誠空抱尾生梁。好事無承望。白練套兒勒咽項。狠鶯娘。今番把俺殘生葬。算不的恁强。做這般模樣。這性命要他償。（雍熙樂府）

僧勸張生

只因紅粉一嬌姿。把性命全輕視。一失人身萬刧至。欲何之。不知命無以爲君子。

問你這懸梁鬼屍。怎做箇明經進士。可笑不尋思。（雍熙樂府）

生答法聰

小生一一訴衷情。願啟尊師聽。他家子母忒心硬。把人坑。不合救伍全家命。雖六禮未行。諒一言已定。臨了也悔前盟。（雍熙樂府）

夫人問生

離鄉背井病淹煎。近日多清減。雖是聰明主張欠。病懨懨。男兒當把功名念。將鵬程奮颭。把鰲頭高占。休誤了去攀蟾。（雍熙樂府）

生答夫人

夫人你去自量度。這病因誰惱。則爲當時背盟約。悶無聊。夢魂兒孤枕上没着落。瘦削沈腰。愁添潘貌。此恨幾時消。（雍熙樂府）

鶯探生病

尊兄何苦至於斯。妾背母來相視。保重將息自調治。莫嗟咨。從今少伍勞神思。悔

殺當時。咱多不是。休要記心兒。（雍熙樂府）

生答鶯鶯

着牀卧枕在他鄉。針灸都無當。減了風流舊波浪。好難當。瘦得來不似人模樣。喜芳卿見訪。料小生微恙。今夜敢定寧康。（雍熙樂府）

鶯柬期生

情書寫就帶愁封。特遣梅香送。致意多才那張珙。把心通。今宵結末了鸞和鳳。海棠月朦。牡丹露重。雲雨會巫峰。（雍熙樂府）

紅娘不允

從今不惹這風聲。非是違尊命。送暖偷寒枉傒倖。事無成。驚心怕膽憂成病。這邊你撇清。那廂也督併。好着我兩下裡費精神。（雍熙樂府）

紅遞生柬

一天好事定今宵。特向先生報。鸞柬題情送期約。暗藏包。佳人有意郎君俏。說雲

英等着。教裴航知道。早些赴藍橋。（雍熙樂府）

生得鶯書

春寒惻惻掩重門。滿地殘紅襯。忽得青鸞寄芳信。到黄昏。書齋準擬成秦晉。病痊九分。心寬一寸。索整起舊精神。（雍熙樂府）

生盼鶯鶯

鞦韆院落夜沉沉。孤館難成寢。映月樓臺似波浸。在花陰。玉人不至因爲甚。好着咱自審。他敢又撒唔。無處問佳音。（雍熙樂府）

紅送鋪陳

一輪明月照南樓。夜色清如畫。想那酸丁把咱候。莫遲留。催逼姐姐疾忙走。珊瑚欹枕。芙蓉裀褥。俺先去報風流。（雍熙樂府）

鶯至書齋

有情怕甚隔年期。纔得文章力。投至相逢在今日。可知裏。凄涼受了無碑記。心歡

神喜。雨情雲意。携手入羅幃。（雍熙樂府）

雨雲歡會

高燒銀燭照紅粧。低簇芙蓉帳。倒鳳顛鸞那狂蕩。喜洋洋。春生翠被翻紅浪。汗溶溶粉香。美甘甘情况。别是一風光。（雍熙樂府）

雲雨初歇

鬢雲斜嚲鳳釵垂。枕簟留春意。錦帕盈香沁紅記。蹙雙眉。侍兒扶起嬌無力。笑迷嬉語遲。困朦騰眼閉。風月此情知。（雍熙樂府）

紅促鶯歸

半窗花影月三更。悄悄穿芳徑。早離書齋便乾浄。噤麽聲。紅娘不是相督併。着姐姐快行。恐奶奶潛聽。瞧破恁私情。（雍熙樂府）

生送鶯歸

海棠枝上月兒斜。雲雨恰纔歇。蘭腦馨香散書舍。暫分别。莫教辜負千金夜。我叮

嚀告説。你再休扯拽。明日早來些。（雍熙樂府）

紅貼鶯歸

燈花連夜爲誰新。來往相逐趁。戴月披星不辭困。送殷勤。東君有意傳芳信。紗窗夜分。翠衾春嫩。心事費温存。（雍熙樂府）

事聞夫人

清白相國重當朝。這妮子先不肖。潑賤奴才聽他調。往來挑。誰知養下家生哨。把咱氣倒。等他來到。粗棍打折腰。（雍熙樂府）

紅行鶯囑

若還你到母親前。見責休埋怨。欵裡慢把良言勸。問根源。覷些喜怒承機變。望姐姐可憐。替説些方便。善爲我辭焉。（雍熙樂府）

夫人詰紅

叮嚀行坐守閨房。誰料你將心放。夜静更深没攔當。小花娘。勾引小姐同胡創。有

何勾當。因甚狂蕩。實與我説行藏。（雍熙樂府）

紅娘受責

家翻宅亂鬧啾啾。謊的我難開口。惱犯尊顔怎收救。没來由。自家攬得愁來受。雨點似棍抽。火急般追究。做媒的下場頭。（雍熙樂府）

紅答夫人

既然嬭嬭問根苗。則索從頭道。當日寺中解危鬧。那功勞。至今一向何曾報。俺姐姐意好。怕哥哥心惱。因此效鳳鸞交。（雍熙樂府）

鶯鶯自念

這場煩惱怎周折。老母尋枝節。暗箭連珠把人射。枉咨嗟。兢兢戰戰心喬怯。臉兒羞怎遮。懷兒愁怎卸。有甚話兒説。（雍熙樂府）

紅勸夫人

尊前敢掉巧舌頭。有事當窮究。看了張生那清秀。本風流。胸中志氣冲牛斗。與姐

姐既有。望奶奶將就。結末了燕鶯儔。（雍熙樂府）

夫人允諾

養女從來氣不長。惱得我魂飛蕩。家醜不可外談揚。這一場。吞聲忍氣難和他强。沉吟了半晌。你説的言當。何必再商量。（雍熙樂府）

紅娘邀生

情緣心事兩相忘。險把先生葬。老母意中已停當。問紅娘。一一説到他心上。做了主張。通些波浪。教你去成雙。（雍熙樂府）

生答紅娘

小生雖看幾行書。今日相遭遇。若見尊堂問緣故。怎支吾。聲聲則索教息怒。俺心頭窨附。便手足無措。悶煞漢相如。（雍熙樂府）

按：「便」，原作「使」。

紅娘邀鶯

磨牙費口逞能言。天也從人願。早是紅娘有機變。這一篇。前朝後代將娘勸。虧咱百般。把他説轉。着恁永團圓。（雍熙樂府）

鶯羞不行

低頭無語嘴孤梆。手搭心頭想。好事從來有魔障。意荒獐。恰如小鹿兒心頭撞。羞的臉荒。像甚模樣。怎見老尊堂。（雍熙樂府）

夫人責鶯

恁爺豪氣貫乾坤。相國威名振。你箇濁才少教訓。去私奔。三從四德何曾問。不思立身。没些長進。辱没殺俺家門。（雍熙樂府）

夫人囑生

乘龍喜得棟樑材。真箇是文章客。要與崔家長節蓋。記心懷。來春去把龍門驀。展

經綸手策。吐虹霓氣概。休淹滯在書齋。（雍熙樂府）

紅怨鶯生

恁今成就好夫妻。錦帳羅幃内。琴瑟調和美恩意。可知裏。一頭兒摟抱着通宵睡。如魚似水。歡天喜地。恁不想事虧誰。（雍熙樂府）

鶯生謝紅

往來着你費心機。君子成人美。未報殷勤恕咱罪。俺都知。今將薄物聊酧意。松花釵二枝。梅紅羅一對。權當謝良媒。（雍熙樂府）

夫人送生

春風送爾遠朝天。莫把閨情戀。行色一鞭如去箭。若登仙。南宮早把鰲頭占。金花壓帽偏。瓊林賜御宴。争看錦衣鮮。（雍熙樂府）

生答夫人

母親囑付恁兒知。正要展鵾鵬翼。錦繡文章滿胸臆。上天梯。蟾宫穩步攀仙桂。似

走襄陽志氣。赴長安道藝。擬取狀元回。（雍熙樂府）

法本送生

送君三月赴神京。祖宴安排定。遥望長亭柳扳贈。此一行。天門黄榜標名姓。美才華堪逞。少年心穩稱。側耳聽佳音。（雍熙樂府）

生答法本

小生未報大師恩。常在心頭印。今日臨行又蒙賮。暫相分。果然奪得春闈俊。青雲致身。泥金傳信。專報故人聞。（雍熙樂府）

按：「闈」，原作「圍」。

鶯鶯送生

人生最苦是別離。恰燕爾成拋棄。囑付椿椿在心記。要君知。南宫鏖戰蒙及第。得一官半職。想他鄉異地。休得又被花迷。（雍熙樂府）

生答鶯鶯

古來夫婦主於恩。閑話都休論。萬里雲程往前進。跳龍門。管教四海威名振。紫羅襴稱身。黃金帶懸印。你穩穩做夫人。（雍熙樂府）

生投旅館

沿岡驀嶺路崎嶇。爲蝸角微名譽。千里長安望穿目。日將晡。暫投客店尋安處。淚痕似雨。玉人何處。今夜怎支吾。（雍熙樂府）

生夢鶯鶯

迷留没亂眼纔交。孤館傷懷抱。一盞殘燈影相照。夢多嬌。隨蝶曾越家鄉到。被簷間馬敲。忽窗前鷄叫。驚得旅魂消。（雍熙樂府）

生至長安

離家又早許多時。今日長安至。北闕連雲兩相峙。大京師。人烟輳集長安市。陽侯

故祠。摩騰古寺。到處好題詩。（雍熙樂府）

張生入試

春闈二月選場開。步入青雲界。中式文章試官愛。展長才。今朝特向君王賣。成名喝采。恩榮可待。喧滿鳳城街。（雍熙樂府）

張生及第

金鑾曉日聽臚傳。寵賜瓊林宴。遂了平生丈夫願。志昂然。布衣走上黄金殿。身霑御烟。宫袍錦絢。醉扶出五雲邊。（雍熙樂府）

生授學士

一天星斗焕文章。豪氣三千丈。際會風雲沐恩貺。近清光。職居供奉絲綸掌。玉皇案傍。金鑾殿上。染翰侍君王。（雍熙樂府）

鶯想張生

别愁離恨滿胸懷。不似今春煞。黑海般相思怎生捱。那喬才。重功名誰想輕恩愛。

如何半載。全無一墨。只恁信音乖。（雍熙樂府）

鶯鶯自念

忽聞喜鵲噪林梢。昨夜燈花爆。必有佳音敢來到。好蹊蹺。眼皮兒不住睃睃跳。自家窨約。是些先兆。單則看今朝。（雍熙樂府）

生寄鶯書

折得蟾宮桂一枝。御筆標名字。醉宴瓊林拜恩賜。喜孜孜。玉堂金馬爲學士。寫泥金帖子。暢風流殿試。報與俺那人知。（雍熙樂府）

按：「子」，原作「字」。

鶯得生書

千里良人信一張。歡喜從天降。拆破封皮見情況。細端詳。知君名占黃金榜。登庸玉堂。榮陪仙杖。未知伊何日是還鄉。（雍熙樂府）

鶯寄生衣

間別無甚表衷腸。託物舒情況。用意勞心恁身上。這衣裳。着時休把咱來忘。彤庭待講。紫宸朝向。聊去禦風霜。（雍熙樂府）

生得鶯衣

帝鄉又得授新衣。多謝芳卿意。親手裁縫用心寄。有誰及。隨身可體合時製。你的見識。咱都理會。教行坐不廝離。（雍熙樂府）

鄭恒求配

不做美的老尊姑。刪抹了姻緣簿。觀裏桃花改前度。枉嗟吁。踏枝不着空回去。當時既許。今朝何故。怎想悔其初。（雍熙樂府）

夫人答恒

鄭恒你好傻不答。來撲慕成姻婭。浪語閑言甚麼話。枉嗑搭。鶯鶯已把張生嫁。休

粧聾做啞。莫翻提正掛。快與我水紅花。（雍熙樂府）

生出長安

紫袍玉帶掛金魚。平地青雲步。手捧綸音故鄉去。播芳譽。纔知不被儒冠誤。壯遊仕途。花生滿路。策馬出皇都。（雍熙樂府）

張生至家

承恩親自日邊來。端的喝聲采。晝錦榮歸寵光大。到家宅。門闌喜氣添春色。頭踏擺開。賓朋接待。車馬起塵埃。（雍熙樂府）

按：「踏」字原漫漶不清，兹據文義補。

生拜夫人

衣冠猶帶御爐香。環珮玎璫響。端拜慈顏在廳上。問安康。别來尊體知無恙。答應的慢張。全無些喜相。誰惱動老萱堂。（雍熙樂府）

按：「慈」原作「夫」。

確拜夫人

朱輪皂蓋兩行排。太守向夫人拜。女貌郎才總堪愛。笑盈腮。家門榮顯光三代。畫堂宴開。翠簪冠帶。喜事自天來。（雍熙樂府）

鄭恒觸樹

因緣未遂落虛名。惹得不乾浄。走向夫人行使奸倖。把鶯鶯。椀中帶耙兒拏蒸餅。上風頭忒逞。末梢拳難挣。枉自送殘生。（雍熙樂府）

生鶯赴任

之官千里赴西秦。滿路花香噴。仙掌雲開帝城近。沐皇恩。夫榮妻貴臨亨運。七香車坐穩。五花誥墨潤。永作玉堂臣。（雍熙樂府）

【北越調天净沙】

艷麗

劣兔家百媚千嬌。有丹青難畫難描。剔透玲瓏俊俏。羞花容貌。引的人攘攘勞勞。（雍熙樂府）

笑談間語話清高。嘲吟處言語風騷。不比閑花野草。謳謌絶妙。一團兒玉軟香嬌。（雍熙樂府）

嬌滴滴體態妖嬈。細蔥蔥楊柳纖腰。美甘甘胡伶六老。天然美妙。小小口似櫻桃。（雍熙樂府）

玉容嬌傾國傾城。柳腰纖宜坐宜行。丰韻天生可憎。有些薄倖。多情恰似無情。（雍熙樂府）

春殘

踈狂愁值春殘。飄花舞墜樽前。把酒唱歌勸賞。時光有限。相逢幾箇重歡。（雍熙樂府）

歸　湖

逍遥誰識予心。等閑不入紅塵。醉在波中棹艇。無拘無禁。芳洲散誕仙人。（雍熙樂府）

【北越調雪裏梅】

去年花下相逢。朱顔花樣嬌紅。今歲兩鬢皤鬔。花枝越盛。人生不與花同。（雍熙樂府）

慶　壽

看仙子跨黄鶴。乘雲霧下青霄。他都來慶蟠桃。只願的延年益壽。不弱如蓬萊三島。（雍熙樂府）

【北越調寨兒令】

詠暑夜

二鼓過。戰睡魔。翻來覆去没奈何。狗蚤成羅。壁虱成窩。蚊子似篩鑼。兩隻手如切如磋。兩隻脚如琢如磨。渾身上下都咬破。一雙眼幾曾合。哥。難道説安樂直錢

多。（詞謔）

按：此曲北宮詞紀題作「暑夜自嘲」。

【北雙調十棒鼓】

門兒外簾兒前。雪兒又紛紛下。綉鞋兒懶去踏。迎門兒馬兒上身子乍。我又不曾惱着他。準備今宵坐晚衙。喈兩箇有是末言三語四差。動不動打着罵着咬着牙。這早晚鐘聲兒罷。不來家也波天涯。盼的我眼睛兒花。（詞林摘艷）

【北雙調大德歌】

春情

春日賞花開。準備筵前置酒臺。擺列着金釵客。小小弓弓。穿一對繡羅鞋。桃杏腮有些顏色。怎不交人愛。綉簾外見俺多才。又不是官差。又不是官差。誰着你上俺門來。（詞林摘艷）

題情

他去了許多時。誰畫青山兩葉兒。題起來傷心事。揾不住啼痕。流淚濕了胭脂。鬆了釧兒。瘦損腰肢。寬掩過裙兒衽。細尋思那箇人兒。等的他來時。盼的他來時。天地上賽箇羊兒。（詞林摘艷）

【北雙調水仙子】

矮闌干花簇就錦屏風。小堦砌苔鋪成翠剪絨。刺薔薇架搭就花胡洞。倚湖山枕落紅。月爲燈柳作簾櫳。那些兒嬌團。弄甜受用。可惜則是雲雨匆匆。（盛世新聲）

紫檀雕就蘂珠仙。水墨粧成太乙蓮。蜂黄蝶粉施承遍。使胭脂不論錢。對青銅也自熬煎。鴉翎鬢芙蓉面。遠山眉翡翠鈿。渾一似秋水共長天。（盛世新聲）

虎牢關三戰逞英雄。九里山埋伏萬百兵。三人跳澗争能勝。射雙鵰快拽弓。定天山跨海征東。打虎的名猶在。誅龍的亦喪傾。肉爲泥氣化清風。（盛世新聲）

碧芭蕉掩映竹邊居。白鸚鵡驚穿花外語。報金貂貴客來相顧。携娉婷歌艷曲。小青衣忙掩詩書。飲螺盃葡萄香醁。開孔雀芙蓉綉褥。掃娥眉翡翠嬌姝。（詞林摘艷）

敲才但與些話兒甜。早列側着身子扎挣着臉。涎涎瞪瞪粧風欠。你又坎我又嫌。掂掇了重掂。嘴兒快尖僉塹。眼皮薄苫搭閃。由你奸嫌撿甜粘。（詞林摘艷）

臨川縣雙漸戀蘇卿。海神廟王魁負桂英。一箇磣磕磕血染了裙刀柄。着昏時忍會疼。禁不的販茶客拘束殺娉婷。死不死捱着疾病。活不活存下性命。知不知自有神明。（詞林摘艷）

郎君每一箇箇要便宜。軟欵温柔没鏝地。入門來便要鴛鴦會。俺娘那黄桑棍打折你大腿。靠前來説與你杓頹。出落着金銀珠翠。拽塌了花紅酒禮。見交兒雨約雲期。（詞林摘艷）

上花臺何必禮謙謙。三箇字連掂搭苫閃。搭兒節不離了粧些兒欠。苫時節把家緣疾快撿。閃兒節夢撒了精粘。請退波風流雙漸。休怪波嘲詞子瞻。静坐波歸去陶潛。（詞林摘艷）

您胡行您胡做您胡猜。咱自愁咱自思咱自解。您做咱咱做您誰毒害。不着家到處挃。没揣的舊病翻來。出的門蹦歪捏怪。入的門説謊調白。醉了時拽巷拖街。（詞林摘艷）

一川楊柳碧如煙。兩岸蘆花白似綿。俺漁翁怕甚麽喬知縣。打鮮魚賣見錢。日三竿猶自高眠。尋不着浮居户。覓不着獨釣船。附籍在鸚鵡洲邊。（詞林摘艷）

瘦伶仃伶仃瘦消磨盡一捻兒腰肢。捱淒凉淒凉捱憔悴我一團嬌樣子。恨難酬難酬恨恨重疊不遂風流志。害因他因他害害相思和他一處死。氣長吁長吁氣一聲聲訴不盡嗟咨。鈎兒鈎鈎不出一鈎心事。車兒車車不起一車怨詞。擔兒擔擔不動一擔相思。（詞林摘艷）

寫閑愁閑愁寫寫千般寫到一千般。心事攢攢心事一攢攬攢成幾樣端。斷柔腸柔腸斷一斷斷斷到三千斷。害因他因他害害相思相思何日滿。怕離别離别怕閤不住我雨淚漫漫。下下簾簾下下鴛花失伴。上上燈燈上上影兒做伴。開開窻窻開開對月團圞。（詞林摘艷）

藕絲兒縛虎是難縛。濕紙兒包龍怎地包。草圈兒套鳳如何套。似這般脱空禪參透了。磨杆兒再休想湯着。從他紙湯瓶煨着便熱。由他那尖底甕推一推便倒。這條風月擔任便人挑。（詞林摘艷）

淫心兒逼綽的無些貪。業眼兒收拾的無點兒饞。狂性兒打疊的無星兒濫。畢罷了疑怪膽。再休提暮四朝三。他眉兒淡從他淡。口兒談儘自談。這風月擔任便人擔。（詞林摘艷）

月移光透碧牕紗。玉漏遲遲夜轉賒。孤鴈兒嘹嚦霜天下。撲簌簌寒侵咱。一聲聲砧

杵誰家。記臨別叮嚀話。到如今縈悶掛。倩誰人傳到天涯。（風月錦囊）

月上花枝悶倚樓。碧空雲浄暮煙收。爲多才一去容顏瘦。在京師訪舊遊。更誰提鸞交鳳友。對姮娥清雅和。驚梧葉越添愁。下心頭又上眉頭。（風月錦囊）

月滿空庭夜景妍。坐轉西廊意悄然。撥瑶琴總是離情怨。爇明香密告天。沐恩光早辭金殿。自思知分緣淺。驀地裏風箏遠。月圓時人又未圓。（風月錦囊）

月來斜照小簾櫳。冷落巫山十二峰。問功名半紙成何用。嘆鴛鴦錦被空。問別來水遠山重。飛翠幙流營宂。闌秋簷鐵馬風。料今宵好夢難同。（風月錦囊）

按：此曲與朱有燉同牌曲「詠閨情別意」第三首多句相似。

閨情四時

清明節屆賞花時。紅紫紛紛尚未知。深閨寂寞無人至。唤紅兒啟繡幃。出朱扉欵步庭墀。愁看這傳香蝶使。怪見那穿花燕子。羞覷他度柳鶯兒。（雍熙樂府）

端陽美景值炎天。照眼葵榴色更鮮。乘凉避暑心猶倦。掩紗窗門半拴。遇良辰轉教熬煎。憔悴殺沉魚落雁。寂寞了香嬌玉軟。瓓珊盡翡翠金鈿。（雍熙樂府）

重陽籬菊綻金黃。砌畔寒蛩送夕陽。無情無緒牙牀上。怎支吾此夜長。夢魂飛不見

襄王。那裡也鸞凰對對。何處也鴛鴦兩兩。空只見鴻雁雙雙。（雍熙樂府）

紛飛六出舞梨花。煖閣圍爐獸炭加。羊羔美酒渾添價。掃寒冰旋煮茶。聽誰家笑語喧嘩。空閑了銀箏象板。冷落了錦衾繡榻。生疏了玉手琵琶。（雍熙樂府）

忘　機

忘機遺興謾高歌。須信人生能幾何。功名一任天來大。不愛他待怎麽。命安排徒爾張羅。省不下添不上。來的少去的多。得磨跎便且磨跎。（雍熙樂府）

忘機遺興謾優游。莫爲功名到白頭。棟梁難把針關透。罷思量免智謀。命安排徒爾剛求。看烏兔搬昏晝。惜年華似水流。得藏頭便且藏頭。（雍熙樂府）

忘機遺興謾陶情。一炷清香一曲琴。家居廛市山林静。杜蓬門味寂岑。命安排徒爾思尋。守義理安心過。樂平安抵萬金。遇知音説會知音。（雍熙樂府）

忘機遺興謾從容。百歲光陰大夢中。修身慎行由來重。兩般兒莫放鬆。命安排徒爾玲瓏。飽煖是家常富。窮通是造化工。得疎慵便且疎慵。（雍熙樂府）

松竹梅菊

天生材質果非常。拄地撑天百丈長。巨枝老幹虬龍向。羨根株本自强。抱堅心傲雪

凌霜。時際遇良工相。願天威巧砍將。做一箇架海金梁。（雍熙樂府）

勁根老節信非常。雨過瀟湘滿面凉。清陰不改當時樣。歲寒盟日月長。願天恩移向岩廊。冬笋出成人志。奏笙簫引鳳凰。報平安四海寧康。（雍熙樂府）

銀華鐵幹信非常。傲盡隆寒度雪霜。操孤不受埃塵傍。老精神雪裡芳。兩三枝透露春陽。羨離俗真奇偉。移靈根向帝鄉。播天風滿殿清香。（雍熙樂府）

名園極品信非常。不向春前鬭艷粧。盡教桃李先開放。傲霜枝纔見芳。願天風吹上岩廊。霑雨露金花放。吐丹心捧太陽。味攸攸萬里清香。（雍熙樂府）

言　盟

雲鬢斜插短金釵。膩粉殘勻桃杏腮。香羅裙重繫鴛鴦帶。賽鶯花粧旦色。雨雲畢夢返陽臺。情戀戀無疎淡。意惓惓再不改。負言盟促死合該。（雍熙樂府）

望　思

雅栖人宿夜深闌。煙散香消斗帳寒。悶懨懨空把佳期盼。燼銀燈玉漏殘。夢魂飛楚水吴山。辜負煞燈前誓。空落的腮上淹。消磨盡緑鬢紅顔。（雍熙樂府）

送别

輕離錦帳挽行舟。執袂臨江無計留。暫分生死鴛鴦扣。歸來時獨自宿。三般兒無了無休。急攘攘人懸心上。絮叨叨言呫破口。悶懨懨愁鎖眉頭。（雍熙樂府）

離筵酒罷話叮嚀。屈指佳期講至誠。歸來畫閣人孤另。睡不安夢不成。三般兒無限傷情。静悄悄歌殘玉樹。冷清清香消寶鼎。愁悽悽塵暗銀箏。（雍熙樂府）

去忙鞴下寶雕鞍。别酒剛剛飲半盞。一聲歌間一聲嘆。錦箏搊和淚彈。三般兒無限艱難。帶不去朝思暮盼。留落下愁眉淚眼。平分開廢寢忘飡。（雍熙樂府）

臨行上馬話别時。唱徹陽關酒滿巵。歸期約定三秋至。又春來不到此。三般兒多少嗟咨。帶去的幾行閑字。寄來的一張白紙。醫不得兩下相思。（雍熙樂府）

贈道官

星冠朱履出塵囂。服氣飡霞遠市朝。煉形换骨誰知道。九還成上碧霄。俺仙家自在逍遥。用的是丹爐茶竈。住的是瀛洲蓬島。騎的是白鹿黄鶴。（雍熙樂府）

積功不死事非謡。縮地騰空道轉高。化金種玉神仙妙。翫十洲遊三島。袖青蛇膽氣

粗豪。飲的是醍醐瓊液。喫的是交梨火棗。用的是碧藕冰桃。（雍熙樂府）
功成行滿奏簫韶。滄海桑田幾遍遭。青山綠水閑行樂。丹已成道已了。會王母宴設蟠桃。費長房葛陂竹杖。藍采和奇花異草。漢鍾離丫髻環絛。（雍熙樂府）
清風明月是知交。彩鳳祥鸞豈待招。發毛洗髓虛無教。西王母東方朔。叱石羊祕術玄高。做了些生鉛死汞。畫了些靈符籙寶。降了些水恠山妖。（雍熙樂府）

榮　貴

一官未盡一官來。子子孫孫掛玉牌。龍虎榜上標名載。受皇恩天上來。共相公諧守頭白。願相公官封三代。願相公名揚四海。願相公日轉金堦。（雍熙樂府）
馬蹄金鑄就虎頭牌。鴨綠絨穿成龜背鎧。羊脂玉碾就獅蠻帶。是皇家將相才。共相公諧守頭白。願相公官封三代。願相公名揚四海。願相公日轉金堦。（雍熙樂府）
虎皮交椅象牙牀。七寶珍珠穿鳳凰。鵝毛織就瞞天帳。家藏珠使斗量。普天下置遍田莊。養的是麒麟獅象。喫的是麑鹿鳳凰。願相公日理都堂。（雍熙樂府）
空心頭髮貫沉香。小酒三盃宰鳳凰。秦時女置楊妃唱。將鱉魚煮碗湯。沈萬三是俺行郎。珊瑚樹解做廊柱。羊脂玉碾做方磉。水晶靴踢綻了三雙。（雍熙樂府）

一村桑柘一村烟。萬里江波萬里田。漁翁樵子初相見。飲香醪不用錢。一任教烏兔循環。樵子登不的山嶺。漁翁上不的釣舡。都醉倒老瓦盆邊。（雍熙樂府）

按：此乃雍熙樂府題作「贈上虞友人」四首之第四首，不注撰人。湯式筆花集有「山中樂四闋贈友人」，前三曲全同，惟末曲與此全異，恐非湯曲，兹録之。

子牙守定釣魚臺。買臣當初曾賣柴。偷瓜的到做了韓元帥。吕蒙正鐘後齋。不得時權且胡捱。桃花三月放。菊花九月開。那一般不等待時來。（北曲拾遺）

一朝别酒送行舟。滿捧香羅和淚酬。肌膚消減纖腰瘦。爲人情心上憂。保平安早到皇州。將好事長思念。得返時一筆勾。早回來再整鸞儔。（北曲拾遺）

江村漁火對愁眠。月落烏啼霜滿天。姑蘇城外寒山寺。送鐘聲到客船。月和人在海角天邊。月有團圓夜。人無再少年。幾時節得人月俱圓。（北曲拾遺）

花愁酒病幾時休。酒病花愁人問羞。因花爲酒躭消瘦。俊龐兒即便醜。色荒迷酒懶扶頭。酒病從教病。花愁一任愁。酒和花害殺也風流。（北曲拾遺）

紫金爐内篆烟微。白玉堂前日影遲。碧紗窗外鶯聲細。困騰騰初睡起。倚欄干點檢芳菲。海棠落胭脂淚。緑楊顰翡翠眉。愁殺春歸。（北曲拾遺）

慶　壽

壽香一炷降天仙。壽酒三杯賀慶筵。壽龜背上靈芝現。壽仙鶴舞翅翩。壽南山松柏齊年。壽王母蟠桃會。勑玉皇聖帝仙。壽彭祖八百餘年。（北曲拾遺）

壽星高掛在堂前。壽燭高燒照滿筵。壽香燒炷透爐烟。壽雲朶朶鮮。壽盤中壽果團圓。壽星酒慇勤勸。壽曲唱幾篇。壽彭祖八百餘年。（北曲拾遺）

【北雙調水仙子帶過折桂令】

美　愛

一箇烟花嬝娜艷詞頭。一箇豪貴絲綸經濟手。他兩箇欲同心綰帶金絲扣。遂結就意綢繆鸞交鳳友。俏心腸堪愛堪酬。他惹下相思恨。我躭着風月憂。美情懷石爛難休。美情懷石爛難休。一氣相合。兩意相投。水遠山高。天長地久。燕侶鶯儔。一箇會施逞英雄大手。一箇善梳粧粉面油頭。體態温柔。模樣嬌羞。千載冤家。萬種風流。（雍熙樂府）

贈妓張茶花

千嬌百媚俏寃家。眼去眉來可喜殺。冰肌玉骨難描畫。美人圖都是假。寶釵横雲髻堆鴉。少一箇童子兒身邊立。净瓶兒手内拏。恰便似見世的菩薩。恰便似見世的菩薩。赤緊的俊俏名兒。唤做茶花。再休寵柳嬌華。問柳尋花。路柳牆花。比那丁香褪荼蘼淡殺。比那牡丹村芍藥低踏。看了茶花。覷了茶花。便有那魏紫姚黄。怎如你張氏茶花。（雍熙樂府）

【北雙調沉醉東風】

秋晚湖邊行

受皇家泥金鳳草。展胸次虎略龍韜。七擒手段高。八陣機謀好。掃烟塵風捲波濤。百萬人中第一豪。堪寫入麒麟畫閣。（雍熙樂府）

列簪纓兵壇將老。運機謀海内名高。東征西討功。固國安邦勞。染猩血花映征袍。細柳營中膽氣豪。堪寫入麒麟畫閣。（雍熙樂府）

說老子甲兵練曉。嘆英雄謀勇兼高。屯雲變化奇。撥亂功能効。好聲名四海歌謡。奏凱歸來覲九霄。堪寫入麒麟畫閣。（雍熙樂府）

按：此爲沉醉東風「秋晚湖邊行」之第二、三、四首。第一首「泛遠水衰蒲敗葦」，見朱有燉誠齋樂府，題作「秋日湖邊晚行」。

村　隱

新篘酒時間送來。感興詩眼底須裁。酒酬今日歡。詩了當時債。酒和詩次第安排。酒喚蒼頭且緩釃。詩不用閑錢去買。（雍熙樂府）

遇　美

腰肢細三春緑柳。鳳頭彎半折銀鈎。衫髀泥金袖。裙拖翡翠紗。玉娉婷人物風流。喧滿春風燕子樓。普天下齊雲會首。（雍熙樂府）

按：此曲彩筆情辭題作「贈美妓」，注「明古辭」。

梨花院盈盈翠鈿。牡丹亭窄窄金蓮。疑是月殿仙。真見嫦娥面。綺羅叢競蹴鞦韆。粉汗溶溶笑語喧。搭伏定梅香氣喘。（雍熙樂府）

相思士女

爲多情剜心摘膽。盼殺人意惹情牽。你若是有我心。夢兒裡來相見。醒來時不在根前。叫聲寃家叫聲天。見了他相思病減。（雍熙樂府）

動人心紅白肉色。堪人愛可意裙釵。且休題西施嬌。敢比那楊妃賽。喜孜孜寶髻斜歪。月裡嫦娥下世來。想起他千金難買。（雍熙樂府）

畫堂前蜘蛛鬬巧。花枝上喜鵲喧噪。燈花兒片片飛。眼皮兒梭梭跳。料情人定在今宵。勤使梅香簾外瞧。見了他這病就好。（雍熙樂府）

這兩日相思病倒。猛可裡想起多嬌。常常的口内題。暗暗的心肝叫。小名兒念勾千遭。但得情人過一宵。不用他靈丹就好。（雍熙樂府）

按：第二首金瓶梅詞話亦收。

自足

甘澹泊無驕無諂。順天命隨分隨緣。蔽身粗布袍。充腹家常飯。拙心腸富貴羞干。静裡工夫對簡篇。有酒時三杯兩盞。（雍熙樂府）

養孟子浩然之氣。效南雍三復白圭。日存省察功。夜得安心睡。無拘束便是便宜。

富貴功名有幾時。眼見似落花流水。（雍熙樂府）

數椽屋藏風避雨。一環牆種槿編籬。窗前竹數竿。院後槐三樹。臥清陰作對吟詩。

得會工夫看卷書。堪笑那孫龐污史。（雍熙樂府）

枕山阿衡門高敞。飲清泉滋味偏長。青青野嫩羹。淡淡黄粱飯。般般到口甘香。喫

了令人百脉昌。臥松陰齁齁舒暢。（雍熙樂府）

悼　古

想陳蕃高懸座榻。學邵平多種些瓜。東門黄犬思。回首青山下。歸湖人遠遁天涯。

興漢韓彭空自嗟。可憐見功名見殺。（雍熙樂府）

堪笑那奸雄老瞞。營身謀使盡機關。休言霸業成。到底歸虚幻。千萬年提起羞慚。

太史書中載幾篇。無一句忠肝義膽。（雍熙樂府）

是非場休争人我。虎狼群早罷干戈。心機海樣深。膽氣天來大。惡名成難得消磨。

巧計如蠶自網羅。狡譎徒終無結果。（雍熙樂府）

陽網疎漏而未報。陰網密終不能逃。種瓜得食瓜。造惡逢惡道。當權時莫逞權豪。

惡貫相盈禍必遭。入甕法先生怎了。（雍熙樂府）

寄身在黄塵燕市。心安在瓊島瑶池。入山尋子房。歸湖學范蠡。釣臺上嚴子清奇。

石鼎烹茶煮石食。管甚麽珍羞百味。（雍熙樂府）

好懶散心無拘累。會當家口不甘肥。粗粗短布袍。淡淡黄虀味。樂清貧快活便宜。

歲月如流寒暑催。眼見過許多興廢。（雍熙樂府）

安排下琴棋書畫。準備着筆硯生涯。相親道義人。説會知心話。汲新泉旋煮新茶。

課對吟詩一任咱。受用得清閑幽雅。（雍熙樂府）

擺脱了功名樣子。隱居在陋巷茅茨。富藏李白詩。貴玩羲之字。杖藜閑走遍山溪。

這點良心不昧欺。一任教皇天付與。（雍熙樂府）

玩四季

鋪遍地緑苔芳草。開遍樹白李紅桃。黄鶯弄巧音。紫燕呢喃叫。錦千機美景難描。

散步山村走幾遭。不覺把三春送了。（雍熙樂府）

香馥馥緑荷滿池。密陰陰翠柳盈堤。脱巾露髮行。笑舞高歌醉。會詩朋曲水流杯。

榴火飈紅有幾日。不覺把三伏盡矣。（雍熙樂府）

驀聽的蟬聲高噪。杖青藜適興逍遥。林間葉弄黄。樓外鴻飛叫。近東籬不覺思陶。

煑蟹烹鷄會酒豪。不覺把三秋過了。（雍熙樂府）

舞飄飄飛瓊亂撒。霧騰騰白占田家。漁簑負釣歸。村酒争高價。旋沽來醉賞梅花。

衲被蒙頭快活咱。不覺把三冬過也。（雍熙樂府）

自 樂

甘一味清安澹泊。遠兩般苦海風波。拂拭心上塵。解脱眉頭鎖。樂陶陶醉飲高歌。

得磨跎處且磨跎。一任教時人咲我。（雍熙樂府）

結茅廬棲身便了。種黄粱充腹堪饒。門無車馬喧。户有烟霞照。樂陶陶散慮逍遥。

心與白雲爲故交。彈一曲無弦高調。（雍熙樂府）

懶散中工夫别樣。消閑處事業非常。耕雲身不掛。釣月情偏暢。樂陶陶鶴舞鸞翔。

一首詩成酒一觴。嬴得箇雲林清賞。（雍熙樂府）

喜的是鷄肥酒熟。愛的是瓦缶磁甌。只教胸次寬。管甚肌膚瘦。樂陶陶自在攸攸。

松竹梅邊尋酒儔。到大來無災无咎。（雍熙樂府）

謝人惠畫

清氣壓王維舊譜。幽懷勝潘岳閑居。霜楓魚尾紅。烟雨磯頭緑。費丹青幾樣工夫。試比宣和内院圖。自一家超今越古。（雍熙樂府）

文士

勤志把詩書誦講。勵心將經史推詳。難入子路堂。且守顔回巷。將美玉韞匵而藏。試看春圍第一場。那其間名標金榜。（雍熙樂府）

有人才雖無衣錦。論文章貴似黄金。君親盡孝忠。天地無遐近。憑學問整理乾坤。一管霜毫治萬民。端的是君子務本。（雍熙樂府）

心坦坦厚人薄己。志冲冲發憤忘食。那咲斗筲才。難比瑚璉器。跳龍門浪裡魚飛。一舉登科天下知。真乃是成人之美。（雍熙樂府）

開口時言談今古。寬懷處量比江湖。多能百事精。廣記群書趣。操瑶琴鬼哭神呼。正是人間大丈夫。問青年吾十有五（雍熙樂府）

杖　鼓

打扮的腔兒整齊。憑肚皮覓些衣食。黄昏時點上燈。免不的郎君擂。戀聲嬌誰肯休息。粉碎胭消爛了皮。那時節何人愛你。（雍熙樂府）

雙　陸

想當初成雙並起。到頭來不免分離。動不動把了門。走了呵難尋覓。逃不出那怕精細。家破人亡不放歸。好色的貪心落得。（雍熙樂府）

骨　郎

論體面雜攢異骨。全憑那墨染硃塗。愛他在紫茜氈。習他在粧花褥。任牌君翻轉磨鋪。弄得人人手内無。久已後甘心受苦。（雍熙樂府）

詠　妓

他生的婷婷嬝嬝。更那堪美美嬌嬌。無半點塵俗風。有萬種天然俏。巧丹青難畫難

描。聊轉秋波謾一瞧。引的人魂飛九霄。（雍熙樂府）

西王母離了東島。玉天仙飛落雲霄。行路兒身子輕。說話兒聲音妙。乍見時魄散魂消。空惹餘香到緼袍。迤逗的心懷喪了。（雍熙樂府）

檀口兒櫻桃些小。粉鼻兒正倚瓊瑤。湘裙依楊柳腰。團花映芙蓉貌。初相逢百媚千嬌。但得和他共一宵。平生事從今滿了。（雍熙樂府）

步芳堦金蓮様小。撥銀箏玉笋尖苗。捧一巵白玉盃。唱一曲陽春調。錦圍屏掩映妖嬈。檀口香腮廝揾着。一陣兒昏迷不了。（雍熙樂府）

嘲妓者好睡

搖不醒鸞交鳳友。喚不回燕侶鶯儔。莫不是宰予妻。陳摶偶。百忙裏蝶夢莊周。破衲蒙頭萬事休。真乃是眠花臥柳。（詞謔）

相　思

這煩惱越添越有。這憂愁無了無休。這淒凉訴與誰。這寂寞難禁受。這相思每日纏頭。這片心腸何日休。除是死方纔罷手。（雍熙樂府）

諸般病求醫便好。相思病有藥難調。困沉沉這一囬。昏慘慘那一覺。急煎煎夢斷魂勞。撲簌腮邊淚點拋。痛殺人心如刀攪。（雍熙樂府）

他那裡憂愁爲我。我這裡憔瘦因他。枉躭了子弟名。空惹下風流禍。這病兒其實折磨。雲雨相交取快活。兩下裡相思都可。（雍熙樂府）

不念想其實念想。不思量却又思量。他雖無真實心。他雖無容人量。想只想情意非常。似醉如癡病怎當。鐵石人心勞意攘。（雍熙樂府）

逢奇

巧笑處偏宜搵口。相交畢準備扶頭。捧玉鍾纖手籠。透春情寄懷袖。更那堪情意綢繆。淡白曾將雨淚收。嬌紅處胭脂帶酒。（雍熙樂府）

行一步值金萬兩。更那堪環珮玎璫。净瓶兒手内拏。穩坐在靈山上。霞衣深蘭麝奇香。乍遇何曾湯一湯。渾身上昏迷半晌。（雍熙樂府）

舒玉笋絲韁欵把。蹙金蓮寶鐙斜踏。裙拖着翡翠紗。扇掩着泥金畫。比昭君少面琵琶。天寶年間若有他。那裡數楊妃上馬。（雍熙樂府）

按：此首彩筆情辭題作「遇馬上妓」，注「明古辭」。堅瓠八集署名王西樓，未必可信。

梨花淡鞦韆月明。柳絲柔簾幙風輕。鼓鳴罷夜漸深。鼓響起人初静。小梅香擁入娉婷。兩意相投情正濃。擔的下夫人未醒。（雍熙樂府）

題　情

他生的金蓮半扎。更那堪臉襯桃花。動人心眼共眉。可人意身子窄。便似那天降菩薩。肯發慈悲圓成咱。方稱了心猿意馬。（雍熙樂府）

也是咱前生幸美。正遇着可意嬌姝。但開言合俺心。説話兒甜如蜜。弄風月萬中無敵。同宿紗厨改樣爲。只愛你心腸足矣。（雍熙樂府）

也是咱前生分福。告多嬌休把恩辜。羅幃中説誓盟。枕邊廂叮嚀訴。要離别石爛松枯。若是雜情身早促。病遇着傷寒病苦。（雍熙樂府）

也是咱前生有情。正遇着俊俏佳人。同宿在錦翠巢。交歡事十分幸。盡教他燕語鶯聲。倒鳳顛鸞情意濃。喜的是更長夜永。（雍熙樂府）

僧犯奸自脱

一箇和魯智深同時落髪。一箇是法明的舊日渾家。他兩箇恩情結的牢。因此上生死

丟不下。每日價喘吁吁恰似鳴蛙。若不是走的快街坊拏住他。脊梁上春牛般打。（雍熙樂府）

警 世

大限到來難避。也不問富貴高官。直推到幾時休。每日家頻發願。今來推到來年。擔閣得修行路兒遠。生死輪迴怎免。（游覽粹編）

【北雙調折桂令】

手兒閑懶動金針。挑也無心。繡也無心。粧鏡羞臨。珠也休簪。翠也休簪。春漸深花正深離愁更深。月將沉漏初沉鬼病偏沉。想到如今。盼到如今。魚也無音。鴈也無音。（盛世新聲）

想多情恨殺薄情。想一會娉婷。恨一會娉婷。把雙生誤盡平生。好也是蘇卿。歹也是蘇卿。我要他水中撈無踪跡月影。你要咱碗内拿帶靶兒的蒸餅。識破妖精。好語也休聽。歹語也休聽。（盛世新聲）

錦機殘一幅迴紋。半是歌塵。半是行雲。羅帕湮一幅啼痕。半爲傷春。半爲思君。

春去也榆樹飛錢。柳樹飛綿滾滾。斷腸春梨花如雪。桃花如雨紛紛。香冷誰焚。衾冷誰温。薰得衾温。少箇人人。（盛世新聲）

没樑桶兒你也休提。南北下開窻。不辨東西。日晷兒着迷假糊山。不是箇真實。黄河裏灌肺流。心在那裏。馬嬭子點燈。着落不的。劉九兒傷食。尋一箇打當牙槌。乞兒飽病難醫。（盛世新聲）

畫堂深有信難通。止不過風透簾櫳。月透簾櫳。繡衾寒有夢難同。赤緊的雲暗巫峰。雨暗巫峰。信難通眼空盼天邊塞鴻。夢難同耳愁聞砌畔寒蛩。雲雨無踪。風月無功。今日箇信也成空。夢也成空。（盛世新聲）

勸　世 聯珠九曲

十年一夢邯鄲。恰離邯鄲。又到槐安。險阻艱難。離合悲歡。迅指中間。這光景知他幾番。從今後早早休官。宜醉宜閑。先背斜陽。滿眼青山。（樂府羣珠）

相逢盡道休官。誰肯閑居。澗上林間。都向苦海裏争名。熱油中争利。虎口内奪餐。笑煞風流謝安。無日不酒會詩壇。翠袖雲鬟。歌舞吹彈。（樂府羣珠）

北邙山楚漢争鋒。千丈紅塵。埋没了英雄。漢闕秦宫。都翻做了兔跡狐蹤。那裏有

看錢奴鄧通。那裏有敵國富的石崇。折莫你金玉重重。位至三公。書都是富□□□。（樂府羣珠）

別後相思

想情人別後身安。朝夕思量。廢寢忘餐。怎不教人。行思坐想。淚眼偷彈。因此上傳書寄簡。寫不盡腹内愁煩。隔着萬水千山。阻當人難。比及相逢。善保平安。（樂府羣珠）

秋閨思

南樓上雁過成雙。雨打芭蕉。風擺垂楊。簷前鐵馬。丁丁當當。且是淒涼。怎不教人眠思夢想。想情人水遠山長。待不思量。怎不思量。舊日恩情。怎割捨得想忘。（樂府羣珠）

寫長空萬點歸鴉。勾引得離人。情緒交雜。斷腸的是玉露泠泠。金風淅淅。月照窗紗。梧葉兒階前亂刮。聽隣雞砧杵聲加。奴爲伊家。人在天涯。瘦損我龐兒。才郎你那裏知麽。（樂府羣珠）

對景開懷

趁青春僕轎安排。把我賓朋。消遣詩懷。雀噪園林。鶯啼柳岸。燕語樓臺。遇景物聽人喝采。聽笙簧惟我傷哉。處處花開。不索疑猜。最喜東風。吹送香來。（樂府羣珠）想人生會少離多。都只爲功名兩字。千丈風波。楚漢争鋒。孫龐鬬智。總是南柯。都只爲名繮利鎖。則不如對酒高歌。日月如梭。光景百紀無多。則喫得沉醉如何。（樂府羣珠）

按：此曲雍熙樂府題爲「開懷」四首之第一首。

正和風麗日遲遲。浪蝶遊蜂。燕子啣泥。暮宴朝筵。百花叢裏。過了寒食。九十日春光有幾。子規聲喚得春歸。迅指間緑暗紅稀。不如爛醉如泥。快活了便宜。（樂府羣珠）

微　雪

朔風寒吹下銀沙。蠹砌穿簾。拂柳驚鴉。輕若鵝毛。嬌如柳絮。瘦似梨花。多應是憐貧困天教少灑。止不過慶豐年衆與農家。數片瓊葩。點綴槎丫。孟浩然容易尋梅。

陶學士不穀烹茶。（樂府羣珠）

失　題

晚風寒簌下珠簾。户滿楊花。塵暗粧奩。翠被寒生。錦鴛衾剩。寶鴨香添。梨花夢行雲冉冉。海棠風新月纖纖。情緒懨懨。愁印心頭。恨鎖眉尖。（樂府羣珠）

風　情

二十年不到南樓。花也相留。月也相留。好景難逢。良宵苦短。爛醉方休。試黄串金爐玉手。插黄花烏帽白頭。一曲涼州。一曲伊州。淚下江州。腸斷蘇州。（樂府羣珠）

二十年不到梁園。花也依然。月也依然。春入瑶觴。春生錦席。春暖朱絃。笑老子因花不淺。喜佳人愛月無眠。花也堪憐。月也堪憐。絶勝揚州。十萬腰纏。（樂府羣珠）

元　宵

愛元宵三五風光。月色嬋娟。燈火輝煌。月滿冰輪。燈燒陸海。人踏春陽。三美事方堪勝賞。四無情可恨難長。怕的是燈暗光芒。人静荒涼。角品南樓。月下西廂。

（樂府羣珠）

金陵四景 聯珠四曲

江頭躍馬塵埃。帶得春來。無處安排。六代殘宫。夕陽江上。暮雨樓臺。誰斷送東君去客。悶㦚㦚一道秦淮。謝安空宅。海棠花謝。燕子休來。（樂府羣珠）

江城夏日空閑。百尺危樓。十二闌干。醉眼連天。抵多少放浪人間。長共短漁歌棹晚。廢和興老樹生寒。故國江山。困殺人也。萬里長安。（樂府羣珠）

江東倦客淹留。早是傷心。那更逢秋。壯志難酬。空教黄塵。閉盡貂裘。悶日月新豐殢酒。惡風波古渡横舟。一醉忘憂。落葉亭邊。暮雨牀頭。（樂府羣珠）

江天四幙雲垂。最好是深冬。踏雪尋梅。送出清香。江南春意。凍樹先知。詩句青山緑水。畫圖茅舍疎籬。古怪猿啼。山陰乘棹。興盡而歸。（樂府羣珠）

按：雍熙樂府題目下無「聯珠四曲」四字。

求　配

春風窈窕娘兒。嬝嬝婷婷。一捻腰兒。百媚千嬌。得人心意。可喜龐見。俺也曾訴

真誠的話兒。扭回身休改變了心兒。哀憐我害相思鬧時節。偷會工夫。應付俺些兒。（樂府羣珠）

西湖四景

西湖春景偏宜。六座虹橋。十里蘇堤。賞玩船中。三賢堂下。翠遶珠圍。映麗日天桃綻綺。舞東風嫩柳依稀。相逐相隨。弄盞傳杯。堪畫堪描。宜詠宜題。（樂府羣珠）

西湖夏景偏嘉。草色鋪茵。榴火蒸霞。畫舫蘭橈。王孫仕女。共飲歡洽。鬬豔麗千乘轎馬。送清香十里荷花。沉李浮瓜。疊竹分茶。宜詠宜題。堪愛堪誇。（樂府羣珠）

西湖秋景偏高。青山隱隱。緑水迢迢。豐樂樓前。總宜園内。鼓吹笙簫。送日暮梧桐葉凋。映秋光桂子香飄。相喚相招。共飲香醪。宜賞宜憐。堪畫堪描。（樂府羣珠）

西湖冬景偏妍。漸雲布蒼空。雪滿山川。穩泛蘭舟。輕移桂棹。低掛珠簾。羔兒酒金杯滿勸。龍涎香寶鼎頻燃。品竹調絃。笑樂聲喧。堪畫堪描。宜賞宜憐。（樂府羣珠）

按：此曲雍熙樂府題目同。

離　情

支楞争絃斷休彈。荆棘列取次别離。短局促不似今番。渾古都水湈藍橋。黑模糊雲迷楚岫。昏支刺月暗陽關。連理枝生扢叉硬剗。合歡帶死扢搭牢拴。呆答孩倚遍闌干。目稜騰望斷雲山。剳扎邦對上菱花。磕撻撲鎖住雕鞍。（樂府羣珠）

按：此曲詞林摘艷亦收。

香奩八詠

金盆沐髮

俯清漪鏡裏波紋。推下巫山。一片烏雲。輕理犀梳。施分鴉鬢。浄洗芳塵。麝蘭膏光油油香凝王笋。薔薇露濕浸浸膩漬朱唇。獨立斜曛。添得精神。插金釵頓覺惺憁。對東風俊俏十分。（樂府羣珠）

玉頰啼痕

盼多情怪底春歸。魚雁無憑。音信全稀。羅帕偷淹。淚珠零落。銀甲輕揮。搵不乾兩三行鉛華涴跡。按不住幾千番玉手支頤。獨守香閨。春日遲遲。本待要理殘粧俏地銷痕。只恐怕慣拘鈐阿母猜疑。（樂府羣珠）

黛眉顰色

鎖春山一段風流。望斷鱗鴻。倦倚粧樓。八字低垂。雙蛾蹙損。兩葉悲秋。捧心嬌越西施非干病酒。出長安漢昭君總是凝愁。好事難酬。情緒悠悠。惡相思纔離了心窩。没揣的都撮在眉頭。（樂府羣珠）

芳塵春跡

印香埃底樣弓弓。堪愛堪題。宜罩宜籠。臥水雙鴛。穿雲新月。響屧遺蹤。恨的是踏青去深藏落紅。喜的是行雲罷慣下巫峰。有意相逢。惱亂情衷。欲待把錦囊盛供養在書齋。可惜了猛然間埋没處東風。（樂府羣珠）

芸窗秋夢

瑣窗深有信難來。人在天涯。夢入陽臺。一枕交歡。幾番幽會。所事和諧。黑甜處繡衾温神遊陸海。覺來時篆香消月轉瑶階。睡損香腮。斜嚲金釵。若不是亂砧聲驚散蝴蝶。險些兒駕青鸞飛上蓬萊。（樂府羣珠）

按：「芸」，原作「雲」。

繡牀凝思

緑窗前白晝沉沉。悶對銀屏。停閣金針。交頸文鴛。雙飛彩鳳。報喜靈禽。描不成刺不就桃花碎錦。添不上補不完蝶翅圈金。萬種春心。半晌沉吟。手托香腮。日轉花陰。（樂府羣珠）

金錢問卜

盼佳期鎮日牽情。纔過元宵。又是清明。喜鵲無音。燈花不準。龜卦難憑。人静處爇金爐潛通姓名。卦分時點璚籤暗卜歸程。今夜相迎。重設山盟。雲雨高唐。端的真誠。（樂府羣珠）

月奩匀面

對菱花立傍紗窗。嫋娜嬌容。重試新粧。淺抹胭脂。輕匀珠蕋。謾點蜂黄。似一朶淡烟籠春風海棠。如一塊潤羊脂美玉生香。畫閣蘭房。滿目清光。月裏姮娥。鬭巧

成雙。（樂府羣珠）

别 情

想人生最苦離别。怕的是他上雕鞍。我上香車。心緒縈牽。情懷悽慘。雨淚重疊。恰便似藍橋下兩情人頓遭雨隔。碧天邊一輪月忽被雲遮。謾謾行者。早早來者。想人生幾度春光。因此上最苦離别。（樂府羣珠）

想人生最苦别離。似精磚上摔碎青銅。瑶琴上迸斷金徽。一箇馬兒投東。一個馬兒向北。兩下裏各自傷悲。一箇怕路迢迢千山萬水。一箇怕冷清清單枕孤幃。知他是何日回歸。空教人抹淚揉眵。嘆人生幾度春光。因此上最苦别離。（樂府羣珠）

功成行滿

急流中纜住扁舟。採得歸來。牽住白牛。急撞三關。盈持緊守。胥水周流。過明堂鵲橋路陡。要隄防慢下重樓。姹女温柔。鉛汞相投。藥歸爐閉了黄房。煉金丹樂以忘憂。（樂府羣珠）

嘆世

想人生不得十全。便得十全。少分無緣。嗟嘆難言。一年四季。少喫無穿。享富貴先亡命短。有一等受貧窮松柏齊年。暗想當前多英賢。着他仔細思量。萬事由天。（樂府羣珠）

嘆人生日月如梭。幾度崢嶸。幾度蹉跎。天地安排。陰陽斡運。今古消磨。是則是非則非行藏在我。榮則榮辱則辱得失由他。好待如何。歹待如何。百歲光陰。都做了一枕南柯。（樂府羣珠）

詠鞋杯

玳筵前何事風流。半折凌波。按舞嬌羞。瘦瘦銀錐。盈盈輕蹙。小小籃鈎。手兒裏團弄來香滑如玉藕。臺兒上捧擎來恬靜似金甌。藏了休休。勾引新愁。上我眉頭。（樂府羣珠）

按：此曲盛世新聲無題。

這離愁半霎兒難瞞。日月攛梭。肺腹刀剜。水自瀰漫。花開爛漫。明月團圞。想今

日遭逢著這般。悔當初不合教他求官。說著後心寬。想著時心歡。咒著時心疼。說著時心酸。（詞林摘艷）

歸　隱

倚柴扉醉眼朦朧。一線涼風。一帶山横。人自傷情。春將去也。花已凋零。杖頭酒春風拂醒。腹中詩好雨催成。節過清明。落盡殘紅。忙殺狂蜂。啼殺嬌鶯。（雍熙樂府）

利名心一筆都勾。人物風流。詩酒優游。醉倚山妻。閑題素扇。名振青樓。磻溪岸八旬釣叟。洞庭湖一葉歸舟。史書名留。扶越宗周。恁細評跋。千古英雄。都一般三尺荒坵。（雍熙樂府）

按：雍熙樂府以下四首俱題作「歸隱」，疑誤。

到春來景物堪奇。無限春光。獨自徘徊。杏臉妖嬈。桃腮嬝娜。柳眼依稀。聽不的絮叨叨鶯喉燕嘴。覷不的鬧攘攘蝶舞蜂飛。節敍相催。杜宇頻啼。喚起芳心。鎖上愁眉。（雍熙樂府）

到夏來景物偏長。避暑樓臺。翫賞池塘。雨綻葵花。烟生榴火。風遞荷香。惱人腸臥晴沙鴛鴦兩兩。引人愁遊碧沼鸂鶒雙雙。倦理霓裳。懶整殘粧。萬縷縈心。一寸

柔腸。（雍熙樂府）

到秋來景物堪憐。荷枯玉柄。花放金錢。堦下寒蛩。天邊彩鳳。樹裡鳴蟬。助淒涼入羅幃金風剪剪。照離愁透紗窗明月娟娟。無分無緣。寡宿孤眠。結恨難鬆。病體牢拴。（雍熙樂府）

到冬來景物堪誇。僻谷幽岩。雪裡人家。酒泛羊羔。茶烹鳳髓。香散梅花。碎人心朔風緊頻敲鐵馬。斷人腸夕陽斜幾陣昏鴉。愁遍天涯。夢遶巫峽。空過時光。虛度年華。（雍熙樂府）

題　情

到黃昏更鼓聲疾。照也燈兒。對也燈兒。色晃英蓉。關也窗兒。開也門兒。結銀花燦銀花銀花影兒。吐金蓮墜金蓮金蓮蕋兒。有些風兒。明也燈兒。滅也燈兒。（雍熙樂府）

悶懨懨愁恨多時。鶯老花時。燕引雛時。舊恩情不似年時。並枕眠時。携手行時。想只想送長亭離鞍去時。盼只盼望天涯錦字來時。香盡爐時。琴斷絃時。月轉樓時。人倚欄時。（雍熙樂府）

翠彎彎兩道眉兒。短短裙兒。窄窄鞋兒。齊臻臻糯米牙兒。玉纖纖葱枝手兒。香噴噴嬌滴滴夭桃臉兒。顫巍巍瘦怯怯楊柳腰兒。倚定門兒。托着腮兒。這改樣龎兒。愛殺人兒。（雍熙樂府）

寄多情一根簪兒。上有鴛鴦。雌與雄兒。我和你效他形兒。朝簪髻兒。暮插頭兒。見簪兒如見人兒。闘意兒合着情兒。美滿人兒。休負心兒。願生前同宿衾兒。百年後死共穴兒。（雍熙樂府）

負心的萬代無情。雙漸實情。王魁薄情。我和你共結芳心。朝雲真情。暮雨真情。永團圓雙漸實情。怎肯似王魁薄情。美滿恩情。並不雜情。若今生兩意合情。到來世必定投情。（雍熙樂府）

可人心俊俏嬌姿。皓齒朱唇。螓首蛾眉。嬝嬝婷婷。嬌嬌滴滴。整整齊齊。賦情詩桃花扇底。寄情詞楊柳樓西。瘦也因伊。病也因伊。但和他席上樽前。管拾得兩袖春囬。（雍熙樂府）

可人心俊俏嬌姬。自得相逢。夢寐狐疑。茶飯慵拈。琴書倦理。似醉如癡。想容儀教人愛惜。念心情怎捨分離。瘦也因伊。病也因伊。幾時得配做夫妻。永和諧共效于飛。（雍熙樂府）

相思

悶無聊獨倚幃屏。香盡金猊。塵暗銀箏。懶下珠簾。微開繡户。點上銀燈。碧天冷梨花月明。翠重重楊柳風輕。幾般兒助我離情。感人懷鳳枕生寒。送人愁鴛枕如冰。（雍熙樂府）

怕黄昏枕剩衾寒。止望儔侶。誰想孤單。獨守香閨。悶倚危樓。長吁短嘆。寄百遍泥金手柬。靠幃屏廢寢忘湌。不見我可意心肝。若能勾燕爾新婚。相思病善保平安。（雍熙樂府）

自別離愁病難禁。愁到如今。病到如今。寶鴈銀箏。翠鸞銅鏡。金鳳瓊簪。空閑了鴛鴦半衾。辜負了葡萄釀罌。蕭疎了鸚鵡雙斟。你無情我枉留情。你無心我到真心。（雍熙樂府）

杜鵑啼月上三更。酒也方醒。夢也方醒。獨步閑亭。詩也將成。賦也將成。花有影月有影銀河有影。風無聲竹無聲碧漢無聲。若見惺惺。病也相應。死也相應。（雍熙樂府）

門輕敲窗上虛彈。窗也虛關。門也虛關。鏡面羞看。話也羞盤。願也羞還。鬆金釧

減玉肌烏雲亂挽。透羅衣濕綃帕粉汗初乾。正好合歡。更也將殘。月也將殘。（雍熙樂府）

玉釵分寶鑑羞看。鸞也單單。鳳也單單。恨蹙春山。左也彎彎。右也彎彎。鴛枕寒繡衾寒芭蕉雨寒。漏聲殘篆香殘荳蔻花殘。倚遍闌干。花也斑斑。淚也斑斑。（雍熙樂府）

想多情盼殺多情。想也娉婷。盼也娉婷。誤盡雙生。好也蘇卿。歹也蘇卿。我想他似水底無踪月影。他盼我如碗裡帶杷蒸餅。恨這惺惺。好也休聽。歹也休聽。（雍熙樂府）

按：雍熙此題八首。第四首「怎生來寬褪裙兒」，見全元散曲喬吉卷，題作「寄遠」。又末曲與本書無名氏卷〔折桂令〕第二隻雷同。

開 懷

醉登樓王粲思鄉。囊篋消乏。酒債尋常。山興淹留。詩成放蕩。酒後疎狂。詩和酒羈懷浩蕩。名和利絆足慞惶。年少科塲。殢酒觥觴。怕的是迅速春光。却憂成鏡裡秋霜。（雍熙樂府）

倚天寒百尺危樓。山下樵村。江上漁舟。樹葉蒼蒼。波光湛湛。雲影攸攸。翫佳景堪凝醉眸。寫新詩慢解閑愁。愚意淹留。壯志難酬。但將那十載功名。都付與一派東流。（雍熙樂府）

百年人休問生涯。過隙白駒。薄暮昏鴉。樂樂清貧。巍巍獨富。由我從他。黨太尉羊羔泛斝。陶學士雪水烹茶。不索矜誇。各自窮達。猿鶴夢萬壑松風。魚龍浪三月桃花。（雍熙樂府）

按：雍熙此題四首。第一首「想人生會少離多」見樂府羣珠，題作「對景開懷」。

警　宦

夢不到玉砌金鑾。袖拂紅塵。林下盤桓。卧雪袁安。秋風張翰。石室陳摶。冷笑他功名壘卵。静觀那日月跳丸。世態多般。禍福無端。每日家落得身閑。算來呵做甚高官。（雍熙樂府）

按：此爲折桂令「警宦」四曲之第四首，其他三首見全元散曲張養浩卷。

隱　逸

嘆世間多少活人。多是忙人。少是閑人。酒色迷人。財氣昏人。纏定活人。鈹兒鼓

兒終日送人。車兒馬兒常時迎人。精細的瞞人。本分的饒人。不識時人。枉子爲人。（雍熙樂府）

轉囬頭多少時光。纔到清晨。又早黄昏。暑往寒來。烏飛兔走。地久天長。黄的金白的銀空思妄想。親的兒熱的女難替無常。積攢倉箱。置下莊田。家業方成。兩鬢秋霜。（雍熙樂府）

三十年狼藉狂遊。賣却功名。换得漁舟。湘江明月。湘浦清秋。湘景清幽。結百尺烟波故友。駕一帆湖海同流。雪鬢颼颼。雲影攸攸。謾撑達覓箇鯨鰲。未見時莫下金鈎。（雍熙樂府）

按：雍熙此題四首。第四首「泛長江浩浩西來」，見全元散曲趙禹圭卷，題作「題金山寺」。

題　情

燭花前喜遇多嬌。宿世寃家。今又逢着。雲髻堆鴉。寳釵簪鳳。團扇輕蕉。唱一聲行雲住了。舞一會萬種妖嬈。私語相嘲。歡會今宵。美滿恩情。地厚天高。（雍熙樂府）

隔花陰忽聽瑶箏。腔調清奇。字眼真明。不是鶯鶯。若非燕燕。定是瓊瓊。理冰絃

宮商整整。謌白雪律吕泠泠。體態輕盈。行過軒庭。千種風流。不亞襄陵。（雍熙樂府）

想昨宵雲夢陽臺。月老姻緣。命裡合該。萬種風流。千般恩愛。一片情懷。休忘了盟山誓海。向神前已訴明白。女貌郎才。魚水和諧。百載歡娱。死後同埋。（雍熙樂府）

按：雍熙此題四首。第三首「記相逢楊柳樓心」，見本書湯式卷，題作「戲贈趙心心」。

自述

老書生稚子山妻。冬煖號寒。歲稔啼飢。何用聰明。豈知英俊。不若遇癡。不識字騎駿馬金鞍繡衣。多文章守寒窗鐵硯毛錐。命與時違。運與時虧。屈沉殺一片風雲。埋没了滿腹珠璣。（雍熙樂府）

百年身幾度青春。忍把閑愁。空對良辰。駿馬輕衫。香風庭院。錦樹芳樽。舞腰肢歌楊柳樓心翠裙。擁嬌娃醉顔陀扇底紅雲。終日昏昏。長夜熏熏。只知道緑酒消愁。幾曾見白髮饒人。（雍熙樂府）

解愁煩辟谷郊東。不問啼紅。不挽青驄。地久天長。廢多興少。酒淡情濃。柳絲絲花冉冉人情冗冗。車轔轔馬蕭蕭塵事匆匆。雲影西東。霧靄溟濛。心和夢不戀皇都。窮和富把與東風。（雍熙樂府）

按：雍熙此題四首。第四首「去年時旅邸經秋」，見本書湯式卷，題作「中秋戲題」。

隱　退

老先生自在悠悠。無是無非。無慮無愁。萬卷詩書。一樽濁酒。數畝田疇。蔽體呵布袍窄剛容袖手。安身呵茅屋低儘勾藏頭。温暖何求。粗飽何謀。世上功名。水上浮漚。（雍熙樂府）

老先生拙計如鳩。屋靠西山。門俯東流。眼底妻兒。囊中琴劍。架上詩軸。遠豪朋結知心山中遁叟。卻紅塵日相親水上沙鷗。意適情遊。志快心酬。散髮披襟。自在風流。（雍熙樂府）

老先生身外何謀。山水忘形。詩酒相酬。百歲光陰。一場春夢。兩鬢霜秋。賢的是妻炊爨偏能釀酒。孝的是子耕田又善馴牛。花外香浮。柳下陰稠。暢飲歸來。衲被蒙頭。（雍熙樂府）

老先生事事堪留。樹影婆娑。山色綢繆。日落山腰。風生渡口。月照灘頭。日閑呵趓風涼高眠北牖。夜閑呵觀月色獨上南樓。雅淡清幽。詩酒消愁。萬斛風光。無了無休。（雍熙樂府）

題　情

恨芙蓉帳冷春宵。滴滴精神。艷艷多嬌。見月思眉。見雲思鬢。見柳思腰。又不比花花草草。怎生般暮暮朝朝。似恁妖嬈。似我風騷。都值着月缺花殘。不能勾鳳友鸞交。（雍熙樂府）

按：此曲詞林摘艷亦録，無題。

畫堂深漏滴偏長。鐵馬玎璫。砧杵攸揚。月轉南樓。河橋北斗。人在西廂。摇翠竹聲敲緑窗。滴蒼苔月照銀牀。如此秋光。無限淒涼。他那裡何處行雲。我這裡夢在高唐。（雍熙樂府）

帶花枝笑撚花枝。不抹胭脂。似抹胭脂。前日相逢。寄首情詞。和首情詞。欲到此何時到此。似推辭未是推辭。約在何時。會在何時。不相逢他又相思。既相逢我又相思。（雍熙樂府）

按：此曲亦見金瓶梅詞話。首句作「我見他斜戴花枝」。

鳳釵彈衣染鶯金。說他知音。真箇知音。前日相逢。我未留心。他早留心。約夜深何曾夜深。約花陰先到花陰。香汗浸浸。甜唾津津。遍身汗香到如今。滿口唾甜到

如今。（雍熙樂府）

題　情

恨杜鵑聲透朱簾。心似針簽。情似膠粘。咲臉腮窩。愁生淚靨。瘦顯春纖。寶髻亂雲鬆翠鈿。醉顏酡玉減紅添。檀口曾粘。甜唾曾沾。到如今唇上猶香。想起來口內猶甜。（雍熙樂府）

俏儀容不亞紅綃。香噴朱唇。楊柳纖腰。髻挽烏雲。釵簪金鳳。鬢插珠翹。撥檀槽春蔥嫩小。歌白雪韻美聲嬌。所事偏高。萬種妖嬈。便就有千兩黃金。也難買一刻春宵。（雍熙樂府）

遇行雲音似珠垂。萬種風流。俊俏容儀。春笋纖長。櫻唇嬌艷。寶髻高堆。唱陽春聲清韻美。舞梨花肢細腰微。翠袖朱衣。體態相宜。香噴噴笑語盈盈。嬝婷婷滿捧金盃。（雍熙樂府）

體温柔軟玉形骸。百媚千嬌。所事奇哉。崔氏鶯鶯。許家盼盼。未必能排。等閒間千金難買。喜相逢雲雨陽臺。小圃花開。翫賞開懷。韻攸攸一曲清歌。舞翩翩彩鳳飛來。（雍熙樂府）

思情

冷清清人在天涯。地久天長。何日來家。這些時塵暗瑤琴。指閑鳳管。絃冷琵琶。他那裡戀歡娛章臺戲耍。我這裡空衾枕終日嗟呀。雨淚如麻。心緒交加。怕的是花影篩簾。月印窗紗。（雍熙樂府）

悶懨懨何日相逢。謝館秦樓。酒艷花濃。這些時枕冷衾寒。鸞凰間阻。雲雨無踪。去時節巧言詞將人和哄。今日箇神前誓盡是虛空。哀怨忡忡。分散西東。每日家暗爇名香。禱告蒼空。（雍熙樂府）

乍別離半霎難當。日月如梭。肺腑如剜。怎當那水自潺湲。花無爛熳。月有團圓。知今日遭逢着無情狠郎。悔當初不教你應舉求官。想起才郎。動靜非凡。好教我咒着心疼。說着心酸。（雍熙樂府）

自傷嗟分淺緣薄。捱過昨朝。又到今朝。圪登的人在心頭。愁來枕上。恨壓眉梢。瘦怯怯相思病十分害倒。鬧炒炒斷腸聲琴瑟尋着。鐵馬爭敲。玉漏難熬。助人愁風撼梧桐。雨瀟芭蕉。（雍熙樂府）

想雕鞍何處追遊。倦倚香奩。懶上粧樓。珠淚偷彈。青銅羞對。翠黛低愁。想當日

並頭棲鸞交鳳友。不隄防生拆開燕侶鶯儔。想殺風流。損却嬌羞。蕭疎了繡榻歡娛。錦帳綢繆。（雍熙樂府）

別離愁萬種千端。百結腸拴。兩葉眉攢。落鴈沉魚。啼鶯舞燕。倒鳳顛鸞。淚斕斑斟竹葉樽中易滿。人憔悴照菱花鏡裡難瞞。不放心寬。愁緒心煩。我只待羅帶重結。錦被重歡。（雍熙樂府）

負良宵誤了佳期。春水東流。秋鴈南飛。秦鏡羞看。韓香猶在。楚夢空迷。三十三天比離恨天較低。四百四病惟相思病難醫。幾遍長吁。幾回傷悲。不覺的金獸香殘。銀燭成灰。（雍熙樂府）

爲別離粉悴胭憔。心病難醫。心癢難揉。愁自昨朝。恨至今朝。死在明朝。幾時得唐壽寧般歸鶴華表。楊太真般友鳳丹霄。多病多嬌。無語無聊。只爲他重惜輕憐。夢斷魂勞。（雍熙樂府）

初　見

偶相逢花貌娉婷。眼轉秋波。肌瑩寒冰。語顫鶯聲。鞋弓鳳嘴。鬢簞鴉鴒。天生下龐兒整整。自然嬌體態盈盈。桃臉生春。含笑相迎。一點芳心。百樣留情。（雍熙樂府）

小酌

小盃盤整整齊齊。果竪時鮮。饌列珍奇。鱠切銀絲。瓜開金子。酒泛瓊醅。寫新詩書生醉矣。歌舊譜小姐歡宜。正好啣盃。玉漏頻催。不覺銀蟾。又轉樓西。（雍熙樂府）

新浴

脱綃裳初試蘭湯。見影成羞。吹滅銀釭。好似浮花。渾如滑雪。浄洗殘粧。華露冷春風海棠。蕙泉香秋水鴛鴦。粉鼻生光。檀口生香。杏臉生春。玉體生涼。（雍熙樂府）

納涼

笑相携同上西樓。面面窗開。處處簾鈎。星彩輝輝。月華淡淡。河漢攸攸。坐成久涼飈漸有。夜將深暑氣纔收。好景堪酬。佳興難留。思爽神清。渾似新秋。（雍熙樂府）

同衾

半含羞同入紗幮。緊挽烏雲。牢插犀梳。萬種風流。十分嬌媚。無限歡娱。搵桃腮

芳心較足。摟腰肢玉體全酥。何必躊躕。不索趦趄。試問嬌娃。春意如何。（雍熙樂府）

交　歡

兩情濃準備俄延。喜看雙覓。飛上吟肩。半吐丁香。雙含荳蔻。欵折紅蓮。黄金釧從他枕匾。白牙梳一任斜偏。喘息連連。粉汗涓涓。玉軟香嬌。倒鳳顛鸞。（雍熙樂府）

言　盟

牡丹般素體輕盈。魏紫姚黄。可比儀容。一團和氣。千般嬌艷。萬種真情。訴恩愛朱唇半扃。説誓盟星眼朦朧。兩意歡濃。永遠真誠。死則同穴。生則同衾。（雍熙樂府）

曉　起

巧名兒誰與安排。玉比肌膚。蓮比頤腮。太華峰頭。若耶溪畔。太液池側。紗窗外花稍影擺。綉榻中羞起情懷。短短金釵。窄窄弓鞋。共步芳堦。仙子重來。（雍熙樂府）

敍　別

碧天涼大火西流。蟬咽西園。鴈过南楼。堤草凋零。池蓮脱瓣。岸柳添愁。對雕鞍

無言淚流。立蒼苔冰透銀鉤。囑付無休。盃酒相留。途次奔馳。急早回頭。（雍熙樂府）

贈　妓

善歌彈事事相宜。音吕清標。字意真奇。蓮步輕移。櫻唇微露。鶯語嬌低。笑吟吟頻斟緑蟻。喜孜孜慢捧玻璃。一曲龍笛。腔韻誰知。歡會開懷。月印窗梅。（雍熙樂府）

洗胭脂壓盡瓊芳。玉蕋含香。粉臉生香。環珮輕摇。丰姿淡潔。美貌非常。俏盈盈高歌畫堂。嬌滴滴按舞霓裳。占斷春光。倦掃濃粧。十二闌干。浄几明窗。（雍熙樂府）

喜江南出色娉婷。燕趙風流。吴越輕盈。掌上奇擎。眼裡廝覷。心内廝印。滴溜溜腰舞燕影。清嚦嚦詞唱鶯聲。美愛多情。不負嬌名。江岸芙蓉。折與先生。（雍熙樂府）

正青春窈窕龐兒。嬝嬝娜娜。一捻腰兒。萬媚千嬌。得人可意。合着心兒。歌楊柳引動意兒。舞腰肢迤逗心兒。俊俏娘兒。嬌愛人兒。破些工夫。應付些兒。（雍熙樂府）

題混堂

倚清江高棟飛雲。丹壑光輝。欄檻嶙峋。汲雨露之泉。煮椒蘭之劑。爇松桂之薪。氣温温滌蕩了千家垢塵。暖溶溶包含着一窟陽春。賓客紛紜。博士殷勤。濯足的減

了胼胝。濯纓的添了精神。（雍熙樂府）

藥名述懷

想當歸一字成親。誰想檳榔。没子無成。躭閤的半夏三多。無影無形。獨活兜零。害的我骨柴柴死禁。想的我黄苓苓儀容。恨塞川芎。埋怨砂仁。你自待官桂茴香。閃的我羌活茯苓。（雍熙樂府）

餞　別

別離話萬萬千千。及至臨行。携手無言。擎一盃淚濕春衫。歌一曲風吹別調。彈一聲恨滿哀絃。恨自恨薄倖種日疏日遠。憂自憂斷腸書誰寄誰傳。花落晴川。草接寒烟。送行的悶塞滿香車。登程的愁壓損銀鞍。（雍熙樂府）

按：「晴」，原作「情」。

看釋經私染劉黑鑾母通孫黑麻

本是個看經念佛的菩薩。只爲這秘密工夫。到做了生死冤家。莫不是問禪機惹起纏心。閉禪關魔來纏你。上禪牀你去纏他。被兒中揉搗殺箇媽媽。懷兒裏搊搓殺箇麻麻。一箇老撒的爛似冬瓜。一箇歪撒的大似稍瓜。當面前嬭嬭嬷嬷。背地裡哈哈答答。這件事委實低答。到如今怎生收殺。端的辱没殺黑鑾。真箇快活殺黑麻。（雍熙樂府）

嘲意

這廝本逞粗豪。不識賢愚。見一箇無勢的便傲慢驕矜。有權的便諂佞阿諛。本是箇井底之蛙。斗筲之器。糞壤之蛆。歹做作娼優婦女。醜形骸牛馬襟裾。辱没殺駟馬高車。玉帶金魚。拗掇作身軀。閑掠着髭鬚。那裡也知禮知書。真是箇精狗精驢。（雍熙樂府）

警宦

功名事一筆都勾。千里歸來。兩鬢經秋。我自無能。誰言執道。湧退中流。柴門外風光五柳。竹籬邊野水孤舟。緑蟻新篘。瓦鉢磁甌。咲吟吟坐對青山。樂陶陶醉倒方休。（雍熙樂府）

付功名百尺竿頭。自古及今。幾箇乾休。懸首城門。和衣東市。抱恨湘流。十大功親戚不留。萬言策貶竄忠州。無罪監收。自抹咽喉。这幾箇仔細尋思。都不如一葉扁舟。（雍熙樂府）

【北雙調步步嬌】

嬌　態

書齋外簾前站。猛見箇如花面。纔當二八年。俊庬兒似天仙。真箇可人憐。莫不是洛迦山觀音現。（雍熙樂府）

天生的嬌娃秀。鴉鬢堆雲厚。金蓮藏玉鈎。楊柳腰肢瘦。忒温柔。那的是最風流。

嬌滴滴兩眼秋波溜。（雍熙樂府）

玉天仙臨凡世。辭王母别瑶池。芳堦緩步露鞋兒。引動鵰鶚志。但能共枕席。甘心兒風流死。（雍熙樂府）

按：雍熙此題四首。第二首「小鞋兒連根綉」見全元散曲商挺卷。

思　情

寂寞深閨人獨自。無語添愁思。鮫綃揾淚脂。盼不見俏人兒。孤恨有誰知。向人前難訴心中事。（雍熙樂府）

一字思長吁千口氣。畫損了霜毫筆。憂愁伊怎知。寫就花牋不容易。暗傷悲。盡都是淚點兒研成墨。（雍熙樂府）

按：雍熙此題四首。第三首「楊柳梢頭黃昏月」、第四首「戴月披星躭驚怕」，分別見全元散曲無名氏卷和商挺卷。

【北雙調牡丹春】

嘆　世

花開也是春。花謝也是春。花開花謝幾番春。花開花謝何年盡。都是爲著春。吹老了少年人。（北曲拾遺）

三月裏又來。花又開。清明寒食次挨排。孝男孝女在墳前拜。想將來英雄。都盡在土中埋。（北曲拾遺）

今日也是春。明日也是秋。春來秋去幾時休。青山緑水還依舊。光陰似水流。不覺的白了少年頭。（北曲拾遺）

日頭出在東。月墜西。日月可以緊相隨。想起來争什麽名和利。我笑你好癡。快活一日得便宜。（北曲拾遺）

【北雙調皂旗兒】

坑暖窗明草舍低。誰及。周公枕上夢初回。呀。直睡到上三竿紅日。（北曲拾遺）

坑暖窗明草舍高。團標。周公枕上夢堅勞。呀。直睡到五更初鷄叫。（北曲拾遺）

人到中年萬事休。何求。看看白髮漸蒙頭。呀。風流處且風流。（北曲拾遺）

人到中年萬事休。心憂。等閑白了少年頭。呀。思量起越添愁。（北曲拾遺）

白酒新篘雞正肥。筵席。請着朋友舊相識。呀。直吃得劉伶沉醉。（北曲拾遺）

春日遲遲燕子飛。希奇。來來往往鬬唧泥。呀。直是疊新巢活計。（北曲拾遺）

夏景荷花水面開。奇哉。小船兒撑出柳陰來。呀。不見採蓮人安在。（北曲拾遺）

秋景黄花滿目開。標哉。維時觀賞笑盈顋。呀。緬想種菊人安在。（北曲拾遺）

冬景梅花雪裏開。清哉。騎驢直到李陵台。呀。我問□□人安在。（北曲拾遺）

按：首曲廣正譜及南北詞簡譜均收作例曲。第三句「周公枕上夢初回」當疊，亦可只疊「夢初回」三字。吴梅云：「此曲疊句，正音譜與大成譜皆無之，獨廣正譜作疊，玄玉必有依據也。」

【北雙調沽美酒兼太平令】

紅馥馥臉襯霞。齊臻臻鬢堆鴉。他只見可意龐兒膩粉搽。他生得没包彈俊雅。帶一枝老梅花。通三教言語談話。□一片和氣歡洽。一見了教人牽掛。端的是風流希咤。我呵。戲□。對答。笑耍。有丹青難描難畫。（北曲拾遺）

寶釵横金鳳凰。湘帬繫鴛鴦。我這裏斜插犀梳雲鬢光。見帶一枝海棠。高挑作玉螳螂。歌彈舞齊聲嘹喨。盡開懷沉醉何妨。數十年妖嬈生相。真一箇温柔模樣。我呵。對着畫堂。緑窗。近着繡房。堪寫在丹青圖上。（北曲拾遺）

劉伶何日醒。李太白醉醺醺。更有貪盃吕洞賓。他三個是故人。酒□有緣有分。君子醉言而有信。小人醉便待要胡行。子醉差遲了父命。兵醉違别了軍令。想這酒歹性。惱人。病根。待不吃人生圖甚。（北曲拾遺）

説杭州爲第一。好買賣錢糧食。子弟家風真個美。看了門面鋪席。官巷口有珠翠。

看了這西湖裏景致。畫船兒來往相隨。南高峰北高峰相對。燒香處鼕鼕鼓擂。還有那舞的。彈的。唱的。不枉了人生一世。（北曲拾遺）

按：以上四首曲牌原僅書〔沽美酒〕。首曲「咤」字原奪。

賞　雪

滿長空瑞雪飄。飛柳絮剪鵝毛。暖閣紅爐獸炭燒。粉粧成殿閣。銷金帳飲羊羔。飛柳絮豐年時兆。謝歌樓酒力微消。江上有漁翁罷釣。畫閣内佳人歡笑。我呵。一壁廂舞着。唱着。彈着。和着。齊和起陽春曲調。（雍熙樂府）

【北雙調河西六娘子】

夏景席終用

錦重重荷花開映池塘。一對對看鷗鷺擺成行。嬌滴滴菡萏香風蕩。看兩岸垂楊。蓬萊錦雲鄉。笑吟吟喜玩賞。（詞林摘艷）

按：雍熙樂府題作「玩賞」。

約　會

央及梅香好姐姐。你放寬洪海量些。團圓只在今宵夜。嗏。脚兒走快些。脚兒走快些。錦被重重等待者。錦被重重等待者。（雍熙樂府）

入門來將奴摟抱在懷。就把錦被鋪開。俏寃家頑的十分怪。嗏。將奴脚兒擡。將奴脚兒擡。揉亂烏雲鬏髻歪。揉亂烏雲鬏髻歪。（雍熙樂府）

兩意相投情掛牽。休要閃的人孤眠。山盟海誓説千遍。嗏。淺情上放着天。淺情上放着天。你又青春咱少年。你又青春咱少年。（雍熙樂府）

喜的相逢怕的離。我和你步步兒相隨。咱兩箇情意兒無抛棄。嗏。但有負心的。但有負心的。滿不上三十只二十。滿不上三十只二十。（雍熙樂府）

按：首曲亦見金瓶梅詞話。

閨　怨

錦被斜搭象牙床。脚踏上睡着梅香。翻來覆去添惆悵。嗏。猛然叫一聲娘。猛然叫一聲娘。驚醒奴家愁斷腸。驚醒奴家愁斷腸。（雍熙樂府）

錦被摺在紫帳中。俏寃家那裡胡行。怕到黄昏添愁悶。嗏。喬才不志誠。喬才不志誠。好似王魁負桂英。好似王魁負桂英。（雍熙樂府）

錦被無心去整摺。摺起來感的傷嗟。喬才去了三四夜。嗏。孤另怎生說。孤另怎生說。怨只怨當初奴做的拙。怨只怨當初奴做的拙。（雍熙樂府）

錦被斜倚枕頭兒挨。恰便似仙子下瑶堦。嬌滴滴模樣兒着人愛。嗏。斜插短金釵。斜插短金釵。好似楊妃出浴來。好似楊妃出浴來。（雍熙樂府）

按：詞林摘艶收第四首，題作「美色」。

美　人

二八誰家小多嬌。有丹青難畫難描。見了他所事皆奇妙。嗏。眉兒柳葉飄。眉兒柳葉飄。惹的人心牽掛着。惹的人心牽掛着。（雍熙樂府）

二八誰家窈窕娘。穿一套縞素衣裳。烏雲亂挽風流樣。嗏。眉兒淺淡粧。眉兒淺淡粧。恰似鶯鶯不姓張。恰似鶯鶯不姓張。（雍熙樂府）

二八誰家女娥媓。斜插着一對螳螂。好似仙子瑶池上。嗏。弓鞋半折長。弓鞋半折長。淡白羅裳透體香。淡白羅裳透體香。（雍熙樂府）

二八誰家女妖嬈。他生的身子苗條。越看越愛天然俏。嗏。輕盈楊柳腰。輕盈楊柳腰。想起他來魂魄消。想起他來魂魄消。（雍熙樂府）

盼歸

去了多嬌好情懷。害的奴形體如柴。香羅帕物在人何在。嗏。孤眠怎生挨。孤眠怎生挨。盼殺多才不見來。盼殺多才不見來。（雍熙樂府）

懶對菱花整艷粧。逐日家雨淚汪汪。想起他模樣魂飄蕩。嗏。罵聲負心郎。罵聲負心郎。你在誰家戀女娘。你在誰家戀女娘。（雍熙樂府）

倚着門兒等他來。來家時問箇明白。虚名教我難躭待。嗏。丫鬟轉過來。丫鬟轉過來。姐姐把心腸權放開。姐姐把心腸權放開。（雍熙樂府）

囑付梅香兩三遭。你是必聽着門敲。寃家那裡貪歡樂。嗏。樓頭鼓亂敲。樓頭鼓亂敲。便是陳摶睡不着。便是陳摶睡不着。（雍熙樂府）

四時思情

景色春來燕子雙。見一對戲水鴛鴦。不由奴一陣兒來心上。嗏。相思淚兩行。相思

淚兩行。扯碎香羅罵粉郎。扯碎香羅罵粉郎。（雍熙樂府）

不覺薰風三伏天。熬煎的舊病兒來纏。涼亭水閣無心翫。嗏。榴花照眼前。榴花照眼前。羞折將來插鬢邊。羞折將來插鬢邊。（雍熙樂府）

葉落梧桐又早秋。猛聽的雁過南樓。聲聲把咱心腸鬬。嗏。思情無了休。思情無了休。止不住腮邊珠淚流。止不住腮邊珠淚流。（雍熙樂府）

瑞雪飄飄凜冽天。拋奴家獨守爐邊。銀瓶有酒誰來勸。嗏。焚香祝告天。焚香祝告天。只願的寃家在眼前。只願的寃家在眼前。（雍熙樂府）

【北雙調青玉案】

微微喘息低低道。輕狂寒賤忒做作也麼哥。月上紗窻相將照。夫人未覺。短命休焦。比昨宵猶自早。（元明小令抄）

【北雙調春閨怨】

題　情

要解愁腸除是酒。常將悶酒解離愁。醉時節忘了醒還又。人去後。酒在心頭。人也

在心頭。（雍熙樂府）

柳葉眉尖芙蓉色。剛剛半折繡羅鞋。眼兒見了心兒愛。可嬉才。掐着搶白。忙把這俏身挨。（雍熙樂府）

要解愁腸除是他。他顏色似蓮花。也不要媒人說來的話。看上他。娶到家闌。與我做渾家。（雍熙樂府）

要解愁腸除是你。模樣兒甚標致。海神廟桂英曾說誓。短命負心賊。有一日和你再相會。（雍熙樂府）

【北雙調胡十八】

嘆　世

結茅屋。近水邊。引溪流。灌禾田。手携稚子閑踏翫。酒葫蘆自擔。醉酕醄樂然。也不用笙歌勸。怎肯又死跋涉連雲棧。（雍熙樂府）

按：雍熙此題八首，此其第八首。其餘七首，見全元散曲張養浩卷，無題。

【北雙調秋江送】

春來到。景物鮮。馬繫在垂楊下緑影邊。桃似火。柳如烟。見一對鴛鴦在沙暖處眠。仙童舞遍。王孫笑喧。來日秋千。人醉杏花天。四季風流不如禁烟。學杜甫賞遊玩。（北曲拾遺）

清閑道。無事仙。講得黄庭道德篇。三盃酒。殊宜戀。醉了呵松陰樹下自在眠。仙鶴舞翩。山童笑喧。世事永無牽。麻袍與簪冠。强如恁秉着笏躬着身宰相每賢。少不得北邙山下亂塚眠。（北曲拾遺）

按：第二首亦見雍熙樂府〔秋江送〕無名氏散套。「北邙」，原作「比芒」。吴譜亦收此曲，末二句作「常則是啖柏餐松養道元。我只待跨鶴遊閬苑」。

【北雙調秋風第一枝】

春 情

錦屏風片片花飛。春意闌珊。人事昏迷。粉香消懶傍鸞臺。瓊簪躲寬惚蟾鬢。麝烟殘倦掃娥眉。引離恨銀塘上金鱗戲水。釀春愁畫梁間紫燕啣泥。最苦禁持。曉夢初

囬。風兒颼寒透羅衾。月兒斜香裊金猊。（詞林摘艷）

【北雙調清江引】

郎跨雕鞍含羞無計留。妾倚短亭難禁風雨愁。此日皺眉頭。何時開笑口。唱徹陽關反成兩處宿。一樣此情何日休。這番懊恨有俉陡。對景淚雙流。忽憶人漸遠。又早容消瘦。五花誥幾時得到手。（風月錦囊）

去年月下持盃奉勸君。今歲携壺翫月共何人。一意立功勳。去却好緣姻。空教獨守落得愁和悶。金錢問卜不甚準。場中鏖戰顯高文。英傑豈長困。不怨誤佳期。只望登程信。慢回來争誇衣錦新。（風月錦囊）

按：「郎跨雕鞍」、「去年月下」二曲原刻本作【清江引】，句式完全不合，疑曲牌有誤。

小梅香走將來。丢了香羅帕。尋又尋不見。恐怕夫人罵。想是小書生偷去耍。（風月錦囊續編）

香醪滿斟花在手。便把花枝嗅。花插少年頭。醉舞春衫袖。常言道有花方酌酒。（風月錦囊續編）

睡到五更天未曉。聽得靈鷄叫。起來忙梳粧。手把明鏡照。照見奴臉兒黄瘦了。（風月

錦囊續編）

睡到五更天漸曉。梢工起來忙收拾。扯起五花帆。流星不落地。舡頭兒擺開些江兒水。（風月錦囊續編）

相　思

愁聽畫樓簷外鐵。又值蛩吟夜。心中無限思。最怕窗間月。這其間多情何處也。（雍熙樂府）

夢回枕邊人去也。簾外無情月。如何你獨圓。照得人來缺。惡相思挽霜毫不次寫。（雍熙樂府）

怕聽秋來促織吟。鎮日情難禁。病兒疾漸沉。書兒全無信。但合眼巫山有夢尋。（雍熙樂府）

魚沉雁杳絶信音。淚點香羅印。一别更數春。想念時時恁。怎忘的那宵一片心。（雍熙樂府）

楊　妃

三郎誤聽枕畔啜。縱得厖兒劣。刮動海棠風。敲碎梧桐月。嬌滴滴玉人何處也。（雍

熙樂府）

王　嬙

貂裘變粧辭漢闕。博得風塵滅。黄雲青塚秋。白月黑河夜。嬌滴滴玉人何處也。（雍熙樂府）

張　斗　兒妓名

四四方方輕又輕。每日斟量定。就裏底兒平。外面幫兒正。小東西看來無十升。（雍熙樂府）

張　五　兒妓名

細膩膩外樣兒雖是好。就裏粗生料。一生有人欽。五世家傳樂。但拈着指頭兒都軟了。（雍熙樂府）

劉　麻　兒妓名

凹凹凸凸嬌又巧。所事心偏好。一歌金縷詞。十錠鴉青鈔。鐵石人傍着他麻木了。

（雍熙樂府）

王嬷兒

夜來閑步窗外影。側耳潛廝聽。恐客枕邊唆。孩兒心間應。老殘生那答兒是葬身。

（雍熙樂府）

閑來唱會清江引。解放愁和悶。富貴在於天。生死由乎命。且開懷與知音談笑飲。

（雍熙樂府）

且開懷與知音談笑飲。一曲瑶琴弄。彈出許多聲。不與時人共。倚幃屏静中心自省。

（雍熙樂府）

倚幃屏静中心自省。萬事皆前定。窮通各有時。聚散非驕吝。立忠誠步步前程穩。

（雍熙樂府）

立忠誠步步前程穩。勉勵勤和慎。勸君且耐心。緩緩相隨順。好消息到頭端的準。

（雍熙樂府）

按：雍熙樂府〔清江引〕曲牌下注有「酸齋」二字，共十二首。第一首至第七首：「舞香塵小園風亂飄」、「宿雕梁一雙巢燕慵」、「狂風一春十占九」、「薄情的封家十八姨」、「軟兀剌窄藤床甘菊枕」、「些兒名利争甚的」、「靠蒲團坐觀今古書」，皆爲朱有燉作，見誠齋樂府。第十二首「昭君路迷關塞雪」，爲張養浩作，見雲莊樂府。此中間四首，屬貫雲石撰，殊爲可疑。兹姑録之。

貧士自嘲

夜半三更睡不着。惱得我心焦燥。疙蹬的響一聲。儘力子嚇一跳。把一條脊梁筋窮斷了。（北宫詞紀）

哭七夫

張皮趙鐵王打氈。龔錫匠陸弓箭。阿壽官孫搭爺。盡來喫羹飯。我的天天天天天天天。（山歌）

【北雙調魚遊春水】

閨情

你又青春。咱又少年。天生下一對兒好姻緣。心厮愛的人兒不能勾見。禱告青天青天可憐見。心堅石也穿。（詞林摘艷）

按：元明小令抄亦録，無題。

【北雙調雁兒落帶得勝令】

相　思

蛾眉鎮日顰。鸞鑑經年暈。魚書無定準。龜卦難憑信。和淚捱清晨。着死撞黄昏。人去情依舊。愁來病又新。把錦字重温。舊恨連新恨。將羅帕偷搵。新痕壓舊痕。

（詞林摘艷）

按：此首曲牌原僅書〔雁兒落〕。

一年老一年。一日没一日。一秋又一秋。一輩催一輩。一聚一别離。一喜一傷悲。一榻一身卧。一生一夢裏。尋一火相識。他一會咱一會。都一般相知。吹一會唱一會。

（詞林摘艷）

按：此曲盛世新聲亦録。

人嫌陶令揪。我愛嵇康業。琴雄動鬼神。詩凱嘲風月。書錦是奇絶。旅况不寧帖。

雙杆千家急。孤城萬里别。堪嗟。白髮教誰鑷。庭階。黄花獨自折。（詞林摘艷）

圈一圍低柳笆。蓋一簇新茆厦。拖一條瘦杖藜。穿一對麄鞋襪。引一箇小嬌娃。尋幾箇老莊家。看四壁山如畫。飲三杯酒當茶。由他。醉了無高下。和咱。近新來也剌闥。（詞林摘艷）

柳眉顰淡翠遮。蓮萼軟嬌紅撿。春纖長軟玉温。寶髻鬆香雲趄。你偷醉眼慢乜斜。我鬭春恨怕離别。他仕女叢中立。堪丹青峥上寫。我杓杓荅荅。痴呆。休則管裏玳瑁筵前搘。他嬌嬌媚媚丢跌。休待鴛鴦枕上説。（詞林摘艷）

休投暗裏珠。難辨石中玉。詩囊付小童。斗酒謀諸婦。窻外過白駒。世上競青蚨。天喪斯文也。狂歌嘆矣乎。寒儒。怎做的擎天柱。樵夫。那裏取黄金修鉞斧。（詞林摘艷）

休將着無底羅。牢把着航船舵。誰不道是巴鏝精。誰不道是賠錢貨。嬌滴滴女嬌娥。惡哏哏母閻羅。且噤却舌尖上唾。權消磨心上火。哥哥。千金笑千斤磨。婆娑。一尺水一丈波。（詞林摘艷）

貧家下的床。柴米油鹽醬。秀才上的堂。恭儉温良讓。富貴少愁腸。前後要思量。命快哩哩喇。時來漸漸昌。睃瞜。道德多卿相。端詳。但聰明志氣長。（詞林摘艷）

悲歡離合

怕的是五鼓敲。怕的是銀蟾皎。怕的是星斗移。怕的是金雞叫。怕的是景易消。怕的是金烏到。怕的是鐘韻敲。怕的是鴉聲噪。怕的是開交。鴛鴦東西落。怕的是離拋。那一日重會着。（雍熙樂府）

喜的是玉兔升。喜的是天堦浄。喜的是入洞房。喜的是相携定。喜的是掌上燈。喜的是衫兒褪。喜的是羅帶鬆。喜的是酥胸襯。喜的是嬌人。先將枕被温。喜的是多情。歡娛錦帳中。（雍熙樂府）

想的是模樣標。想的是諸般妙。想的是性格温。想的是情懷落。想的是志氣豪。想的是姓名高。想的是歌管真。想的是腔調曉。想的是俊俏。丹青難畫描。想的是才學。平身上九霄。（雍熙樂府）

愛的是一處眠。愛的是酥胸傍。愛的是玉腕交。愛的是金槍壯。愛的是冷舌尖。愛的是熱心腸。愛的是更漏永。愛的是星斗寒。愛的是交歡。雲情雨意長。愛的是情纏。顛鸞倒鳳間。（雍熙樂府）

贈妓朱妙祥

小狀元酸如醋。老將軍文更武。成合了雲雨交。美滿了姻緣簿。一世兒好妻夫。百世裏永歡娱。了却寃家債。温存鶯燕雛。疎疎。再休走章臺路。粗粗。到其間休道不。（雍熙樂府）

貶妓者

那裡是烟花叢錦綉窩。則是箇是非海齷齪垛。少有那風流娘旖旎人。都是些粗魯漢村沙貨。醜姨夫厮撞着。歪姊妹死凝眺那。小姐但説着便粘住。略湯着就成合。惹的那鞝鞋漢偌多。一會兒七八箇。若肯隨和。霎時間三四夥。（雍熙樂府）

詠柳

托根近水堤。寄跡陽和地。眉愁去客扳。眼看離人醉。春老絮紛飛。夏至翠依稀。雨過青絲潤。日長緑絲垂。風吹。白蝶蜻蜓戲。霜催。黄鶯紫燕稀。（雍熙樂府）

梨　園

形圖烟月牌。身長鶯花寨。偷傳俊俏情。賣弄温柔態。雲雨夢陽臺。歌舞賞花堦。夜月芙蓉面。春風桃杏腮。裁畫。巴鏝官場賽。傷懷。鉗倈大會垓。（雍熙樂府）

思　情

飛不上離恨天。走不到森羅殿。消不得腹内愁。訴不盡心中怨。月下惱啼鵑。柳外厭鳴蟬。冷淡梨花院。蕭踈楊柳軒。情牽。玉腕鬆金釧。熬煎。香腮落翠鈿。（雍熙樂府）

美　人

女孩兒年正嬌。有萬種天然俏。知音所事能。解吕諸般妙。難畫更難描。美滿鳳鸞交。雖長鳴珂巷。常居深院閣。一揑兒妖嬈。會耍笑同歡樂。千刼内逢着。永團圓只到老。（雍熙樂府）

病　思

倚幃屏長嘆吁。壓綉裀和衣寐。睡不着夢又驚。寳髻鬆烏雲墜。即漸漸瘦腰肢。病懨懨減香肌。針指上無心做。香囊兒怕待飾。這病兒有誰知。揾不住相思淚。這病兒藥難醫。一思量一箇死。（雍熙樂府）

手帕兒托着腮。渾身上無了脉。舌尖兒冷半截。脚尖兒麻到踝。行一步脚難擡。減香肌瘦形骸。玉腕鬆金釧。相思怎打捱。猛聽的他來。九分病折做一分害。他叫道門開。慌的奴穿不上羅衫撒不上鞋。（雍熙樂府）

酒拖着膽氣生。色迷得魂飄蕩。財使得人情性疎。氣惱得人殘生喪。即見酒色上喪家邦。財氣上誤了賢良。石崇因財死。李沙陀好酒亡。好色的明皇。破國楊妃喪。氣倒在烏江。可惜了英雄的楚霸王。（北曲拾遺）

莫不是怯東風滿院宇。莫不是貪宿在鴛鴦被。莫不是蹙鞦韆小院中。莫不是針指忙難抛離。莫不是羅襪窄步行遲。莫不是娘瞧破緊收拾。莫不是姨娘每閑遊戲。莫不是靠粧臺鋪翠眉。好着我猜疑。盼不見文君至。望得我呆癡。誤了我鶯鶯燕燕期。（北曲拾遺）

想人生一貌才。長願得爹娘在。休忘了三年乳哺恩。休忘了十個月懷擔帶。孝順時福禄自然來。孝順時腰插着虎頭牌。孝順時三簷傘□排。生得美人才。休忘了娘恩愛。馬兒上台孩。你想身從何處來。（北曲拾遺）

重重疊疊寫小詞。真真謹謹書情字。悲悲切切寫鸞箋。粗粗細細言心事。想着風風韻韻美嬌姿。教我懨懨悶悶苦相思。冷冷清清人獨自。孤孤另另憔悴死。尋思。寄了多多少少閑傳示。嗟咨。怎能够歡歡喜喜完就時。（北曲拾遺）

有錢的畫堂中春自生。無錢的錦帳内長孤另。有錢的時同連理枝。無錢的擊破菱花鏡。有錢的舞燕共啼鶯。無錢的鳳鸞各飛騰。有錢的雲雨陽臺夢。無錢的藍橋下波浪聲。有錢的便有恩情。行坐裏相隨定。無錢的趕出門庭。只落得長吁三四聲。（北曲拾遺）

【北雙調落梅風】

別　離

陽關别。千里疊。再相逢甚年時節。今宵酒醒何處歇。楊柳岸曉風殘月。（雍熙樂府）

纔相見。又早别。恩情事好難割捨。臨行只把羅衫扯。可憐見再宿一夜。（雍熙樂府）

離鄉井。背土居。那的是痛傷情處。緑窗前鷓鴣頻啼。一聲聲唤田春暮。（雍熙樂府）

恨青驄。過野橋。輕蹄慢踏陽關道。長亭宴罷無歸落。淚梭梭啼囬綉閣。（雍熙樂府）

相　思

思今日。想去年。依舊在緑楊深院。桃花艶色三月天。却不見去年人面。（雍熙樂府）

山迢迢。水潺潺。空惆悵楚天雲遠。多情去時花滿園。到如今緑陰庭院。（雍熙樂府）

黄昏想。白日思。盼殺人多情不至。因他爲他憔悴死。可憐也繡衾獨自。（雍熙樂府）

閑針線。怕待拈。潑寃家轉來心塾。茶裡飯裡不住咕。怎能似畫梁雙燕。（雍熙樂府）

李開先云：獻縣一致政，與妓者相處甚洽。偶失賀生辰，恚甚，拒不相見，自牖與之言曰：「他家一歲作兩生，至有三四生者。獨不聞反王魁負桂英詞云：『半載常逢兩度生』，吾家一歲一度，猶然失誤。」某即封一方帕，書一落梅風詞云。

你生日。我怎知。知道時做個準備。白綾手帕權當做禮。願一絲只添一歲。（詞謔）

尾句注云：或改作「願一年只添一歲」。

【北般涉調耍孩兒】

海棠開了猿聲叫。爲才郎燒香並拜斗。臨風對月多生受。他那裡偎紅倚翠銷金帳。我這裡獨守香閨淚暗流。這病兒難搭救。欲待傳書寄柬。又不知他在那府何州。（風月錦囊）

去時節雨打梨花三月春。到如今桂子飄香八月秋。想起來因郎瘦。虧負咱難罷手。辜負咱怎罷休。這回扯住郎衫袖。再不放他去長安路兒上走。（風月錦囊）

桐城小夥好唱歌。聲聲唱出小登科。不覺秀才知道了。扯到家中當老婆。笑呵呵。

我的哥。這樣嬌嬌有幾個。（玉谷新簧）

銅陵小夥似白銅。任君敲打面難紅。光光滑滑皮膚嫩。錦綉衣裳重復重。笑融融。

着實籠。比那尋常大不同。（玉谷新簧）

麻城小夥臉襯霞。逢人要把指尖爬。連爬三下肯不肯。何必調情弄齒牙。俊乖娃。

兩情加。蘸着些兒滿體麻。（玉谷新簧）

書林小夥不着驚。朝朝打扮做人情。交趾排草送一兩。任你從容打個釘。重與深。

不做聲。惺惺自古惜惺惺。（玉谷新簧）

潭城小夥娶老婆。問他何事苦吟哦。我們當初結朋友。比你前頭少一窩。叫哥哥。莫管他。任是艱難走不過。（玉谷新簧）

譏妓

臨清姐兒賽鶯鶯。十分窈窕十分清。若還見了張君瑞。摟抱深深不做聲。好輕輕。喜不勝。手段從來多慣經。（玉谷新簧）

揚州姐兒勝碧秋。朝朝暮暮逞風流。有緣遇着陳中烈。顛倒鴛鴦不肯去。好好抽。且莫休。百戰全無半點憂。（玉谷新簧）

儀真姐兒似玉真。萬般嬝娜叫親親。眼前得見蘇郎面。海誓山盟表寸心。喜欣欣。拚此身。倒鳳顛鸞日新新。（玉谷新簧）

蘇州姐兒稱小蘇。人人齊說是仙姑。朱顏緑鬢多丰采。相待常如相見初。好姐夫。手段粗。只怕明朝骨髓枯。（玉谷新簧）

天津姐兒似六娘。枕邊長伴狀元郎。叮嚀此去朝天子。獨佔鰲頭姓字香。我的郎。切莫忘。才子佳人歲月長。（玉谷新簧）

蕭山姐兒似玉簫。傳杯弄盞勸多嬌。西湖十里風光好。欵欵輕輕擺柳腰。問嬌嬌。

香已消。偷閑莫待月兒高。（玉谷新簧）

錢塘姐兒不要錢。只圖花酒過流年。逢人便唱相思曲。撥盡琵琶珠淚漣。好向前。慢慢纏。總在仙姬一夜眠。（玉谷新簧）

蘭溪姐兒似弱蘭。嬌嬈體態賽人間。郵亭學士親携手。笑把胭脂點玉顏。夢未殘。夜已闌。惱亂柔腸淚暗彈。（玉谷新簧）

杭州姐兒情意多。紅羅帳裏叫親哥。平生手段贏人處。盡在今宵錦被窩。俏哥哥。心莫多。織錦機中好弄梭。（玉谷新簧）

襄陽姐兒心性乖。花前把酒問多才。今宵雨散雲收後。明日情哥來不來。好情懷。得和諧。夢魂飛入楚陽臺。（玉谷新簧）

樊城姐兒最耐煩。問郎何事買朱顏。前生欠你風流債。今宵須當盡力還。燈已殘。夜已闌。這段姻緣不等閑。（玉谷新簧）

荆州姐兒生得清。點頭便識重和輕。一朝幸遇風流婿。軟欵温柔笑幾聲。一事精。百事精。賽過南京與北京。（玉谷新簧）

汴梁姐兒情意長。香羅取下送情郎。香羅易得人難得。幾度思量幾斷腸。出洞房。問我郎。何日重來上戰場。（玉谷新簧）

雲南姐兒白似銀。紛紛翠袖與紅裙。謝安挾到東山上。共飲金甌酒幾巡。行得勻。唱得勻。風月塲中獨出群。（玉谷新簧）

九江姐兒名色香。芙蓉滿面體如霜。粧臺百事般般曉。彈動琵琶韻更長。好風光。在西廂。莫説蘇杭與建昌。（玉谷新簧）

廣東姐兒住海邊。逢人便唱碧雲天。慇懃勸酒多嬌媚。好似桃源洞裏仙。嚲香肩。顛倒顛。一夜恩情有萬千。（玉谷新簧）

【北雙調楚江秋】

新增南京時曲

骨牌名

金菊對芙蓉。奴似秃武龍。群鴉偏打孤飛鳳。好教我梯望月盼多情。辟破蓮蓬。二士誤入桃源洞。西施醉七紅。楊妃醉八紅。魚遊春水傷情重。（風月錦囊）

按：「鳳」，原作「風」。「我」字原奪。「誤」，原作「悟」。

人別天念三。奴心火煉丹。終朝盼望折脚雁。一似賓鴻中彈不迴還。苦在心。哥嫂太無情。反面忘恩。頭麥水盡。二攬先秤。我和你一母同胞。何况區區陌路人。（風月錦囊）

五更時候。犬吠鷄鳴。暈的奴搭伏定。咳嗽吁吁心内疼。挨磨暫時。挑水到黄昏。叫天不應。叫地不聞。受盡了萬苦千辛。奴寧死如何嫁别人。（風月錦囊）

按：「伏定」下原衍「汗」字。

他本是英雄將士。要去做個棟梁。急得他怒髮從心。怨氣冲天又奔忙。告穹蒼保祐夫郎。願他龍門一跳。虎榜名標。與他洗却俺羞。免被傍人説短長。（風月錦囊）

奴家命薄。匹配夫郎。他不本分營生。要去求名顯姓揚。到秦邦遇着商鞅。讒臣毒害。打落文章。他又使盡黄金。空手回來羞這場。（風月錦囊）

弓鞋襪小。步出蘭房。要見我的夫郎。半炷新香答上蒼。細思量痛斷腸。無情薄倖。□意難忘。我今夜裡要去尋他。未審君家在何方。（風月錦囊）

按：「蘭」，原作「闌」。「無」字原奪。

相思病漸來。形骸瘦似柴。老天不管人禁害。也是我三生分淺命兒該。夢裡陽臺。向人羞把金錢買。懨懨悶滿懷。盈盈淚滿腮。爲他强把心兒耐。（風月錦囊）

相思病漸難。時時損舊顔。從來誰也曾經慣。怎禁的霜寒風緊枕頭單。廢寢忘飡。百般提起心頭懶。春來望不還。秋來望不還。楓林樹老胭脂瓣。（風月錦囊）

相思病漸纏。新年又一年。添愁送惱鶯和燕。想着他眉清目朗似神仙。彷彿雲掩花陰。月影欄杆轉。心兒也是偏。情兒也是偏。別人見了偏不願。（風月錦囊）

按：「掩」，原作「烟」。

相思病漸妖。懨懨怎生熬。夜來曾向蒼天告。但願我鳳友鸞交在今宵。月轉花梢。天公試把前緣了。心兒也是焦。情兒也是焦。開簾惟恐鶯花笑。（風月錦囊）

相思病漸加。佳人黃瘦殺。燒香問個周易卦。先占着内爻發動外爻差。呀。恨只恨俊俏冤家。你在那裡烟花耍。心兒裡想着他。口兒裡念着他。如何叫我丢得下。（風月錦囊）

十月應小春。錦裙爛碎朱粉。櫻桃九熟添人悶。想當初觀燈十五會思情。龍虎風雲。貪花不滿三十運。想殺人正馬軍。悶殺人正馬軍。料他都掛將軍印。（風月錦囊）

揉碎一枝花。隔子眼望他。梅梢月上香燒罷。一似蘇秦佩劒在天涯。揉碎梅花。紅稀緑暗心牽掛。争梅寒雀喧。霞天一鴈斜。朝天五岳丢不下。（風月錦囊）

子弟俏娼妓

一見了那嬌嬈。俊龐兒難畫描。蛾眉微鎖秋波妙。我愛他桃花如臉柳如腰。體態嬌嬈。香肩斜插金蓮巧。甜口點櫻桃。粉蝶戲纖腰。玉人模樣生得俏。（風月錦囊）

按：「纖」，原作「鮮」。

姐姐你休賣乖。心中你自猜。當初因把相思害。你在後花園裡會喬才。引意安排。把你羞覷在門兒外。風強脚又害。顛強頭又歪。那時節不把羞來害。（風月錦囊）

思情五首

相思病漸濃。譙樓夜撞鐘。猛然驚醒團圓夢。好教人難挨難起恨匆匆。好事成空。無言獨把寒衾擁。窗櫺忽透風。燈花忽爆紅。珠簾不捲金鈎控。（風月錦囊）

相思病漸黃。梅稍月映窗。分明心上人模樣。想當初羅衫乍解玉腮香。躲躲藏藏。銀燈笑剪精神爽。這情我怎忘。這愁我怎當。何時再整銷金帳。（風月錦囊）

相思病漸多。光陰疾似梭。誰人把我愁城破。想當初廣寒宮裡遇嫦娥。醉眼摩挲。至今常把眉兒鎖。心兒怎奈何。情兒怎奈何。數聲啼烏窗前過。（風月錦囊）

相思病漸加。人兒自離家。轉頭過了春和夏。空教人夜來魂夢遶天涯。心癢難抓。
書來未審真和假。有時還怨他。有時還恨他。何時教我丟得下。（風月錦囊）
相思病漸成。西廂待月明。多情去了人孤另。想着他鸞鳳被裏意兒錫。細語低聲。
今宵門掩人空等。寒窗挑盡燈。寒幃數盡更。月移花影摇松徑。（風月錦囊）

【北雙調楚江秋後聯清江引】計二十四合

閨閣懷春

相思病漸濃。海棠花又紅。主人別後身如夢。怎禁他無端黄鳥鬧春風。聲在牆東。
猛然把我愁懷動。眉頭兩翠重。心頭萬恨重。撲梭淚眼珍珠迸。撲梭淚眼珍珠迸。
滴濕吴箋重。書成和淚封。没箇人兒送。越思量越思量越教人心痛。（風月錦囊）

繡窗凝思

相思病漸黄。含情倚象牀。銀鈎高掛銷金帳。自從他前春去了減容光。惱亂柔腸。
可憐消瘦人模樣。雲鬟也怕粧。花鈿也怕粧。菱花塵滿香臺上。菱花塵滿香臺上。

這病多魔障。冤家及早回。免得教人望。最怕底最怕底枕衾寒更漏響。（風月錦囊）

歸期暗算

相思病漸滋。春來又幾時。如今過了三之二。想當初臨岐惜別算歸期。説道春歸。春光已去人不至。神魂也似痴。形容也似痴。起來羞展鴛鴦被。起來羞展鴛鴦被。見了教人氣。當初相見時。只説不相離。到如今到如今都做了風中絮。（風月錦囊）

玉筯頻垂

相思病漸羸。雙雙玉筯垂。眉兒哭損腸兒碎。薄情的徉徜去了不思回。芳草萋萋。人往何處迷踪跡。平康巷馬蹄。章臺路馬蹄。那知有箇人憔悴。那知有箇人憔悴。別後相思味。紗窗月影移。照見和衣睡。這其間這其間滿懷愁仗誰洗。（風月錦囊）

望斷鱗鴻

相思病漸枯。雁魚音信疏。平安欲問關山阻。恨伊家這般薄倖把人辜。忒也模糊。全然不顧花無主。蛛絲驗也無。燈花驗也無。幾番不準佳期誤。幾番不準佳期誤。

幽恨和誰訴。秋月與春花。流年暗中度。撮弄底撮弄底害相思人最苦。（風月錦囊）

追思往昔

相思病漸來。終朝懶放懷。忘飡廢寢愁無奈。憶當年花前月下喜盈腮。共舉金杯。歌聲笑語都安在。琴囊也怕開。棋盤也怕開。幾時償了風流債。幾時償了風流債。鏡裡朱顔改。空有好花兒。羞折花兒戴。掛牽人掛牽人恨冤家心忒歹。（風月錦囊）

路遠音稀

相思病漸昏。關山勞夢魂。三年一去稀音信。怎麽的尺書不寄意中人。心下評論。多應路遠風無順。情兒可是真。意兒可是真。歸來畢竟從頭問。歸來畢竟從頭問。訴與相思恨。知他知不知。羅帶都寬盡。只落得只落得曉夜裡心不穩。（風月錦囊）

烏啼花落

相思病漸難。冤家不見還。口兒念了千千萬。我爲他梨花帶雨淚闌干。寂寞愁顔。這般症候誰曾慣。花開也又殘。鶯啼也又殘。指尖揉碎荼蘼瓣。指尖揉碎荼蘼瓣。

暗自心傷慘。甜話許多般。被你將人賺。哄的奴哄的奴掛斷腸望眼穿。（風月錦囊）

銀箏寫恨

相思病漸攢。東風料峭寒。春衫欲寄情人畔。怎當他書兒寫下去時難。萬水千山。春鴈不到雙魚斷。淚珠也暗彈。淚珠也自彈。老天不管人離散。老天不管人離散。箏馬斜排鴈。彈到斷腸詩。句句聲聲慢。似問天似問天怎麽的發付俺。（風月錦囊）

别懷琴弄

相思病漸纏。薰風人入絃。畫梁早見生成燕。粉牆西新篁脱笋緑娟娟。意惹情牽。歸期數到揺紈扇。人兒似去年。樓臺似去年。去年心上人不見。去年心上人不見。撇得奴思念。閑時弄曲琴。寫出相思怨。不覺的不覺的淚滴濕琴絃遍。（風月錦囊）

好夢簫鶩

相思病漸妖。誰家品玉簫。江城吹出梅花調。向晚來池臺明月好良宵。睡眼纔交。分明夢見他來到。魂靈也似飄。身軀也似飄。合歡未了將人攪。合歡未了將人攪。

越轉添焦躁。本待訴衷腸。被你生拗巧。願只願願只願吹簫的長睡着。（風月錦囊）

七夕離憂

相思病漸多。牽牛又渡河。彩樓乞巧陳瓜果。但願得人間天上兩團和。惱殺嫦娥。他們此夜年年過。床空怎奈何。衾空怎奈何。廣寒孤零誰憐我。廣寒孤零誰憐我。硬把牙兒挫。秋來夜正長。教我如何過。幾番家幾番家壓不住心頭火。（風月錦囊）

三秋別恨

相思病漸加。淹纏都爲他。一年害得春連夏。到如今秋來症候轉酥麻。短命冤家。幾番叫着名兒罵。拈香也是差。山盟也是差。負心不道干休罷。負心不道干休罷。這病教人怕。假若害殺奴。扯住郎一把。咱兩個咱兩個鬼門關同去耍。（風月錦囊）

關山夜月

相思病漸呆。疎桐弄影斜。十分明月清秋夜。敢則是我們此處皎光。他那裡雲遮。多應不照虧心者。登樓暗自嗟。憑欄暗自嗟。知他都被誰人惜。知他都被誰人惜。

半路抛人也。當初兩意投。話兒甜如蔗。到如今到如今變做了苦黄蘗。（風月錦囊）

澤國秋風

相思病漸成。芙蓉照水明。一枝點染秋江勝。自和他陽關唱徹百憂生。瘦得伶仃。至今羞覩花枝盛。龜兒又不靈。籤兒又不靈。幾時脱送淹纏症。幾時脱送淹纏症。喫得奴還硬。春來害到秋。越發尋人盛。這番兒這番兒定去赴閻羅命。（風月錦囊）

銀燭驚秋

相思病漸稠。銀臺燭淚流。知他因甚相迍逗。却原來恁般烟火燎心頭。我的離愁。也還象似他們否。他心還自憂。奴心還自憂。明朝風雨還重九。明朝風雨還重九。羞對茱萸酒。黄花冷笑人。人似黄花瘦。他怎知他怎知恁龐兒都非舊。（風月錦囊）

寒蛩攪夜

相思病漸深。寒蛩幾處吟。聲聲似把人愁襯。更不道悽清鑽破别離心。特故追尋。前生想是虧伊甚。衾兒冷又侵。床兒冷又侵。淚流濕透珊瑚枕。淚流濕透珊瑚枕。

已自難禁忍。空堦不又來。攪得愁成陣。雨和淚雨和淚隔窗兒來的緊。（風月錦囊）

情何以堪

相思病漸纏。心中暗自慚。多愁多悶奴招攬。悔當初一時相會共言談。兩下相貪。如今着重風流擔。由他又不甘。去他又不甘。這般負累何時減。這般負累何時減。害得人人罕。從頭檢藥方。都没相思散。敢則是敢則是鬼病兒罷休咱。（風月錦囊）

歲云暮矣

相思病漸添。空中雪散鹽。樓臺都是銀粧點。這麼樣清清冷冷朔風嚴。直透珠簾。不知你在誰行便。眉兒蹙破尖。鞋兒跌綻尖。歸期不準年華變。歸期不準年華變。腮外梅花見。書來説道來。幾次都無驗。早寫下早寫下明年的相思券。（風月錦囊）

楚江秋一十九闋。謾把琵琶撥。鈎簾晚坐時。仰見天邊月。試問他試問他自别來幾圓缺。（風月錦囊）

一年是十二箇月。月月有磨滅。缺了還又圓。圓了還又缺。只有咱只有咱害相思無辨别。（風月錦囊）

相思病兒來的陡。就把容顏瘦。空有海上方。總是難醫救。不知道不知道怎麽底纔罷手。（風月錦囊）

相思病兒來的陡。説與君知否。去歲洛城花。往日章臺柳。都不曾都不曾着落了他人手。（風月錦囊）

相思病兒來的陡。羞向人開口。試聽楚江秋。卻是相思奏。寫别恨寫别恨説離愁十九首。（風月錦囊）

相思病兒來的陡。害底龐兒丑。眉壓楚山低。體怯羅衣瘦。待歸來待歸來問他們知得否。（風月錦囊）

【北雙調殿前歡】

醉歸

醉歸來。入門下馬笑盈腮。笙歌接至朱簾外。夜宴重開。十年前一秀才。黄虀菜。打熬作文章伯。江湖氣概。風月情懷。（詞林摘艷）

獨館思歸

杜鵑啼。一聲聲叫道不如歸。緑窗深鎖重門閉。獨自孤恓。不歸呵有何益。名位險。禄緣細。上柬封書策。懇索箇歸期。（雍熙樂府）

觀螂雀圖

笑螳螂。撲蟬終日受飢荒。花間黄雀偷睛望。災害難當。螳螂被鳥啄傷。捕禽子弓玲便。雀中彈魂飄蕩。螳螂方命夭。黄雀早身亡。（雍熙樂府）

離　愁

病多時。芙蓉粉淡鬢堆絲。鴻來不見音書至。欲寄情詩。借楓林紅葉兒。芝麻字。也寫不了心間事。嘆有緣離恨。恨無限相思。（雍熙樂府）

病難熬。無情無緒過花朝。不茶不飯傷懷抱。越恁無聊。粉脂殘香暗消。芙蓉貌。我只怕鶯花笑。深扃繡户。低簇珠箔。（雍熙樂府）

淚盈盈。秋聲相間喟然聲。枕衾相空人孤另。翠帳寒生。滴梧桐雨乍晴。風纔定。

漏斷人初靜。悶偏嫌夜永。愁盼到天明。（雍熙樂府）

夜深沉。漏聲簷馬和蛩吟。雨餘簾幙新涼甚。好夢難尋。鴛鴦帳。翡翠衾。珊瑚枕。無計把相思禁。淚模糊困眼。恨塞滿愁襟。（雍熙樂府）

詠　酒

酒風流。一盃消盡古今愁。醉鄉寬闊無昏晝。管甚春秋。只喫的醉後休。醒時又。酒灌殺誰能勾。問甚麽莊周夢蝶。蝶夢莊周。（雍熙樂府）

酒皮禪。無明無夜醉醺醺。騰騰兀兀胡突運。辨甚清渾。破磁甌老瓦盆。煞粗坌。與豪客消孤悶。羨林中日月。樂醉裡乾坤。（雍熙樂府）

酒精靈。從伊出世幾人醒。問君何德稱賢聖。誤盡蒼生。竹林賢命已傾。灌殺彭澤令。縱不死也都成病。棄職身爲大。願以酒爲名。（雍熙樂府）

酒神通。能增狂客無窮興。功名流入無何境。渰盡英雄。無些兒補世能。到有人知重。想起來成何用。琴書上意懶。歌舞處情濃。（雍熙樂府）

題　情

恨襄王。這回無夢赴高唐。盼鸞輿立遍青苔巷。目滿昭陽。長門靜輦路荒。無程望。

空没亂春心蕩漾。掩不迭情淚。續不上愁腸。（雍熙樂府）

月圓圓。露寒風細夜漫漫。淒涼物感愁心亂。分外恐酸。求鳳凰舞鏡鸞。空腸斷。魂魄也難逃竄。少欠他情思。虧負俺情歡。（雍熙樂府）

禁閨房。清霜輕染鬢邊愁。怨粧粉淡梨花瘦。減動風流。鴛鴦殿燕子樓。空遥受。兩件兒怎能勾。天來高孤悶。地來厚閑愁。（雍熙樂府）

感情懷。舊愁新害擁將來。填還不徹相思債。春盡天台。鉛花謝錦樹衰。情緣在。惡光景欺人煞。掩黄昏庭院。飛暮雨樓臺。（雍熙樂府）

思情

翠鸞孤。懶粧羞對美人圖。臉殘蓮萼肌消玉。花貌清臞。黄金鳳碧玉梳。何曾覷。無情物算來也傷心緒。梳不通宫怨。釵分斷華胥。（雍熙樂府）

恨千疊。半衾香散夢蝴蝶。枕屏虚度如年夜。景物堪嗟。桐陰轉月影斜。蠟將盡燈將滅。攛送到愁時節。淒涼心易感。坎坷運難折。（雍熙樂府）

恨殘春。梨花暮雨掩重門。花飛又到愁時分。分外消魂。無休歇揾啼痕。淚滰的羅衫潤。淚滴盡愁難盡。忘飡捱白晝。和淚待黄昏。（雍熙樂府）

倚危闌。樓欄便是望夫山。雲間數遍西飛雁。無箇平安。愁難盡淚不乾。枉短吁空長嘆。越煩惱越無限。欲消磨離恨。除是見雕鞍。（雍熙樂府）

按：「樓」，原作「闌」。

相　思

晚初晴。半痕秋月照窗櫺。梧桐敗葉凋金井。淅淅風清。促織鳴愁難聽。鐵石般心腸硬。怎合得這啼睛。惡病須易害。好夢定難成。（雍熙樂府）

想他時。懨懨常是害相思。心中多少傷懷事。感嘆嗟咨。寄淒涼四句詩。托知己暗傳示。回一箇鴛鴦字。若來時便可。勝海上方兒。（雍熙樂府）

俏冤家。平白和我意兒差。當初曾說知心話。陡恁情雜。非干是我負他。他到說和咱罷。罷了也猶牽掛。相識每見他。因話兒題咱。（雍熙樂府）

說山盟。兩情稠密海來深。只想你貴將咱聘。廢了恩情。咱寧耐守婦名。越思量越動情。情沒亂何曾定。今生非分淺。分淺是前生。（雍熙樂府）

幽　情

烟波萬頃洞庭秋。紅姜細切白蓮藕。橙泛金甌。潑醅新斑竹篘。買窮究不如醉。醉

而醒醒而又。有青山綠水。不羨你肥馬輕裘。（雍熙樂府）

水村山舘草萊廬。生平不識青雲路。新酒活魚。吟會詩看會書。人問我家何處。在鸚鵡洲邊住。有黃橙紫蟹。不羨你玉帶金魚。（雍熙樂府）

舍之則藏用之行。歸來愛煞彭澤令。家住蓬瀛。望白雲憶酒樽。近東籬露頂吟。楊震節淵明興。有猿鶴相伴。不羨你畫閣圖形。（雍熙樂府）

人笑螳螂捕噪蟬。螳螂又被雀來飡。腦後難防。挾彈客無虛放。螳螂夭雀隨亡。吾參破潛江上。有泉聲韻巧。不羨你玉珮玎璫。（雍熙樂府）

際清朝。西班人物顯英豪。詞林吐出珠璣耀。俊逸才饒。到春來詠碧桃。入夏來引玄鶴。深秋醉賞黃花茂。冬寒時雪飄。錦帳底飲羊羔。（雍熙樂府）

【北雙調對玉環兼清江引】

嘆世

水向東流。厭厭日墜西。落絮飛花。將春斷送歸。青春再不回。人生能有幾。後趲前催。中年人去的疾。高山流水知音稀。有幾箇人知會。兔死也狐悲。物且傷其類。

問着的故人兒都是鬼。（雍熙樂府）

兔走烏飛。忙中日月疾。金井梧桐。眼見葉落稀。昨日在街前。今朝卧土堆。今日同席。明朝又少誰。滔滔大江東逝水。争甚名和利。人是一般人。氣是一般氣。鬧咳咳捨殘生争甚的。（雍熙樂府）

白髮堦前。眼見故友稀。去歲朋情。今年又少誰。懨懨白晝長。滴盡離人淚。老者存留。辜負少者回。世上愚人真箇癡。好色貪名利。使殺兩角牛。解不盡其中意。到頭來誰人替的你。（雍熙樂府）

碧玉簪折。掂爲三兩截。井墜銀瓶。銀瓶何處也。菱花已碎跌。疾似下坡車。老者存留。辜負少者絶。嘆光陰有如一夢蝶。人老如花謝。烏江楚漢争。赤壁曹劉滅。似這等古人都安在也。（雍熙樂府）

【阿姑令】

阿姑令從頭兒唱起。唱的是古人的名諱。張子房休官棄職。陶淵明早歸去來兮。（北曲拾遺）

石竹花兒正開。有情人捎的書來。金鎞兒把書來拆開。撲簌簌掉下兩行淚來。（北曲拾

遺）

青紗裙兒破些。有情人今朝去也。好的歹的都休説。山野裏也有那相逢的時節。（北曲拾遺）

青紗裙兒一遭。小叔叔兒要了大嫂。休教你哥哥知道。你哥哥知道有些兒煩惱。（北曲拾遺）

【美櫻桃】

閨情

懶梳懶整烏雲鬢。寬褪寬褪繡羅裙。默默無言暗消魂。恨人遠天涯近。良宵虛度。也只爲君。湘紋空展。也只爲君。沉鱗斷羽無音信。鸞鳳散。鶯燕分。何時得見盼煞少年人。（詞林摘艷）

懶修懶寫平安字。無心無緒織囬詩。歸期約定暮春時。却又早三秋至。腕憁金釧。也只爲爾。腰裙寬褪。也只爲爾。魚沉鴈杳絶傳示。朝朝望。暮暮思。何時得見那人兒。（詞林摘艷）

懶行懶出門兒外。無心無緒步蒼苔。冤家一去信音乖。物在人何在。香肌憔瘦。也

不到來。㶊㶊成病。也不到來。冤家陡恁心腸歹。銀瓶墜。石沉海。何時得見俊多才。（詞林摘艷）

懶描懶把眉兒畫。無心無緒對菱花。多才一去各天涯。買遍了金錢卦。香消玉減。也只爲他。魂勞夢穰。也只爲他。交人怎不心牽掛。飯不飯。茶不茶。何時得見俏冤家。（詞林摘艷）

按：雍熙樂府收第一隻，題作「悶慵」。

【秋風紅葉兒】

閨　怨

淚濕殘粧面。和風吹柳綿。冷清清獨立在閑庭深院。怕春寒簾半捲。金釵兒劃損在緑苔前。情人去。甚日回。何時得相見。得見俺情人面。空交人倚危樓竭叫埋怨天。天。月圓人未圓。月團圓。（詞林摘艷）

露濕綾波襪。金蓮步笋芽。冷清清獨立在深庭堦下。爲情人憔悴煞。心兒中只恐怕意兒差。這早晚更漏殘。香燒罷。又恐怕夫人罵。空交人倚危樓題名作念他。他。

夜深不到家。在誰家。（詞林摘艷）

淚濕芙蓉面。梅香訴我言。喜鵲兒飛入畫堂前。爲春光簾盡捲。小童兒報説在玉臺前。説道今番去。甚日回。何年得相見。得見俺情人面。急荒忙整身軀焚香拜謝天。月圓人未圓。月團圓。（詞林摘艷）

淚濕羅衫袖。涓涓不斷流。爲情人思想的我形骸瘦。這孤單何日休。悶縈縈獨宿捱昏晝。消不見。信不聞。忘却山盟呪。這苦也難禁受。意癡癡冷清清茶湯怕到口。羞。無言憑畫樓。淚凝眸。（詞林摘艷）

按：雍熙樂府題作「思情」，南詞韻選僅録末曲，無題。曲牌均作〔紅葉兒〕。「怕到口」中「怕」字原奪，兹據雍熙補。

【對美人】

思　情

青銅鏡兒。各自人收着一半。金鳳釵兒。各自人收着一隻。記的咱對天發願。曾把香燃髮剪。空設下些誓盟願。有甚麽虧心的事。交我怎生埋怨天。〔和〕天。山遥人

又遠。不知那一日。和你重相見。重相見了時。好一似沙裏淘金。果然是難得見。（詞林摘艷）

鮫綃帕兒。是奴親針指。香囊袋兒。是奴殘針線。見了他如同見奴之面。則要你常思常念。上繡着一枝並頭蓮。我與你捎將去。表奴情意專。〔和前〕（詞林摘艷）

銷金帳兒。空閑了無人伴。紅綾被兒。冷落了無人暖。想起我這情人不見。何時會面。空交我雨淚漣漣。猛想起心上的人。着我倚幃屏埋怨天。〔和前〕（詞林摘艷）

花牋上字兒。字字將你念。心上話兒。句句情意專。幾時和你成眷姻。燒香祝願。則願的早早團圓。我若是和你得團圓。雙雙拜謝天。〔和前〕（詞林摘艷）

按：末曲「拜」，原作「針」。

【北仙吕憶王孫】

姮娥神已屬王孫。坐對花神久斷魂。燕語鶯聲不忍聞。想黄昏。花勝鮮妍獨倚門。（萬錦情林・三妙傳錦）

【北雙調蟾宫】

閨怨

鬧嚷嚷春景無涯。近一簇香車。遠一簇香車。雨篩風攪攘韶華。打一夜梨花。飄一夜梨花。心病也。意兒慵。對一霎紗窗。倚一霎紗窗。情重也。淚兒枯。嘆一聲冤家。念一聲冤家。恁黄昏簾幕重遮。鼓一部青蛙。送一部青蛙。（萬錦情林・覓蓮記傳）

按：國色天香「劉生覓蓮記」題作「静裏凄寥」。

【南仙吕入雙調步步嬌】

密約多遭杳杳無消耗。火噴祅神廟。卿卿當鵲橋。低架天河。早渡仙娥到。春意沁鮫綃。那時當贈纏頭報。（萬錦情林・覓蓮記傳）

【南小石調如夢令】

正好歡娱彩幔。何事赤繩緣斷。步月散幽懷。又被琴聲繚亂。情願。情願。孤枕與君分半。（萬錦情林・浙湖三傳奇）

【南南吕香柳娘】

對孤燈悄然。對孤燈悄然。夜闌人倦。雨聲滴破相思怨。這情緒可憐。這情緒可憐。輾轉不成眠。懶把羅衾戀。想伊兒妙年。想伊兒妙年。腸斷心灰。務諧姻眷。（萬錦情林·浙湖三奇傳）

【南中吕古輪臺】

色鮮妍。韶華難擬又難言。江翻玉浪如匹練。素蟾舒展見。虎踞龍蟠翠微開。螺髻雙懸。有多少五陵才俊。裘馬翩翩。耐不住在花柳前。瑞靄中天。真好個宸京畿甸。西枕衡華。東臨淮泗。長江天塹。處處酒旗翻。情懷遠。夕陽煙裏笑歌填。（大明英烈傳）

【北商調醋葫蘆】十首

湛秋波兩剪明。露金蓮三寸小。弄春風楊柳細身腰。比紅兒態度更應嬌。他生的諸般齊妙。縱司空見慣也魂消。（刎頸鴛鴦會）

一鎖修眉恨尚存。痛知心人已亡。霎時間雲雨散巫陽。自別來幾日行坐想。空撇下一天情況。則除是夢裡見才郎。（刎頸鴛鴦會）

結姻緣十數年。動春情三四番。蕭墻禍起片時間。到如今反爲難上難。把一對鸞鳳驚散。倚欄杆無語淚偷彈。（刎頸鴛鴦會）

喜今宵月再圓。賞名園花正芳。笑吟吟攜手上牙床。恣交歡恍然入醉鄉。不覺的渾身通暢。把斷弦重續兩情償。（刎頸鴛鴦會）

美温温顔面肥。光油油鬢髮長。他半生花酒肆癲狂。對人前扯拽都是謊。全無有風雲氣象。一謎裏竊玉與偷香。（刎頸鴛鴦會）

奏簫韶一派鳴。綻池蓮萬朶開。看六街三市鬧攘攘。笑聲高滿城春似海。期人在燈前相待。幾回家又恐燕鶯猜。（刎頸鴛鴦會）

報黄昏角數聲。助凄涼淚幾行。論深情海角未爲長。難捉摸這般心内癢。不能勾相偎相傍。惡思量縈損九迴腸。（刎頸鴛鴦會）

揶揄來若惹咱。朦朧着便見他。病懨懨害的眼兒花。瘦身軀怎禁没亂殺。則說不和我幹罷。幾時節離了兩冤家。（刎頸鴛鴦會）

緑溶溶酒滿斟。紅焰焰燭半燒。正中庭花月影兒交。直吃得玉山時自倒。他兩個貪

歡貪笑。不提防門外有人瞧。（刎頸鴛鴦會）

見抛磚意暗猜。入門來魂已驚。舉青鋒過處喪多情。到今朝你心還未省。送了他三條性命。果冤冤相報有神明。（刎頸鴛鴦會）

【南雙調鎖南枝】

寫供狀。梁尚賓。只因表弟魯學曾。岳母念他貧。約他助行聘。爲借衣服知此情。不合使欺心。緩地行。乘昏黑。○假學曾。園公引入内室門。見了孟夫人。把金銀厚相贈。因留宿有了姦騙情。三日後。學曾來。將小姐。送一命。（陳御史巧勘金釵鈿）

【南南吕一剪梅】

瀟湘店外鬼來呵。愁殺哥哥。悶殺哥哥。伊人自作撲燈蛾。去了哥哥。棄了哥哥。○把頭相向淚懸河。怎捨哥哥。謾捨哥哥。此歸花案不差訛。生屬哥哥。死屬哥哥。（國色天香龍會蘭池録）

【北雙調清江引】

誰家女兒委實好。賽過西施貌。面如白粉欄。鬢似烏雲繞。若得他近身時魂靈兒都

丟了。（醒世恒言）

覷鞋兒三寸輕羅軟。窄勝蕖花片。若還綉滿花。只費分毫線。怪他香噴噴不沾泥只在樓上轉。（醒世恒言）

【南商調黄鶯兒】

包趙兩相逢。做媒心個個雄。忽生嫌隙奸心動。渾名兒自攻。丑聲兒自同。喧嘩攘臂相争勇。氣衝衝。頭蓬髻亂。沫血盡顔紅。（山水情）

雙貴錦衣旋。鬧街坊鼓樂闐。三檐蓋傘隨風轉。綉鞍兒色鮮。藍旗兒粲然。摩肩擦背人争羡。賽登仙。親年未老。及第樂無邊。（山水情）

一對好夫妻。到黄昏請脱衣。兩般心事曾傳遞。燈兒又吹。門兒又閉。暗中摸索風流味。莫狐疑。兒家朱户。舊有個老僧題。（閃電窗）

大將逞威風。奪城池苦戰功。三軍衝擊前不動。飛雲梯没功。襄帕炮在轟。可奈正陽門緊閉毫無縫。計何從。走塘的探得。止有一縷小溝通。（醋葫蘆）

【南仙吕桂枝香】

鮫綃尺素。點瑕非故。又不是桃葉隨波。好一似梨花含露。這痕兒出奇。痕兒出奇。

敢是珠樓咳唾。還是嵬坡血污。漫躊躇。好似竹上湘妃染。這的是枝頭杜宇污。（醋葫蘆）

【掛枝兒】

小娘中誰似得王美兒標緻。又會寫又會畫又會做詩。吹彈歌舞都餘事。常把西湖比西子。就是西子比他也還不如。那個有福的湯着他身兒也。情願一個死。（賣油郎獨佔花魁）

王美兒似木瓜空好看。十五歲還不曾與人湯一湯。有名無實成何干。便不是石女。也是二竿子的娘。若還有個好好的羞羞也。如何煞得這些時癢。（賣油郎獨佔花魁）

劉四媽你的嘴舌兒好不厲害。便是女隨何雌陸賈不信有這大才。說着長道着短全沒些破敗。就是醉夢中被你說得醒。就是聰明的被你說得呆。好個烈性的姑娘也。被你說得他心地改。（賣油郎獨佔花魁）

俏冤家須不是串花家的子弟。你是個做經紀本分人兒。那匡你會温存能軟款知心知意。料你不是個使性的。料你不是薄情的。幾番待放下思量也。又不覺思量起。（賣油郎獨佔花魁）

論風流也只差前後。走前門一道深溝。拖漿帶水情難湊。女的又氣苦。男的又易丢。尋一個後門也。哥哥倒好藏些丑。〔閃電窗〕

按：第六句「也」字爲格，原脱，茲補。

套數

納涼

【南仙呂一封書】人皆畏夏日。我愛炎天暑氣嘉。凝眸處可誇。笋成竿葵破蕚。雲聳奇峰千萬朵。榴簇紅巾三四花。亂蟬鳴。雨纔過。青草池塘處處蛙。心無事。誰似我。時觀雙燕舞簾幕。〔和〕涼亭上伊共我。相斟相勸泛流霞。

【皂羅袍】轉眼蕤賓節屆。奈清和天色。暑氣不覺。得高歌處且高歌。良辰美景休孤負。蘭堂初試。共纏彩索。菖蒲角黍。吾供宴酌。不妨選摘枝頭菓。〔和前〕

【勝葫蘆】驀地香來甚處花。薰風蕩池荷。我則見戲水鴛鴦成交頸。來來往往。驚起遊魚兒泛碧波。堪觀處臨水閣。採蓮人和採蓮歌。〔和前〕

【樂安神】晚來浴罷。臨風對月輕撥琵琶。佳人應笑隔窗紗。時復暗裏傳情話。報到

今宵好。涼似夜來多。趁取于飛樂。花前醉。酒味佳。樽前何用攬風車。〔和前〕

【尾聲】笑同入紗幮卧。風軒冰閣且蹉跎。玉骨冰肌事事可。（詞林摘艷）

按：舊編南九宮譜無尾聲，注散曲。盛世新聲、盛世詞林無題，雍熙樂府重收，卷四無題，卷十六題作「夏宴」，俱不注撰人。

四季閨情　此詞俚俗因時搬演姑載於此

【南仙吕八聲甘州歌】眠思夢想。空使奴朝夕雙眉不展。和他恩愛。指望盡老團圓。誰知去後没信息。又争柰水遠山遥途路長。冠不帶。懶掠粧。何時得見有情郎。花如錦。柳帶烟。玉樓人醉杏花天。

【傍粧臺】杏花天。我只見佳人才子蹴鞦韆。忽聽的鶯聲細。好交我悶難言。羞見蝴蝶舞。懶覩雙飛燕。尋思起。只告天。薄情一去又經年。

【八聲甘州歌】歎光陰迅速如箭。把奴家錯過了朱顔。没情没緒没撩亂。怎生消遣。粧臺懶傍慵畫眉。針線箱兒懶去拈。肝腸斷。眼望穿。别郎容易見郎難。榴噴火。暑氣炎。龍舟鼍鼓鬧喧天。

【傍粧臺】鬧喧天。我只見輕摇紈扇採蓮舡。驚起鴛鴦睡。拆散並頭蓮。鴛共鴦還一處。心上人何時見。尋思起。只告天。未知他在何處難把信音傳。

【八聲甘州歌】花牋寫幾行。要付與不知他在何方。巫山雲雨。何日再得成雙。孤幃展轉難捱到曉。端的是寂寞偏嫌更漏長。朦朧睡。略見郎。又被風吹鐵馬響玎璫。金風動。葉漸黄。又還新酒菊花天。

【傍粧臺】菊花天。總有香橙紫蠏。獨自一箇怎排筵。忽聽的賓鴻叫。聞砧杵擣聲喧。忽然的蛩哀砌。心上人何時見。尋思起。只告天。夢魂無路到君邊。

【解三酲】恨奴家命衰時蹇。致令的被他抛閃。藍橋路阻無由見。這音書仗托誰傳。料應他只在秋江上。猶恐怕落在誰家桃杏園。無由見。重會面。菱花擊破甚時圓。傍粧臺。鴛被寒。蘆花飛下九重天。

【傍粧臺】九重天。似這般衾寒枕冷。獨自箇怎生眠。喟一口長吁氣。止不住淚漣漣。難捱更長漏永。把往事思量遍。尋思起。只告天。未知何日稱心間。

【餘音】對蒼天頻作念。何時重會效鶼鶼。免使求神去卜籤。（詞林摘艷）

按：盛世詞林亦録，無題。又：第一、三、五曲曲牌原書［八聲甘州］，據律改。

合　箏翻北詞

【南仙吕八聲甘州】鶯喉乍逞。更冰絃清思心手調停。繡簾初捲。江上雁行月影。銀盤秋雨雲外響。玉樹庭花掌上生。等閒。將明珠萬顆斜撐。

【解三醒】病司馬和文君相應。小單于學鼓瑟湘靈。字兒對寫腔兒正。勝鸞鳳效和鳴。煞强如琵琶淚濕青衫上冷。彷彿似鸚鵡聲訛錦罩内聽。梁州令。見天風淅淅。山溜泠泠。

【尾聲】春雲翠幙花陰静。傳一派清音洗俗情。方信道纖指朱脣有絶世能。（南宫詞紀）

按：此曲南詞韻選亦録。

咏馬嵬事

【南仙吕八聲甘州】弓弓鳳鞋。蕩繡裙輕將金鐙斜挑。纖纖玉手。時把翠鞭輕裊。絲韁慢籠心意懶。坐不穩雕鞍身戰摇。趲行。悶無言淚濕鮫綃。

【前腔換頭】只爲。朝歡暮樂。舞翠盤惹起邊塞兵刀。軍行蜀道。玄禮忿怒心焦。三軍扎住屯馬嵬。明示楊妃犯罪條。奏他。是亡家敗國根苗。

【前腔】唐王心懊惱。賜貴妃刑憲忍落霜毫。欲傳恩赦。怎奈閫外軍條。時間奈何勅賜死。把玉體香肌粉碎了。可憐。悄一似燭滅香消。

【前腔】三軍寧静了。喜君王文武盡已還朝。長生宫殿。唐皇對景無聊。看六宫嬪妃和彩女。誰似楊妃容貌嬌。動情。對香囊無語寂寥。

【解三醒】幾般兒爲他轉添煩惱。罷霓裳悶懷多少。沉香亭鎮日空閒悄。何時再舞纖腰。梧桐尚存玉環何處去了。惱得他羯鼓無心懶去敲。傷懷抱。荔枝香再不。沾染宫袍。

【前腔】再不見玉樓酒闌人散了。再不見體態輕盈上馬嬌。再不見温泉宫賜浴帶雨梨花貌。再不見巧梳粧雲髻高。再不見鬭草龍池春晝暖。再不見私語長生秋夜迢。今何在。把香魂素魄。都赴丹霄。

【尾聲】轉思量添煩惱。江梅半吐海棠嬌。被一夜東風吹散了。（南宫詞紀）

按：此套亦見南詞韻選。

題　情

【南仙吕八聲甘州】東風太猛。把一天寒雨送入桃花。玉人何處。掩重門獨自嗟呀。

淚痕點點猶在臂。枕上盟言非是假。想他。上高城望斷天涯。

【前腔換頭】知他。建否麽。恐奔馳未免汩没風沙。玉容憔悴。帶圍兒比舊寬些。藥囊遠封來寄我。他心事難傳喬打牙。爲他。終日裏望眼巴巴。

【賺】情緒如麻。害得人懨懨病轉加。離别去。鳳橋流水夕陽斜。路途賒。無邊落水蕭蕭下。未審何時得到家。沈吟罷。新篘香液旗亭榨。懶拈杯斝。懶拈杯斝。

【掉角兒】這相思裝來數車。這憂愁比天來大。何日見青絲低揺。何日見遠山如畫。除非是夢兒中。攜素手。並香肩。殷勤半霎。覺來依舊。啼紅如把。紙屏寒。書幃冷。月在牕紗。

【前腔】望白石凍雲亂遮。倚修竹悶懷瀟洒。想伊行終須念咱。同伴中對誰閒話。兩下裏一般愁。千百年。寃家債。鎮常牽掛。梅花破蕋。楊柳漸芽。好春光。人不見。虚度年華。

【尾聲】喜佳節逢元夜。燈光月影泛流霞。一刻春宵千兩價。（彩筆情辭）

咏　柳

【南仙吕八聲甘州】古道長堤。偏愛東君煖風恩義。青柔緑嫩。漏泄一春消息。長安陌上多少樹。惟您年年管別離。爲伊。牽惹閒是閒非。

【前腔換頭】摇曳。遣行人似癡。把粧樓舞榭到處遮蔽。如絲如線。頓惹起萬端情意。新枝似學飛燕舞。細葉難描張敞眉。最宜。傍着小橋流水。

【不是路】裊裊依依。花萼樓前初種時。尋思起。從來盡日鬬芳菲。上有黄鸝不住啼。青眼從教到處窺。隨風轉。無端偏動離人思。可堪抛擲。可堪抛擲。

【解三酲】舞輕狂慣粘蜂翅。散長堤偏襯輪蹄。章臺路上三眠穩。花露冷葉如啼。成團作陣隨春去。爲甚麽到處把東君歸路迷。〔合〕紅稀日。緑陰布滿。池館江湄。

【前腔】覓封侯悔教夫壻。大刀頭破鏡難期。青青客舍催行色。跨雕鞍攬征衣。只見那秦淮岸上新條在。偏惹得王謝堂前舊燕歸。〔合前〕

【尾聲】水面風溪頭雨。秋老霜黄葉漸稀。還許我繫定孤篷送落暉。（太霞新奏）

按：新編南九宫詞題作「柳」，注新詞。

求　合

【南仙吕西河柳】體態嬌。情性好。説來的話兒且是答應的巧。各統門庭不上交。曾將野火燒。多將惡水來澆。恐怕牆花路柳引惹的蜂蝶兒鬧。做一箇欄干與他遮護了。

果然道是小生標。倩一箇媒人來下鍬。

【水紅花】金蓮移步女妖嬈。總堪描。羞花容貌。金釵斜挑髻翹。一團嬌。生的端莊俊俏。賽過西施年少。說不盡所事清高。早成就燕鶯交也羅。

【梧葉兒】看了他花容貌。萬種妖。百媚更千嬌。我和你庭前歡笑。慶良宵。賞翫今朝。只恐怕韶華易老。

【尾聲】簷前鐵馬玎璫鬧。誰想到把人驚覺。倒枕垂牀直到曉。（雍熙樂府）

按：舊編南九宮譜引首曲，注散曲。

長夜閨情

【南仙呂皂羅袍】寂寞難禁長夜。正孤燈睡着。不覺雨打梨花。孤魂隨夢遶天涯。淚珠濕透香羅帕。今朝望你。也不到家。明朝望你。也不到家。空教奴卜盡金錢卦。

【前腔】海誓山盟都是假。到如今做了。短嘆長嗟。風兒颯颯月兒斜。教人獨坐在荼蘼下。腮兒托定。想他念他。唇兒咬定。恨他罵他。怎生忘却當初話。

【尾聲】平白裡惹得人心腸罣。今夜凄凉誰共榻。分付東風莫怨嗟。（昔昔鹽）

晚景思情

【南仙吕美中美】日墜西。人漸稀。深林裏。却又早遠觀歸鴉兒又飛。村莊裏。卻又早半掩了柴扉。犬兒聲聲吠起。我則見這野叟樵夫他那裏携斧歸。

【前腔換頭】牧童跨犢。簇簇廝歸。遠望月上得這山頭也。交我行步步催。山深無奈樹烟盡迷。在這程途裏百種栖惶。却交我怎受持。

【下山虎】歸來莫問。看他分說。害的我伶仃瘦。你心似鐵。只教他跪到殘更。柳稍上月。管教他曲膝上須見血。剛待忍暫時歇。整整思量了五六個月。女伴每呫不敢说。待把金錢問卜。又恐怕漏泄。

【尾聲】千金駿馬歸來。寶鞍初卸。把我受過淒涼從頭慢慢說。（詞林摘艷）

按：盛世新聲無題。雍熙樂府題作「山行」。首二曲取之南戲「陳巡檢梅嶺夫妻」。下接〔下山虎〕聲韻不同，辭意亦不聯貫，當是雜湊而成。

【南仙吕桂枝香】金纓疊翠。金粟粧墜。花頭兒最小香多。縱有蓀蘭芝蕙。休誇素馨。并諸茉莉。江梅荷芰。此花占魁。膽瓶中微微浸。清香暗暗知。

【玉抱肚】香飄金砌。喚丫環輕將步移。把花頭暗藏在深處。香散綺羅珠翠。可惜西風蕩空枝。花好何曾結菓兮。

【掉角兒序】好花枝何曾結果奇。盼情人那裏着迷。近新來不聞箇信息。空交我守定孤幃。

【尾聲】和別人甜如蜜。教奴獨自受孤淒。有日相逢自問你。（詞林摘艶）

按：此曲盛世新聲亦收。

相思難遣

【南仙吕桂枝香】玉人不見。相思無限。自那夜兩意相投。到做了離鴻別鴈。這愁懷萬千。好似和針呑線。憑誰排遣。恨當初。錯向花陰下。相逢這事難。

【玉胞肚】教人懷怨。記雙飛花前月前。對穹蒼設定盟言。願同諧百歲姻緣。一團春趣樂無邊。誰料翻成離恨天。

【憶多嬌】悶懨懨。恨綿綿。滿目春光不似去年。不見寃家歌笑喧。手停盃閑。手停盃閑。寶篆香消懶去添。

【香柳娘】想當初乍見。想當初乍見。在碧闌干畔。珊珊環珮迎庭院。麝蘭香滿軒。

羅襪襯金蓮。烏雲映丹臉。把花枝笑撚。把花枝笑撚。疑是天仙纔離閬苑。

【皂羅袍】可愛丰姿嬌艷。過園林偏惹。蝶戀蜂牽。也曾攜手並香肩。也曾夜月同歡宴。也曾雲情雨意。似倒鳳顛鸞。也曾千言萬語。囑付枕邊。道從今楚館君休戀。

【賞宮花】緣慳分淺。好姻緣不十全。未交三月久。竟各一方天。只恐重逢都是夢。幾番淚滴問金錢。

【園林好】問多情何時再圓。這離愁無能可遷。恨不得騰霄插翅。頃刻裡到伊前。相依倚訴衷言。

【五供養】思之可憐。誰曾受這般鬼病來纏。祈神知莫解。醫藥料難痊。風流司馬。始知我其中的心願。雕闌憑壓損。餓眼望將穿。怕只怕殘軀被他坑陷。

【琥珀貓兒墜】幾番徹夜。獨坐爲嬋娟。剔盡寒燈懶去眠。傷心風物好難堪。看看。鴈過南樓。月透疏簾。

【僥僥令】人羈三百里。誰肯一封緘。寄與娘行行方便。早準備鸞膠續斷絃。

【餘文】若還再得重相見。却把離情訴一遍。再不放你獨自分開別去遠。（昔昔鹽）

景

【南仙呂望吾鄉】膏雨初晴。園林景最清。嬌紅嫩緑如仙境。最宜花下閑遊賞。共攜手同歡慶。鶯聲細。燕體輕。似奏着宜春令。

【傍粧臺】勝蓬瀛。我則見紛紛車馬往來笑相迎。幸喜遇民安樂。遍四海賀昇平。見花底排食壘。捧佳釀相酬敬。敲象板。吹鳳笙。樂奏着時新令。

【解三酲】酒席間坐移花影。拚今朝玉山酩酊。觥籌交錯聲相應。勸金盞莫留停。樂以風乎舞雩更。過如曲水流觴。詩未成。持銀筯擊玉瓶。高和着天仙令。

【掉角兒序】醉歸來瑤堦暫行。見天邊玉兔東升。喚丫鬟忙開畫屏。設佳筵共樂幽情。點銀燈。清光瑩。月華明。碧天皎潔如懸鏡。歌金縷。搊玉箏。齊唱着合歡令。

【尾聲】趁良時乘佳興。郎才女貌兩多情。月下星前設誓盟。（新編南九宮詞）

按：雍熙樂府題作「賞春」，不注撰人。新編南九宮詞注「樂府」。

海

【南仙吕傍粧臺】勢滔天。尾閭一六古今傳。聽朝暮潮來往。應朔望月虧圓。只爲他分支分派通淮汴。江漢朝宗納百川。包荒量。無盡年。細流不擇自淵淵。

【前腔換頭】瀛洲三島遠相連。樓船方士去求仙。童男女空留戀。更何日會神仙。怎見得長生不死靈丹面。怎見得淵客鮫綃珠淚圓。鵾鵬化。精衛填。怎如忘機沙上白鷗眠。

【不是路】萬頃茫然。日上扶桑金瀲灧。山光現。蜃樓噓氣接雲煙。颶風顛。贔屓羊侯怒浪掀。萬馬奔騰鼉鼓喧。無涯岸。任公犗餌何由見。此事虛傳。此事虛傳。

【前腔換頭】沙場。幾處人煙。斥鹵弘羊起利源。鹽花遍。飛霜出素在熬煎。最堪憐。宣聖乘桴吾道蹇。擊磬師襄雅韻圓。尤堪羨。龐萌隱士留冠冕。掉頭不轉。掉頭不轉。

【掉角兒】爲觀覽追思聖賢。嘆亡秦把山石馳鞭。猛地裡魚龍噴涎。半空裡浪花腥羶。慨當年。田横死。士心堅。五百英氣。尚摩霄漢。島夷席捲。邊陲宴然。受皇宣梯航朝獻。玉帛戔戔。

【前腔】釣鰲人收綸罷竿。水雲鄉異味多般。桃花浪鱖魚味全。練花風石首又鮮。望潮生。摇江柱。瓦壠蚶。龜鼇蝦蟹。鱟蜊蟶蜆。老翁法背。魚名萬千。想人生識之不盡。食之無厭。

【尾聲】客來偏懼潮聲撼。久住應知品味甘。襟度汪汪一樣寬。（新編南九宮詞）

按：「綸」，原作「輪」。

歸　隱

【南仙呂傍粧臺】自嘆半生忙。爲人難脱利鎖與名韁。讀書指望登金榜。今授職佐琴堂。治民自愧無能計。教子徒知有義方。親年邁。鬢已霜。待學望雲仁傑終日憶家鄉。

【前腔】憶家鄉。中山風土人物異尋常。衣冠濟楚多謙讓。周禮樂漢文章。絃歌百里春風靄。桃李千門化日長。徽恩閣。文德堂。待學登樓王粲千里醉思鄉。

【前腔】醉思鄉。故園松菊只恐半成荒。平生心地無偏黨。止留得一空囊。擔頭舊物惟有青氈在。架上遺書手澤香。封章奏。達帝王。待學散金疏廣恩賜早還鄉。

【前腔】早還鄉。鄉音無改不覺鬢毛蒼。烏紗帽換了青箬笠。皂羅袍換了布衣裳。清風林下琴三弄。細雨燈前酒一觴。田園少。歲月長。待學思鱸張翰一棹到家鄉。

【不是路】草舍之傍。鑿個方方半畝塘。多清況。徘徊雲影與天光。近東廂。種松補屋沿深巷。插棘編籬護短牆。須培養。數竿修竹相依傍。待宿鸞凰。

【前腔】古來多少興亡。九里山前一戰場。遥相望。巍巍赤壁羨周郎。最堪傷。功名未遂身先喪。總不如靖節歸來五柳莊。我也隨時樣。黄冠野服青藜杖。四時吟賞。

【解三酲】到春來惠風和暢。鬭繁華柳媚花芳。看廬山聳翠如屏障。白鹿洞隱朝陽。香爐瀑布三千丈。九疊屏風雲錦張。言非奬。真個是舟車輻輳。山海梯航。

【掉角兒】到夏來槐陰晝長。愛蓮池藕花争放。清暉樓薰風薦凉。重湖閣水天浮蕩。笑東鄰。一家忙。蠶麥老。又分秧。我無勞攘。紙屏石枕。藤蕈竹床。向南牕。安然高卧。自傲羲皇。

【解三酲】到秋來蟹肥雞壯。更那堪橘緑橙黄。村前社鼓鼕鼕響。祈后土慶豐穰。喜今秋甲子天晴朗。準備官租早上倉。人都講。但寬徭薄賦。窮也何妨。

【掉角兒】到冬來梅花又香。小橋邊酒旗高颺。亂紛紛雪花正揚。唤蒼頭把門關上。地爐中。煨芋栗。餉兒孫。一個個。要三争兩。將琴當酒。買魚煑湯。醉來時。欣欣拍手。婦隨夫唱。

【尾聲】一家骨肉俱無恙。把一個利名心丢撇在九重天上。百歲光陰如同夢一場。

（南宫詞紀）

閨情

【南仙吕醉羅歌】恨殺恨殺無情客。跌綻跌綻鳳頭鞋。追悔當初一念乖。着甚將他愛。燈前月下。偎肩竝腮。羅幃錦帳。鸞和鳳諧。把恩情一旦沉東海。懨懨害。病怎捱。負心的天自有安排。

【前腔】鎮日鎮日愁無奈。不放不放翠眉開。記得河橋分袂來。一别經多載。想應别惹。閒花野荄。腰肢瘦損。晨昏怎捱。薄情不記得盟言在。新人態。似舊懷。可知舊人曾也向新來。

【前腔】想起想起春風態。無日無日放心懷。雁杳魚沉信不來。愁蹙雙眉黛。是我緣慳分淺。非你情薄意乖。阻隔天南地北。空自朝思暮猜。爲前生做下今生債。愁嗔臆。淚滿腮。幾時得歡容笑口到粧臺。

【前腔】素粧素粧花不戴。禁步禁步户慵開。因甚多心胡亂猜。枉把奴嗔怪。非是相交一日。和你綢繆數載。肯把芳心别付。難免靈神鑒災。如何輕拆雙鴛帶。真和假。難盡解。請君一一想將來。（吴騷合編）

按：吴騷集、樂府先春無題，吴騷合編題作「閨情」，俱注古調。

【南仙吕入雙調黑麻序】春日舒遲。邀一佳人遊賞。萬花叢裏。向庭前偶然。得覩珠履。嬌鋪翠。峨眉映遠山。纖腰似柳枝。〔合〕俏嬌媚。一似月裏姮娥。降下咱臨凡世。

【前腔換頭】聽啟。生長深閨兒。日來月往。到有許多情意。朱幃百事宜。風流人更美。可表人意。被你娘在身畔間阻。寸腸難語。〔合前〕

【袞遍】花影裏。花影裏。鶯聲細。風乍暖。風乍暖。斑衣戲。只見香靄簾籠。青雲降雨。池塘雨過洒魚兒。馨香乍密。滿池春水。東君去速。縱千金難買佳致。休把閑愁繫。且留醉歸。金樽倒下。花前沉醉。是誰家王孫侍女。是誰家王孫侍女。打鞦韆半天耍戲。高挑一架鬧竿兒。高歌唱飲。萬花叢裏。天將晚。日墜西。無情杜宇。催春歸去。咱和伊。雙雙醉歸。明日裏。再排佳會。

【尾聲】醺醺醉倒都休管。三公不換此江山。萬古標名宇宙間。（風月錦囊）

按：第二曲〔前腔換頭〕原無，曲文直接接〔黑蟖序〕末句「降下咱臨凡世」後，據曲譜正；「〔合〕、〔合前〕」原缺，亦據曲律補。

荷

【南正宮白練序】若耶溪。看朵朵含風動玉杯。人盡訝貌與六郎無二。相看。没半語。渾一似佳人有所思。從頭記。捧心西子。沉醉楊妃。

【醉太平】堪擬。司秋白帝。早宸遊擁出。三千宮女。傾城一笑嫣然。玉骨冰肌。凝脂。香塵不惹絳綃衣。别自有一般風味。翠遮緑擁。凌波隨浪。香浮十里。

【白練序換頭】紅衣。出水奇。妖嬈旖旎。凝眸處温泉宫賜浴新試。相依。頭並低。廝想像巫山夢裡歸。湘靈女。襄王初起。陽臺雲雨。

【醉太平】偏喜。嬌娃艷女。木蘭舟蕩漾。水雲深處。蓮歌一曲。聽悠揚欸乃遞來聲細。還宜。王孫齊出鏡湖西。共携着歌姬舞妓。畫船遊舫。笙歌簫鼓。夕陽歸去。

【尾聲】前洲花事無多矣。早對花神酹酒巵。莫待秋老花殘恨自遲。（新編南九宫詞）

桂

【南正宫白練序】花初放。似金粟如來降下方。向園林等閑先占秋光。嫦娥。愛淡粧。贈取蟾宫折桂郎。應堪賞。些子中怎藏着。萬斛天香。

【醉太平】遥想。風流萬種。共清風皓月。先與商量。相期素景。絶勝魏紫姚黄。回廊。氤氲如剖麝臍囊。沁心神滿懷清爽。美人頭上。鬢雲簪雅。宜一味天香。

【白練序換頭】南窗。夜未央。銅壺漏長。捧金樽對花月沈醉何妨。東皇。謾主張。争似彈壓西風獨自强。嬌模樣。蘭凡蕙俗。那似天香。

【醉太平】誰將。黄金萬兩。向樹頭葉底。簇縷仙裳。想逋仙在日還題品。能消得水月詩章。參詳。花神取色按中央。無蜂蝶往來遊蕩。衆芳獨讓。任龍涎沉水。怎似天香。

【尾聲】玉露金風清韻爽。多會引詩人入醉鄉。却笑梅花帶曉霜。（新編南九宫詞）

南北正宫合套

祝讚

【汲沙尾南】佳節百禎集。瑶光明映虹蜺。萬國來朝。祝賀聖壽天齊。雍熙。寰宇内均陶和氣。金殿上雲霞呈瑞。贊呼萬歲。引朝儀。佩聲趨擁拜彤墀。

【脱布衫帶過小梁州北】玉殿上青鸞舞綵鳳翩飛。金鞍重寶馬驕嘶。象輅駕風生繡旗。則見翠花影九重龍環位。稽首對揚祝願吾皇福壽齊。大一統乾坤萬萬載洪基。正遇着聖恩寬厚撫黔黎。普際遇風雲會。遥見麗絳霄五星輝。華渚慶虹流。果熟三千歲。咸祝願聖明君萬壽天齊。嘉祥總獻呈。又百福皆來備。幸相逢昇平盛世。普天下賀雍熙。

【漁家傲南】際明時風雲會。四海車書盡同文軌。梯山航海走戎夷。聞風慕義。輸誠來効蕃臣禮。齊歡慶天壽佳期。擺列着充庭盛儀。南金大貝千珍簇。白象黄犀八寶羈。多華麗。陳詞拜跪。願吾皇福壽與天齊。

【醉太平北】星辰拱太微。瑞氣靄彤闈。天心悦鑒衆仙集。獻蟠桃味美。輕輕吹動雲和笛。徐徐舞轉鵷鸞對。雙雙齊進紫霞盃。萬萬歲尊臨萬國。

【普天樂南】彩雲間。丹霞裏。金殿上香騰瑞。雉扇開遥覩龍顔。鴻恩布慕仰皇威。陳御宴列珍饈味。萬國衣冠慶歡會。撫蠻夷辮髮雕題。班造鵷鷺羽儀。際明時。普天率土仰光輝。

【伴讀書帶笑和尚北】統乾坤萬萬里。總納在春風内。南北東西皆漸被。偏林林總總歸仁義。只見那終宵行旅門無閉。鞏社稷鴻基。綿皇圖萬萬年。開宇宙千千世。碧天長同迢遞。丹書覽金鑒披。示嘉猷表民彝。酌流霞獻瓊盃。慶福禄如川至。

【尾聲南】淳風被偏四陲。共樂昇平明盛世。祝願吾皇萬壽齊。（詞林摘艷）

按：盛世新聲、盛世詞林均無題。又：曲牌〔伴讀書帶笑和尚〕原僅書〔伴讀書〕。

南北正宫合套

送　别[一]

【金殿喜重重南】[二]新緑池邊。猛拍欄杆。心事仗誰論。花也無言。蝶也無言。離恨滿懷縈牽。恨東君不解留去客。嘆舞紅飄粉飛綿。景依然。事依然。悄然不見郎面。

【塞鴻秋北】[三]相別時正逢着春海棠花初綻蕋也微分間現。霎時間榴花噴紅蓮放沉冰果避暑摇紈扇。逡巡間菊花黄金風起敗葉飄梧桐變。不覺的臘梅開冰花墜暖閣内把香醪旋。四季景偏多。思想心中戀。不知俺那俏冤家冷清清獨自箇悶懨懨何處也擔着嗟怨。

【金殿喜重重換頭南】嗟怨。自古風流誤少年。那堪值暮春天。生怕到黄昏。愁怕到黄昏。獨自箇悶不成歡。换寶香薰被誰共宿。嘆夜長枕冷衾寒。你孤眠。我孤眠。但只是魂夢裏相見。

【貨郎兒北】有一日稱了俺平生心願。成就了夫妻謝天。今生一對兒好姻緣。冷清清擔着寂寞。愁冗冗受着熬煎。

【醉太平北】則爲我多情的業冤。今日箇恨惹情牽。想當日說山盟言海誓在星前。擔閣了風流少年。有一日朝雲暮雨成姻眷。畫堂歌舞排歡宴。有一日羅幃錦帳裏永團圓。花燭洞房成連理。休忘了受過淒涼有萬千。

【賺南】行李都辦。早登程去心如箭。休苦留戀。漸覺江天紅日晚。臨行孜孜的覷着。心兒裏暗約。教人怎不埋怨。黯然分散。恁時兩處消魂。悶縈方寸。

【怕春歸北】早是我心兒悶。那更萬綠枝頭聲聲叫杜鵑。道不如歸。啼不如歸。教人悶轉添。霎時間相聚。又怎知明日天涯孤館。

【春歸犯南】羞見。對柳眉。玩柳眼。千萬縷添縈絆。自從別後。休放人攀。向晚回深沉院落。料爲他停針頻作念。待會時怕水遠山遠人遠。唱徹陽關。滿斟別酒醉懶。圖得不知別離嘆。

【餘音南】暫別[四]登程休留戀。不堪處度日如年。好似和鈎吞却線。（雍熙樂府）

〔一〕詞林摘艷、群音類選題作「殘春」，雍熙樂府、北曲拾遺題作「送別」，盛世新聲、盛世詞林、南九宮十三調曲譜、舊編南九宮譜、北詞廣正譜、南詞新譜、金瓶梅詞話均無題。南九宮十三調曲譜、舊編南九宮譜、南詞新譜録〔花藥欄〕、〔其二换頭〕、〔賺〕、〔怕春歸〕、〔春歸犯〕，北詞廣正譜録〔金殿喜重重〕、〔幺篇〕、〔怕春歸〕、〔春歸犯〕。
〔二〕〔金殿喜重重〕，南九宫十三調曲譜、舊編南九宫譜、南詞新譜、金瓶梅詞話作〔花藥欄〕。
〔三〕〔塞鴻秋〕，各本皆作〔賽鴻秋〕，今正。
〔四〕「别」，原作「時」，兹從類選。

南北正宫合套

慶賞元宵

【普天樂南】晚天晴。東風裊。月團圓燈圍遶。春光遍春光遍此夜元宵。盡烘鬧火樹星橋。〔合〕呀。看人烟鬧炒。歡聲徹九臯。聽畫鼓如雷。驚起海角天涯。

【朝天子北】啓朱扉緑窻。倚雕欄粉牆。看嬌娘盡逞風流況。燈光連夜。月襯花容。晚粧鬭妖嬈。天街上金釵兒幾行。香蓮車兒千輛。這壁廂。那壁廂。亂紛紛來來往往。踐芳塵輕飄漾。踐芳塵輕飄漾。

【普天樂南】照雲鬟。銀蟾皎。蹙湘波金蓮小。齊行出齊行出不怕人瞧。玉纖纖半挽鮫綃。〔合前〕

【朝天子北】鬭鵝兒滿地飛。射火兒特地隨。聽笙歌簫管聲如沸。誰家婦女漏沉沉不歸。墮金鈿遺珠翠。這塔兒跳鬼。那塔兒上迷。舞一迴鬧一迴唱一迴。暖風薰遊人如醉。遊人如醉。太平年春光美。太平年春光美。

【普天樂南】紫絲鞭。花團轎。月中行風前笑。燈和月燈和月上下光搖。總丹青妙手難描。〔合前〕

【朝天子北】毬燈兒亂滚來。方燈兒齊擺開。魚龍燈影戲清波外。鴛鴦燈交頸。雪花燈粉色。虎燈雄獅兒怪。美人燈髻歪。老兒燈頭白。好美哉美哉懽喜哉。觀音燈慈悲自在。慈悲。自在。走馬燈行得快。走馬燈行得快。

【普天樂南】清淺光。銀河落。咿啞聲金鷄唱。乾坤换乾坤换錦繡窩窠。惹春情春興難消。〔合前〕

【餘文南】觀燈玩月開懷抱。擊壤酣歌賀聖朝。不覺東方天漸曉。（昔昔鹽）

按：此套南北曲用韻不一，疑拼接而成。無名氏散套中此類情况較多，以下類似者一般將不另作説明。

南北正宫合套

相思敍怨

【普天樂南】俏冤家。忒薄倖。爲恩情成畫柄。霎時間霎時間祆廟煙騰。見藍橋水渰波生。〔合〕呀。嘆盟言不準。恩情似水傾。拚今朝和你。和你鳳拆鸞分。

【朝天子北】待丟開怎丟。要干休怎休。悔當初不合虛情厚。不能保守。爲情投意投。惹相思添僝僽。淚珠兒暗投。玉肌兒消瘦。疊疊愁疊愁疊疊愁。九華峰霎時堆就。九華峰霎時堆就。好姻緣成虛謬。好姻緣成虛謬。

【普天樂南】想文君。心不定。嘆相如空愁悶。楚襄王楚襄王目斷行雲。盼高唐好夢難成。〔合前〕

【朝天子北】怪蜂兒往來。惱蝶兒舞迴。動離情幾種攢眉黛。忘飡廢寢病軀懶擡。悶傷春愁如海。這相思怎排。那離情怎開。苦苦捱苦捱苦苦捱。好教人無如之柰。好教人無如之柰。寬褪了香羅帶。寬褪了香羅帶。（昔昔鹽）

漁　隱

【南正宮錦庭樂】富春山。子陵居家傍在釣臺。流水遶孤村。映垂楊柴門半開。有時節戴箬笠掛羊毬手執絲竿。紅蓼白蘋洲畔。明月清風爲伴。把春山當畫看。垂鈎釣魚無限清閑。

【前腔】釣魚灣。繫扁舟篷窻半拴。風雨不相干。晚天涼日啣在半山。提一箇酒葫蘆步斜陽緑柳花間。有酒常時來賣。我把魚兒來換。笑忻忻的且放歡。一輪明月常照嚴灘。

【前腔】謝皇恩。詔書來不須用開。只爲感皇恩。懶謁龍門朝金闕。存身在世間。細尋思入朝班穿紫羅欄。看他爲官爲宦。似與虎狼爲伴。吉凶事掌上翻。龍顔怒時無計遮攔。

【前腔】虎頭牌。夜將軍鐵甲過關。宰相每五更寒。争如我埋名在世間。看他每積金珠戀虛名到底成難。我且逍遥散誕。有酒三盃五盞。在漁村裏且放歡。山妻稚子早晚團圓。

【尾聲】醺醺醉了都不管。三公不换此茅菴。萬古留名宇宙間。（詞林摘艷）

按：盛世新聲、雍熙樂府、盛世詞林無題，俱不注撰人。「陽」，原作「楊」。「謁」字原奪。「金」，原作「禁」。

【南正宮錦庭樂】劣喬才。自離家不覺數朝。割捨把奴拋。冷清清房櫳静悄。多應是在章臺戀紅裙共飲香醪。他對良辰歡笑。我誤青春年少。這淒涼怎的熬。不由人心癢難揉。

【前腔】受寂寥。又黄昏月掛柳梢。無語轉心焦。越看看青鸞信杳。我只得離香閨步瑶堦門畔窺瞧。猛聽的梅香來報。却是寃家來到。佯粧醉假害囂。不由人見了懊惱難消。

【前腔】恁逐朝。在何方貪戀女嬌。若不訴根苗。扯衣服將伊摑咬。尋思着氣紛紛怒啾啾心如油澆。我這裡百般尋鬧。他那裡數番陪笑。軟廝禁苦告饒。不由人又索寧耐今遭。

【前腔】就今宵。剪一縷青絲繫牢。親把肉香燒。對神前盟言誓了。方和你赴蘭房向羅幃裡重整鸞交。似嫩柳嬌花迎笑。軟玉温香偎抱。歡娱事更遥。不由人兩情似漆如膠。

【尾】從今相守休譏巧。同心羅帶綰堅牢。盡老和諧休離了。（雍熙樂府）

按：舊編南九宮譜引首曲，注散曲。

【南正宮錦庭樂】悶懨懨。倚幃屏思量起那人。一陣兒想的我心疼。這相思誰曾慣經。恨不的一口水嚥了那説謊的喬生。我將你真心承敬。你把我虛情虛哄。一去了整二春。我向靈神廟裡問箇緣因。

【前腔】火速間。唤梅香切莫暫停。疾忙去置辦三牲。開箱籠取金錢多拏上幾文。你與我買香燭和猪首鷄嫩魚新。果品兒時間排定。香和紙陳設乾淨。上前來秉至誠。望空祝讚訴與神靈。

【前腔】忙跪下。止不住腮邊淚傾。神在上與弟子察情。他去了曾説誓盟。假若還負心的落河畔遇見强人。一去了無音無信。只怕他把婚姻别定。抽神籤見假真。先得上上後與中平。

【前腔】籤上説。你歸家便見信音。我笑了兩三聲。轉回身何曾出的廟門。人來報你情郎今日箇回程。小脚兒慌忙不定。我須向堂前打聽。一見了喜笑生。惱的我迎門兒一口氣罵勾十聲。

【尾聲】才郎陪軟心難忍。奴家見面又生情。準備今宵叙舊情。（雍熙樂府）

按：「浄」，原作「静」。「畔」，原作「胖」。

【南正宮錦庭樂】守香閨。憶才郎魂勞夢攘。分鶯燕拆鸞凰。怎知他私心暗想。我這裡料應他㳽别人共枕同床。我爲他秋波相望。使我春心相蕩。淚盈眸掩數行。深深拜月都是思量。

【前腔】怨才郎。値炎天難禁日長。雙燕舞雕粱。夢初回時時念想。他那裡倚翠偎紅共嬌娥寢睡偏長。我駡你箇喬才無様。錦被裡翻紅浪。咲吟吟飲玉漿。顛鸞倒鳳恰似戲水鴛鴦。

【前腔】盼才郎。遇新秋金風漸涼。鴉鵲噪南窗。怨西風梧葉兒漸黄。我這裡念情人不回家雨淚千行。錦被堆堆閑放。報曉鷄聲三唱。説離愁暗感傷。才郎獨自無限悽惶。

【前腔】念才郎。淡粉粉梅花噴香。雪糢糊擁蘭堂。守紅爐羊羔玉漿。我這裡氍瓊瑶舞梨花敗葉飛狂。鴈杳魚沉難忘。孤枕殘燈嗔放。獸爐中靄串香。青鸞信杳對景凄涼。

【尾】教人難捨多情況。風流可喜羨才郎。何日相逢畫錦堂。（雍熙樂府）

賞　月

【南正宮攤破雁過聲】萬里無雲爽氣清。幸際遇良宵中秋令。見家家樓臺交相慶。擺瓊筵。列花燈。向畫閣絃管相迎。怡情。設翠屏。靚銀蟾皎潔如懸鏡。今夜果然分外明。

【風淘沙】耿耿冰輪疾漸升。向前將畫欄憑。秋光已覺遥天冷。碾長空不暫停。嫦娥恨切。怨他孤另。若金丸。似銀盆。皓色光瑩。團團倒浸山河影。燦清霄。照神京。

【前腔】香靄氤氲焚翠鼎。賞歡處逢盛景。相奉承。相酬敬。酒高擎。珍饌排山靈。筵間嬌小列娉婷。

【一撮棹】風淅淅。那堪露零零。雲淡淡。猶然月澄澄。聽得譙樓上。鼕鼕鼕的又三更。沉醉後。何妨玉山傾。

【餘音】蒼梧墜丹桂馨。且向瑶堦慢行。試聽寒蛩聲亂鳴。（雍熙樂府）

按：新編南九宫詞題作「月」，注樂府。盛世詞林無題。

閨怨

【南中呂石榴花】佳期重會約定在今宵。人靜悄月兒高。傳情休把外門敲。輕輕的擺動花梢。見紗窗影搖。那時節方信才郎到。又何須蝶使蜂媒。早成就鳳友鸞交。

【前腔】誰知薄倖孤負好良宵。房櫳靜守寂寥。風生竹檻影蕭蕭。只落得夢斷魂勞。嘆離多會少。楚陽臺回首關山杳。殢雲雨玉減香消。又爭奈路阻藍橋。

【漁家傲】剔起銀缸照。形隻影悄。尋思起昨夜歡娱。今宵更好。怎知別後無消耗。鎮日縈牽懷抱。莫是他酒醉心顛倒。莫是他琴弄瑟調。莫是他別戀閑花草。莫是他有上梢來没下梢。

【前腔】我爲他臉兒慵粧。眉兒淡掃。我爲他茶飯不忺。神思縹緲。我爲他好處成煩惱。我爲他閑惹風騷無聊。這離情怎熬。謾贏得潘鬢沈腰。

【前腔】頓忘了對星月和伊祝禱。頓忘了共吟嘲。頓忘了詩篇寫滿鮫綃。頓忘了表記鞋兒小。頓忘了春衫上是奴鍼線巧。頓忘了把盟香共燒。頓忘了香羅上一點染紅桃。

【前腔】我的相思病一時間怎消。連理債何時償了。正是落花有意隨流水。恨無情流水滔滔。剛道恨薄命所招。把金錢暗卜没分曉。欲待告天天又高。

【尾聲】重相見怎恕饒。恨不得將他呪倒。及至相逢依舊好。（群音類選）

按：新編南九宮詞題作「情」，注古詞。昔昔鹽題作「重會題情」，南宮詞紀題作「題情」，俱不注撰人。

閨　怨　此套與瓦盆兒内有重者

【南中呂石榴花】相思終日有十二箇悶時辰。空目斷楚臺雲。聽得寒鴉聲裡噪黄昏。香消誰問。被冷誰温。行思坐忖。想同交寡宿孤辰運。一天愁兩下平分。教人怎生安穩。

【前腔】眉峰蹙破鸞鏡暗塵昏。和淚織錦回紋。空教芳草怨王孫。今宵何處。水館魚村。如何睡穩。柰頻頻拱剔銀缸盡。一回價暗暗傷情。一回價黯黯消魂。

【喜銀燈】幾番欲把金錢問。恐無定準。今春恨不減前春。一半爲君。爲君好處縈方寸。東風掃春夢勞魂。因循。看看的瘦損。比梅花消瘦幾分。

【前腔】是誰家叫玉穿雲。他分明是做弄離人。更那堪雨暗燈昏。似梨花閉門。近新憔悴羞人問。瞞不過寬褪羅裙。因循。看看的瘦損。比梅花消瘦幾分。

【隨煞】（下缺）（群音類選）

按：首曲及第三曲與李集虛瓦盆兒套（教人對景）中之榴花泣、喜漁燈同；〔喜漁燈〕原誤作〔剔銀燈〕。

春賞

【南中吕泣顔回】和氣斗回杓。積雪迎春初消。日行東陸。雨潤土脈如膏。堪宜晏賞。任乘車跨馬踏芳草。見遊人遍滿東郊。幸際遇萬方熙皥。

【前腔換頭】大長。春風與淑氣上花稍。正麗日景豐饒。我則見這。分飛來往燕營巢。殘梅未落。緑柳嚲長條。東風嫋嫋。趁鶯歌蝶舞堪歡笑。嬌滴滴萬紫千紅。喜孜孜滿泛香醪。

【千秋歲】泛香醪。向這名園嬉戲。賞翫艶杏夭桃。絃管樓臺。我則聽得是處歡聲繚繞。街衢上遊人道。幸生逢着聖明主昇平之兆。四海民無擾。盡今生暢飲沉醉醄。

【古輪臺】舞飄飄。柳花綿紛紛亂落。酒興助詩豪。最難描。尋芳拾翠。緑嫩紅嬌。歡賞真佳好青春休交負了。青春去甚日重遭。春無價。晏崇餚載酒。龍笛間鳳簫。歡賞真佳樂。謝吾皇寬厚賽唐堯。

【越恁好】幕天席地。密匝匝擺列着。聽黄鸝紫燕。睍睆語。鬭聲巧。被春風料峭。

見招颭酒旗牆外摇。遇良辰美景。笑吟吟往來踏青鬬草。欣遇臣宰賢。感謝吾皇有道。太平年罷戰。雨順風調。

【紅繡鞋】官清正民省差徭。聖恩寬大開學校。遇佳辰。值良宵。荷帝王德過湯堯。攝萬國盡來朝。

【尾聲】名香滿爇沉烟裊。祝願吾皇聖壽高。花朝月夕。四季無過春光好。（詞林摘艷）

按：盛世新聲、盛世詞林無題。

荷

【南中吕泣顔回】疎雨過蓮池。新水光凝玻璃。輕浮小葉。點點翠圓如洗。凌波夢裏。似湘妃醉飲在瑶池會。想遺忘了翠鈿歸去。留在水晶宫裡。

【前腔換頭】波神。多想是馮夷。輕輕捧出漣漪。真奇。人都未識。漁叟晚來方知。浮香泛緑。又疑是豪富翁貪奢侈。把青錢亂撒波心。買斷了暑天佳致。

【太平令】堪賞堪題。傍晚池塘雨過時。參差荇帶相牽繫。真個是可人意。

【前腔】密藻相依。間着浮萍碎泛水。蓮船舉棹輕輕的。怕傷着翠葉兒。

【撲燈蛾】半舒還半捲。半浮半沉水。未可擎秋雨。猶難仰承珠露也。鷗眠未許也。

未許黿遊在葉底。喜南風分開了翠影。看遊魚往來咫尺戲漣漪。

【前腔】太液花並頭。玉井藕十里。此景雖佳致。終不如小兒忔戲也。同臨水閣。共倚着闌干十二。捧霞觴何妨計晚。等黃昏月初上柳梢兒。

【尾聲】欲憑妙手良工筆。仔細端詳仔細題。做箇丹青扇面兒。（新編南九宮詞）

集花名

【南中呂泣顏回】無語對薔薇。坐看蝴蝶雙飛。宜男何處。擲金錢暗卜歸期。是楊花性兒。悔教人錯把葵心對。傍粧臺羞照菱花。倚繡牀懶刺荼蘼。

【前腔換頭】芙蓉帳冷。倩琵琶寫出這相思。恨桃消兩頰柳鎖雙眉。蘭房曾訂。密約是誓死相依。本連枝並蒂。翻成做萍梗隨波逝。芍藥欄少個着意知心。牡丹亭添些短嘆長吁。

【賺】憶昔茉莉開時。邂逅相逢在竹徑西。梨花面被伊揾住。兩相偎。緊牽衣。在芭蕉葉底從君意。一顆櫻桃和露垂。金蓮細。似鷄冠並朶金苞蕋。海棠知未。海棠知未。

【解三醒】也只圖高扳桂枝。待留他石榴不住。他約定籬邊菊綻來妝次。早梅蕋放南枝。若得他杏花十里誇馳騁。準備着金盞三盃話別離。形憔悴。紫薇郎多應是。流落天涯。

【前腔】一任他玉簪半墜。也不管金鳳斜欹。蓮花枕畔輕咽淚。姐妹中怕相疑。捱得過杜鵑啼徹三更月。又被那鶯粟驚飛五鼓鷄。渾忘寐。對金燈教人。腸斷遐思。

【尾聲】瑞香花君休比。奴是松筠節摻傲霜枝。休覷做敗柳殘花教人作話提。（南音三籟）

憶　別

【南中吕佳人捧玉盤】自沉吟。别來久矣無信音。想着他便淚盈盈。陽關送別話說叮嚀。他說到是無半月便回程。到做了風裏楊花水上萍。只恁的輕狂性。把這情書摺怎成。孤幃教我愁怎禁。都做了蝴蝶夢。

【天仙子】水調數聲持酒聽。午醉醒來愁未醒。送春春去幾時回。臨晚鏡。傷流景。往事後期空記省。沙上並禽池上暝。雲破月來花弄影。重重翠幕遮燈。風不定。人初静。明日落紅映滿逕。

【金錢花】曾記臨行。虔心亦亦寧柰等。思前事各辨志誠。更長漏永夜沉沉。

【尾聲】只恐西風送秋聲。梧桐敗葉涼夜冷。唧唧蛩聲不暫停。（詞林摘艷）

按：盛世新聲、盛世詞林無題，雍熙樂府題同摘艷，俱不注著者。舊編南九宮譜僅録天仙子一隻，注散曲。

別後思情

【南中呂榴花泣】別後費相思。陡覺腰肢尖細。孤燈相對。行行隻影相隨。千思萬想。知他在何處貪歡會。早知道費我神思。悔當初不如不遇。

【前腔】樓頭畫鼓點點催。却被他覺人不寐。薰爐香冷。和衣翠被相偎。朦朧合眼。夢魂早飛入在巫山裡。兩情濃細語低低。怪雞聲驚散東西。

【不是路】暗想當時。邂逅相逢事不移。今日裡。鳳隻鸞孤兩下離。意如痴。怎得個人兒共枕席。免使懨懨病若危。這相思。就是靈丹妙藥難醫治。除非是那人來至。那人相會。

【掉角兒】想着他星眼柳眉。想着他玉骨冰肌。想着他皓齒朱唇。想着他鬢兒刀齊。想着他情兒温。性兒寬。話兒甜。心兒順。一團風味。如糖拌蜜。似膠投漆。美姻緣。香憐玉惜。如魚似水。

【前腔】只因他隨即見機。只因他聰明伶俐。只因他知趣知音。迤逗得人兒憔悴。莫不是在他行貪歡會。泛金盃。歌麗曲。把咱忘記。臨行話兒。分明記取。若有個負義辜恩。天網恢恢。

【尾聲】叮嚀囑付鱗鴻寄。渭北江東天一涯。數盡歸鴻音書無半紙。（昔昔鹽）

按：「知音」下原衍一「果」字。

【南南吕一江風】景無窮。宜賞翫堪題詠。寶殿裏香風送。勝天宫。檜柏森森。疊錦層層。賽過蓬萊洞。山河地勢雄。樓臺瑞靄朦。萬歲山侵雲聳。

【東甌令】啣泥燕。採花蜂。度柳穿花芳樹叢。奇花異菓開千種。香馥馥臨光瑩。開懷暢飲樂歡容。暗香拂翠簾櫳。

【針線箱】微影影花遮翠擁。明朗朗瑶臺十二重。黎庶每謳歌鼓腹齊歡誦。遍乾坤讚祝。但願得龍孫聖子常珍重。但願得永固山河帝業隆。排儀從。居民樂業。賀歲稔年豐。

【尾聲】九重開千官擁。山河一統錦江封。地久天長國祚永。（盛世新聲）

按：雍熙樂府有無名氏南北南吕〔一枝花〕合套題作「神京八景」，其中南〔一江風〕和南〔東甌令〕與此大同小異。盛世詞林同盛世新聲。

【南南吕一剪梅】草滿中庭苔滿牆。雨瀟瀟風送幽窗。此淒涼外怎不淒涼。無限心機。多病相妨。玉笋重彈孤鳳凰。一鶱來地遠山長。杯深醮甲潤鵝黄。今夜醺醺有箇商量。

【採桑子】轆轤金井梧桐晚。幾樹驚秋。晝雨和愁。百尺蝦鬚在玉鈎。瓊窗春暖雙蛾皺。回首頭邊。欲寄鱗遊。九曲寒波不逆流。

【木蘭花慢】愛幽花帶露。凝曉色淡秋塘。恨太華峰高。廬山社遠。塵世相妨。誰爭半溪佳景。且閑將華髮照滄浪。羡煞風流公子。一生何限清香。仙家幽野水雲鄉。高韻却濃粧。看脈脈盈荷觴。明日醒來。華信新聲。付與秋娘。

【得勝樂】紅日晚。夕陽猶在。碧水共長天一色。雁兒呀呀呀雲外。雁見却怎生不帶將一箇家字兒來。

【惜芳春】緑柳長亭晚。珠簾捲暮寒。悶對東風掩淚眼。桃花謝。杏花殘。人未還。盼雕鞍和月憑欄杆。（雍熙樂府）

祝壽兼生子

【南南吕三十腔】喜遇吉日。長庚現綵雲縹緲。看廳前玉樹又生瑞草。座筵得蒙見招。聊以一彎翡翠尖兒巧。刺繡圈金底面小。願祝花貌。一雙兩好。百歲來同諧老。五百年前分定了。結會在今朝。琴堂此日華誕節。捧一盃添壽考。似玉樣潔。似花樣嬌。世之無瑕寶。洗兒華筵吉辰今朝。余門喜氣淘淘。落索環子繫鮫綃。惟只願壽如山。福似海。兩榮耀。玳筵歡聲不少。正西池王母乍離蓬島。茜衣仙子獻仙桃。他是駟馬夫人誥。鳳冠雲佩。玉人捧遶。金章紫綬。重回故道。斑衣共樂風光好。禮不周反仍激惱。據人情戒莫深較。喜遇官善政民無擾。願國泰雨風調。玉麒麟果應熊羆兆。到得如今大喬何如於小喬。增添福祿。似光祖考。堪繼于門紫金貂。龜鶴呈祥戲亭沼。松柏連理有下稍。禾生雙穗鳳來巢。比翼似鸞鳳交。簾影花顛倒。歌韻聲嘹繞。舞徹楊柳小蠻腰。曲盡霓裳羽衣調。囬首雲樣宮花落。畫堂深。庭院杳。寶爐沉烟香正裊。捲上綉幙珠簾。從他燕子來巢。覷面絳色夭桃似燒。最好見蝴蝶一對對飛遶。俄逢吉席對花朝。和琴瑟。樂笙簫。放下懷。開口笑。拚却酩酊金樽倒。從交紅杏枝頭鬧。富貴長得似三春。休交杜宇聲先報。

【餘音】香不斷兮花不老。福如東海壽彌高。盡老齊眉共歡樂。（詞林摘艷）

按：盛世新聲、盛世詞林、金瓶梅詞話無題，詞林摘艷題作「祝壽兼生子」，雍熙樂府題爲「慶壽」，俱不注撰人。首句「喜遇吉日」，金瓶梅、雍熙作「喜遇吉人」。

昇平讚祝

【南南吕三十腔】飛龍九五。膺天命寔逢景運。喜華夷一統。六合皆春。正當化日舒長。玉燭調和。萬國咸寧静。女織男耕家道盛。官清訟省。民樂和平。徧閭閻絃誦聲。鼓腹謳吟遂生性。和氣召嘉禎。慶雲彩雲紛輝映。麥兩岐。禾同穎。野蠶成繭徧滿郊坰。朝野同歡慶。南北東西。罔不歸心。梯航萬里來庭。卉裳椎髻雜文身。盡稽首玉堦前。竭丹悃。效忠盡貢來。天馬麒麟。曁珠奇寶玩。渡紛充物。正是慶會際風雲。衣冠復覩唐虞盛。仰承天眷。百靈協應。萬機餘暇。舒情適興。恰逢美麗繁華景。聳碧霄龍樓鳳闕。拱山河壯觀神京。盼蓬萊錦綉增奇勝。遶太液碧波澄。遍瓊林玉樹千花暎。來往時駐霓旌。柳下度鸞笙。香飄寶鼎。曲調美韻樂府新。翻協韶鈞細舞輕。彈愜清聽。雜和花間鶯燕鳴。筵間羅綺列重裀。瓊醴似紫霞傾。左右仙班近。文武蒙恩幸。太平宴會際昌辰。歡樂極兮鑒明訓。古來致治稱堯舜。閱賡歌在勤慎。奉天保民長畏政。難的真。是守城。更須宵旰留情。昔稱元首股肱。一體相承。敬勝怠丹書示警。日新厥德有盤銘。明告戒。切叮嚀。仰鴻臺。益降盛。

天長地厚相久永。繩繩漸漸無窮盡。福貴家國列蒼生。萬年索祚長安定。

【尾聲】天心眷兮人事順。德彌深厚福彌增。萬歲千春共歡慶。（雍熙樂府）

詠金臺八景

【南南吕青衲襖】聖明君過禹湯。聖明君治道章。萬國來賓托賴着皇上。忠臣每保江山定四方。普天下皆仰望。遍乾坤文化廣。文化廣。一齊的舞蹈揚塵萬歲山呼。都祝讚當今帝王。

【風入松】大明朝一統静封疆。君賢明勝治堯唐。黄童白叟皆歡暢。軍民樂天下寧康。寰宇内稱臣讚揚。皆納土盡伏降。

【江兒水】京國繁華之地。寰宇錦綉鄉。論金臺八景天下無雙。萬方皆共仰。景物非常。四時遊賞。看萬仞居庸疊翠。堪寫入在圖畫上。

【銷金帳】蘆溝曉月。萬里清輝朗。西山霽雪如玉粧。觀玉泉垂虹流千丈。遊人賞玩。賞玩詩吟道傍。瓊島春雪。瑞氣相飄蕩。風吹太液。晴波滉漾。

【鎖南枝】祥風蕩。化日長。金臺晚照燭四方。民物樂時康。梯航盡歸向。歌謳讚揚。薊門飛雨霧迷雲漲。則聽的處處歡娱。絃管聲嘹喨。捧玉觴。斟蔗漿。儘今生共歡暢。

【餘音】帝京鞏固山河壯。皆仰賴聖明皇上。爇明香拜謝吾皇。（詞林摘艷）

按：此曲盛世詞林無題。

南北南吕合套

男相思

【青衲襖南】想多嬌情性標。想多嬌恩意好。想着俺那携手閑行共歡笑。吟風詠月將那詩句嘲。女温柔。郎俊俏。正青春年紀小。誰承望將比翼分開。瓶墜簪折。到如今可早魚沉雁杳。

【罵玉郎北】想着俺那多嬌。一去了無消耗。想着俺那情似漆意如膠。常記的當時共枕同歡樂。想着他那花樣般嬌。柳樣般柔。傾國傾城貌。

【大迓鼓南】千般。丰韻嬌。風流俊俏。體態妖嬈。所爲諸般妙。搊箏撥阮歌舞吹簫。縱有丹青難畫描。

【感皇恩北】呀。好教我情緒無聊。意攘心勞。懶把這杜詩温。懶將這韓文記。倦將這柳文學。好教我愁懷越焦。這些時容貌添憔。不能勾同歡會。成配偶。只有分受煎熬。

【東甌令南】潘郎鬢。沈郎腰。可憐相逢没下梢。心腸懊惱傷懷抱。烈火燒祆廟。濤濤綠水渰藍橋。相思病怎生熬。

【採茶歌北】相思病。怎生熬。離愁陣擺的堅牢。你便是鐵石人見了也魂銷。愁似南山堆積積。恨如東海水滔滔。

【賺南】誰想今朝。自古書生多命薄。傷懷抱。痴心惹得傍人笑。對誰陳告。

【烏夜啼北】想當日偎紅倚翠。我和他踏青鬬草。相逢時遇景同歡樂。到春來語呢喃燕子尋巢。到夏來荷蓮香滿開池沼。到秋來菊滿荒郊。到冬來瑞雪飄飄。想當初畫堂金屋列佳餚。今日個孤眠旅館無着落。鬼病侵。難醫療。好交我情牽意惹。心痒難撓。

【節節高南】悶懨懨睡不着。想多嬌。知音解呂明宫調。諸般妙。閉月容。羞花貌。語言嬌媚心聰俏。恰如仙子行來到。金蓮欵露鳳頭翹。朱唇皓齒微微笑。

【鵪鶉兒北】你看他體態輕盈。更那堪衣穿素縞。你看他脂粉匀施。蛾眉淡掃。看了他萬種妖嬈難畫描。難畫描。酒泛羊羔。竇鴨香消。銀燭高燒。成就了美滿夫妻。

綰下個同心到老。

【尾聲南】青霄有路終須到。生前無分也難消。把佳期叮嚀休忘了。（群音類選）

按：盛世新聲、金瓶梅詞話、盛世詞林無題，詞林摘艷題作「思情」，雍熙樂府題爲「別思重會」。

【南南吕春風俏臉兒】桃花已亂零。飄紅墜英。楊花滚滚似雪浪傾。燕忙鶯懶爲傷情也。一團丰韻分付與您。你如何忘了設誓盟。我爲你便懨懨愁悶。他却道我戀着別人。思量他這俏臉兒。怎不教人動情。

【東甌令】花零亂。柳成陰。正是蝶困蜂迷鶯倦吟。方纔眼睁。我這心兒裡忘了想。啾啾唧唧呢喃燕。重將宿恨宿恨又題醒。撲撲簌簌淚珠暗傾。

【玉嬌枝】從執箕箒被禁持。逆來順受。竭力事親不落後。奶娘何故撥鬪。調唆的俺母親百事有。無故把奴廝僝僽。致令的憎人易醜。（雍熙樂府）

按：舊編南九宫譜亦録，註散曲。曲牌作〔二犯香羅帶〕。盛世詞林曲牌作〔香風俏臉兒〕。

閨怨雙關語

【南南吕柰子花犯】新月曲一似蛾眉。恨嫦娥未有圓時。終朝漫劈桃箱碎。那人兒振横在心裡。因你。日裡夜裡思憶。空思憶。慢思惟。没底糧船怎載米。蜘蛛佈網在雕簷外。絲牽繫。無韁搉馬有何鞍。料難騎。

【前腔】磨坊中掩上門兒。要見面未知是何日。玲瓏骰子鑽紅豆。這相思嵌入在骨裡。因你。茶裡飯裡思憶。空思憶。慢思惟。雪做獅子情似水。無錢典褌難開解。渾無計。願他心似鐵堅牢。鎮威隨。

【前腔】啞子得夢有誰知。向人言有口難啼。春蠶到老不結繭。要成綿怎能彀着體。因你。行裡坐裡思憶。空思憶。慢思惟。黑地裡逢人知是誰。燒香在井底虔誠拜。深深意。燒殘蠟燭淚雙垂。自淋漓。

【前腔】旱池中那討漣漪。種荷花得藕堪移。黄連販去折了本。苦無緣埋怨着甜的。因你。眠裡夢裡思憶。空思憶。慢思惟。古墓裡藏身着鬼迷。竹竿種火空長嘆。虚着氣。銅錢博下没有成。字蹺蹊。

【尾聲】兩岸蘋花不是蓼。瀟湘洒淚如珠落。火着到胸前心自焦。（群音類選）

四時思慕

【南南吕香遍滿】柳徑花溪。梅梢褪粉麗日遲。桃杏芬芳蜂媒蝶使。樹拖烟籠緑柳。

柳花綿片片飛。爲咱思念伊。恐怕春又歸。

【東甌令】花容貌。柳顰眉。雲鬟堆鴉温柔旖旎。方纔欵步我這金蓮浸羅襪冷。騰騰困困嬌無力。雕欄曲檻遊蜂粉蝶飛。婷婷嫋嫋欲緩遲。

【四團花】懶懶愁畫眉。看看身漸羸。情書欲寫無憑寄。不見才郎。何時歸至。把闌干遍倚。將花頭倦折。鶯聲嚦嚦。芳心自知。

【東甌令】薰風至。火雲飛。則見那萱草葵榴初綻蕊。炎天酷暑渾無寐。迷迷悶悶醒如醉。自憐月下月下影兒隨。悒悒怏怏懶入羅幃。

【梧桐樹】淚暗垂。添憔悴。漸漸的這腰肢掩過裙兒袵。一聲一聲塞雁塞雁傷淚滴。遠望雲山。信杳音稀。未知多情把奴山盟記。莫得要再求再求新新配美。

【東甌令】梧桐葉。晚風吹。則這無限的離情我便分付與誰。驀聽的階下數聲寒蛩叫。撲撲簌簌紅葉兒墜。碧天寒雁聽了感傷悲。凄凄涼涼越添病疾。

【浣溪沙】雪片飛。寒風起。悶懨懨自守孤幃。薄衾寒浸透香肌。盼情人阻隔何日歸。戍樓悠悠三弄品。氣絲絲廢寢忘食。鸞箋錦字訴與別離。痛傷情淚痕湮透濕。

【東甌令】朔風緊。凍雲垂。靈鵲兒簷間喳喳的來報喜。不承望今夜畫堂裏剛剛的重完會。雙雙共入羅幃裏。歡娱無奈被這曉雞啼。咭咭聒聒好夢驚回。

【尾聲】想才郎難相會。關山遥遠幾時回。眼望天涯身化灰。（雍熙樂府）

按：盛世新聲、盛世詞林無題，雍熙樂府題作「四時思慕」，俱不注撰人。南曲九宫正始引東甌令、浣溪沙注元散套，引滿園春（即四團花）又注明散套。然此爲南曲，元人所撰，恐未必是。兹姑輯之。

四景閨情亦入絃索

【南南吕香遍滿】紫陌紅徑。丹青妙手難畫成。觸目繁華如鋪蜀錦。料應春負我。我非辜負春。爲着心上人。對景越添悶。

【東甌令】花零亂。柳成陰。蝶困蜂迷鶯倦聲。方纔眼静心兒裡忘了。想啾啾唧唧呢喃燕。重將宿恨宿恨又題醒。撲撲簌簌淚珠暗傾。

【四團花】悄悄庭院深。默默情掛心。涼亭水閣果是堪宜宴飲。不見我情人。和誰開尊。把絲絃再整。將琵琶慢撥。是奴欲寬悶情。争知倦聽。

【東甌令】榴如火。簇紅巾。有焰無烟燒碎我心。懷羞向前折一朶。觸觸捻捻不堪帶。奴家花貌不比舊時容。害得伶伶仃仃怎麼樣簪。

【梧桐樹】梧葉飄。金風動。漸漸害相思落入在深深穽。一日日夜長夜長難捱孤枕。

懶上危樓望情人。未必薄倖與奴家心相應。知他在那裡那裡貪歡戀飲。

【東甌令】菊花綻。桂花零。露冷風寒秋意漸深。驀聽得窻外幾聲孤飛雁。悲悲切切如人訴。最嫌花下砌畔小蛩吟。咭咭聒聒惱碎奴心。

【浣溪沙】風漸急。寒威凜。害相思最苦怕黃昏。没情没緒對孤燈。窻櫺兒數遍數遍還再輪。畫角悠悠聲透耳。一聲聲哽咽難聽。愁來把酒强重斟。酒入在悶懷化作珠淚傾。

【東甌令】長吁氣。兩三聲。斜倚幃屏思量那個人。一心指望夢兒裡重相見。淅淅索索雪兒下。風吹簷馬把我夢魂驚。玎玎璫璫惱碎奴心。

【尾聲】只爲情人牽掛心。朝思暮想珠淚傾。恨殺多才不見影。（群音類選）

按：盛世新聲、盛世詞林無題，詞林摘艷題作「四季閨情」，雍熙樂府題爲「失約」。

春　游

【南南呂梁州新郎】東吴名勝。江南佳麗。雨過清明天氣。香風輕送。蘭舟鬬出郊西。只見千岩競秀。萬壑争流。遲日江山麗。流鶯聲百囀。燕雙飛。緑軟紅柔簇錦機。花藤轎。雕鞍騎。指烟霞處處堪遊戲。争覓友。共携妓。

【前腔】良辰美景。賞心樂事。賢主佳賓相會。金尊高舉。相酬共慶明時。總把鶯花管領。風月消除。笑傲蓬壺内。相將過竹徑。度桃溪。油壁車輕金犢肥。絃管鬧。笙歌沸。見玉山漸倒非人力。君醉否。我先醉。

【節節高】佳人步步隨。亸仙姿。香嬌玉軟花柔膩。垂紅袂。蹙翠眉。歌金縷。行雲不動花喉細。曉鶯枝上同嬌脆。〔合〕唱道朱顔不再來。東山醉倒西山醉。

【前腔】青青襯馬蹄。醉眠遲。枝頭杜宇聲聲急。催人起。紅日西。山横翠。東風扯住遊人袂。謝安休負東山意。〔合前〕

【尾聲】人生若遇昇平世。不追遊洞天福地。洞口桃花也笑癡。（群音類選）

詠柳絮

【南南吕梁州新郎】長堤春晚。離亭日暮。歷亂飛花無數。悠揚萬點。片時春色模糊。一似半天飄粉。遶樹凝酥。平地飛瓊堵。白雲無處所。映紛敷。片片天涯客思孤。〔合〕籠軟翠。摇輕素。等閑晴雪章臺護。看不見。灞陵渡。

【前腔】沉沉沙漲。茫茫野霧。零落依稀朝露。驚飆乍起。河渠亂壓平鋪。直恁輕辭緑樹。攙入紅芳。白占春華暮。不知天路遠。趁虚無。一任東風着力扶。〔合前〕

【前腔換頭】興慶坊驚起栖烏。靈和殿填平輦路。嘆白門回首。雨條烟縷。那更珠簾障曉。玉砌沾香。把銀甃粘封固。葳蕤依蔓草。下平蕪。不管離人粉淚枯。〔合前〕

【前腔】雜塵埃飄泊庭除。學霜霰差池陵墓。問錦衾籬落。誰司其數。爲甚不推自倒。拂去還來。把柔艷輕發付。子規呼不轉。向長途。知傍誰家賣酒壚。〔合前〕

【節節高】流光暗綺疏。掛冰壺。險些認做梨花吐。遊絲忤。燕觜纜。蜂鬚鹵。迷魂蛺蝶花期誤。野田寂寞啼鶯路。〔合〕春盡饒他不還枝。也須覓個歸宿處。

【前腔】溟濛半有無。卷還舒。牢籠怎得浮踪住。纖腰舞。青眼都。難回顧。風流何處思張緒。三眠夢裏尋他去。〔合前〕

【尾聲】那些半晌能相聚。依舊分飛向路隅。怎能勾不改清陰子滿株。（南宫詞紀）

按：南詞韻選題作「柳絮」。太霞新奏題同詞紀。「前腔」，原僅書「又」，兹改。

金陵弔陳故宫

【南南吕梁州新郎】〔梁州序〕莫愁湖上。鴛鴦橋畔。水閣風來吹暖。烟花南部。梁愁隋恨都捐。看柘枝舞罷。桃葉歌殘。不管興亡怨。怕銅駝啼夜月。悵寒煙。江水茫茫咽管絃。〔賀新郎〕蘋花動。芙蓉泫。金風吹老梧桐片。聲簌簌。杜陵怨。

【漁燈兒】則那喚冬兒嬌小堪憐。看秋娘清豔增妍。是鞠部班頭正綺年。合住在石城橋畔。抱銀箏按出鵾絃。

【前腔】好個轉新謳玉潤珠圓。恰可來供奉翠榭華筵。是暖閣詞人應制填。傳鳳紙僉名按選。還要值華清親教梨園。

【錦漁燈】擺列着瓊壺飲宸賞邀歡。承值的霓裳舞宣召朝元。讓他南朝狎客江令賢。譜出滿春江花月夜爭妍。

【錦上花】團扇曲明月篇。瓊枝豔璧月圓。朝朝夜夜舞華筵。臨春閣結綺椽。庭花秀玉樹妍。崇臺傑閣望神仙。春盡不知年。

【錦中拍】聚狎客江都少年。正風流俊翩。出典禁羽林車輦。入陪侍華清嘉讌。伴無愁那君王御前。問蝦蟆華林催宴。鬬蟋蟀離宮敞筵。拜爵西園。傳優北苑。這興歡娛真不淺。

【錦後拍】還更有進昭容豹尾軒。多少良家俊嬋娟。閉迷樓複殿。閉迷樓複殿。都寂寞棠梨淚捲。聽霜鐘嗚咽景陽天。寒星轉。奈夜寒人倦。空贏得瓊枝一曲唱團圞。

【罵玉郎】又聽得商女琵琶隔岸傳。都是一隊隊笑聲喧。閒偷法曲傍宫垣。美纏綿。道君王快樂無邊。趁秦淮月圓。趁秦淮月圓。新聲度出瑶篇。這軍情莫言。這軍情莫言。慢闥外羽書飛箭。正禁内金杯傳宴。那管他駝棘荒烟。那管他駝棘荒烟。慢回首石頭城下。燕子磯前。有幾多咽寒潮飛暮雨鐵馬金鞭。留得殘翡翠冷鴛鴦做錦江春怨。

【尾聲】六朝人物風流遍。怕鐵鎖横江没便。又聽望帝枝頭泣杜鵑。（曲選）

春夢驚醒

【南道宫雁翀天】落紅滿徑。暗憶東風太狠。恨只恨不管離人傷春病。非干我。是怨春。春光太惱人。無因無信。想他負我心。知他念我恩。淚盈盈。要相見時南柯夢痕。

【羅江怨】釵留半股金。香羅帕新。物在那人不見影。悶來低按小銀筝也。聲聲調怨。絃絃訴情。終朝悶懷停綉針。所事無成。只落的添愁悶。頭兒常恁疼。心兒裡常怕驚。莫不做了相思證。

【梧葉兒】看了他這花容月貌。端的萬種妖嬈。百媚更千嬌。我和你在庭前歡咲。慶良宵。賞今朝。只恐怕韶華易老。

【尾聲】簷前鐵馬玎璫鬧。誰想到把奴驚覺。倒枕垂床直到曉。（雍熙樂府）

秋 景

【南南吕賀新郎】江涵秋影。雨初晴遠山逞秀。龍山事古來稀有。還憶着。五柳門前景物幽。不見白衣人送酒。〔合〕扶短策。登高阜。試問朱顏去了還來否。歡宴也。慶重九。

【前腔】蓼岸蘋洲。渾一似畫圖描就。龍山事古來稀有。登高處。破帽多情却戀頭。嘆人世難逢笑口。〔合前〕

【前腔】庭院清幽。靄沉烟篆噫金獸。同思念令節宜酹。邀佳友。端爲青尊盡日留。揀新詞低低謳謳。〔合〕摘嫩菊。嘗新酒。旋擘霜螯自把香橙剖。歡宴也。慶重九。

【前腔】笑摘茱萸。贏得異香滿袖。同思念令節宜酬。貪歡燕。只恐霜侵兩鬢秋。有黄花須插滿頭。〔合前〕

【節節高】樽前有艷粧。逞風流。春山淡拂嬌波溜。腰肢瘦。滿捧着。茱萸酒。賞心樂事誰能久。人生莫把眉長皺。〔合〕遇酒逢時且歌謳。年年只願人如舊。

【前腔】月華上小樓。鴈聲愁。西風凜凜穿窗牖。把羅衣透。砧杵聲。叮噹奏。問黄花因誰瘦。東籬把酒黄昏後。〔合前〕

【尾聲】秋花點綴秋容秀。韶華不爲少年留。迅速光陰如電走。（新編南九宫詞）

南北黄鍾合套

元　夜

【女冠子南】太平寰宇。家家歡樂歌舞。仰賴着仁德當今聖主。

【醉花陰北】聖德巍巍邁三五。感召得五風十雨。集靈瑞産緺虞。出獻神龜。集慶雲零甘露。醴泉湧勝醍醐。正是皇朝萬物覩。

【畫眉序南】春色滿皇都。正值元宵月三五。看樓臺上下。相喚相呼。花陌裏絃管喧闐。寶鼎内香煙飛霧。九衢車馬喧闐處。齊樂太平歌舞。

【喜遷鶯北】向天街中遊目。見人間閬苑蓬壺。芙蕖。綵燈萬炬。則道是一派星河下碧虚。喧笑語。錦綉叢千花争麗。華筵間百戲歡娱。

【畫眉序南】龍樓漏聲初。月轉長廊夜當午。見鰲山高聳。錦砌霞鋪。丹鳳侶齊下瑶臺。雲璈曲相傳仙譜。九衢車馬喧闐處。齊樂太平歌舞。

【出隊子北】蓬萊高處。五雲隱玉宇。雕甍瑣闥麗璣珠。萬朵金蓮紅燄吐。一色山河壯帝居。

【神仗兒南】風銷蠟炬。露浥紅爐。輕敲迓鼓。撥銀箏吹鸞簫笙竽。唱春詞餘音裊裊。不絕如縷。寶馬上擊珊瑚。紫陌裏簇香車。

【四門子北】大一統乾坤歸聖主。兆民樂四海蒙福。春光處處歡黎庶。遍頌歌唐虞。烹熊掌切着香玉。厭濁醪滴着珍珠。老的每小的每笑舞歡娛。喧簫鼓烘九衢。春宵長不禁金吾。月斜後步影方歸去。真箇樂醄醄一事無。

【神仗兒南】蠟焰花紅照歌舞。調宛轉合律呂。滿路香飄。撲上羅裙。掩映霜蟾翠簾疏。好風光須記取。太平年今喜覩。

【刮地風北】御堦前兩班排文武。賀聖明超徃古。萬國來朝方物來輸。響珊珊拜舞。鳴珮玉。四海安萬歲呼。祝皇圖永固。

【鬧樊樓南】聖恩汪洋遍沾了海宇。把生靈深愛撫。聽説昇平語。千年難遇。幸今生特地覩。

【古水仙子北】喜喜喜縱遊目。撲撲撲遥聽得千門喧爆竹。逢上元佳節。看遊冶人來去。擔頭邊掛酒壺。行行行向花叢裏擺列行厨。何必問黄公尋舊酒壚。醉醺醺漏盡更闌處。滿身花影倩人扶。

【餘音南】良辰美景天教與。趁樂賞休教辜負。萬古繁華在帝都。（盛世新聲）

按：盛世新聲、盛世詞林無題，詞林摘艷題作「元夜」，雍熙樂府題爲「燈詞」。盛世詞林和雍熙樂府皆無〔女冠子〕一曲。兹據新聲録之，題從摘艷。

題　情

【南黄鍾侍香金童】黄菊綻東籬。不覺秋來到。陣陣金風漸高。鴻雁傳書途路遥。過庭軒桂子香飄。夜迢迢夢斷魂消。一夜凄凉直到曉。郎君更小。我全年少。撲簌簌淚濕鮫綃。

【傳言玉女】蟾光正皎。孤燈殘了。信杳音稀。離多會少。對神前誓盟不小。曾把好香燒。但願夫妻共諧老。將從前恩愛雪湯澆。鏡生塵許時不照。耳邊砧杵應相敲。急煎煎惹起情懷惱。見梧桐葉凋。雨灑芭蕉。展轉思量。越添憔躁。

【月裏嫦娥】不由人耳似烟燒。面似湯澆。簷前聽得靈禽報曉。這相逢想是今朝。言他未絶。嗟聲未了。忽聽的繫馬聲嘶。出香閨看是鳳鸞交。歡顔相笑。戲語相調。

【尾】今朝喜得情人到。訴盡從前懷抱。且把離情一筆銷。（雍熙樂府）

按：南九宫十三調曲譜引前三隻，注散曲。

祝讚皇朝

【南黄鍾侍香金童】瑞氣滿皇都。盛世皆垂象。遍天下居民樂康。祝讚萬萬歲明君帝業昌。千千處納土偏邦。太平年不動刀鎗。都托賴洪恩遍四方。豐年共享。宰臣良將。遶家家快樂勝堯唐。

【傳言玉女】龍樓耀朗。彩雲氣爽。萬里山河。吾皇都掌。奏簫韶樂聲嘹喨。聖壽無疆。試看鑾輿旌旗儀仗。百司官趨朝環珮響。離了御堦前舞蹈揚塵。扇開簾捲寶爐香。景星明日月光輝朗。賀當今萬世。穩坐朝綱。聖主寬洪。萬民歡暢。

【月裏嫦娥】賢宰忠良。盡都是星斗文章。胸懷錦綉才智量强。南蠻北狄。拱手歸降。黄河更清。甘露又降。騶虞獻龍馬麒麟。端的便是禎祥。禾生雙穗。只願得地久天長。

【尾聲】謳歌鼓腹鳴街巷。太平世黎民共賞。萬國咸寧樂壽康。（雍熙樂府）

按：盛世詞林無題，亦不注撰人。

寄別

【南黄鍾侍香金童】情寄小詞中。人立西廂下。盼不到巫山楚峽。則這能對付紅娘拖逗咱。因相思害殺了嬌娃。雁呀呀對月牕紗。一弄凄涼没亂殺。寒更正撤。曉鶯啼罷。戍樓中畫角品梅花。

【傳言玉女】張生病久。漸昏鴛偶。金榜無名。青霄路有。送陽關滿斟着別酒。未飲淚先流。厭此離別願相守。抛撇下西廂吟咏女嬌羞。相思病兩邊迤逗。奴懷憂悶爾懷愁。乍離別折盡郵亭柳。自從他去後。兩淚凝眸。改盡容顔。怎禁憔瘦。

【月裏嫦娥】凄楚情懷。好教我珠淚盈腮。離情鎮日。愁深似海。幾時能勾兩處和諧。從他去後經多載。誰承望地久天長。只恁的放狂乖。歡娱難再。想着他淚滿香腮。（南曲九宫正始）

按：盛世新聲、盛世詞林無題，詞林摘艷題爲「寄別」，雍熙樂府題作「寄情」，南宫詞紀題作「春情」，俱録首曲，均不注作者。南詞韻選録第一、二首，不署名著者。舊編南九宫譜三首全録，注散曲；南曲九宫正始亦録三曲，注無名氏明散套，皆無題。兹據正始録之，題目從摘艷。

古詞翻今調

【南大石調念奴嬌序】大江逝水。悠悠萬頃。茫茫東去不息。浪激汀沙。淘洗盡千古風流人物。聞説。都道西邊。巍巍赤壁。古城石壘舊三國。人何在。山高月小。水落石出。

【前腔換頭】突兀。穿空亂石。聳巉巖欝欝蒼蒼。霄漢凝碧。洶湧波濤。拍斷岸捲起千堆飛雪。難别。天地無窮。江山如畫。水光接引共一色。一時事。知他换了。多少豪傑。

【前腔】默默。遥想當年。公瑾雄姿英發。小喬初嫁美標格。巨纜横舟。曹孟德不料周郎籌策。還憶。羽扇綸巾。笑談之下。舳艫千里火雲烈。思當日。危檣峻櫓灰飛。一旦烟滅。

【前腔】悲咽。還是故國人遊。多情應笑。早不覺生華髮。堪嘆興亡。春夢裡百歲如駒過隙。奇絶。江上清風。山間明月。取之無窮用不竭。開懷處。一尊酒還酹江月。

【一撮棹】衆遊客。對江山咏不絶。吹簫者扣舷歌。漾舟楫重洗盞。飲壺觴盡殽核。醺醺醉盃盤任狼籍。舟中睡。乾坤緲尤窄。推篷顧。不覺東方朗然白。（新編南九宫詞）

按：永樂大典戲文八有「金鼠銀猫李寳」。寒山堂曲譜作「金銀猫李寳閑花記」。雍熙樂府録念奴嬌、燈月交輝、喜梧桐、尾，全套。南曲九宮正始、北詞廣正譜並引燈月交輝一隻，均題「李寳」，注云「元傳奇」。惟雍熙誤入北大石調。此套僅首曲（「聞説都道」多一「都」字）與雍熙相同，其餘悉異。兹録之。

憶　別

【南黄鍾恨更長】這悶懷。和誰論。長嘆數聲。良夜迢迢。更長漏永。幾回夢裏成姻。難捱這苦淚盈盈。喫盡了多勞頓。鴈無音。魚斷沉。好交我便終朝愁悶轉生。

【啄木兒】交人恨。恨那人。把關山阻隔音信。生怕黄昏愁怎禁。獨自箇受岑寂尋思斷魂。儀容瘦減只爲您。恩情俏似蘁落井。便下得將人孤另。晝忘飡看看病沉。

【鮑老催】夜長枕冷。羅幃輾轉燈半明。着人怎不憶那人。愁只聽。聽更長。人寂静。想着美貌情正深。驀忽兩下鸞鳳分。憶着他空成疾病。

【尾聲】姻緣好似一春夢。惟有相思説不盡。每夜燒香禱告神。（詞林摘艷）

按：盛世新聲、盛世詞林無題。雍熙樂府題作「感恨」。舊編南九宮譜引首隻，注散曲。

又：曲牌鮑老催原誤作鮑老兒，兹正。下曲同，不另注。

端 午

【南黄鍾恨更長】夏日長。薰吸蕩。蘭舟畫舫。避暑涼亭。歡娱宴賞。柳陰樹底傳盃弄盞。菖蒲角黍泛瓊漿。聽鼉鼓聲嘹喨。度龍舟。波蕩漾。十里風飄菡萏香。

【啄木兒】雕梁上。乳燕雙。聽蟬聲共噪斜陽。紈扇頻摇枕簟涼。我這裏見鷗鷺翠蓋底藏。榴花噴火似錦囊。椒觴白酒齊歌唱。避兵符斜簪玉項。慶端陽偏宜晝長。

【鮑老催】洞天畫堂。金釵翠袖列兩行。慇懃滿捧持玉觴。笙歌奏管絃齊聲唱。亭臺畫閣間緑窻。蓬萊閬苑從天降。更勝似人間天上。

【餘音】一年好景人皆望。堪觀處高層疊障。快樂歡娱賴上蒼。（詞林摘艷）

按：盛世新聲、盛世詞林無題。

愁 恨

【南黄鍾恨更長】深院愁。長門恨。何處訴論。即漸害相思。懨懨瘦損。晚來覓寢誰將綉被温。圍屏獨倚謾勞神。恰又值愁時分。恨更長。盼漏盡。好教我終朝愁斷魂。

【啄木兒】捱孤悶。憶故人。早不覺淚如珠滚。眠又不安恨怎陳。一從鳳拆鸞分山盟海誓皆難信。雲期雨約都無準。把棋局盤星錯認。致令得情牽意引。

【三段子】滿腹怨嗔。寶爐中已香燼。悶懷懊惱。絳臺上燈又昏。心間自忖。紅顔佳人多命窘。想注着孤辰獨運。甚時得日近日相親。

【鮑老催】怎生睡穩。樓頭曉角不住鳴。窗前曙色即漸分。巴清旦。强披衣。忙粧頓。神前暗卜金錢問。何時再得諧秦晉。免教人愁縈方寸。

【尾聲】璇璣織就回紋錦。寄與寃家親自認。怎負我今生美眷姻。（雍熙樂府）

金臺景

【南黄鍾春雲怨】壽比南山。福如東海。則見南極到來。看了這玉爐香裊。福禄下瑶堦。斟玉液美酒安排。衆群仙駕祥雲五彩。慇懃玉女執金臺。動仙音儘交放懷。快哉。好似瑶宫界。尊前擺列金釵。

【三春柳】風清月朗雲霧靄。更勝似閬苑蓬萊。百味珍羞筵晏排。勝瑶池别樣格。珠簾外寶殿内。瑞氣金光分五色。翡翠樓神仙界。御河試看。金蓮並蒂開。

【醉羅歌】看了這景堪人愛。瓊島春陰照金臺。疊翠居庸一似錦綉排。翫霽雪西山白。薊門飛雨。勝跡見在。秋風太液。勝跡見在。蘆溝曉月遥天外。山明秀。千萬載。玉泉垂虹出金臺。

【尾聲】感皇恩乾坤大。遐齡萬道慶雲開。願祝吾皇萬萬載。（詞林摘艷）

按：盛世新聲、盛世詞林無題，雍熙樂府題作「慶壽」。

悔　誤

【南黄鍾春雲怨】暗想嬌質。使卑人淚垂。交我埋怨誰。他把這山盟曾設。海誓頻題。誰承望他到有了别的。想當初只爲你。交我棄子抛妻。到如今悔後遲。自思。只恁般忘恩義。青天湛湛難欺。

【三春柳】尋思最怕黄昏雨。我這裏獨守香閨。只怕銅壺玉漏滴。漫凝的珠淚垂。傷情處直恁的。誤我千般喬樣勢。你便下的忘恩義。但願得。早交人如魚似水。

【醉羅歌】畫閣畫閣燈挑盡。翠被半擁夢難成。暗想當年成婣姻。玉貌多丰韻。塵朦鸞鏡。也只爲恁。離愁萬種。也只爲恁。離愁萬種縈方寸。年華暮。只到今。折梅獨寄隴頭人。

【尾聲】轉思量情難忍。顛鸞倒鳳謾勞神。自恨當初忒認真。（詞林摘艷）

按：盛世新聲，盛世詞林無題。雍熙樂府題爲「有所思」。舊編南九宫譜、南九宫十三調曲譜均録首二曲，注散曲。

怨　望

【南黄鍾春雲怨】鴈杳音稀。守香閨空倚。只自知。題起教人淋漓。兩淚雙垂。分鴛鴦失鶯期。嘆銀瓶沉墜矣。知他甚日何期。眼巴巴等待盼伊。自思。不能勾同歡會。尋思半晌如癡。

【三春柳】光陰迅速如箭疾。艷陽景良奇。記賞春園桃杏裡。柰薄情無信息。分鸞配頓忘了。携手雙雙羅幃帳裡。不由人傷春意。最苦最苦。今宵獨自共誰。

【醉羅歌】今宵有夢難尋覓。翠被生寒怎相偎。暗想情人何處迷。一弄兒傷心碎。衾寒枕冷。才郎怎知。則落的一聲長吁氣。

【尾聲】你無情怎下的。把姻緣簿扯珠淚垂。再和你相逢一夢裡。（雍熙樂府）

元　夜

【南黄鍾畫眉序】盛世樂昇平。萬國衣冠仰荷皇明。喜元宵節令。普天交慶。遍六合感沐天恩。盡四海皆歸王命。〔和〕大明一統家邦盛。嵬嵬萬國相承。

【前腔】禁苑點花燈。綵結鰲山勝蓬瀛。見瑶天風浄。萬里澄清。花燈燦萬顆珠璣。寳月照一輪金鏡。〔和前〕

【神仗兒】春滿鳳城。喜慶新正。歡傳笑聲。此生臣民何幸。照樓臺銀花火樹。上下相映。看社火盡施呈。聽絃管奏和鳴。

【前腔】同賞皇都上元景。值佳節應瑞徵。聖德寬恩。體配清冥。禁弛金吾任夜行。喜通宵遊勝境。

【鬧樊樓】語笑歡聲。貫喧市井。任銅壺促轉更。玉殿排宴請。君臣同樂。萬萬年享太平。

【滴滴金】乾坤四維清光映。普天下樂生成。駢闐一派音韻美。奏笙歌徹玉京。餘音更清。見燈光影裏舞袖輕。咲近富貴。繁華内庭。

【鬭雙鷄】正龍飛九五運當泰亨。保鴻基億萬治化大成。聖皇謙恭剛正。忻當大有年。時逢美景。一任教瑶天銀河瀉影。

【雙聲疊韻】添清興。添清興。玳筵交相慶。開畫屏。開畫屏。沉醉拚酩酊。五穀登。四海寧。荷聖明。願吾皇萬壽永祝遐齡。

【餘音】年年此日同歡慶。三五燈宵節令。日月光輝永大明。（詞林摘艷）

按：此曲盛世詞林亦録，無題。

燈詞

【南黄鍾畫眉序】皇恩被華夷。太平豐登四海咸集。喜都城午夜。月色輝輝。碧落轉一輪清光。黄道靄六合佳氣。〔合〕萬歲。閬苑羣仙會。金闕遠攢羅綺。

【前腔】蓬萊勝瑶池。玉樹銀花樂聲裡。看神鰲鼓舞。雷掣星馳。光閃爍瑞鳳來遊。影燦爛祥鸞飛戲。〔合〕萬歲。閬苑羣仙會。金闕遠攢羅綺。

【神仗兒】天顔有喜。萬像花燈。森羅禁䥶。牡丹芙蓉荼蘼。球燈開玲瓏翡翠。泡燈琉璃。蓮花巧簇衆芳菲。環玉砌。擁金堤。

【前腔】今久天下最佳麗。水晶宫不恁般美。蝦蟹龍魚。獻異呈奇。吐瑞招摇映波漪。有仙鶴鴛鴦綬鷄。有虎鹿騶虞象犀。

【鬧樊樓】寳爐内焚香篆。雲穗飛進。蠻夷壽星隊。頌聲更齊。越裳重譯。慶賀四方合萬國。盡會極。普天下萬民同歡共喜。

【雙聲疊韵】天花墜。天花墜。遍滿乾坤内。祥雲隨。祥雲隨。錦繡中華地。品物宜。品物宜。多福齊。多福齊。更人人樂業賞翫良期。

【餘音】蒸民仰賴天恩力。萬萬載太平時世。風順雨調化日遲。（雍熙樂府）

慶

【南黄鍾畫眉序】瑞靄五雲樓。一簇神仙會瀛洲。喜華裾雲鬢。皓齒歌喉。小蠻舞楊柳纖腰。樊素啟櫻桃歌口。〔合〕滿堂齊勸長生酒。人間自有丹丘。

【前腔】赤松共遨遊。坐看桑田變荒坵。喜白髮千丈。再換黑頭。磨銅狄五百年前。華表柱一千年後。〔合前〕

【前腔】樂矣可忘憂。緑鬢朱顏傲春秋。看香山九老。未足洪疇。三千年桃萼初開。八百歲椿枝長秀。〔合前〕

【前腔】衣冠晉風流。羽扇綸巾伴白鷗。看磻溪八十。也做公侯。幾年間絳闕丹臺。百世襲金章紫綬。〔合前〕

【滴溜子】吹龍笛。繫鼉鼓。醉倒未休。桃源洞。蓬萊島。眼前是否。滿堂良朋益友。人人歌竹枝歡笑口。任取人間烏飛兔走。

【三段子】拜前拜後。舞斑斕彩衣袖。朱顏皓首。老吾老幼吾幼。詩書户牖。同居九世今還有。願娶妻賢似軻母。但生子過如仲謀。

【鮑老催】對花對酒。逢時遇景樂自由。今生富貴前世脩。一曰福。二曰禄。三曰壽。黄金滿籯珠量斗。門闌喜氣如春晝。算世上誰能彀。

【雙聲子】燕山竇。燕山竇。丹桂芳名舊。五鳳樓。五鳳樓。此事真稀有。夜雪舟。夜雪舟。秉燭遊。秉燭遊。任夕陽西下。逝水東流。

【尾聲】康寧富貴皆輻輳。願子子孫孫相守。樂不盡天長地久。（新編南九宫詞）

春　游

【南黄鍾畫眉序】約友到西郊。萬紫千紅鬭粧巧。想當時羯鼓。趲教開了。聽流鶯柳内間關。看蜂蝶花前飛遶。〔合〕醉扶歸去人争笑。却不道就眠芳草。

【前腔】偏趁賞花朝。日暖風和上林好。看牆頭梅子。滿枝青小。杏花村車馬紛紜。楊柳巷笙歌喧閙。〔合前〕

【前腔】垂柳間夭桃。方信人間勝蓬島。喜蘭亭修禊。盡開懷抱。緑衣郎載酒尋芳。紅粉女牽衣歡笑。〔合前〕

【前腔】花下解金貂。倦倚東風聽啼鳥。畫樓西日墜。轉添縈惱。醉沉酣酒盡金壺。人酩酊花欹烏帽。〔合前〕

【滴溜子】花和柳。花和柳。漫簇絳綃。蜂和蝶。蜂和蝶。往來鬧炒。黄鸝聲巧。開尊泛紫醪。捹沉醉倒。任取紅日西墜畫橋。

【鮑老催】牡丹窈窕。遥觀宛若楊妃貌。多情故把人戲調。花顔妙。人意合。春光好。今朝盡把壺觴靠。從教酩酊玉山倒。共花下眠一覺。

【雙聲子】眠一覺。眠一覺。把衣帽都撇掉。腔韻高。腔韻高。齊和唱川撥棹。酒興豪。酒興豪。越恁好。越恁好。見明月轉上花梢。

【尾聲】東君休與人作拗。莫把春光辜負了。白髮從來不放饒。（群音類選）

按：群音類選題作「春游」，南詞韻選題爲「春」，俱不署作者。新編南九宫詞題爲「景」，注舊詞。吴歈萃雅目次標題「春郊遊賞」，注高東嘉撰，惟集内無此套曲文，代之以無名氏題作「贈小史」（人心怎能測）一曲。

西　廂

【南黄鍾畫眉序】蕭寺久停喪。水陸修齋赴法堂。猛相逢洛下。少年張郎。這一點春色難藏。他兩下秋波來往。那時惹起春心蕩。鶯鶯在月下燒香。

【黄鶯兒】强寇爲紅粧。擁三軍勢莫當。窮途母子多悽愴。張生在傍。修書數行。許退兵之後諧鴛帳。恨萱堂。背盟失約。孤負那襄王。

【集賢賓】湘裙半濕花露香。悄立在明月西廂。簷馬無聲更漏長。聽高山流水琅琅。眠思夢想。他待學蘇卿模樣。添惆悵。這意兒都鎖在翠眉尖上。

【啄木兒】重思想。暗忖量。都做了風流話一場。這相思地久天長。怎教人捱得淒涼。夫人行半刻不輕放。紅娘坐卧相隨傍。這是行雨行雲枉斷腸。

【三段子】松陰滿廊。想夫人睡正長。花陰滿窻。喚紅娘出綉房。偷開金鎖恐怕聲兒響。蒼苔露濕鞋幫上。戰戰兢兢過那廂。

【滴滴金】張生喜事從天降。把萬斛離愁都撇漾。覷多嬌容貌好一似觀音樣。論寒儒何福量。蜂喧蝶攘。百忙裡又把門兒放。

【耍鮑老】鸞衾象牀付東君自主張。猶魚熀躍桃花浪。腥腥血染翠綃裳。香汗濕酥胸。唇吐胭脂絳。嬌花嫩蕋精神爽。千金一刻非虛獎。鶯聲細。腰肢軟。眼微茫。半晌魂飛蕩。兩意都懽暢。鸞和鳳。鴛與鴦。惟願取常相向。休把誓盟忘。

【尾聲】從今勾却相思帳。一夜東風破海棠。把相國家聲將來喪女娘。（群音類選）

按：「兢兢」，原作「驚驚」；「蜂喧」，原作「蝶喧」。

閨怨和前韻

【南黄鍾畫眉序】蟬影亂低鬟。春色撩人午未眠。見陌頭楊柳。嫩摇金線。送新愁無柰林鶯。説舊恨何當梁燕。恍然一點芳心亂。茸茸好難消遣。

【黄鶯兒】無語啟香奩。這相思怯似先。倦梳粧冷落釵和釧。香消翠減。情多意懶。恨無能插翅飛霄漢。苦埋冤。畫眉人遠。羞澀怕臨鸞。

【四季花】乍雨乍晴天。嘆骨兒瘦腰兒軟。舊衣難穿。憑闌。衡陽渺渺魚雁寒。孤魂杳落雲樹邊。望長安路八千。奴心堅比金共鈿。君心料應難放撋。蒼天在眼前。早不會賜行人方便。柰雲散雨收夢沉書遠。

【皂羅歌】睡起沉沉春倦。把指頭兒暗數流年。誰家鞍馬過門前。教人幾度秋波轉。韶光易老。留他又難。東風作惡。恨他幾番。玉容寂寞淚闌干。花陰碎。鳥韻喧。幾番錯認信音傳。青燈下。皓月前。幾番空自望歸船。

【解三醒】好時光緑肥紅綻。柰病債愁情相往還。桃花空滿玄都觀。那劉郎怎得一面。緑窻下再回憶去年。教我淚雨飄紅心膽穿。空憶念。星前月下琴調玉軫。詩寫鸞箋。

【浣溪沙】憶遠心。傳春眼。難消受許多愁煩。落花烟雨正懨懨。情意苦慘如秋天。雲鎖秦樓人未返。静悄悄困極悲添。羅衾不耐五更寒。風静簷牙怯野鵑。

【柰子花】良辰虚度端的誰憐。怪着他久無音傳。天涯爲甚常留戀。莫不是别有牽縮。應念。舊情人眼兒懸懸。

【集賢賓】誰家緑綺調素絃。聲聲怨鶴愁鸞。人在淒涼斗帳間。對一盞孤燈抛閃。風流夢淺。腸一寸截成千段。長共短。專望你馬兒旋轉。

【琥珀貓兒墜】蛾眉宛轉。能得幾時妍。花瓣難同昨夜鮮。色光曾比舊時全。淒然。立盡了荳蔻閒堦。海棠庭院。

【啄木兒】容光褪。心事遠。只落得長吁千百番。問天道甚時得見。無人處把瓣香偷拈。恁須知故園桃李嗟無伴。隔岸花縱好休貪看。涕痕斑。眼兒裡悠悠望斷。湘水漾清漣。

【玉交枝】總富貴休忘貧賤。耳邊廂盟牢誓堅。薄情一去歸何晚。到如今花老春殘。音和信隔絶三疊關。病和愁積起千來擔。怨着他離易會難。想着他流落在路間。

【憶多嬌】天色黯。雲色慘。惡相思惱殺形影單。鎮日裡廢寢忘飡。端只爲冤家情虧行短。絮雪漫天。絮雪漫天。過牆頭鞦韆影懸。

【月上海棠】簾半捲。落花滿地愁無限。厭聽那枝頭百舌間關。奈何他斷送春歸。不肯喚行人回轉。設舊願。只憑着頭兒上一個青天。

【尾聲】當初記得長亭畔。約定在春初相見。又早過清明穀雨天。（群音類選）

按：原唱乃王渼陂同題（無意整雲鬟）同曲牌之曲。

西湖

【南黄鍾畫眉序】湖景畫難摹。天巧誰能逞毫素。羨名誇兩浙。勢壓三吴。縹緲見雲氣相連。斷續有風光能補。豈無富貴繁華處。那有此中佳趣。

【前腔】畫舫最寬舒。日有遊人載歌舞。映長堤翠柳。淺水紅蕖。就船買魚笋芳鮮。隔岸送鶯花嬌嫵。四衢不礙登山路。車馬任他來去。

【前腔】人物盛文儒。世代傳留好名譽。有鄴侯李泌。處士林逋。香山老風月襟懷。東坡叟文章胸腑。也須多得湖山助。不枉後人傾慕。

【前腔】宋室此曾都。鳳舞龍飛應南渡。嘆昔時行在。此日荒墟。五國城滿目蒼煙。萬松嶺傷心黄土。笑渠興廢難逃數。枉自虎争雄據。

【神仗兒】傷今慨古。傷今慨古。一成和議。竟失廟謨。自損擎天玉柱。可惜神州不復。使人悽楚。但淚灑岳王墓。

【前腔】徘徊看取。徘徊看取。層巒疊嶂。各呈畫圖。變幻陰晴朝暮。隱隱六橋環繞。雁汀鷗渚。更何地認蓬壺。

【滴溜子】靈隱寺。淨慈寺。梵王戒宇。石屋洞。栖霞洞。高士隱居。到此頓消塵慮。躋攀未可休。再穿徑塢。布襪青鞋。豈憚路途。

【前腔】南高峰。北高峰。斷霞千縷。上天竺。下天竺。怪木萬株。巒景還宜前步。分明人世中。埋没洞府。回首南屏。轉覺路迂。

【雙聲子】間酬和。間酬和。前輩春行句。休感傷。休感傷。舊日冬青樹。人已娱。人已娱。鳥更呼。鳥更呼。愛如簧舌。弄混人笑語。

【前腔】凝眸覷。凝眸覷。暝色浮樽俎。側耳聽。側耳聽。遠浦鳴簫鼓。日漸晡。日漸晡。興未孤。興未孤。更無妨待月。片時延佇。

【尾聲】此湖此賞休輕負。好會合詩朋酒侶。準擬重來作地主。（南宫詞紀）

按：盛世新聲、盛世詞林無題，詞林摘艷、南宫詞紀、南詞韻選題作「西湖」，俱不注著者。

妓情懷遠

【南黄鍾畫眉序】終日睡朦朧。鬢亂釵横倦梳整。怪意馬心猿。觸起牽縈。洞房空苔上雕闌。粧閣冷塵朦玉鏡。眼前無限相思事。都只爲那人薄倖。

【黄鶯兒】幽恨苦難憑。怨多才不志誠。將奴拋閃成孤另。更長漏永。衾寒枕冷。怎捱凄涼景。没前程。虧心短行。都忘了舊時情。

【下山虎】當初設盡。海誓山盟。對蒼天曾發願。和你同守死生。若有負義忘恩。教他隨即命傾。自有神祇作證盟。此言猶在耳。到底終須難改更。再告君須聽。把往事叮嚀。莫學王魁負桂英。

【蠻牌令】當日語惺惺。今日已無成。滿懷心腹事。教我與誰憑。也知酒可消愁悶。怕酒醉還醒。這愁悶又還仍。

【皂羅袍】漸覺懨懨成病。想多因爲你。斷送殘生。終日雙眼淚盈盈。千愁萬恨都交併。幾番默坐。神忽自驚。或時加寐。夢亦不成。渾如陷落深坑穽。

【四換頭】驀地潛思暗想。知他在何處。别戀娉婷。偎紅倚翠謾消停。教人枉自痴心等。你那裡朝懽暮樂。隨時寢興。我這裡朝思暮想。望穿眼睛。衷腸欲訴與誰憑。

腸欲斷。悶又增。西風吹淚落花冰。

【集賢賓】黄昏無語對孤燈。閉寒扃天街人静。碧梧秋月滿空庭。透疎櫺照人孤影。忽聽秋聲。滿耳促織遶床鳴。冷清清。手托香腮淚暗傾。

【水紅花】獨自有誰偢問。悶無言倚畫屏。長吁氣兩三聲。倦難勝。幽魂耿耿。這般滋味幾曾經。瘦伶仃。堪嘆薄命。只不合當初容易。今被恁相輕。空落得誤青春也囉。

【餘文】這姻緣成畫餅。陽臺雲雨夢難成。十二巫山隔杳冥。（昔昔鹽）

按：曲牌集賢賓原誤作梧桐樹，兹正。

羈客懷情

【南黄鍾畫眉序】秋雨洒芭蕉。門掩重關夜闌悄。正離人悶對。四壁蕭條。伴長吁金篆香焚。弔瘦影銀臺燈照。滿懷苦恨誰知道。相思到此難逃。

【黄鶯兒】孤館旅魂銷。好姻緣没下稍。幾多心事縈懷抱。别垂楊畫橋。散行雲紫簫。記當時醉買胡姬俏。那劬勞。珠圍翠遶。不料有今宵。

【會佳賓】陽臺路迷袄廟燒。從今沈約心焦。致使潘安容貌槁。嘆恩情瓦解冰消。歡娱事少。却冷落詩聯琴操。恣煩惱。夢難成雨暮雲朝。

【琥珀貓兒墜】鴻箋難寄。惜别恨無聊。斗帳從來爲故交。真心不戀閑花草。空勞。但只愁日久生疎。路遠山遥。

【餘文】人情離合應難料。但有日天台重到。把往事從來一旦拋。（昔昔鹽）

按：曲牌會佳賓即集賢賓之别稱。

贈小史

【南黄鍾畫眉序】人心怎能測。美滿前程天妬嫉。惡根苗種不出。歡條喜實。怎討他吐膽傾心。空博得言甜語蜜。知音何處好尋覓。這滋味教人難喫。

【浣溪沙犯】心如醉。腸似刺。這離愁不關春色。被百磨打散雙鸂鶒。並頭花螿手壁。好似金瓶落井無消息。打撈起教人空費力。怎禁受形單影隻。療相思那曾有藥石。好似二句啄木兒怎禁二句玉漏遲。

【三段子犯】追今悼昔。似雷陳膠共漆。尋踪問迹。似參辰南與北。良緣未緝。龍陽有淚因誰滴。怕前魚向中道拋擲。端不是殘桃愛釋。良緣三句繡衣郎

【滴溜子】銷魂處。銷魂處。暗裏思憶。傷情處。傷情處。明中飲泣。教我寸腸越

窄。來眉去眼。心一旦失。追想那相逢地。別離轉迫。

【下小樓】痛悲。天津路隔。惡思量無擺劃。空勞夢繞楚臺側。誰料。天涯咫尺。頃刻存濟不得。

【永團圓犯】陽關路斷誰沾識。揾青衫紅淚濕。桃源豈比尋常陌。阮途窮人共惜。縈腸掛臆。天台不拒重來客。只恐花狼籍。悤悤話澁。從前事。轉脉脉。風遞馬程疾。月送檣烏没。雙情繫。兩下魄。暗數回程日。空盼水雲碧。陽關十句永團圓。風遞二句鬧樊樓。雙情三句望吾鄉。空盼一句永團圓。近名鮑老催耍鮑老非也。

【尾聲】眼前便是關山隔。這冤債倩誰收拾。怎做得白雲飛向絶域。（吴歈萃雅）

按：南音三籟亦録此曲。

秋思

【南黄鍾畫眉序】醉向畫樓憑。見衰柳西風鴈哀鳴。更連天野色。滿耳秋聲。烟光凝紫暮山横。蘆花照白寒江静。那人何在謾勞眼睁。歸期暗數杳無準程。越添宋玉悲秋興。

【皂羅袍】怎捱今宵孤另。怕閒堦蛩韻。搗月砧聲。寒譙點點遞殘更。孤眠悄對青燈影。相思魂斷。夢兒不成。幾番回顧。又無影形。似襄王雲雨陽臺冷。

【前腔】愛他温柔德性。那回頭一笑。百媚春生。愛他潑天風韻可人親。愛他動情嬌艷將人倩。愛他無瑕一貌。潘郎可並。愛他淺斟低唱。花陰月影。看看沈約多般病。

【蠻牌令】從説甚娉婷。曾似這多情。得意忘懷。好交愛那平生。怕悤悤青春易老。枉被恁躭閣虚名。我假心腸。無半星。几净掃蓬門。喜鵲空鳴。

【下山虎】若逢一面。死也心寧。重握花前手。温存舊盟。争似十萬腰纏。跨鶴錦程。一榻西厢歡再逞。如邂逅遇雲英。一刻風流。千金價增。嗟吾命緣薄分輕。會少離多水上萍。

【尾聲】可憐最苦相思病。情緒無聊如醉醒。怎能勾花再逢春月再明。（彩筆情辭）

元　宵

【南黄鍾畫眉畫錦】人際大明天。天上人間景堪羨。看鰲山結綵。擺列華筵。春風煖殘雪初融。明月好纖雲齊斂。〔合〕齊祝願。願五穀豐登。樂頌堯年。

【前腔】燈月鬬嬋娟。海宇同春樂無間。喜帝京放夜。正宜遊翫。王孫控寶馬香軿。士女簇銀蛾金鈿。〔合前〕

【畫錦畫眉】銀蟾光溢庭軒。見雲鬟翠袖。徐徐的轉動金蓮。笑撚梅花。嬌羞並倚香肩。東風裡蘭麝香來。燈影下珮環聲遠。〔合〕夜闌無限行歌意。盛集着樂府梨園。

【前腔】高懸華月中天。六街深處。燈光九陌相連。值勝境良宵。交歡痛飲忘眠。夜深沉火樹燒空。人鬧炒烟花滿院。〔合前〕

【神仗兒】朱簾盡捲。朱簾盡捲。十二闌前人倚遍。滿城瑞烟葱蒨。萬顆燈毬電閃。光燦爛。影嬋娟。似星斗落遥天。

【前腔】蓬壺閬苑。蓬壺閬苑。移得風光人世間。舊日昇平重見。樂意今宵獨占。忘俗慮。脱塵緣。人都似地行仙。

【滴溜子】綵樓上。綵樓上。佳人綉筵。玉街上。玉街上。王孫錦韉。午夜歡遊不倦。光芒似月中。殘星幾點。此際人人。堪寫入畫間。

【前腔】昇平頌。昇平頌。樂奏管絃。霓裳曲。霓裳曲。舞罷錦纏。畫堂歌喉宛轉。花街羅綺叢。香風布暖。此景真如。福地洞天。

【鮑老催】及時歡宴。佳人巧弄金花剪。豪家盛把燈花點。水晶簾。雲母屏。琉璃殿。千峰萬炬星橋轉。畫圖史册方壺展。更風流人物看不厭。

【前腔】烟浮禁苑。歌臺舞榭春寒淺。芙蓉簷蔔花開遍。梅花瓣。杏花蕋。桃花片。

幻粧春色逞嬌艷。更有鬧蛾兒滿路爭鬬。轉火騎兒交馳戰。

【雙聲子】人歡忭。人歡忭。效作傳柑宴。情繾綣。情繾綣。賓主交相勸。重留戀。重留戀。把盃更傳。盃更傳。任醺醺那管。漏催銀箭。

【尾聲】太平樂事應無限。共祝吾皇億萬年。願歲歲年年賀上元。（新編南九宮詞）

閨　怨

【南越調玉簫令】鳳友鸞交。從來少下梢。常言道。稱心好事。豈得堅牢。一從我共他。都做了花和柳。各圖盡老。和他兩好合一好。半步兒不暫抛。誰承望。到得如今釵分了。

【西河柳】相思惱。害得我没分曉。恨只恨短命俏冤家。他去了無踪。魚沉雁杳。不記得盟言並誓語。信着外人挑。起一片陷人心。全不記好。

【五奥子】最苦是冷蕭條。最苦是人静悄。最苦是啾啾唧唧寒蛩鬧。最苦是悲悲切切雁聲高。最苦是嗶嗶嚗嚗砧聲攪。好教我睡不着。眼睁睁巴明不能彀到曉。

【前腔】最苦是燈殘倦挑。最苦是離多會少。最苦是寂寞偏嫌更漏杳。一更鼓有五點敲。一點點有十數遍敲。天。只被他一聲聲敲得我的愁腸斷了。

【尾聲】更籌捱徹靈鷄叫。鷄叫後□牌聲鬧。便做陳摶怎生捱到曉。（群音類選）

南北越調合套

七夕

【繡停針南】四海昇平。萬國衣冠覲帝京。人民樂業繁華盛。時聽的處處歡聲。荷聖主周天地大德。逢時節喜氣自然增。蓐收司令迎秋景。今宵七夕共瞻星。人在閬苑仙境。

【鬼三台北】碧天長浮雲浄。玉露滴金風應。見一道銀河萬派傾。牛女會橋成。乞巧處香爇寶鼎。畫樓前列瓜菓。啓繡屏。金針兒鬬穿翠縷輕。一葉墮金井梧桐。萬里共揺空月影。

【山馬客南】玉漏頻傳。不須問幾更。列華筵綺席。皷瑟吹笙。歌窈窕。舞娉婷。白苧迎風爽氣生。人月共清。况遇着時和歲登。一任交歡娱共樂太平。

【黄薔薇帶慶元貞北】試説着京畿勝境。遇着七夕齊鬬巧呈能。樂繁華歡騰市井。不負了良辰美景。仰望着蓬萊晃耀九華燈。又只見碧霄仙似駕雲軿。遥聽得緱山子晉度鸞笙。風清。和月影。逢盛世賞令節樂昇平。

【四般宜南】生當盛世遂安寧。頻看瑞物表休徵。神龜應兆呈。金殿騶虞。白象出郊坰。瑞麥秀嘉禾共領。黄河水徹底清澄。綱常正法度整。家家相慶吾皇仁聖。

【禿廝兒帶聖藥王北】皇風被邊塵息警。萬萬里傳流着頌聲。謳歌鼓腹挤酩酊。酧佳節賀昇平。福慶似雲興。仰帝庭。齊引領。葱蘢佳氣滿都城。賞美景。齊歡慶。普天下生民同樂際時亨。遍朝野列英俊播芳馨。

【餘音南】瞻星拜月焚金鼎。但願得一人有慶。萬世皇明直與天地永。（詞林摘艷）

按：盛世新聲題作「七夕」，雍熙樂府題爲「慶七夕」，盛世詞林無題。玆據摘艷録之。

又：曲牌〔黄薔薇帶慶元貞〕原僅書〔黄薔薇〕；〔禿廝兒帶聖藥王〕原僅書〔聖藥王〕。

秋　景

【南越調繡停針】蕩起商飈。金井梧桐葉漸凋。幾番雨過涼天道。迤逞把扇兒慵摇。頓覺得紗厨裡似水。風流處可喜娘妖嬈。耳邊低道今宵好。今宵紈扇且停摇。涼似昨夜多少。

【祝英臺】畫堂深人静悄。秋意景偏好。風送暗香。丹桂芬芳。先占沁園秋早。開了。此時莫惜千金。花前歡笑。賞心樂事。須拚沉醉酶酶。

【望歌兒】天然獨佔衆芳開遍了。此花有百媚千嬌。不減蟾宫好。四出玲瓏。花神恁般然。是向則是花頭兒雖恁小。真有許多香得好。

【鬭寶蟾】折取向膽瓶中安插了。香滿庭軒。恍若身在蓬島。皓齒纖腰。那更歌舞勸香醪。多嬌。撚花枝時嗅微微笑。笑道勝如茉莉。賽過荼蘪。香似沉腦。

【四時宜】攢攢簇簇縷金銷。枝枝葉葉綴瓊瑶。嬌嬌滴滴顔色好。瀟瀟洒洒恁清高。香徑裡紅圍翠繞。那堪受玉軟香嬌。月兒照。越恁好。佳人應笑。嫦娥空老。

【山麻客】玉露金風。是他故交。況良宵有月。玳筵可邀。如花貌。逞妖嬈。問道奴嬌花貌嬌。人月鬭嬌。想丹青怎描。儘消得才人下筆吟嘲。

【惜多嬌】花又好。月又皎。惜花愛月眠遲起早。暮暮朝朝不離花表。賞足花前。怎教殘英墜了。

【江神子】且莫教兒童掃。滿斟一任玉山倒。醉眠花下。勝如芳草。贏得滿身蘭麝異香飄。風韻好。

【有餘情煞】觀花愛月須年少。且對酒高歌歡咲。月夕花朝休教辜負了。（群音類選）

按：舊編南九宫譜録全套，注散曲。盛世新聲、盛世詞林無題，詞林摘艷題作「題丹桂」，雍熙樂府題爲「題木犀」。南九宫十三調曲譜録〔繡停針〕、〔鬬寶蟾〕、〔江神子〕、〔餘音〕四曲，並注散曲。又：曲牌【惜多嬌】即【憶多嬌】，「賞足花前」句據譜當疊。

冬至題情

【南商調二郎神】冬至後。寂寂疎簾掩玉鈎。新月掛樓頭。光影透。知何日得折章臺柳。夜永難捱心上愁。松竹梅歲寒尚友。〔合〕不完就。空懊惱當初一識荆州。

【前腔換頭】寒流。碧澄相映。長堤畔柳。送多少行人分别首。極目處。疎林暮靄初收。古木寒烟總是愁。雪消殘山光半有。〔合前〕

【集賢賓】金猊香冷情况幽。捱一日如過三秋。深院無人扃户牖。怪玎璫鐵馬簷頭。淒涼怎守。衾枕冷捱殘更漏。〔合〕非醉酒。相思病甚人知否。

【前腔】輕分恩愛難成配偶。愁和悶總在心頭。義海恩山無了休。柰心猿意馬難留。書無雁投。空老却朱顔二九。〔合前〕

【黄鶯兒】牢落恨難收。嘆飄零有幾秋。把佳期暗數三冬九。强開懷對酒。醉相思念頭。朝來羞比梅花瘦。〔合〕舊風流。凝眸遠望。雲霧動人愁。

【前腔】懷抱幾多憂。守寒爐茶當酒。漫空霰撒圓如豆。憶多嬌怎守。哭相思怎休。青衫淚濕相如瘦。〔合前〕

【琥珀貓兒墜】江灘積雪。錯認一群鷗。霜雁悲鳴江上洲。漁人罷鈎冷颼颼。〔合〕傷愁。頻添鏡青青。兩鬢如秋。

【前腔】情人不見。如雨淚交流。人老參商何處偶。一般心事兩般憂。〔合前〕

【餘文】一週十日相思久。虛度賞心時候。過隙光陰不覺又是秋。（昔昔鹽）

憶遠題情

【南商調二郎神】寄書來。花箋上都是斷腸詩。心事如同理亂絲。争柰紙短情長。寫不盡兩字相思。和淚封來須看取。試看那封皮上都是淚漬。從伊去。這些時懨懨鬼病。坐想行思。

【啄木兒】他比楊花性。上下飛。隨處沾泥逐馬蹄。他那裡有萬種恩情。俺這裡一天愁緒。風流減盡雙頤瘁。春山蹙損兩眉翠。幾度臨鸞懶畫眉。

【三段子】陽關別離。問歸時尚未有期。陽臺路迷。楚襄王何時會伊。當初自恨無才思。別離容易輕分袂。追悔從前。悔之又遲。

【前腔】秦期晉期。路迢迢魚沉雁稀。鸞兮鳳兮。在天涯翱翔甚時。白茫茫溢起藍橋水。焰騰騰祆廟都焚廢。到今日蠶老。心中更有絲。

【滴溜子】何日裡。何日裡。京兆畫眉。怎能彀。怎能彀。何郎粉施。頓使花容憔悴。潘郎鬢已絲。瘦比楚腰尤細。幾番血淚。錯認做臉上胭脂。

【尾聲】相思相見知何日。夢見須多相見稀。一日思君十二時。（昔昔鹽）

按：此曲樂府先春、吳騷集無題，注古調。樂府爭奇無題，不注撰人。

離情遣悶

【南商調二郎神】燈夕後。把往事沉吟獨倚樓。醉眼望江南醒來透。碧天如水。月掛垂堤楊柳。一度看來一度愁。嘆飄零疎親撇友。事難就。因此上恨鎖青山。淚滿江洲。

【前腔換頭】飄流。當初走馬。去折章臺弱柳。論買笑黃金已罷手。難料意馬心猿。拗劣難收。碧草孤雲一片愁。覩名園紅芳乍有。既成就。爭奈隱隱青山阻隔他州。

【集賢賓】江山如畫青更幽。歷盡了千古眉頭。光景無聊凭户牖。聽鶯聲弄巧枝頭。

愁城怕守。想是他貪歡戀酒。寧耐後。懽娛未知成否。

【前腔】幾番夢裡成配偶。恨苦上心頭。弄月吟風事已休。奈何兩地淹留。膠漆暗投。相思病十分有九。將進酒。問蒼天那人知否。

【黄鶯兒】離淚幾時收。幹功名四五秋。煮茶遣酒和窮究。强觀花對酒。望青山點頭。教人從此腰肢瘦。想紅樓。豪家少女。知此恨也生愁。

【前腔】風流子更遊。杏花村沽美酒。小重山下梅如豆。憶秦娥自守。長相思未休。醉扶歸去添憔瘦。過秦樓。小桃紅似火。西河柳掛銀鈎。

【琥珀貓兒墜】洛陽如錦。黄鳥卧沙頭。載酒尋芳鸚鵡洲。東風吹鬢冷颼颼。牽愁。離人不見。阻隔他州。

【前腔】相如司馬。空憶舊風流。寡鳳求鸞何日偶。懨懨瘦損動離憂。牽愁。一日不見。如隔三秋。

【餘文】光陰瞬過三九。憶那登臨時候。滿目鶯花蜂蝶愁。（昔昔鹽）

晚　景

【南商調山坡裏羊】落日昏鴉成陣。竹籬茅舍人静。馬蹄兒跎蹬蹬轉過轉過黄花徑。

旅況增。情懷有四星。烏靴緊貼緊貼葵花鐙。舉轡加鞭不暫停。多行。一程又一程。蓼逡巡。長亭共短亭。

【水紅花】兀良一黛遠山青。晚風輕。長天人静。我則見這呀呀寒鴈叫了兩三聲。蓼花汀。黄蘆相映。向這白蘋州畔。一點打魚燈。碧熒熒伴籠明也囉。

【皂羅袍】趲行天色將暝。見雲迷遠岫。暮景偏增。敗葉飄飄舞風輕。驚飛宿鳥棲不定。風清月朗。情懷怎禁。馬遲行慢。情懷惱人。藍關怎不交雲横嶺。

【尾聲】爲情人牽掛情。朝思暮想珠淚傾。恨殺多情不見影。（詞林摘艷）

按：盛世新聲、盛世詞林無題，俱不注撰人。首句摘艷作「落夕」，兹從盛世詞林。

離 情

【南商調山坡羊】因他思量的我憔瘦。冤家你原來忘舊。當初指望無差扭。不承望你今番到把我丢。想着迎頭。甜言話兒勾。奴愛你温柔。把朵鮮花兒教你收。

【水紅花】你在人前賣俏賣俏。把奴羞。故顯得你風流。早知道你迎新棄舊。常言道婦女有不週。我無憂。没來由閑争閑鬬。想我從前恩愛反爲讐。這塲恨怎干休。淚流。

【皂羅袍】悶的我無前無後。我爲你枉耽了名頭。奴今爲你惹場羞。算來其實没來由。冤家薄倖。言不應口。奴今爲你。出乖弄醜。負心的短命天不祐。

【玉抱肚】香肌憔瘦。我心中離情似藕。害相思最怕黄昏後。花開時花開時幾時成就。負心一去不回頭。可惜姻緣兩下丢。

【掉角兒序】每日家長嘆短吁。悶懨懨守定羅幃。俏身軀分付與誰。負心人那裏着迷。想從前。意似癡。恨則恨。花前剪髮言盟誓。離情緒訴與誰。休辜負奴恩意。

【尾聲】朝思暮想盼佳期。海誓山盟魂夢裡。（雍熙樂府）

按：〔掉角兒序〕、〔尾聲〕二曲用韻與前不一，疑拼接；南尾聲一般三句，此疑有脱文。

【南商調四犯黄鶯兒】他直恁太情切。你十分心軟怯。眼睁睁怎忍相離别。你枉自怨嗟。他無計可設。當不過他搶來推去望前拽。意似蚖蛇。性似蝎螫。一言如何訴説。

【前腔】流水也似馬和車。頃刻間途路賒。他在窮途困旅誰擡貼。囊篋又竭。藥餌又缺。他那裏悶懨懨怎捱如年夜。寶鏡分破。寶簪磨折。何日重逢再接。

【尾聲】自從别後信音絶。這些時魂驚夢怯。煩惱憂愁將盡也。（盛世新聲）

春遊

【南商調字字錦】東風二月天。花放春光滿。黄鸝弄巧聲。唤起遊春院。出郊苑。寶馬香車。寶馬香車過。蕩破柳堤翠烟。天天。賞心樂事。正當少年。偏宜少年。偏宜少年人眷戀。拚沉醉飲酒如泉。喜和風露斂。看他那裡。遊蜂幾箇。飛飛舞舞。咱這裡便三三五五。來來往往。是處韶華看遍。

【滿園春】雙蝴蝶。影翩翩。穿芳徑動人憐。落花片片飄紅雨。輕風扇。飛墜繡衣前。如粧點似悠然。喜樂人也天。快樂人也天。美景良辰。鸞簫鳳管。正好向此處留連。

【前腔】亭臺上。從新設宴。芳菲萬花鮮妍。捧勸玉杯斟香醑。錦屏障。暎紅生光炫。醉飲賞五雲邊。喜樂人也天。快樂人也天。美景良辰。鸞簫鳳管。正好向此處留連。

【尾聲】黄昏月上歸庭院。庭院静重添香篆。設鼓瑶琴尚未眠。（雍熙樂府）

按：盛世詞林無題，亦不注撰人。

怨别

【南商調伊州三台令】思量你好辜恩。便忘了誓盟。遇花朝月夕良辰。好交我虚度了青春。悶懨懨把欄杆憑倚。凝望他全無個音信。幾回自忖。多應是我分薄緣輕。

【黄鶯兒】誰想有這一程。減香肌憔瘦損。鏡鸞塵鎖無心整。脂粉懶匀。花枝懶簪。空交我黛眉蹙破春山恨。最難禁。譙樓上畫角。吹徹斷腸聲。

【集賢賓】幽窗静悄月又明。恨獨倚幃屏。驀聽的孤鴻樓外鳴。把離愁又還提醒。更長漏永。早不覺燈昏香盡。眠未成。他那裏睡得安穩。

【雙聲疊韻】思量起。思量起。怎不傷心。無人處。無人處。淚珠暗傾。我怨他。我怨他。説他不盡。誰知道這裏先走滚。自恨我當初不合認真。

【簇御林】人都道人都道他志誠。却原來廝調引。眼睁睁心口不相應。山誓海盟説假道真。險些兒爲他錯害相思病。負人心。看伊家做作。如何有前程。

【琥珀貓兒墜】日疎日遠。和你再相逢。枉了把癡心兒寧耐等。想巫山雲雨夢難成。薄情。猛拚今生。和你鳳拆鸞分。

【尾聲】冤家下得忒薄倖。割捨的將人孤另。那日裏恩情翻成做畫餅。（詞林摘艷）

按：盛世新聲、金瓶梅詞話、盛世詞林無題。雍熙樂府題爲「拋閃」，曲牌作〔鶯啼序〕。新編南九宮詞無題，注樂府，曲牌同雍熙。

題 情

【南商調金落索】春來麗日長。漸覺和風蕩。欲記臨行。爛熳桃花放。倏忽柳絮飛。過炎光。金井梧飄即漸涼。相將半載分離去。却怎生音信全無紙半張。傷情處。嘹嚦嚦鴈兒過南廂。聽一聲聲凄凄涼涼。恓恓惶惶。哎天天也。愁鎖在我這眉尖上。

【香歸羅袖】金爐香冷。銀缸燈盡。離人怕到黄昏。又早黄昏光景。怨孤眠鳳幃。愁欹鴛枕。欲圖一覺。捱他寒更。陽臺争柰夢難成。更有相思令。心歸門裏。放秋上心。問道思量甚。我便只思量着那箇人。

【念奴嬌】大江逝水。悠悠萬頃。茫茫東去不息。浪汲汀沙。則是淘盡了千古風流人物。聞説。都道西邊。嵬嵬赤壁。故城石疊舊三國。人何在。山高月小。水涸石出。

【燈月交輝】昨宵夢覺。聽門外珍珠洒。漸覺無聲墜萬家。對良辰争似我。曉來時推起窗紗。歡笑處説些情話。休歸去。那雪兒揚颺正下。那雪兒揚揚正下。

【喜梧桐】冬景佳。堪圖畫。我則見遍滿長空瑞雪紛紛下。都向煖閣紅爐泛流霞。一色瓊瑶萬樹林稍掛。踏雪沽酒添高價。

【尾聲】樓臺粉砌迷鴛瓦。聽撒撒更敲窻打。美酒羊羔勝飲茶。（詞林摘艷）

按：盛世新聲、盛世詞林無題。雍熙樂府題作「愁悶」，共三隻，僅〔金落索〕、〔香歸羅袖〕與新聲、摘艷相同。第三隻〔月中花〕「勤兒推磨」，金瓶梅詞話無題、太霞新奏題爲「閨情」（曲牌作〔香轉南枝〕），此即詞林摘艷題作「麗情」四首之第二首，注皇明張善夫撰。首曲〔金落索〕「春來麗日長」見舊編南九宫譜卷七，乃南戲「鶯燕争春詐妮子調風月」之曲文。次曲〔香歸羅袖〕「金爐香冷」舊編卷一亦選，題作「江流」（陳光蕊）。此套疑爲數曲併集而成。〔念奴嬌〕曲亦見本書無名氏同調「古詞翻今調」套，顯係闌入。

應　制

【南商調金落索】河清海晏然。甘露降靈芝現。方物皈依。因此上開文選。皇圖鞏固基。永綿綿。航海梯山朝帝輦。瓊樓玉宇堪稱羨。因此上扶立當今聖世全。風雲會河出圖。處處湧甘泉。聽齊臻臻玳瑁筵前。笙歌駢闐，讚當今皆慶賀昇平晏。

【香歸羅袖】氤氲香靄。龍樓金殿。端的是錦綉城池。真乃是蓬萊仙院。擁皇都帝京。擁皇都帝京。鑾夷朝獻。千邦納土至心堅。强文壯武宰臣賢。修理文經傳。干戈併息滅狼烟。寶殿通華蓋。珠樓接禁苑。

【皂羅袍】列綺羅笙歌相間。擺珍羞食品。菓木時鮮。寶爐香細爇龍涎。羣仙隊裏三星現。雲幢綉蓋。陳設兩邊。珠圍翠遶。陳設兩邊。風雲慶會金鑾殿。

【尾聲】武精忠文直諫。賢臣肱股仰天顔。永保皇圖億萬年。（詞林摘艷）

按：此曲盛世新聲、盛世詞林俱無題。

春　遊

【南商調梧桐樹】殘紅水上飄。青杏枝頭小。燕子來時。緑水人家遶。天涯何處無芳草。牆裡鞦韆牆外行人道。牆外行人。聽得牆裡佳人笑。正是多情却被無情惱。

【東甌令】桃花落。柳絮飄。麗日和風天氣好。鞦韆蹴罷閑行樂。重整羞花貌。蘭堂開宴列笙簫。逢佳節樂醄醄。

【皂羅袍】此景不寒不燠。見千紅萬紫。巧筆難描。紫燕黄鶯語聲嬌。雙雙粉蝶花間遶。閑行遊玩。踏青鬭草。香車寶馬。不辭路遥。儘今生賞玩同歡笑。

【尾聲】寶爐中沉烟裊。歌聲鼎沸透青霄。賞玩遊春直到老。（群音類選）

按：盛世新聲、盛世詞林無題，詞林摘艷題作「春景」，群音類選題作「春遊」，雍熙樂府、南宫詞紀題爲「賞春」，俱不注著者。新編南九宫詞無題，注樂府。除詞紀外，各集曲牌皆誤作〔金索掛梧桐〕，今正。

春悶

【南商調喜梧桐】奴是一朶花。方纔花結蕋。有幾箇春蝴蝶。都來攢花蕋。不知道那一箇爲花主。採了花心去九霄雲外飛。蝶有惜花心。花有留蝶意。終不成誤約誤約在名園内。

【一封書】年時共那人。正是今朝遊翫春。低低唱淺淺斟。指桃花説誓盟。今歲東君不管恁。九十日春光無一日晴。到黄昏。冷清清。雨打梨花深閉門。

【皂羅袍】點點蝶愁蜂恨。最堪憐躭閣。杜甫踏春。酒罇食壘暫收停。花籃兒和鬧竿兒空粧頓。海棠亭畔。和伊宴飲。緑楊深處。忽聞笑聲。鞦韆下冷落笙歌静。（雍熙樂府）

按：南九宫十三調曲譜、九宫譜定俱選「喜梧桐」一隻，注散曲。

重　九

【南商調喜梧桐】佳辰值晚秋。人比黄花瘦。處處登高又早重陽候。東籬畔有人來送酒。塞鴈呀呀過南樓。紅葉黄花。山色渾如繡。冷颼颼風蕩波紋皺。

【西河柳】景物幽。情意投。龍山賞翫飲興酹。戲馬臺前憶舊遊。瓊漿捧玉甌。烏紗却戀頭。便做傷心競把茱萸嗅。颯颯西風吹敗柳。密匝匝的擺珍羞。聽一派仙音樂奏。

【一封書】香橙嫩旋剖。喜今朝九月九。同歡會莫愁。蟹初肥酒正熟。正好傳杯同宴樂。迅速光陰不暫留。莫剛求。且忘憂。問取來年誰健否。

【皂羅袍】隱隱江山依舊。把香醪滿泛。艷曲低謳。眼前霜降水痕收。狂歌痛飲休僝僽。纖纖玉手。銀箏欵搊。長長彩筯。銅壺慢投。歸家挤取黄昏後。

【尾聲】宴良宵過白晝。盛年佳節可追遊。共享天長和地久。（雍熙樂府）

南北黄鍾合套

冬　景

【絳都春南】寒風布野。傲霜枝獨留金錢不謝。橘緑橙黄。隴樹凋零楓葉赭。玉壺遞箭聲微瀉。薄點綴新霜凝夜。滌場納稼。練兵習射。

【梧葉兒北】南歸鴈。暮宿鴉。投樹落平沙。覽景物堪圖畫。小陽春有嵗華。放幾點碧桃花。行處猶宜駐馬。

【山坡羊南】畫閣珠簾初下。遠山寒色相亞。暖爐酌酒分春炙。皷摻撾。冰絃鴈柱斜。金爐添火焚蘭麝。凛凛寒威漸漸加。流霞。玉桃宴舘娃。京華。笙歌十萬家。

【出隊子南】幾處吹簫倚月榭。酒低斟詩緩寫。薄寒無那又添些。甃垂簾幕半遮。冬至迎長將近也。

【金菊香北】已將六琯動吹葭。日晷初長一線加。玉玲瓏曉霜舘翠丸。白盈盈水貼冰花。捧瓊斝酌流霞。

【醋葫蘆北】寒蔬漸吐芽。山梅欲放花。霜庭按舞撥琵琶。看園林歇芳嵗事賒。幾處觀雲書罷。遥空風急鴈行斜。

【東甌令南】同雲羃。晚風斜。月影横空明雪華。瓊瑶一色正皎皎迷曠野。密灑歌樓飄僧舍。光瑶銀海眩生花。旋把數尺粉牆半遮。

【玉交枝南】閑登長榭。晃珂珮更照耀白馬。晚來江上景瀟灑。一簑歸去正堪畫。金闕玉宇凝素瓦。拂窻度簾還飄下。預作太平祥瑞也。

【後庭花北】看江山景物嘉。喚纂箏賞歲華。美酒銷金帳。清風鳳餅茶。被鶴氅訪梅花。放一棹山陰雪夜。灞橋邊詩思誇。望瑶臺明月下。是蓬萊天帝家。

【玉抱肚南】暗香飄麝。占陽和早梅放花。素姿清宜月臺風榭。低壓短籬茅舍。玉骨冰肌洗鉛華。倚竹依松逸興嘉。

【錦羅袍南】向日精神瀟洒。更凝酥弄粉淺水平沙。疎枝籠月影横斜。前村雪裏開昨夜。羅浮山下。偏傍酒家。清韻堪訝。素粧麗雅。月魂映竹何須借。

【青歌兒北】向紅爐排筵排筵初罷。舉金盃勸酬勸酬流霞。掃雪敲冰煮細茶。插銀瓶幾朶梅花。節屆臘八。黎庶歡譁。佛浴釋迦。會建無遮。歲將暮春來春風春光滿天涯。聖人治萬國平天下。

【耍鮑老南】迎春漸覺寒去也。會佳宴坐香車。屠蘇酒慢傾瀉。燒爆竹臨除夜。桃符換寫。春到玉缸燈落灺。然火明霜瓦。驅儺鼓打。分隊隊正歡譁。更取鍾馗卦。分歲杯頻把。椒盤進仍頌花。奩簪喧櫪馬。列炬散林鴉。

【餘音南】大明聖主安天下。偏撫輯蠻夷華夏。正四海昇平人歡也。（詞林摘艷）

按：此套雍熙樂府、盛世詞林亦收。盛世詞林無題。

四景題情

【南黃鐘絳都春】情濃乍别。爲多才寸心千里縈結。暗想當初。背地香偷曾玉竊。如今惹下相思孽。倒不如無情安貼。滿懷愁緒。幾能勾對他分説。

【出隊子】蘭芽長茁。又見春光早漏洩。鶯鶯燕燕飛成列。凝眸都是傷春物。嬌滴棠梨。何心去折。

【集賢賓】花飛碎玉飄香屑。憑欄目斷天涯。猛聽黄鸝聲弄舌。唤起我離愁切切。狠心薄劣。閃得我羅裙寬折。無聊也。自且把珠簾半揭。

【黄鶯兒】枝頭梅乍結。困人天微雨歇。南薰獨對枉自嗟。冰弦懶撥。香泉懶啜。端爲恩情一旦撇。心哽咽。淚濕紗衫。相看都是血。

【玉抱肚】情乖愛奪。盼佳期頓成永絶。空堪羡並蒂荷花。怎支吾暮蟬聲迭。蘭湯浴罷鬢雲斜。倩誰將我攔腰脱。

【山坡羊】滿地舞旋紅葉。欲待題詩難寫。近日臨粧不覺嬌姿怯。親瓜葛。夢與同歡悦。又被西風忽動檐頭鐵。頃刻驚開原各别。悶也。拍瑶臺燈滅。怨也。擲菱花拼碎跌。

【五供養】西廂待月。捱幾個黄昏時節。相思滋味。逐頭斷。秋來更徹。是誰家砧杵聲頻。搗得我憂心欲裂。芳盟盡屬空。好事翻成拙。楚岫雲遮。高唐夢蝶。
【忒忒令】綉閨寒侵。把獸爐慢爇。嘆藍關人阻截。幾番間揉碎梅花。揉碎梅花。惜孤衾香自潔。怕寒鴉啼漸越。
【僥僥令】愁結板橋霜。夢冷茅檐雪。書翠流紅事已賒。甚時得破鏡重圓斷簪接。
【尾聲】相思擔重苦難車。拚與他珠沉玉缺。你不見程姬貞且烈。（萬錦情林・浙湖三奇傳）

按：【絳都春】、【出隊子】二曲與王九思【絳都春序】「四景閨怨」套首二曲雷同。

戒 嫖

【南仙吕入雙調玉交枝】青樓滋味。略嘗些便要知機。山猿野馬難拴繫。似桃花風裡翻飛。同生共死都是虛。山盟海誓牢籠計。信着他分明是痴。戀着他分明被迷。
【前腔】調情調意。要知音眉高眼低。機關打破方伶俐。認真的有甚便宜。假若你聰明軟欸會施爲。只落得撚酸擔苦空淘氣。没來由常擔千計。没來由常惹是非。
【不是路】子弟須知。百計千方要準備。婆娘意。十分難重更難依。忽心痴。撞入他迷魂陣圖裡。暗箭明鎗難躲避。相遭際。請君猜個烟花謎。有頭無尾。有頭無尾。

【掉角兒】閃得人意蕩魂飛。弄得人眼花心昧。鎮終朝握雨携雲。空指望並頭連理。只怕他面情長。心倖短。空頭多。真話少。霎時抛弃。風流佳趣。誰曾到底。總然是。如膠似漆。終要分離。

【前腔】識趣的有話須題。着人的有乖休使。但得手須要瞧頭。要弄人還須度己。休得要擅家懷。窮孝順。假慈悲。虛幫襯。冷聲熱氣。麗春園内。終無碑記。你若是。回頭不早。終作烏龜。

【尾聲】風流子弟須牢記。那養漢的是驛遞裡鋪陳赶脚的驢。切莫要貪他成把戲。

（群音類選）

按：「戒嫖」，目次作「戒膘」、文中題作「戒瓢」，今正。

慶　賀

【南雙調錦堂月】華髮斑斑。韶光荏苒。雙親幸喜平安。慶此良辰。人人對景懽忻。在畫堂前寶篆香消。玉盞内流霞香泛。齊祝贊。願取福如東海。壽比南山。

【前腔換頭】筵間。繡幙圍圓。奇珍擺列。渾如洞府仙寰。美酒佳肴。堪並鳳髓龍肝。簪翠竹同樂同歡。飲緑蟻齊歌齊唱。齊祝贊。願取福如東海。壽比南山。

【前腔】堪嘆。雪染雲鬟。霞腮杏臉。朱顔去不回還。椿老萱衰。只愁雨僽風僝。幸一門多感謝蒼天。降五福均膺洪範。齊祝贊。願取福如東海。壽比南山。

【前腔】幽閑。日有三飡。官無事擾。情意更無愁煩。人老花殘。餘心尚有相關。待與你百載姻緣。成就了一門根絆。齊祝贊。願取福如東海。壽比南山。（雍熙樂府）

薄情恨

【南雙調鎖南枝】腮前雨。心上愁。寂寂寞寞無事休。風急雨還收。夢醒愁依舊。燈和影相對羞。你便忘了枕上言。怎不怕。神前咒。

【九嶷山】〔香羅帶〕江東日暮雲。寒鴉遠村。關河千里勞夢魂。四年不見倍傷神也。〔懶畫眉〕鳳城車騎日紛紛。只得勉强支持病裏身。柰蕭郎不是個中人。〔醉扶歸〕最憐有綫無針引。因此〔征胡兵〕黛眉多瘦損。往來空寄信。總然要打聽近行縱。無人可問。〔梧桐樹〕香囊刺繡新。畫眉描蘭俊。自上杜陵來去没寒温。倒不如崔生日夜常親近。〔瑣窗寒〕一星星意真情懇。偶聞君從水館寄着春衫。束得腰身緊。寄時萬縷縈方寸。

閑身。這忘機鷗鷺休親。〔大迓鼓〕相逢。期孟春。上元佳節。燈火黄昏。尺書何事無憑準。〔解三醒〕今回首又遇春分。長江且是東風順。况一騎丹陽信到白門。還思忖。還思忖。〔劉潑帽〕紅顔定是多薄命。莫負恩。看舊日緣和分。

【尾聲】秋來又見歸鴻陣。倚樓南望正斜曛。拚却和淚緘書再寄君。（昔昔鹽）

按：此套首調曲文與高深甫同牌第一隻曲悉同，聲韻亦與後二曲有異，疑拼湊而成。

四　季

【南仙吕入雙調忒忒令】柳摇金天桃破蘂。鬧花叢粉蝶雙飛。千紅萬紫春光媚。忽聽的曉鶯啼。尋芳拾翠。杏花天玉樓人醉。金勒馬嘶遊人似蟻。只聽得這柳陰中笙歌沸起。

【五供養】春光正美。悄不覺得暑氣相催。使兒童類撼竹。猶兀自火雲飛。向凉亭水閣。正可宜浮瓜沉李。散髮紈扇。斟醁蟻。翠蓋輕遊魚戲水。

【江兒水】又早三秋至。塞鴈飛。牛星女宿重相會。只聽得搗杵砧聲聒得鄉心碎。最凄凉堦下寒蛩唧。桂子香飄拂鼻。葉落丹楓滿目。黄花舖地。

【川撥棹】朔風起。布同雲飄玉梅。獻禎祥堪賞題。韓退之藍關路迷。子猷船訪戴歸。

【前腔】孟浩然尋梅溪。見高低上下飛。半空密洒歌樓。遍世界銀粧粉砌。向紅爐煖帳裏。

【尾聲】裁冰剪雪禎瑞。飲羊羔共同歡會。端的是翠繞珠圍。（詞林摘艷）

按：盛世新聲、盛世詞林均無題。

【南仙吕入雙調步步嬌】惜玉憐香成虚謬。淚濕透春衫袖。惺惺惜未休。無限淒涼。把人迤逗。寂寞傍粧樓。人比黄花瘦。

【鎖南枝】鴛鴦纜。蚱蜢舟。如何解我心上愁。和淚寫伊州。魂夢上揚州。和誰共守。幾度思量。幾番窮究。幾遍躊躇。幾次將他咒。花也愁。蝶也愁。人又愁。月也照人愁。

【香柳娘】想青鸞信久。想青鸞信久。幾時能勾。今春去了爾在誰家情厚。想是他戀酒。想是他戀酒。何處繫驊騮。必定解貂裘。欲待要自由。欲待要自由。轉眼凋翠柳。又是蕤賓時候。

【園林好】只爲你多虚少實。只爲你如膠似漆。只爲你玲瓏剔透。只爲你戀歌嘔。只爲你愛風流。

【江兒水】恨殺溪邊鳥。林外鳩。聲聲只把相思奏。彩絹上題詩何時有。西風不管人憔瘦。九日黄花依舊。破帽多情。恐怕那人僝僽。

【僥僥令】芙蓉兩岸秋。明月在柳梢頭。鴈足書傳黄昏後。不覺早梅開香暗浮。

【尾聲】人人若肯堅心守。豈有不能成就。直待爾回來做鸞鳳友。（新編南九宫詞）

行路

【南仙吕入雙調步步嬌】鴈翅南飛天涯遠。人被功名頓。殘月映遠村。曙色將明。聽得曉鐘聲頻。茅店漸開門。招牌上寫着寫着清香醖。

【江兒水】力倦登山道。途路遥。思親骨肉添煩惱。杜宇枝頭聲聲叫。叫道不如歸去家鄉好。聽得教人心焦。回首迢迢。轉眼緑陰芳草。

【園林好】過荒坵見牧童騎犢跨牛。弄横笛兩三聲韻幽。是他無愁無憂。遣離情難措手。遣離情難措手。

【川撥棹】柳。柳下人家。傍着小橋。景依稀堪畫描。墻頭上露出個多嬌。墻頭上露出個多嬌。笑語聲凝眸兒覷着。不由人魂暗消。不由人魂暗消。

【前腔】野。野渡無人。横隻小舟。見漁翁收綸罷釣。不覺紅輪西墜。投宿烏盡歸巢。投宿烏盡歸巢。

【五供養】心中轉焦。恐怕前村宿處不到。趲行尋旅舘過一宵。蛙聲鬧炒。又聞得汪汪犬吠聲高。柴門人静俏。景寂寥。看看月上海棠花梢。

【僥僥令】山青雲縹渺。江水緑滔滔。只見水山星月年年照。不覺往來人過幾遭。

【前腔】風清並月朗。竹窻外响芭蕉。又被夜半孤猿哀哀叫。好夢也難成驚覺了。

【尾聲】崎嶇紫陌長安道。利名心縈牽懷抱。憶昔故園空老。（新編南九宫詞）

閨　情

【南仙吕入雙調步步嬌】蝶倦蜂愁鶯無語。門掩蒼苔雨。傷情聽子規。野樹江雲。倩誰爲主。萬縷緑楊枝。如何挽得春光住。

【江兒水】轉眼春歸去。人未歸。顛狂性格風中絮。細雨梨花重門閉。青烟渺渺迷津渡。水上浮萍何處。燕子雙雙。鎮日令人延佇。

【園林好】惜春心與殘花共飛。斷腸人把闌干悶倚。盼天涯芳草萋萋。仗東君傳信息。要相逢知甚日。

【人月圓】約在園林花叢徑裡。色侵肌香襯體。全不念舊日歡娛。到如今風狂露淒。想人生能幾時。想人生能幾時。

【前腔】喜得今宵天清月輝。逐花陰步欵移。對姮娥俏問端的。到明朝陰晴怎知。那其間好護持。那其間好護持。

【五供養】無情逝水。向東流不管別離。落花經雨濕臙脂。春光有幾。聽鷓鴣聲裡。斷送芳菲。簾櫳多寂寞。心事苦淒其。這般怨恨更有誰知。

【僥僥令】峭寒生院宇。此景怎留題。綠暗紅稀春去後。人静也烟籠欲暮時。

【前腔】殘燈空結蕋。魂斷意如痴。長夜迢遥添淒楚。衾枕冷無眠更漏遲。

【尾聲】一春魚鴈無踪跡。挫過風光九十。桃李含羞帶雨啼。（群音類選）

按：新編南九宫詞題作「情」，注新詞。

途　思

【南仙吕入雙調步步嬌】悲歌七月秋風緊。流淚沾衣冷。忙騎瘦馬行。尚未天明。殘星耿耿。難認遠峰青。騰騰的轉過轉過黄花徑。

【江兒水】轉過黄花徑。三五程。思親魂夢方纔醒。茅店鷄聲南北應。那堪落葉秋風冷。咽破寒蟬難聽。征鐸鈴鈴。山路竟無窮盡。

【園林好】共徑行。正霏霏秋雨惱人情。又不知牧童在何處。弄横笛兩三聲。慘人。這其間欲斷腸。

【人月圓】客。客邸閑雲一片情。看山泉處處傾。高林下聽得鳥鳴嚶嚶。高林下聽得伐木丁丁。野菜沿籬黄蝶遶。野人家少四鄰。野人家少四鄰。

【前腔】野。野渡無人短棹自横。鹿成群沙雁過汀。正值黄昏時候。天色淡雨初晴。天色淡雨初晴。

【五供養】烟光漸暝。閃閃寒鴉歸去幾陣。寒蛩聲唧唧不堪聞。昏鐘已鳴。怎能彀到他漁火江村。相伴他秋鴈與寒雲。看看明月轉上蒼冥。

【僥僥令】郊原秋色浄。蘆葦晚風清。只聽得摘菓哀猿聲相應。不見重門也何時入帝城。

【尾聲】江村無限吟詩興。拂拂迢迢弄秋景。一段丹青難畫成。（群音類選）

閨　怨

【南仙吕入雙調步步嬌】纔見春來又早春歸去。春去人不至。梁間紫燕飛。粉蝶雙雙。心坎上如針刺。思量那日離。扯住羅衫抵死留不住。

【孝順歌】從他去。減玉肌。眠裡夢裡常見你。夢見和你把詩題。又夢見和你在枕邊睡。簷馬被風吹。驚散鴛鴦對。他在東我在西。淚濕透鮫綃。放聲兒哭一會。

【香柳娘】恨寃家在那裡。恨寃家在那裡。莫不是害相思。莫不是戀別的。這些事可疑。這些事可疑。一去許多時。全沒個信音寄。我這裡想伊。他那裡怎知。終日費尋思。何日得完聚。

【江兒水】羞把菱花照。金蓮步怎移。闌干獨倚心無計。何時盼望得人兒至。一頭撞入他懷內。便死何如。也免受傍人閑氣。

【北鴈兒落帶得勝令】我爲他被街坊上講是非。我爲他被姊妹每羞恥無言對。我爲他見人來只是把頭低。我爲他女伴中做了脚下泥。我爲他亂挽烏雲髻。我爲他悶懨懨蹙損眉。我爲他手帕兒何曾解。我爲他題起東來忘了西。思之。使盡了多少牢籠計。躭誤了名兒。多因是剔透玲瓏反受虧。

【僥僥令】知他甚所爲。一去竟不回。臨行罰下叮嚀誓。密語甜言總是虚。

【前腔】前生辜負你。今世兩分離。叵耐薄情生惡意。害得我瘦伶仃藥怎醫。

【尾聲】相思滋味牢牢記。再不去拈香設誓。錯認了桃源悔後遲。（群音類選）

按：此篇昔昔鹽亦收，題「妓女懷情」，少【步步嬌】一隻，首曲爲【鎖南枝】，曲文與本套【孝順歌】僅個別字不同。另本套中僅【雁兒落帶得勝令】一隻爲北曲，疑誤入。

代妓寄情

【南仙吕入雙調步步嬌】歸翼也枉蹁躚。怕不鈎未捲。一天愁着誰消遣。訴一晌心間事。寫一幅斷腸篇。等一個孤鴈回旋。

【川撥棹】雙眸倦。看這艷陽時三月天。對一杯悶酒尊前。對一杯悶酒尊前。少一個人兒在眼前。害相思張解元。盼神仙歸洞天。

【錦衣香】春衫和淚穿。猶是伊針綫。玉簫深夜吹。多是君愁怨。傲殺槎頭。金盤雙薦。笑他並蒂兩紅蓮。香雲迢遞。蝶浪蜂顛。縱東風難見。怕顛倒風吹花片。不與些兒便。怎生留戀。看看瘦得。沈腰一綫。

【漿水令】煞静悄垂楊庭院。虚供養緑暗紅嫣。銀鈎涵曲指駢聯。淋漓錦袖。細艸鸞牋。剛删訂。相思傳。遲遲月上桃花扇。香羅帕。闌珊了。舊盟新願。流蘇帳。冷落了。粉露花烟。

【尾聲】愁人怎把閒情遣。一任啼春兩淚懸。誰管領春山雙翠淺。（昔昔鹽）

秋夜題情

【南仙吕入雙調步步嬌】風露凝寒黄昏後。何處秋聲透。傷情怕景幽。人在天涯。雙雁飛雲岫。獨上鳳凰樓。粧臺懶步羞無偶。

【江兒水】淚點斑雙袖。簾控月一鈎。思君不見把粧臺來扣。鏡篋生塵奴病久。寒蛩聲聒呼愁驟。此際啾聲難受。敲斷金釵。又恐怕羅衫擦皺。

【園林好】坐不穩銀燈照翠眸。睡不穩鴛鴦少並頭。懶向粧臺趨走。千百遍只低頭。長吁氣自含羞。

【玉交枝】情當僝僽。怪天街何人夜遊。不將鳳管鸞笙奏。唱胡歌句句風流。聲聲要把奴意鈎。分明把我前情逗。嘆風流昔日怎有。誤凄涼今宵自守。

【川撥棹】斗轉星移午夜籌。對蒼穹頻禱求。願才郎早泛仙舟。願才郎早泛仙舟。再莫似别離長久。要重偕鸞鳳儔。把相思一筆勾。

【僥僥令】可憐今歲月。愁轉五更籌。羅帶生寒腰肢瘦。只爲你思情永不休。

【尾聲】冤家要見不能勾。莫若將書燈下修。明日央人早去投。（昔昔鹽）

按：「午夜」，原作「舞夜」。

春仲閨情

【南仙吕入雙調步步嬌】花落鶯啼春過半。心上人不見。相思病漸添。無限離愁。盡被奴都占。心事對誰言。絞綃紅漬啼痕遍。

【鎖南枝】傷心事。有萬千。坐卧不寧心倒顛。針線不曾拈。茶飯難嚥。到惹的傍人褒貶。說我因他曾說瞞天願。說我因何輕把青絲剪。如今花正鮮。柳正妍。月正圓。人未圓。

【香柳娘】叫一聲老天。叫一聲老天。何時得見。音書欲寄無鴻便。終日價淚漣。終日價淚漣。這苦對誰言。薄倖將人閃。把芳心自憐。把芳心自憐。孤幃冷淡。憑誰消遣。

【園林好】休忘了調琴的錦絃。休忘了傳情彩箋。休忘了海棠庭院。休忘了枕邊言。休忘了海神前。

【江兒水】長記得携素手。曲檻邊。夜深私語無人見。惟求恩愛似雙鴛。你道決不學薄倖王魁行短。你心意如何更變。想起他那日盟言。好着我没留没亂。

【僥僥令】心同鐵石堅。情如膠漆粘。幾時得成就佳姻眷。若得兩成雙拜謝天。

【尾聲】可憐寂寞無人管。愁聽窻前啼杜鵑。展轉更深人未眠。（昔昔鹽）

南北雙調合套

情繫相思

【步步嬌南】見個人兒垂楊下。有筆難描畫。容貌可羞花。半露胸襟。清涼樹下。比玉更無瑕。一笑可值千金價。

【折桂令北】太風流雲鬢堆鴉。星眼蛾眉。杏臉桃頰。櫻桃小口。糯米銀牙。細瘦形骸。細纖腰緊緊一捻。鳳頭窄小金蓮剛剛半折。可意冤家。知趣嬌娃。只因他眼角傳情。拖逗的俺心痒難抓。

【江兒水南】笑臉迎將去。偷睛把俺撒。悄悄的説幾句知心話。叫一聲俏冤家色膽有天來大。俺不比煙花妓女休當耍。無奈含羞兩淚。惹下相思。到于今誰曾丢下。

【雁兒落帶德勝令北】一會加自追悔俺做差。一會加想起臨行那。一會加恨天公配的俺差。一會加自使性兒丢開罷。一會加淚眼寫情詩。一會加含悶撥琵琶。呀。一會加夢兒中還來哄我。一會加眼跟前又見他。冤家。口兒裡作念心牽掛。嬌娃。害得我飯不飯茶不茶。

【僥僥令南】真情都是假。好事謾驚怕。有緣千里來相會。無緣事有差。

【餘文】空教宋玉愁身害。莫把潘郎做一家。致惹下閑愁當甚麽。（昔昔鹽）

妓者送秦復庵赴選

【南仙吕入雙調步步嬌】睡起蘭房傷新症。珊枕分鴛頸。杜宇太無情。抵死催歸。不管人孤另。相對眼睁睁。離魂亂逐浮雲影。

【鎖南枝】南郊外。十里程。柳暗長亭簇短亭。暫此駐行旌。一樽酹心敬。無奈盃停酒冷。淚洒南坡故展齊紈映。愁踈金渠强舉霞觴請。天有靈。地有靈。肯留人。落些兩惺惺。

【醉扶歸】狠心腸天地無靈應。没頭腦相思索害成。閃徐生寶鏡樂昌分。賺裴郎好夢遊仙醒。恰好有緣夜渡武陵春。翻做無人西出陽關景。

【香柳娘】唱陽關四聲。唱陽關四聲。酸心悲哽。流鶯續把離歌詠。聽蕭蕭馬鳴。聽蕭蕭馬鳴。無計可留停。征夫轉催併。恨茫茫萬頃。恨茫茫萬頃。倉卒分携。無緣拜稟。

【園林好】撚金線垂楊有情。晞玉露金風初定。輸纖手爲君折贈。臨上馬苦叮嚀。君掩袂妾吞聲。

【江兒水】撒手拋郎去。停鞭信馬行。須臾隔斷煙林橫。從來不識漣川徑。今宵夢向彭城等。争似浮雲情性。一點葵心。苦向冤家傾定。

【玉交枝】君休薄倖。倘重來不負舊盟。彩鸞自許文簫並。怕此情終成畫餅。歸家忍將珠淚零。老天知道連天病。千可憐伶仃瘦形。萬可憐雲山引領。

【清江引】將心比心當自省。休得推乾浄。原非薤露交。定有神明證。惜花心肯將瓶墜井。（詞珍雅調）

春遊

【南仙吕入雙調夜行船序】清曉堂中。被鶯聲窗外。唤回春夢。和風動微雨浥塵長空。烟蒙。上苑名園。會佳賓益友良朋堪共。朦朧。遥望村兒跨犢牧笛三弄。

【本序】園中。萬紫千紅。競鞦韆仕女。笑聲喧動。東郊外羅綺叢中。從容。玉轡玲瓏。香車暫歇。金盃高捧。溶溶。遶溪流分燕尾遠山高聳。

【黑蟖序】橋東。翠柳堤中。見踏青仕子。笑談相共。向亭前鬬草。詩人崢嶸。林中。呢喃燕語忙。翩躚蝶翅慵。怨東風。蕩桃花落盡。錦機皆空。

【前腔】融融。數點青梅。一行白李。幾枝紅杏。覷山青水緑。疑是蓬瀛。重重。幽亭傍小橋。危樓映翠峰。大筵中。聽笙歌嘹喨。管絃齊動。

【錦衣香】敬老翁。堪宜奉。喚小童。開銀甕。我子見翠遶紅圍。炰鳳烹龍。皓齒歌曲按商宫。象板龍笛。鼉鼓鼕鼕。泛金盃緑蟻。幾留連意懶心慵。休把眉頭縱。暢飲千鍾。朝夕醉時。消愁萬種。

【漿水令】且開懷心正濃。奈金烏漸覺墜空。馬頭前斜挑絳紗籠。海棠枝畔。月上朦朧。深林處。晚寺鐘。香車隊隊人隨從。身沉醉。身沉醉。寶鐙難登。尋芳叟。尋芳叟。醉扶筇。

【尾】今朝誤入桃源洞。且待來朝約衆。仍於此處歡溶。（雍熙樂府）

按：此套中【本序】即前曲【夜行船序】之【前腔换頭】；本書用【本序】者另見李開先「【本序】秋・苦雨」套。注解詳見李開先卷。

【南越調下山虎】時光似箭。正值朱明。空泛菖蒲酒。與誰宴飲。想當初會時。同睡鴛衾。共一個雙聯枕。整頓兩情。誰知他去後。一春捱過又一春。貪戀紅樓忘舊情。

【前腔】朦朧一睡。夢裏逢君。共他雲雨。講些舊情。卻被雨打芭蕉。驚醒夢醒。醒來時只見孤衾孤枕。不見我人。悄悄低聲忍。忽然泛得輕波棹船兒。咿呀櫓聲。緣來採蓮歸去黃昏靜。只見流螢亂争。飛入羅幃裏。怎不教人傷痛情。怎不教人傷痛情。

七夕重逢鵲橋近。冷清皓月明。孤怯怯影兒隨身。滴溜溜秋水清。啾啾唧唧聽寒蛩。一更捱過二更終。三更忽聽得雁兒嗈。欲待修書寄。原來是失群的孤雁無蹤。四更獨坐惹西風。漏促銅壺。鼙鼓擂。五更終。推窗看。推窗看。只見吹散了一樹梧桐。朔風緊。梅綻數枝横弄影。六花飛舞罩蘭亭。縱有羊羔美酒。與誰宴飲。

【尾聲】玉手扯開羅幃帳。羞覩着珊瑚枕。看看四季愁將盡。早梅不覺報來春。辜負了嫦娥及後生。辜負了嫦娥及後生。（風月錦囊）

按：第二曲【前腔】原無，曲文直接接【下山虎】末句「貪戀紅樓忘舊情」後，今據曲譜分割；第三曲「七夕重逢鵲橋近」句前曲牌原缺。

【憶秦娥】鐘呂 兩字功名。十年燈火。白駒過隙莫蹉跎。朱顏非故今非昨。文場屢戰。

未掇巍科。三年赴試。怎生奈何。一見了俏冤家。把愁城無計□攻破。休誇他珠翠。謾說他綺羅。也不羨他公瑾卿卿。太白哥哥。只愛他體態嬌嬈。笑語温和。聽嬌聲黄鶯啼過緑楊坡。覰嬌姿藍關雪裏飄梅蕚。弓鞋三寸惹情匆。柳腰一束芳心縛。我這裡甘心折□。他那裡留意投梭。牛郎織女隔天河。洛神賦倒佐了長恨歌。望蟾宫平地裏降姮娥。覔招提世上那討觀音佛。自古道佳人才子多命薄。相逢相憶相耽擱。我這秋香手挽不住秋波。他那裡烏雲鬢將我青雲志墮。螢窗客。若得他把紙兒拖。雲箋滿幅龍蛇躍。若得他把墨兒磨。珠璣滿幅天花落。葉消索。朱弦寂寞。恨只恨女孩[一]家未曾問學。

【尾聲】銅壺點點不比我淚痕多。銀缸隱隱獨照我離人臥。休休休。大丈夫憂國憂民。脂粉叢中擺脱。將意馬心猿牢拴着。歸去縞衣綦巾聊自樂。聊自樂。（風月錦囊）

按：【憶秦娥】曲牌疑誤。

〔一〕「孩」，底本作「孫」。

祝　頌

【北黄鍾醉花陰】日月長明興社稷。禮三才天地聖威。四海外永無敵。不動征旗。酒旗招民心喜。因此上鳳來儀天下咸平。感日月光天德。

【喜遷鶯】忻逢盛世。定乾坤一統華夷。無敵。四方寧謐。百二山河壯帝畿。感帝德。黎庶每田蠶百倍。因此上路不拾遺。

【出隊子】禎祥佳氣。醴泉湧甘露滴。河清海宴萬邦知。國泰民安天下喜。錦綉般江山萬萬里。

【刮地風】托賴着當今明聖德。因此上股肱扶持。正歌謠四海昇平日。不動征旗。托皇恩感謝天地。攝伏的萬國來儀。齊祝贊聖明君。永固皇基。勝堯年賽舜日。因此上一統華夷。

【四門子】麒麟生出現禎祥瑞。端的播清風萬代知。玳筵開擺列珍羞味。慶山河壯帝基。飲御酒。列鼎食。奏笙歌一派音韻美。禮樂又成。筵宴又畢。御堦前山呼萬歲。

【古水仙子】普天下共贊喜。都托賴當今仁聖德。喜四海無征樂。八方寧息。慶豐年賀稔歲。平定了萬國華夷。聖恩寬萬民皆感激。降乾符聖意合天意。萬萬載永無敵。

【尾聲】擊壤笙歌動天起。綺羅叢象板龍笛。祝萬壽樂昇平賀聖德。（盛世新聲）

按：盛世新聲、盛世詞林無題。雍熙樂府題作「祝頌」。兹據新聲録之，題從雍熙。

風　情

【北黄鍾醉花陰】日永簾櫳篆烟靄。簇絳紗葵榴鬬色。蟬噪緑陰槐。出水荷開。亭影下雕欄外。粉汗滴香腮。玉臉溶溶紅映白。

【喜遷鶯】忒風姿體態。緑雲堆宜插金釵。偏歪。妖嬈殢色。堪可上金粧七寶臺。美俊才。嫦娥臨凡世。仙子離天台。

【出隊子】一輪金魄。出扶桑離大海。强臨寶鑑對鸞臺。重整花鈿插玉釵。再理胭脂膩粉腮。

【幺篇】繫合歡摟帶。掛玲瓏玉項牌。湘裙微露鳳頭鞋。玉骨冰肌香滿懷。雲鬢堆鴉插鳳釵。

【刮地風】出綉户凌波踏緑苔。等候多才。趁着那晚風凉潛向欄杆待。緑陰庭槐。則聽的忒楞騰宿鳥兒驚林外。猛可裏扢支支小角門開。笑臉迎。禮樂施。甚的和諧。接住了小秀才。玉肩相挨。

【四門子】到香閨施禮深深拜。笑吟吟喜滿腮。今宵喜遇乘鸞客。五百年緣分該。將金扣兒松。綉帶解。顯酥胸膩香光瑩白。錦帳裏歡。翠被中挨。不覺的春生滿懷。

【古水仙子】香羅上紅點帛。端的是可可喜喜嬌嫩色。看了那丰丰韻韻堪憐堪愛。似一朵牡丹花露滴開。美姿姿好是奇哉。汗淋淋玉纖向粉面揩。意匆匆不覺渾身泰。亂鬅鬆髻雲歪。

【寨兒令】陽臺。陽臺。楚巫娥今夜和諧。似采藥的劉晨到天台。越清楚。越紅白。春意美仍還在。

【神仗兒】又早是雲收雨開。也不肯鸞分鳳拆。恰褪了蝶粉蜂黄。常則要鶯隨燕來。似雙蒂蓮並排。連理枝相挨。合歡帶休解。琴瑟永和諧。

【掛金索】海誓山盟。休要把人禁害。美滿恩情。常則是真心在。殢雨尤雲。常記在我心懷。休把心腸半路揣。

【尾聲】忽的星稀月沉海。俏聲兒囑咐多才。將你那俊俏的心腸兒莫更改。（詞林摘艷）

按：盛世新聲、盛世詞林無題，雍熙樂府題作「美遇」。「五百」，原作「五伯」。

憶　別

【北黄鍾醉花陰】間阻别離又經久。折盡那郵亭翠柳。風共雨助人愁。風雨霏霏。越感的人憔瘦。休問爲誰愁。不似今番忒僝僽。

【喜遷鶯】容顏消瘦。意懸懸魂夢悠悠。添愁。對情感舊。這些時廢寢忘湌誰問候。何日休。本則是浮雲掩月。倒做了緑慘紅愁。

【出隊子】想去年時候。爲他時出盡醜。夜深人静數更籌。躡足潛踪門下守。兩意相投成配偶。

【刮地風】想念俺多嬌珠淚流。幾時得燕侶鶯儔。自思量暫且權寧候。有一日再會綢繆。忽的便上心頭。常記的共我嬌羞。兩情濃。一心順。全無虚謬。他占鶯花第一籌。更那堪旖旎温柔。記當時曾發神前呪。也曾剪青絲兩下收。

【四門子】臨行時扯住羅衫袖。問歸期甚日頭。一會家思。一會家愁。這些時甚的是花共酒。一會家思。一會家愁。何日得鸞交鳳友。

【古水仙子】呀呀呀盼歸期且待秋。是是是準備着偷香折桂手。我我我約定的歸期。他他他專心等候。呀呀呀他到今日不應口。俺俺俺有一日受用無休。有有有整鴛衾再共他一處宿。將將將真心兒自有神明祐。喜喜喜永相守到白頭。

【尾聲】舞謝歌臺何時又。効于飛再整鸞儔。成就了美姻緣重配偶。（詞林摘艷）

按：此曲盛世新聲、盛世詞林亦録，無題。

别怨

【北黄鍾醉花陰】風擺青青送行柳。拆散俺鸞交鳳友。終日爲花愁。暗憶情郎。何日同鴛偶。感離恨思悠悠。陡恁分離難放手。

【喜遷鶯】常想着當時情受。憑香肩月下追遊。相投。不離了左右前後。我和他共枕同衾一處宿。百事有。到今日花殘月缺。何時再燕侣鶯儔。

【出隊子】猛想起去年時候。賞春光廝趁逐。妖嬈體態那温柔。落鴈沉魚閉月羞。忽喇叭面北眉南出盡醜。

【刮地風】當日箇倚翠偎紅事事有。到如今一筆都勾。記星前月下言盟呪。可不道相守白頭。美恩情兩意綢繆。這煩惱無了無休。枕邊盟。花間誓。總成虚謬。好姻緣不到頭。一句句細訴緣由。

【四門子】正青春俊雅天生就。他敢論聰明第一籌。善詩詞歌曲無出右。好才思所事兒週。錦營中逞。花陣裏遊，盡今生偕老無罷休。心兒中想。夢兒裏憂。實指望天長來地久。

【古水仙子】我我我鎮日愁。是是是説來的這言詞不應口。他他他衒一片虚情。敢敢敢無些兒忠厚。我我我到今日遭毒手。他他他把恩情似水上浮漚。我我我對蒼天禱告面帶着羞。想想想好佳期甚日重成就。罷罷罷相思債痛難酧。

【尾聲】一心指望常相守。誰承望半路裏耽憂。夢回枕邊淚暗流。（詞林摘艷）

按：盛世新聲、盛世詞林無題，雍熙樂府題作「離恨」。

夢中歡聚

【北黄鍾醉花陰】一自別離信音杳。獨守香閨靜悄。添憔悴減妖嬈。鬼病懨懨。清減盡芙蓉貌。寬摟帶褪纖腰。怎禁這廢寢忘飡憔瘦了。

【喜遷鶯】菱花羞照。悶懨懨粉碎胭焦。評跋。越感的傷懷抱。則被這凄楚光陰怎地熬。自暗約。死分開鶯儔燕侶。生拆散鳳友鸞交。

【出隊子】寂寞煞青春年少。恨離多歡會少。冷落了銀箏象板紫檀槽。生疎了妙舞青歌音韻嬌。躭閣了彩線蒙金懶繡描。

【刮地風】愁的是靜掩重門涼夜迢。枕剩衾薄。對銀臺一盞孤燈照。金鴨香消。光燦燦窗前月皎。風瀟瀟弄影花稍。棲鳥驚。流螢飛。秋蛩聒噪。聽譙樓禁鼓敲。意攘心勢。訴離情寒鴈兒天邊叫。感愁懷兩淚抛。

【四門子】冷清清悶把幃屏靠。怎生捱這一宵。一會家思。一會家焦。料今生是咱命淺薄。一會家思。一會家焦。困騰騰和衣兒睡倒。

【古水仙子】呀呀呀猛見了俊俏多情來赴約。他他他惜玉憐香。繡幃中兩情歡樂。我我我將真情親自表。共歡娱琴瑟和調。美姻緣這番佳配巧。喜孜孜儘把鸞凰效。響玎璫恨鐵馬盡簷敲。

【尾聲】一枕鴛鴦夢驚覺。滿懷愁盡蹙在眉稍。都做了長吁一聲捱到曉。（雍熙樂府）

愁悶

【北黄鍾醉花陰】神色昏昏繡幃掩。即漸將相思病染。這愁煩上眉尖。不捲珠簾。又子怕鶯花占。

【喜遷鶯】每日家悶懨懨。把藥劑醫方空驗檢。憂愁無減。龜卦兒終日占拈。鬼病懨漸。恁他作念。靈鵲兒盤旋噪畫簷。慵登畫閣。懶傍粧奩。

【出隊子】往常時花穠酒釅。到如今並不沾。香羹美酢百般嫌。舊恨新愁不掛念。又打梅香也佞諂。

【刮地風】錦帳裏銀缸休要點。又被這鐵馬兒嗚簷。吉玎璫不住聲偏厭。受盡拘鈐。

橫秋水雙眸瀲灩。露春葱十指柔纖。天色融。風光媚。芳菲荏苒。

【四門子】想當時初相見禮貌謙。則那會浪静風恬。聰明濟楚多勤儉。想他也肯倬謙。真誠老實無些忝。好教人心内忺。規模又堪。動静又恬。不由我見他喜氣添。酒量又寬。所事兒嚴。揾不住腮邊淚點。

【古水仙子】我我我針線兒不待拈。他他他好景致從來懶去瞻。看看看憔悴了丰姿。漸漸漸消磨了嬌艷。恰恰恰飲食兒不待沾。我我我怎當這鬼病懨懨。天天天這命運直恁險。呀呀呀猛可裏平地遭坑塹。是是是料應他愁悶似江淹。

【賽兒令】紗窗。懶畫眉尖。看園池幾對鶼鶼。聽呢喃燕子飛棟簷。侵晨思寶馬。向晚盼銀蟾。自感嘆。自嗟念。

【神仗兒】我這裏又驚又掂。半嗔半嫌。每日尋思。逐宵夢魘。蛛絲兒雨沾。燈花兒風颭。猛然間想起這性命一時棄淹。

【尾聲】誓海盟山怎憑驗。若是神明報難躲難潛。誰想道半路裏遭逢着這一閃。（雍熙樂府）

按：「賽兒令」，原作「賽兒令」，今正。

懸望重會

【北黄鍾醉花陰】則爲他殢色貪花性兒美。我共他如魚似水。天生的俏夫妻。更那堪心意真實。所事皆伶俐。一見了似着迷。恰便似續斷鸞膠重再理。

【喜遷鶯】想着俺情腸歡密。間别來音信全稀。端的。空熬的粉胭憔悴。則我這鬢髮鬅空嘆息。我如今心自知。空費了凝眸秋水。更和這螓首蛾眉。

【出隊子】俺也曾蘭堂歡會。怕鸞孤和鳳隻。那時節香肩同並入鴛幃。端的是附耳低言説就裏。則他這惜玉憐香難共比。

【刮地風】受用這帳設鮫綃錦繡堆。更和這翠遶紅圍。香衾繡被同遊戲。共賞春闈。蘭麝靄香裊金猊。玉鈎懸繡幕簾低。玉釵横。金鳳斜。雲鬢偏垂。趂今宵玉漏遲。端的是百縱千隨。宿姻緣喜得同完備。怕更籌漸漸催。

【四門子】好夫妻美滿諧匹配。似鸞鳳不暫離。情色又濃。興味又知。似鴛鴦對對來往疾。錦被又舒。珊枕又偎。端的是如膠似漆。

【古水仙子】他他他心兒中有似癡。是是是錦陣花營奪了第一。俺俺俺向幔幙紗幮。見見見似桃源結會。悠悠悠料應來百歲期。看看看比翼鳥又得合飛。呀呀呀似鴛鴦水上一處隨。敢敢敢似裴航曾遇藍橋驛。處處處勝百載效于飛。

【尾聲】美滿姻緣盡今世。永團圓事事休題。則願的好配偶儘歡娱千萬紀。（雍熙樂府）

和 諧

【北黄鍾醉花陰】則爲我卧柳眠花夢中想。一弄兒風流勢况。奪第一占排塲。儘意兒風光。我着那幾處家群花望。非是我忒荒唐。則我這弄玉摶酥能翫賞。

【喜遷鶯】若論着風流模樣。占鶯花賭鬬争强。難量。則他這百花争向。人説四女争夫皆是謊。不是我能賣獎。若論着貪花戀色。端的是四海無雙。

【出隊子】共我那花嬌歡暢。撇殘花配玉粧。恰便似巫山神女遇襄王。更和這仙子桃源配阮郎。我和他共枕同眠情意廣。

【刮地風】不似那柳陌花街心内攘。俺端的腹熱腸荒。初相見一覰魂飄蕩。則他那美貌安詳。烏雲趫俊俏紅粧。腰肢瘦繡袂仙裳。鳳頭釵。芙蓉額。秀質天香。則他那可人心嫩葩光。端的也誰敢輕湯。湯着呵半壁酥麻上。敢似木犀花葩更香。

【四門子】興心兒低簌鮫綃帳。控金鈎聲漸響。將寶髻鬆。珊枕又光。脱金蓮放在衣架傍。將衣袂兒解。摟帶兒藏。引逗的心勞意攘。

【古水仙子】呀呀呀趁今宵戰幾場。是是是論野草閑花誰穩當。你你你似軟玉温香。我我我將惜花心展放。看看看論妖嬈豈有雙。是是是摟抱着噴腦生香。見見見消息兒一點能忖量。敢敢敢抹着呵嵓將殘生喪。咳咳咳來宵會省何妨。

【尾聲】空教我一枕昏迷多半晌。醒時節又要顛狂。我和你歇片霎再將春事講。（雍熙樂府）

離　望

【北黄鍾醉花陰】則爲那可意冤家似膠漆。真箇是風流俊美。更一表俏容儀。所事兒聰明。件件兒皆伶俐。願百載永無期。到如今長夜思量空嘆息。

【喜遷鶯】想着俺從前相會。自今後百事休題。情實。怎知道這場憔悴。空教我推胸跌脚。一會家兩淚悲啼。

【出隊子】則爲他嬌嬌媚媚。論風流奪第一。我和他星前月下喜追隨。更那堪柳影花陰逞艷質。則爲他蝶使蜂媒引逗起。

【刮地風】則爲俺往日交歡少了見識。到如今信杳音稀。誰承望今日無情義。魚雁分飛。繡幃中寂寞身奇。爇沉香冷金猊。想情人空憂慮。展轉悲。這凄涼訴與誰。空教我廢寢忘食。自當時美愛成佳配。他敢到如今悔後遲。

【四門子】自臨歧一盞相分袂。唱陽關不忍離。今日箇焦。當日箇喜。論從前匹配相會期。他情意兒真。心性兒美。端的是如魚似水。

【古水仙子】他他他忒俊奇。是是是引惹的情娘悶轉癡。他他他繡幃中歡娛。敢敢敢情濃如酥蜜。恁恁恁料再來難共比。呀呀呀每日家燕約鶯期。每每每願天長地久不暫離。是是是儘生前百歲無拋棄。敢敢敢成就了好夫妻。

【尾聲】月下星前說盟誓。共燃香結髮齊眉。今日箇常相守永團圓齊賀喜。（雍熙樂府）

南北黃鍾合套

燈 詞

【醉花陰北】航海梯山荷明主。普天下謳歌鼓腹。皆樂土盡康衢。帝輦皇都。正值春三五。

【畫眉序南】結羅綺暎天樞。綴萬點星球下寰宇。聽聲傳鼉鼓。漏滴銅壺。列曜簇炎炎金蓮。雲霧繞輝輝銀樹。〔和〕望舒。月轉龍樓去。光滿玉霄天府。

【出隊子北】瑞烟深處。奏簫韶徹太虛。蓬萊海上巨鰲浮。太液池邊仁獸俯。萬歲山前翔鳳舞。

【神仗兒南】聖祚帝都。佳兆禎符。燈山月府。月光和燈光相遇。樂聲隨風聲遠。錦箏銀柱。花燈挑近錦鋪。香燈裊噴金爐。

【刮地風北】像生燈宛然多兑付。妙範奇模。麒麟與鸞鷟啣花鹿。更有那蝦蟖魚龍。藕花燈萬朵芙蕖。梅花燈萬朵珠璣。牡丹燈。芍藥燈。遠暎蓬壺。動仙音導綵輿。

【鬧樊樓南】社火花藍。玉梅翠竹。散輕塵香斷續清露。潤芳菲吐。暗飄雲路。擁群仙接笑語。

【古水仙子北】翩翩翩緊趚逐。看看看霞鷩星冠來伴侶。勝勝勝月殿裏驂鸞。在在在天街前拜祝。道道道保黎民奠九區。喜喜喜豐登歲稔歡娛。似似似金色界寶城開畫圖。真真真贊承平柱石皆良輔。遍遍遍四海外永無虞。

【餘音南】乾坤表裏光涵玉。萬萬載太平時序。舞蹈歡呼樂有餘。（雍熙樂府）

樂道

【北黄鍾醉花陰】書畫琴棋共知己。消日月閑中是非。書禮義可温習。畫意堪題。琴雅操知音喜。棊隱智更藏機。四件兒絶奇真是美。

【喜遷鶯】書中之意。周情孔思誰知。當日。偷光鑿壁。暎雪囊螢守困危。居陋室。黄卷共青燈作伴。朝經共暮史相隨。

【出隊子】畫通仙意。寫天涯筆鋒裏。經年日月不差移。累歲桃花怎謝得。千載蝴蝶怎地飛。

【幺篇】良工精藝。善能描山共水。幾株檜柏傍清溪。數顆蒼松倚恠石。端的是摹寫丹青真妙筆。

【刮地風】琴中按玉女腰仙人肩焦鳳尾。玉軫金徽。操高山流水醒人醉。幽雅清奇。一聲悲鸞愁鳳泣。一聲嬌鶴舞烏啼。一聲切一聲雄霽。雪轟雷。操青龍入洞裏。聽者人稀。論聰明古今誰知意。除他是當年的鍾子期。

【四門子】棋中觀二色分黑白。似相持如對壘。要爭先一着高。怎服輸半點低。向盤中逞才。你我圍。多疑惑使妙謀。暗沉吟。用巧機。到中局人心自迷。

【古水仙子】我我我自樂矣。他他他書畫琴棋堪羡題。書書書雞窗前篤志潛心。畫畫畫未下筆先生妙意。琴琴琴禁邪心養道德。棋棋棋觀神仙爛柯忘歸。美美美四般兒委實真是奇。喜喜喜遇知音傳與知音輩。記記記若知音不遇總休題。

【尾聲】滴露研硃點周易。我爲甚樂琴書不出柴扉。林泉下少人知道理。（雍熙樂府）

元夜

【北黄鍾醉花陰】燈月交輝上元節。聽士庶歡聲四野。燈花挑錦重疊。無限春光。一載内惟今夜。儘放浪任施設。托賴着歲稔年豐快活些。

【喜遷鶯】人間歡悦。遍乾坤鼓吹轟烈。皆曰。委果是堯年舜月。我則見仕女王孫相轃接。不定歇。一箇箇春娥高挑。一箇箇松柏簪斜。

【出隊子】月華燈射。比蓬萊争那些。你試看滚燈兒來往似風車。更和那巧樣的花燈各擺列。老兒燈皓首龐眉齊唱喏。

【刮地風】撲撲攢攢如畫寫。更那堪社火齊節。筝纂笙管相間隔。音吕和協。幾曾寧貼。貨郎兒由恁來睒。耍孩兒竹馬蹀躞。躧高蹺。挑綵索。各逞豪傑。寒林判扮的㑳㑳。喬三教撒吞粧呆。有書朋聚集鬬謎。他每賽包商興别。

【四門子】月當空賞翫如冰潔。正相宜筵會設。糯酒斟。籌筯趄。幾番道歸林罷暫且。

【古水仙子】聽聽聽禁鼓絶。見見見光皎皎銀蟾西墜也。我我我斗轉星移。漸漸漸香消燭滅。他他他眼朦朧脚趔趄。休休休歡會罷索要分別。將將將樂豐年快活牢記者。慶慶慶賞元宵的奢。是是是神人悅。願願願明聖主壽千耋。

【尾聲】歲歲年年賞元夜。這一場果是轟金轟車。則將這國阜民興傳世說。（雍熙樂府）

按：「唱喏」，原作「唱惹」。

佳　人

【北黃鍾醉花陰】玉臉橫秋淡眉掃。傾國傾城相貌。堆雲髻鳳釵翹。身分兒苗條。淺淡粧天然俏。美甘甘膩香嬌。性格兒溫柔情意兒好。

【喜遷鶯】青春年少。正當時二八多嬌。難描。萬般奇妙。恰便似月裡嫦娥離碧霄。天性巧。嬝婷婷千般旖旎。嬌滴滴萬種妖嬈。

【出隊子】若論他聰明俊俏。通禪機將詩謎包。裁冰剪雪辨低高。擊玉敲金不做作。闊論高談諸事曉。

【刮地風】體態輕盈貫世少。喜孜孜笑撚鮫綃。更那堪閉月羞花貌。檀口似櫻桃。玉纖纖手似葱梢。金蓮窄欵步輕翹。踐香塵不由人心痒難撓。乍相逢。猛見了。不由人魄散魂消。俏香肌嬝嬝婷婷妙。端的有丹青怎畫描。

【四門子】本是個美玉無瑕寶。怎不教聲價高。粉臉勻。蘭麝飄。挽烏雲髻鬆金鳳翹。錦營中寵。花陣裡嬌。但行處香雲亂繞。

【古水仙子】我我我猛見了。隱隱隱魂飛在九霄。他他他模様兒風流。敢敢敢諸般兒俏倬。騰騰騰驀蘭堂入畫閣。欸欸欸將檀板輕敲。輕盈盈舞徹楊柳腰。他他他通音吕善曉諸宫調。俺俺俺拚沉醉樂醄醄。

【尾聲】辜負了青春美年少。紅馥馥玉軟香嬌。占鶯花第一入畫閣。（群音類選）

按：此曲盛世新聲、盛世詞林無題，詞林摘艷題作「美妓」，雍熙樂府題爲「美姬」。兹據群音類選録之。

詠蚊蟲

【北黄鍾醉花陰】日暮風停氣清爽。便作陣勞勞攘攘。飛上下翅輕狂。入户穿窗。隱隱如雷響。

【喜遷鶯】肆意到蘭堂。直至紗幮裡面藏。多般無狀。覓香肌玉體傍凔。嘗點丹砂已見傷。羅扇頻揮徹夜忙。疼又痒。高低無禁。左右難防。

【出隊子】精神飄蕩。睡魔王不敢當。嘤嘤喝喝惱人腸。擾擾營營不離床。恰到天明不知道何處往。

【幺】些娘模樣。歹心腸狠似狼。尖尖利嘴似針鋼。小小輕身比絮狂。終夜凔人不見長。

【刮地風】最趨炎附熱能成黨。喜的是錦綉閨房。更愛的銀臺絳蠟清光晃。美女紅粧。貪婪心横飛直撞。顛狂身遠近飄揚。攪夜涼。惱寸腸。唤丫鬟將爐烟設放。燒硫黄爇串香。逼的他暫時間驀過東牆。

【四門子】略等的香微消烟盡。仍囘向越加得更倍常。熬得人神魂倦困無遮障。逞横行。齊放黨。怕的是月色又沉。日色又光。覔青科將身且藏。不離了草莽生。湖水長。禁不的漁家最廣。

【古水仙子】俺俺俺用意防。他他他只爲貪饕惹禍殃。俺把這燈光點上。他登時内焦身喪。子見他那飽死微軀血一囊。破時節便污衣裳。有時節在畫簷前撞入在蜘蛛網。更遭他擒獲難輕放。再休題到處裏逞鋒芒。

【尾聲】平生無可相形狀。惟使得人心悒怏。幸只有吴猛因而孝行彰。（詞珍雅調）

春　懷

【北黄鍾醉花陰】春困書齋夢魂擾。誰似俺如今這遭。相思病怎生熬。竹影頻摇。越感得傷懷抱。心間事。對誰學。似這般無打算淒涼何日了。

【喜遷鶯】想多情容貌。一團兒玉軟香嬌。難描。萬般妖嬝。想着俺倒鳳顛鸞那一宵。指望待同到老。不思量火燒了祅廟。水渰了藍橋。

【刮地風】鐵馬兒在簷前不住搖。引得人心癢難撓。金風淅淅添煩惱。更那堪砧杵頻敲。鬧啾啾蟬鳴柳稍。絮叨叨蟲吟磚竅。這壁廂。那壁廂。咭聒聒魄散魂消。想起俺雜情的女艷嬌。空着我無語無聊。你道我每日花胡哨。你風流罪有萬條。

【四門子】我儀容不似潘安好。你難同蘇小嬌。秋風兒起。梧葉兒凋。綻黃花有如蜀錦袍。秋風兒起。梧葉兒凋。不覺得零荷敗草。

【古水仙子】紛紛的瑞雪飄。凛凛的寒威侵畫閣。悠悠的山寺裏鐘聲。切切的戍樓上寒角。呀呀呀幾般兒厮湊着。漸漸的鬼病難逃。是是是他無緣料應我命薄。休休休我爲官他請夫人誥。俺俺俺重準備鳳鸞交。

【尾聲】今日個夫婦和諧盡懽樂。喜孜孜月夜花朝。只願得普天下有情人完備了。

（吴騷合編）

按：詞林摘艷題作「思情」，雍熙樂府題作「慕戀」，盛世新聲、盛世詞林無題，俱不署作者。彩筆情辭題爲「春日有懷」，注明古辭。吴騷合編題爲「春懷」，注古辭。

秋夜宴飲

【北正宫番馬舞西風】大火流西。早不覺隱隱遥天斗柄移。你看那風生西嶺。鴈過南樓。菊綻東籬。眼前秋景總堪題。異香馥郁開丹桂。正好歡娱共傳盃。一任教紅輪墜。

【普天樂】晚風清。浮雲霽。聲啾唧蛩吟砌。堪觀處橘緑橙黄。秋成後蟹壯鷄肥。兩情正美。最宜同歡共樂。莫負良時。

【錦庭芳】唤嬌質。華堂中筵開玳瑁。佳節競相催。我便鋪陳着香馥馥異品佳食。見長空蟾光似水。奏笙歌動簫韶酒泛玻璃。遇好景君須記。想人生有幾。又何必皺雙眉。

【餘音】碧天萬里渾如洗。漸覺新凉透素衣。携手相將入繡幃。（雍熙樂府）

按：本套除【餘音】均爲北詞廣正譜所引用，入正宫。李玄玉在各曲下分别按云：「【番馬舞西風】與南調同；【普天樂】與南中吕調同；【錦庭芳】與南調同」。【番馬舞西風】即【番馬舞秋風】，前八句爲駐馬聽，末句爲一江風。入南中吕宫。

慶中秋

【北正宮端正好】玉露滴起金風。雲霧冷秋天静。見家家宴樂昇平。正值着桑蔴黍豆田蠶盛。將萬載江山慶。

【滾繡毬】禾稼收户口增。斂差徭家道清。正遇着太平佳景。端的是五穀豐登。冷清清景物寒。虚飄飄瑞氣生。真乃是一時佳令。喜孜孜宴享龍庭。見如今萬邦聚會朝金闕。四海歌謡日月明。扶持着一統乾坤。

【倘秀才】見如今聖主寬深居九重。文武每將江山自整。一派簫韶響鳳城。蟾光清似水。明月照神京。是看這清秋桂影。

【呆骨朶】見如今萬邦和一統年豐盛。普天下農業收成。皆因是聖道光輝。更那堪仁慈孝誠。我則見玉闕瓊宫旺。更和這鳳閣龍樓勝。端的是賽蓬萊錦繡鄉。真乃是比瑶池景物清。

【脱布衫】托賴着吾皇德四海和平。臣居位法治權衡。邊塞安九夷進禮。列琴堂六曹清政。

【小梁州】見如今一統封疆四海寧。八表來廷。趁着這風光佳節喜相迎。端的是皆歡慶。願萬載賀長生。

【幺換頭】有他這瑶池仙子齊排定。玉樓前鳳舞麟生。列珍饈玳瑁筵。排水陸佳餚浄。時逢着中秋節令。你看這鳳闕瑞雲生。

【尾聲】休負了良辰節屆風光景。舜日堯年宇宙寧。翫賞蟾光桂影清。畫燭高燒燦色明。香爇金猊煖翠屏。一派笙歌音律聽。齊賀着萬載千秋樂仙境。（詞林摘艷）

按：盛世新聲、詞林摘艷、盛世詞林無題，雍熙樂府題作「慶中秋」，俱不注撰人。兹據摘艷録之。題從雍熙。

閨　情

【北正宫端正好】夜將闌。人初静。悶懨懨獨步閑行。又無箇使數的把咱相將領。羅襪窄雙尖並。

【滚繡毬】這其間天色晴。月正明。並無那片雲遮映。我將這香盒兒手内高擎。我這裏燒好香。稱着小名。禱告了四方神聖。負心的少不的落塹投坑。題起那小名兒怎不着我心頭想。好交我無語無言淚暗傾。不由人痛感傷情。

【倘秀才】聞畫角悠悠的數聲。聽更皷鼕鼕的二更。歸寢室連忙不暫停。玎瑺響。玉鈎鳴。我則索慢行。

【滚繡毬】又恐怕老母聽。我則索躡足行。欵欵的將綉房門掩映。怎禁那銀臺上燈焰熒熒。懶將那針線拈。綉作增。我將這碎生活打併。急收拾手似撈菱。黑油架上衣服搭。紅漆粧盒釵釧盛。斜倚定幃屏。

【脱布衫】不由人兩淚盈盈。月兒照房内窻櫺。寶爐中焚燒篆餅。風兒吹壁間圖幀。

【小梁州】半擁鮫綃眼漸明。端的是好夢難成。垂床倒枕不安寧。添愁興。良夜對銀燈。

【幺篇換頭】尋思半晌空僝僽。想起來怎不傷情。則願的成了配偶。婚姻定。哎。你箇敲才薄倖。忒俊俏忒聰明。（詞林摘艷）

按：此曲亦見盛世新聲、盛世詞林、雍熙樂府，俱無題。

金臺八景

【北正宫端正好】聖天子統華夷。際龍虎風雲會。有賢臣宰輔扶持。八方寧静干戈息。勝舜代過堯世。

【滚綉毬】保山河壯帝基。撫寬仁四海歸。順天心應垂祥瑞。千拜順萬國來儀。省刑法薄税斂。賞三軍一足食。盡歌謡豐年稔歲。户不扃路不拾遺。風調雨順民安樂。家給人足享富貴。生意無虧。

【倘秀才】文官每坐都堂知法度清廉正直。武將每掌兵權施號令赤心報國。因此上海宇清寧日月輝。見如今風光盛。樂雍熙。保安社稷。

【滚綉毬】美金臺八景奇。看蘆溝曉月輝。高聳聳居庸疊翠。薊門過煙雨霏霏。看西山霽雪晴。翫秋風太液池。照金臺紅輪斜墜。玉泉山倒掛虹蜺。萬歲山祥雲靄靄籠瓊島。五鳳樓日色曈曈照紫微。堪畫堪題。

【塞鴻秋】太平年無士馬昇平世。感皇恩受宣勑家豪貴。公卿拜舞在丹墀内。插宫花飲御酒排筵會。笙歌奏管絃。社鼓鼕鼕擂。瓊林宴罷醺醺醉。

【脱布衫】擺頭答兩行朱衣。跨雕鞍駿馬頻嘶。將照道紗籠挑起。笑吟吟玉鞭催騎。

【小梁州】坐下嬌娃翠遶圍。步步相隨。畫堂銀燭照庭輝。安眠睡。福禄壽年齊。

【幺篇换頭】子孫世襲登八位。靴踪兒不離了朝基。一班兒宰相每。盡都是英雄輩。上凌煙閣内。入青史盡標題。（詞林摘艷）

按：盛世新聲、詞林摘艷、盛世詞林無題，雍熙樂府題爲「金臺八景」，俱不注撰人。兹據摘艷録之，題從雍熙。

詠蘇卿

【北正宫端正好】不覷事拆鸞凰。軟兀剌分鶯燕。茶舡上暗接了絲鞭。浪花中一葉扁舟遠。望不是芙蓉面。

【滚綉毬】想呵俺那無主意的人。恨呵他那有勞力的錢。被幾文薄銅錢將柳青買轉。莫不我只有分寡宿孤眠。這其間過金山古寺前。到潯陽江岸邊。把九品江水茶嚐遍。他幾曾慣掃雪烹煎。他安排着渲肚腸鳳髓酧歌興。我準備着調琴瑟鸞膠續斷絃。再相見甚日何年。

【倘秀才】書寫下情詞數聯。更序着寒温半篇。揀一張整整齊齊錦色箋。將心事。付嬋娟。百般的無一箇順便。

【滚綉毬】往常時玉樓前巢翡翠。綉衾中交頸鴛。也曾遂少年心願。翠紅鄉有俺十全。他則會風月情。花柳筵。幾曾經這般水面。俺賠了茶引三千。把一箇麗春園生扭做相思海。金斗郡翻爲離恨天。就裏難言。

【倘秀才】再不見嬌滴滴人如玉仙。星懨懨鬢邊翠鈿。再不見桃花扇影偏。我往常樽席上。小樓前。將吹彈敷演。倒城我緣薄分淺。
【呆骨朵】梨花零落深沉院。冷清清閑煞鞦韆。誰想他信杳音乖。計虔婆騙。誰與這無勢力的人方便。他管甚有情的有情。問甚麼解元不解元。
【尾聲】新愁不共芭蕉展。舊恨難將柳絮穿。曾記臨行甚語言。恩愛翻成生死冤。赤緊的冤家緊廝纏。有一日宴罷瓊林做狀元。除得臨川作府縣。那時節蘇婆婆方知姓名顯。（詞林摘艷）

按：雍熙樂府題作「蘇卿題恨」，盛世詞林無題。「解元」，原作「介元」。

南北正宫合套

【端正好北】荷聖主撫洪基。登賢俊安黎庶。仁恩布無間華夷。典章法度皆修舉。因此上感神祇來嘉瑞。
【鴈過聲南】由來。是祖考積累。常思想開基創業。神功聖德同天地。布恩威撫黔黎。四十年天下雍熙。吾皇。今繼體。須知道是立綱陳紀誠非易。守法度慎終如慎始。
【滚繡毬北】鑒前代事可稽。載簡册靡有遺。堯放勳舜重華後先承繼。夏禹帝勤儉無違。孝神明菲飲食。却儀狄絶酒醴。治水土安生民有功萬世。商成湯德日新照假遲遲。克寬仁祝綱覃恩德。責六事甘霖應禱祈。物阜民熙。

【傾盃序南】周世。自太王始治岐。有聖德文王繼。更牧野陳師。鉅橋發粟。鹿臺散財。武王承志。論成康嗣統。好賢樂善。守成無替。致雍熙。泰和八百載應昌期。

【脱布衫北】漢高祖天與人歸。漢文景蹈矩循規。刑幾措黎民共仰。廣仁恩四方漸被。

【小桃紅南】太宗唐賢主。功業尤宣著。屈己求言行仁義。當時賢相稱房魏。曾將守成創業評難易。惟有魏徵言儆戒無虞。

【芙蓉花北】想前王德化美。願明主常留意。承先志總攬綱維。咨啟沃輸忠義。調和的鼎鼐鹽梅。休忘了修兵備屯。將士撫鎮邊陲。文共武皆榮貴。

【剔銀燈北】尊郊廟嚴其享祀。待宗室均其恩禮。蠻貊戎夷要撫綏。厚風俗恤養惸嫠。輕租税。寬力役。民皆便利。謹法律休輕易。

【伴讀書北】念皇天鑒君德。戒盈滿勤操執。遊畋荒淫常須制。但兢兢業業存欽畏。時想着普天率土思康濟。更旰食宵衣。

【四邊静南】萬方歡悦天心慰。乾坤藹和氣。海嶽效禎祥。神龜雨薦蕃祉。黄河又清。騶虞又至。隆古治平時。難比我聖明世。

【尾】騰嵩祝遍九閽。但願吾皇萬萬歲。聖子神孫福壽齊。（詞林摘艷）

按：此曲亦見盛世新聲、盛世詞林、雍熙樂府。

中秋重會

【北正宮端正好】冷清清月兒明。寒凜凜風兒起。越教人似醉如癡。你看這剔團圞月色應如洗。不由我傷心碎。

【滾綉毬】空閑了翡翠幃。塵蒙了金縷衣。夜迢迢悶懷無寐。不由人感嘆傷悲。你看這明滴溜月正圓。光燦爛星漸移。好教我幾番憔悴。悶懨懨廢寢忘食。見如今中秋午夜人歡賞。輪道我半擁鮫綃淚不離。好着我無語支持。

【倘秀才】想當日心厮愛如膠似漆。到如今情間闊天南地北。送的我枕剩衾餘淚暗垂。你看這金風飄凄慘。玉露冷禁持。難言這就裏。

【呆骨朵】如今我相逢無有終緣計。月兒明終有盈虧。我待學皓月常明團圓到底。見如今冷淡了清光夜。辜負了中秋意。我欲待設珍羞玳瑁筵。赤緊的拆鸞凰兩下裏。

【脱布衫】我則見明燦爛月色光輝。香馥馥桂影偏宜。光皎潔蟾光似水。虛飄飄一輪冰墜。

【小梁州】慶賞中秋午夜期。好夫妻步步相隨。今宵相會敍別離。情腸密。歡賞泛金盃。

【幺篇換頭】月圓人也重圓日。嘆人間天上同依。你看這素魄清。銀光異。真箇是風光佳麗。和月待今夕。

【尾聲】你看這羅幃香煖金風細。畫閣蕭疎再整齊。夫婦重完兩意知。帳設流蘇幔自垂。奇怪紗窗月影移。疎竹蕭蕭響鳳池。又被這桂影清香喚不起。（雍熙樂府）

美眷愛

【北正宮端正好】想着俺意相隨。同歡暢。俺也曾對神天剪髮燃香。則爲他聰明俊俏風流況。兀的不引惹的魂飄蕩。

【滾綉毬】想着他俊龐兒白玉香。恰便似美姿容傅粉郎。怎不教寸心想望。則他那交歡處偏會顛狂。他端的性温柔義氣和。志峥嵘能穩當。真乃是丈夫心量。慣曾經竊玉偷香。則他那偎紅倚翠情偏熱。更和這弄玉團酥有品量。真乃是志氣軒昂。

【倘秀才】往常時同行坐追歡宴賞。今日睡不穩眠思夢想。因爲他殢雨尤雲禁害的荒。不由我心歡愛。鐵肝腸。昏迷了半晌。

【呆骨朶】則他那惜花心引逗的情狂蕩。不由我對香奩淡抹濃粧。則爲他好事的情人。更那堪甜言問當。則我這花蕋嬌情偏殢。端的是軟玉温香柔樣。不比那帶殘花逞艶嬌。我雖是勝天仙錦繡芳。

【伴讀書】俺也曾共賞在銷金帳。心猶喜情舒暢。他則待倒鳳顛鸞施逞些喬模樣。則他那團香弄玉多情況。猶如那朝雲暮雨陽臺上。他則管裏荒凉。

【笑和尚】俺俺俺似粉蝶兒上下狂。是是是鴛被裏翻紅浪。你你你不住的輕狂相。我我我自思量。他他他醜行藏。來來來再要些休攔當。

【尾聲】則被你恩情逗逗的我心中痒。我和你來日幽歡不可量。鋪下重裀褥一方。珊枕輕拂揩抹的光。鴛被舒開蘭麝香。帳設鮫綃幔幙凉。我和你再盼來宵慢慢的賞。

（雍熙樂府）

慶郊祭回鑾

【北正宫端正好】一氣轉發青陽。四時序開黄道。聖明君端拱臨朝。臚傳大祀承天表。排鹵簿離蓬島。

【滚繡毬】赤力力風翻的錦帶飄。急颭颭旗迎的曙色高。霧濛濛暎金鑾曉霞籠罩。氣昂昂百司官具公服圍列週遭。齊臻臻鞍上將不弱出嵎虎。密匝匝坐下馬如同戲浪蛟。雄糾糾各施呈六韜三略。聖明主巍巍大德期文武。輔弼臣耿耿丹心壓契臯。疎刺刺旗影飄飖。

【倘秀才】龍鳳車淡氤氲霞光閃灼。狻猊鼎香靉靆祥烟繚繞。百萬隊貔貅擁護着。秉虔心離北闕。辦誠意赴南郊。祀天畢回鳳閣。

【脱布衫】金殿上陳水陸擺列佳餚。設珍羞美饌烹炮。托聖主汪洋大德。遇豐年太平之兆。

【小梁州】萬國衣冠拜聖朝。樂奏笙簫。普天率土盡歌謡。感聖主恩波浩。玉斝進香醪。

【幺篇換頭】願吾皇萬載承宗廟。錦江山永固堅牢。普天下黎庶歡。軍民樂。鳶飛魚躍。萬物盡逍遥。

【尾聲】文官武職宜品藻。鷺序鵷行堪畫描。四海清寧國富饒。五穀收成風雨調。祝聖壽綿延嵩嶽高。拜獻上當今慶成表。（雍熙樂府）

祝讚昇平

【北正宮端正好】九重宮五色日輪高。十二樓萬縷祥雲放。建皇都鞏固金湯。纘成大業山河壯。靄佳氣天都旺。

【滚繡毬】喜孜孜聽康衢誦歌謡黔黎共樂昌。笑吟吟祝堯封躋壽域臣民齊贊揚。錦重重設大駕擺金鑾掛寶扇繡旗仙仗。齊臻臻擁千官簉鵷鷺列彤墀玉笋班行。光燦燦金鑾殿高捲起蝦鬚簾玲瓏霞彩帳。煖溶溶玉獅爐。細裊裊龍涎篆氤氲瑞靄香。韻悠悠動一派奏鈞天和仙音樂聲嘹喨。鞠躬躬瞻萬乘拜冕旒肅衣冠環珮鏗鏘。香冉冉色霏霏祥雲光覆蓬萊近。明朗朗焰煌煌銀燭朝天紫陌長。喜孜孜齊祝願聖壽無疆。

【倘秀才】保宗社功過武湯。撫黎庶德邁漢唐。明四目達四聰定四方。民無怨生悦喜。天有感降禎祥。遍四野莊農擊壤。

【脱布衫】四時序禾稼豐穰。五辰順日月昭彰。甘露降白如雪霜。醴泉生味勝佳釀。

【小梁州】瑞草靈芝是處芳。進騶虞兩出非常。龍駒天馬自來王。南極現呈乾象。米麥積盈倉。

【幺篇換頭】湧浮圖凝秀寒冰降。獻麒麟獅子神羊。玄兔産白鹿生。神龜出黄龍降。普天下軍民歡暢。慶明主賀吾皇。

【尾聲】幸遇着進重祥貢疊瑞感洪恩諴惶奉表朝今上。更勝如遠重譯涉萬里獻白雉率土來賓服越裳。永固皇圖帝業昌。常轉法輪佛日光。海不揚波聖意彰。風不鳴條聖恩廣。同會車書禮樂邦。輻輳輪蹄錦綉鄉。門不闔扇民樂康。路不拾遺人善良。總握乾符御萬邦。保護着萬萬載華夷聖人掌。（雍熙樂府）

金錢問歡

【北正宫端正好】寂寞殺海棠嬌。清減了芙蓉貌。瘦香肌寬掩過半幅裙腰。蛾眉懶對菱花掃。改變了佳人俏。

【滚繡毬】錦鴛鴦倦繡描。斷紋琴無意調。孔雀屏玉肩斜靠。翡翠衾睡損鮫綃。摘花枝手怕擡。踏香塵步懶蹺。又見那點蒼苔敗紅零落。兀的不春去也鶯老林稍。則我今春勝似前春恨。昨日難同今日焦。那裏也月夜花朝。

【叨叨令】我浼青鸞央黄犬無歸落。盼賓鴻思尺鯉無消耗。喜蛛兒靈鵲噪無憑兆。絳臺低燈花爆無些效。兀的不閃殺人也麽哥。兀的不閃殺人也麽哥。倒惹的外人知傍人講他人笑。

【脱布衫】楚陽臺巫嶺偏高。桃源洞仙逕迢遥。藍橋路洪波縹緲。武陵溪霧烟籠罩。

【小梁州】何日相逢鸞鳳交。並翼同巢。我將那一天煩惱盡勾消。重歡樂。再畫兩眉嬌。

【幺篇換頭】老天不問人年少。怎配上箇薄倖虛囂。一去了。無消耗。知他在那裏歡笑。何處戀妖嬈。

【上小樓】唤小玉把芳堦静掃。小桌兒與湖山相靠。星眼朦朧。蛾眉顰皺。鳳嘴輕蹺。月影中。花陰下。香拖裙緥。環珮響擊玎瑠玉人來到。

【幺篇】爐鼎内氤氳香裊。桌兒邊真誠禱告。嘶瑯瑯寶釧聲鳴。踈刺刺金錢擲下。白生生玉腕頻摇。拆見單。單見拆。坎離卜兆。依八卦窮通玄妙。

【滿庭芳】把四方深深拜了。香盒兒輕輕拈起。紫降真慢慢焚燒。忙呼婢妾低低道。會在明朝。卦錢兒鋪下就曉。斷送了意穰心勞。展放開眉尖咲。準備着珠圍翠遶。歡娱可連宵。

【紅繡鞋】我打扮的風流俊俏。梳裹的百媚千嬌。雲鬟再整鳳釵高。櫻桃樊素口。楊柳小蠻腰。纏扎的窄弓弓金蓮小。

【耍孩兒】得見俺那風流俊雅潘安貌。纔顯俺體態温柔國色嬌。佳人才子都年少。我和他有一箇無福難消。咱兩箇生前有分爲夫婦。今世無差做故交。非是我心劣拗。只愛他超群秀氣。冠世才學。

【三煞】志誠的心性堅。聰明的骨格標。有緣的不負于飛効。我爲他功名遠去求八卦。歲月棲遲問六爻。坎離卦終須到。不勞煩惱。何必煎熬。

【二煞】有一日相會時。訴三春將我拋。把捱過淒凉苦楚從頭告。我爲他忘飡廢寢舒心害。都只爲會少離多無下梢。想起來心焦躁。他便似王魁薄倖。我有如謝氏虚勞。

【一煞】想雙生不負心。有蘇卿情性好。喜風流不愛馮魁鈔。尾生不失藍橋信。倩女魂離途路遥。幾件兒非足道。都不如文君捧硯。司馬題橋。

【尾聲】我待將回文織錦封。紅葉御水漂。自從他一去了無消耗。又只怕枉費了心腸輳不的巧。（雍熙樂府）

別　怨

【北正宫端正好】減風流。添憔悴。不曾似這樣着迷。空着我惹下風流罪。我可也不解你其中意。

【滚繡毬】如今那子弟每。知他是甚所爲。得團圓好看成容易。不得呵用心兒暗約偷期。倒做了蜂媒蝶使調風月。你則待拆散鴛鴦兩下裏。則除是天地皆知。

【倘秀才】獨守在羅幃帳裏。空生得有才學没些兒見識。我這裏滿腹愁腸訴與誰。你可便胡猜我。錯疑惑。你着我説一箇甚的。

【塞鴻秋】一會家不見他想的我心腸碎。見他時看不徹多嬌媚。敬他時捧盞酒忙前跪。愛他時無價珍珠貴。淡畫遠山眉。亂挽烏雲髻。我這裏告青天早早的成佳配。

【脱布衫】不由人哭哭啼啼。暫時間切切悲悲。這早晚不知在那裏。空教我盼望他一會。

【小梁州】你着我滿腹情詞訴與誰。罵你箇負心的天知。又不是不聰明不俊俏不伶俐。記的咱説來的誓。可不道相守不相離。

【幺篇換頭】尋思就裏如癡醉。但行處步步相隨。怎生來半路裏如癡醉。相抛相棄。罵你箇喬才短命。你原來則做的箇不真實。

【伴讀書】你你你不待酒佯粧醉。我我我覷不的喬樣勢。又不曾送玉傳香胡尋覓。不識箇好弱高低。

【笑和尚】我我我好話兒傳示你。他他他定一箇無碑記。休休休説箇甚的。罷罷罷再休題。我將他緊回避。入門來那雄勢。纔做下打一會駡一會你解不了心頭氣。（雍熙樂府）

思　憶

【北正宫端正好】凛凛的朔風寒。片片的梨花落。恨更長獨自難熬。對窗前一盞銀燈照。不由的添寂寥。

【滚繡毬】這愁煩怎得消。越教人睡不着。則我這被兒空恁般冷落。想着那俊才郎何處歸着。初相逢那一朝。那其間纔見了。怎禁他百般的禮樂。更壓着曹子建七步才學。則爲他憐香惜玉教人愛。錦繡珠璣腹内包。志不弱題橋。

【倘秀才】想着他忒智慧忒聰明俊俏。忒浪子忒風流軟弱。白色襴衫可體着。烏紗偏稱裹。束帶正宜腰。端的是堪描。

【滚繡毬】我恰在門前覷罷了。我欲行怎動脚。盼才郎幾時得到。遍乾坤滿地瓊瑶。柳絮飄。風内攪。遶山銀罩。亂紛紛碎剪鵝毛。藍關阻住長安道。玉砌程途怎的消。對景心焦。

【叨叨令】愁的是咭咭聒聒喜鵲兒咭咭聒聒枯枝上噪。怕的是明明朗朗月影兒明明朗朗窗兒前照。恨的是荒荒張張細犬兒荒荒張張門前叫。怨的是昏昏慘慘燈花兒昏昏慘慘銀花爆。則爲你想殺人也麽哥。則爲你想殺人也麽哥。閃的那瘦身軀清清冷冷冷冷清清傷懷抱。

【脱布衫】聽譙樓畫鼓初敲。好教我心癢難揉。幾時得金鷄報曉。端的是困人天道。

【小梁州】夜永更長睡不着。玉爐中懶把香燒。孤眠獨枕怎生熬。又不敢人前道。難得過今宵。

【幺篇換頭】誠心再把青天告。淚珠兒滴濕了鮫綃。又被那路途遥。人難到。思君容貌。何日宴花朝。

【朝天子】睡着。困着。猛可裏情人到。眠思夢想有下稍。未語先陪笑。欲待和他。尋些争鬧。怎當他軟廝禁撒殢嬌。摟着。抱着。更把那幃屏靠。

【耍孩兒】鴛鴦枕畔低低道。莫辜負良辰這宵。終朝盼望恰纔回。抵多少怨恨煎熬。朝朝自把蒼天告。夜夜頻將寶篆燒。曉來則盼燈花爆。立蒼苔勞久。骨化形消。

【三煞】早星移斗轉回。碧天邊月又高。燈殘香盡蟾光落。今番錯過何時會。再後相逢知幾朝。不覺的金鷄叫。樓臺鼓罷。寺内鐘敲。

【二煞】猛將他叫一聲。醒回身不見了。焰騰騰烈火燒祆廟。青鸞鏡破難相輳。碧玉簪折接不牢。傷懷抱。似石沉大海。水渰了藍橋。

【一煞】越教人心内焦。閃的人没下稍。這場煩惱誰知道。天公不與人方便。好夢驚回悶怎消。無顛倒。下如不遇。免得心焦。

【尾聲】我有離魂倩女心。你比王生緣分少。起身來忙把菱花照。比昨日容顏顛倒瘦壞了。（雍熙樂府）

慶壽

【北正宫端正好】喜遇太平年。幸值昇平日。賀豐登一統華夷。家家歡樂笙歌沸。端的是錦繡金臺地。

【滚繡毬】慶長生設玳瑁。聚佳賓列錦圍。赴蓬萊八仙筵會。有仙童仙女跟隨。白面猿獻果珍。朱頂鶴對舞飛。有獻花麋鹿成隊。擺列着仙琴仙書仙畫仙棊。衆神仙福如東海波濤湧。壽比南山松柏齊。福壽雙宜。

【倘秀才】衆神仙都來聚會。動一派仙音韻美。有仙酒仙茶仙品食。仙童斟緑蟻。仙女捧金盃。直喫的金烏西墜。

【滾繡毬】長生松獻一株。長壽酒飲一盃。則願的頭上斑白再黑。則願的臥重裀列鼎而食。則願的兒孫列兩行。珍珠滿庫堆。則願的做高官祿重身貴。盡今生足食豐衣。則願的枝枝茂盛千年永。則願的代代榮華百福隨。青史標題。

【倘秀才】見八仙在雲端裏現體。丹陽子鍾離第一。呂洞賓漁鼓手内携。韓湘子籃内仙花獻。張四郎葫蘆手中提。曹國舅肩擔着笊籬。

【滾繡毬】張果老驢倒騎。鐵拐李髮至眉。藍采和雲陽板世間無對。長眉仙神氣威儀。金爐寶篆香。幡幢左右圍。喜孜孜降臨凡世。恰離了閬苑瑶池。一門長幼皆歡樂。滿院風光喜氣隨。慶賞佳期。

【脱布衫】玳筵開果木稀奇。更那堪百味堪食。韻悠悠笙歌沸起。畫堂中錦屏珠翠。

【小梁州】宜入丹青扇面裡。堪賞堪題。觥籌交錯勸金盃。兒女每成行隊。堂下舞斑衣。

【幺篇換頭】願長生不老千千歲。任開懷暢飲休推。樂醄醄咲一回。一任教紅輪墜。酒淹衫袖濕。花壓帽簷低。

【尾聲】年年佳慶逢今日。歲歲生辰樂此席。孝子賢孫左右隨。枝葉峥嶸勝祖基。累代承恩四海知。永享簪纓四美齊。福壽綿綿列鼎食。東閣筵開設玳瑁。一家兒福禄雙全齊賀喜。（雍熙樂府）

富麗施仁

【北正宫端正好】江湖量名播世塵中。鴻鵠志高出雲霄路。貌堂堂儀表非俗。重乎仁義輕於物。是男子當爲處。

【滚繡毬】見一片齊臻臻陽和地春風生四隅。蓋幾頭高聳聳明堂徹碧虚。有萬種細氤氲靄沉檀異香馥郁。聽鼓聲韻悠悠悦心神簫管笙竽。着滿眼花撲撲翠荷占珠陸續。陳兩廂寬綽綽名賢畫孔聖書。設四圍光閃閃映珠箔月窗雲户。甃幾處錦重重繡屏幃綵結流蘇。賞奇異明燦燦朱犀魚蟹爲之富。釋閑悶青森森樓觀亭臺樂有餘。異景全俱。

【脱布衫】寄萍湖遠迢迢泛玻璃望眼模糊。玉乳泉碧澄澄烹金茗透骨清虚。翠光亭雅淡淡甃緑筠賞心自足。雙檜堂霧濛濛鋪翠雲放懷釋慮。

【醉太平】擺牙籤玉軸。陳獸鼎猊爐。高談闊論有誰如。更搜奇博古。揮毫寫出驚人句。倚窗覽足賢人註。挑燈看盡聖人書。樂平生自娛。

【尾聲】公之賢子之德威威凛凛其人物。行乎仁施乎義鬱鬱葱葱美丈夫。辨官事清清德有餘。治家法嚴嚴甚整肅。與朋友相交德不孤。親鄰里懷情更和睦。恤孤寡捐金如糞土。因此上耿耿芳名播寰宇。（雍熙樂府）

元宵内宴

【北正宫端正好】金殿玉樓臺。閬苑蓬萊洞。賞元宵錦繡重重。鰲山千丈笙歌動。一派簫韶送。

【滚繡毬】五鳳樓香馥馥蘭麝飄。金鑾殿明晃晃燈焰紅。鰲山上彩雲間八仙相共。起氤氳滿殿香風。花帽人左右隨。錦衣士前後擁。百司官志誠心謹謹的侍奉。燈和月照天街恰便似白日相同。一輪明月朝丹陛。萬朵金蓮開半空。恰便似華樂天宫。

【脱布衫】咲吟吟社鼓鼕鼕。喜孜孜花陣重重。齊臻臻旌旗漫展。錦重重繡簾低控。

【小梁州】左右宫人捧玉鍾。端的是酒釅花濃。鰲山千丈五雲中。笙簫動。相映廣寒宫。

【幺篇頭換】金波瀲灔浮銀甕。翠重疊仙掌芙蓉。萬國朝。千邦奉。雕鸞彩鳳。映寶殿玉玲瓏。

【尾聲】瑤階玉砌排麟鳳。寶鐙金鞍控玉驄。碧玻璃瑪瑙鍾。輕貂裘細剪絨。翡翠堆錦繡重。花燈挑香霧中。四海相通。南北西東。萬萬載錦繡華夷。見如今盡一統。

（雍熙樂府）

美愛

【北正宫端正好】美甘甘俏姻緣。齊臻臻成婚配。錦重重燕約鶯期。怎當這蜂媒蝶使相調戲。好教我羞見鶯花輩。

【滚繡毬】我往常喜孜孜把手兒携。暖烘烘熱肉兒偎。有那天生下配成的比翼。幾曾見半霎兒相離。到如今情分稀。更那堪相會遲。不承望這場憔悴。不由我展轉傷悲。有一日姻緣重配還相見。我和他重續鸞膠無盡朝。做一對美滿夫妻。

【倘秀才】往常時初相見如膠似漆。我和他相結會如魚似水。則他那惜玉憐香更整齊。我和他心厮愛。意相隨。誰曉的其中就裏。

【呆骨朵】則爲他愛嬌娘没亂我心腸碎。想着我那些兒嫩蕋情實。恰似無價的奇珍。也不似這般看承愛喜。他敬我一點真情順。更那堪吐膽傾心意。他端的會温存嬌媚人。真如是與凡花怎共比。

【脱布衫】俺也曾安排下翡翠屏幃。收拾下珊枕藤席。鋪設了錦裀繡褥。重蓋了鳳衾鴛被。

【小梁州】我和他兩意交歡不肯離。翻騰的氣喘狼藉。但得這嬌紅一點透靈犀。受用些甜滋味。就裏少人知。

【幺篇換頭】俺在那羅幃帳底鴛鴦會。恰便似餓虎撲食。投至的雲雨歇。不付能纔惚氣。見我這風流即世。又待要和我再争持。

【尾聲】則他那尤雲殢雨應無比。弄玉團香忒慣知。整頓香衾暫且離。鴛被權疊略整齊。掛起香幃片霎息。捲起珠簾鈎上垂。我和他歇罷一時再從起。（雍熙樂府）

歡　愛

【北正宫端正好】悶懨懨惹閑愁。急穰穰心悒怏。虚飄飄倒枕垂牀。想着他相思滋味恩情廣。空教我曉夜添惆悵。

【滚繡毬】想着俺俊風流可意郎。更聰明志氣剛。那儀表俏容顔可人模樣。我愛他殢嬌花惜玉行藏。勝如那偷情的韓壽香。比着天仙配阮郎。常想着那些兒情况。空教人每夜淒涼。則爲那新秋涼夜恩情美。空教人一點傷心淚兩行。無語傍徨。

【倘秀才】則爲這恩情斷心勞意穰。想着心斯愛眠思夢想。則爲那好色的情人自感傷。空没亂。轉思量。恰纔我躊躇了半晌。

【呆骨朵】則爲意兒差不由我魂飄蕩。常思着意短情長。送的我粉淡脂消。每日家心中暗想。撇的意癡癡身無措。怎能勾半霎兒心舒暢。這些時瘦伶仃骨若柴。怎能勾俏夫妻得共雙。

【脱布衫】想着那蘭室内匹配鸞凰。心思愛兩意相當。金鈎控珠簾低簌。絳綃閑翠屏羅帳。

【小梁州】俺將鴛被鋪開蘭麝香。施逞會弄玉團香。趁着珊瑚香枕漸生涼。逞些兒風流樣。做效雲雨夢襄王。

【幺篇換頭】顯豁些顛鸞倒鳳喬模樣。不似他戀嬌娃真恁顛狂。弄的粉汗流。折倒的神魂喪。纔將這精神打當。又思想再成雙。

【尾聲】撩雲撥雨中心想。閉月羞花美貌香。鳳鬢高盤艷色粧。體態妖嬈雲鬢光。輕簌湘裙翠繡裳。弄玉團酥快忖量。略歇片霎須臾又思想。（雍熙樂府）

修養

【北正宮端正好】香馥馥彩霞生。光燦燦祥雲照。老人星直下青霄。擎着這延年益壽靈芝草。有萬載靈丹藥。

【滚繡毬】金童擎酒餚。玉女捧壽桃。衆神仙動一派仙樂。緊相隨虎鹿猿鶴。香風細細吹。霞光淅淅飄。半空中彩雲籠罩。福與壽兩般兒仔細量度。壽無窮似華岳山穩穩千年檜。福無邊如東洋海滔滔萬載潮。端的清高。

【倘秀才】學的是越范蠡出紅塵去蓬萊海島。學的是漢張良遠世俗棄高官重爵。學的是五柳莊陶淵明懶折腰。學的是張天覺深山中閑養性。學的是林和靖林泉下儘逍遥。一箇箇煉長生藥苗。

【脱布衫】紅塵事永遠絶交。清閑處用意評跋。利名場甘心拜却。草堂中坐禪修道。

【小梁州】鬱壘神茶守護牢。是和非不放分毫。瓦爐伏火篆烟燒。參玄妙。尋本性見清濁。

【幺篇換頭】皈依佛法僧三寶。奉雙親今古難學。不弱如閔損賢。過似那丁蘭孝。念經佛號。步步上金橋。

【尾聲】洗塵凡參造化修真養性無差錯。訓蒙童積陰功方便爲人有下落。貧不怨富不驕。名不貪利不饕。氣不争財不交。陋巷簞瓢。草履麻條。一世兒無是無非快活到老。（雍熙樂府）

慶七夕

【北正宫端正好】喜佳節值新秋。居畫閣權遮護。則聽的畫簷間鐵馬喧呼。鮫綃被冷無情緒。總是傷心處。

【滚繡毬】翠衾寬翡翠舒。篆烟消金獸爐。正值着蕩金風滿川玉露。不由人心下躊躇。舞林稍梧葉飄。望清秋景色殊。端的是悶懷猶豫。則被這照紗窗月影扶疏。你看這清風微動簾篩影。又被這月色清光冷氣撲。短嘆長吁。

【倘秀才】則他這凉氣生消殘盛暑。炎光退磨研今古。你看這良夜佳期有若無。怎能勾心舒暢。意歡娱。把恩情間阻。

【呆骨朵】見如今遇七夕佳景年光度。綵樓高綵結青虚。擺列着瓜果華筵。正應着星橋月燭。一班兒仕女多嬌媚。端的是嬝娜風流處。今日箇正穿針乞巧時。致令的衆神仙享洞府。

【脱布衫】我則見天星降織女匡扶。共牛郎匹配妻夫。天漢中銀河耿耿。耀光彩瑞雲馥郁。

【小梁州】烏鵲填河成眷屬。兩意情餘。人間賜巧下天隅。增福禄。光彩瑞雲浮。

【幺篇換頭】長生綿遠多財福。助人間巧樣才術。設若便私。願情求夫婦。一年一度。千載永規模。

【尾聲】人間令節真佳趣。天上佳期意不俗。夫婦歡情樂有餘。得巧心機志不疎。牛女乞恩列酒脯。粉席香筵仕女圖。則願的此夜今宵萬萬古。（雍熙樂府）

大打圍射鵰

【北正宫端正好】擁千騎擺圍場。出四野排軍候。農事畢禾稼皆收。山林中捕捉禽和獸。因此上交飛走放分箇先後。

【滚繡毬】牽犬的輕摇動銅項鈴。架鷹的緊拴着皮臂韝。按節令夏苗冬狩。順時光秋獮春蒐。齊臻臻列兩行採獵人。密匝匝擺一遭弓箭手。五方旗舞飄飄綵霞錦繡。七重圍明燦爛劍戟戈矛。威凛凛人如越嶺巴山虎。勢昂昂馬勝翻江出水虬。不弱如萬隊貔貅。

【倘秀才】我只見翠葉凋池荷岸柳。色添青山松澗竹。方信道明日黄花蝶也愁。起西風聲淅淅。吹落葉響颼颼。堪描在丹青畫頭。

【塞鴻秋】更那堪潤濛濛露浥芙蓉秀。冷清清霜壓梧桐瘦。碧粼粼水漾玻璃皺。響潺潺澗瀉瑶琴奏。丹桂異香飄。紅葉臙脂透。驀聽的韻泠泠山峪鳴岩溜。

【快活三】山林中並無一箇採樵叟。水面上豈有一箇釣魚舟。衆獵人張羅捕網遶週遭。一箇箇難逃漏。

【蔓菁菜】弓弩開時狐兎憂。箭下如何救。鑼鼓鳴時虎豹愁。叉鎗下應難受。盡擒住黄羊黑熊山獐野獸麞鹿猿猴。我只見犬拏狡兎鷹搏飛鳥鶻擊寒鳩。

【耍孩兒】那匹馬蕩塵埃滚滚閑馳驟。正來到垣河橋左右。那將軍忽的猛擡頭。見蒼雕天氣悠悠。雕見人忙搧鐵翅凌霄漢。人見雕緊跨龍駒上斗牛。有志氣難能勾。雕翱翔勝如鸞鷟。馬跳躍賽過犇彪。

【四煞】一來見飛禽騰舞的高。二來顯將軍武藝熟。精神抖搜威風糾。鵲樺弓飛魚袋内連忙取。鳳翎箭走獸壺中急去抽。此箭中功名就。秉一片雄心苦志。使滿懷壯志難酬。

【三煞】那鵰兩翼健急急的飛。那馬四蹄輕緊緊的逐。鞍上將持弓挾箭揎袍袖。翻身背展猿猱臂。仰面争開神怪眸。弦搭上朱紅扣。這箭去百發百中。那鵰着千死千休。

【二煞】撲刺刺驚起些林外鶩。忒稜稜蕩散些水面鷗。諕的那鷺鶿鸂鶒難飛走。纔離了寒沙淺水鴛鴦浦。又看見秋草凄烟鸚鵡洲。莫不墜落向殘林右。鋪白雪白蘋渡口。多躲在暎紅霞紅蓼灘頭。

【一煞】既然那緑楊枝上無。多敢在黄蘆岸畔有。料應只在村前後。那將軍縱馬踏荒野。車輪大的毛團卧古坵。與高手争前後。威伏的他衆人怯懼。斷送了一鶚鳴秋。

【尾聲】一箇李廣也曾射虎。一箇賈竪也曾射牛。便有那養由基百步穿楊柳。都不如這斛律光將軍射鵰的手。（雍熙樂府）

豪放不羈

【北正宫端正好】翠紅鄉。鶯花寨。占春風歌舞樓臺。酒腸寬嫌殺金杯窄。會受用文章伯。

【滚繡毬】都將着玉與帛。换做酒共色。儘教咱百年歡愛。管甚麽萬貫資財。鬢髮白。容貌改。物和人知他誰在。青春去再不回來。一任教佳人宛轉歌金縷。醉客佯狂飲綉鞋。便是英才。

【倘秀才】雖無那奪利争名手策。殢酒簪花的氣概。風月所施呈七步才。花營中將愁解。酒部内把頭擡。快哉。

【醉太平】會三千劍客。列十二金釵。綺羅叢裏玳筵開。俊嬌娥侍側。金蓮欵步香塵陌。春葱慢折花枝帶。玉簪斜插鬢雲歪。是風流膩色。

【尾聲】香焚寶鼎沉烟靄。酒泛金杯浮琥珀。銀燭輝煌那光彩。翠袖慇懃捧玉臺。對舞春風翠盤窄。合唱笙簫音吕諧。一對佳人醉扶策。兩箇紗籠引下階。快活煞長安少年客。（雍熙樂府）

按：此曲彩筆情辭注明古辭；南北詞廣韻選題作「豪放」，注元人作，未必可信。兹據雍熙樂府録之。

【北正宫端正好】帝城雄。皇都壯。千雉帝城雄。萬載皇都壯。大明門拱紫極朝陽。列承天龍舞在銀橋上。五鳳樓黄金榜。

【滚繡毬】九重深堯舜階。三殿迴湯禹堂。下丹陛百官仙仗。擁華蓋端聳中央。看文武樓左右齊。聽鐘鼓聲龍虎響。殿東西文華武英相。入大内紫金泥光閃宫牆。勝蓬萊寶珠明□花千樹。似海藏香氣氤氳椒滿房。今日陶唐。

【幺篇】掌黄閣綵與綸。柄司禮貂與璫。本糾彈六科廊敞。嚴太廟社稷蒸嘗。聞光禄九鼎馨。過御馬千乘養。擺監局衙門勾當。數甲乙丙丁庫天府埋藏。後玄武半拖□□。萬歲山每見鸞翔。真個是周室明堂。

【倘秀才】碧巍巍翔鳳樓日暖朱梁。深沉沉清畫閣臺繡彤牆。我則見玉砌垂虹過輦香。草齊烟雨濕。花密晝思長。祇聽得撒珍珠御溝的水響。

【幺篇】誰似那虬松枝宮勝長楊。誰似那廣寒殿高山在明光。更則見玉蝀金鰲跨海梁。船摇金翡翠。波漾錦鴛鴦。端的是蓬壺的堪賞。

【脱布衫】東長安文宦朝房。翰林院詹事春坊。東西堤玉河清淺。文德坊青龍之上。

【幺篇】西長安武將朝房。行人司面對宮牆。露垂楊半爲海子。武功坊白雲之上。

【四煞】左輔弼吏户禮兵工。列宿光鴻臚寺太醫上。十王府敞朱門敞。烏蠻驛待來王輩。監設欽天星斗芒。内玉牒宗人掌。臺基廠百工造作。上林苑萬草芬芳。

【三煞】右□衝猛五府將。帥衙通政司太常。上衛錦衣爪牙的□將。法司烏府兼刑署。棘寺詳評招稿長。七十衛如蜂攘。擡頭看貫城街上。更有個弼教牌坊。

【二煞】仰圜丘南郊春祀天。駕鹵部黄屋往。籍田犁犢耕嘉壤。靈臺隱隱誰攀望。星斗斑斑夜吐光。玉燭調。天象開。棘院賓興。豪傑收麟鳳錦繡文章。

【一煞】京兆府成賢街正南。教國子儲卿相。詩書禮樂多謙讓。三千隊習貔貅將。十二營分大教場。雷炮將軍響。護皇陵煖融融紫氣。疊西山翠冉冉松香。

【普天樂】趁□場三廟上。看朔望人來往。走寶馬鞭繫絲絲。輾香車輪飛兩兩。金珠不盡龍宮廣。赤白青黃鋪賣張。貨如山楚賈吴商。人似蟻嬌娥粉郎。看紅塵滚滚。花柳行行。

【幺篇】看梨花寶貝藏。奏樂部朝廷上。擺家家金屋門窗。一個個西施模樣。纏頭百尺燕鶯賞。顫鬟千花蜂蝶攘。蘇小小雲捲羅裳。劉盼盼月明象床。笑秦樓楚館。愛粉膩脂香。

【尾】華夷一統乾坤廣。紫微垣不動中央。把彩筆文墨人寫歌謡家國王。願吾王萬壽。保社稷無疆。（北曲拾遺）

色

【北正宫端正好】誤却我十載看書心。一舉登科意。不能將姓名向金榜上標題。只落得二十年錦陣花營内。受了些倒鳳顛鸞會。

【滚繡毬】色呵爲你設了些山海盟。赴了些鶯燕期。引得人似癡如醉。一時刻不肯相離。色呵知他你是什的。何所爲。但沾你的不伶不俐。直熬得人水盡鵝飛。我便是蒙頭撞入迷魂陣。開眼相逢打刼賊。有甚便宜。

【倘秀才】色呵爲你呵引得個漢相如臨邛市上滌器。引得個鄭元和悲田院乞食。引得個崔懷寶私入宮庭惹是非。你曾武陵溪迷了阮肇。你曾海神廟取了王魁。你也曾教張京兆畫眉。

【滾繡毬】你道是酒不醉人人自醉。色不迷人人自迷。也是你有心情把人調戲。無因由誰肯相依。實事虛。虛事實。你有若干來說不盡的情罪。敢送得人有藥難醫。你曾將書呈白雁雲中寄。你曾把詩向丹楓葉上題。費了人心機。

【呆骨朶】色呵我爲你將少年心不錯千金費。恨不得一擔兒收。枉送得人有國難投。有家不歸。一個個招災禍。一個個忘家國。那裏是傾城色解語花。則是個吃人心索命鬼。

【滾繡毬】色呵爲你呵摘星辰剖了比干。洞庭湖閑了范蠡。送得個唐明皇幸蜀遷位。引得個周幽王驪山上舉火爲嬉。你端的惹是非。起戰敵。傾送了幾朝皇帝。眼睜睜播亂華夷。戀着你海枯石爛心難捨。貪着你的財散人離命必虧。生熬人白髮蕭稀。

【倘秀才】常記着花中酒裏。不離了星前月底。恰便是村裏夫妻步步隨。他心順。我心迷。如膠似漆。

【滚繡毬】爲你呵功名難進求。詩書倦看習。則獨要倚紅偎翠。誤了人柳眼星眉。不能够步金堦上玉堂。插金花飲玉盃。則被你糊突了我浩然之氣。纏繳得人染病躭疾。將我心猿緊緊覊留住。意馬牢拴不放回。憔悴了容儀。

【叨叨令】色呵怎禁你那虛心冷氣將人智。怎禁得你那甜舌謊言將人憶。怎禁得你輕憐痛惜將人殢。怎禁得你薄情淺意將人記。則被你迷殺人也麼哥。怎禁得你那巧言令色將人説。

【脱布衫】害得人有藥難醫。引得人意在心迷。使得人亡家破國。纏得人夢隨情繫。

【小梁州】則爲你誤了一舉成名天下知。顯耀光輝。攀龍附鳳那□機。不能够求名利。恰便是睡夢裏過了三十。

【幺篇換頭】將錦心繡腹消磨碎。壯志狼藉。把竊玉心。偷香意。從此再休提。

【尾】我將你詩書經典從新理。把雪月風花自此離。再不做崔護去覓水。再不似秋胡去戲妻。再不似謝安東山攜愛姬。張珙西廂染病疾。歌舞樓前絶念意。風月場中别聚會。一任鶯兒燕子啼。不管蜂媒蝶使飛。將摘葉揉花手不攜。詠月嘲風口不提。

向小書齋將經史集。陋巷寒窗把文墨習。想着你有苦無甜那滋味。便是再出世的冤家也勸不得你。（北曲拾遺）

祝　讚

【北正宫端正好】一班兒扶社稷衆英賢。皆因是際龍虎風雲會。一個個秉赤心燮理鹽梅。撫安的萬邦稽首來朝禮。慶豐稔昇平世。

【滾綉毬】掌銓衡冢宰公。司邦賦民部直。大宗伯禮儀純備。典兵戎大司馬耀武揚威。明五刑理冤愆司寇權。總百工督營繕寵父職。居内閣調鼎鼐共条機密。能諫争掌六科補缺拾遺。坐都堂繩愆糾謬。司綱憲處輸苑論道經邦講治理。輔吾皇端拱無爲。

【倘秀才】爲師民教胄子純乎至德。修國史垂褒貶祥乎事體。端的是禮樂修明教化美。一個個勝蕭曹扶社稷。過房杜撫華夷。不枉了與皇家作柱石。

【脱布衫】一個個賢良似稷契臯夔。忠誠似傅吕周伊。文學比班揚賈馬。公直勝宋姚王魏。

【小梁州】家給人足國富實。天下雍熙。萬民樂業仰皇威。邊塞上絶了烽燧。懸酒旆捲征旗。

【幺篇】丹書鐵券簪纓貴。享榮華御酒堂食。見如今四海知。三公位。幸遇著昇平時世。普天下永無敵。（詞林摘艷）

春夏秋冬

【北正宮倘秀才】春景天。粉蝶兒繞岸邊。楊柳煙。梨花院。戲鞦韆。只見玉樓人醉杏花天。醉了呵。倒在深庭院。

【幺】夏日長。沉李浮瓜飲着玉漿。水閣上。荷花放。慶端陽。只見沙煖睡鴛鴦。醉了呵。倒在涼亭上。

【幺】梧葉飄。颯颯金風擺動樹梢。鐵馬敲。簷前鬧。灑芭蕉。睡不着把殘燈花兒照。〔二〕

【幺】冬景凍。寒寒冷冷天降下風。〔三〕只見賣酒的圍爐坐。醉了呵。醉模糊倒在紅爐上臥。

【幺】今日是春。明日是秋。春去秋來幾時囉。休看青山緑水還依舊。早不覺還上少年頭。今日是七。明日是八。七去八來怎生合。

【煞】積還黃金如山大。臨行時也難拿。勸你們倒不如吃了些。穿了些。受用了些。纔丢罷。日出扶桑。月落在海。兩下的穿梭快。白髮還少年。後代催前代。常言道。這光陰有錢的難再去買。（風月錦囊）

按：【倘秀才】曲牌疑誤，各曲用韻不一，【煞】的文意與前亦不聯貫。

〔一〕此句下面疑脱「醉了呵」兩句。

〔二〕此句下面疑脱三個三字句。

醉飲

【北仙吕八聲甘州】歡游賞心。曾醉在青簾。坐對紅裙。囊金難容。惜花心占斷東君。幾度美人樓下策。半醉歸來馬上眠。滿目盡香塵。銀燭黃昏。

【混江龍】不爲酒困。一言唤起醉鄉民。狂歌數曲。爛醉千鍾。有限杯中牢閉口。無緣香裡早抽身。從今後。不教稚子。再惱比鄰。

【後庭花】遇佳辰不掛心。任清風也笑人。誓不隨陶元亮。教初絶劉伯倫。想朝昏。把一領雪霜裘典盡。只留下犢鼻裩。

【賺煞】論前唐。講東晉。太白摸波心月輪。山澗歸來人自哂。斜偏倒帶着綸巾。俺曾論。畢卓當初。曾被鄰家甕下嗔。我今日蒙騰了事本。清濁也不問。墮寒江虧殺俺獨醒人。（雍熙樂府）

【北仙呂村裏迓鼓】我向這水邊林下。蓋一座竹籬茅舍。閑時節觀山玩水。悶來和漁樵閑話。我將這綠柳栽。黄菊種。山林如畫。悶來時看翠山。觀綠水。指落花。呀。鎖住我這心猿意馬。

【元和令】將柴門掩落霞。明月向杖頭掛。我則見青山影裏釣魚槎。慢騰騰閑瀟洒。悶來獨自對天涯。盪村醪飲興加。

【上馬嬌】魚旋拿。柴旋打。無事掩荆芭。醉時節卧在葫蘆架。咱。睡起時節旋去烹茶。

【勝葫蘆】藥爐經卷作生涯。學種邵平瓜。淵明賞菊在東籬下。終日飲流霞。咱向爐内煉丹砂。

【遊四門】我則待散誕逍遥閑笑耍。左右種桑麻。閑看園林噪晚鴉。心無牽掛。蹇驢閑跨。遊玩野人家。

【後庭花】我將這嫩蔓菁帶葉煎。細芽秫油内煠。白酒磁盃嚥。野花頭上插。興來時笑呷呷。村醪飲罷。遶柴扉水一洼。近山村看落花。是蓬萊天地家。

【青歌兒】呀。看一黛雲山雲山如畫。端的是景物景物堪誇。剩水殘山向那答。心無牽掛。樹林之下。椰瓢高掛。冷清清無是無非誦南華。就裏乾坤大。（盛世新聲）

四季樂情

【北仙吕村裏迓鼓】正直着麗人天氣。可正是賞花賞花的這時候。你看那花紅和這柳緑。遶着這社南社北莊前莊後。則見那柳飛綿。花似錦。江山清秀。他每都携着美醖。穿紅杏。摇翠柳。我直吃的笑吟吟醺醺帶酒。

【元和令】錦模糊江景幽。翠峻層遠山秀。正直着稻分畦蠶齊簇麥初熟。太平人閑袖手。趁着這古堤沙岸緑陰稠。纜舡兒執着釣鈎。纜舡兒執着釣鈎。

【上馬嬌】我將這錦鯉兜。網索來收。村務内酒初熟。恰歸來半醉黄昏後。暮雨收。牧童兒歸去倒騎牛。

【遊四門】正是楓林梧葉報新秋。呀呀的寒鴈過南樓。正遇着雞肥蟹壯秋收候。霜降水痕收。朋友每留。乘興飲兩三甌。

【勝葫蘆】正值着淺碧的這粼粼露遠洲。賞紅葉一枝秋。我則見三徑黃花景物幽。正值着豐年稔歲。太平簫鼓。酒醒時節再扶頭。

【後庭花】我則待尋梅訪故友。踏雪沽醲酒。寶篆焚金鼎。濁醪飲巨甌。只吃的醉了時休。酒杯中不勾。村務内將琴劍留。倉廒中將米麥收。渾醱醅甕底篘。再邀住林下叟。

【柳葉兒】我直吃到二更的時候。正諠譁交錯觥籌。一任教月移梅影横窻瘦。心相愛。意相投。醉時節納被蒙頭。（詞林摘艷）

按：盛世新聲、雍熙樂府、北曲拾遺俱無題，太和正音譜（除後庭花）全引，北詞廣正譜引村裏迓鼓、後庭花，九宫大成引後庭花、柳葉兒，皆不注撰人。

【北仙呂村裏迓鼓】則爲聖皇眉壽。今日箇百司同會。擺列着金枝玉葉。朝鳳闕齊臨丹陛。你看這鑾車鳳輦。錦衣花帽。有他這豪貴。更那堪九卿排。三司列。六宰齊。是看這列虎賁簪纓大職。

【元和令】賀長生延壽杯。蟠桃結九千歲。則願的吾皇聖壽與天齊。萬邦來皆進禮。則聽的山呼萬歲。列丹墀祝南山無盡期。

【上馬嬌】我則見鑾駕擧。劍珮執。更和這鳳闕燦光輝。投至的五更鷄唱扶桑麗。鐘鼓又催。排虎士列旌旗。

【遊四門】我則見和氣欣聲滿鳳池。有他這香裊爇金猊。眼望着玉殿金門瑞靄飛。他每都稱觴祝壽。龍樓鳳閣。慶會宴瑶池。

【勝葫蘆】遥望紫霧烟籠上翠微。更和這雕斗錦雲堆。看這麗日融融彩鳳飛。則聽的簫韶九奏。五音六律。一派揭天齊。（雍熙樂府）

【北仙吕村裏迓鼓】時遇着萬年歡宴。則在這九重天上。正遇着長春至節千官賀。擺列着鑾輿儀仗。看這中官内職。九卿四相。文官武將。齊賀着聖主寬如堯舜過禹湯。呀。你看這三舞蹈百司讚揚。

【元和令】願壺中日月長。稱壽酒注新釀。遥望着金闕賀吾皇。似天仙降下方。我則見金爐香靄透穹蒼。願當今聖壽昌。

【上馬嬌】你見這玉殿香。端的是錦綉粧。比着那閬苑勝仙鄉。正值着風雲慶會千年旺。萬國又降。排玉笋盡稱觴。

【遊四門】恰便似一朵紅雲捧玉皇。齊賀着萬歲壽延長。你看這滿殿香風景物爽。更和這香風馥郁。氤氲霞霧。和氣散祥光。

【勝葫蘆】你看這華祝嵩呼萬歲王。有他這臣宰盡賢良。錦綉中官列兩行。比着那瑶光貫月。長春佳節。則願的萬歲永安康。（雍熙樂府）

【北仙吕村裏迓鼓】想着俺百年歡樂。則爲那可人容貌。看了他娉婷媚色。我和他心厮愛。端的是追歡取笑。他生的風流俊美。嬝娜身分。真箇是人材奇妙。則爲他閉月容。羞花貌。百媚嬌。呀。似這般逗引的魂飛去了。

【元和令】緑雲堆金鳳翹。心腸兒忒聰俏。則爲那嬌容膩色似堪描。小心兒定是好。恰便似天仙謫降下青霄。步金蓮蹴絳綃。

【上馬嬌】則爲他容貌嬌。性格兒高。他端的丰韻有誰學。則他那金蓮欵步蒼苔道。真乃是嬌。休猜做花月女中妖。

【遊四門】我和他匹配成婚鸞鳳交。有如那花底燕鶯巢。俺在那錦帳鴛幃宿幾宵。我則待要摶香弄玉。輕憐痛惜。端的是情意不相饒。

【勝葫蘆】直等的報曉鷄鳴猶未了。則他那汗滴濕鮫綃。則俺那倒鳳顛鸞兩意交。一任教歪斜珊枕。鴛鴦被冷。更那堪爐内篆香消。（雍熙樂府）

【北仙呂村裏迓鼓】則俺這一生歡愛。端的是百年相聚。不由我情沾可也肺腑。心廝愛。猛然間今朝相遇。自從俺花陰間側。偶然結會。不承望歡聲相助。成就了鸞鳳交。喜遇着鶯燕友。配合了比目魚。受用些錦帳寬。蘭堂畫屋。

【元和令】則爲他俏風流意不俗。俊龐兒美人物。則他那搏香弄玉善通疏。殢人嬌能對付。恰便似襄王雲雨會嬌姝。似桃源相會初。

【上馬嬌】俺是那鸞鳳雛。將翡翠鋪。趁着這珊枕共紗幮。喒雖是瑶池仙種將春心露。意不疎。同諧老共歡娱。

【遊四門】我將這十指春纖柳色扶。則俺這艷色果無虚。更那堪嫩蕋嬌花心未足。更和這情郎歡愛。貪香戀蕋。同樂飲芳醑。

【勝葫蘆】趁着這今夜良宵不斷續。成就了鳳隻配鸞孤。則爲我嬝娜娉婷艷色如。一任教金鷄齊唱。五更報曉。直睡到紅日照青虚。（雍熙樂府）

【北仙呂村裏迓鼓】則爲那可人心意。我和他四眸相望。因此上情牽可便恨惹。則爲這嬌膩色。引開我風流情况。恨不的結成配偶。兩情相愛。同心歡暢。誰待教魚雁傳。枉鬬的蜂蝶戲。又怕這燕鶯忙。空教我曉夜眠思夢想。

【元和令】我愛他襯芙蓉雲鬢光。他愛我青春貌美儀相。俺雖是五百年冤業恰成雙。似天仙離上方。今日相逢歡娛不尋常。似桃源配玉粧。

【上馬嬌】我和他入洞房。猛聞的麝香。呀。鋪開這雲錦象牙床。展放這鮫綃被暖同鴛帳。俺若是雙諧老效鸞凰。

【遊四門】恰便似戲水鴛鴦上下狂。喜的是春色動情腸。你看這露滴花心逞艷陽。更和這夭桃嬌媚。柳柔嫩折。花柳正芬芳。

【勝葫蘆】恰便似嫦娥天仙遇阮郎。成就了雲英女俊裴航。一段姻緣恰配上。金鈎懸掛。珠簾低簌。結束了雲窟配嬌娘。（雍熙樂府）

【北仙吕村裏迓鼓】想着俺數年歡愛。端的是兩情相順。我愛他風流可也俊美多齊整。更那堪聰明才俊。則他那尤雲殢雨。憐香惜玉。他重我千般丰韻。我和他情分交。心相敬。兩意真。則俺那美愛處。情寬意允。

【元和令】則爲我襯金蓮蹴絳裙。鳳頭插緑雲鬢。那堪娉婷嫦娥俏精神。綉幃中兩意存。我和他相偎相抱兩情真。鴛鴦被蘭麝薰。

【上馬嬌】顯豁些眉黛春。臉翠顰。端的是宜喜又宜嗔。則他千般百様施逞盡。則爲我恩。端的是恩愛共相親。

【遊四門】俺在這帳底施呈雲雨新。休負了美景共良辰。我和他共賞春幃和氣新。喒須要口兒中相温。手兒中怕惜。懷抱兒意温存。

【勝葫蘆】則我這嫩柳纖腰粉黛匀。今日箇花燭洞房春。你看這綉幕香毬孔雀屏。則管裏相偎相就。又親又愛。我將這檀口麝香馨。（雍熙樂府）

【北仙吕村裏迓鼓】他生的可人模樣。更那堪百般丰韻。則他那眉彎翠蹙新月偃。真箇是傾城的清俊。我愛他妖嬈艷美。嬝娜嬌態。娉婷身分。則那楊柳腰。芙蓉臉。旖旎人。恰似再出世的重生太真。

【元和令】俊龐兒淺淡匀。玉纖手笋條嫩。則他那調風弄雨善精神。似天仙出世塵。我和他一對兒俏緣姻。偏宜這懷抱兒親。

【上馬嬌】則俺這畫閣親。蘭麝薰。更和這鴛枕緑堆雲。你看這金蓮半折湘裙襯。端的是親。同歡美共相親。

【遊四門】則俺這可喜嬌容粉臉春。今日箇相守洞房新。我和他摟抱相偎欵動身。我將殘花撇漾。似這芳姿嫩色。端的是今古世絶倫。

【勝葫蘆】放下這錦帳鮫綃羅列整。你看這錦褥繡重裀。恰便似齊下蓬萊帶曉雲。端的是連環美玉。鴛鴦配偶。共宿臥莎茵。（雍熙樂府）

【北仙呂村裏迓鼓】半生修道。只落的一聲長嘯。想高官重職。居禄位非爲至樂。我在山野間。林泉下。從吾所好。帶一頂束髮冠。拄一條過頭杖。穿一領麄布袍。我呵笑傲會天荒地老。

【元和令】千家飯化半瓢。百衲衣穿一套。麄衣淡飯且淹消。貧不憂富不驕。翫溪山到處任逍遥。臥東窻日影高。

【上馬嬌】你道是妻子嬌。家業縛。幾般兒勝似斬人刀。我這裏微微覷罷呷呷笑。暢好是喬。空着人波波碌碌枉徒勞。

【遊四門】日夜思量計萬條。不想禍根苗。買賣歸來汗未消。有一日無常來到。眼光落地。待躲怎生逃。

【勝葫蘆】一任教天宫饒不饒。懶去束帶立於朝。我待明月清風爲故交。烏飛兔走。水流花落。嘆塵世不堅牢。（雍熙樂府）

祝　賀

【北仙吕油葫蘆】天下黎民仰聖德。百姓每皆感激。讚吾皇聖壽與天齊。文官每忠孝扶家國。武官每威鎮邊庭息。君賢明萬代傳。臣忠良千載知。喜君臣慶會如魚水。因此上日月顯光輝。【天下樂】保護山河壯帝基。公卿。行正直。河清海晏民盡喜。選賢能重職遷。放桃園戰馬嘶。託吾皇堯舜德。【那吒令】市民每孝義。因官員正直。莊農每鼓腹。爲時豐稔歲。奸邪每遠退。見賢人在職。黎民無驚擾心。敢州府有成康治。託賴着洪福巍巍。【鵲踏枝】武和文兩班齊。分左右列丹墀。鞠躬稽首。頓首誠惶。萬歲聲齊。自聖上掌山河社稷。千邦進萬國來儀。【寄生草】五常正三綱定。民仰望天意隨。八方齊賀昇平世。軍民皆讚和千歲。乾坤開泰清平日。玳筵開金闕宴公卿。太平年龍虎風雲會。（雍熙樂府）

【北仙吕點絳唇】發憤忘食。浩然之氣。衝天地。志節威儀。毋友不如己。

【混江龍】後生可畏。君子謀道不謀食。與人恭而有禮。待親行孝無違。僭禮季孫爲八佾。小哉管仲有三歸。欲誠其意。先致其知。莫見乎隱。莫顯乎微。言思忠。聽思聰。色思温。貌思恭。志於道。依於仁。據於德。游於藝。人而無信。大車無輗。

【油葫蘆】由也升堂未入室。聞過喜。雖居貧賤不能移。禮之義用和爲貴。先王之道斯爲美。身已脩。家可齊。欲平天下先安國。如何是舉枉錯諸直。

【天下樂】三省吾身秉信實。時習。學在己。聖人言四十而不惑。富可求。賤可恥。雖然是執鞭士吾亦爲。

【那吒令】若用之則行。道千乘之國。若舍之則藏。居十室之邑。果道之不行。便遷居九夷。貧而無怨難。富而無驕易。效南容三復白圭。

【鵲踏枝】季文子正其誼。晏平仲侍於齊。善與人交。久敬無移。師也過商也不及。惟顔淵問一知十。

【寄生草】司馬牛無兄弟。冉伯牛有病疾。臧文仲居蔡何爲智。王孫賈媚竈誇權勢。公冶長縲絏非其罪。爲人克己總由心。出乎其類拔乎萃。

【幺篇】桑伯子商於魯。微生高以爲直。泰伯讓國人稱美。景公千駟終無德。夷齊餓死人稱義。君子憂道不憂貧。學也禄在其中矣。

【尾聲】敏於事。慎於言。入則孝。出則悌。豈可窮斯濫矣。甯武其愚不可及。惟曾參道統傳遺。嘆顔回正仁心三月不違。道也者須臾不可離。異端併起道之將廢。總不如風乎舞雩詠而歸。（盛世新聲）

按：此曲雍熙樂府、盛世詞林亦收。

祝聖壽

【北仙吕點絳唇】國泰隆昌。萬民仰望。山河壯。聖壽無疆。翫賞在金鑾上。

【混江龍】喜孜孜高擎美醖。列金釵十二出紅粧。朱圍翠遶。鳯鳯凰凰。翠嵬嵬花團如錦綉。緑依依翠竹遶回廊。珠簾摇晃。紫霧飄香。雲祥瑞靄。蕩蕩祥光。端的是紫府瑶池上。輕敲象板。齊奏笙簧。

【油葫蘆】一派仙音滿殿響。齊祝讚隆壽長。仙音嘹喨樂歡暢。鸞翶鳳舞堪遊賞。金童玉女雙歌唱。直吃的酒暈紅。新面粧。五音六吕聲嘹喨。清美韻悠揚。

【天下樂】鳳閣鑾輿錦綉粧。別是箇風光。笑吟吟滿玉堂。有南極衆星慶聖主。七真共五老。朝帝主捧玉觴。祝當今福壽長。

【寄生草】我則見金鑾殿。列兩行。文臣武將公卿相。讚吾皇穩坐蟠龍上。大明一統山河壯。壽綿綿永享錦封疆。奎星耿耿明天象。

【尾聲】萬國盡來降。四海無征蕩。大賢門用選俊良。普天下黎民朝帝王。永延年福祿雙雙。讚吾皇明主榮昌。舉案齊眉進玉觴。擺列着希奇異相。高擎着佳釀。則願的聖明天子永無疆。（盛世新聲）

按：雍熙樂府題作「祝聖壽」，盛世新聲、盛世詞林無題。題從雍熙。

詠雪

【北仙呂點絳唇】風吹羊角。彤雲密罩。梨花落。滿目瓊瑶。埋没了山川道。

【混江龍】乾坤光耀。恰便似玉龍退甲下青霄。似梨花滚滚。柳絮飄飄。迅指間變爲銀世界。霎時兒翻作玉溪橋。亂揚輕粉。碎剪鵝毛。紛紛片片。瑟瑟蕭蕭。光閃閃粧點出玉樓臺。白茫茫似鋪滿銀街道。端的似如蠶食葉。蝶翅風飄。

【油葫蘆】遠近峰巒四壁高。銀海島。我則見投林宿鳥怎尋巢。採薪樵子迷歸道。更和那寒江漁父收綸釣。洒歌樓酒力微。點蘭湯茶味薄。穿簾透幕吹烏帽。是他便壓損臘梅稍。

【天下樂】墜竹玲瓏玉鳳毛。量度。堪畫描。瀰漫松樹蟠龍巧。飛六出巧剪裁。現三白民快樂。我則見半合兒天地老。

【那吒令】藍關道擁了。韓退之懊惱。霸陵橋詩好。孟浩然凍倒。尋梅的路杳。林和靖玩却。孫康讀誦書。陶穀烹茶竈。趕齋的蒙正歸窑。

【鵲踏枝】王子猷逞風騷。王鼎臣採薪樵。有一箇閑户袁安。守志清高。漢蘇武他也曾凍倒。看王騰玉馬難熬。

【寄生草】凛凛的寒風烈。颼颼的冷氣飄。便有那身披鶴氅王恭到。脚靸破履東節操。姜保坦卧焦被傲。一任交撲頭撲面玉蛾飛。則不如高眠斗帳深爲樂。

【尾聲】片片亂隨風。點點穿簾幕。囑咐琴童記着。雪擁合柴門且莫掃。只下的尺餘深勝雨如膏。半空中糝瓊瑶。也不問下下高高。鎖住天關和地角。我這裏下庭堦望着。倚欄杆凝眺。喜的是豐年祥瑞賞三遭。（詞林摘艷）

按：盛世新聲、盛世詞林、雍熙樂府俱無題。

集曲子名

【北仙吕點絳唇】春滿皇州。武陵春晝。濃花酒。花柳争柔。十二月春爲首。

【混江龍】正遇着賞花時候。喜春來景物最風流。粉蝶兒舞翅。醉翁子歌謳。紅芍藥

檻邊風乍煖。青杏兒枝上雨初收。小桃紅。日色胭脂透。雖不是神遊閬苑。多管是
菩薩梁州。

【油葫蘆】携綵袖雙同上下樓。捲珠簾掛玉鈎。趂着這後庭花柳吐且消愁。金盞兒滿
斟着梅花酒。直喫的醉扶歸快活三更後。攬箏琶舞六幺。紅娘子勸一甌。雙鴈兒便
挽起藍褐袖。恰便似丹鳳舞小梁州。

【天下樂】直喫的沉醉東風興未休。我爲這嬌羞。雙勸酒。撥不斷甚時重配偶。碧玉
簫曲未終。勝葫蘆酒再酧。端的是逍遥樂得自由。

【那吒令】醉中天謹邀。相識故友。醉春風滿斟。迎仙客勸酒。醉扶歸酒後。有紅裙
翠袖。村姑兒摑手歌。耍孩兒揎雙袖。早鄉詞唱的精熟。

【鵲踏枝】集賢賓鬧樊樓。迎仙客喜觥籌。列的是九轉貨郎。唱的是八聲甘州。滿庭
芳花紅緑柳。鮑老兒拖着神仗兒信步閒遊。

【寄生草】單鴈兒歸塞北。憑欄人下小樓。念奴嬌兩葉眉兒皺。凌波仙紅繡鞋兒瘦。
醉花陰步步嬌天生就。浪淘沙冲得海天清。刮地風吹倒亭前柳。

【幺】笑撚着桃紅菊。閑拖着滚繡毬。鳳鸞吟飛上青山口。鬭鵪鶉來往攛梭走。雙鴛
鴦戲水波紋皺。賀聖朝金殿喜重重。樂安神享祭笙歌奏。

【尾聲】倘秀才占鰲頭。折桂令攀蟾手。朝天子風雲志酹。不枉了伴讀書剔銀燈窻下守。相公愛脱却儒流。得志也塞鴻秋。問甚麼水調歌頭。交普天樂軍民得自由。殿前喜賜宮花御酒。脱布衫換金章紫綬。今日箇鎮江回勝似五陵遊。（詞林摘艷）

按：盛世新聲、盛世詞林無題，雍熙樂府題作「曲名」。〔尾聲〕中「塞鴻秋」原作「賽鴻秋」，今正。

【北仙呂點絳唇】洪武天開。聖恩寬大。民安泰。新造樓臺。高接雲霄外。

【混江龍】諸般兒堪愛。畫簷前箇箇立招牌。樓名兒御筆頒賜。酒旗兒官降安排。盡都是四海八方來遠客。萬州千縣會英才。廣有百味珍饈賣。朝朝歡樂。日日和諧。

【油葫蘆】醉仙樓每日神仙來畫彩。梅妍樓粧點得最奇哉。淡粉樓粉淡了多人買。翠柳樓柳翠隨風擺。謳歌樓歌慢酒細釃。樂民樓端的民安泰。則見那人攘攘閙垓垓。

【天下樂】上的鼓腹樓中且放懷。酒量兒。寬似海。更有那集賢樓多俊才。鶴鳴樓驚九天。輕烟樓雲裡埋。便似空中降下來。

【那吒令】有那夥女色。擺列着對排。有那夥女色。穿羅鞋繡鞋。有那夥女色。插金釵玉釵。端的是柳葉眉。芙蓉額。杏臉桃臉。

【鵲踏枝】這樓上勝蓬萊。賽陽臺。有酒風流。有色和諧。這兩般兒千金盡難買。想青春不再回來。

【寄生草】端的是心裡快。喜滿腮。唱的舞的多嬌態。吹的彈的堪人愛。來的去的如車載。便將我家私賣了待何如。金銀使盡了無妨礙。

【尾聲】雙眼醉模糊。行出樓臺外。正遇着多情捻色。俺和他曾赴天台。他道是前度劉郎今又來。則見他精彩迎腮。將人來錯愛。倩人兒扶策過花街。（雍熙樂府）

隱士

【北仙呂點絳唇】造化生成。榮枯已定。天之命。隨運而行。因此上固守虀鹽困。

【混江龍】都只爲世情淺分。倚衡門感嘆暗傷情。憂只憂囊空父老。愁只愁家業凋零。七件事常無所輳。幾般心事自沉吟。到于今功名未遂。學業無成。年三十已過。四十將臨。天哎。英雄志命蹇不能施。展大才時拙成何用。因此蓬窗守拙。陋巷甘心。

【油葫蘆】甑有蛛絲釜有塵。不厭貧。都只爲二文錢鈔苦難尋。空教我南來北往無時定。東奔西拽空成病。富的呵交又交。貧的呵親不親。細觀世事何時定。因此上白髮鬢邊生。

【天下樂】誰不待利己肥家幹蠱心。好教我。難也波禁。時不來十樁好事九無成。一會家腹中思。心内忖。好教我無計度其身。

【那吒令】有一箇趕齋的吕蒙。他也曾受貧。有一箇未遇的買臣。他也曾負薪。有一箇胯下的那生。他也曾時來呵賜金。嘆先賢這人。也曾受貧。非小子無用無能。

【鵲踏枝】誰不待列簪纓。做公卿。誰不待獨顯高衙。畫閣銀屏。誰不待朝歡暮飲。誰不待白馬紅纓。

【寄生草】你便有文通智。管鮑情。你便有顏回德行無人敬。你便有蕭何刀筆無人問。你便有蘇秦舌劍無人聽。時乖咲煞小兒曹。有一日運來穩掛黄金印。

【幺篇】屈沉煞風流體。慷慨心。有一日鵷班列與三公並。有一日華筵飲罷笙歌送。有一日畫堂春暖鴛鴦並。有一日金釵十二列幃屏。我將意中人寫入丹青幀。

【尾聲】罷罷罷冷暖自家知。厚薄歸於命。固其窮甘心守分。詩酒生涯樂太平。會高人講究些寒温。一任他傍人冷話兒浸。雖無邵堯夫義仁。且養孟浩然之性。挐雲手怎肯埋没了這平生。（雍熙樂府）

離　思

【北仙吕點絳唇】萬種愁煩。一聲長嘆。情無限。阻隔着迢遞關山。急切裏盼不見南來雁。

【混江龍】書沉華翰。龜兒卦卜兩三番。雲收雨散。月缺花殘。常恨燈花無定準。每嫌鵲噪忒聲繁。這些時腕鬆金釧。玉減朱顔。塵蒙寶鑑。釵嚲雲鬟。怎生箇冷清清躭寂寞捱昏旦。銀箏倦理。錦瑟慵彈。

【油葫蘆】倚遍危樓十二欄。掩淚眼。望天涯一點碧雲間。我則見緑依依嫩柳連堤岸。色蒼蒼老樹侵霄漢。烟籠着江上水。霧蒙着雲外山。想雕鞍何處相牽絆。怎生一去了不回還。

【天下樂】蹙損蛾眉兩下彎。愁看。裙帶兒攢。一會家想情人似尖錐將肺腑剜。針線又不待去拈。茶飯又不待去飡。想起來百般家心上懶。

【元和令】憶丰標興不闌。害相思幾曾慣。愁的是衾餘枕剩半牀閑。没揣的天又晚。風吹簷鐵響珊珊。不由人撲簌簌珠淚攢。

【上馬嬌】對面這月一彎。竹數竿。無語憑欄干。意懸懸常把歸期盼。更漏又殘。這愁悶怎遮闌。

【遊四門】拆下鸞凰在兩下單。莫不是分薄與緣慳。方信道從來好事多魔難。月下老索相干。把姻緣簿再重删。

【柳葉兒】咱兩下裡相覊相絆。得團圓諧老非凡。便荆釵布襖心無憚。至如白石爛。海枯乾。盡今生共死同棺。

【賺煞】飽蘸兔毫新。輕展鸞箋燦。上寫薄命妾端肅奉簡。任莫得厭滔滔字樣繁。詞源流三峽波瀾。都只爲景闌珊。情意相關。休得要看承做等閑。一字字敍别。一聲聲長嘆。付雲鴻先此報平安。（雍熙樂府）

放逸

【北仙呂點絳唇】雨館雲鄉。繡幃錦帳。風流況。竊玉偷香。憑俏倬相侵傍。

【混江龍】若到那尊前席上。言談語句不尋常。嘲詩習杜牧。詠詞仿知章。狂客名奇才子俊。騷人聲譽染情娘。者莫待飛觥走斝。歌曲文章。撥錦瑟鯤絃聲麗。吹紫簫鸞韻悠揚。折柳攀花洒落。偎紅倚翠行藏。羅旖旎買春芳。用軟欵配鴛鴦。俺則是留傳俊俏寫在青樓。他則是遺存標致在鳴珂巷。憑温柔和氣。把翠袖相將。

【油葫蘆】若到春門學謁漿。非是謊。這桃花人面正相當。更那堪沈東陽豈把東風蕩。若到那謝家莊頻覓桃花浪。千金買一笑。因十年曾戀艷粧。鶯儔燕侶多情況。你不見蝶舞爲春忙。

【天下樂】若覓殘紅達楚陽。應當。雲錦鄉。羅風買雨幾萬場。戲春風燕子樓。伴紅裙風月堂。怎肯似弄笛回故鄉。

【那吒令】我則待桃源洞去翫賞。到鶯花寨插掌。雨雲祠中配行。風月所占場。收金錢趕艷粧。取紅葉題詩上。驟駿馬曾折垂楊。

【鵲踏枝】後期約在東牆。因待月赴西廂。也曾去彩扇上題詩。也曾去花影潛藏。把瑶琴撫一曲。早勾鸞配凰。引的駕車人心意疎狂。

【寄生草】金縷合銀筝唱。陽春歌白雪章。寫鸞箋鳳簡心舒暢。寄魚書鴈信添惆悵。聽鶯聲燕語多情況。怎肯道三春辜負了杏花顔。我則待九仙種的芙蓉放。

【尾聲】則待要月下聽笙簧。夜宿鴛鴦帳。醉扶在秦樓洞房。看孃娜銀燈下宜翫賞。不風流豈敢承當。自斟量歌舞成行。一見了癡呆多半晌。則願的陽臺夢長卧華胥枕上。共一枝海棠花瀟洒在雨雲鄉。（雍熙樂府）

按：彩筆情辭題同，注「明古辭」。

子弟收心

【北仙呂點絳唇】仔細思量。數年飄蕩。嬌模樣。東躲來西藏。算不的烟花帳。

【混江龍】幾番着盪買花錢。逼的我似追贓。不通卯竅。撞入圍場。恰便似奔鳥落入呆漢手。好花輸與富家郎。一身歪枳。兩手精光。啞人做夢。邦老着傷。甘心而忍。情願伏降。你與女娘行告一紙養家符。風月所插一紙從良狀。贖一粒還魂的苦藥。覓一椀救命虀湯。

【油葫蘆】想起從前歹勾當。都是些謊。生生的都做了眼前瘡。喉嚨裡恰噍下羊羔釀。腦背後早喫狼牙棒。噍不下口內涎。餂不着鼻凹糖。有心待奪了平康巷。都做了精皮膚謊歌郎。

【天下樂】似這等死狗形骸扶不上牆。行藏。自忖量。抵牙關試將逐件想。恰便似無頭鵝絶了翎。無脚蟹擠了黄。恰便似没頭蝱着處撞。

【那吒令】我如今悔也。出十年醉鄉。我如今悔也。跳千層法場。我如今悔也。蓋三間草房。再休想鬼化狐。再休想蛇吞象。我和你有甚麼商量。

【鵲踏枝】侍奉着老尊堂。還守着舊糟糠。萬卷詩書。百畝莊田。閑來呵把孩兒教養。不强如無事處着忙。

【寄生草】静裡精神壯。閒中日月長。蓬窗茅屋梅花帳。再不去輕紅軟翠將身傍。怕的是蛾眉蟬鬢玉樓人。尋幾箇烏靴皂帽白衣相。

【尾聲】關目兒柰心聽。科範兒從頭講。做了些謊鬼瞞神勾當。止不過蝶使蜂狂。細參詳。不比尋常。他都是挑販郎君鐵嘴行。休嫌這話長。我將義來展放。寫與你保身惜命養家方。（雍熙樂府）

子弟退省

【北仙吕點絳唇】半世着迷。十年遭晦。從頭記。似醉如癡。只落的長吁氣。

【混江龍】到如今成何之濟。恰便似滿船空載月明歸。再休題秦樓謝館。柳陌花溪。青瑣闥中鸞鳳友。碧桃花下燕鶯期。香嬌玉軟。翠倚紅偎。香肩廝並。玉手相携。同聲同氣。同飲同食。枕邊廂知冷熱好心腸。被窩裡難割捨真情意。怕不到瓜甜蜜就。少不的水盡鵝飛。

【油葫蘆】急早抽身也是遲。休古自不省的。他便是箇塗眉畫眼啜人賊。便有多能多會多謀智。逃不出一擒一縱牢籠計。血瀝瀝月下盟。磣磕磕星前誓。願與你百年偕老成佳配。永遠做夫妻。

【天下樂】攛斷上高竿掇了梯。那話兒休題。眼睁睁埋怨誰。船到江心補漏遲。想當初鄭元和錯用心。馮員外不見機。三千茶鹽落水。

【那吒令】赤緊的小妮子。扭南列北。赤緊的老鴇兒。指張來罵李。赤緊的狠撅丁。瞞神謊鬼。你便有七步才。他定下千條計。怎能勾半點兒便宜。

【鵲踏枝】都是些假虛脾。錯認着好相識。霎時間雨剩雲殘。月缺花飛。尋思起就裡不由人嘆息。這其間悔也難及。

【後庭花】嘆年光已四十。想從前喬所爲。恰便似陳摶睡。分明是一夢裡。你如今好收拾。尋幾箇同儕等輩。把經書閑講習。誦黄庭讀道德。參玄機窮道理。翫青山遊緑水。奉親萱定省幃。待糟糠循義理。課家童勤種植。處鄉情以信實。

【青歌兒】呀。這便是清閑清閑活計。識破那繁華繁華風味。抵多少無事着忙惹是非。不用心機。不使精細。不費追陪。不受驅馳。大翻身跳出七層圍。再不去争閑氣。

【寄生草】打破這沙糖罐。退出這菉豆皮。俺如今眼睛花看不的鉛華媚。舌頭頑嚐不出酸醎味。耳朵聾聽不的笙歌沸。想當初鶯啼燕語緑楊天。都做了淡烟衰草黄花地。

【尾聲】罷罷罷從今後尋一箇養家方。定一箇終身計。赤緊的光陰似水。人到中年萬事知。更那堪白髮相催苦奔馳。火院相逼。那討閑錢補笊籬。他便有千般俊美。更與俺十分情意。也則索望風拱手納降旗。（雍熙樂府）

妓者嗟怨

【北仙吕點絳唇】賣笑排場。就中冤枉。有三千丈。刬刬忙忙。幾曾得半句兒知心賞。

【混江龍】他那時我依頭縷當。斷了你那愛錢也把慢的鐵心腸。見一箇没錢的吵鬧。見一箇有錢的却早着慌。誰似你自做師婆自做神。旋揑佛兒旋燒香。則被老虔婆垜青蚨只到那斗柄邊。怎得箇意中人横躺在咱身上。也帶着箇深深蔓笠。穿着套寬褪衣裳。

【油葫蘆】隔壁攛椽没忖量。更那堪不大量。你則待早晨間栽樹到晚來要陰凉。見一箇有錢的便對着勤兒奬。見一箇没錢的便對着郎君嗓。大古裡錢是你爺。鈔是你娘。被你這一條踈剌剌趕鶯燕的黄桑棒。折挫了多少富家郎。

【天下樂】可不道自有傍人話短長。許來大的家私。教我獨自當。我比那拽車驢則争不答着箇套項。我與你積下些柴。糴下些糧。尚兀自求食的不氣長。

【金盞兒】則被你俏心腸。引了我這死心腸。死心答地在他身上。俺娘通天板障。障的俺不成雙。每日家絮叨叨十萬句。鬧吵吵二千場。駡的我苦懨懨没是處。都教我意攘攘越思量。

【一半兒】大驚小怪你門行。唱叫揚疾揚疾敢是俺家長。睁着眼做下合着眼承當。我可便不張狂。打疊起一半兒查梨一半兒謊。

【金盞兒】你見對錦鴛鴦。恰成雙。恨不的通身兒都變做一條黄桑棒。你便是箇大人家忖量。説話不周方。你道你廣積了無限苦。你道你多燒了些斷頭香。你道你遭逢着這拖漢女。我可便招取着你箇愛錢的娘。

【尾聲】俺娘則教我伴郎君每。逐朝新價例兒隨年長。沉點點掂斤播兩。歌舞叢中第一行。今日我棄賤爲良。細參詳。别選箇才郎。那得是心廝愛門廝對户廝當。你心兒自想。口兒休强。似這等好前程争忍廝行唐。（雍熙樂府）

【北仙吕點絳唇】俊俏無雙。滿身波浪。風流像。穿一套可體衣裳。五彩綉新花樣。

【混江龍】恰便似玉天仙謫降。擁青螺雲髻巧梳粧。珠摇翠舞。寶嵌金粧。粉臉輕粘金翡翠。緑雲斜挑玉螳螂。他本是描不成天下美人圖。塑不就海内觀音樣。比花解語。比玉生香。

【油葫蘆】好便似笑倚東風醉海棠。不索用脂粉粧。一團和氣果非常。則被他偷睛兒溜的我心摇漾。俊龐兒引的我神魂蕩。今日箇正撞見喜神。多應是前世裏燒些好香。今日在相思路上頭廝撞。多情人遇着那有情郎。

【天下樂】他錯把我擎擡在手掌上。常將我人面前獎。則他這真情兒貼在俺行。怎不教我眠思夢想。恨不的將他。在額顱上活供養。

【那吒令】他那裏輕匀了晚粧。燒罷了夜香。他那裏在風光畫堂。他那裏開玲瓏鎖窗。擺列着玳瑁筵。歡飲着葡萄釀。抵千金一刻風光。

【鵲踏枝】一陣陣晚風凉。一簇簇芰荷香。酒艷花濃。漏永更長。霎時間畢罷了宴賞。引歸入洞房。小壺天别是箇春光。

【寄生草】綉衾枕紅羅帳。錦屏幃白象床。銀臺燭影微微晃。金爐香靄輕輕蕩。紗窗月色朣朣上。美人稱了少年心。書生遂了平生望。

【六幺序】哎呀。墨錠似烏雲髴。粉團般玉體香。分明在枕上端詳。再何須覓句東墻。待月西廂。將閑花野草思量。俺在那綉房中每日學張敞。畫蛾眉拂拭梳粧。誰敢道五陵豪氣三千丈。他也曾捧金蓮進履。拂綉榻鋪床。【幺篇換頭】我爲他呵將十載燈窗學業抛荒。情惹肝腸。染病膏肓。我則待成就鸞凰。匹配鴛鴦。清減得渾如瘦沈郎。把一箇俏人兒不比尋常。他也只是人心安在人心上。有許多般難捨難忘。他將那兩椿兒表記在咱這身邊放。烏金戒指。紫錦香囊。（雍熙樂府）

志士未遇

【北仙吕點絳唇】琴操容端。劍揮虹貫。無縈絆。十載儒冠。共黄卷青燈伴。【混江龍】將九經剖判。前賢亞聖樂貧歡。傳大學中庸語孟。總包羅地闊天寬。大學教治國齊家終始意。中庸述明心正理本源端。論語篇講大道善言儒士。春秋經正人倫褒貶豪官。毛詩内歌禮義國風雅頌。周易中變陰陽俯察瞻觀。尚書意傳王道三墳五典。孟子機搜才智萬類千般。周禮明辯三綱五常規矩。禮記分四維六藝全完。窮通章句衆賢才。精微文選諸家斷。若天不生大哉孔聖。萬古如長夜漫漫。【油葫蘆】篤志潛心將文義觀。五車書海樣寬。磨穿鐵硯費毫端。讀了些九流三教經綸纂。看了些六朝三史書籍段。效孫康將雪几積。似匡衡將鄰壁剜。袖藏着萬金巨闕無雷煥。赤緊的俗子笑吾酸。

【天下樂】上古自毛錐紙上鑽。待要趂鵬摶。雲路漫。命薄可一時不放寬。傲登臨王粲樓。謾空彈貢禹冠。枉沉埋誰顧管。

【那吒令】居蝸舍受窘呵。存一心四端。守鷄窗集策呵。用千尋萬欵。跳龍門應舉呵。圖半職一官。嫌鬢邊白髮新。怕鏡裡朱顏換。休做了病沈愁潘。

【鵲踏枝】運不通兩眉攢。事無成一心酸。本待學折檻朱雲。却做了彈鋏馮驩。遣興的鸞箋象管。那裏取搜枯腸鳳髓龍團。

【寄生草】空有那韓退之文章盛。柳宗元才氣寬。司馬光鑑將前朝判。杜工部詩勝中原滿。李翰林書定南蠻亂。攻了些窗前經史二十年。纔學的胸中錦綉三千段。

【後庭花】冰霜心豈自瞞。棟梁材非力短。調鼎鼐三公位。拌鹽梅五味酸。萬事且從寬。非是那賢門截斷。皆因我八字遲天數纂。五行差事不完。奈人生有異端。笑人情看冷煖。

【青歌兒】那裏取厨中厨中烟爨。眼前眼前家玩。甚的是酒滿金樽肉滿盤。受用這竹几蒲團。飯淡虀酸。餓肚才寬。體瘦形痛。屈沉煞文質彬彬一儒冠。在板築嚴墻畔。

【尾聲】有一日喫堂食穿金段。一舉成名遍滿方。信道文章可立身。聖明朝納士恩

寬。縱誇觀。飛一輪皂蓋雲端。拂兩袖春風馬上歡。動一派鸞笙鳳管。列兩廂銀盆水罐。那其間脱白衣披紫綬拜金鑾。（雍熙樂府）

【北仙呂點絳唇】歲稔時豐。萬邦賓貢。皇恩重。錦綉江東。十座名樓聳。

【混江龍】雕闌畫棟。翠圍珠遶日融融。名揚海外。富占寰中。十里喧嘩歌舞地。一竿摇拽酒旗風。輕烟淡粉。樂民集賢。謳歌鼓腹。翠柳梅妍。醉仙樓聽鶴鳴一派簫韶洞。賓朋滿座。談笑無窮。

【油葫蘆】穀雨先春味正濃。茶肆中。索强如竹爐湯沸火初紅。金芽摘得仙家種。瓊甌滿泛香雲擁。偏宜清睡人。應堪醒醉翁。岳陽樓曾遇神仙衆。怎不教七碗羨盧仝。

【天下樂】占斷人間造化功。金也波鍾。琥珀濃。玳筵前笑看紅袖捧。助詩人膽氣雄。暈遊人顔色紅。破離人愁萬種。

【那吒令】梨園曲唱未終。麝蘭飄晚風。楚臺人玉容。似嫦娥離月宫。酒漸濃情偏重。喜笑從容。

【鵲踏枝】翠溟濛。玉玲瓏。似這般品竹調絲。嚼徵含宫。千金笑風流萬種。四時歡羅綺生風。

【寄生草】醉楊柳樓心月。歌桃花扇底風。喜的是舞腰纖細纏頭重。愛的是歌喉宛轉梁塵動。怕的是一盃未盡笙歌送。琵琶絃滑語流鶯。玉簫聲細來丹鳳。

【後庭花】莎茵點嫩紅。落日愁晚風。展豪氣三千丈。傍闌干十二重。望江東。把珠簾高控。醉仙樓多醉翁。鶴鳴樓高接空。梅妍樓花氣烘。翠柳樓烟靄中。謳歌歡笑同。鼓腹樓羅綺擁。集賢樓民樂同。

【青歌兒】抵多少烹龍炮鳳。這莫不是陽臺仙夢。人在瑶臺第幾重。簾散香風。玉隱芙蓉。舞態嬌金鳳釵橫。環珮玎璫。翠鎖眉峰。莫不是玉天仙離蕋珠宮來陪奉。

【尾聲】閬苑小瀛洲。幻人世桃源洞。一派笙歌未終。簷影扶疎落日紅。撒紅牙輕按黄鍾。醉眼朦朧。笑指吴姬雲鬢鬆。重趁晚風。滿懷春興。高燒銀燭絳紗籠。（雍熙樂府）

窮祝壽

【北仙吕點絳唇】興廢虚實。事關前定。皆由命。半紙功名。剗地似竹林寺般無形影。

【混江龍】見别人鞭敲金鐙。佳人簇捧玉珂鳴。輪到我寒窗十載。久占着黄卷青燈。

俺共那四寶文房爲伴侶。九經書史過平生。今日小生賤降。又無親戚賓朋。又無肥羊美酒。都是些淡飯虀羹。掩柴扉草舍。强如你户列簪纓。俺窮則窮也有些窮情性。香焚瓦鼎。酒泛磁瓶。

【油葫蘆】掛着幀土暗塵蒙老壽星。不由我嘆數聲。用半甌渾水浸着花瓶。又無箇茶食酒果把神靈供。有幾箇連麩黑麵乾燒餅。不曾開筵列管絃。向尊前擲玉箏。又無箇親兒眷屬相呆領。好教我無語嘆平生。

【天下樂】今日那一箇相知每不世情。見白馬紅纓。偏志誠。俺家寒有幾箇窮伴等。一壁廂原憲邀。一壁廂范丹請。俺到處畫堂春自生。

【那吒令】又無甚樂聲。動清朝九品。提起道上壽。索便充飢畫餅。提起道做生日。指雲中雁做羹。赤緊的百事艱難。歡慶怎的施呈。

【鵲踏枝】好教我痛傷情。赤緊的孟撒撩丁。題起那待客迎賓。謔了我魂靈。敢受用齊齊整整。則索在寒窻伴悄悄冥冥。

【寄生草】甚的是香和散。更那裏酒半瓶。覷了那少柴無米腌臢景。喟然獨嘆書窻影。寒天更有誰人問。霜天夜月照茅廬。那裏玉堂金馬相欽敬。

【後庭花】題起那做生日也不待聽。臨花庭不欲停。自撈下些帶沙子的紅粳飯。見山妻做下些無油鹽黄菜羹。大手捕着蒼蠅。小拳頭兒握定。做慇懃來放生。

【尾】痛傷情難吞忍。覷了這窮活路擔寒受冷。也無那百味珍饈將鄰舍來請。遥受着貴降名辰命難行。喒的施呈。誰更敢庭前鬭争。我向那土炕上端然的坐定。則道了箇樂天知命。悄聲兒念了卷壽生經。（雍熙樂府）

【北仙吕點絳唇】滿腹愁懷。緊攢眉黛。心無奈。静悄幽哉。今春比前春殺。

【混江龍】四稍沉脈。忘湌廢寢實難捱。又不是風寒暑濕。月值年災。都只爲朝思暮想信音絶。孤眠獨枕人何在。慵拈針指。懶傍粧臺。腕鬆金釧。髻墜金釵。我則待浼青鸞央黄犬把書帶。上覆俺多情俊俏。可意喬才。

【油葫蘆】唤小玉忙將桌兒擡。淚滿腮。展花箋糊突了不明白。舉霜毫頓忘了無心耐。搽松烟胡抹了多恩愛。寫不盡離恨愁。訴不徹相思債。一思量一陣痛難捱。

【天下樂】這幾日兜上心頭不下懷。疑猜。空教人没㓟劃。怎生般一去了不回來。藍橋下波浪翻。陽臺上雲霧埋。因此上魚水不和諧。

【那吒令】這些時相思病越歹。怎斷送愁山悶海。這些時傷春病最歹。越教我心狹意窄。這些時煩惱慌。㥏煎的害。不覺的瘦損了形骸。

【鵲踏枝】越尋思越傷懷。越躊躇越哀哉。似這般坐想行思。怎能勾苦盡甘來。得相逢一時半刻。把離愁一筆勾開。

【寄生草】呀。羞把菱花對。愁將鴛枕挨。則爲他風流惹下風流債。聰明反被聰明害。這的是真誠不得真誠在。閃的我孤另另單枕翠幃中。丢的我冷清清獨步蘭堂外。

【幺】想殺人潘安貌。盼殺人子建才。則爲你張君瑞逗留的鶯鶯害。則爲你雙通叔傒倖的蘇卿怪。則爲你漢相如挑剔的文君愛。他每都偎紅倚翠做夫妻。不知俺畫眉傅粉人何在。

【後庭花】我一會自沉吟心内猜。多管是效王魁短命才。既不呵怎生般無仁義。許多時不見來。信音乖。閃的無些聊賴。蹙春山皺不開。怎由人不感懷。燒銀蠟照絳臺。映紗窗花影篩。串金鴨香炭埋。羅幃中獨自側。

【青歌兒】呀。清減了當初嬌態。寬褪了往日羅帶。恰便似倩女離魂呆答孩。趂着這人静天堦。月照庭臺。跪在塵埃。禱告明白。撲簌簌雨淚盈腮。無語深深拜。

【煞尾】相思恨轉添。煩惱情難戒。好教我羞答答無言落色。捱一刻如半載。獨立蒼苔。冰透弓鞋。暗地梅香行到來。角門兒慢慢開。只恁大驚小怪。將一片志誠心驚做了鬼魂胎。（雍熙樂府）

思憶

【北仙呂點絳唇】百媚千嬌。越看越妙。天生俏。臉付春桃。半扎金蓮小。

【混江龍】花容月貌。春山淡淡筆難描。其實丰韻。端的窈窕。他生的恰似櫻桃樊素口。堪如楊柳小蠻腰。一見了似風顛暗想。如痴傻偷瞧。魂飛魄散。意攘心勞。俺將他話兒嘲。粉臉微含笑。是必休牽絲幸短。重玉緣薄。

【油葫蘆】我則見偏宜斜簪金鳳裊。善助嬌。兩攢花鈿貼眉稍。穿一套羅衣喜稱羞花貌。好似那蕋宮仙子離蓬島。阮肇桃源偶遇着。休錯了。自今日務將韓壽香來盜。安排下妙計有千條。

【天下樂】竚立在西墻偷眼瞧。瞧一會多嬌。嘲也不嘲。料應他有情難以表。始初時羞愧多。到後來慚惶少。故意把金蓮賣弄着。

【那吒令】恰纔待意交。遮不住話嘲。恰纔待戲交。向前來扯着。恰纔待體交。被人驚散了。急回頭囑付他。不見了神仙貌。霧鎖花稍。

【鵲踏枝】相思病怎生熬。恨不的痛哭號咷。一天愁寄付心頭。滿懷恨見在眉稍。甫能勾見了。不能勾輳巧。斷琴絃何日續鸞膠。

【寄生草】你那裏空哀怨。俺這裏甘氣惱。戰兢兢怎把高墻跳。冷清清獨自踏青道。急煎煎兩箇空焦躁。何時得解别離愁。甚日能遂團圓樂。

【後庭花】怕黄昏人静悄。害相思何日好。淚添的藍水千千丈。恨壓的巫峰十二倒。想起那妖嬈。在花陰同歡樂。剛纔得情意交。將瑶琴恰待調。忽然間絃斷了。似神仙歸海島。只聞的蘭麝飄。只聽的金珮敲。

【柳葉兒】呀。一箇在孤衾中冷落。一箇在單枕上蕭條。逃不過傷懷抱。休懊惱。不須焦。你自將角門兒今夜莫拴牢。（雍熙樂府）

思 憶

【北仙吕點絳唇】萬種煎熬。艷容消耗。十分俏。病染肓膏。再不整送舊迎新貌。

【混江龍】想着俺青春年少。也曾在秦樓謝舘逞妖嬈。掙了些家資錢鈔。攢了箇銅斗兒窩巢。俺也曾淡抹濃粧欺洛浦。風流體態壓翹翹。到如今撇丁意歹。老鴇兒情薄。也是我前生少欠。今世裏合着。只落的心内焦。悶把幃屏靠。漸漸的身柔聲細。看看的粉悴胭消。

【油葫蘆】從今後淡了春山懶畫描。枉費勞。再不去傍粧臺施粉點櫻桃。再不去蕩湘裙微露金蓮小。再不去按宮商欸把箏纂操。金縷詞舞六幺。都棄了。幾番家辦誠心要把神靈告。也是俺命裏合該大限難逃。

【天下樂】我這裏强打着精神自索熬。幾陣兒號咷。好教我一時痴一時好。遇不着盧醫共扁鵲。不由人心内荒。空服藥全不効。縱有杏林橘井難調。

【那吒令】他見我不好。把釵環收了。他見我害倒。好鋪陳捲了。他見我重了。暗暗的計較。便將咱擡出房。停在屋簷道。不移時魄散魂消。

【鵲踏枝】也是俺命中遭。犯了天條。魂靈兒蕩蕩悠悠。望鄉臺遠遠迢迢。愛河橋近了。枉死城鬼號。森羅殿高接青霄。

【寄生草】呀。告上聖垂慈念。可憐見饒這遭。再不敢詭搽胭粉粧容貌。再不敢廢穿羅錦隨時好。再不敢加三黃桿兒將人罩。再不敢花言巧語哄癡俠。再不敢張羅設網將人套。

【幺】呀。他把我下豐都。細問拷。詭搽胭粉鐵床靠。廢穿羅錦油鐺爆。加三黃桿兒烙鐵烙。哄癡俠剛刀割舌根。將人套打入飛禽道。

【幺】呀。鬼魂兒睁睛看。望家中静悄悄。誰肯把我名兒叫。甚人與我追齋醮。何人與我披麻孝。黃昏後肯把紙錢燒。幽冥中受苦無冤報。

【么】擡在我荒郊外。看人情發送了。到家依舊都歡樂。請先生鎮壓並洒掃。另尋箇頂着我名兒叫。罷罷罷這的是風塵中妓女落來的。再爲人休入娼門殼。

【餘音】我勸你風塵中女多嬌。省可裏粧容貌。早回心立志到好。免久後老來無歸落。就是當站馬有一時閑鞍控嚼。不似恁花門中徹夜連宵。你記的月過十五光明少。那其間身軀漸老。倒陪錢誰人肯要。下場頭不值半根蒿。（雍熙樂府）

常言俗語

【北仙呂點絳唇】巧語花言。兩頭白麵。胡厮纏。送暖偷寒。説長並道短。

【混江龍】你識我見。是非休聽小人言。隨風倒舵。順水推舡。利不苟貪終禍少。事能常忍得身安。要暖脚頭妻。要飽家常飯。順時説好話。幹直惹人嫌。

【油葫蘆】辛相肚裏行下船。無回轉。烟波名利大家難。爐中有火休添炭。甜言美語三冬暖。君子有始終。松柏耐歲寒。千算萬算天一算。俺則道安樂最值錢。

【天下樂】一日清閑一日仙。心寬。屋也寬。知命者莫怨天。窮了説已前。老了説少年。花有重開。月有重圓。

【那吒令】打人休打臉。罵人休揭短。莫遊手好閑。少喫酒賭錢。愚不諫賢。你乘除加減。一姬死一姬鳴。誰打羅誰喫㪍。只落的赤手空拳。

【鵲踏枝】鹽也是一般鹹。醋也是一般酸。見景生情。隨機而變。呆裏撒慳。涎皮賴臉。常則是猫鼠同眠。

【寄生草】飽暖生閑事。飢寒守自然。張弓專等南來鴈。馬行崖畔收韁晚。出頭椽兒先朽爛。女兒不穿嫁時衣。男兒不喫分時飰。（雍熙樂府）

子弟收心

【北仙吕點絳唇】花面金剛。綺羅形像。喬模樣。玉體魔王。但遇着遭魔障。

【混江龍】想着我數年飄蕩。都爲那春風一曲杜韋娘。使了些没疼熱錢鈔。棄了些有子粒田桑。只落得象板輕敲籠彩袖。銀筝欵撥對紅粧。我聽了些淫詞艷曲。他喫了些美酒肥羊。我費了些金銀頭面。他置了些羅錦衣裳。我典賣了些東西園圃。他蓋造了些前後房廊。我若不千金買笑。他怎肯萬種思量。我假若一時不到。他便就去處唱揚。我戀他時乖運蹇半生貧。他愛我家肥屋潤十年旺。從今後再不去花街柳陌。躲離了月户雲窗。

【油葫蘆】紙樣恩情不久長。我自忖量。都是我錢財買轉了得成雙。你若是無錢呵便休想同羅帳。他那裏不便宜怎肯相親傍。他只待錢親人不親。財香人不香。我爲他把潑天般家當無歸向。恰收心惟有一空囊。

【天下樂】他轉眼看人陌路傍。有甚麼貞良。做了些歹勾當。他只待接金銀着斗量。我將那箱籠内財。都放做烟花帳。閃煞我張敞畫眉郎。

【那吒令】想那耀風月的女娘。似饑狼餓狼。覷那販茶船的巨商。似肥羊胖羊。便有贍天才智量。索投降納降。你便有子建能。潘安樣。躲不過他舌劍唇鎗。

【鵲踏枝】我細思量。細參詳。他則待送舊迎新。惜玉憐香。管甚麼張郎李郎。在茶房酒房。若得了幾文錢就與他成雙。

【寄生草】想當初馮員外。愛蘇卿没主張。把三千茶送在平康巷。五百鹽堆在章臺上。十塊鈔卸在梨園放。只落的滿船空載月明歸。一帆虚影風飄蕩。

【幺篇】王魁是攀蟾客。桂英是柳陌娼。他未得時權且相親傍。未爲官暫且同鴛帳。未榮華苟且將香降。一箇在海神廟裡做冤魂。一箇在金鑾殿上爲卿相。

【後庭花】我雖是乍收心有紀綱。我怎比撲燈蛾爲色傷。我再不捨命撞迷魂陣。怕的是風流劍下亡。想着翠紅鄉女娘。每一箇箇雄壯。他慣埋伏有智量。子弟每都受降。急回頭都中傷。腦後砲怎的防。

【青歌兒】呀。想着那鄭元和在曲江曲江池上。見了那李亞仙風流風流模樣。他發賣傾囊配作雙。次後來歸不得家鄉。見不的爹娘。典賣了船倉。缺少了衣糧。只弄的水盡鵞飛氣不長。少不的提瓦罐街頭唱。

【賺煞】我跳出了萬丈穴。界破了千尋浪。我這裏斷送了朝來暮往。則教他勾抹了恩情再休想。將他那杏臉桃腮付與何郎。再不心狂。畢罷思量。戀酒貪花不久長。從前事已忘。管甚麽桃溪桃浪。我只怕被繁華誤賺了老劉郎。（雍熙樂府）

相　思

【北仙吕點絳唇】露冷風寒。夜長更慢。偷占算。暗卜金錢。料不定何時見。

【混江龍】幾番埋怨。多管老天撇下鬼姻緣。纔成匹配。又早孤單。伏枕怕捱更漏永。倚闌愁聽雨聲酸。佳音杳杳。鬼病懨懨。愁懷擾擾。心事繁繁。彩雲拆散並頭人。翠屏阻隔芙蓉面。不由人悽悽慘慘。想殺俺俏俏肝肝。

【油葫蘆】我這裡萬轉千回懶去眠。怕待言。夢魂兒不離了綉幃邊。雖然霎時歡笑相留戀。倒勝似百年恩愛成姻眷。俺也曾醉秦樓。歌謝館。似不的你知疼知熱知鹹淡。好教我愁鎖兩眉尖。

【天下樂】我這裡强打着精神訴一篇。我這裡告天。可憐瘦的我實難過遣。盼的我眼欲穿。害的我氣又喘。多管是謊人精啜賺俺。

【那吒令】若題起你來呵。千酸萬酸。若恨起你來呵。千端萬端。若得見你來呵。千難萬難。都只爲一點情。倒惹做三生怨。怎不熬煎。

【鵲踏枝】我這裡意懸懸。他那裡淚漣漣。想的人心似刀割。肉似鎚剜。也是我緣薄分淺。不能勾永久團圓。

【寄生草】呀。我爲你出了些扒揭汗。嚥了些饞口涎。受了些冷言熱語人相訕。聽了些銅壺玉漏聲悲愴。捱了些紅光紫焰燈相伴。只爲你又乖又俏又聰明。想的人不茶不飯長吁嘆。

【幺篇】記的你腮邊話。想的人身上癱。好教我倚門盼殺南來雁。低頭想殺鴛鴦伴。他是個半真半假哄人精。我是個不死不活風魔漢。

【後庭花】俺也曾醉秦樓歌謝館。俺也曾赴瑶池拍玉簡。人都道女娘們心腸狠。豈道玉天仙情意專。我將他好眼看。他將我世不曾輕慢。我將他緊緊粘。他將我慢慢纏。我恩情爲他堅。他恩情爲我添。我見他困騰騰花了眼。

【青歌兒】呀。也是我前生前生少欠。今生今生業冤。把一對美滿恩情兩下眠。到如今錦帳摧殘。歌舞喧天。笑語盤桓。詩酒團圓。你就是粉揑人兒在眼前。也只是無心戀。

【煞尾】挑銀燈。拂錦牋。摘玉管。磨端硯。寫下了俏姻緣相思病染。囑付俺俊郎君慢參。俺也盼嫦娥恨怨天闕。倣倣君瑞鶯鶯那一番。情敍枕邊。交股床畔。都只爲狠心腸拆散並頭蓮。（雍熙樂府）

按：此曲亦見群音類選，題作「相思」。兹據雍熙録之，題從類選。

詠蒼蠅

【北仙呂點絳唇】惟彼蒼蠅。貪饕心性。趨時令。嗟爾爲生。胡不爲人敬。

【混江龍】杪忽足用。奈何終日苦營營。爾形至眇。爾欲難盈。逐氣尋香無不到。搖頭鼓翼每呼朋。遶華堂廣厦。任飛鳴。向紗廚冰簟如行徑。則將人攪囬夢思。惱亂心情。

【油葫蘆】夏日炎炎思不清。暑氣蒸。只期得高眠一枕翼安寧。怎禁他尋頭撲面無寧静。穿裳入袖無停定。集眉端眼眶間。欲安眠又復驚。你便是孔宣尼不得與周公並。不由人攘臂怒猶生。

【天下樂】會集佳賓宴大庭。俺這裡意誠。將禮樂興。頃刻間群來益倍增。是誰相告報知。是誰人去請迎。不覺的矻磣磣心内不平。

【那吒令】集醇醴寶瓶。竟挣挣亂鳴。投馨香熱羹。遂沉沉喪形。聞醯醢餘腥。便團團息生。極百端窺覘。能施數種顛狂幸。爲害也端的非輕。

【節節高】更有種赤頭景睛。他更是爲惡尤勝。但凡有一些沾污人皆不勝。倏忽聚散。往來絡繹。上不奔騰。不由的手頻揮。顔色改。心志驚。攪的人衣冠不整。

【元和令】當此際老莊周夢不成。賈長沙大息聲。亂薨薨不肯離門庭。越將他狂態騁。便做道會邀王衍論難清。何曾將玉麈停。

【上馬嬌】致令的坐客行。筵主憎。或時間守護欠叮嚀。些兒遲慢無乾浄。霎時間種類生。臧獲每憂懼受其刑。

【遊四門】他可也見了些翠擁紅遮錦綉庭。艷色與芳卿。金盞玉斝玻璃甕。到處裏穿幕逞其能。輕付驥尾得長行。

【勝葫蘆】狡倖險邪度一生。讒佞敢縱横。常有傷人妬物情。幾多奸病。無端狂性。爲惡悉難名。

【賺尾】在物固雖微。爲害其實重。不惡似黄蜂蚊蝱。歐陽子當年甚。不勝作詞賦。

可嫉可憎。用心情褒貶平生。譏刺讒人一例行。自從那枳棘詩定。豪雄賦竟。果然是昭昭公道甚分明。（詞珍雅調）

俏書生斷酒色財氣

酒

【北仙呂點絳唇】引得我十載疎狂。半生浮浪。江湖上。弄斝傳觴。終日如泥樣。

【混江龍】百錢掛杖。不離了長安市上滿糟坊。每日價東歪西倒。地老天荒。酩酊醉中熬日月。葫蘆提裏過時光。幕天席地。海量詩腸。無醒無醉。難捨難忘。常則恨玻璃盞小。每愁鸚鵡盃乾。金盤露清光滑辣。玉壺春馥郁馨香。珍珠紅色欺琥珀。蓮花白味勝醍醐。黄封頭沾唇似蜜。滿殿香到口如酥。葡萄滿濃濃春色。竹葉青淡淡秋光。問什麽瑶池玉液。紫府瓊漿。消悶意。解愁腸。和百事。順三光。享天地。協陰陽。這滿添佳人顏色十二分。壯書生豪氣三千丈。灌得我心頭耿耿。鬢髮蒼蒼。

【油葫蘆】幾番家醉倒佳人錦瑟傍。情興狂。不管他淋漓淹濕繡衣裳。這酒呵。送得個李太白撈月向江心裏喪。引得個陶淵明賞菊在籬邊望。這酒誤事情失了勾當。縱然有捲江濤汲海浪十分量。也敢糊突了錦心腸。

【天下樂】則是個惹禍招非亂性湯。時常。念念想。不問窮的富的每都一樣。多飲呵心性狂。痛飲呵膽量剛。端的是誤功名紙半張。

【那吒令】我想那製造的杜康般醞釀。合着那貪飲的知章般文黨。都不好吃的劉伶般度量。問什麽地上眠。墳中葬。醉了也何妨。

【鵲踏枝】自商湯。至隋唐。這酒也曾損害忠臣。屈殺賢良。都失了三綱五常。害得人禮義俱忘。

【寄生草】爲你呵長安市誅了韓信。黃鶴樓□了漢王。醉得個□晉王壞了英雄將。党太尉不出銷金帳。楚懷王懶坐盤龍亢。須不曾三遭醉倒在岳陽樓。端的幾番夜宿平康巷。

【金盞兒】這酒吃了後不顛狂也顛狂。不剛强也剛强。那裏是和人順世瓊花釀。享天祭地紫霞漿。這酒助佳人淫慾膽。發壯士狠毒腸。吃了後無所益。不飲後又何妨。

【尾】罷罷罷再不把玉壺沽金貂當。一任他朋友每開樽泛觴。也不管今日扶頭明日嘗。儘交他開宴出紅粧。我向那水雲鄉洗滌了酒膽糟腸。尋取了盧仝做伴擋。想着那光陰易往。便醉倒百年之上。只落得三萬六千場。（北曲拾遺）

贈妓

【北仙吕點絳唇】月户雲窗。翠屏朱幌。青樓上。楚楚紅粧。國色真堪賞。

【混江龍】嗚珂里巷。俏名兒占斷錦排塲。歌傳金縷。舞按霓裳。才貌絶勝蘇小小。風流不讓吕雙雙。聽嫵婉尊前唱。比花解語。如玉生香。

【油葫蘆】杏臉桃腮宫様粧。步凌波羅襪涼。真箇是春風一曲杜韋娘。覰了這羞花閉月嬌模様。識不盡撩雲撥雨虚情況。安排下假志誠。施逞些巧伎倆。包藏着賺郎君掇子弟瞞天謊。外貌兒甚端詳。

【天下樂】兀的不惱亂蘇州刺史腸。司空。休泛常。若是楚襄王見了也勞夢想。怎禁他動人情的翠黛長。蕩人情的雲髻光。那更這透人懷的玉腕香。

【金盞兒】靠東牆。近西廂。佳人才子時相傍。芳心密意怎相忘。引惹得崔生頻覓漿。逼臨的韓壽暗偷香。因此上棲遲風月所。留戀雨雲鄉。

【賺尾】個中人。心上想。怕不道年少花容正芳。只恐人心不久長。早尋取畫閣蘭堂。尚兀自鳳去凰翔。怎不斟量。回首星星兩鬢霜。少不得月缺也浮雲蔽藏。花謝也狂風飄蕩。那其間蜂蝶誰賞好春光。（吴騷合編）

按：此曲雍熙樂府無題，不注撰人。彩筆情辭、吴騷合編題作「贈妓」，註明舊辭。

詠十面埋伏

【北仙呂點絳唇】天淡雲孤。怨雲愁霧。施英武。威鎮征夫。取勝如神助。

【混江龍】全按著周天之數。九宫八卦立錕鋙。怎敢交差持了旗旆。錯配了軍卒。安排下走虎飛龍扶社稷。準備著釣鰲網索困江湖。第一陣乾爲天天門引戰。第二陣坎爲水居底同謀。第三陣艮爲山深伏隘口。第四陣震爲雷實若還虚。第五陣巽爲風煙塵浩蕩。第六陣離爲火火浩成渠。第七陣坤爲地栽花節果。第八陣兑爲澤潛在蹤跡。第九陣營中安寨。第十陣惡黨兇徒。上按著九天紛紛殺氣。下鎮著九泉亦似荒蕪。隔山聞鐃你有萬人之勇。直殺的你力盡觔舒。鳥藏在深林怪樹。獸避在野嶺無居。隔澗聽畫角喧呼。鬧穰穰鳴金走陣。齊臻臻列甲軍卒。若你有除天可害。軍軍相應。難逃這十面埋伏。天之道。天之理。天之數。張良用黄公三略法。韓信用吕望六韜書。

【油葫蘆】則聽的吶喊摇旗齊噪鼓。縱征騑親去取。則今番一朝定國見一個贏輸。爲君的開基創業齊天福。爲臣的要安邦定國上功勞簿。平地上起戰場。高阜處列著帥府。更有那張司徒蕭丞相劉高祖。韓元帥山頂上運機謀。

【天下樂】則聽的動一派簫韶品奏曲。霸主高呼。罵韓信一餓夫。你則侍立劉邦覷吾似糞土。仗無敵自去拿。縱征駹親自去取。不隄防列千枝腳蹬弩。

【那吒令】我這裡望上射。飛蝗驟雨。望下砍。大刀巨斧。密匝匝隊伍。要擒拿項羽。見樊噲旗在手。便磨在垓心處。正點起百萬軍卒。

【鵲踏枝】一個個腆著胸脯。一個個縱著彪軀。恰便似斬瓠截瓜。刈葦芟蒲。口吐著狼煙氣毒。他每不提防先有了埋伏。

【寄生草】將霸主困在那垓心內。九里山一字兒擺著陣圖。更有那張司徒吹起傷情曲。衆兒郎流淚思鄉故。吹散了八千子弟歸何處。將軍你有何面目向東吴。這的是烏江不是無船渡。

【村裡迓鼓】都則爲始皇無道。上蒼發怒。天差下項羽。占世界龍蟠虎踞。一壁廂列著旗號。施著戈甲。篩鑼擂鼓。更有那八千子弟。三傑人物。争天下。競帝都。他先立起英雄霸主。

【元和令】漢高皇有分福。韓元帥死扶助。九里山施展六韜書。大會垓親擺佈。托賴著聖明天子百靈扶。子房公高皐處悲歌聲能散楚。

【上馬嬌】更有那夯鐵夫。百萬餘。呀。一個個流淚濕征服。楚歌聲盡軍營裏覷。一個無。不覺的散了軍卒。

【游四門】中軍帳裏夢回初。霸主欲登途。那虞姬親把離情訴。腰下借鋸鋙。血。濺了美人圖。

【賞花時】我則見雄赳赳將軍催著戰駒。昏慘慘愁雲遮了太虛。山頂上鳴金擊鼓。漢高皇共宰輔。手指定立高呼。

【幺】罵道是豐沛劉三胯下夫。縱馬橫槍親自取。若不是蕭丞相有權術。嵬嵬的開弓蹬弩。床床的雨點也似發金鏃。

【勝葫蘆】我則見呼剌剌的征旗半空舞。韓元帥運機謀。正東上高起和那王陵排隊伍。東南上灌嬰盧綰。正南上申陽陸賈。西南上張耳共陳餘。

【幺】正西上周勃周昌周亞夫。西北上彭越那裡鎮著邊隅。正北上三齊王韓信元帥府。東北上呂馬通相助。將一個楚重瞳攔住。你便是那鐵石人也長吁。

【後庭花】休休休休强取。天天天天喪楚。本是個出水金精獸。困住了個巴山白額虎。那漢更不服輸。施展他拿雲握霧。隔斜裡猛撞出。急急似漏網魚。困騰騰無是處。喑嗚聲口嘆吁。巴山力手强舉。見旗開兩下處。有一人攔住去路。狻猊盔纓亂舞。黄金甲白戰服。勒甲絛臂膊𦡆。獅蠻帶嵌寶珠。雲根靴嵌抹緑。騎一匹抱月烏。直雙雙的眉倒竪。骨碌碌睁開怪目。支生生乍開虎鬚。惡哏哏執著巨斧。猛抬頭覷了面目。不由人不怕懼。

【青歌兒】想這廝情理情理可恕。空交我感歎感歎長吁。罵你個盜粟偷瓜賊匹夫。他今日重了機謀安排下十面埋伏。殺的他軍馬無數。難見東吴。準備待江東國借卒。今日硬擋住咽喉路。

【柳葉兒】正撞著九江王英布。怎逃出十面埋伏。烏江不是無船渡。錯走入陰陵路。恥向東吴。這的是霸主休處。（詞林摘艷）

樂　道

【北仙吕點絳唇】散袒逍遥。個中玄妙。誰知道。惟有這個漁樵。一笑興亡了。

【混江龍】從吾所好。水邊林下把許由學。有道童隨引。並無個俗客相邀。六甲風雷袖裡藏。道童將一壺春酒杖頭挑。出家兒不憂貧。本性得學憂道。桑樞甕牖。陋巷簞瓢。

【油葫蘆】忙處得人多閑處少。把光陰虛度了。我則待一心辦道不臨朝。你覷這巍巍海上蓬萊島。煞强似家家門外長安道。你則說有榮辱真紫襴。無拘束麄布袍。比强及他這鐘聲未響頭雞叫。你在那朝門外馬蕭蕭。

【天下樂】爭如俺萬里風頭鶴背高。直睡到紅日上花梢。向兀自睡未覺。蒙頭納被熟睡著。甚的喚做海水潮。甚的喚做紅日曉。不識個明星兒直到老。

【那吒令】閑來時迅腳步。崎嶇野橋。悶來時共酌。看山猿樹鳥。有時節醉倒。臥沙汀岸草。覺來時酒未醒。或朗吟開懷抱。覷了這此景難描。

【鵲踏枝】閑時節撅茯苓與泥炮。採靈芝帶根燒。家繞著他這溪口灘頭。轉過他這山隱山遥。醉歸來把仙莊翫了。俺這裡俺這裡人間景物逍遥。

【寄生草】你則說腰金帶。衣紫袍。想人生一夢邯鄲道。你聰明不肯回頭早。爭如俺尋真悟入蓬萊島。俺這裡白雲綠水鎮常閑。你那裡春花秋月何時了。

【節節高】則俺這洞天深處。可端的是世人不到。我則待埋名隱姓無榮辱無煩無惱。你看那蝸角名蠅頭利多多少少。我則待夜睡到明。明睡到夜。夜睡到曉。呀。不覺的刮馬似光陰過了。

【元和令】我吃的是盤蔬飲一瓢。穿的那布道服是一套。俺則待麄衣淡飯且淹消。任天公饒不饒。我則待竹籬茅舍枕著山腰。掩柴扇靜悄悄。嘆人生空擾擾。

【上馬嬌】你則待家道興。多分高。則爲這兩件兒受煎熬。幾時得舒心樂意寬懷抱。長則是焦。煩惱蹙兩眉梢。

【勝葫蘆】你則待日夜思量計萬條。爭如我無事樂醄醄。俺這裡春夏秋冬草不凋。倚窗寄傲。携笻凝眺。看鸚鵡摘金桃。

【幺】門外清風和氣飄。元來是春酒釀葡萄。俺這裡花不知名分外嬌。我則待醉時一覺。醒時歡笑。直喫到紅日上花梢。

【後庭花】俺山中過一宵。你人間過了幾朝。恰纔那桃李三春放。却又早梧桐一葉凋。嘆節令不相饒。虛度了青春年少。爭如我步煙霞閑迅脚。攜琴書過野橋。採茶芽摘藥苗。砍青松枝葉燒。撅蔓菁和土刨。種胡蔴綠水澆。採靈芝把澗遶。我其實年紀高高。

【青歌兒】稽首拜辭了皇家又宣詔。情願待草履麻絛。出家兒貧不憂富不驕。我如今趁著年少。志誠修道。學煉丹藥。我則待偎著嶺靠著山近著水傍著橋。蓋一座無憂無愁草團標。稽首煞强似凌煙閣。（詞林摘艷）

小會垓

【北南吕一枝花】統三軍將帥能。托賴著萬萬歲君王德。有千員英勇將。掌握著八面虎狼威。搯鼓奪旗。有十面埋伏。智將一個楚重瞳相戰敵。一片心保護江山。兩隻手扶持著社稷。

【梁州】施妙策經綸天地。六韜書輔佐華夷。但行兵托賴著當今帝。人如猛獸。馬驟狻猊。旗開得勝。馬到成功。論英雄端的誰及。這軍兵世上無敵。俺俺俺明晃晃密排著斧鉞槍刀。寒凜凜齊列著戈矛劍戟。骨刺刺風颮動號帶征旗。相持。對壘。將一個楚重瞳困在那垓心内。雄赳赳大軍勢。鐵桶軍圍數十里。有翅難飛。

【牧羊關】非是我能爭戰。是吾皇有聖德。揮宇宙洪福天齊。因此上馬壯兵强。安邦定國。兵臨處皆拱手。馬到處納降旗。取城郭三千座。展江山十萬里。

【罵玉郎】官軍各自施才智。顯武藝逞雄威。都則待要赤心保護當今帝。王陵你鎮守西。周勃守著正北。灌嬰守著這東南地。

【感皇恩】呀。四下裏吶喊摇旗。楚重瞳將少兵微。漢高祖順天心。楚重瞳違天道。仁聖主應天機。苦征戰於家爲國。廝殺相持。將敵兵。如浮草。盡無遺。

【採茶歌】楚重瞳一時虧。漢高祖掌著華夷。保護的家邦安穩勝磐石。得勝也喜孜孜。鞭敲金鐙響。笑吟吟齊唱著凱歌回。

【尾聲】若歸西漢無拘繫。晝夜追隨不可遲。將著勁兵帶著輕器。見如今子嬰滅矣。

霸王命虧。普天下罷戰無争萬民喜。（詞林摘艷）

【北南吕一枝花】金風送晚凉。玉露消殘暑。素蟾光皎潔。丹桂影扶疎。鬼病揶揄。空把光陰負。暮秋深天氣肅。寒浸羅襦。一陣陣相思透骨。

【梁州】凄凉境一遭兒擺布。相思陣十面埋伏。那些兒感超我這傷情處。亂紛紛殘花病菊。滴溜溜敗葉凋梧。疏刺刺風摇翠竹。淅零零雨灑荒蕪。意痴痴感嘆嗟吁。冷清清一弄兒蕭疏。怕的是枯荷缺處添黄。衰柳凋時減緑。丹楓老也塗硃。對對。付付。支吾過白日離愁去。淹的早碧天暮。鼕的黄昏一聲鼓。好交我魂魄全無。

【罵玉郎】愁來愁到無窮處。割不斷愁腸肚。撇下這病身軀。割捨了魂靈向夢裏尋他去。夢和魂休間阻。魂和夢却對付。天也。與人一箇囫圇的做。

【感皇恩】呀。元來是夢境雖虚。暫時完聚。半成不就夢兒單。半明不滅燈兒暗。半死不活影兒孤。畫簷間玎玎璫璫追魂的玉馬。戍樓上點點滴滴索命銅壺。鐘聲罷。砧聲切。雁聲無。

【採茶歌】雁兒枉常時趁程途。盼江湖。且是的悲悲切切語喧呼。今夜毛團爲甚不言語。知他你那答兒裏錯下了斷腸書。

【尾聲】驚回殘夢添悽楚。無柰秋聲最狠毒。風聲憂雨聲怒。角聲哀鼓聲助。一聲聽一聲數。一聲愁一聲苦。投至的風聲寧雨聲住。角聲絶鼓聲足。又被這一聲鐘撞我一口長吁。則我這淚點兒更多如窻外雨。（盛世新聲）

【北南吕一枝花】楚臺雲風刮殘。秦樓月烟籠蓋。鳳鸞交生拆散。鶯燕友硬分開。雖然是天地安排。也不似今番煞。好姻緣逢着間隔。藍橋水雪浪瀰漫。祆廟火烟飛焰彩。

【梁州】武陵溪磚填土塞。桃源洞霧鎖雲霾。我一身瀟灑在凄凉界。青鸞信杳。黄犬音乖。賓鴻歸塞。錦鯉沉波。意痴痴獨立庭堦。悶懨懨縈損愁懷。月華明忽被雲遮。花正放猛遭風擺。客芳年正值時乖。心中。自猜。我前生少欠相思債。到今日怎擔待。萬種凄凉難離側。恨塞滿書齋。

【尾聲】將一座燕子樓生扭做連環寨。把一所鴛鴦閣翻騰做大會垓。滿腹離愁苦無柰。孤獨運是該。相思病怎捱。則被你瘦損長安少年客。（盛世新聲）

按：盛世詞林亦收。

贈妓玉燕

【北南吕一枝花】輕盈壓翠鸞。旖旎欺丹鳳。前生秦弄玉。後世許飛瓊。想當日漢苑深宮。往事如春夢。則爲那美嬌姿雲鬢鬆。遺留下雙股金釵。變化出風流艷種。

【梁州】梨花月深深庭院。海棠風小小簾櫳。則好着金衣公子堪陪奉。便休提錦鳩靈鵲。戲蝶遊蜂。笑鴛鴦曲沼。鸚鵡雕籠。空着我畫梁間覓跡尋踪。不想在緑苔前邂逅相逢。柳枝兒怎比纖腰。花朵兒難學玉容。月牙兒剛比鞋弓。錦濛。翠封。綺羅叢絶勝似桃源洞。把他做瑞玉般擎掌珠般重。便是塊連城璧還容雕琢工。也不似他剔透玲瓏。

【尾聲】好趁着藍田日暖烟浮動。休直待畫屋春深花漸空。若識破了烏衣這場夢。畢罷了歌筵舞叢。肯來俺讀書的舍中。割捨了我徹膽兒温存耐心兒寵。（盛世新聲）

按：雍熙樂府、盛世詞林無題，俱不注撰人。彩筆情辭題作「贈妓玉燕」，注明古辭。題從彩筆，文據盛世新聲録之。

威武

【北南吕一枝花】乾坤旺氣高。日月光明照。北極衆星拱。萬象應皇朝。雨順風調。

因國泰民安樂。各偏邦來進朝。享宗廟社稷威靈。差遣祭名山華嶽。報國臨朝。擎天妙策。濟世功高。退奸邪選用英豪。進賢能施展才學。領雄兵南北無敵。布勇猛東西戰討。用三軍跨海平遼。帥領。將校。行兵布陣依三略。但到處尅伏了。盡按着孫吳運六韜。蓋世功勞。

【梁州】保山河公侯勇烈。定邊疆直正臣僚。有仁有德行忠道。齊家盡孝。

【尾聲】西戎東魯歸伏了。北狄南蠻賀聖朝。萬國千邦盡來到。各分着他品爵。丹墀裏列着。齊上獻咸欽謝恩表。（盛世新聲）

按：盛世新聲、盛世詞林無題，題從雍熙樂府。

【北南吕一枝花】海棠嬌膏雨滋。芍藥舞和風蕩。樹陰濃棲翡翠。沙暖處睡鴛鴦。滿目春光。雪點般梨花放。風飄杏瓣香。喜踏青遊冶子狂狂。愁對景勞勞攘攘。

【梁州】臨紫陌無心鬬草。踐紅塵意懶尋芳。記前春此地相偎傍。迎風排筵。待月傳觴。雙歌金縷。對舞霓裳。那時節煖融融歡會蘭堂。今日箇悶懨懨獨守空房。往常時喜孜孜閑倚鸞臺。今日箇氣昂昂獨登虎榜。悶的我冷清清孤宿牙床。歸期。越謊。空交人倚遍危樓望。清減盡舊時樣。瘦損香肌寬綉裳。怎支吾漏永更長。

【尾聲】對着這碧熒熒燈焰銀缸亮。細裊煙消金鼎香。無寢應思舊情況。題情詩粉牆。盼佳期洞房。不由我悶擁鮫綃將我這俏人兒想。（盛世新聲）

按：雍熙樂府、盛世詞林亦收。

子弟收心

【北南呂一枝花】別離了風月鄉。拜辭了鶯花塹。火燒了桑木劍。水渰濕紙糊杴。免受拘鈐。絶却相思念。再不將鬼病染。桃源洞燕懶鶯慵。陽臺路雲收雨斂。

【梁州】一任那惡哏哏巴錢母嚴。一任那喜孜孜統鏝倈忺。偎紅倚翠情都厭。再不將争鋒旗颭。推磨杆拈。鄭生玉竊。韓壽香拈。再不看銀筝上玉笋纖纖。翠裙下羅襪尖尖。你早則識破也罷職陶潛。得悟也嘲詞子瞻。還魂也夢筆江淹。得甜。便嫌。俏排塲倒換與別人占。既粧孤不粧欠。鼻凹裏砂糖再不舔。免着人碎割零撏。

【尾聲】從今後將纏頭紅錦裁做衣襜。買笑黄金做了養廉。守着俺稚子山妻那些兒儉。將香醪滿添。把柴門半掩。看那火不惜命的勤兒盡遭閃。（盛世新聲）

按：盛世新聲、盛世詞林無題，題從雍熙樂府。

夏 景

【北南吕一枝花】池塘睡錦鴛。樓閣飛雙燕。紅榴招戲蝶。緑柳噪新蟬。葵火堦前。竹笋侵牆串。泉流草徑邊。緑茸茸莎展青氊。密匝匝苔鋪翠蘚。

【梁州】荼蘼架陰稀日轉。木香棚影密風搧。消磨暑氣把香醪勸。冰沉菓水。香爇龍涎。風騷朋友。歌舞嬋娟。儘開懷語笑聲喧。任披襟散髮掀髯。引蜻蜓菡萏初開。隱游魚浮萍乍展。托青蛙荷葉纔圓。登臨。畫船。趁薰風撑近垂楊院。對此景果堪羨。慢酌金樽斟淺淺。瀲瀲垂蓮。

【尾聲】一彎新月添詩卷。十里香風助酒筵。向晚歸來小庭院。簟紋鋪冰淵。紗幮掛霧烟。一枕珊瑚夢魂遠。（詞林摘艷）

按：雍熙樂府亦收，題爲「初夏」。

上武職

【北南吕一枝花】銀磨鳳翅盔。玉碾獅蠻帶。黄金鎖子鎧。蜀錦戰袍裁。梁棟之材。入朝相出朝帥。展英雄顯氣概。論忠精勝似宋國文山。説鯁直强如胡公大海。

【梁州】 勑第居錦裀綉褥。列簪纓畫戟門排。衣冠濟濟多尊大。有擎鞭壯士。捧臂金釵。官居九錫。位列三台。定邊疆浄掃塵埃。攝偏邦朝貢金堦。一箇箇秉心報國尊君。一箇箇理陰陽調和鼎鼐。一箇箇効忠誠名列麟臺。兵書。戰策。軍分奇正威風大。平蠻虜肅邊塞。拜相封侯位冢宰。博得箇勢劍金牌。

【尾聲】 論武呵不若如施謀略守秦關英雄猛將能吴玠。論文呵不若如赫蠻書掃雲箋醉筆題詩李太白。鐵券丹書賜先代。名揚四海。聲鳴九垓。華胄簪纓播寰海。（詞林摘艷）

按：雍熙樂府題作「贈武臣」，盛世詞林無題。

田園樂逸

【北南吕一枝花】 恰離了杏花村竹塢溪。早來到白蘋渡黄花地。掩映着翠巍巍嵯峨嶺。相映着紅蓼岸緑楊堤。網索收拾。我和這鈎線爲活計。把綸竿手内執。整頓了箬笠簑衣。釣幾箇錦鱗鮮鯉。

【梁州】 沽一壺清香美酒。尋幾箇故友相識。每日家嬉遊翫賞林泉内。我和那牧童爲伴。樵子相隨。不離了蘆汀沙岸。遠浦石磯。翫雲山堪羨堪題。四時中景物偏宜。到春來喜的是柳拖金桃噴火草鋪茵花綻蘂碧紗籠山色青嵐。到夏來愛的是翠荷擎紅蓮芳遊魚往漾碧波錦羽毛鴛鴦戲水。到秋來愛的是簪紅葉賞黃花烹紫蟹剖香橙白酒黃鷄。到冬來景美半空中剪鵝毛舞梨花銀鋪粉粧瓊瑶砌。收綸罷。回莊内。新酒活魚偏味美。樂醄醄踏雪尋梅。

【尾聲】正遇着風調雨順昇平世。國泰民安麥二歧。海宴河清穀雙穗。賽堯年舜日。過唐虞聖德。堪寫在丹青畫圖裏。（詞林摘艷）

按：雍熙樂府題作「漁樂」，盛世新聲、盛世詞林無題。

春　情　此詞不工因俗搬演姑載於此

【北南吕一枝花】風寒翡翠幃。露冷鴛鴦被。燈昏燕子樓。酒盡鳳凰盃。春雨霏霏。點點似離人淚。向空堦不住滴。一點點不入空堦。都滴入愁人耳内。

【梁州第七】正值着楊柳清明上巳。恰梨花暮雨寒食。斷腸偏是迷春睡。沈腰玉減。潘鬢絲垂。錦箋空有。詩句難題。翠衾寒無伴相偎。恰合眼魂趂着蝶使蜂媒。纔作夢意隨着燕約鶯期。早起。晚夕。悶懨懨不住的長吁氣。多間阻少相會。坐想行思廢寢食。似醉如痴。

【牧羊關】花艷沾蝶粉。芹香温燕泥。春歸也人未思歸。梅如我一樣酸。柳如我一般皺眉。聽的樹稍黄鸝囀。花外杜鵑啼。送得春愁去。唤將曉夢回。

【罵玉郎】迷迷悶悶沉沉睡。眉雙蹙蹙雙眉。沉沉悶悶迷迷睡。垂淚珠。珠淚垂。垂珠淚。

【感皇恩】呀。實事成虚。虚事成實。怕離别。離别怕。怕别離。腰圍瘦減。減瘦腰圍。鳳期鸞。鸞期鳳。鳳鸞期。

【採茶歌】望夫石。我心痴。我心痴似望夫石。那時着迷未三十。如今三十已後越着迷。

【尾聲】楚臺雲散無踪跡。祆廟燒殘一掬灰。魚鴈欲將錦牋寄。又不敢明明的告啓。盡訴我就裏。止不過二字平安上覆你。（詞林摘艷）

按：雍熙樂府題作「春信」，盛世詞林無題。

麗　情

【北南吕一枝花】風流誰可如。美貌無人似。千般嬌體態。萬種俊容姿。脂粉匀施。雲鬢堆鴉翅。纖裳織藕絲。步香塵欵露金蓮。簪鳳釵微舒玉指。

【梁州第七】賽唐朝傾城玉環。勝吴邦敗國西施。眉尖眼角傳心事。吹鳳笙聲音嘹喨。品鸞簫律吕新詞。歌白雪鶯啼婉囀。撥銀箏鴈柱輕支。舞霓裳嬝娜腰肢。唱陽春宫調宜時。他他他俏情兒萬種風流。他他他俊庬兒千般舉止。他他他俏心兒百樣撑廝。知音。到此。女流中占斷鶯花市。整衣袂尊瞻視。難畫難描模樣兒。端的是玉骨冰姿。

【牧羊關】赤緊的藍橋水翻波浪。祆神廟火焰施。桃源路風雨嗟咨。楚陽臺崩敗催殘。賈充宅添人看視。瑶簪斷銀瓶墜。鴛鴦散兩分時。寶鼎内塵朦暗。金樽空玉巵。

【哭皇天】懶習羲之字。慵學蘇氏詞。倦觀三聖册。羞賦五言詩。減盡了風流風流的樣子。不能勾同行同坐。同笑同歡。則落的獨言獨語。獨寢獨眠。一番愁。一番愁一箇死。

【烏夜啼】我不合丁一確二。方信道忠言逆耳。爲風流拋閃的咱獨自。空着我戀多情切切思思。管姻緣兩人偏多事。冰上人不肯循私。月下老把咱輕視。有一日紅絨繫足配雄雌。那其間方識男兒志。無謬言。實誠士。但能勾同諧連理。索强如夢想眠思。

【草池春】自三思。信有之。曾記當時。尊前席上舉止。占斷風流無二。接談應對古詞。語言不差一字。吹彈歌舞樣子。體態温柔誰似。星眸朱唇皓齒。素衣羅裳摺袿。看了他風流天賜。妖嬈身子。千般撑廝。一捻腰肢。有誰及俊俏庬兒。女教爲師。

如美玉無瑕疵。多丰韻女艷姿。巧筆難施。天生比翼。地長連枝。

【尾聲】非同今世前生事。匹配姻緣分定時。女貌郎才兩相似。滿斟着玉巵。瑶琴共寶瑟。則願的永遠團圓受用死。（詞林摘艷）

按：盛世詞林無題。

南北南吕合套

秋　景

【一枝花北】西風昨夜生。溽暑今朝退。梧桐飄一葉。疎柳下重堦。斗轉星回。雲淡淡秋容改。看秋光天際來。點暮景落霞與孤鶩齊飛。暢幽情秋水共長天一色。

【一江風南】向池臺。縱步涼亭外。暮雨打枯荷碎。轉庭堦。閑納風涼。放入清涼。敞綉户無遮礙。新秋興滿懷。掛起珠簾待月來。爽塏真堪愛。

【紅芍藥北】竹涼爽透讀書齋。且收拾羽扇捲羅幃。當七夕見雙星齊度鵲橋來。看百尺錦結樓臺。鬭乞巧九針穿線五綵。牽牛織女暫徘徊。銀河邊易曉燭龍催。則滿地裏露葉下庭槐。

【兩頭南南】天晴河漢影昭回。露冷風清淡日暉。把庭前衣曝並將書曬。碧紗窻掀掣開。望玉宇迥絶塵埃。早晚是盂蘭盆會建佛齋。普使河沙。齊上大梵臺。

【風入松北】四時光景迭相催。秋色正奇哉。殘星幾點鴈横塞。天如水又水如苔。誰倚闌干弄笛。數聲過鴈同來。

【罵玉郎北】洞庭波冷芙蓉悴。雲北去鴈南來。長空萬里秋無際。野水邊。荒樹裏。斜陽外。

【節節高南】瓊樓玉宇高出浮埃。清霄把酒邀月對。應凝待。桂魄飛來天側。冷浸碧天流光彩。上蓬萊不用騎埃背。千里嬋娟共徘徊。卧看冰輪漸升滄海。

【感皇恩北】黄菊初開。紫萸堪佩。遇重陽。秋似水。賞令節。酒盈杯。迎風翻落帽。戲馬上高臺。招陶令。會俊才。引仙客。

【採茶歌北】上崔嵬。望蓬萊。但將酩酊共追陪。我醉欲眠卿且去。明朝有意抱琴來。

【生薑芽南】秋光粧點得景佳哉。晴嵐一抹連輕靄。誰不愛。兩兩鴛鴦相對。插鬢多把茱萸戴。東籬菊蕋還堪採。送酒更期白衣來。涼風一夜吹天籟。

【餘音南】太平幸際風雲會。萬方歡樂共徘徊。吾皇聖壽萬萬歲。（詞林摘艷）

按：雍熙樂府題作「秋」，盛世詞林無題。

文士待時

【北南吕一枝花】詩書勤講習。禮樂從先進。齊家能治國。修己以安人。務正其身。孝乃人之本。德不孤必有鄰。分長幼次序尊卑。自天子至於庶人。

【梁州】我一片心於家爲國。兩隻手撥霧拏雲。遵天理依古禮陞階進。胸襟浩浩。文質彬彬。先王之道。亞聖之尊。無半點塵俗埃氛。洋洋乎盈耳哉云。蕩蕩乎常懷惻隱。巍巍乎貫世才文。以文會友。以友輔仁。言忠信行篤敬。事父母能盡其孝。事君王必竭其忠。

【尾】蛟龍不與魚蝦混。雕鶚難同燕雀群。有一日皇家用時分。青雲中奮身。雲梯上步穩。那其間身佩金章纔證了本。（雍熙樂府）

按：此套北曲拾遺亦收。

文

【北南吕一枝花】明經侍孔牆。守道居顔巷。芸香熏蠹簡。螢火映紗囊。學富才長。雲路通天象。文星焕斗光。中高科月殿攀蟾。登甲第天門看榜。

【梁州】如渭水垂鈎吕望。似圯橋進履張良。憂民憂國丹心壯。設樽俎眼前談笑。論兵機胸内包藏。瞻日下九重禁闕。撫寰中萬里封疆。肅嚴威滿路風霜。屏奸邪當道豺狼。掌紀綱法正官寮。扶社稷才兼將相。際風雲拜命君王。番邦。已降。邊城寧謐人歌唱。是天人自天降。堪作擎天一棟梁。萬古無雙。

【尾】紫鸞誥賜恩波蕩。金豸峨冠姓字香。功業應標史書上。身臨下方。心合上蒼。爵禄綿綿世世享。（雍熙樂府）

武

【北南吕一枝花】胸藏十萬兵。氣吐三千丈。丹心懸日月。素志凛冰霜。義勇忠良。列宿分天象。征袍惹御香。保蒼生萬里馳名。符聖主千金賜賞。

【梁州】處公務廉能有幾。肅嚴威正大無雙。分符統領三邊將。麾前號令。筆下文章。關中虎鎮。塞外鷹揚。戍煙消戎寇潛藏。戰塵收胡虜歸降。運神機塞擁金貂。觀鳥陣春園寶帳。講龍韜夜對銀釭。廟堂。棟梁。忠臣本是天差降。壽誕臨臘梅放。南極臨軒燦寶光。昨夜呈祥。

【尾】螺盃滿泛黄金釀。鶴髮清調白雪腔。壽享椿萱八十上。托賴着當今帝王。威服

了萬邦。坐對南山則把太平享。（雍熙樂府）

期　第

【北南吕一枝花】金鑾殿上臣。孔聖門中客。鯉庭遵父訓。蠹閣究心齋。喬木良材。道德無邊界。英姿絶點埃。放懷成泣鬼新詩。揮筆就驚神妙策。

【梁州】守回也四箴爲戒。察參乎三省於懷。文明耿耿推當代。器同瑚璉。量等江淮。歐蘇堪共。李杜同偕。意不期朱履金釵。志須登蘭省烏臺。結朋情志若金石。廬親塋名垂簡册。荷皇恩行表家宅。柰時。未來。萬金寶劍沉滄海。到來科顯豪邁。穩占鰲頭志壯哉。不負雄才。

【尾】鹿鳴宴罷離鄉陌。鵰鶚昇騰上玉堦。獨步丹墀沐恩大。賜瓊林宴排。插宫花帽歪。醉飲仙桃益春色。（雍熙樂府）

及　第

【北南吕一枝花】世俗云諸葛心。辨牛斗張華藝。墨磨成修月斧。筆掃就上天梯。平地一聲雷。親覩當今帝。脱白襴换紫衣。憑着我撥天關穩跨龍腰。登月處高乘鳳尾。

【梁州】執一柄綉金花寶蓋。打兩面泥金粧鳳葉紅旗。喝一聲小來下路諸神避。揩磨日月。鼎鼐鹽梅。扶持社稷。整頓華夷。未遇時難辨高低。成名時天下皆知。念一篇送窮文錦綉才華。寫一篇嚇蠻書魂魄消飛。草一道論天表龍蛇字體。兒曹。每笑耻。文章到底終須貴。憑着我走襄陽志氣。赴長安道德時。想中原萬古裏。

【尾】年紀雖小有冲霄志。一躍龍門到鳳池。江湖養成浩然氣。春雷震起。天涯盡知。方表功名姓字喜。（雍熙樂府）

【北南吕一枝花】研精孔孟書。早遂伊周志。遭逢堯舜世。經際禹湯時。秀發天姿。展萬里鵾鵬翅。見九苞威鳳資。臨蒼海躍龍門春浪桃花。步青雲攀蟾窟秋風桂子。

【梁州】聽平地上風雷霹靂。應九天邊星斗參差。韋郎暫把長才試。滋國政賢良必舉。順民情人愛興思。玉之温無半點兒瑕疵。鑑之明別萬狀妍媸。閑來時講一會論語綱常。興來時談一會中庸奥旨。悶來時習一會周易爻辭。念兹。在兹。刑寬訟減民無事。延賓客集儒士。銀燭金樽夜賦詩。醉寫烏絲。

【罵玉郎】鳳凰飛下丹書至。催行色上京師。黄童白叟盈街市。他那裡待綰姚崇。借寇恂。留侯氏。

【感皇恩】一箇箇感嘆嗟咨。淚漣漣拜車前。歌載道。酒盈巵。別離易捨。去後猶思。控征驂。截鞍鐙。住車脂。

【採茶歌】準備着立生祠。賜存思。甘棠未必建新詞。此去定應承褒寵。不須龜卦揲靈蓍。

【尾】只願的秉鴻鈞調鼎鼐親揩日月把龍輿侍。掌絲綸爲柱石輔佐乾坤將社稷支。霖雨蒼生受恩施。高山仰之。景行行止。萬古勳名照青史。（雍熙樂府）

武

【北南呂一枝花】談文孔孟徒。講武孫吴輩。帥垣居塞北。將印掛征西。冠世權威。漢唐臣應難比。大明功更許誰。鎮上谷撫兵民歲稔年豐。守雲中掃胡虜潛踪遁跡。

【梁州】見如今丹書鐵券登高位。鳳誥鸞箋賜蟒衣。金章紫綬身榮貴。見了些弓張月滿。箭發星飛。劍揮牛斗。氣吐虹霓。論雄才名動京畿。播英風威振華夷。盡忠良輔皇猷雄赳赳立朝端父子齊名。諳韜略識兵機氣昂昂列簪纓弟兄齊美。樂昇平慶家庭玉森森立玳筵兒女清奇。名在鼎彝。功在社稷。正遇着當今龍虎風雲會。魚水相逢千載稀。壽躋期頤。

【尾聲】九重端拱無爲治。一將安邊四海知。竚看圖形凌煙裏。先明了五德。作長城萬里。贏得箇聲名照青史。（雍熙樂府）

按：「赳赳」，原作「糾糾」。下同，不另注。

宴會

【北南吕一枝花】畫堂中列翠鬟。玳筵前排紅袖。倚玉屏挨錦榻。捲繡幔吊香球。簾捲金鈎。蘭麝靄渾金獸。種葵花接翠竹。淺斟茶有一簇緑鬢佳人。閑談論有幾箇知心故友。

【梁州】閑來時畫堂中描一會山水。悶來時書房中看一會春秋。茶餘飯飽閑時候。打一會雙陸。踢幾脚行頭。駕蒼鷹飛放。騎駿馬迢遊。或暇時翫賞在秦樓。調音律曲調謌謳。聽一派賽仙音押韻笙簧。見幾箇舞翩躚筵前展手。聽一曲羽衣詞宛轉歌喉。酒籌。再投。共語佳人閑相鬬。醉從狂歌曲未休。不弱如閬苑瀛洲。

【牧羊關】白蓮藕堪如意。紫石榴能解酒。更有那賽珍珠蜜煎雞頭。荔枝漿入口清香。金橘煎消渴醒酒。酒斟在玻璃盞。茶傾在水晶甌。

【隔尾】笙歌繚繞音聲輳。象板輕敲喜意酬。只喫的扶上雕鞍拂衫袖。絳紗燈左右。

紫絲韁欵兜。趂着這明月清風望家走。

【罵玉郎】到家裡金釵美女堂前候。一箇箇忙扶下紫驊騮。銀臺上畫燭明如晝。笑吟吟入畫堂。喜孜孜解玉環。樂醄醄鬆金扣。

【感皇恩】呀。擺列着美貌嬌羞。一箇箇體態温柔。一箇捧着銀瓶。一箇執着瑞果。一箇擎着金甌。茶罷時尊勸酒。共佳人席上藏鬮。只喫的金罍倒。玉山頹。看一會錦纏頭。

【採茶歌】只喫的醉時休。醒扶頭。月移花影玳筵收。翡翠衾中成配偶。銷金帳裡效綢繆。（雍熙樂府）

按：「頹」，原作「堆」。

賞　雪

【北南吕一枝花】滿長空玉葉飄。偏世界銀錢墜。多管是敗殘鱗甲舞。錯認做春去柳花飛。凍剥剥雲垂。寒凛凛風刮地。採樵夫歸路迷。半空中滕六裁冰。遥天外馮夷剪水。

【梁州】舉頭觀山色頓老。貴公子高閤簾垂。千山萬瓦如瓊砌。水不知遠近。山不辨高低。霸橋驢凍倒。藍關馬行遲。釣魚舟横纜在江溪。酒家旗斜插在疎籬。亂紛紛都飛向吕蒙正破瓦窑中。一片片盡飄不入党太尉飲羊羔銷金帳裡。冷冰冰都積攢在貧孫康冷落柴扉。富家。見喜。列金釵争塑狻猊戲。慶豐年賀祥瑞。常言道臘前三白壓瘴氣。粉飾華夷。

【尾】呼童緊把朱扉閉。畫閣低垂綉幔圍。擁紅爐添炭急。簇紅粧開綺席。只喫的爛醉如泥。偎着箇美人睡。一任教敲門打扉。那裡管下的來三尺四尺。也寒不到我這錦重重鴛鴦被窩兒裡。（雍熙樂府）

自　述

【北南吕一枝花】馮驩長嘆吁。夫子絶糧困。蘇秦冰雪冷。蒙正破窰存。四箇賢賓。尚且皆由命。寂然且受貧。漢韓信伏跨淮陰。魯顔回簞瓢樂飲。且如我守寒窗甘貧度日。耐時光陋巷安身。

【梁州】吾養志待時進。胸中懷武。腹内藏文。言談俊雅。福至三公。閑時節敍一會韓文柳文。苦只苦英雄志怎肯深埋。貧則貧風流體依然還在。窮則窮慷慨心猶自超羣。吾兄。慢人。有年何故没德行。全無些仗義疎財管鮑情。清濁難分。

【尾】男兒未遇時間窘。得意聲名萬兩金。他便是三千朱履成何用。且休題買臣負薪。韓信賜金。有一日衣錦還鄉纔證了本。（雍熙樂府）

急流勇退

【北南吕一枝花】非貪鸚鵡盃。不入麒麟畫。幾株陶令柳。數畝邵平瓜。書卷生涯。甚日何年罷。枉將鰲背踏。下苦志空學得滿腹文章。至如今誤賺了盈頭白髮。

【梁州】昨日鬧垓垓兵臨孟水。今日冷清清草滿章華。嘆興亡世事如嚼蠟。則不如篘半缸緑蟻。啜一盞清茶。感時懷古。對景嗟呀。水穿雲碧玉流霞。山疊翠青錦蒙紗。黄菊綻猛獸睁睛。紅葉落火龍退甲。蒼松盤怪蟒張牙。景幽。静雅。一輪皓月林梢掛。醉後將蹇驢跨。稚子山妻引到家。煞强如大纛高牙。

【尾】南山射虎弓藏插。北海誅龍劍隱匣。兩字功名不牽掛。書房中卧咱。松陰下坐咱。無是無非快活煞。（雍熙樂府）

嘆世

【北南吕一枝花】今年老似去年。昨日强如今日。黄金浮世在。白髮故人稀。日月如飛。有後輩無先輩。上心來都記得。今日箇暮景桑榆。昨日箇春風桃李。

【梁州】恰合眼黄粱夢覺。猛回頭滄海塵飛。想少年行樂嬉遊地。風臺月榭。柳逕花溪。東城開宴。南浦分題。戀青樓雨約雲期。不防隄老限相催。嘆韶光如駿馬加鞭。浮世事似落花流水。看人心是飛絮沾泥。既然。省得。不如咱醉而醒醒而醉。過一日少一日。且盡生前有限盃。快活了便宜。

【尾】山妻行事多賢惠。稚子爲人有見識。嬸子姪兒忒和氣。一任他豐衣足食。俺怎敢瞞神諕鬼。倘若有半點兒偏心到不的黑。（雍熙樂府）

按：北曲拾遺無題，首句作「一年老似一年」。

西湖賞翫

【北南吕一枝花】黑樓舡翡翠屏。錦步障芙蓉榻。玻璃盤堆異品。瑪瑙甕漲流霞。攢簇着絳蠟銀花。青玉案三綽抹。紫金盃一陸兒撒。飄飄的羅綺香浮。隱隱的笙歌韻雅。

【梁州】蒼頭奴頻揮羽扇。翠眉娥低按紅牙。攸攸蕩蕩湖山下。恰離了錢塘門岸口。早來到高麗寺山凹。岳王祠前散酒。保叔塔下分茶。賦詞章才子軒達。逞風標狂客諠譁。不弱如蘇東坡遊赤壁半夜扁舟。杜子美濯錦江三春釣艖。張博望泛銀河八月乘槎。這答。那答。趂薰風到處都遊罷。胸次美興情灑。醉眼連天見暮鴉。拂袖還家。

【尾】山光緑映巾中髮。波影風摇帽上花。奉别諸公柳陰下。這箇道咱哈答。那箇道咱醉呀。一箇箇都挽不住絲繮扶不上馬。（雍熙樂府）

【北南吕一枝花】懨懨懶畫眉。悶悶朱顔污。鸞箋空疊簡。玉笋幔嵯峨。羞揭粧盒。甚情况濃粧裹。一心兒只爲他。推不倒心上愁山。頓不開眉尖恨鎖。

【梁州】這些時病懨懨香消玉減。淡勻勻蹙損雙蛾。有詞章委實無心和。銀箏懶按。白雪慵歌。倦拈針指。懶綰雲蛾。不由人一似風魔。害的我伏枕沉痾。他不來時喚梅香冷清清半掩朱扉。數殘更碧熒熒燈昏畫閣。他不來時欹珊枕淚盈盈濕透香羅。我這裡想他。念他。呆答孩倚定幃屏坐。懷惆悵受寂寞。山海恩情躭坎軻。知他是心意如何。

【尾】往常時紅馥馥桃臉如花朶。今日則黑糝糝香肌似落柯。側身擁衾和衣卧。菱花鏡打睃。認不的是我。憔悴形骸證不得果。（雍熙樂府）

按：「身」，原作「耳」。

勸　友

【北南吕一枝花】與朋友擇善交。囑付叮嚀記。二十年同道侣。衡一味好情懷。這兄弟仗義疎財。流落荆襄客。蹉跎將歲月捱。筍條兒幼子孤單。花朵兒渾家失色。

【梁州】戀着千人寵風塵歌妓。供着他一家細米乾柴。一脚兒出在門兒外。他與張郎暗約。李客和諧。你便有石季倫豪富。龐居士家財。怎當他陷人坑丈二横開。更有那一千般巧計安排。有錢呵和你煖烘烘倚翠偎紅。磣可可盟山誓海。無錢呵撇的你悶淹淹月值年災。想來。蠢材。良言苦口君休怪。一句句着人戒。我與你寫做本粧就册。牢記心懷。

【尾】雙親白髮多年邁。稚子青春出衆材。終日思量倚門待。好教他左捱。右捱。只弄的水盡鵞飛恁時改。（雍熙樂府）

武

【北南吕一枝花】英雄濟世才。俊偉封侯相。虬鬚身凛凛。虎背貌堂堂。智勇無雙。

氣吐虹霓壯。恩霑雨露香。拜元戎鳳詔褒封。蒙聖主龍袍賜賞。

【梁州】觀筆下三千字掃。説胸中百萬兵藏。上天差下忠良將。揮戈挽日。射箭穿楊。霓旌掣電。寶劍含霜。統雄兵獨鎮邊疆。破匈奴百戰沙場。慣摧鋒豈讓廉頗。能料敵堪追呂望。善知機不亞周郎。鷹揚。奮揚。虎頭燕頷丹心壯。才高放志高尚。千里英名震八方。擁護君王。

【煞尾】黑頭早畫麒麟像。紫詔榮書錦繡章。鐵券論功又須降。三軍世掌。千鍾禄養。日日笙歌自安享。（雍熙樂府）

賞　雪

【北南吕一枝花】漫漫柳絮飛。片片梨花落。一壺天地窄。四野海山高。滿樹瓊瑶。迷却投林鳥。洒歌樓酒力消。白茫茫玉碾就樓臺。光閃閃銀粧成殿閣。

【梁州】寒凛凛吹人羊角。亂紛紛撲面鵞毛。古今勝敗誰知道。袁安扃户。蒙正歸窯。一時清苦。萬載名高。讀書人志氣英豪。更有那三般兒堪畫堪描。一箇在藍橋上策馬難行。一箇在霸陵橋馳驢凍倒。一箇在山陰溪訪友風騷。樂陶。假嘲。心頭無事開懷抱。且歌謳且歡咲。細聽紅粧品玉簫。滿飲羊羔。

【尾】吟魂汗漫歸蓬島。醉眼朦朧却睡着。嬌滴滴吴姬耳邊廂道。壓折了竹稍。埋没了畫橋。門外青山頓然老。（雍熙樂府）

登第

【北南吕一枝花】春風滿鳳城。麗日明金殿。瓊鈎垂翡翠。别是一重天。碧玉堦前。御賜瓊林宴。列笙歌動管絃。賀昇平家國安然。保社稷江山久遠。

【駡玉郎】見如今干戈寧息無征戰。絶士馬罷狼煙。君臣慶喜黄金殿。紫金盃。白玉斝。頻頻勸。

【感皇恩】呀。願福壽雙全。宇宙洪堅。滿朝中。都稱賀。太平年。民安國泰。君聖臣賢。今日箇聚賢臣。登寳殿。肆開筵。

【採茶歌】一隊隊舞翩翩。樂聲喧。歌謳宛轉韻攸揚。一曲陽春聲漸遠。恰便似和鳴鸞鳳下雲軒。（雍熙樂府）

蚊蟲

【北南吕一枝花】妖嬈體態輕。薄劣腰肢細。窩巢居柳陌。活計傍花溪。相趂相隨。

聚朋黨成群隊。逞輕狂撒殢滯。愛黃昏月下星前。怕青宵風吹月炙。

【梁州】每夜家穿樓臺蘭堂畫閣。透簾櫳綉幙羅幃。悵嗡嗡喬聲氣。不禁拍撫。怎受禁持。廝鳴廝咂。相抱相偎。損傷人玉體冰肌。殢人嬌並枕同席。瘦伶仃腿似蛛絲。薄支剌翅似莩灰。快稜曾嘴似鋼錐。透人。骨髓。滿口兒腤下胭脂記。想着那痒撒撒些滋味。有你時幾曾睡到眼底。倒强如蝶使蜂媒。

【尾】閑時節不離了花香柳影清陰裡睡。悶時節則就日暖風和葉底下依。不想瘦軀老人根前逞精細。且休説香羅袖裡。桃花扇底。子怕你露冷風寒恁時節悔。（雍熙樂府）

別商友

【北南吕一枝花】江山眼界寬。湖海胸襟傲。鄉邦聲譽美。寰宇姓名高。劍氣冲霄。翠竹蒼松操。瓊林玉樹標。吟的是杜陵詩泣鬼驚神。寫的是羲之字連真帶草。

【梁州】習詩禮門風遠播。紹箕裘家世豐饒。衣冠典雅多奇妙。威儀秀整。人物英豪。襟懷瀟洒。氣質飄颻。也曾伴高朋花底聞韶。也曾會佳賓月下吹簫。也曾樂閑情玉斝吞蛇。也曾消閑悶金丸墜鳥。也曾好閑遊寶箭驚雕。不矜。不驕。五湖勝覽人年少。德量寬心胸浩。四海名人廣故交。氣壓時髦。

【尾】論文正好同談笑。判袂應嗟兩棄抛。餞送郵亭馬當道。送行盃舉着。贈行詞唱了。眼睁睁西出陽關故交少。（雍熙樂府）

別友

【北南吕一枝花】衣冠家世雄。詩禮門庭壯。高風聞上國。美譽播遐邦。四海名商。文苑稱宗匠。詞林壓等行。也曾會詩朋花圃吟嘲。也曾邀酒友蘭亭宴賞。

【梁州第七】蒙青眼頻加看視。羨白眉到處稱揚。雍容典雅儒冠樣。襟懷洒落。器宇軒昂。品題風月。裁剪冰霜。販金珠湖海徜徉。載琴書京國翱翔。話交遊志懇情堅。推器識才高意廣。論聲華珍重名香。高朋。過訪。清樽談笑陶情況。鮑叔情田文量。富比陶朱世代昌。良賈深藏。

【尾】幾番家金釵勸酒情無曠。朱履論文志不忘。似這般博古通今有誰像。論契友山高水長。從識面年來歲往。教小生北斗相瞻泰山仰。（雍熙樂府）

按：「賈」，原作「價」。

輓妻

【北南吕一枝花】蘭房物已空。蕙帳人何在。愁雲迷綉榻。怨霧鎖粧臺。天降凶災。

釵頭鳳雙分壞。鏡中鸞兩下開。三十三耗散了杳杳三魂。七月七沉淪了攸攸七魄。

【梁州第七】好教我嘆箕箒空閑地上。慕糟糠不下堂來。痛的是半途夫婦拋恩愛。再不將孟光案舉。道蘊詩裁。都只把温郎鏡掩。卓氏車埋。想着我讀書時緝麻陪良夜虛齋。赴筵時引燈迎明月空堦。撇下那白生生一柄兒獨舉冰紈。撇下那小可可幾對兒親穿繡鞋。撇下那細亭亭兩隻兒舊戴金釵。想着你幽閑。性格。常依婦道遵閨誡。內助賢有誰賽。善事公姑孝不衰。誰承望修短合該。

【尾聲】今日箇則落的一堆黃土香肌葢。三尺荒坵玉骨埋。撇下箇五歲嬰兒怎將帶。說起來悲愁滿懷。題起來容顏變色。端的是此恨綿綿甚時得解。（雍熙樂府）

道　情

【北南呂一枝花】盟山土底埋。誓海波中渰。烟花情意足。風月債難擔。情理難甘。子弟每常和俺。賽兒中鬬廝攙。巫山下紙糊鍬钁。陽臺上開荒劍砍。

【梁州】也曾慣錦貂花溪泛舸。當金鞭柳巷遺簪。錦箋寫恨。寶麝留香。覓仙停驂。悲歡離合多經賺。分釵破鑑。解佩遺簪。洞府山岩。尋神女在虎窟龍潭。岳陽樓鄭子紅綃。藍橋驛裴航錦船。琵琶亭司馬青衫。自羞。自慘。東風吹得行雲淡。鏡裡似霜糝。一枕青樓夢已酣。總付高唐。

【三煞】光陰迅速實傷感。時務翻騰百不堪。功名一線我傷慙。四海交遊。飄零的不知明暗。默默的自取勘。眼底渾無一二三。流落在江南。

【二煞】再不喚行院每逗鏝家中探。粧旦的開山門上參。粗袍大笠且粧憨。不是痴換。抄着手傍邊。�淬唆朗。末聽撒欠。撚渲處�來纏定喒。碎巒零咍。

【尾】年來頓覺精神減。老去常教妻子嫌。翠紅鄉口緊緘。鶯花寨眼下饞。惡風波怎摇撼。閑是非不招攬。惜芳心莫我貪。疎狂性再誰敢。傚何郎枉撒暫。病軀老已抱藍。老雙漸儘打憐。小蘇卿便張喊。過中年往事經諳。消磨盡少年風月膽。（雍熙樂府）

冬　雪

【北南吕一枝花】朔風狂撼地軸。同雲布埋天際。唯聞千樹吼。俄視六花飛。凛冽寒威。暮景冬天氣。只疑春欲回。舞飄揚柳絮迎風。亂零落梨花滿地。

【梁州】一漫兒不分乾坤上下。半合兒難辨途路高低。凍枝頭那裡覓梅花蕋。將寒枝壓損。把凍樹深培。望前村惆悵。庾嶺徘徊。一會家撲簌簌亂撒珠璣。只疑是白茫茫倒瀉瑶池。端的是退之馬藍關外失路難行。浩然驢灞陵橋迷踪怎騎。子猷舡剡溪中阻興而歸。不曾。暫息。却便似要鶯兒萬萬千千對。搧粉蝶舞風戲。密酒歌樓酒力微。不許停盃。

【三煞】亂飄僧舍茶烟濕。深壅樵岩古徑迷。漁人披定玉簑歸。纔罷釣收綸。向灘邊將扁舟尋覓。吕蒙正在破窰内。撥盡寒爐一夜灰。展轉傷悲。

【二煞】嚴凝冷透孫康室。料峭寒侵顔子扉。長安酒價倍增十。文君忍凍當壚。司馬敲冰滌器。嘆周瑜怎題壁。張儀蘇秦强不的。繚繞空回。

【隔尾】這的是潤國家天降真祥瑞。濟黎庶皆無苦病疾。一糢糊約三尺。望遠沙鷗鷺栖。非丹青即水墨。有粧鑾。有畫飾。從盤古立天地。是有豪奢富貴城池。也無那瓊世界。玉乾坤。銀社稷。（雍熙樂府）

按：「綸」，原作「輪」；「壚」，原作「爐」。

收　心

【北南吕一枝花】一生酒裡眠。半世花中走。惜花頻浄臉。愛酒懶梳頭。酒病花愁。花共酒相迤逗。酒和花廝趂逐。看花時弄盞傳盃。殢酒後眠花卧柳。

【梁州】花送了些青春子弟。酒老了些白髮公侯。不知花酒無成就。花枝無敗。酒債無休。花開爛熳。酒滿金甌。怎做的花酒忘憂。略相别酒内神仙。永厮離花間故友。酒和花一筆都勾。從今後。罷手。早則不爲花酒干生受。從來花酒不堅久。只管裏戀酒迷花甚日休。早則箇葉落歸秋。

【尾】從今再不因花瘦。以後如何爲酒愁。花酒中間盡參透。若要省憂。省愁。再不簪花更殢酒。（雍熙樂府）

花　酒

【北南吕一枝花】花堪消遣愁。酒可相酔醉。一生花裏卧。半世酒中迷。花酒相隨。花共酒相牽繫。酒和花不暫離。酒膽大漸漸疎狂。花星照重重見喜。

【梁州】但坐處一簇簇花濃酒艷。但行處一步步翠遶朱圍。論風流無妙咱爲最。分茶攧竹。下象圍棋。吟詩課賦。蹴踘投壺。萬千般笑耍曾習。比古來俊者肩齊。我有那鄭生竊玉權術。韓壽偷香見識。潘安擲果心機。據着俺志氣。交友。名聲見我連忙退。憑寫染仗才藝。不弱如東坡黄魯直。小可誰及。

【尾】琴棊書畫般般兒會。歌舞吹彈件件兒知。頂字續麻快商謎。堦頭巷底。將咱説起。小伴當叢中占了第一。（雍熙樂府）

漁　樵

【北南吕一枝花】樵夫在堆藍翠雲錦鄉。漁翁在泛白雪桃花浪。那樵夫愛霜林紅葉舞。那漁翁釣烟雨趂長江。他兩箇在樵國漁邦。那樵夫嫌斧頭鈍只在頑石上蹌。那漁翁恨釣頭食不香。那樵夫在峻嶺上砍樹伐桑。那漁翁在寒溪下扳罾撒網。

【梁州】那樵夫柴擔擔來歇在林影。那漁翁魚籃携來放在陰凉。二人共坐一塊頑石上。論一會開天闢地。論一會五帝三皇。説一會顓頊少昊。論一會堯舜陶唐。殷商湯夏禹成康。周朝滅魏顯出楚壯秦强。那去了雄赳赳亡秦末西楚霸王。那去了氣昂昂東西晉北史南唐。那去了糾泛泛晉宋齊梁。有一箇越王。大梁。古來多少英雄將。有一箇魏曹操。漢王莽。縱饒你峥嶸少不的葬在北邙。想着人枉了争强。恨不的壘石牆。鑄鐵牕。不甫能禁人行。撲鼕鼕暮鼓頻敲。却又早催人起。嚮瑲瑲晨鐘又撞。不覺的日落山岡。

【尾】樵夫道等柴做飯山妻望。漁翁道晚膳鮮魚要煮湯。樵夫道不慌。漁翁説不忙。咱兩箇來日相逢再把話兒來講。（雍熙樂府）

漁樵

【北南吕一枝花】漁翁在碧深深波浪間。樵夫在翠巍巍顛峰下。漁翁道我整綸竿爲活計。樵夫道憑斧擔作生涯。咱兩箇本藝無差。堪寫入丹青畫。樂清幽自在煞。樵夫在黄蘆岸拴縛了柴薪。漁翁在白蘋渡口收拾了釣叉。

【梁州】漁翁道我柳條滿休心便罷。樵夫道我擔頭沉獨力難加。二人行至林泉下。那漁翁魚懸在陰影。那樵夫柴映定殘霞。咱兩箇且不説平日生涯。講齊梁戰討征伐。論周朝富貴榮華。咱兩箇初相交無憂無愁無慮。咱兩箇意相投有談有笑有耍。咱兩箇説多端自嗟自嘆自誇。漁翁道坐咱。樵夫道睡咱。不覺的緑陰轉夕陽下。回首疎林噪晚鴉。乘興回家。

【尾】漁翁道等鮮魚作鮓。樵夫道等乾柴煑茶。咱兩箇來日相逢再把話兒來答。（雍熙樂府）

及第

【北南吕一枝花】鰲功翰墨鮮。志汲桃花煖。胸中書萬卷。舌底浪千翻。射策金鑾。

宫花明翠帽。御酒濕羅襴。喜儒道光臨舜日。幸文明澤被堯天。

【梁州】一口氣鼓開雪浪。兩隻手撥轉天關。憑着伊文林学海把鰲頭占。文驚神鬼。詩壓山川。名標虎榜。姓列仙班。際風雲慶會斯年。佩紫綬早朝丹闕。傳玉燭晚直金鑾。美然。罕然。九重恩渥近天顏。禄位遷奎光現。赫赫聲名播宇寰。富貴何難。

【尾】舉直錯枉除民患。濟世經邦於國賢。身忠力孝爲心鑒。才兼德全。御筆題封翰林院。（雍熙樂府）

美　人

【北南吕一枝花】説窈窕端然窈窕。待苗條不甚苗條。向尊前徹膽兒包藏着俏。肌雪瑩匀匀粉膩。臉霞酣淡淡紅潮。荳蔻小半吐玉蕋。丁香嫩一點春嬌。舞態輕燕體飄飄。歌喉細鶯語嘐嘐。

【梁州】縷金環嵌八顆蠙珠。交股釵裊雙頭鳳翹。凌波襪蕩六幅鮫綃。老陶。見了。少不得剖肝腸再寫段風流波好。年紀兒正芳妙。索捨千金度一宵。没福也難消。

【尾】燭熒煌香靉靆鋪張箇夜月芙蓉幄。鋪纏聯金絡索蓋箇春風翡翠巢。我是箇鑒樂酸丁最公道。折莫將丹青畫描。詞章品藻。兀的般解語花生香玉世間少。（雍熙樂府）

按：此套【梁州】疑有脱句。

及 第

【北南吕一枝花】鵬霄九萬里。豪氣三千丈。龍蛇生筆硯。星斗焕文章。志氣昂昂。青雲當立志。金榜顯名揚。八詠賦驚駭俗膽。七篇文鏖戰占科場。

【梁州】折蟾宫一枝丹桂。養蠹簡十載芸窗。纔摶的彩旗簇擁長安賞。赤緊的文成錦綉。策對堯湯。群儒戰退。多士魁强。幸今日名題桂府。待斯時踐任琴堂。拂秋闈兩袖天香。筆尖掃千軍勇概。劍芒揮萬道虹光。爾當。自强。蟄起風雷震四方。須有日瓊林宴桃花浪。緑袍象簡紫薇郎。早能勾脱迹螢窗。

【尾聲】榮身耀祖多名望。駟馬高車返故鄉。朱衣好爵從天降。恩光。建章。朝朝染翰侍君王。（雍熙樂府）

志士未遇

【北南吕一枝花】飄零在海角邊。流落在天涯外。論文無故友。仗義有英才。運拙時乖。虎瘦雄心在。休將人一例猜。志高如西嶽巔峰。量寬似東洋大海。

【梁州】誰承望花正發風狂雨驟。月初圓霧鎖雲埋。聖人道歲寒然後知松柏。憑着我胸懷星斗。志捲江淮。心藏錦繡。口吐文才。爲功名遠遠而來。嘆疎貧朽木之材。休休休那一箇肯學那龐居士濟困扶危。恁恁恁則待學費無忌輕賢重色。是是是那一箇肯學那孟嘗君仗義疎財。見來。痛哉。屈沉殺乘鸞跨鳳攀蟾客。時不來且寧奈。有一日金榜將咱名姓開。那時節苦盡甘來。

【尾聲】讀毛詩知禮記春秋冊。我是箇達書易庸學語孟白。得換箇紫羅襴白象簡黄金帶。那時節快哉。樂哉。不枉了寒窻下辛勤二十載。（雍熙樂府）

燈詞

【北南吕一枝花】磐石鞏固基。啓運興龍地。天星應人馬。地勢作屏圍。水秀山奇。士庶皆豪貴。莊農多黍稷。幸遇着盛世明時。端的是豐年稔歲。

【梁州】恰新春鴻鈞氣轉。早元宵斗柄寅回。忻逢五夜堪人意。一輪寶鑑。萬顆珠璣。燈光相暎。月色相隨。燈和月上下清奇。月和燈來往相宜。照鳳闕耀龍樓錦樹開花。遶御堦徧丹墀金蓮放蘂。光燦爛暎蟾宫皓彩流輝。這壁。那壁。家家處處排羅綺。儘歡樂拚沉醉。勝似丹青圖畫裡。堪賞堪題。

【罵玉郎】我則見鰲山高聳侵雲霽。開筵宴飲金杯。燈光影裡香風細。撒金錢公子行。閑遊翫仕女隨。看社火佳人立。

【感皇恩】則聽的鼓樂如雷。絃管聲齊。一壁廂躧高撬。一壁廂踏迓鼓。一壁廂舞白旗。不弱如蓬萊閬苑。勝似那紫府瑶池。光閃閃銀河燦。碧熒熒燭花明。色輝輝照華夷。

【採茶歌】笑吟吟手相携。慢騰騰步輕移。相呼相喚俏言低。漸漸東方催曙色。看看月落衆星稀。

【尾聲】五更禁鼓都休擂。三弄梅花且莫吹。慶賞元宵太平世。見如今千邦納禮。萬民皆讚喜。皆仰望一統乾坤大明國。（雍熙樂府）

佳　麗

【北南吕一枝花】風流體態嬌。可意龐兒俏。半生無點破。萬種有妖嬈。舉止奇標。裙底露金蓮小。鳳釵簪寶髻高。似嫦娥纔降天庭。如仙子初離蓬島。

【梁州】喜孜孜花前見了。笑吟吟月下逢着。他情我意相投妙。善描鸞刺綉。慣賦課吟嘲。會吹彈歌唱。能擲彩投拋。俏心兒所事偏高。美儀容壓賽紅綃。燭花前私語相傳。星月下佳期共禱。遇知音喜在今宵。情稠。意好。翠衾錦帳鸞凰效。嬌滴滴芙蓉貌。價抵千金此一宵。小可的難消。

【尾聲】不覺的五更唱曉鷄聲報。半夜催人鐘韻敲。萬斛離愁滿懷抱。並鴛鴦散了。望章臺路遥。從今後雲雨巫山夢兒遠。（雍熙樂府）

愛月夜眠遲

【北南吕一枝花】晚霞魚尾紅。秋水鴨頭緑。冰輪從地湧。明月照天隅。潛出庭除。行到清幽處。欵將藤簟舒。仰面觀北斗南辰。側臥看牽牛織女。

【梁州】辜負了綉衾錦褥。空閑了羅幙紗幮。夜天凉正值着清秋序。梧飄菊綻。柳敗荷枯。時光冷淡。景物蕭疎。旅亭前倦客躊躕。綉幃中怨女嗟吁。獸爐内爇盡清香。銀臺上燒殘絳燭。緑窗前手冷金盂。非是我自誇。自許。銀蟾皎潔難留住。呼梅香唤小玉。準備盃盤飲醁醑。歡比其餘。

【尾聲】清光影苫梧桐樹。皓魄星移白玉珠。暢喜情歡懶歸去。藉不得露宿。問甚麽起居。直熬的夜静更闌甑不足。（雍熙樂府）

掬水月在手

【北南吕一枝花】風輕銀漢清。雲斂瑶天静。輿身離綉榻。信步出閨庭。白露零零。小院人初静。長空月正明。照乾坤皓魄澄澄。偏宇宙清光耿耿。

【梁州】金井畔梧桐弄影。緑窗前翠竹無聲。玉盆注水安中正。輕挽羅袖。掬水春葱。捧擎寶鏡。翫弄寒冰。定睛觀有影無形。剔團圞能破能成。感傷懷淡淡疎星。添寂寞蕭蕭夜景。助凄凉渺渺飛螢。忽聽。猛驚。見梅香速至傳台命。歸畫閣阻佳興。多管是宴罷夫人酒半醒。闌散消停。

【尾聲】串香烟盡銷金鼎。銀燭光殘照畫屏。羅幙猶寒我孤另。誰曾來慣禁。瘦身軀病沉。温不煖鮫綃被兒冷。（雍熙樂府）

弄花香滿衣

【北南吕一枝花】泥融燕子飛。沙煖鴛鴦睡。竹高翡翠鳴。花發杜鵑啼。潛出庭閨。步入花園内。欵將蓮步移。恰行過拖香烟楊柳池邊。早來到開白雪梨花樹底。

【梁州】觀不盡紅灼灼數枝桃李。賞不絶香馥馥一架荼蘼。一年四季春爲貴。牡丹爲最。芍藥奪魁。堪憐堪愛。堪賞堪題。見遊蜂飛去飛回。看蝴蝶相趂相隨。開紅英芍藥蝴蝶。垂玉線海棠子規。㛹金絲細柳黄鸝。可憐。可惜。殘紅落滿蒼苔地。剪薔薇折梅桂。裙拂花叢香滿衣。廢寢忘食。

【尾聲】懷揣着花蕋香盈體。手撚花鈿貼面皮。留戀奇花柰無計。躊躇了一會。則無些兒見識。則除是圖畫在幃屏面兒裡。（雍熙樂府）

南北南吕合套

神京八景

【一枝花北】蓊鬱鬱居庸疊翠峰。清湛湛玉泉垂虹擁。色蒼蒼薊門烟樹秀。明皎皎蘆溝月溶溶。氣勢峥嶸。瓊島騰鸞鳳。太液池魚化龍。金臺暎晴日輝輝。西山顯雪霽烱烱。

【一江風南】景無窮。宜賞翫堪遊從。寶殿内香風送。勝巫山。古檜森森。賽過神仙景。方壺亭近玉濵。瀛州亭金露濃。疊河玉侵雲嶺。

【罵玉郎北】萬歲山瑶臺暎日增光瑩。池沼静水波平。瓊林苑緑分輕重。香馥馥花弄影。來往往蝶戀蜂。溜嚦嚦鶯聲送。

【東甌令南】啣泥燕。採花蜂。度柳穿花向芳徑東。奇葩異草開千種。總與春光共。佳人仕女樂歡慶。香飄蕩散簾櫳。

【感皇恩北】錦重重畫棟雕櫳。高聳聳勢接蒼穹。飛橋高近碧天。複道長臨瓊島。御溝遠水流通。長生殿石如踞虎。廣寒宮樹若蟠龍。前臨水。後靠山。聖人殿正當中。

【節節高南】風雲會宴九重。喜相逢。君臣共享昇平世。蒙恩寵。開玳筵。簫韶奏。妙舞清歌新章詠。繁絃擊管仙音動。仁風廣布兆民安。甘露普降天恩重。

【採茶歌北】乾坤奉慶雲濃。日月彰見飛龍。紫霧現祥光籠罩九重宮。聖子神孫金枝旺玉葉榮。勝磐石皇圖鞏固永興隆。

【尾聲南】軍民樂業咸稱頌。賢臣良將儆華封。地久天長日月明。（雍熙樂府）

按：盛世新聲、盛世詞林僅録南曲四隻，無題，亦不注撰人。

題小脚

【北南吕一枝花】香纏疊雪紗。錦襯凌波襪。底裁楊柳葉。尖蹙牡丹芽。行過堤沙。印下對相思卦。窄弓弓可喜殺。鳳頭兒不勾輕拏。虎口裏剛剛半扎。

【梁州】步蒼苔金蓮似笋。過瑶堦玉嫩如芽。湘裙微露些娘大。恰便似雙鳧出水。新月籠紗。玉鈎簾控。嫩藕生芽。不知那可喜娘怎的纏扎。多情人不住嗟呀。莫不是瑶臺仙誤落在天台。莫不是巫娥女朝遊楚峽。莫不是許飛瓊降落在凡家。見他。愛殺。立欽欽穿一對新刀抹。那周正那如法。載不起東風大路刮。委實的堪誇。

【尾聲】偏宜向紫霄宫裏把青鸞跨。宜去那花萼樓前將寶鐙踏。畫板鞦韆將綵繩兒壓。龐兒俊雅。天生的喜恰。更有那萬種妖嬈並無有半星假。（雍熙樂府）

才子失約

【北南吕一枝花】舒開張嵌江梅斑竹席。捌下頂籠花霧青紗帳。濕抹了楚荆山白玉枕。拂掉了皺湘水紫藤床。浴罷蘭湯。向簾捲西樓上。對鸞臺添些晚粧。輕匀了薔薇露宫額圖黄。再整這珠珞索金釵鳳凰。

【梁州】戴一串玉項牌羊脂般容光。穿一套藕絲衣龍腦馨香。啓朱扉推朱户摇朱幌。方纔是抵多少化金蟬脱殻的閨房。先卸下惹事頭花枝疊雪。後除下束脚步環珮玎璫。投至的説下石佛點頭的慈母。行過那淡朦朧斜月迴廊。立蒼苔羅襪冰霜。這早晚不來呵莫不是御園中誤金盃失了信的裴航。這早晚不來呵莫不是章臺路懶畫眉灰了心的張敞。這早晚不來呵莫不是天台山厭桃花變了卦的劉郎。這廂。那廂。靜悄悄無箇人來往。好教我低首沉吟自思想。莫不是小膽的冤家無計量。好教我無語徜徉。

【尾聲】梅香。你去那金井邊梧桐樹下你與我偷睛兒望。你去那太湖石傍芭蕉葉叢中你與我躡足兒藏。莫不是柳影花陰怕衝撞。牡丹亭那廂。荼蘼架這傍。莫不是他不敢敲門怕聽的響。（雍熙樂府）

按：「閨」，原作「歸」。

佳人誤期

【北南呂一枝花】安排下翠迴紋鵲尾爐。添上些㬹篆烟龍涎餅。收拾起蘸霜毫端溪硯。濕抹了伴圖畫古銅瓶。拂掉了瑶琴。把鳳求凰絃調定。待文君卓氏聽。先將這素羅襴犀角重關。後把那裏緑鬢烏紗再整。

【梁州】本待要上林苑鶯期燕約。怎生教赴書齋雨意雲情。這早晚正深沉庭院人初靜。樓頭月上。柳底風生。梧桐葉落。宿鳥飛驚。望粧樓如弱水蓬瀛。隔花牆似雲岫千層。這早晚不來呵莫不是藍橋驛無魚書失了信的瓊瓊。這早晚不來呵莫不是金井邊戀啼紅灰了心的翠屏。這早晚不來呵莫不是西廂下倦聽琴變了卦的鶯鶯。料應。

怎生。把角門兒鐵桶般牢拴定。自思量忽然醒。莫不是寢室内夫人睡未濃。因此上不得消停。

【尾聲】我去那梧桐樹左側潛着身兒等。木香棚傍邊飲着氣兒聽。莫不是你無福無緣我薄倖。忽聽得一聲。我則道是可憎。原來是風擺動芭蕉葉兒影。（雍熙樂府）

俊　美

【北南吕一枝花】柳眉新月彎。杏臉殘霞襯。星眸凝緑水。蟬鬢挽烏雲。一點朱唇。檀口香噴噴。香腮膩粉匀。蹴湘裙微露金蓮。垂翠袖輕籠玉笋。

【梁州】戴一對玉螳螂羊脂碾就。穿一套藕絲衣龍腦香燻。温柔體態多丰韻。言談出衆。乖覺超群。諸般俊雅。所事絶倫。美甘甘宜喜宜嗔。嬌滴滴堪羨堪欣。舞纖腰摇嫩柳輕拂。遏行雲飛燕蹁躚。搊銀箏撒瓊簪響玎璫冰絃鬭滚。唱陽春啓櫻桃韻悠揚聲透青雲。心聰。性純。拆白道字無過論。善猜謎能打諢。端的是歌舞叢中第一人。壓盡紅裙。

【尾聲】一團和氣堪親近。萬種風標不可論。錦帳牙床偏宜稱。鋪設着褥裀。擺列着綉衾。這的是他一世風流受用恁。（雍熙樂府）

四十箇仕女遊春

【北南吕一枝花】暖烘烘春繁芍藥苗。香馥馥露滴梨花萼。縷絲絲風吹楊柳綿。紅灼灼月上海棠稍。仕女相邀。争蹴鞦韆鬧。綺羅叢蘭麝飄。一箇襟領邊金鈕扣對鎖鴛鴦。一箇寶髻上玉釵牌雙嵌鳳鵲。

【梁州】一箇登畫板羅裙底金蓮欵蹙。一箇挽絨繩拂翠袖玉笋相交。一箇喜孜孜啓一點朱唇笑。一箇春纖蕩漾。一箇羅綺香飄。一箇平梁取彩。一箇弄險争高。一箇趂春風飛下瓊瑶。一箇下鞦韆無力舒腰。一箇楚巫娥挽雙霞赤襯紅霓。一箇似海龍女身騰勑降下瓊瑶。一箇似半空中舞下丹霄。一箇尋芳。一箇鬬草。一箇預先占搦鞦韆索。一箇强整烏雲貼翠翹。一箇將畫板輕敲。

【罵玉郎】一箇薔薇刺挽金釵落。一箇摇彩扇撚鮫綃。一箇櫻桃樹下身斜靠。一箇眼認花苗。一箇手摘鮮桃。一箇袖擎着。一箇眼偷瞧。一箇折枝紅杏將手帕兒包。一箇蹴起鞦韆出林稍。一箇摺回衫袖把做扇兒摇。

【尾聲】一箇金蓮窄窄三分小。一箇翠黛蛾眉八字描。一箇玉質娉婷百般俏。一箇春纖背抄。一箇酥胸露着。遺下些餘香都在那樹兒下遶。（雍熙樂府）

美貌

【北南吕一枝花】春色近粉牆。牆裡佳人笑。笑顔争喜色。色勝海棠嬌。嬌滴滴難畫難描。描不就天然俏。俏形容塵世少。少一枝楊柳浄水銀瓶。瓶對比觀音更好。

【梁州】好甚似宫花御柳。柳絲兒偏襯夭桃。桃花恰似他容貌。貌如新月。月夜花朝。朝朝沉醉東風。風流殺蕩蕩飄飄。飄粉蝶牆内尋花。花枝上黄鸝鬭巧。巧舌頭紫燕奪巢。巢聲直向宫娥道。道恁抱將琴來任意調。調琴操罷天將曉。曉夜須將美酒消。消愁困把幃屏靠。靠着箇嬌滴滴酥胸夢魂兒遶。（雍熙樂府）

閨思

【北南吕一枝花】絲絲楊柳垂。點點楊花放。融融春未老。漸漸晝初長。咬指思量。得寵非模樣。承恩不在忙。空擺列綉幞鸞衾。枉鋪設鴛幃象床。

【梁州】風力軟鳥聲繁冗。日偏高花影疎狂。珠簾高捲金鈎上。蘭堂寂寞。畫閣荒凉。粧臺塵鎖。寶鑑灰搪。粉牆邊紅紫芬芳。緑窗前烟霧迷茫。冰肌瘦裙褪鮫綃。雲鬟嚲釵分鳳凰。羅衣寬鈕斷鴛鴦。倚欄。步廊。一天愁百般難拋漾。消玉體減情況。盼殺人象管描眉京兆郎。萬種恓惶。

【尾聲】出朱扉舉目連天望。青鎖闥深如銅雀房。漏永更長角聲蕩。月朦朧轉窗。銀臺上燭光。有夜無明對誰講。（雍熙樂府）

艷嬌

【北南吕一枝花】黑姿姿雲鬟鳳髻高。翠彎彎遠黛蛾眉掃。小顆顆櫻桃樊素口。瘦怯怯楊柳小蠻腰。百媚千嬌。開口千金笑。巧丹青難畫描。似嫦娥擅下天宮。似龍女私離海島。

【梁州】說不儘千般俊俏。數不盡萬種妖嬈。果然傾國傾城貌。金蓮短小。綉履輕翹。玉纖微露。翠袖收包。一團兒體態風標。幾般兒難畫難描。他他他端的是美姿姿閉月羞花。他他他真箇是嬌滴滴魚沉鴈落。他他他但行動一陣陣風送香飄。那朝。見了。冰肌困把幃屏靠。那風流那軟弱。似月殿天仙下碧霄。無福也難消。

【尾聲】蘭心蕙性天然俏。素淡梳粧無半米喬。燕語鶯聲那輕妙。聲音兒不高。心情兒更巧。再尋箇輳對成雙端的世間少。（雍熙樂府）

十二仕女遊春

【北南呂一枝花】和風麗日新。細雨春無價。香風吹嫩柳。梅雨洒桃花。景物堪誇。宜入丹青畫。杜公興轉加。我則見一叢叢争戲鞦韆。一隊隊香車寶馬。

【梁州】見十二箇仕女遊春耍。一箇金釵重整。一箇玉笋纖芽。一箇粉流翠鈿。一箇汗濕輕紗。一箇挽絨繩畫板輕踏。一箇送鞦韆語笑諠譁。一箇撲蝴蝶芍藥叢中。一箇逐遊蜂荼蘼架下。一箇覔黄鸝度柳穿花。仔細。看他。有丹青巧筆難描畫。一箇在紅杏裏。一箇在緑陰下。一箇遥指前村賣酒家。一箇按撥琵琶。

【尾聲】一箇在海棠影底觀棋罷。一箇去緑柳陰中渴飲茶。一箇道兀良在柳稍頭掛。一箇投壺打馬。一箇酒斟玉斝。一箇道九十日春光快活煞。（雍熙樂府）

抛閃

【北南呂一枝花】思量可意人。則爲你憂成病。自從他去了。空着我曉夜家伴殘燈。撇的我冷冷清清。抛閃的人孤另。越思量越動情。記的咱羅幃中錦被兒裏安然。到如今冷清清恰似箇世人。

【梁州】記的咱星前月下相隨定。受了些傍人每講論。姊妹每聽聲。怕人瞧則在那燈影下潛身。空説下海誓山盟。那一夜不等到二更三更。長嘆倒有千聲萬聲。空着我冷清清獨守幃屏。他那裡熱火火摟抱着别人。好着我自思量。暗忍。但合眼便做箇團圓夢。自驚覺那心痛。哎。你箇負德的寃家却原來不至誠。撇的我冷冷清清。

【尾聲】想當初把你來人也似欽敬。駡你箇膽大的寃家你今日却負了心。則説我雜情。原來是你薄倖。我學不的桂英。你則學王魁那廝負心。我手拏着一縷兒青絲撲簌簌淚珠兒滚。（雍熙樂府）

夏　景

【北南吕一枝花】風吹菡萏香。雨過葵花放。榴花初噴火。梅子半微黄。正值着夏景時光。避暑在涼亭上。有薰風送晚涼。冰盤内沉李浮瓜。羅扇底風清氣爽。

【梁州】可意人紗幮枕簟。趓清涼石枕藤床。採蓮人歸去齊聲唱。徧解音吕。能曉宫商。蘭舟畫舫。翠蓋紅粧。蕩中流餘韻幽揚。傍沙汀驚散鴛鴦。撲淥淥銀頭鷺飛起行行。忒楞楞金脚鴨充開兩兩。撲剌剌錦鱗魚跳躍雙雙。端詳。半晌。忘機鷗鷺堪人賞。堪畫在幃屏上。四面山光接水光。所事非常。

【尾聲】一溪緑水清波漲。滿院槐陰晝影凉。會受用的東君那情況。酒斟着玉觴。人歌着樂章。儘意兒吟哦盡心賞。（雍熙樂府）

夏景受用

【北南吕一枝花】高攀錦綉鞍。穩坐驊騮馬。輕敲鑌鐵鐙。欵頓爛銀鍘。穿一套異錦輕紗。向南浦池塘下。賞荷蓮初綻花。恰離了抹胭脂紅蓼灘頭。又來到鋪膩粉白蘋那答。

【梁州】飄翠竹青龍動影。又來到碧柔藍緑水人家。有珍饈百味安排下。黄金瓶花插瓊蘤。白玉甌酒泛流霞。玳瑁盤宜盛鮮果。玻璃鍾酥攪新茶。四件物偏美偏佳。三般兒堪賞堪誇。見見見花弄風却一似朱雀騰毛。是是是荷帶雨便一似青龍渲甲。看看看我則見藕鑽泥恰便似白象張牙。猛擡頭。覷咱。有丹青巧筆難描畫。湖亭畔畫橋下。見一隻小小蓮舟可喜煞。載數箇堪賞翫的嬌娃。

【牧羊關】一箇啓朱唇歌白雪。一箇瘦腰肢舞絳紗。一箇品鸞簫音吕熟滑。一箇執金瓶的百媚千嬌。一箇過玉盞的諸餘俊雅。一箇挽羅袖擎象板。一箇出纖手撥琵琶。一箇笑吟吟半掩着泥金扇。一箇喜孜孜輕籠着翡翠花。

【尾聲】恰離了白茫茫響潺潺半灣流水林泉下。又來到青森森明晃晃碧瓦琉璃富貴家。妙舞鸞簫笙歌罷。象牙床坐榻。珊瑚枕上睡咱。則落的無是無非快活煞。（雍熙樂府）

冬　雪

【北南呂一枝花】輕輕柳絮飛。片片梨花落。黯黯彤雲布。凜凜朔風高。六出花飄。宜賞翫絶爲妙。可堪題恰正好。煖閣内將美醞頻斟。紅爐上把肥羊旋燎。

【梁州】雲迷漫難分遠近。白糢糊不辨低高。探梅花迷却前村道。敗鱗糝地。亂剪鵝毛。竹擎玉葉。松墜銀稍。漁翁樵子空勞。飛禽走獸迷巢。這其間凍蘇秦在何處巡街。吕蒙正難尋破窰。匡智圭鄰壁難鑿。翫着。看着。這山高江闊天涯遠。雲霎霎霧浩浩。遥指孤村酒價高。何處覓知交。

【牧羊關】端的是添禾稼瘴氣消。子猷船舉棹慵摇。韓退之勒馬難行。孟浩然騎驢凍倒。粉墊了藍關道。銀砌就霸陵橋。野店上商賈迷行路。高臥的袁安睡不着。

【尾聲】庵前霧鎖寒梅遶。窗外風篩翠竹敲。瑞氣氤氲滿天罩。聽江聲静悄。看碧天縹緲。端的也惱煞丹青畫不了。（雍熙樂府）

樂閑

【北南呂一枝花】天然性格寬。道理温柔善。五音通曉徹。六藝盡皆全。所件争先。習講先賢傳。遵承古聖言。看春秋窮究高低。觀史記精微深淺。

【梁州】得閑時逍遥散誕。偷工夫求古尋賢。詩詞禮樂平生願。無榮無辱。無繫無牽。有歡有樂。隨分隨緣。供一炷寶篆龍涎。報三光答謝神天。知足也樂意忘憂。識廉恥存心過遣。達時務守己安然。念前。在先。浮雲財物非貪戀。伴良友擇其善。紙帳梅花獨自眠。端的是舒意忻然。

【尾聲】今朝有酒今朝羨。一日清閑一日仙。獨坐幽窗理書卷。琴童近前。把茶芽細煎。如此清幽再無選。（雍熙樂府）

下大棋賭馬

【北南呂一枝花】祥雲護紫宸。曉日開黄道。太平興禮樂。聖主祀南郊。雨順風調。普天下民安樂。聽華封祝帝堯。合天心布德施仁。飲福酒長生不老。

【梁州】紅雲殿鵷班初退。紫羅襴玉珮齊摇。文臣武將都來到。持齋處秉丹誠把靈臺静掃。得意也整楸枰把棋子閑敲。孔子道博奕者猶賢乎己。古人云謹之哉勿易而驕。這壁廂立中軍兩陣纔交。那壁廂擺長圍九子先饒。頭一陣海天寬離丹穴彩鳳翻身。第二陣秋風勁吸玉露金蟬脱殼。第三陣展颷輪赴瑶池方朔偷桃。不消。幾着。只見傍觀袖手的呷呷笑。論輸贏有强弱。當局全憑智量高。公論難逃。

【隔尾】雖是你於陵仲子行藏好。更比那湖海元龍氣勢豪。他道是參透了仙家橘中樂。小生雖然是晚學。與你那衆棋仙解嘲。争柰定襄年紀老。

【牧羊關】連珠兒放幾箇襄陽砲。虚套子包藏着笑裏刀。看不的那打勢粧妖。活幾路恰便似拖地膽的黄文。得一着早强如使飛撾的馬超。恰纔向迷魂陣着了瘴。誰想這蠟鎗頭没下稍。雖然是打刼天生好。則怕那雙關鐵樣牢。

【罵玉郎】神機妙藝誰能到。雖易省最難高。古今來只有商山皓。第一要得美多。第二要審勢精。第三要臨機妙。

【感皇恩】恰纔似敗葉風飄。瑞雪湯澆。俺則見他用心思。將脚跌。把頭摇。止不過鷄鳴狗盗。怎迭得虎略龍韜。他又早四稍垂。七魄散。五魂消。

【採茶歌】口兒裏絮叨叨。心兒裏懒焦焦。這塲閑氣却是自家招。倒枕槌床直到曉。長吁短嘆好難熬。

【尾】喘怯怯見一箇青衣報。這件事今番怎解交。報與這好賭賽的當家你知道。畫閣內老夫人咬着牙兒道不饒不饒。庭門外小妻羅立着脚兒道快着快着。可惜也把一匹緊一千慢八百駿如龍雄似虎趂日追風的銀褐馬被他牽的去了。（雍熙樂府）

按：「隔尾」，原作「尾」。

失　配

【北南吕一枝花】容枯粉漸消。髻亂釵斜墜。釧鬆削玉腕。裙掩褪腰圍。瘦減香肌。不能勾美滿鴛幃内。常則是孤眠錦帳底。往常時煖烘烘共枕同衾。到如今冷清清眉南面北。

【梁州】甚的是笑吟吟花前携手。樂陶陶月下傳杯。早忘了碧紗幮共寢同歡會。心肝廝愛。熱肉相偎。鴛鴦並宿。比翼同隨。畢罷了嬝婷婷玉骨冰肌。齊臻臻紺髮雲堆。起初時喜孜孜醞釀的蜜就花成。是是是那其間恩深也美甘甘如魚似水。呀呀呀到如今興闌也悶懨懨鳳隻鸞棲。自知。就裡。俺兩箇比先間合口兒同出氣。這情意那滋味。到如今抛的咱東你向西。自有天知。

【罵玉郎】空閑了芙蓉綉榻鴛鴦被。銷金帳綉羅幃。往常時鮫綃幔設追歡意。鈎懸着翡翠簾。爐焚着蘭麝香。閣遶着薰風細。

【感皇恩】呀。説甚麽暗約偷期。怎用的蝶使蜂媒。夜同眠。朝同坐。宴同席。到如今辜恩負德。早忘了百步徘徊。金釵墜。玉笋纖。緑雲垂。

【採茶歌】一會家料頻題。越着迷。這的是你心虧我我虧伊。離恨天高何日徹。有情誰怕隔年期。

【尾】往常時俏姻緣恰似那碧澄澄緑漫漫鴛鴦水上同遊戲。到如今辜恩情有如那高聳聳另巍巍孤鴈天邊各自飛。撇的我枕冷衾寒失佳配。將離情所爲。衷腸事跡。翡翠鮫綃綉幃裏。（雍熙樂府）

漁　樂

【北南吕一枝花】綸竿度歲華。網索爲活計。魚舟趂日月。香餌待朝夕。淺淡衣食。到晚來藤枕蘆花被。厚蒲團新草席。趂西風行過沙灘。隨明月冲開蘆葦。

【梁州】生涯有輕篙短棹。活計是箬笠簑衣。江鄉景物多奇異。看鴛鴦自來自去。喜鷗鷺相趂相隨。暮雲閑任舒任捲。野鷄鶩或住或飛。一矣兒堪賞堪宜。三般兒堪畫堪題。我則見白蘋渡雪漫漫玉玲瓏玉砌汀洲。更那堪緑楊堤雲冉冉翠重疊翠連古堤。

我則見紅蓼灘雨濛濛錦斕斑錦襯漁溪。長江。萬里。收綸罷釣無拘繫。船灣在柳陰內。嫩柳穿活魚手内携。含笑而歸。

【尾】旋沽新酒真奇味。纔打的活魚端的肥。漁父江邊正遇着太平世。八方無戰敵。萬邦來進禮。普天下風雨調和萬民喜。（雍熙樂府）

贈尼僧

【北南呂一枝花】離西天極樂邦。仗南海觀音力。住中華明聖國。達東土妙玄機。念念菩提。僧法寶身藏秘。佛家風早受持。千百億化隨緣。五十三參悟理。

【梁州】不度善男子信心。得度也曾交惡羅刹稽首皈依。開談便是波羅蜜。能回嗔慧。善解愚痴。廣行方便。大發慈悲。有給孤長者相隨。更維摩居士相知。喜的是柳陰中洒静生凉。愛的是紫竹林團陰護跡。敬的是白衣相到處陪席。聲聞。頓起。渾身纓珞珠拖地。那姿容世無對。更有那天大將軍聽法回。滿口兒稱奇。

【尾】硨磲瑪瑙徒爲貴。琥珀琉璃任所美。要捨施的郎君往成對。人皆頂禮。誰能敢近體。只向那九品蓮臺看的你。（雍熙樂府）

勳　臣

【北南吕一枝花】團花獸錦袍。碾玉靏紋帶。匣藏青蟒劍。馬跨赤龍�。胸捲江淮。於國功勞大。善機謀能計策。揷青霄玉柱擎天。卧滄浪金梁架海。

【梁州】雄赳赳威風八面。氣昂昂位列三台。布寬仁廣恩信伏蠻貊。更有那韓彭智勇。郭李英才。更壓着蕭曹奇計。也不弱王謝胸懷。見如今整朝綱出入金堦。少不的表中華圖像凌臺。輔金吾掌領着惡哏哏百萬貔貅。金漆圍擺列着齊臻臻三千劍客。畫堂中排連着喜孜孜十二金釵。威哉。壯哉。丈夫志在乾坤外。保中華静邊塞。萬國梯航貢税來。播世之才。

【尾聲】錦模糊珠錯落紫檀槽架幾聲相間擺香靄。金燦爛玉鏗鏘白象簡舞蹈罷晞微曙色開。展土開疆大元帥。憑經綸手策。仗安邦壯懷。也消的輸簡流芳萬萬載。（雍熙樂府）

冬　怨

【北南吕一枝花】畫樓閑悶轉添。錦帳空閑凄楚。綉衾寒愁易感。翠被冷夢偏無。心内躊躕。正遇着冬天暮。薄情忒狠毒。不管人死後别離。怎捱這生前間阻。

【梁州】一世兒鶯儔燕侶。不隄防鳳隻鸞孤。想當年傅粉人何處。蛾眉懶畫。蟬鬢慵梳。鸞釵倦整。胭粉羞施。暗傷悲感嘆嗟吁。恨重疊兩淚如珠。近緑窗冷清清無語徘徊。臨寶鏡氣絲絲離愁齟齬。傍粧臺悶懨懨鬼病揶揄。是咱。分福。感離情夢裏尋他去。倩魚鴈自分付。寄與平安一紙書。親手開讀。

【尾】鋼鍬撅斷連枝樹。利刃分開比目魚。一弄兒凄凉對誰訴。香消了玉爐。燈殘了畫燭。本是六分的相思又添上四分兒苦。（雍熙樂府）

雪

【北南吕一枝花】巧藏天地春。堪入江山畫。怪石寒現玉。老樹夜生花。風力交加。似蓬島鶴飛下。水晶宫龍戰乏。鶴飛時亂紛紛鶴羽飄零。龍戰退密匝匝龍鱗謝甲。

【梁州】百萬家新鋪玉瓦。三千界碎滚銀砂。青山一夜添白髮。遮斷了江南塞北。迷合了海角天涯。冷絶了唧蘆過鴈。風吹斷覓宿飢鴉。禎祥瑞粧點京華。助風騷應付詩家。這其間陶學士茅舍烹茶。韓退之藍關駐馬。孟浩然覇岸尋花。這答。那答。東風觸處飛還化。似吴鹽遍空撒。天地山河景物佳。一片無瑕。

【尾】貫沽村酒添高價。寒助江梅放小葩。人倚歌樓賦詩罷。酒斟着玉斝。燈燒着絳蠟。錦帳裡高眠快活煞。（雍熙樂府）

贈太師

【北南呂一枝花】黄金架海梁。白玉擎天柱。鳳樓承雨露。寶殿對鑾輿。無欠無俗。德行把三綱助。威儀將奸細除。穩拍拍位至三公。鬧穰穰名揚四宇。

【梁州】儀像入麒麟殿裡。芳名注鐵券丹書。功勳博得皇家富。領三軍腹中豪氣。敵萬人掌握機謀。堪爲相心元落落。會用兵膽氣粗粗。志昂昂儀表非俗。貌堂堂七尺之軀。腰間劍明晃晃如迸銀光。馬前張錦模糊似鋪綉褥。腹中志吐虹霓直徹雲衢。到處。克伏。坐間談笑揮白羽。草木尚知名目。真乃是男兒大丈夫。輔佐皇都。

【牧羊關】捧日月光天象。保山河壯帝居。端的是噀玉噴珠。受皇恩禄享千鍾。入青史名標萬古。均風雨宜時序。調鼎鼐理規模。威北狄南蠻怕。定西戎東虜伏。

【罵玉郎】潭潭帥府居榮處。明教化正風俗。文學智勇皆全具。保護的社稷安。宇宙寧。江山固。

【感皇恩】呀。掃蕩盡六合洪爐。懾伏的四海無虞。忠孝出天真。功勳光史筆。言語吐璣琚。真皇家宰輔。果大業機樞。衣輕裘。乘寶馬。掛金魚。【採茶歌】玉醍醐。翠氍毹。食前方丈列庖厨。金鎧銀盔帳下夫。錦衣綉襖馬前卒。【尾】公卿穩穩登榮路。甲第紛紛列鼎輿。大纛高牙錦裀褥。笙歌院宇。簫韶洞府。十二瑶臺列歌舞。（雍熙樂府）

武臣

【北南吕一枝花】鶡翎鳳翅盔。寶帶玲瓏砌。細紋柳葉甲。刺綉錦征衣。馬跨烏騅。箭插就殘星勢。弓彎成新月儀。沙魚鞘劍插神鋒。紅絨索鞭横獸脊。【梁州】憑手策官封重職。仗英雄蔭子封妻。定干戈口吐虹霓氣。官封八位。印掛三齊。恩施百姓。威鎮蠻夷。定邊疆銀鎖光輝。動龍蛇赤羽翻飛。明四目達四聰敬老憐貧。修四門闢四嶽威伏社稷。運三才整三綱保助皇基。經綸。濟世。順天心曉天理合天意。英雄將公卿輩。義膽忠心能於國。扶持着錦綉華夷。【尾】擺珍饈列佳餚重裀列鼎簪纓貴。陳水陸斟玉斝斜插宫花烏帽低。仕女佳人親捧臂。門排着畫戟。坐庭堂任職。保護着中華大明國。（雍熙樂府）

仕女遊春

【北南吕一枝花】聲嚦嚦鶯啼楊柳枝。巧喃喃燕語梨花院。亂紛紛蜂游芍藥圃。鬧穰穰蝶戲海棠軒。閑戲鞦韆。女伴每相留戀。佳人每咲語喧。環珮響緑舞紅飛。蘭麝靄香嬌玉軟。

【梁州】一箇登畫板羅鞋尖並。一箇墜絨繩寶髻斜偏。一箇逞妖嬈拂落殘花片。霓裳滚滚。綉帶翩翩。高低相趂。來往争先。困騰騰洛浦神仙。嬌滴滴月裡嬋娟。一箇便挽烏雲斜插犀梳。一箇便匀粉面慵拈翠鈿。一箇便整湘裙微露金蓮。可憐。少年。鞦韆蹴罷官腰倦。唤小玉覓羅扇。粉面酥胸香汗圓。恰便似浴罷温泉。

【尾】這一箇袒春衫微把酥胸顯。那一箇匀粉面忙將彩扇搧。這一箇潛立在花陰怕人見。一箇在碧桃花樹邊。一箇在荼蘼架那廂。一箇斜倚定櫻桃樹兒喘。（雍熙樂府）

修 養

【北南吕一枝花】人間兜率宫。世外蓬萊島。祥烟籠遠近。瑞靄接雲霄。紅翠飄飄。遍地春風掃。四時景物饒。日光明晃朱樓現碧瓦琉璃。環翠閣護丹梯紅粧瑪瑙。

【梁州】白玉池光耀耀另分景界。紫金墻高聳聳遠隔塵囂。恁般所在誰能到。天垂甘露。地長靈苗。琴彈玉佩。磬響雲璈。引青鸞跨白鹿任意遊遨。趂清風追明月自在逍遥。三星攢五星簇伏煉神丹。七明爐九光鼎燕薰火棗。千歲晝萬年果栽種仙桃。早朝。晚朝。恁從仙子聞仙道。論真如講玄妙。彷彿虛皇到降朝。多少清高。

【尾聲】精神和氣爲三寶。鉛汞嬰孩轉九遭。覓會前峰看顛倒。長生不老。把輪迴永逃。好去那太極根前下一着。（雍熙樂府）

圓社

【北南吕一枝花】風流蹴踘塲。四海齊雲會。王孫曾作伴。公子厮追陪。六片香皮。暗隱着元陽氣。包含着混沌機。氣調匀道養身軀。血週流通全貴體。

【梁州】也曾厮聚在銅駝巷北。也曾追遊在金谷樓西。一團和氣人人美。花遮柳暎。緑遶紅圍。衣沾粉汗。袴染香泥。一對拐踢打如雷。兩隻脚那換偏疾。你看他俊儀容校尉每撇演粧囂巧樣勢。搽頭每倒身倒體俏形骸。子弟每換步那移。左催。右急。足蹻蹬躡堪人意。那圓光那鑿膝。桶子膁平擡去的疾。小可難爲。

【煞尾】添歡出衆偏人美。滅强欺村有異奇。是一代四海五陵輩。你看他賣弄些巧

踼。施逞些貴體。縱有萬兩黃金。有妙手丹青也下不得筆。（雍熙樂府）

贈歌妓

【北南吕一枝花】美聲譽馳名燕子樓。善宮商帥領鶯花巷。俏容儀超群烟月所。俊龐兒出色翠紅鄉。容貌非常。嬌比花初放。温如玉有香。遵五英得親傳旦末雙全。拜九成曾覿授關目細講。

【梁州】人都道蘇小小重生豫章。我猜做李師師再長平康。對鸞臺誇不盡嬌模樣。梅花雪瓊腮膩粉。薔薇露宮額塗黃。楊柳細腰肢嬝娜。櫻桃小檀口些娘。畫堂深别是風光。叢林中獨占排場。歌一聲嬌滴滴皓齒歌。歌金縷似流鶯窗外玎瑺。彈一曲嫩纖纖尖指彈。彈銀箏勝鐵馬簷間驟響。舞一遍俏盈盈細腰舞。舞霓裳若蝴蝶花底飛揚。少年。正當。三千隊裡知名望。那風流那歌唱。高髻雲鬟宮樣粧。端的是國色無雙。

【尾】能添京國詞人况。惱亂蘇州刺史腸。則俺這判柳評花不虚誑。拂銀箋半張。寫新詩數行。管教你集上青樓細褒獎。（雍熙樂府）

按：此曲彩筆情辭亦收，注明古辭。

柱國

【北南吕一枝花】征衣綉蟒蟠。戰鎧魚鱗砌。獅蠻白玉帶。鳳翅紫金盔。赳赳雄威。腹隱安邦智。胸藏破虜機。懾伏的萬國來儀。威鎮的千邦定體。

【梁州】兵權百萬貔貅隊。擺列着戈矛劍戟。排連着綉帶旌旗。弓彎玉靶。箭插金鈚。鎗横銀蟒。鞭控龍脊。論才能端的誰及。仗英雄世上無敵。侍君王立中華堪寫凌烟。保社稷効忠誠堪爲柱國。靖邊疆定中原堪受勳稽。賢良。正直。天星降謫臨凡世。皆仰望聖明帝。名播乾坤萬古知。永頼皇威。

【尾聲】官高位顯門庭貴。德重名香四美齊。玳瑁筵開畫堂内。香焚着寳猊。酒斟着玉盃。則聽的翠管繁絃動天起。（雍熙樂府）

按：『擺列着戈矛劍戟。排連着綉帶錦旗。』兩句原誤接首曲末句後，今據曲譜及文意修正。

玩月

【北南吕一枝花】人間月影清。天上懸明鏡。廣寒清有露。桂子落無聲。蟾魄圓明。此夜秋期盛。長空月滿盈。一家家排設珍饈。一處處相邀勸請。

【梁州】舉瑶觴喧聲咲語。動笙簧一派歡聲。開懷共賞中秋令。你看那星辰光彩。皓月晶英。金風淅淅。玉露零零。暮雲收銀漢澄澄。霧初消爽氣清清。仕女每乘酒興對景忘情。倚欄杆沉沉醉猶然未醒。宴良宵月皎風清。不猶。暫停。長空萬籟天街靜。整頓起疎狂性。納步回房慢慢行。侍妾相迎。

【尾】羅幃錦帳相圍定。立起銀臺點上燈。月映多嬌粉容勝。丫鬟悄聲。怕酒性不寧。直睡到紅日三竿喚不醒。（雍熙樂府）

七　夕

【北南呂一枝花】韻悠悠寒蛩短砌吟。聲嚦嚦塞鴈長空叫。翠巍巍碧梧疎影動。錦重重丹桂異香飄。細嫋嫋蕩起商飈。滴溜溜林葉相將落。舞翩翩池荷漸次凋。明朗朗星燦銀河。光彩彩日沉海島。

【梁州】高聳聳畫堂中鋪陳異品。齊臻臻錦雲鄉擺列佳餚。喜佳辰七夕宜歡樂。香馥馥爐焚蘭麝。美甘甘酒泛葡萄。乞剌剌輕敲象板。咲吟吟慢品鸞簫。看蹁躚舞態妖嬈。聽悠揚歌韻清標。佳賓每恣開懷道令藏枚。仕女每應佳辰穿針乞巧。詩朋每樂豐年列酒持餚。歡娛。不少。彩雲間織女光榮耀。豐稔世太平兆。四海安然仰聖朝。

福禄滔滔。

【尾】今夜箇牛郎織女成婚早。烏鵲填河良夜迢。擺列佳餚儘歡樂。願長生不老。年年遇此朝。拜月瞻星盡歡禱。（雍熙樂府）

詠燒酒

【北南吕一枝花】囫圇一太極。剖判分天地。坎離才既濟。元氣便淋漓。寒暑攻敵。升降陰陽秘。陶鎔造化機。金鼎騰霧靄霞飛。銀溜瀉冰花雪水。

【梁州】酒變酒十中取一。醇選醇百以爲十。飲一盃勝抵十盃醉。醍醐怎比。琥珀難及。香甜爽美。滑萃清奇。勝佛家善果菩提。壓番邦甘露薔薇。香噴噴香賽龍漿。甜甘甘甜如蜜脾。萃浸浸萃似姜汁。若齎。到席。黄封御醖都迴避。韃靼家呼爲阿刺吉。聲播華夷。

【尾】畢侍郎盜飲齁齁的睡。吕師父無錢典當了衣。不比尋常那滋味。可知。道理。是竹葉蓮花煉來的髓。（雍熙樂府）

美　妓

【北南吕一枝花】花枝翡翠籠。錦片桃源洞。燕鶯春冗冗。臺榭夜溶溶。環珮玎璫。

縹緲香雲動。神仙離月宮。乍猜疑許氏飛瓊。險錯認雙成姓董。

【梁州】却元來是莊周夢裡。見梨園名占芳叢。聰明消得人知重。梳粧美麗。性格玲瓏。才能出衆。言語疏通。可喜娘兩葉眉峰。遇知音滿面春風。賽丹青花朵儀容。有宅院人家體統。串驪珠簫管喉嚨。左中。右中。細看來無半點堪詞訟。宋玉愁楚王夢。干鬧了巫山十二重。雲雨無蹤。

【尾】香融斗帳懸幺鳳。燈焰銀臺吐玉蟲。恁時節温存費摶弄。倘蒙。見從。心坎上奇擎做氣命兒寵。（雍熙樂府）

有所贈

【北南呂一枝花】丹青仕女圖。雲雨高唐賦。職專風月所。名播滿京都。動静規模。無半點褒彈處。比小卿不姓蘇。據風流天下應無。論標格寰中着數。

【梁州】出流輩清歌妙舞。壓時人艷抹濃梳。按新聲不使周郎顧。輕敲檀板。亂撒驪珠。行雲遏住。明月相逐。自然標姤粉嫌朱。出群嬌落鴈沉魚。略施呈絶盡塵俗。不打扮天生濟楚。但交談且是通疎。雪膚。玉骨。天生成解語温良玉。和會詩對些句。趙燕崔鶯總不如。難比其餘。

【尾】五花官誥宜分付。七寶香車不玷辱。做箇二品夫人遇的去。朗孤。丈夫。小小的人兒偌大福。（雍熙樂府）

綿花訴苦

【北南吕一枝花】雖居草木中。忝與芝蘭次。勝如黄薔薇紅芍藥。臨路柳出墻枝。無半點瑕疵。不惹塵埃漬。曾蒙雨露滋。比金銀容易將拏。當錢鈔零搗碎使。

【梁州】織成疋勝如絲紵。做成衣賽過氊絁。分星白兩稱盤摯。輕如柳絮。重似金資。明如雪塊。静似鵞脂。有我呵郎君每腆着脯兒。女娘每見了咱心上嘻孜。上秦樓弄盞傳巵。入謝館偎紅靠紫。見婆娘唱曲白詞。三思。哨斯。東興西販通行市。做土儀當人事。賣俏迎奸放二四。者也乎之。

【尾】納寒衣行胖襖供邊士。整行嫁辦粧奩娉女兒。更有等喬民大肆志。檀木弓綳綳碎撕。桑木車支支亂跐。壓得我精赤條條則剩下兩箇子。（雍熙樂府）

子弟收心

【北南吕一枝花】言詞蜜鉢甜。顔色花枝茜。没褒彈嗟鼎欠。有禁忌柳青嚴。浪静風恬。平地掘坑塹。排𡎺科諢險。下番也子弟傷廉。推磨處驢兒弔賺。

【梁州】聲應口晨昏作念。影隨身行坐拘鉗。假撚酸虛應付喬拴艷。遮遮掩掩。等等潛潛。聽更聽點。添醋添鹽。買虛脾針上饒尖。要實誠水底撈蟾。洛陽花章臺柳睁着眼不敢覷瞻。鶬鶊糞氣毬泥嚇了魂如今怕染。鷓鴣詞鴛鴦帕便從頭粉碎撕撏。過謙。莫諂。舌尖兒快似吹毛劍。鑌鐵簽樺皮臉。識俏哥哥早調賺。休買人嫌。

【尾】磕拆賺咭拆腿再不踏耀風賣雨花花店。贖得身買得命且留下使鬼通神料料粘。問舍求田取勤儉。家私緊苦。糟糠細兼。撞着大任子姨夫望風兒閃。（雍熙樂府）

間阻重歡

【北南吕一枝花】心懷間闊憂。眉蹙巫山恨。愁腸空念想。思慕轉傷神。想着俺共結成親。美愛心先順。交歡幾眷姻。喜孜孜兩意綢繆。美甘甘一心敬謹。

【梁州】俺兩箇自當初成其配偶。似鸞鳳對對相迎。則爲我俏儀容美意多丰韻。雲鬟霧鬢。一點朱唇。眼横秋水。眉黛春峰。俺正是俏雙雙出衆超群。料應來世上絶倫。自從俺起初兒情意相合。間深裏情懷意允。到如今嘆蕭疎魚鴈離分。心真。意真。則爲他風流才藝龐兒俊。他愛我身嬝娜忒淹潤。想起俺共枕同衾夫婦恩。到如今愁蹙眉顰。

【罵玉郎】想着俺羅幃錦帳情兒順。則爲他離別去倩鴻鱗。我須是嬌羞艷色芙蓉嫩。我和他情意合。兩意柔。無偏遜。

【感皇恩】呀。我和他一自成親。端的是兩意慇懃。俺也曾手相携。肩相並。會温存。俺在這鮫綃帳底。說了些海誓山盟。不弱如。桃源洞。楚臺雲。

【採茶歌】則俺這綉幃中。被兒温。抵多少碧桃花下共歡忻。共枕同眠情意美。這的是今生歡遇洞房春。

【尾】指望結夫妻美滿無虧損。偕老同歡心意真。有一日重會佳期百年分。自從相離了那人。心兒裡暗忍。幾時得重會鴛鴦證了本。（雍熙樂府）

寵　愛

【北南吕一枝花】恩情美艷嬌。體態多堪羡。常逢鴛枕樂。曾結並頭蓮。他爲我美愛相憐。錯認做紫霄府神仙現。恰便似爲私凡惹罪愆。俺也曾暖烘烘共枕同衾。今日冷清清天高地遠。

【梁州】俺兩箇美甘甘情濃意暖。更那堪咲吟吟同宿同眠。則願的俏夫妻百載同姻眷。俺便似重合比目。交頸蒼鴛。堂中飛燕。對對相連。不離了上下盤旋。端的是意惹情牽。我愛他俏龐兒聰俊風流。更那堪所事兒通達志顯。他愛我俏儀容秀質嬋娟。俺兩箇情專。意專。喜孜孜美愛多誠羨。能解諢有機變。端的是兩意歡娛情意堅。痛惜輕憐。

【罵玉郎】往常時蘭堂畫閣重開宴。真箇是心相愛俏姻緣。俺也曾香幃共結酬心願。拂綽了翡翠屏。收拾了鴛鴦枕。寶鼎内焚香篆。

【感皇恩】我將這幔幙低懸。鈎控珠簾。俺兩箇意相投。情懷順。口流涎。俺兩箇恩情意展。指望待結髮同年。今日箇相完聚。成配偶。喜團圓。

【採茶歌】俺也曾枕席邊。説盟言。我和他鴛幃珊枕共相憐。恰便似性命看承頻愛惜。則要咱夫妻歡會百千年。

【尾】則爲俺情濃美愛香嬌軟。他則待弄玉團香心意虔。百載綢繆稱心願。他愛的是雲鬟麝胭。香腮翠鈿。趂着這良夜迢迢再施展。（雍熙樂府）

雨不見雨

【北南吕一枝花】霖霖不暫停。點點長街静。紛紛霑柳葉。細細潤梧桐。滿目陰雲。

處處嘉禾盛。方方花果新。喜的是農家情幸。愁的是樵子艱心。

【梁州】富家郎高樓翫賞。貧家女少米無薪。昏澄澄久日陰雲。一陣陣打透簾籠。一絲絲飛過窗横。悽慘秋天凉氣侵。爽欠精神。漁翁罷釣懶把綸整。途客心忙盼遠村。雲行又陰。滴滴滴枯荷枝上环珠滚。洒洒洒蒼桂花稍露染金。霏霏霏芭蕉根下添苔潤。蟬聲不聞。蛙聲亂鳴。寂寞秋凉晝夜陰。仰望天晴。

【尾】天公自有憐生命。怎肯教人受苦辛。吉兆佳祥重重進。萬歲千秋永遠春。托賴着聖主明君。洪福齊天太平景。（雍熙樂府）

風不見風

【北南吕一枝花】能推綉户開。善把珠簾捲。無情迷客眼。有意透人懷。掃静樓臺。將院内青松擺。把庭前翠竹篩。薰薰的催將暑去。颯颯的攢將寒來。

【梁州】飛沙走石其實恠。播土揚塵誰使差。芙蓉刮地無顔色。黄菊經霜蕋漸開。這的是天意安排。枯荷將舞敗。殘蓼盡凋衰。那裏見紅葉青苔。吹吹吹將堤邊老柳枝稍壞。吼吼吼把嶺上蒼松折滿崖。嘍嘍嘍黑暗蒙蒙不見街。滿面塵埃。迷的人昏沉半晌無餘柰。撓的路上行人一會呆。不覺的霧散天街。

【尾】焚香稽首將伯神拜。四季和平調順來。萬境清寧民快哉。士庶安康少患害。一箇箇暢意也那開懷。（雍熙樂府）

雙溪閑老

【北南吕一枝花】半生溪上居。一寸心間地。稻粱常有慶。桃李自成蹊。積善之基。細察其中理。多管是槐根深種德。三五箇平頭奴能種能耕。八九歲寧馨兒学詩学禮。

【梁州】山之北春雨桑麻藹藹。水之南秋風栗棗纍纍。明窗別有閑風致。象腿爐麝烟馥郁。鴈足檠蠟炬光輝。兔毫盞金芽瀲灩。犀皮甌玉瀣淋漓。無半星俗事相羈。有三般勝概堪題。護虛檻滴溜溜破野色橋駕虹腰。映疎簾翻滚滚蕩天光溪分燕尾。繞危欄淡氤氳帶烟痕山抹蛾眉。是誰。效得。人生似此非容易。居移氣養移體。慈順堂前戲綵衣。歡笑怡怡。

【尾聲】念之頻遇之晚區區萍水初相識。見而難別而易渺渺關河未有期。聊寫篇詞暫相慰。春前臘底。江東渭北。還折梅花問消息。（雍熙樂府）

為鳳陽諸公子

【北南吕一枝花】門前十畝桑。籬下千叢菊。田頭五色瓜。墻角四時蔬。幾廈茅廬。

僅可遮風雨。平生心自足。我本是守青袍濟濟儒家。人都道列畫戟潭潭相府。棋蘊良謨。【梁州】劉夢得堪銘陋室。潘安仁可賦閑居。送流光更有優游趣。琴調妙譜。棋蘊良謨。書藏逸典。畫展名圖。相知是楮先生陶泓氏之徒。相知是松滋侯管城子之屬。撫墨跡臨一會鍾王。習詩法吟一會李杜。論衣冠講一會唐虞。數年。以餘。形骸從此無拘束。知用舍厭榮辱。心與閑雲共卷舒。算得箇達理通疏。【尾聲】堦除静掃賢人路。門逕常多長者車。鍾鼎山林不同律。鍾鼎呵是華榮分福。山林呵是清閑命途。都分付青湛湛天公自區處。（雍熙樂府）

玉 卿

【北南吕一枝花】休言瑪瑙石。傍説珊瑚樹。未誇麟趾金。不信蚪胎珠。名壓花衢。豈受纖塵污。何勞膩粉塗。澠池間算一度春風。藍橋内經幾番夜雨。【梁州】精華一任鉛華妬。風流本有。瑕玷應無。棲鸞抵鵲。落鴈沉魚。假殷勤泄漏了亞夫機謀。美姻緣成就了雍伯父妻夫。團弄呵軟欸生香。雕琢呵玲瓏透骨。楷模呵温潤如酥。解歌。解舞。真乃是樽前有箇人如玉。描不成詠不足。雖道是石中有珷玞。資質難如。

【尾聲】辟邪香怎作尋常覷。連城價你將容易估。寄語梁園俊人物。不是我談今論古。恁待要銘心鏤腑。学不的鑒賓先生刖了足。（雍熙樂府）

皮　匠

【北南吕一枝花】漁樵厭苦辛。耕牧嫌粗糲。屠沽羞俯仰。商賈倦波蹅。自一段生涯。結屋吴山凹。刀錐度歲華。但自知混俗和光。再不想尋春患瓦。

【梁州】静悄悄披風竊月。閑迢迢摘葉拈花。靈心慧質天生下。粘聯嵌刺。鏇刮磨沙。工夫纖細。製法熟滑。樣兒新材兒壯自有箇寬狹。底兒堅根兒固别是箇行蹅。迤逗的千金子弟追尋。打動的八輔官員喜洽。勾引的五陵年少矜誇。老夫非獎拔他。平生破綻無纖掐。江北江南第一家。聲譽喧嘩。

【尾聲】待知音情懷安有些兒詐。遇知己動止全無半寸差。真乃是夜半敲門不驚怕。忙時答應。閑時笑耍。無是無非快活煞。（雍熙樂府）

詠　書

【北南吕一枝花】毛錐紫兔毫。松使烏魚劑。石侯銅雀瓦。玉板浣花溪。四賓相隨。

臨花榭情飄逸。向楓亭興趣宜。分明見藤蔓牽纏。恍惚疑蛟螭哭泣。

【梁州】滴蟾蜍泉清口暖。揮翰墨電掣烟飛。壯同楚漢相攻勢。張旭骨力。懷素心奇。龍蛇奔走。神鬼驚疑。濡頭髮草聖誰及。向壁間醉墨淋漓。愛談棋腡合兵戎。看舞劍深同字體。猛觀鵞穎悟良規。戲批。笑題。誰知道御溝紅葉成佳配。世之寶國之器。咫尺燕王不敢違。屈服來歸。

【尾聲】嚇蠻書有千鈞力。傳檄曷常一管頹。氣吐虹霓壓豪貴。嘆語溪打碑。笑蒲東解圍。争似我一本蘭亭萬古體。（雍熙樂府）

畫

【北南吕一枝花】羣山列翠屏。一水寰金帶。桃源無刼火。人世有蓬萊。景物奇哉。移海嶠時間快。寫天涯筆底裁。看經年天色長春。更累歲花容不改。

【梁州】世未經疾風惡雨。户長扃茅屋幽齋。輞川圖裡乾坤大。一彎新月。滿地蒼苔。筆鋒爽健。心旅安排。携杖屐花塢松崖。樂琴樽石榻山臺。吴道子道骨仙風。王摩詰湖光山色。張僧繇神氣情懷。看來。暗猜。渾疑身踐遊仙界。在眼底豈身外。滿紙雲烟入壯懷。浄掃塵埃。

【尾聲】端的是義之字體多豪邁。杜甫詩吟驚世才。愛此三絶更誰賽。山林水澤。點景寫懷。看了這没骨良圖也須得萬金買。（雍熙樂府）

琴

【北南吕一枝花】秋風静草堂。明月閑書院。晚風歸遠岫。微雨過遥天。坐敞幽軒。收拾起端溪硯。且休觀太史篇。拂金徽緩調清吟。緊玉軫輕挑慢撚。

【梁州】響珊珊天風玉珮。韻鏘鏘清廟朱絃。驪龍輕撒珠一串。宫音沉重。商調洽圓。水雲雅淡。夜話悠然。輕清似空谷流泉。重濁如鐵騎連錢。一聲悲楚别虞姬。一聲雄功成定遠。一聲哀子慟顔淵。也只在眼前。耳邊。知音鍾子真堪羨。人已去舟難見。流水高山豈易傳。理趣微玄。

【尾聲】江澄曉月波中現。風引輕雲空外懸。鸞鳳和鳴取音善。下指要堅。留心在專。綽注抑揚更清遠。（雍熙樂府）

夏

【北南吕一枝花】絲輕雪縷衣。竹冷湘紋簟。枕歌鴛拭玉。帳結翠籠烟。溽暑堪憐。

寂寞成淒涼願。黑糢糊海怎填。嘆韶光不住須臾。都𢀖做離愁萬千。

【梁州】翠纔鋪芭蕉綠淺。金争鍍梅子黄先。遇端陽空把佳期戀。語喃喃泥巢老燕。聲咽咽風柳調蟬。花噴噴枝焚榴火。葉星星沼撒荷錢。吊英魂楚水湘烟。鬬争標鼉鼓龍舡。綵索兒愁祟難縛。蒲劍兒愁魔難遣。艾虎兒愁怪難鞭。自狂。自顛。恨三閭不管人哀怨。卜龜卦忽思遍。悶插葵枝列綵錢。默默無言。

【罵玉郎】相思鴈冷銀箏面。愁似識夜如年。題情空掩輕羅扇。活地獄我意堅。死工夫他分淺。業火坑咱心願。

【感皇恩】燭暗金蓮。露洗瑶天。撲通的井沉了瓶。撒琅的磚分了鏡。支楞的指絶了絃。痛煞煞鴛鴦彈碾。花撲撲鸞鳳巢掀。瘦搬挑。愁折證。病熬煎。

【採茶歌】負心寃。斷腸篇。斷腸篇書雲箋。和淚封疊和淚展。倩誰分付倩誰傳。

【尾】蘭湯困浴香風軟。粉汗輕勻夜色妍。廝禁壓紅娘生埋怨。許神香拜天。設盟言告天。直盼得荷花月兒轉。（雍熙樂府）

冬

【北南吕一枝花】鵞毛雪鋪砌堦。羊角風吹簾幙。象牙床開半張。龜背錦空三袱。悔不當初。生鏇斷連枝樹。活分開比目魚。本是對美甘甘夜月春風。生紐做磣可可孤辰寡宿。

【梁州】天涯遠書沉鴈足。篆烟消香冷獅爐。相思滿腹無窮處。靠銀屏芳魂荏苒。濕金衣清淚模糊。照瘦影寒燈明滅。照紗窗翠竹扶疎。想才郎忒恁心毒。空說下者也之乎。莫不是麗春園傅粉描眉。多管在鶯花市調琴演譜。料應在翠紅鄉賞雪圍爐。嗟吁。最苦。猶自怕戀鶯花失却功名路。一會家抵着牙自思慮。禁不得夜雨燈昏人影孤。枕剩衾餘。

【罵玉郎】從他去後愁無數。肌體瘦面容枯。羞慚怎敢窺門户。他去時春正濃。忽剌八秋已過。不覺的冬將暮。

【感皇恩】呀。我不合攧斷他讀書。我問他許俺。五花誥做夫人。七香車呼奴僕。八椒圖耀門閭。想從前桑間仕女。也曾遇仕版秋胡。捱殘更。聽禁鼓。數銅壺。

【採茶歌】若得他掛金魚。和我也冠珍珠。文君曾記馬相如。得志名標龍虎榜。堅心專望鴈魚書。

【尾】若來時畫堂一派笙歌度。翠袖殷勤捧玉壺。自古高門出白屋。光宗顯祖。封妻拜母。填還俺從前受過的苦。（雍熙樂府）

【北南呂一枝花】鞦韆近粉墻。墻裏佳人笑。笑顔增喜色。色勝海棠嬌。嬌滴滴難畫難描。描不就天然俏。俏形容世上少。少一箇插楊柳浄水金瓶。瓶對着觀音最好。

【梁州】好看成宫花簇柳。柳絲長紅杏妖桃。桃花争比人容貌。貌如雪月。月勝花朝。朝朝沉醉。醉倚風標。標流煞燕友鶯交。交君長蕩蕩飄飄。飄粉墻葉底尋花。花枝上黄鶯弄巧。巧舌頭紫燕尋巢。巢空。静悄。悄聲兒獨對着嫦娥道。道休把粧盒抱。抱的琴來盡意調。調瑣琴瑶。

【餘音】瑶琴操罷天將曉。曉鼎香焚玉串消。瀟洒幃屏憑闌靠。靠着那纖纖玉腰。腰肢軟欵可更嬌。嬌滴滴相逢翠紅遶。（雍熙樂府）

【北南呂一枝花】懷仁義涉獵孔聖書。論功名檢點蘇張傳。逢聖代校詳新誥命。奉親闈耕種舊田園。闊論遷延。今許金閨彦。常期青瑣賢。三寸舌包彈着月舘風亭。一管筆笑傲着詞林翰苑。

【梁州】施慷慨設北海深罇而飲。邁閭閻倚南窗高臥而眠。誰承望鶚書薦入青雲選。膽雉尾仗隨龍虎。步螭頭班序鸞鴛。吐乾坤一襟浩氣。拏雲霧兩袖空拳。常子是捧兩輪日月風沙萬里周旋。誰敢道握樞機淹日月半晌俄延出玉關。搜異跡追思定遠班超。觀銅柱抵遐荒念憶伏波馬援。浮銀漢覔窮源矜誇博望張騫。勤勞。數年。功名利禄多曾見。知用捨達機變。少不的白髮侵侵上鬢邊。因此上幸却田園。

【餘音】喜的是赤脚婢事蠶桑采大詈供紈練。蒼頭奴習樂譜度得新腔弄管絃。更那堪家近鴛湖最堪羨。柳陰邊趂清風放舡。荷香裡聽謳謌採蓮。這一片清閑樂不淺。（雍熙樂府）

【北南吕一枝花】柳陰中高噪蟬。樓閣上飛雙燕。緑荷邊遊水鷺。萍沼畔宿鴛鴦。一黛青山。避暑在凉亭院。荷風開玳瑁筵。舞輕盈體態蹁躚。唱金縷歌喉宛轉。

【梁州】白玉盞茶烹鳳髓。紫金爐香爇龍涎。流霞滿捧頻頻勸。榴花似火。楊柳如烟。藕香切玉。梅子堆金。擺銀筝一派冰絃。列金釵十二嬋娟。不弱如翠嵬嵬雲錦鄉中。錦重重蓬萊閬苑。光燦燦玉府瑶天。小亭。這邊。一溪荷葉如藍靛。薰風動拂人面。菡萏池中一葉船。旋摘新蓮。

【尾】消閑時看幾行冷淡淵明傳。和悶也來時觀數卷清新杜甫篇。再進金罇碧筒宴。將髭鬚笑撚。把藤床謾展。一枕幽歡醉魂遠。（雍熙樂府）

自述

【北南吕一枝花】揣着片嬌花寵柳心。養成段惜玉憐香性。睁着對揀紅擇翠眼。合着箇調粉弄朱唇。錦陣花營。脚到處人欽敬。俏排塲我慣經。銀燭下列兩行紅袖婷婷。玳筵前排十二金釵整整。

【梁州】楊柳樓醉酩酊芳罇醁醑。桃花扇寫風騷樂府新聲。笑平生慣害風流病。見並頭蓮忙種。願連理樹長生。把楚陽臺壘起。將祆神廟完成。想前賢到如今留下芳名。笑我輩怎肯教辜負娉婷。一箇醉李白猶憶秦娥。一箇窮雙漸偏憐小卿。一箇俊裴航早遇雲英。他都賞音。伴等。古是今今是古何須競。好光景不多剩。一年限花星照命。一任教蝶送蜂迎。

【牧羊關】慘淡了雲窗月。乾枯了書案螢。生疎了瑶琴上指法輕清。迷亂了鴉髻蟬鬟。躭閣了蘭臺畫省。墮落了風流氣。醞釀出雨雲情。儘夢裡槐花落。且罇中竹葉清。

【幺】金蘭契成疎闊。藥石言不肯聽。誤賺了錦片也似前程。少年心往日多貪。疎狂膽從今自警。打破迷魂陣。跳出陷人坑。攪甚酥和蜜。從他火見冰。

【尾】準備着幹功名登雲路紫騮蹀躞敲金鐙。承恩寵步天梯瑶珮玎璫上玉京。恁時節吐氣揚眉秉朝政。再不聽亂宫商錦筝。雜音律玉笙。不許那燕子鶯兒再來請。（雍熙樂府）

美 人

【北南吕一枝花】温柔素質過。標格芳名播。俗塵絶是少。和氣靄然多。響動鳴珂。舌吐珠璣唾。身藏翡翠窩。碧陰陰暮雨朝雲。錦片片蘭堂畫閣。

【梁州】恰纔離佛天有頃。早來到仙境無他。儀容堪上須彌座。衣穿蜀錦。扇掩輕羅。裙拖湘水。襪襯淩波。笑蟾宫桂影婆娑。嘆巫山雲夢蹉跎。章臺路笑忻忻素縞霓裳。晚粧樓情默默濃粧艷抹。翠紅鄉韻悠悠妙舞清歌。百般。盡可。銀屏畫燭天堦臥。錦紗厨綉幃幙。百媚千嬌淑景和。壓賽姮娥。

【餘音】可人情朱唇一點櫻桃破。粉臉雙分菡萏合。更稱着嬝娜妖嬈那些箇。揚州遇我。梁園見他。無限瓊花第一朵。（雍熙樂府）

别 離

【北南吕一枝花】羅幃中恩愛濃。蘭舍内情懷熱。實指望長相守。誰想道有離别。兩下裏相隔。盼望煞無音信。想的人有似邪。恨不的駕雲軒遠去相陪。生羽翼飛騰進謁。

【梁州】我只待陸地上驟馳驛馬。汴河中摇促舟楫。奈因那關山迢遞鱗鴻滅。端的是青鸞信杳。黄犬音絶。想的人神魂恍惚。情思痴呆。對疎林暮景咨嗟。倚危樓望眼雲遮。我我我氣長吁吹滅了銀燈。淚珠兒流濕衣摺。口兒顛枯乾了喉舌。甚時得情連。意接。同携素手登臺榭。再和諧再歡悦。見如今兩下裡相思忘了截。甚日寧貼。

【尾】你那裡長吁短嘆無休歇。我這裡廢寢忘飡無了也。悶腹愁懷甚時節。謹粧修緘帖。懇奉呈姐姐。早早把同心帶兒結。（雍熙樂府）

述情

【北南吕一枝花】記相逢紫陌中。共歡會青樓上。按冰絃歌白雪。燒銀燭泛瑶觴。滿座風光。甜口兒相偎傍。熱心兒廝順當。娱情在流蘇帳翡翠鴛衾。雲母屏氍毹象床。

【梁州】花陰下香肩並倚。月明中玉手相將。叮嚀咱錦營花陣休浮浪。把終身恩愛。禱告穹蒼。盟山誓海。剪髮拈香。我子想美姻緣地久天長。誰承望這劣心腸倒皂囲黄。端的是小猱兒要性難拏。怪不的老鴇兒虚脾調謊。儘教那俏人兒恣意着忙。忖量。這場。你愛他七重圍金頂蓮花帳。恰相逢便隨向。高駕樓舡上魏塘。抵多少野水鴛鴦。

【尾】楚陽臺一任教人來往。桃源洞從他那信杳茫。再不將想像花容在心上。這一卷溪山樂事榜章。寄與你箇無情艷粧。明窗下披圖你與我慢慢的想。（雍熙樂府）

【北南呂一枝花】相思海樣寬。煩惱天來大。情懷多似許。心緒亂如麻。這病敢爲酒因花。時刻抛不下。須臾怎棄他。不想呵除非是鐵石心腸。怎生推聾粧啞。

【梁州】我爲他體態風流有沉魚落鴈。儀容嬌嫩有閉月羞花。我爲他向人前一笑有千金價。知音業主。可意冤家。堪憐堪敬。堪羨堪誇。他是箇嬌滴滴美玉無瑕。明晃晃真金無假。我爲他將一片讀書心改變做竊玉偷香。我爲他將兩隻折桂手翻騰做弄柳拈花。我爲他兩三番害的人不飯不茶。想他。念他。幾時把相思一筆都勾罷。那時節美滿姻緣興味佳。情性難拏。

【尾】便有那王維筆巧難描畫。劉鑾手怎塑他。常記的當初那句風流話。料應來心兒裡想咱。口兒裡念咱。但能勾一墓同埋敢不説半星兒假。（雍熙樂府）

妓乘馬

【北南吕一枝花】巧堆雲鬢雅。淡掃蛾眉緑。桃腮輕付粉。檀口淺塗朱。丰韻何如。肌骨清如玉。温柔人盡許。妖嬈如天上飛瓊。可喜似圖中仕女。

【梁州】顫篤簌花簪翡翠。明滴溜釵𩋾珍珠。鄰姬女伴常相聚。朝遊柳陌。日翫花衢。喜乘駿馬。懶坐香車。錦模糊鮮麗衣服。玉娉婷淹潤規模。嵌羅鞋金鐙斜踏。垂鴛袖銀鞭慢舉。挽絲韁玉笋微舒。風流。有餘。散東風馳驟過章臺路。鶯兒猜燕兒妬。閉月羞花豈是虚。可知道落鴈沉魚。

【尾】五陵人一見空躊躇。風騷客相隨枉趂逐。引的人眼暈心迷幾囬顧。死没騰暗付。呆答孩嘆吁。不忿箇小小鞍轎受用足。（雍熙樂府）

風情

【北南吕一枝花】粧孤的大廝八。買笑的乾合刺。求食的假古憋。巴鏝的惡支沙。行貶着雪月風花。一日有百十遍高擡價。九十番喬坐衙。演撒的倒鳳顛鸞。設答的指鹿道馬。

【梁州】衠一味見景生情性格。逢場作戲情雜。你争風他先拏着刀兒靶。使了些見兔放鷹計策。將蝦釣鱉生涯。子被這有官場拈粘媽媽。送了些没魂識着絮娃娃。但聽明省索聽咱。麗春園放肆行踏。他是箇按不沉水上浮瓜。撈不起江心月華。摘不下鏡裡春花。面皮兒封答。冰凌塊六月裡生鼻凹。雞翅兒彈的下。苫眼鋪眉做勢煞。乖劣牙恰。

【尾】他是箇初生的犢兒見虎也渾無怕。便就是慣戰馬逢場也喘煞。説幾句着情的脱空話。咲欣欣磕牙。醉醺醺眼花。不由他拏住黄牛便是馬。（雍熙樂府）

失　配

【北南吕一枝花】花殘雙鳳分。鏡破孤鸞瘦。月迷青瑣闥。雲暗錦粧樓。萬種風流。争奈先囬首。好姻緣不到頭。本是對美甘甘月夜春風。倒做了磣可可孤眠寡宿。

【梁州】本是對好没出多情張敞。却做了干孤刺薄倖莊周。怕的是空房人静黄昏後。守着箇活地獄一方兒斗帳。擁着箇死窟突四袱衾裯。倚着箇愁布袋攢花繡枕。對着箇悶葫蘆結線香毬。可知道你望昭陵每日登樓。哭香囊動歲傷秋。呆五郎被孤魂兒熬成證候。酒星兒與五臟神絶了交遊。睡魔王與夢魂兒做了眷屬。喪偶。是有。這多愁身折倍兒難禁受。我待不强打疊强孱僽。怎當他對景傷情不自由。兆的人又上心頭。

【尾】再尋箇門廝當户廝對碧桃花下鸞凰友。揀一箇心廝愛意廝投緑綺窗前鶯燕儔。權寫新詩當媒媾。甚的是閑花浪酒。怕的是孤眠寡宿。可惜了俺這玉鏡臺前一雙畫眉手。（雍熙樂府）

秋思

【北南吕一枝花】秋光冷畫屏。月色明鴛帳。斗柄回屋角。花影上簾鉤。寒舍清幽。聽更鼓催銀漏。下芳堦望牛斗。嘆人間怨女曠夫。似天上孤辰寡宿。

【梁州】他每隔天河盼歡會一年一度。偏我流海嶠受凄凉無了無休。異鄉身捱病苦躭消瘦。鴛鴦錦衾閑綵繡。鳳凰琴絃斷絨縧。鸚鵡盃酒斟玉液。翡翠爐香冷雲兜。睡魔神到清朝來結冤讐。相思鬼到黄昏别樣搊搜。追憶着舊恩情别後如無。啮起那新呪誓依然似有。猛想起俏儀容欲見無由。夙緣。配偶。論情深不落雙蘇後。他丰韻我清秀。子爲那兩字功名志未酬。惹起離愁。

【餘音】有一日蛟龍雷雨飛騰後。鵰鶚雲霄得志秋。恁時節美滿姻緣兩成就。茶烹玉

甌。香温畫樓。再敷演我這玉鏡臺邊畫眉手。（雍熙樂府）

題情

【北南呂一枝花】舞東風楊柳腰。映秋水芙蓉貌。散清香蘭蕙質。妬春色海棠嬌。一撮兒妖嬈。醖藉宜顰笑。温柔堪畫描。露一鈎羅韈纖纖。顯半折金蓮小小。

【梁州】傅香粉輕貼翠鈿。觶烏雲斜墜金翹。靈心兒一點包藏俏。歌喉潤鶯聲恰恰。舞衣輕燕體飄飄。露玉笋花前殢酒。啓朱唇月底吹簫。送春情眼角眉稍。約佳期燕請鶯招。熱烘烘柳送花迎。錦重重朱圍翠繞。美甘甘月夜花朝。量度。忖着。我這一雙畫眉手更巧似張京兆。你緑窗前傒落。更强如誤入天台宴碧桃。無福也難消。

【尾】想着那甜言美語恩情好。怎肯把悶海愁山誓願抛。打聽着鱗鴻寄消耗。準備下花胡洞錦巢。收拾了碧紗厨綉造。弄玉摶香直快活到老。（雍熙樂府）

醜妓

【北南呂一枝花】潑烟花心性索。歹妮子情村紂。論妖嬈無半米。説村醜奪頭籌。甚的是典雅温柔。就裡皆虚謬。人前索强口。俺子道是箇有聲名絶色歌姬。元來是箇無計路腌臢女流。

【梁州】黑頸項刮得下垢膩。黄頭髮扭得下腥油。笑談間風生席上狐臊臭。涎涎鄧鄧。憖憖搊搊。鵞行鴨步。鼠目獐頭。那裡會歌席間打馬藏鬮。子理會村莊上撥草看牛。喬嘴臉恰便似李亞仙家水浸過狐狸。瘦軀老恰便似曹娥秀家烟薰的母狗。醜形骸恰便似蘇小卿家病打倒的猿猴。别奢。朗兜。大鞋頭怎將芙蓉綉。能跳踏會搊搜。額顱上淹淹黑汗流。那裡有皓齒明眸。

【餘音】你與那女夜叉姐妹成姑舅。鬼子母家屬是對頭。入丹青枉惱殺毛延壽。憑着神通妙手。把你那歪形容細杇。便就有一萬管霜毫也畫不出一絲兒醜。（雍熙樂府）

【北南吕一枝花】雲遮緑瑣窗。塵暗青紗幙。林花紅爛熳。亭草翠糢糊。賴步堦除。魂斷知何處。惜花人最苦。千萬朶軟翠嬌紅。兩三番愁風怨雨。

【梁州】止不過情長話短。明放着意斷恩疎。把一箇痴呆心化做相思物。一會家懵懂。一會家糢糊。一會家恍惚。一會家躊躕。一會家着處鋪謀。一會家所事憂慮。莫不是告舌頭風月所卷上簽名。莫不是受王法翠紅鄉科場裡應舉。多管在惹是非烟花巷裡讀書。禱祝。問卜。得了些虚多實少均平數。謾懊惱謾疑慮。只不如牢鎖住雕鞍斷了去途。免致趦趄。

【罵玉郎】青驄馬繫垂楊樹。金絡胸畫輪車。自從萬里人離去。書遥寄在洞庭湖。夢常遶在湘江浦。人遠送上陽關路。

【感皇恩】別離話一言半語。平安信似有如無。花共酒越着魔。愁和恨忒匆冗。吁和淚謾撲簌。

【採茶歌】他却性飄虚。俺却命孤獨。這是姻緣前定不同謀。我本是多緒多情卓氏女。嫁了箇無形無影漢相如。

【尾】悶情默默難謄録。病體懨懨怎畫摸。自俺這無倒斷凄凉向誰訴。倚西窗自宿。靠東君做主。把他那違限的程途慢慢的數。（雍熙樂府）

【北南吕一枝花】寒生夾布衾。冷逼雙蕪枕。無情秋寂寞。有限夜連陰。景物牽心。悶感如酣飲。觀光不待臨。渭城柳烟淡吴絲。楚江楓霜侵蜀錦。

【梁州】早是我思故鄉羈懷冗冗。更那堪阻離騷細雨濛濛。幾番兒合轃愁偏甚。愁的是韻攸揚樓頭畫角。撃玎璫鄰畔寒砧。聲嘹嚦天邊過鴈。訴凄凉砌下蛩吟。瘦影怯清燈夜耿。撞懷抱餘韻相侵。這雨呵一陣陣動猿啼遠水遥岑。一聲聲驚烏噪老樹疎林。一點點助人愁漏永更深。懶臨。倦寢。無交接自擲窨。秋色聲繁緊厮禁。好夢難尋。

【尾】雨呵你則理會的同窗秀士論文飲。全不知孤館留人阻去音。徹夜相逢則情淋。泛藍橋恨恁。鬧瀟湘忒恁。調弄煞寡婦孤男盡在您。（雍熙樂府）

【北南吕一枝花】山深草木繁。地僻人烟静。斷橋横古道。老樹掛枯藤。澗壑雲生。猶看凄凉景。行人阻路程。顫篤簌過嶺穿崖。荆棘列登天下井。

【梁州】松共石如排扇面。水和山似列幃屏。寒泉漱玉如珠迸。松風嚦嚦。澗水粼粼。沙邊虎跡。月底猿聲。聽不的鬧喧呼百鳥飛鳴。子規啼不忍傾聽。見了些碧天邊秀樹森森。侵天外奇峰凛凛。兀良上天梯石蹬層層。可憎。慣經。樵夫指與抄直徑。臨崖岸靠溝嶺。百里全無半里平。馬足難行。

【餘音】便就有奇才的杜甫也吟不盡。妙筆的王維也畫不成。則與這茅舍疎籬好相映。玉驄慢行。仔細定睛。看不盡關山路兒景。（雍熙樂府）

題　情

【北南吕一枝花】畫堂銀燭燒。穹壤香燈散。烟消金獸冷。簾放玉鈎閑。嬌滴滴霧鬟雲鬟。錦瑟調銀箏按。醉江樓十二闌。風流月夜鸞簫。可意春風象板。

【梁州】羅襪兜淩波半折。黛眉顰新月雙彎。自蘇卿當日舡離岸。痛煞煞三盃別酒。眼睁睁一曲陽關。恨攸攸魂勞夢斷。悶懨懨廢寢忘飡。另嵬嵬鳳隻鸞單。冷清清蝶懶蜂閑。鴈魚緘草稿闌珊。辜負了金斗郡玳瑁筵間。蕭疎了汝陽齋傳書寄緘。冷落了麗春園歌舞吹彈。怎禁。淚眼。急煎煎盼煞南來鴈。乍別離可曾慣。苦把羅衫袖兒遺。寬褪白襴。

【尾】眼前書策無心看。膝上瑶琴鎮日閑。壁上新詩訴不盡千和萬。想多嬌寫染。成紙上淚斑。好教我所用無心事事懶。（雍熙樂府）

按：雍熙無題，題從彩筆情辭。

風　情

【北南吕一枝花】朝登燕子樓。暮宿鴛鴦帳。喜聽筵上曲。愁見鏡中霜。舊日行藏。喧滿了平康巷。我根前忒肆行。我也曾搬調的梨園妓者剪髮燃香。我也曾迤逗的香閨女眠思夢想。

【梁州】蘇子瞻躬身施禮。柳耆卿拱手伏降。錦營中怎肯將姨夫讓。憑着我吐珠璣肺腑。錦綉文章。機心智膽。舌劍唇鎗。便休題韓壽偷香。再休言張珙西廂。也曾向風月塲弄粉調朱。也曾向鶯花陣掂斤播兩。翠紅鄉數黑論黃。忖量。這塲。耳邊忿不過傍人講。全不似舊模樣。寬盡羅衫鬢影霜。恁赴高唐。

【餘音】未服輸惡噎噎衝霄豪氣三千丈。穩派派嬌媚唾手風情一百樁。但得箇殢花酒身軀喜無恙。纏頭錦積下幾箱。買笑金多裝取數囊。不教那烏漬漬雪鬢霜髯再去謊。

（雍熙樂府）

美人浴出

【北南呂一枝花】生成百媚嬌。無比千金價。香肌凝素雪。粉面暈紅霞。堪羨堪誇。摘首飾疏通罷。脱衣服美愛煞。肚腰兒晾搭在屏風。錦襠兒收藏入綉榻。

【梁州】骨格兒風流謹恰。皮膚兒細膩光滑。恰便似藕牙兒褪露出些娘大。俏一似採蓮仙子。鼓瑟靈媧。端的酥胸瑩玉。雲鬢堆鴉。玉天仙溪裡浣沙。錦芙蓉水上開花。莫不是華清池出浴的嬌娥。莫不是湘江浦淩波的俊娃。莫不是洛伽山救苦難觀世音菩薩。真佳。現撒。他那裡出蘭湯裸體。咱這裡偷睛兒一抹。子見他裙兒遮汗巾兒抹。薔薇露調和着茉莉花。偏體勻擦。

【尾】金爐添爇龍涎掛。寶鼎濃煎鳳髓茶。緊緊的偎說幾句動情話。我將他乳老捻掐。舌尖兒㗂咂。喜孜孜摟抱入銷金帳兒裡耍。（雍熙樂府）

按：「肚」，原作「社」。

蹴　踘

【北南呂一枝花】論風流蹴踘場。好富貴齊雲社。滅村沙欺別强。出英俊顯豪傑。萬種奇絶。脚步裡分優劣。人叢中辨巧拙。樂百年日月閑身。肆萬丈風流氣節。

【梁州】子他這六片兒香皮可愛。一團兒和氣堪嗟。向粉牆翠舘閑亭榭。短衫輕帽。軟韈烏靴。紅圍翠遶。柳映花遮。笑吟吟聚友和諧。喜孜孜羨美不絶。使着箇鴛鴦扣其實的俊愛。打着對合扇拐全無軟怯。搧着對桶子膁且是輕疾。足窩。蹬躡。鳳翻身簇袖帶合曾缺。正花論一撍側。扇面圓光不待撇。小可的難迭。

【餘音】看了他叢中出落應難捨。別樣風流人盡説。肥馬輕裘儘相拽。融融性格。名高藝絶。子他這曳樣風流堪選入丹青畫圖兒寫。（雍熙樂府）

贈二妓

【北南呂一枝花】蕋珠宮蒼龍對月吟。桃源洞老鶴當空叫。楊柳岸曉風鶯語麗。梧桐井秋雨鳳音嬌。兩箇妖嬈。似月女離蓬島。賽天仙下九霄。相對着霧鬢雲鬟。並語在蘭堂畫閣。

【梁州】我看了這一對兒明眸皓齒。索强如一塊瓊瑶。啓朱唇合唱中黄調。銀箏欵按。象板輕敲。難分彼此。不辨低高。想當初翠紅鄉怎的習學。今日箇玳瑁筵且是合調。好詞兒老先生閣着那管筆兒推敲。俊字兒小紅卿捻着那舌尖兒剔挑。俏聲兒少年人側着那耳朶兒量度。嬌嬌。小小。偷聲減字都知道。正風流更年少。趂着這象榻銀屏絳蠟燒。越顯的百媚千嬌。

【尾】一腔新韵中和調。滿座清香瀲灩醪。唱徹梨園月兒落。老先生醉倒。玉人兒去了。空留下些二一派仙音在畫梁上遶。（雍熙樂府）

贈陳玉香

【北南吕一枝花】清標玉結成。美韻香摑就。玉生香旖旎。香染玉温柔。解語忘憂。玉減香依舊。香清玉正愁。逞精神宫月鐫風。弄顔色琦花玷柳。

【梁州】玉比來瓊瑶落色。香凝處蘭麝含羞。玉無雙香百和相迤逗。荆玉難受。卞子難投。賈庭難有。韓壽難偷。嬌滴滴另種風流。美孜孜别樣温柔。無瑕疵價重連城。

受撴捽名傾范斗。不雕琢聲占秦樓。罕求。問由。有意中珍心上琺眉間琇。更玲瓏更剔透。咲舞春風錦滿頭。但行處蝶趂蜂逐。

【尾】素盈盈不似梨花瘦。濃馥馥勝如桂子。斷夢勞魂惹僝僽。端的是玉價慣酧。香緣慣修。誰敢試弄玉摶香手。（雍熙樂府）

妓名玉馬杓

【北南吕一枝花】楚人抱着愁。宋客看着愛。碾開如意寶。琢就可憎才。舀盡江淮。成器許風流債。尊前日月捱。謁漿也崔護曾拈。市酒也相如慣索。

【梁州】品藻如鴻門斗窄。聲價似北斗高開。等閑誰許沉浮態。臨邛滌器。陋巷傳來。許由不認。西子驚猜。潤如脂一種紅白。巧如瓢一擔身材。瑪瑙盤莫勝精神。玻璃盞難同骨格。水晶盂怎比顏色。價擡。樣改。有斟量無疵多禁耐。鷺鷥腦鳳凰額。曾向秦樓醉李白。換骨移胎。

【尾】敲着昏不許俫兒買。瞌着睡常防阿母猜。翠釜銀瓶謾矜賽。掌中擎不側。心頭放不歪。輕重郎君莫撴捽。（雍熙樂府）

按：「瞌」，原作「磕」。

贈張寸金兒

【北南呂一枝花】西方列宿名。南土真佛像。羞沾牛尾污。愁認馬蹄香。媚紫嬌黄。曾選到燕臺上。十分標一寸長。四不知袖兒裡楊震偷攜。兩不願菜畦畔管寧謾想。

【梁州】籯中滿怕損志廉夫盡棄。床頭盡暗消魂壯士傾囊。一星星買斷了平康巷。舞腰束纖纖絶質。歌謳按縷縷宫商。撥得軟温柔性格。煉不灰可喜心腸。神仙指石似端詳。郎君愛寶似收藏。棗瓤堅香撲撲别鏤對蜂蝶。葉子窄明整整生銷對鳳凰。錢兒沉熱博博另鑄對鴛鴦。笑試將麝蘭熏。鉛粉鍍。胭脂搶。足顔色巧模樣。瑞玉神珠總莫償。麗水明粧。

【尾】鮑叔子受貧也分得心先痒。直不疑守困也誣着意早荒。一尺恩情索還丈。石盤似品量。等盤似較量。一笑須值價萬兩。（雍熙樂府）

按：彩筆情辭題作「贈寸金兒」，注明古辭。

贈張姬名道姑

【北南呂一枝花】風塵素浄身。烟月清閑字。鶯花壇上友。歌舞洞中師。積善因慈。

守一點全真志。扣玄關仗力持。用偎紅倚翠工夫。受惜玉憐香籙旨。【梁州】演步虛輕敲檀板。鍊華池浄洗胭脂。遠山林隱閣闠知街市。不跨鶴超凡小小。不乘鸞得道師師。慣棄俗纏頭紅錦。慣出家買笑金貲。風流客普化相思。疎狂士稽首相辭。碧玉簪芙蓉冠新入箇名流。青霞帔逍遥服別生箇様子。黄金鍾蓝珠經另打箇腔兒。念兹。在兹。心中猿意内馬情無二。多財捨有緣施。誰種紅蓮火裏枝。朶朶靈芝。

【尾】參禮透朝雲暮雨情如紙。戒得斷酒病花愁氣似絲。修養出手標更誰似。蓬萊山降賜。蟠桃會宴侍。再謫下箇神仙度脱你。（雍熙樂府）

按：雍熙樂府不注撰人。南北詞廣韻選題作「妓女入道」，注元無名氏。彩筆情辭題作「贈張姬名道姑」，注明古辭，疑是。兹據雍熙録之，題從彩筆。

悲歡離合

【北南吕一枝花】阻鴛朋隔燕儔。拆鸞對分鴛伴。並頭蓮和蒂擷。連理樹帶根剜。愁思漫漫。圖畫無心玩。詩書没意觀。相思病瘦得假遍體尪羸。離恨苦愁的來一懷痛滿。

【梁州】怎知他將方勝書傳黄犬。把同心信付青鸞。今朝復會來相唤。我因他恩濃意厚。性耐情寬。語甜話美。表正形端。謝穹蒼幸得團圞。喜今宵復會盤桓。羅幃間憐香心撫恤的恩濃。綉衾中雨雲情温存的意欵。鴛枕上别離言訴説的心酸。愁懷。幾般。光陰屈指從頭算。自别離整年半。今夜綢繆情更完。萬喜千歡。

【尾】譙樓三弄梅花管。更鼓聲殘漏點攢。窗外晨雞聞啼亂。殘星沉玉丸。太陽升赤盤。訴不盡愁懷夜兒短。（雍熙樂府）

詠　妓

【北南吕一枝花】綰烏雲髻巧盤。蹙翠黛眉輕掃。粉香生肌凝雪。紅暈展臉舒桃。一撮兒妖嬈。十指春葱弱。雙眸秋水遥。點胭脂檀口匀圓。襯羅韈金蓮窄小。

【梁州】錦香囊高懸翠襖。象牙梳斜襯金翹。看不盡天然俏。蘭心蕙性。智慧良標。形儀窈窕。體樣苗條。小年紀二八初交。更通媒壓類欺曹。唱一只遏行雲曲韻傳情。舞一只回白雪宫腰弄巧。笑一只墜春花俏靨生嬌。停睛。覷了。有名旦色傾城貌。忒風流那嬌少。者麼丹青手段高。難畫難描。

【賺尾】他比那巫山神女猶多好。越國西施更又高。我這裡口内無言自思度。休道是

白日間伴着。黑夜裡摟着。覷一覷平生願足了。（雍熙樂府）

中州十九韻

【北南吕一枝花】運春雲陣陣消。熙麗日遲遲照。送東風融瓏凍。濡澍雨入墟郊。嶺嶺亭勝景清標。恰那答掐花草。趄這些扯柘條。氍巒湍疃畔盤桓。看山澗潺湲謾遶。

【梁州第七】覽巉嵒含嵐暗黲。覘瞻潤瀲灩添濤。岑林森蔭禽音冷。蜓争迎風。蝶熱斜飄。蜂叢桶洞。燕穿椽巢。摘崖外彩色開桃。良田前纏穿殷苗。遊人每傍岡莊强將觴穰唱腔楊。公子們聚樹墅摞蹴踘舒軀足巧。佳人每靠夭桃掿鮫綃笑貌妖嬈。它歌。我嘲。酹甌酒友樓頭樂。開懷再歪笑。自使廝兒資餉殽。魚煮猪爊。

【隔尾】停生冷静箏聲悄。檀板闌珊懶旦敲。傀儡累垂醉回跳。胡顧姑舞着。楊娼娘唱着。直喫的酩酊倰儯更傾酌。

【駡玉郎】急回日已西低落。我這裡牽騆蹇沿田甸轉前濠。臨岑心沁鶤禽叫。見了些瀾灂灘。綰棧山。彎還道。

【感皇恩】呀。使支侍兒曹。遇出入漁樵。驀過那塚東峰。崆峒洞。壠中橋。拖矬騾我鎖。把滑馬他縛。我這裡觀湍鸛。氍磐彎。喚巒鶴。

【採茶歌】恁將這履藜携。几棋提。杯罍食壘委誰挑。我在這岫囿洲疇遊勾了。到家中進門混沌困春宵。

【尾】更有這助扶諸女除予帽。做夥多娥脱我袍。攬藍衫解條。倘房床枕錦貂。掩簷簾遮槅箔。蠟華花香尚燒。更聲停漏籌繳。動銅鍾咂畫角。譙樓上五鼓餘足女奴報。他道是明星升正高。缺月斜趄倒。更聽的籬底栖雞起啼曉。（雍熙樂府）

激冲弟

【北南吕一枝花】費盡了我同胞一體心。激不起你好学修身志。恨不的手推上攀蟾路。頭頂在上天梯。怎不尋思。見如今五旬慈母先抛棄。七十嚴親鬢已絲。又不是痴聾喑啞成殘疾。又無有差使田粮苦氣力。又不索鑿壁囊螢。見放着明窗浄几。

【梁州】眼前多少傍州例。勤學的千人敬仰。不學的一事無知。勤學的光顯宗親。不學的顛連妻子。勤學的如金如玉。不學的如土如泥。縱不如程夫子道德齊高。也須學蘇學士文章並美。再不能呵也學那宋狀元科甲聯題。説時。勸時。千言萬語淘乾了氣。待重呵又怕傷恩義。待輕呵公然四不知。只怕你悔後耶遲。

【賺尾】你試看滔滔白日難拴繫。我只怕湛湛青天不可欺。怎生般參不透其中意。若

既肯奮志呵在你。若不肯奮志在你。莫教我忍氣吞聲直怨到死。（雍熙樂府）

過寶應湖口

【北南吕一枝花】白粼粼萬頃波。緑湛湛千層浪。漫攸攸通百越。翻滚滚帶三江。灝瀚汪洋。浴日月烟霞上。浸山川宇宙傍。亂參差蓼岸蘋洲。争上下蘭橈畫槳。

【梁州】舉頭四顧無邊量。東望呵扶桑曉氣蒸霞赤。西望呵華岳晴雲帶日黄。南望呵翠重重五嶺連巒國。北望呵紫靄靄全燕擁淮漢。外閑水倚帝鄉。更着那蜃雲孤起。漢外樓臺。鰲背穩藏。眼前城郭。颶風恬送水面帆檣。夕陽。晚凉。柁樓閑倚舒懷况。楊柳岸荷花塘。信是人間雲水鄉。鷗鷺翺翔。

【尾聲】恰便似水晶宫闕無屏障。太乙仙舟泛渺茫。采蓮人來往齊歌唱。酌流霞滿觴。祝高堂壽康。他日到臯蘭做話兒講。（雍熙樂府）

子弟追悔前非

【北南吕一枝花】風月中起戰争。歌舞地排兵勢。縱横了花柳巷。鬧嚷殺武陵基。雖不鬪睹争施。反惹無仁義。

【梁州第七】寄情音便是下戰書。穿對襟勝鐵甲。着羅裳賽戰衣。紅綾被勝似中軍寶帳。黄金釵好似鳳翅頭盔。拈香誓開了陷穽。摇衫袖擺動旌旗。歌奇腔傳爲號令。品玉簫便是出陣聲息。護身寶劍。裹身銀鈒。有催軍鑼鼓。打將銅鎚。那老鴇兒便是統兵元帥。小丫頭便是巡寨軍卒。九里山前擒項羽。東洋海鎮住蠻狄。思之。只爲金銀寶鈔生惡意。做下千般胡所爲。堪笑堪悲。

【耍孩兒】寡情薄意將他棄。棄舊迎新把我虧。所爲事事從頭記。挨門倚户將咱哄。弄舌調唇把我迷。明明撞着迷魂鬼。五行不順。八字低微。

【十煞】厨無柴是我買。甕無米是我糴。安然自在無憂慮。飢時思飽寒思煖。男不種田女不織。搽胭抹粉爲生計。歡娱一宿。過活十日。

【九煞】買羅段做襖裙。換金珠打首飾。靴鞋衣帽俱咱置。安排門户重重派。整備東西件件齊。全不解其中意。他家好看。俺這裡難爲。

【八煞】黄邊錢還道低。白紋銀道九七。塊頭腰截嫌零碎。今年整備來年事。冬月思量夏月衣。滿床鋪蓋供齊備。消没了錢鈔。積儹下年資。

【七煞】思量爛糊蹄。要吃穿炒鷄。那亡八愛吃鮮魚味。時常爛煮猪蹄肉。大料熬燒鵞與鷄。專好吃多滋味。一家人吃的是稱心茶飯。可口的東西。

【六煞】朋友到也會笑談。做酒席也得宜。只是將咱錢鈔虛花費。九分銀只買得三斤肉。七十黃邊只買個鷄。盤中菓品般般貴。數錢銀買罈老酒。八十文錢買尾鮮魚。

【五煞】洗泥便送程。歡天喜地虛情意。連忙買酒姑夫飲。快去燒茶姐夫吃。甘草口甜如蜜。醫公湯藥。好一似呂後筵席。

【四煞】兩三日不上門。着保兒再四催。入門便使牢籠計。連朝不見歸何處。這幾日分離在那裡。想是你別有個相交的。假作個長吁短嘆。見了你便淚眼愁眉。

【三煞】他道張三也不接。李四來也不接。潘安好臉俱懷記。他道張弓難射高飛鳥。下釣難求水底魚。你苦苦多憂慮。既在株邊守兔。豈敢節外生枝。

【二煞】那論你朋共友。全不管親與戚。恨不得把燈籠斷了牢籠計。纔爲爹娘又兒婦。方做兄妻又弟妻。敗壞了人倫序。那管你弟男子姪。恨不得一派收拾。

【一煞】平康巷這等行。緑春院那所爲。勸你們風流子弟牢牢記。若不肯除花戒酒。定有日悔是遲遲。

【清江引】悔來悔去終是悔。悔却烟花地。悔貪剪髮時。悔却拈香誓。總不如結髮妻始終無日悔。（群音類選）

無題

【北南吕一枝花】春愁豔色中。夏景繁華裏。秋悲霜降後。冬恨雪零時。觸目攢眉。許多情意。心事有誰知。三年裏隻字不通。一日間百憂并集。

【梁州第七】碧碧天茫茫不盡。念青鸞杳杳無期。可憐辜負深盟誓。玉人何處。招之不至。樂昌鏡破。鳳釧雙離。蕭郎簫斷。蔡琰笳悲。怪累朝烏雀頻啼。喜今宵玉手同攜。小梁州漫把曲兒歌。大都來細把離情訴。聲聲短歎。長吁。鍾情到此。悲歡離合都經歷。悵殺我無雙翼。安得雙雙花並蒂。對對鳳于飛。

【隔尾】古人言在天願作比翼鳥。在地願成連理枝。這言兒也君須記。死生。隨你。問我何歸。相思而已。（萬錦情林·鍾情麗集）

按：此套曲牌原作【一枝花帶過小梁州】，誤題。【隔尾】牌調原奪，茲據譜補。

慶壽

【北南吕一枝花】紛紛瑞靄飄。隱隱祥雲墜。氤氳香裊散。荏苒彩雲飛。左右週圍。寶蓋幢旛立。老人星下北極。恰纔離閬苑神州。咫尺過蓬萊弱水。

【梁州】轉眼觀十洲三島。回頭望玉府瑶池。衆神仙別却蟠桃會。仙童祝壽。玉女擎盃。猿鶴來往。虎鹿相隨。許飛瓊下天關霧鎖雲迷。周瓊姬到塵寰星斗光輝。一個獻丹砂賜北極。永綿綿福壽無邊。一個獻丹藥賜東海。浪濤濤長生富貴。一個獻書賜南山。翠巍巍松柏肩齊。壽星。慶喜。衆神仙來賀生辰日。排水陸盡完備。象板銀箏間玉笛。酒泛玻璃。

【牧羊關】這一個歌金縷低低唱。那一個紫鸞簫慢慢吹。這一個撥銀箏堪詠堪題。那一個紅牙板音吕熟閑。這一個紫檀槽聲清韻美。那一個擁翠袖筵前立。這一個出紅粧列尊席。那一個帽簷側花枝重。這一個酒痕香衫袖濕。

【罵玉郎】天邊一朶祥雲墜。我則見披鶴氅掛金衣。神仙八個臨凡世。韓湘子勝出枝錦牡丹。曹國舅肩擔着竹笊籬。吕洞賓將着這龍香墨。

【感皇恩】李孔目他將着這鐵枴忙提。藍采和檀板手執。張四郎捲起輪竿。陳七子將着梳篦。張果老將蹇驢騎。有靈芝瑞草。更有那火棗交梨。我則見祥光現。紫霧生。彩雲飛。

【採茶歌】五雲墜。暗香隨。現出個長生不老漢鍾離。滿飲三杯慶壽酒。勝如王母赴瑶池。

【尾聲】花爛熳錦重重樂醄醄淺斟低唱醺醺醉。翠重重光燦燦香馥馥花菓時新件件奇。益壽延年一百歲。衆賓朋賀喜。老人星奉勅。引入你仙境蓬萊畫圖裏。（群音類選）

咏北京城隍廟作生意者

【北南吕一枝花】九關四海人。八方三島客。都來燒焚紙。盡去起禳災。鬧鬧垓垓。更有諸般賣。行家密密排。賣絲羅的鬧徹了後巷。賣綾絹的嚷遍了前街。

【梁州】賣布的只叫長寬。買絹的只嫌短窄。霎時間僧俗男女紛紛大。擠得些和尚每腮邊汗滴。擠得些俗人每口内聲哀。是男呵推歪了帽子。是女呵踏掉了羅鞋。有一夥耍棍的漢子東排。又見些煉魔的和尚西來。賣藥的道這藥堪誇。賣香的道別香無賽。墻兒下打旗帳開。卜人。列排。禪衣行者偏地怪。雙眼朦朧坐殿臺。只將那松柏挨。

【尾聲】把些個磁人泥馬前頭擺。鐵銚銅壺後面排。詩書古畫真堪愛。買不得道歪。賣不得的僵栽。厮打在街前髮亂採。

【重結】散場時其實快。輕者肩挑重者擡。東西南北經商大。一個個散開。一個個去來。直等到那月初一再來擺。（詞珍雅調）

【北南吕一枝花】山林中山雀飛。山頂上山猿啼。山坡前狐兔走。山川内虎狼跑。山路迢遥。山影現山神廟。看青山堪畫描。撲簌簌飛去了山雉山雞。忒翎翎驚起些山禽山鳥。

【梁州】山野内人家静悄。山店中山客蕭蕭。深山中來往人行少。見了些山豬山犬。山鼠山貓。山獐山鹿。山雞山鳥。山疊山前杳杳高。行了些轉山坡山澗蹊蹺。藏著山樹則見緑陰陰山棘山松山柏。紅馥馥滿林山杏山桃。響鈴鈴山竹蕭蕭。山頭。鹿角。山前山後尋山道。這山好那山好。都不知緑水青山兩伴高。水遠山遥。

【尾】山岡山嘴山禽鬧。山色山峰堪畫描。山市山城咱心好。尋山林古道。蓋山庵住着。看了那緑水青山快活到老。（北曲拾遺）

按：「山猿」、「看青山」，兩「山」字原缺，據文義補。

【北南吕一枝花】仕宦的則説仕宦的强。閑居的則説閑居的好。正是青山與秋色。氣勢兩相高。閑處光陰。有幾個人知道。我觀那吃堂食的都黄瘦了。俺這裏雖無百味珍羞。可子緑水青山頓飽。

【梁州】我看着山也添些壽數。喫口水做了脂膘。悶來時前後閑瞻眺。倦聽蜂衙喧鬧。識破那蝶夢飄飄。羡殺投林宿鳥。嘆盡唳月孤鴻。到大來無拘束散誕逍遥。我見不應性雖好焦心。虧不得綢曲出螻蟻排兵。看不得險滴溜溜蜘蛛鬬巧。記不得畫梁間燕子爭巢。好教我失笑。這的每青青多少無名草。何不隨緣分且甘老。一瓢滄浪正混濁。待教入漁樵。

【尾】我則待和雲大□爭頭角。說與那井底鳴蛙枉叫嚎。我比他落得安然睡一覺。不的待身躬放倒。黑嘍嘍早睡着。他少有三十個翻身到不得曉。（北曲拾遺）

秋思

【南仙呂入雙調一機錦】雲雨歇。鸞鳳分。别來教我愁斷魂。暗擲金錢卜遠人。吉和凶尚未聞。眼巴巴絶耗音。空教我便數盡歸鴻。不帶書來也。我便撲撲簌簌淚暗傾。

【前腔】水連天。山聳雲。寒鴉投暮林。野渡無人舟自横。一回家自猛省。默無言蹙翠顰。空教我便對景傷情。慘慘悽悽也。淒淒涼涼悶殺人。

【前腔】綰角兒。爲契姻。翻成做了陌路人。可惜一夜夫妻百夜恩。獨自箇掩重門。淚偷彈爇上燈。愁聽得哽哽噎噎蟬鳴。悲悲切切蛩吟也。淅淅零零敗葉聲。

【前腔】起金風。新月明。卧看牽牛織女星。正是銀燭秋光冷畫屏。房兒中少箇人。怎捱徹玉漏聲。愁對着静悄悄簾櫳。昏慘慘殘燈也。急煎煎睡不成。（雍熙樂府）

按：九宮大成南北詞宫譜此套録自雍熙樂府，注云：「蔣譜取第一曲，誤作臥冰記，入南雙調，人幾不知其爲北曲矣。九宮十三調譜、南詞新譜、南曲九宮正始取首曲，均因其誤。」北詞廣正譜之【一機錦】入雙調，亦入南吕宫，然句式與此套首曲完全不同。吴梅南北詞簡譜亦録用此套首曲，入南雙調。兹從吴譜。

【北南吕四塊玉】草厦低。茅菴小。松竹琴碁作知交。煉丹爐讀書几烹茶竈。手中携採藥籃。隨身將化飯瓢。道人家活計了。

【罵玉郎】洞門深處雲籠罩。居冗遁結林巢。鐵笛吹罷瑶琴操。野鹿鳴。幽鳥飛。山猿嘯。

【感皇恩】萬吼風高。一聲長嘯。瓦爐中香馥馥。石鼎裏煑茶苗。清風生竹邊。凉月掛松稍。尋芳徑。踏緑苔。引猿鶴。

【採茶歌】遶溪橋。覓漁樵。山澗林下飲濁醪。閬苑仙人共相約。海山銀闕宴蟠桃。

【梧桐樹】採蕨薇撅山藥。啄黄菁帶泥鉋。看山花開滿庵前道。有緑水侵籬落。

【賀新郎】春光明秀滿東郊。芍藥初開。牡丹芬萼。緑茸茸滿地生芳草。聽紫燕黄鶯鬬巧。出墻頭酒旆風招。桃紅如火噴。柳緑似煙飄。見芳林錦樹鳩飛落。堪觀梨蕋嫩。宜看海棠嬌。

【哭皇天】五月蕤賓到。菖蒲酒味高。手將紅杏撚。頭上玉符桃。家家宴樂。恰浮瓜沉李。早涼入荒郊。不覺的至中秋節令早。對銀蟾賞翫。重陽到了。

【烏夜啼】摘黄花簪滿烏紗帽。菊滿荒郊。堪畫堪描。戰西風紅葉舞飄飄。過南樓北鴈呀呀叫。瑞雪飛。彤雲罩。毡簾低欹。酒泛羊羔。（盛世新聲）

按：此曲亦見盛世詞林。「嘯」、「北」，原作「笑」、「白」。

南北南吕合套

相　思

【四塊玉北】效比翼。成連理。想同坐雙雙一似比目魚。想當初設山盟。今日個都做了牙疼誓。甜膩膩的蜜和酥。喜孜孜的魚共水。美甘甘膠共漆。

【一江風南】自別離。撲鼕的銀瓶墜。咭玎璫瓊簪碎。誤人期。負我何辜。你若思文君。我有相如意。想道鸞凰成配對。對分鴛鴦兩下裡。越感起傷心碎。

【罵玉郎北】從他去後添縈繫。不由我心似醉意如痴。常言道相隨百步有個徘徊意。這些時靈鵲兒不報喜。蟢蛛兒難信實。龜卦兒全不濟。

【大迓鼓南】當初。共枕席。自從別後。獨守孤幃。指望成家計。鴛衾半擁通宵不寐。此恨綿綿無盡期。

【感皇恩北】呀。藍橋下水渰波圍。桃源洞霧鎖雲迷。青鸞信杳無跡。黄犬音全不至。北鴈書甚時回。這相思怎醫。那鬼病禁持。悶昏昏。愁切切。意遲遲。

【東甌令南】添疾病。減香肌。瘦損懨懨說向誰。天。天不管人憔悴。辜負了韶華日。燈昏月暗夢初回。寶鼎内篆烟微。

【採茶歌北】寶鼎内篆烟微。襟袖上淚淋漓。不由我越思越想越傷悲。每日家屈指長懷去日遠。却正是有情不怕隔年期。

【節節高南】想着他花似臉。玉如肌。春風一捻腰肢細。鴛幃裡。翡翠衾。鮫綃被。錦瑟瑶琴何時對。鸞簫象板無心習。恨準八字柳眉顰。愁填九曲柔腸碎。

【鵪鶉兒北】燕燕于飛。花邊柳堤。事事皆依。夫唱婦隨。共枕同席。偎紅倚翠。月漸西。燈漸微。香冷金猊。酒盡金盃。琴瑟金徽。今日個月缺花殘。閃的人鸞孤鳳隻。

【尾聲】多嬌有日重相會。雙雙携手入羅幃。永遠團圓直到底。（群音類選）

按：此套盛世新聲無題，詞林摘艷題作「南北思情」，雍熙樂府題作「美眷」，群音類選題作「相思」，盛世詞林、金瓶梅詞話無題，俱不注撰人。

【北南呂罵玉郎】仙家道可道。可道非常道。山澗下蓋一座草團標。一任龍争虎鬭干戈鬧。作伴的是白面猿。硃頂鶴相隨著。

【感皇恩】呀。一任丫髻環縧。草履蔴袍。摘藤花。攀竹筍。採茶芽。閑來即爐中煉丹。悶來時閑訪漁樵。咱兩個共知交。飲香醪。直吃得醺醺沉醉樂淘淘。

【採茶歌】繫一條吕公縧。掛一個許由瓢。不换他烏靴象簡紫羅袍。白髮催人容易老。貴人頭上不相饒。

【感皇恩】呀。駟馬安車。嬸子有五花官誥。他那裏顯榮華。誇富貴。逞英豪。荆釵布襖。情願草履麻縧。我則道捱了今日。過了後晌。盼明朝。

【採茶歌】訪漁樵。飲濁醪。不如山間林下醉陶陶。百味珍羞雖是好。不如粗衣淡飯且逍遥。（北曲拾遺）

按：「來」字原奪；「捱」、「晌」，原作「睚」、「餉」。又：第四曲「駟馬安車」以下五句原誤接前曲末句後，兹正。

詠　妓

【北南呂罵玉郎】風塵自有風塵態。怎的插荆釵穿布襖。本是那楊花滚滚隨風擺。空房中鎖定猿。竹筒裏養蛇。本性兒依然在。

【感皇恩】呀。喜的是錢鈔盈懷。酒肉盈腮。你便有五言詩且休題。七步才權休罪。八詠賦且休來。怕一不道一怕時愛。我休我久後和諧。眼落處尋些不是。背地裏覓些非責。人面前便花白。

【採茶歌】天呀。你便有擅天才。透風乖。興來滴溜溜撲推下楚陽臺。繡房中推思鄧通錢。破窰中換做吕蒙宅。

【尾】他愛我休得推喬摘。他嫌我休教强來挨。轉過來别颩了個富員外。待駡呵丹朱之用不才。待説呵管仲之器小哉。休休。普天下但學得王魁每喝一聲采。（北曲拾遺）

按：原三曲不分，僅書「駡玉郎」。「來」字原奪。

閨　情

【南小石調駡玉郎】花壓闌干春晝遲。唤起孤幃睡。鶯亂啼。無言嘿嘿對芳菲。減香肌。轉眼是緑暗紅稀。聽聲聲子規。故園芳草萋萋。把王孫路迷。把王孫路迷。路迷在花叢徑裡。又没箇相周相濟。俺只見來往遊蜂。貪花蝴蝶。上下争飛。恁成雙俺孤單心中憔悴。不覺道雨過時園林香細。

【前腔】雨過園林梅子黄。乳燕穿花徑。遶畫梁。薰風時送芰荷香。竹陰凉。扇兒搧不到伊行。知他在那廂。知他在那廂。夢魂猶兀遶關山。使離人斷腸。使離人斷腸。斷腸人心中慘傷。離情事休教添上。俺只見荷花深處。荷花深處。隨風蕩漾。幾對鴛鴦。想殺俺盼殺俺才郎模樣。不覺道碧梧桐一鈎月上。

【前腔】月上梧桐滴露華。喜得今宵裡爽氣加。膽瓶中斜插木樨花。隔窗紗。强撥一曲琵琶。對西風淚洒。對西風淚洒。那人猶自在天涯。想何日到家。想何日到家。想才郎何日到家。怎能彀乘鸞同跨。俺只見七月七夕。七月七夕。牛郎織女。兩情牽掛。料今宵鴛幃中無人情話。到晚來奴獨宿紙帳梅花。

【前腔】碧玉堂前一樹梅。去時節花初謝。今又開。滿頭風雪却回來。再和諧。忙教小玉去安排。飲三盃五盞。飲三盃五盞。講些個離恨情懷。咱兩個去來。咱兩個去來。去時節紅爐煖閣。回來時彤雲密布。俺只見紛紛洋洋。紛紛洋洋。六出花飛。漫空飄墜。燎羊羔沽美酒同斟同唱。咱兩個鴛幃中也不廝放。

【尾聲】今宵共約同歡愛。月照私情深似海。盡老今生不放開。（群音類選）

按：此曲舊編南九宫詞題作「情」，不録尾聲，摘作帶過小令四首，調爲「駡玉郎帶過北上小樓」。南曲九宫正始録首曲，題作「吴舜英」，注云「元傳奇」，牌作「二紅郎上小樓」。群音類選曲牌題作「南紅福郎帶北上小樓」，諸調標名皆誤，今據吴梅南北詞簡譜改訂。本篇五曲，分押齊微、江陽、家麻，皆來四韻，亦違套數一韻到底之法度。揆其因，無乃南地雜聲竄入所致。兹姑録以備考。

四　季

【北中吕粉蝶兒】明媚春光。遍園林萬花争向。舞蹁躚蝶粉蜂黄。柳拖烟。桃噴火。東風飄蕩。春景非常。一處處管絃嘹喨。

【醉春風】仕女撥銀筝。遊人捧玉觴。牡丹亭畔笑喧呼。喜孜孜攘。攘。燕語梁間。鶯啼柳外。梟眠沙上。

【叫聲】回首又端陽。向日葵花放。拂拂薰風遞荷香。

【剔銀燈】梔子開恰便似那玉粧。榴花吐有如那猩絳。我在那紫藤蓆珊瑚枕青紗帳。我恰纔夢初回浴罷了這蘭湯。我向那凉亭上。水閣傍。揮羽扇晚風清最爽。

【蔓菁菜】屈指早金風蕩。梧葉兒響銀床。南樓外鴈翔。正遇着蟹壯鷄肥菊初放。尋幾個知心友同歡暢。

【快活三】荷盡應無雨蓋張。菊殘尚有傲嚴霜。一年好景莫相忘。又冬月堪酬賞。

【鮑老兒】隴畔寒梅送暗香。折取在瓶中放。天上瓊花呈瑞祥。亂舞向空中降。恰便似撏綿扯絮。堆鹽撒粉。鶴羽翺翔。藏山壓樹。欺梅折竹。宿麥遺蝗。

【尾聲】四時景物嘉。百年福禄昌。妻賢子孝應無恙。代代相傳樂榮享。（詞林摘艷）

按：盛世新聲、盛世詞林無題，雍熙樂府題作「四時享樂」。

隱逸

【北中呂粉蝶兒】裹帽穿衫。習儒風半醎不淡。誦毛詩召南周南。尚書經。春秋傳。子書通鑑。樂府曾諳。詩禪中略通詩塹。

【醉春風】論吟和豈獨專。説拿雲非自敢。受寒窻辛苦。止望待立箇成名。陋巷中淹流殺俺。俺。看别人在雲霧裏昇騰。市廛中踴躍。輪到我在淤泥中着陷。

【石榴花】想區區虚度五旬三。赤緊的三十載事尶尬。想從前事務總交參。便有那熊心豹膽。誰敢跳那虎窟龍潭。題起那簪纓名爵其實慘。鴻毫輕豈足爲談。我則待要守寒門養素心和淡。我可也不束髮不冠簪。

【鬭鵪鶉】我煉的金木間關。一任交離宫配坎。我將這名利不貪。慾情慾情退減。但得些藜藿鮮甜荳粥甘。着蓑衣有甚慚。一心待樂道甘貧。問甚麽傍人笑俺。

【上小樓】我則待粧痴作憨。誰想道言多語濫。不求聞達。不謁高門。不尚書緘。我則待隱於農。歸於浦。漁籃樵擔。比您那跳龍門不遭坑陷。

【幺篇換頭】騎一疋躭耳驢。乘一騎欵段驂。我則待挈盒携壺。對月臨風。翫水遊岩。若是我興正甘。飲正酣。直喫的頭低身探。問甚麽髮刀騷土埋塵暗。

【十二月】利名塲徑行見坎。風月擔重負難擔。漸漸的形容瘦減。看看的鬢髮�。我將這古往今來事覽。再誰敢奔競貪婪。

【堯民歌】我則待樂簞瓢陋巷裏静巉巉。一任交守清貧沿路語喃喃。我將這帶膘猪肉旋煎爛。帶蛆濁醪着瓢渰。放浪。醺也波酣。今番識破喒。再誰攀朱雲檻。

【要孩兒】避風波家住在山岩嵌。蓋一座不疎漏低低草庵。麄衣糲食度流年。樂耕鋤孳養些桑蠶。常安排一樽濁酒滌塵慮。多喂養幾隻鷄豚欲解饞。無驚恐心和淡。織頭機伴梭荆拙。燈前引戲彩兒男。

【五煞】要清心呵。與吾儕三五人。對書齋燈一龕。正夜静銀海澄澄湛。焚着那松花柏子雲烟黯。撫着那焦尾冰絃神鬼參。撫琴罷心無事。茶烹石鼎。酒注磁罎。

【四煞】要釋悶呵。松棚下同笑歌。石床上共手談。有漁夫樵子傍觀鑑。未曾終黑白勝負碁一着。迅指早紅日西沉山半啣。識進退知成敗。若論那其中就裏。鬭争先機智相攙。

【三煞】要忘懷呵。將端溪硯水添。把烏犀錠手内攬。輕拈斑管將霜毫蘸。拂開玉版牋三幅。寫出梨園書一緘。問甚麽文理疎言詞淡。大剛來情懷義裏。就中將名姓包含。

【二煞】要樂意呵。看關仝海潮圖風聲捲水面濤。有王維輞川圖雲氣生山頂嵐。有龍眠寒雪圖孟浩然霸陵橋驢背如銀糝。有魏衍松風圖龍根雪幹龍盤偃。有蕭射梅竹圖兩意胭脂鳳尾擔。此四景消昏晝。惜性命粧些麄疎蠢倴。誰敢弄殘生施逞那僥倖奸讒。

【尾聲】我將這善惡墻砌的高。把是非門關閉的嚴。一任交滿天雷電山摇撼。便有驟雨狂風哨不着俺。（詞林摘艷）

按：盛世新聲、盛世詞林無題，雍熙樂府題作「歸隱」。末曲中「善」字，各本俱作「人」。

翻赤壁賦

【北中呂粉蝶兒】十月之初。步雪堂孟冬時序。臨臯二客從予。過黄泥。木葉脱。滿天霜露。人影模糊。向青天仰觀蟾兔。

【醉春風】顧樂以行歌。相酬還嘆取。今夜箇有佳賓無酒更無殽。真箇是苦。苦。月朗風清。好天良夜。怎生虚負。

【紅綉鞋】有客語停舟薄暮。柳陰中舉網得魚。細鱗巨口狀如鱸。山妻藏斗酒。專以待供需。因此上赤壁遊重吊古。

【普天樂】雪山傾。洪濤怒。山高月小。水落石出。江流半夜聲。斷岸千餘處。日月攛梭飛烏兔。蓟江山不可重復。踞虎狼險窟。登虬龍禹闕。舉雕鶚巢居。

【耍孩兒】劃然長嘯潯陽路。草木動山鳴應谷。悄而悲肅而恐凛而呼。放中流烟水模糊。半江洶湧波濤怒。四顧寂寥人影孤。適有孤鶴横江去。衣如玄縞。翅若輪車。

【二煞】長鳴三兩聲。高飛二里餘。須臾一夢神仙遇。臨臯之下揖而語。赤壁之遊樂矣乎。問名字留不住。俛而不答。能以嗚呼。

【尾聲】疇昔之夜終。飛鳴過我居。道士顧笑予驚悟。開户觀之不知汝。（詞林摘艷）

按：盛世新聲、盛世詞林無題，雍熙樂府題作「遊赤壁」。

夏 景

【北中吕粉蝶兒】寶殿生凉。捲珠簾翠屏開放。有薔薇滿院馨香。水晶瓶。玻璃盞。

滿斟佳釀。看池中戲水鴛鴦。採蓮人畫舡兒上。

【醉春風】花映水生紅。棹回波面響。浮萍水上滿地嬌。端的好賞。賞。美女擎盃。玉人撲扇。淺斟低唱。

【紅綉鞋】珊瑚枕銀絲紗帳。蝦鬚簾金縷籐床。見樓臺倒影入池塘。蝶舞向紅榴蘂。鶯語在緑垂楊。這答兒趓薰風消晝長。

【普天樂】出紅粧。樽席上。輕敲象板。低按宫商。列金釵十二行。翠袖雙歌唱。體態風流嬌模樣。近欄杆衣惹荷香。浮瓜沉李。飛觥走斝。醉倚紗窻。

【上小樓】趓着這槐陰氣爽。翠荷風蕩。玉手敲冰。金刀削雪。寶鼎焚香。鴛共鴦。葉底藏。遊魚波漾。你看他一對家往來相向。

【么篇換頭】有新蟬林内鳴。看蜂蝶花外忙。則見他對對飛來。雙雙飛去。遶户穿窗。蜂翅黄。蝶粉香。翩翩舞蕩。待將那扇兒撲柳條兒遮當。

【十二月】堪宜宴賞。雨過生凉。則聽的黄鸝聲囀。是看那白鷺成行。就着這野景梅熟麥黄。直喫的沉醉何妨。

【堯民歌】我則見水晶簾捲燕飛忙。玳瑁宴開列笙簧。紅牙象板按宫商。白玉鸞簫韻

悠揚。瓊漿。荷筒注碧香。堪寫在幃屏上。（詞林摘艷）

按：盛世新聲、盛世詞林無題。「瑁」，原作「瑂」。

慶七夕

【北中呂粉蝶兒】若論着七夕佳期。起金風漸吹羅袂。端的是蕩池荷岸柳先衰。你看那遍園林。遶幽砌。蛩聲皆沸。托賴着聖主洪威。正安然太平時世。

【醉春風】喜遇萬民安。欣逢明聖德。民安國泰樂雍熙。端的是美。美。五穀收成。四夷歸化。萬邦朝會。

【紅綉鞋】擺列着佳餚美味。鋪陳着火棗交梨。更有那珍饈百味水晶鷄。曲灣灣斟玉斝。咲吟吟捧金盃。慶昇平賀七夕。

【上小樓】則聽的歌聲韻美。佳餚標致。更列着乞巧穿針。走斝飛觥。道令藏枚。慶七夕。歡樂矣。歡娱佳會。喜孜孜滿斟玉液。

【耍孩兒】遍乾坤四海皆安謐。萬萬載皇都帝畿。萬方朝貢大明朝。慶吾皇穩勝磐石。兵器改爲農器用。不動征旗掛酒旗。昇平日。四方歸向。聖德巍巍。

【尾聲】一天月色凉。滿街人静已。年年慶賞七夕會。祝聖壽綿延萬萬紀。（雍熙樂府）

慶七夕

【北中呂粉蝶兒】時遇着七月清宵。景新凉孟秋天道。你看這暑分光月燭風橋。畫堂深。庭院小。郎才女貌。景物蕭條。綉幃中幾番冷落。【醉春風】喜遇着天上會佳期。人間節令巧。我則見金風淅淅透紗窗。猛然間覺。覺。瀟洒情懷。寸心悽愴。幾番顛倒。【紅綉鞋】我則見玉露滴金風時到。想當日百子樓宴會清高。則爲那西王母下降賜蟠桃。衆神仙皆聚會。祝聖壽永彌高。端的是共天長同地老。【石榴花】則爲這天星歡會在今朝。致令的人事設佳餚。則他這柳眉星眼會多嬌。共穿針乞巧。樂意逍遥。一箇箇香嬌玉軟芙蓉貌。列珍饈品物香醪。蘭堂畫屋添歡笑。這的是人物總英豪。【鬬鵪鶉】他每都綵結高樓。鋪陳宴桌。這的是牛女佳期相逢。相逢是少。致令的烏鵲填河兩意招。願神仙下碧霄。擺列着珍果杯盤。恰便似鶯期燕約。【十二月】這的是神仙會卻。正值着佳景蕭條。比着那長生會裏。真箇是夜月花朝。豈不聞金井梧桐葉凋。可又早斗柄回杓。

【堯民歌】呀。我則見清秋簾幕捲晴梢。更那堪舞燕回歸卻辭巢。抵多少暑光迎扇覺初消。仕女佳人笑聲高。喜氍這星橋。歡聲兩意嬌。則願的歲歲長歡樂。

【尾聲】正值着豐年稔歲時。今日箇佳期重會早。喜遇着神仙聚會風光好。則願的歲歲秋光鬭乞巧。（雍熙樂府）

走驃騎

【北中吕粉蝶兒】節遇端陽。慶蕤賓萬民歡暢。感吾皇聖壽無疆。艾如旗。蒲似劍。靈符浩蕩。户納千祥。鎮妖氛禍除福降。

【醉春風】文共武御苑中。武和文金殿上。聖明天子重賢臣。因此上享。享。射柳争功。龍舟競渡。騎驃争放。

【醉高歌】喊聲高炒閙穹蒼。金鼓鳴春雷震響。馬咆哮争把門旗望。百丈旗巍巍蕩蕩。

【紅繡鞋】鑾鈴響驊騮争放。比高低各自斟量。抖搜精神姓名揚。一箇箇施巧藝。一箇箇逞能强。恰便似惡相持争戰塲。

【石榴花】拖塵趕鏟急心忙。蹬塵邁步脚慌張。揭鞍換屜甚安詳。攛梭在兩廂。蹬裡把身藏。流星趕月如飄蕩。剪刀股二足着忙。肩庄起範登雲漾。斜插柳絶妙把名揚。

【鬭鵪鶉】最險的是隔肚穿錢。滚鬃過膛。身軀倒仰。彊板達直挺身軀。金錢豹緊追莫慌。我則見那左右入鞍。捨身落地久占塲。節節高自忖量。打虎的是存孝威風。射鴈的是英雄李廣。

【十二月】一箇單獻靴雄威氣象。二仙傳道神光。虎牢關三戰吕布。斷密澗四馬投唐。五馬破曹操怎當。六倒手意急心忙。

【堯民歌】呀。七里灘垂鈎獨釣隱嚴光。八仙慶壽過汪洋。星辰九曜顯高强。十面埋伏列刀鎗。進履的張良。關公斬蔡陽。更有那取經的唐三藏。

【耍孩兒】騎鬃倒坐在烏騅上。三馬解來來往往。金鷄獨立最難當。有山門獻杵金剛。鬼牽龍緊驟定狻猊豸。射白猿深將奇藝藏。張天師驅虎神威降。順風兒側耳。千里眼偷張。

【二煞】前跌塵二足慌。後探鞦兩手忙。鯉魚跌脊隨波浪。蛟龍出水巴山勢。餓虎投崖撲下崗。領搭纇人誇獎。三上馬心忙意急。五方旗戊巳中央。

【一煞】伍子胥鞭伏了柳盗跖。薛仁貴飛刀起定緑江。昆陽大戰驅兵將。耿恭拜井天心應。敬德威風鎮四方。三跳澗合興旺。單雄信割袍斷義。浣沙女抱石投江。

【尾聲】寬堯舜。過禹湯。慶豐年。蒙賜賞。民安國泰邦威蕩。四海來賓萬民仰。

（雍熙樂府）

慶冬至節

【北中呂粉蝶兒】正值着冬至初交。恰纔箇一陽生漸回天道。我則見凍雲垂四野飄飄。簌氈簾。鋪綉榻。寒侵幃幄。更那堪景物蕭條。四時中最宜歡樂。

【醉春風】你看這黎庶盡謳歌。更那堪官清法正好。似這般堯年舜日樂昇平。端的是少。少。這的是聖主寬仁。賢臣扶助。輔安宗廟。

【紅綉鞋】見如今過舜帝堯王之道。端的是用忠良宰輔臣僚。況值着仲冬佳節景風飄。見處處追歡賞。家家可也設瓊餚。端的是慶豐年享鳳閣。

【石榴花】托賴着吾皇仁智勝唐堯。端的是四海盡風調。則願的八方無事罷兵刀。宰臣每智巧。鼎鼐和調。見如今巍巍聖德如山岳。重賢良文武英豪。臣遇着嚴威凛冽寒天道。真乃是富貴在今朝。

【鬭鵪鶉】你看這寶殿瓊宮。敢則是龍樓鳳閣。我則見瑞靄靄祥雲。九重九重霧遶。更和這疊翠堆瓊景物高。端的是堪畫描。猛然見四野祥雲。敢則是寒風亂掃。

【快活三】散天花瑞雪飄。飛六出舞瓊瑤。也宜在紅爐煖閣飲羊羔。一任教瑞雪紛紛落。

【鮑老兒】你看這玉闕瓊宮新蓋造。更和這雕斗泥金罩。是看這紫霧紅光籠罩着。將萬載龍庭照。見如今民安國泰。年豐歲稔。雨順風調。托賴着巍巍聖德乾坤道。太平免差徭。

【尾聲】見如今四序和。八方來進朝。你看這千邦獻瑞依王道。齊獻上冬令佳辰太平表。（雍熙樂府）

風　情

【北中呂粉蝶兒】下手着迷。起初時和咱有意。受了些不明白暗約偷期。慘慘的有人知。相識每問這一塲。做的來掀天播地。避不的閑是閑非。正歡娛怎知道相離了一日。

【醉春風】若說他實意有千般。我虛心無半米。我爲你家私不顧誤了前程。都則爲你。你。你。怎能勾千縱千隨。他生的百嬌百媚。幾時得一家一計。

【紅繡鞋】我和你曾沾些恩義。負心的活不上三十。若說着你心中情意我皆知。爺娘行甙了些驚怕。女伴每受了些驅馳。則你那志誠心誰似你。

【石榴花】將你那小名兒那一日不在口中題。題起來魂夢裡越着迷。但朦朧活見在眼根低。我其實的爲你。廢寢忘食。霎時間不見添憔悴。央及殺淚眼愁眉。盡今生同坐同歡會。我其實撇不下女嬌質。

【鬬鵪鶉】纔離了二日三朝。似隔着千山萬水。花月身軀。玉容玉容般面皮。他生的百媚千嬌恰二十。更那堪容貌美。不能勾燕侶鶯儔。則有分鸞孤鳳隻。

【上小樓】拆散了鸞孤鳳隻。空設下山盟海誓。見如今人講風情。説你離情。是是非非。假若是我瞞着你。和别人知心可意。則説你心中氣也不氣。

【么換頭】想當初你看上了咱。咱一心兒順了你。想着我似水如魚。知心可意。一家一計。猛可裹。把咱來。不揪不覔。但合眼夢兒中完聚。

【耍孩兒】本是朶海棠花初綻在名園内。枉惹的鶯燕蜂蝶亂飛。俏心兒則待要强胡爲。我怎肯將你低微。嫩枝稍不柰狂風擺。顔色兒嬌不禁那驟雨催。倚仗着風流勢。枉惹的蜂媒蝶使。着那等謊漢每猜疑。

【尾聲】我將你眼睛般厮覷當。性命般看待你。倘或間顯出些薄情意。我可便硬抵着

牙兒恨殺了你。（雍熙樂府）

題　情

【北中呂粉蝶兒】花落春休。遍園林緑肥紅瘦。樹稍頭忙煞鳴鳩。燕調雛。鶯唤友。叫呀呀把東君迤逗。撲珠簾絮捲香毬。釀清和晝長時候。

【醉春風】情默默似傷春。病懨懨如害酒。想紫騮何處繫垂楊。到如今久。久。踏翠錢羞步瑶堦。卜金錢徒勞玉笋。整銀錢倦焚寶獸。

【迎仙客】閑散心。倦凝眸。隔花陰驀聽得數聲黄鶯留。好教我唤小丫鬟。疾忙走。你與我將綉簾忙簌下金鈎。子怕鶯咲我龐兒瘦。

【紅綉鞋】瘦則瘦不似今番憔瘦。愁則愁强如往日憂愁。休則休今後怎生休。我呪則呪敢向人前呪。他謅則謅豈敢在俺行謅。醜則醜不似今番出盡醜。

【石榴花】一聲長嘆强登樓。空極目見無由。山遥水遠路悠悠。幾時待要罷休。兜的又上心頭。行思坐想無昏晝。甚時諧燕侶鶯儔。揾淚痕湮透羅衫袖。忍不住撲簌簌淚交流。

【鬬鵪鶉】我這裏慘緑愁紅。他那裏眠花卧柳。我這裏廢寢忘飡。他那裏閑茶浪酒。

這暑往寒來春復秋。空房中獨自守。我這裏冷清清動歲經年。他那裏熱火火停眠整宿。
【上小樓】子俺害的相思證候。病入在膏肓難救。看看的骨似麻稭。氣若遊絲。命似浮漚。幾番家囬綉閨。拈綉針。無心挑綉。想起那暖鴛鴦越添僝僽。
【幺】他毬子樣心。蜜鉢似口。巧語花言。賺得我密約幽期。又和誰淺酌低謳。想着那磣可可枕畔盟。窻邊誓。神前設呪。看你這負心賊受那不受。
【滿庭芳】于飛配偶。虛躭恩愛。遥受綢繆。調羹指鴈難能勾。負良宵香冷貪儔。倚緑窗空淹淚眸。倒不如上青山化做塊石頭。好姻緣難成就。翻做了參辰卯酉。一筆盡都勾。
【十二月】我五行中合當迤逗。他八字内該載狂遊。輪不到紅鸞天喜。單注着織女牽牛。便是他孤辰寡宿。到七夕樂以忘憂。
【堯民歌】呀。他兩箇笑吟吟歡會訴離愁。俏窣窣私語話緣由。偏我静巉巉獨自箇數更籌。幾時得喜孜孜談笑泛金甌。藏鬮。藏鬮。别離况味酬。再不人約黄昏後。
【尾聲】畢罷了煖烘烘香嬌玉軟流蘇帳。花撲撲翠遶珠圍緑瑣窻。斷絶了殢雨尤雲業情况。告辭了花燭洞房。打疊起笙歌教坊。從今後蝶使蜂媒再休想。（雍熙樂府）

按：此套尾聲轉韻，疑爲他曲添湊。又「黄鶯」，原作「黄栗」。

香閨憶故人

【北中吕粉蝶兒】這些時心緒着迷。不承望這場憔悴。俺雖是意相同歡喜夫妻。效鳳凰。同連理。青春匹配。到如今魚鴈分飛。音信絶不能歡會。

【醉春風】消閑了釵彈鳳頭黄。更和湘裙拖緑水。寂寞了蘭堂畫閣綉鋪裀。空教我便悔。悔。悔。到如今粉淡胭消。蛾眉空掃。漸鬆雲髻。

【紅綉鞋】則爲你龎兒整衣冠清致。他端的勝潘郎俏貌容儀。則他這七步才吟詠吐珠璣。我愛他心聰俊。更一部志誠實。端的是共仙凡難論比。

【石榴花】想着我便爲尋芳一自會佳期。俺端的相守效于飛。更那堪憐香惜玉喜追隨。似鴛鴦戲水。交頸蓮池。則他那偎紅倚翠堪人意。動人心句美情實。恰便似劉晨誤入桃源内。真乃是仙契永難離。

【鬬鵪鶉】指望得地久天長。敢則是團圓到底。枉教這蝶使蜂媒。鶯花鶯花咲耻。幾時得重向鮫綃錦綉幃。鈒鸞罩鳳隻。再會這美滿姻緣。敢則是如膠似漆。

【上小樓】俺可便如魚似水。同心同意。俺在那月底星前。携手相將。幾曾相離。到如今你向東。我在西。何時完備。則俺這並頭蓮甚時周濟。

【幺篇換頭】往常是兩意歡。到如今音信稀。空教人倒枕垂床。悶倚幃屏。似醉如痴。不由我長歎息。兩淚垂。啼天哭地。怎能勾好姻緣兩情恩意。

【耍孩兒】當日箇遇裴航仙偶藍橋驛。你非橋梁下尾生白痴。不學那襄王神女夢着迷。陽臺下霧散雲移。指望待夫妻諧老同完聚。更和這兩意交歡福禄齊。不承望半路裏相抛棄。趓着這柳縈花艷。休辜負燕約鶯期。

【尾聲】我將這鴛鴦被蘭麝薰。綉幃屏再整齊。則俺這俏寃家有日重相會。索强如一枕南柯夢兒裡。（雍熙樂府）

思憶久别

【北中吕粉蝶兒】猛聽的風透疎窗。空閑了錦鴛幃繡衾寶帳。蹙蛾眉愁對銀缸。數歸期。曲纖指。間阻了經今一向。上心來無語彷徨。則被這兩般兒越添惆悵。

【醉春風】愁的身無主玉釵分。腕消閑金釧響。自從他阻佳期一去杳無音。不由我想。想。常記着帳内歡娱。枕邊恩愛。被翻紅浪。

【迎仙客】這些時瘦懨懨躭病疾。意痴痴懶梳粧。我這裏猛然間自思多半晌。交歡處會温存。貪戀處能箇當。喜的是孤鳳求凰。不由我常記在咱心上。
【紅綉鞋】往常時好姻緣廝將廝傍。到如今美恩情水遠天長。送的我廢寢忘飡受凄涼。空閑了裙拖湘水緑。釵插鳳金黄。這相思滋味廣。
【十二月】不由我三魂蕩漾。惱亂殺九曲柔腸。畢罷了百年繾綣。虚度了數載時光。呆答孩眠思夢想。永瀰漫地老天荒。
【堯民歌】呀。送的我天南地北不成雙。你東我西各分張。想着我傾心吐膽在他行。義斷恩絶越着忙。則爲那情也波郎。腰肢瘦損傷。這些時連夢在陽臺上。
【尾聲】生疎了嫋娜嬌。分散了蘭麝香。則俺這俏夫妻有日同鴛帳。我則待重斟美醞酬佳况。幾時得會鴛幃細細的講。（雍熙樂府）

題促織

【北中吕粉蝶兒】他生的巧妙身奇。住中央清凉之地。節陰陽改變了容儀。夏初生。直待得白露降。恰成了匹配。堪愛堪題。長在那土坡中快活似塵世。
【醉春風】書語内唤做寒蛩。世俗人呼做促織。似金蟬脱殼感人情。聲音兒叫的來好美。美。美。雖居在天地之間。荒郊野外。姻緣相配。

【迎仙客】邀朋友疾便行。今日箇出城西。將着那紫竹的過籠兒。向瓶中提着浄水。到荒郊叫一聲兒走似飛。低着腰在牆眼裡胡吹。尋不見惱亂的柔腸碎。

【紅綉鞋】在窩中争雄相覷。尋的我躡足輕踪走到根底。他將那吹桶牽杖急忙催。趕的我怎躲避。欻欻出牆圍。他見我這形容兒心上喜。

【幺】這促織端然無對。雙鬚全尾似尖錐。不曾見這促織生的來忒爲魁。三段錦天生就。端的是世間稀。誰想我拏住你。

【滿庭芳】定睛的端詳了半日。他説我身長一寸。匾闊梨皮。輕輕的放在籠兒裡。有這箇再不拘別的。到家中除幘卸衣。他可便用心兒在意收拾。没亂的心如醉。將盆兒抹洗。安排下美味細新食。

【上小樓】清晨早起將水食。隔了一會。巴的到辰時以後。巳時纔交。我和那子弟相隨。將盆罐欻欻提。慢慢的。直到那相識家裡。放在那鬭盆中便争頭尋對。

【幺篇】我鳴盆時叫了幾聲。似牛行走了一回。我則見一箇好鬭相争。能咬拏班。撞到根底。我和他趕一會。咬一會。鬭到三百餘嘴。咬的那箇蜘蛛團没些威勢。

【十二月】他每都齊聲喊起。今日箇比併高低。俺兩箇盆中比試。他道我世上無敵。俺兩箇一來一往不曾得住的。我可便猛轉過身體。

【堯民歌】呀。我可便則一班咬的那廝五魂飛。咬的他亂攛盆中似昏迷。他將我輕輕打在過籠裡。滿面歡容喜回歸。用意。收拾。心中常掛意。他道是不枉了把工夫費。

【耍孩兒】到家中不住將盆兒洗。不曾見這促織天生的秀氣。紫頭青項黑焦牙。銷金翅腿似銀灰。他道是鬚全頭尾相宜稱。口似鋼鋒耐鬬敵。養在那英石盆兒内。陰陽瓦玲瓏剔透。喂水池是紫玉金石。

【四煞】將梅花盆抹的乾。將馬蹄兒碾壓的實。他將那蚯蚓土來忙尋覔。涼網是銅絲結就將盆蓋。牽草是五綵絨絲纏就的。頭一號是咱名諱。比在野田裡縱横自在。有時新爽口清食。

【三煞】輸了呵他將我鹽茶中轉幾遭。水盆裡淬一會。淬的我舒了身脱了項直了腿。又怕我身歸泉世難尋覔。撈出來定醒還魂掐上把灰。歇三日鬬場上再與你相識會。贏了呵水食上增添上美味。輸了呵使性子將我來喂了窆鷄。

【二煞】蓮蓬水過我幾遭。將自然銅放在水兒裏。他着那爛豆腐拌喂到三四次。撑的我跐着鉗齒全了抱爪。他將我打露迎霜到第二日。他將我與别的對。贏了呵遂心稱意。輸了呵丢我在桶子缸裡。

【一煞】齷齪丢下一堆。破缸片盛着臭水。都是些碎磚碎瓦虚閣起。那裡頭東西亂攛。我和他胡厮咬。則我這不伏氣的聲音兒不住的。他說我是箇敗桶子閑啕氣。他因尋我翻磚揭瓦。打爛了我的身體。

【尾聲】不覺的一命亡。我是箇時蟲兒喫了那千萬虧。奉勸您賢良君子參詳意。這的是我好鬭便争落得的。（雍熙樂府）

按：「身體」，原作「身奇」。

歸　隱

【北中呂粉蝶兒】渭水箕山。嘆前朝三秦兩漢。俺一身兒跳出塵寰。棄家緣。抛妻子。功名不絆。蓋一所小小茅菴。每日戲猿鶴漁樵爲伴。

【醉春風】飢時飯一瓢。渴時茶七碗。西樓成陣躁昏鴉。嘆夕陽晚。晚。世事無窮。人情薄淺。時光有限。

【普天樂】俊英才。僂儸漢。豈不想將身投水。棄職歸山。終將閑氣争。空把功名幹。風狂浪急牢拴纜。緊隄防一怒龍顏。自在煞孤貧的范丹。清閑煞寒居嚴子。快活煞高卧袁安。

【快活三】大將軍夜渡關。宰相每五更寒。烟波名利大家難。奔走煞痴呆漢。

【朝天子】餓狼中搶飡。大蟲上背鞍。雖與伴終猶患。榮枯如是掌中翻。財有聚須能散。何慮何憂。無危無難。細觀來諸事懶。身潛在小灘。手執着釣竿。眼看那平沙鴈。

【四邊静】似俺百無相干。把青山如同當畫看。自在清閑。風雨無干犯。向緑楊岸間。去把沙鷗看。

【脱布衫】到春來杏吐嬌顔。到夏來荷放池間。到秋來黄花滿眼。到冬來臘梅香散。

【小梁州】美酒清奇任意看。谷隱芝蘭。夜眠一宿日三飡。粗茶飯。樂亦在其間。

【么篇换頭】只聽漁歌牧笛聲悠慢。看了些花放花殘。悶將山果摘。閑把村醪泛。醉時節一覺。紅日上三竿。

【石榴花】閑來屈指算支干。不覺的緑鬢换蒼顔。春時温夏時熱又冬寒。任年催歲趲。日月擲梭。層層土底人無限。都只爲生死相關。看了他螘陣蜂衙案。敢道來不比老農閑。

【鬬鵪鶉】在生時競我争人。死之後合唇閉眼。可憐見宛轉蛾眉。須臾間鶴髮亂挽。世事從頭仔細看。嘆幾番。貌堂堂七尺身軀。死塔塔三分土掩。

【上小樓】從今後粧痴作懶。自此日將勤做慢。俺如今傍柳隨花。參玄訪道。靠水依山。我看你朱户關。穿紫襴。爲官爲宦。久以後有傾覆嘆也不嘆。

【幺篇換頭】你只將豪富親。將相攀。只等蠅被餳粘。鼠被湯潑。魚被鈎筌。脱離難。名利干。刑條有犯。倒做了榜文牌諭人來看。

【滿庭芳】不如埋名世間。終無後患。永保身安。子胥韓信爲規範。彼此相看。雖是俺一時體單。免得日後屍殘。脱却了風流難。聽説罷膽寒。名利不如閑。

【耍孩兒】一心辦道無辭憚。煉就了身中大丹。參徹了妙理機關。池中玉液休泄漏。爐内金砂緊守看。莫待元陽散。降青龍在水。伏白虎於山。

【四煞】將意馬急急縛。心猿緊緊拴。玄中徑路須行慣。須知静裡乾坤大。可愛壺中日月閑。悶把黄庭看。眼不覷紅塵艷色。耳不聞錦瑟輕彈。

【三煞】忽聞山鳥啼。閑將野草看。野花啼鳥皆春限。愁聞劍戟扶危主。悶聽笙歌聒醉漢。崎嶇路須行慢。莫待他半時閃倒。反教君一體傷殘。

【二煞】武憑三尺鋒。文成半紙緘。二公皆把功名盼。我受用圍爐獸炭羊裘煖。强如你待漏朝門象簡寒。休笑我無能幹。送飲的是蠏黄魚鮓。强如喫鳳髓龍肝。

【一煞】黄花遍地開。白雲滿洞閑。飢時一碗胡麻飯。一桃更有千年壽。萬里何消半刻間。閑把瓊漿泛。那怕他陰陽反覆。豈愁那江海枯乾。

【尾聲】細思人事難。書的筆也乾。光陰百歲猶終限。閑是閑非再莫管。（雍熙樂府）

憶佳配

【北中吕粉蝶兒】染病躭疾。心兒上有人牽繫。不由人廢寢忘食。這些時硯生塵。慵吟和。懶收拾筆墨。恰待把功課温習。猛想起意中人越添上些憔悴。

【紅綉鞋】眉黛掃巫山遠翠。髻高盤楚岫雲堆。他生的嬝嬝婷婷柳腰圍。比昭君争些兒瘦。比西施有些兒肥。恰便像重生下的楊貴妃。

【石榴花】一團兒和氣有誰及。他生的天上有世間稀。但行處滿路異香隨。天生下豔質玉骨冰肌。裙拖六幅湘江水。怎下的將他來舉案齊眉。全無半點兒塵俗氣。恰便似仙子下瑶池。

【鬭鵪鶉】他生的百媚千嬌。三從四德。送意傳情。美目美目盼兮。描不成畫不就風流様勢。但道一句與我爲妻。安排下鼓樂喧天。準備着筵席慶喜。

【上小樓】若娶在青紗帳裡。紅羅衾内。秋水芙蓉。和烟帶月。露浸香肌。倚翠圍。

共枕蓆。天然旖旎。嬌滴滴海棠春睡。

【幺篇換頭】正看着宜。傍觀着美。正覷傍觀。一覷一喜。魄散魂飛。誰承望。故意兒。把小生搶白一會。我則見越煩惱越添些可喜。

【滿庭芳】這些時茶裡飯裡。眠裡卧裡。似醉如痴。藕絲般常把人牽繫。使人去你行曾題。你道是他聰明咱不痴愚。都一般一捏兒年紀。若有些真情意。但道一句嫁你。我情願取你做正頭妻。

【耍孩兒】你看我是箇窮秀才。我囑付你箇女艷質。鸞凰只許鸞凰配。古來連理同根長。只許鴛鴦一處飛。有一日咱及第。頭直上打一輪皂蓋。馬頭前列兩行朱衣。

【二煞】那其間跳龍門奪的狀元。做高官享富貴。分付你五花官誥夫人位。輕羅異錦隨身着。百味珍饈揀口食。出入在輦兒上車兒内。前面公人喝道。後面有使從跟隨。

【三煞】慢騰騰列着從人。可蹬蹬乘着駿騎。歸來若到羅幃裡。高燒銀燭霞千縷。細看春風玉一圍。舒展開紅綾被。一任他蜂狂蝶亂。燕妬鶯嫉。

【四煞】儘羅幃上下翻。香肌左右偎。舌尖笑吐了丁香味。柳腰未對心先興。蓮足輕翹情更迷。粉汗溶溶濕。相交玉臂。暗度靈犀。

【尾聲】自黄昏點上燈。任情濃無了期。同行同坐鴛衾内。只睡到紅日三竿慢慢的起。（雍熙樂府）

按：「臂」，原作「背」。

賽酒席遇佳人

【北中吕粉蝶兒】春滿尊席。畫堂前花嬌柳媚。孔雀屏羅綺週圍。兩邊排。風流客。共同筵會。勸開懷弄斝傳杯。唱陽春歌白雪佳人旖旎。

【醉春風】輕敲檀板韻悠揚。撥銀箏腔調美。歌喉宛轉似鶯啼。不由人心兒裡喜。喜。重濁輕清。開合緊慢。聲音嬌麗。

【脱布衫】把一箇俊隨何驀的驚疑。俏陸賈忽的呆痴。病沈約兜的悶矣。愁潘安早的憔悴。

【小梁州】一見了美貌端莊。那箇及二八年紀。他生的不長不短俏身肌。無半點塵俗氣。真乃世間稀。

【幺篇換頭】他生的風流體態堪人意。他生的骨格清奇。穿一套縞素衣。挽一朵烏雲髻。柳腰纖細。欵欵步輕移。

【上小樓】他生的妖嬈可喜。他生的千嬌百媚。他生的杏臉桃腮。朱唇皓齒。星眼蛾眉。他在那珠翠叢。綺羅隊。生來高貴。走不動剛行剛立。

【幺】他生的香肩無比。他生的酥胸滑膩。他生的領如蝤蠐。膚如凝脂。手如柔荑。玉玎璫。金蹀躞。裙拖翡翠。常懷着花心柳意。

【紅綉鞋】他撥銀箏梁塵飄墜。歌金縷遏住雲飛。你看他輕盈玉體舞裳霓。似巫娥離楚岫。如仙子下瑶池。舞罷也困騰騰將桌兒倚。

【滿庭芳】他其實貌美。傾城模樣。國色容儀。秋波一轉春山翠。鬢似雲堆。恰便似美人圖筵前掛起。便是那劉伶酒見了停盃。飛鴈落平沙地。遊魚沉水底。只因他美貌世間稀。

【耍孩兒】論風流今古無雙對。女伴中惟他第一。他比那吴娃越姊增加倍。滿排場首領爲魁。他喜時節恰便似楊妃春色遊南陌。他愁時節好像昭君秋容塞北歸。喜怒非容易。千金一笑。小可傷悲。

【三煞】花嬌怎比容。玉潤難同體。兩般兒不似他嬌媚。他比那崔鶯鶯容貌十分俏。他比那蘇小小形儀分外奇。李亞仙難同類。堪描堪畫。堪詠堪題。

【二煞】休誇董氏强。莫言謝氏美。月英嬝娜非班輩。他比那李師師歌舞諸般曉。他比那薛瓊瓊吹彈所事知。趙飛燕非爲貴。他生的柳容花貌。玉骨冰肌。

【一煞】杜韋娘更不同。韓素梅應難比。笑西施人物非堪戲。他比朝雲彩雲千般俏。他比那柳葉梅英百樣媚。劉盼春嬌無遂。論聰明出色。秀雅爲魁。

【尾聲】只因他渾身體態嬌。引起我一腔才不盡喜。說不了出乎其類拔乎萃。誇不盡風流裁健筆。（雍熙樂府）

【北中呂粉蝶兒】往常時好賄貪財。從今後半星兒不愛。那裏也錦片莊宅。將俺腳頭妻。懷中子。撇在九霄雲外。樂一身脫離塵埃。我將這踈狂心盡情都戒。

【醉春風】一任他羅扇上寫新詩。我則待終南山觀舊色。從今後愚濫盡勾消。將酒色改。改。再休想謝舘秦樓。偎紅倚翠。酒錢花債。

【迎仙客】今日箇覷富貴。並不曾掛心懷。好兒女似眼前花正開。又被雨摧。風又擺。折倒的葉落枝衰。到底人何在。

【石榴花】我則待埋名隱籍甚幽哉。無一日記心懷。攀今覽古話明白。看前朝後代。成敗興衰。想歸湖范蠡扁舟在。歸山的子房高才。開疆展土今何在。因此上天地巧安排。

【鬭鵪鶉】一箇是滅楚軍師。一箇是平吴太宰。一箇他喚的風雷。一箇他辨的辨的氣色。他兩箇棄職休官不分外。不戀在八位裡排。那裏同日轉過金堦。則落的名揚四海。

【普天樂】世修行。持齋戒。愚眉肉眼。濁骨凡胎。今日箇絶念想。無嗔恥青雲外。博得箇跨鳳乘鸞登仙界。老來時無苦無災。冠簪短髮。袍披粗布。足履芒鞋。

【上小樓】往常時有酒呵心便喜。無花時眼倦開。端的是有酒無花。筵前無樂。不成歡愛。今日箇無酒無花。冷淡清虚。無妨無碍。再不去美孜孜恁般恩愛。

【幺篇換頭】再休題酒共色。也不争氣共財。也不戀錦屋銀屏。後閣前庭。畫堂寬快。住的是草舍茅庵。石枕土炕。全無驚怪。則落的一身閑百無災害。

【耍孩兒】則爲這酒色財氣將人害。參透了塵勞煩改。我則待黑甜一枕夢安然。一任他市塵中攘攘垓垓。我將這心猿意馬牢拴定。我則怕趂浪逐波又解開。把十真九祖恭心拜。畢罷了迷花戀酒。賭氣争財。

【四煞】爲酒呵火燒了李晉王。水渰殺李太白。太宗惡了唐十宰。漢韓信在未央宫裡將身喪。晉劉伶貪盃雪裡埋。因酒成妨礙。從今後休着酩酊。隨意開懷。

【三煞】爲色呵紂王壞了比干。幽王戲臣宰。楚襄王曾爲巫娥害。漢帝送昭君塞北和番去。唐明皇楊貴妃馬嵬坡前怎避災。色字兒誰不愛。迷着的亡家敗國。戀着的運拙時乖。

【二煞】爲財呵田舍子身已亡。毛延壽命已衰。漢鄧通鑄錢今何在。石季倫金谷園中遭誅戮。太宰嚭姑蘇城被殺壞。休把錢來愛。錢爲人使。人爲錢災。

【一煞】爲氣呵先傾了秦社稷。後扶其劉世界。逼的箇楚重瞳自刎在烏江側。周公瑾自喪在巴山縣。劉玄德北邙山下埋。四件兒全不愛。我則翫四時美景。八節花開。

【尾聲】將金枷生扭解硬頓開。急回頭體健身輕快。則被我跳出風波是非海。（雍熙樂府）

情郎遠別

【北中吕粉蝶兒】想着他何日歸程。你看這綉紗窗一簾風静。準備着象牙床綉褥銀屏。意如痴。心没亂。安身不定。則爲那一點真情。送的我害相思染疾躭病。

【醉春風】我則待情意寄新詩。向花陰尋舊境。則爲他阻佳期一去枕兒閑。常好是冷。冷。共素手相携。香肌相搵。玉肩相並。

【迎仙客】我往常時肝兒般相愛敬。他將我性命般廝看承。到如今玉簪折恰如瓶墜井。他和我恰歡娱。幾番家無虚佞。恰便似鸞鳳和鳴。一似那美滿重交頸。

【紅綉鞋】俺在那錦被裡顛鸞倒鳳。到如今信音稀魚鴈無憑。我和他兩意交歡喜相迎。則爲他心腸順。端的是會温存。那其間對春心將情意逞。

【十二月】則爲那多情愛寵。端的是好夢難成。他則待輕憐痛惜。那些箇殢雨尤雲。想着那懷兒裡受用。端的是儘意施呈。

【堯民歌】呀。怕的是孤眠獨枕冷清清。想着那鴛鴦被裡煖烘烘。則爲滿懷春色曉風生。口吐丁香皺眉峰。情也波濃。纔覺素體輕。這的是醫我的相思病。

【尾聲】我將這鮫綃錦帳懸。羅幃春色濃。低垂簾幙人寂静。又則怕绣榻風寒被兒冷。（雍熙樂府）

憶美人歡愛

【北中吕粉蝶兒】想着他俏貌風流。不承望這場迤逗。兀的不干休了俊雅温柔。非是我性疎狂。心間闊。倒做了情懷虚謬。空教我終日凝眸。望天涯甚時成就。

【醉春風】想着恩愛許多時。情腸心意久。空教我書齋冷淡自沉吟。獨自箇守。守。

不由我心上思量。枕邊歡愛。空教我旦夕僝僽。

【紅綉鞋】往常時相會在黄昏時候。怕甚麽翠紅鄉燕侶鶯儔。我端的惜玉憐香戀紅樓。真箇是心厮愛。更那堪意相投。不知意中人今在否。

【石榴花】則爲這閑花終意不貪求。想着那箇嬌媚女意常留。想着他那風流嬌膩解人愁。指望待相守儘老白頭。更那堪恩情一點常懷舊。論交歡美意偏熟。動人情那些兒難能勾。論着你脂粉總班頭。

【鬪鵪鶉】我和他兩意情濃。敢則是同眠共宿。則爲他膩玉嬌香。百般百般是有。和我這弄玉團香忒慣熟。將閑花不去俫。一任他蝶使蜂媒。誰問恁那殘花敗柳。

【十二月】我和他曾爲配偶。端的是兩意相投。則爲這嬌香嫩蕋。俺可便美愛綢繆。真箇是心厮愛鸞交鳳友。愛則愛粉臉温柔。

【堯民歌】呀。我和他鋪開錦被且蒙頭。更和這綉幙幃屏更清幽。俺則待顛鸞倒鳳不停留。捨命忘生意無收。可便搜也波求。風流事怎休。若做了重還又。

【尾聲】料今朝身困乏。到黄昏不肯休。閑來時將錦被香薰透。我將那嫩蕋纖腰慢慢的摟。（雍熙樂府）

酒席遇佳人

【北中吕粉蝶兒】朋友同席。見一箇可喜娘他生的千嬌百媚。謳歌呵有似鶯啼。臉如花。腰如柳。海棠春睡。更那堪萬種稀奇。一團兒盡皆和氣。

【醉春風】喜孜孜玉手捧金甌。慢騰騰輕移蓮步蕜。他生的朱唇一點似櫻桃。好教人一見了他喜。喜。洛浦般容顔。觀音般模樣。月娥般嬌媚。

【紅綉鞋】他生的風流可喜。他生的星眼蛾眉。他生的妖嬈嬝娜玉爲肌。他生的身子兒正。他生的小脚兒奇。他生的一椿椿都俊美。

【耍孩兒】他生的風流俊俏多伶俐。宛轉歌喉最美。星眼有似秋波媚。水鬢上勝似雲堆。面如傅粉粧成態。鬟似烏雲刀剪齊。一見了多聰慧。若得他同床共枕。儘今生步步相隨。

【六煞】比月英不姓王。比鶯鶯不姓崔。薛瓊瓊怎比他清貴。有如仙子臨凡世。賽過嫦娥容貌體。一見了魂飛去。他生的千般嬝娜。萬種稀奇。

【五煞】比花來花見他羞。比玉來玉見他耻。比珠來珠也應難對。比鶯來鶯聲不似他聲巧。比燕來燕語難同他語齊。比蓮花無雙對。若論女流之輩。今古誰及。

【四煞】蓋世間除了他。有蘇卿難賽比。纖纖一縷宮腰細。眉兒淡掃如春柳。脚兒尖尖似玉錐。比仙子加三倍。他又更沉沉重重。着着實實。

【三煞】他生的眼兒圓圓又黑。齒兒白白又齊。眉兒不整雙垂墜。行如楊柳隨風舞。賽過桃花帶雨飛。怎見他多聰慧。堪描堪畫。堪詠堪題。

【二煞】慇懃禮數多。盤雲勝漆堆。滿口兒吐出些香甜氣。賽過遊魚對對争觀看。出塞賓鴻也見飛。可見他多聰慧。堪稱在香房蘭舍。受不的日曬風吹。

【一煞】惜他時掌上珠。愛他時魚共水。喜他時比目魚成雙對。想他時久旱逢甘雨。念他時他鄉遇故知。摟一摟如沉醉。似鴛鴦交頸。蝴蝶佳期。

【尾聲】他生的不長不短身。不肥不瘦體。龐兒聰俊堪人意。除了天上天仙再無比。

（雍熙樂府）

白居易琵琶行

【北中吕粉蝶兒】送客江頭。照潯陽月明如畫。正荻花楓葉清秋。客登舟。主上馬。相看情厚。欲舉離甌。恨無他管絃聲奏。

【醉春風】悲慘未停歌。凄涼將折柳。忽聞水上響琵琶。早一時消盡了酒。酒。主已忘歸。客猶不發。兩情迤逗。

【迎仙客】離渡口。送行舟。尋問樂聲何處有。急回燈。忙問酒。把他請喚無休。半晌時纔迎候。

【紅綉鞋】只見他楊柳腰肢纖瘦。海棠顔色風流。猶抱琵琶半遮羞。恨身非年少景。長眉鎖别離愁。怕生疎了絃上手。

【普天樂】玉盤内撒珍珠。鴛瓦上傾簷溜。間關鶯語。幽咽泉流。銀瓶破水迸漿。鐵騎出刀鎗鬬。細撥輕攏腔兒就。他把那六幺令帶過梁州。出纖纖素手。待低低緩謳。動急急清愁。

【石榴花】自言家世本非優。呈樂藝貫皇州。蝦蟇陵下住經秋。絡珠珍臂韝。裁紅錦纏頭。十三學得琵琶就。教坊名壓班流。五陵年少争馳逐。按歌舞幾曾休。

【鬬鵪鶉】只爲這秋月春花。閑茶浪酒。做些暮雨朝雲。伴些狂朋怪友。今日箇冷落門前鞍馬遊。題起愁上愁。不付能賣笑姨亡。又撞着從軍弟走。

【上小樓】新諧配偶。嫁爲良婦。誰想商人。重利輕别。易去難留。前歲浮梁。去作茶商。却教我凄凉難受。因此上寂寞得玉容消瘦。

【幺篇換頭】孤舟空自横。空房獨自守。對着那江月娟娟。江水潺潺。動我離愁。到夜深。夢少年。不由人不傷心感舊。却教人洒啼痕淚淹羅袖。

【滿庭芳】我亦天涯客久。自從去歲。身離皇州。謫居卧病潯陽後。自嘆淹留。對苦竹黄蘆滿洲。聽哀猿杜宇供愁。此地無知舊。惟樵童牧叟。相伴楚天秋。

【耍孩兒】今宵自聽琵琶後。仙樂泠泠耳熟。有如空谷響清泉。覺飄然八表神遊。試聽座上清新曲。能洗胸中磊塊愁。空對景傷懷舊。當日思鄉國情傳塞上。今日箇訴别離愁動江頭。

【三煞】撥新聲耳願聞。洗塵襟興未酬。再將一曲仙音奏。把伊平昔心間事。翻作琵琶行裡收。教萬古千秋後。清名不朽。美譽長留。

【二煞】立良文感我言。坐促絃瀉我憂。新翻旋撥音滑溜。凄凄不似前聲唍。滿座聞之盡淚流。把歡樂成僝僽。憂心悄悄。離思悠悠。

【尾聲】問座中泣最多。惟江州司馬愁。他把那淚珠兒揾濕青衫袖。再聽撥琵琶方纔箇嚥下這酒。（雍熙樂府）

按：「淹留」，原作「淹流」。

遊前後赤壁

【北中吕粉蝶兒】壬戌之秋。正乾坤嫩凉時候。坡仙作赤壁之遊。斷雲收。殘照墜。

水波不皺。少焉間月出山頭。徘徊於斗牛左右。

【醉春風】白露滿江頭。清風來古渡口。縱漂一葦泛中流。問兹遊何處有。有。凌萬頃之波。一時之興。更幾盃之後。

【普天樂】逸興浩無邊。好景描難就。水光雲影。桂棹蘭舟。酒行將盈面傾。歌發把船舷扣。有客疎狂詩腸透。洞簫聲引載清愁。餘音嫋嫋。清聲嚦嚦。悲響悠悠。

【紅綉鞋】悽慘泣孤舟嫠婦。悲歌舞幽壑潛虬。蘇子舟中愀然愁。對江山人樂甚。問水月客知否。挾飛仙來酧酒。

【石榴花】想當年孟德破荆州。乘順勢下東流。舳艫千里列戈矛。敵船萬艘。遮暎雲頭。嗚嗚鼓角聲悲奏。日無光地慘天愁。追亡敗北難收救。實堪笑又堪羞。

【鬬鵪鶉】這赤壁險峭高危。懸崖峻陡。經了些浪拍濤衝。耐了些天長地久。勢帶長江不盡流。遠接着天際頭。抵多少兵甲埋伏。金湯固守。

【上小樓】曹孟德浩氣平衝斗牛。功名留傳宇宙。想當日釃酒臨江。橫槊吟詩。一時風流。經幾秋。今已休。一任他流芳遺臭。今日只落得月娟娟照人依舊。

【幺篇換頭】東去望武昌。西來望夏口。一帶山川。鬱鬱蒼蒼。上下相繆。舸艦空。烟火飛。摧殘讐寇。那一塲龍争虎鬭。

【滿庭芳】非吾所有。俺只待侣魚蝦江渚。友麋鹿林丘。盈虚消長皆參透。底用剛求。惟林下山間耐久。取清風明月無休。浮世空生受。迅烏飛兔走。寄天地類蜉蝣。

【朝天子】放舟。縱遊。已是殘更後。怡然賓主意相投。醉了重還又。狼藉盃盤。餚核無有。枕籍乎舟内宿。睡熟。未久。曙色向東方漏。

【耍孩兒】自雪堂十月相别後。遇二客黄泥坂頭。相看情意兩綢繆。網細鱗巨口新收。歸來斗酒謀諸婦。久已藏之待子求。賓主情相厚。於是乎携魚與酒。復向他赤壁重遊。

【七煞】江流聽有聲。斷岸水漸收。山高月小雲歸岫。可憐歲月何曾久。便把江山不記遊。往事空回首。風光冉冉。身世悠悠。

【六煞】踞虎豹履峻岩。登虬龍俯急流。詩豪酒興相迤逗。仰攀栖鶻危巢險。下撫馮夷水國幽。長嘯天風後。振驚草木。撼動林丘。

【五煞】清聲應山谷鳴。悲風起波浪浮。月光滿明如晝。悄然悲肅然猶恐。凜凜乎其不可留。風景渾如舊。久登舟去。放乎中流。

【四煞】倏然駕一航。聽其所止休。寂然四顧三更後。忽逢孤鶴横江過。翅若車輪掠我舟。隻影隨予瘦。戛然長嘯。風起颼颼。

【三煞】須臾客已回。兹遊興未酬。予身勞倦和衣宿。夢中有客來相訪。鶴氅蹁躚一羽流。形影俱清瘦。過林臯之下。問今夕之遊。

【二煞】我嗟而問姓名。俛而不起頭。嗚呼嘻噫傷情久。我知疇昔飛鳴夜。過我相看非子否。他顧笑身潛後。把一箇夢鶴蘇子。險做了化蝶莊周。

【尾聲】眼朦朧起攬衣。手驚慌推户牖。不見那玄裳縞袂寬袍袖。那鶴名管在華表千年樹上有。（雍熙樂府）

按：「歌舞」，原作「高舞」。

慶重九

【北中呂粉蝶兒】人都道重九登高。笑龍山孟嘉落帽。我如今守孤幃錦帳鮫綃。翠裙寬。金釧褪。肌膚羸弱。業眼難交。睡無情夢魂顛倒。

【醉春風】這些時寂寞玉容衰。慵將金鳳挑。金爐香冷篆烟微。盼不到曉。曉。別人都菊酒重斟。追歡笑賞。輪到我寸心焦躁。

【紅綉鞋】則爲那可意的風流年少。則被這引的人魄散魂消。設若便殢酒狂吟枉徒勞。拚了箇今夕醉。愁和悶怎生消。空教人懷恨惱。

【石榴花】他每將茱萸偏插滿頭稍。更將這黃菊泛香醪。都説道辟邪翁延壽客可災消。登高的是好。心緒寂寥。是看這青山緑水多容妙。費長房術藝難學。登高免得成殘雪。端的是此日可災消。

【鬭鵪鶉】看了這黃菊紅茱。真乃是消煩去惱。想着那美愛情人。心如心如刀攪。偏別人似鳳如鸞兩意交。輪到我無下稍。可教我枕冷衾寒。枉在這蘭堂畫閣。

【十二月】知他是爲官受爵。金榜名標。攀蟾折桂。顯耀英豪。則被你抛閃的青春幼小。可教我夢斷魂勞。

【堯民歌】呀。幾時得碧桃花下鳳鸞交。便似仙偶裴航在藍橋。恰便似巫山雲雨夢堅勞。劉阮桃源遇仙嬌。禱告。這青也波霄。夫妻偶遇着。永遠長安樂。

【尾聲】若得情人錦帳眠。鴛鴦匹配交。你若是貪歡醉倒。問甚麽重九風光快活到老。（雍熙樂府）

割耳寄

【北中吕粉蝶兒】金界香飄。暮雲輕月華籠罩。南樓上禁鼓初敲。準備下燕鶯期。鴛鴦會。按不住撲忑忑心跳。想人生業火難消。非干是小僧羅皂。

【醉春風】往常時佛法也曾參。這一回禪機都忘了。看了他柳眉星眼俊多嬌。真箇是好。好。好。且休題作祖成佛。一任教披毛戴角。者麼他三途六道。

【滿庭芳】猛聽得街前鬧炒。我向那窻櫺間密覷。門縫裡偷瞧。見幾箇金剛般大漢連聲叫。他每都仗劒提刀。叫道是犯姦僧休教走了。偷姦婦莫想輕饒。倒養着家生哨。拿住呵除根剪草。油鐺煮鐵丸燒。

【普天樂】一箇摸不着雙叉裩。一箇尋不見僧伽帽。一箇鍋門前睡倒。一箇在炕洞裡蹲着。赤條條没處藏。鬧炒炒都來到。趙州橋早罷了漁翁釣。軟兀剌曆似黄瓢。秃頂老没分没曉。劣撅丁越顯越惱。歪刺骨不道的堪畫堪描。

【石榴花】衆街坊擺下一週遭。恠不的人怨語聲高。一場岔事好蹊蹺。這厮是箇不捺灰土真强盜。殺人可恕。情理難饒。又不是演槕兒秘密西天教。兩三番雨散雲消。他待把青黄二色相偎抱。倒做了休辜負可憐宵。

【鬬鵪鶉】那裏是受戒持齋。喫的這紅頭赤腦。則爲這酒艷花濃。受這般綳扒吊拷。你待把風月排塲一擔挑。全不想造罪遭冤報。也不索搊耳揉腮。又何須搥胸跌脚。

【上小樓】你休怨龍天不保。也是你前生冤報。則爲你不禮如來。不敬伽藍。不怕天曹。對人前念三麽。說五戒。談禪講道。背地裏酒色財氣四般兒都好。

【幺篇換頭】每思量心上人。早相逢月下老。他道是枸杞興陽。萱草宜男。荳蔻懸胞。近桃紅。偎柳翠。賣弄他神通有道。誰想他出家兒恁般劣調。

【脱布衫】惡狠狠怒氣衝霄。明晃晃寶劒吹毛。嚇的他冷冰冰三魂散了。虧了箇老婆婆百般哀告。

【小梁州】佛祖家風不肯學。一箇箇膽大心高。那裏是搬柴運水打勤勞。求福道。多則是脱軍伍躲差徭。

【幺篇換頭】心猿意馬由他鬧。倒强如火宅煎熬。幾時得大夢醒。塵心皎。旃檀林下。挨性命喫紅糟。

【快活三】險些兒把葫蘆解做瓢。一任他宛轉悲號。又不是倚强凌弱逞粗豪。也則是留表記懲姦道。

【朝天子】將一箇聽老。可叉的去了。早減了三分俏。百般的尋不見起亡膏。便有那盧扁也難醫療。倒做了殷長史的形容。許箕山節操。染的那鼈骨麻一似紅衲襖。請諸僧解嘲。香爐前跪着。引得他伽舍佛微微笑。

【紅綉鞋】則爲你天魔女聞聲悟道。引得箇惡那吒膽怒心焦。常言道世間好物不堅牢。再休題櫻桃樊素口。楊柳小蠻腰。從今後耳根清淨了。

【耍孩兒】天堂地獄由人造。到頭來善惡難逃。似這等兔頭蛇腦野狐臊。辱没殺圓頂方袍。見色呵百般的按不住心頭火。見財呵一面兒包藏着笑裡刀。天生好。衠一味嘲風弄月。怕甚麽犯法違條。

【四煞】到晚來磕磕腦戴的低。布行纏繫的牢。安排着去把龍門跳。單等那逃禪長老三參罷。怕甚麽護法金剛一丈高。這等事誰知道。紅塵中潛踪躡足。黑影裡東躲西瞧。

【三煞】小妮子會撒津。老虔婆慣打刀。投至得輕憐重惜纔歡樂。起的遲一片心窗下聽鷄叫。走的緊兩隻腿堦前似狗跑。那裏也人喧鬧。怕則怕巡更鎮撫。愁則愁截路軍牢。

【二煞】冤家債每日還。老婆禪何日了。爲風情陪了些銀和鈔。半疋黄絲絹恰恰的裁綿襖。一箇白綾帕剛剛的做主腰。打緊的諸般要。送了些青科小麥。喫了些酸餡糖餻。

【一煞】瑜伽僧不坐禪。雲水僧會頂包。從今後事事思量到。花蕋石碾就生肌藥。青魚膽熬成粘鰾膠。這兩件爲頭要。人無遠慮。恐似前遭。

【尾聲】到晚來洮羊皮作箇耳簷。氂牛尾縫箇腦包。無人處偷把菱花照。普天下風流似你的少。（雍熙樂府）

按：「裩」、「憐」，原作「裩」、「連」。

憶情

【北中吕粉蝶兒】憶寫情詞。寄多嬌玉人粧次。企仰心念茲于茲。喜得這錦鱗來。青鳥至。兩三番又承批示。間別尋思。訴衷腸一家無二。

【醉春風】相思病你因咱。至誠心咱爲你。幾番欲待寫書回。那裏取天樣大紙。紙。萬種閑愁。十分恩愛。再三傳示。

【紅綉鞋】也無那講虛禮咬文嚼字。也無那序寒温者也乎之。也無那起居萬福巧言詞。也無那清新八韻賦。也無那俊逸五言詩。單寫着客中愁憔悴死。

【普天樂】我這裏望京師。尋朝使。頻頻訪問。暗暗嗟咨。眼不曾絶淚痕。飯不待沾唇齒。野草閑花無心視。一心兒作念嬌姿。想你那羊脂玉體。芙蓉臉兒。楊柳腰肢。

【喜春來】枕邊廂盟誓真誠志。心上何曾有忘時。你那裏娘根前閑氣忍些兒。咱共你。須有箇稱心時。

【尾聲】志誠博志誠。有終還有始。從前約定須當至。二月中旬望小子。（雍熙樂府）

子弟收心

【北中呂粉蝶兒】今日纔知。飄蓬了數十餘歲。信別人棄子拋妻。元來這出牆花。臨路柳。無根無蒂。那一箇曾落絮沾泥。把我這惜花心往來憔悴。

【醉春風】我與你踢破了這紙湯瓶。蹇潑了盆內水。往常時迷花戀酒不成才。到今日悔。悔。悔。使盡家緣。受人閒氣。也算得點頭回意。

【迎仙客】想這等婆娘。真乃是打家賊。劣心腸狠毒如柳盜跖。築下座豫章城。撅下箇碧益池。有一日水盡鵝飛。則閃一荅兒栽花地。

【喜春來】從今休信白礬淚。船到江心補漏遲。勸君試想武陵溪。難見底。識破再休題。

【石榴花】往常時酒病賴花醫。如今冷句廝禁持。下紅定恐怕外人知。三稍末尾。嫁了馮魁。雙通叔不索將人戲。閃得人哭哭啼啼。有錢才子鴛鴦會。無鈔也索分離。

【鬭鵪鶉】不能勾燕爾新婚。倒惹的眉南面北。則折下半點恩情。霎時間霎時間配對。怎禁那沙糖口黄柏心苦肚皮。那妮子喬所爲。出來的苦眼鋪眉。一箇箇瞞神諕鬼。

【上小樓】若説着無端艷質。雜情娼妓。正是猿鎖空房。籠中野雀。本性難移。假若咱立良媒。娶爲妻。誰躭干繫。他終不肯死心塌地。

【幺篇換頭】便有些兒假至誠。真乃使些見識。止不過冷氣虚心。甜言美語。厮收厮拾。斷不了賺郎君。打子弟。相瞞相昧。他原肯一家一計。

【滿庭芳】我其實怕你。我情願做秋後扇子。病後牙椎。雖是些潑風塵自做得無把壁。不是我飽病難醫。如今省過也閑波浪水。再休題樹倒風吹。若是有些箇真誠意。止不過如魚似水。不是脚頭妻。

【耍孩兒】從今後一縷頑涎退。再誰想星前月底。柳陰花影會佳期。總翻成緑暗紅稀。安排下詩酒尋朋友。準備着良媒娶次妻。小姐每都休罪。恁權做桂英女子。我且做箇王魁。

【五煞】閑茶教性放狂。浪酒將心惑迷。元來這閑茶浪酒將人累。則管裏春花秋月何時了。早則暮雨朝雲緑豆皮。也索要巴活計。打疊了這山盟海誓。倚閣起蝶使蜂媒。

【四煞】往常時喫麵曾盡頓湌。推磨教他着力推。我想這團香弄玉成何濟。比及花殘月缺收心的早。葉落歸秋悔後遲。打算的都伶俐。撇罷了這偎紅錦綉。消磨了這倚翠香肌。

【三煞】怕的是花殘蝶亂了心。花闌燕子歸。那裏肯依時醞釀蜂兒蜜。花心不綻蜂難採。花蕋包藏蝶怎知。都不解其中意。比及花心結果。經了些雨打風吹。

【二煞】緊的栽花人使道術。賣花人用見識。採花人不解拖刀計。傳書寄簡剜人心膽。剪髮燃香剥人頂皮。敢將你腦骨也都敲碎。郎君每試想。早些箇心回。

【尾聲】你信不信試問咱。聽不聽全在你。常言道野花村酒知滋味。再休做鶯花寨兒裡鬼。（雍熙樂府）

妓女收心

【北中吕粉蝶兒】仔細尋思。傷心來痛如刀刺。誰不道我身似花枝。子爲我粉巍巍。香馥馥。都立在這六街三市。過往人有似經絲。得來的拘板相視。

【醉春風】頻絶着愛何方。敗殘了無定止。直喫的紅稀緑暗暮春時。那其間死。死。花開時着意。花謝時收心。也强如落殘了改志。

【石榴花】本是箇好人家。宅院裏女孩兒。想當日錯尋思。舞裙歌扇不推辭。當時分付與帔子冠兒。喜孜孜走上烟花市。貪見那鞍兒馬兒上人兒。有錢的與些真誠志。無錢的厮推辭。

【鬬鵪鶉】伴了些鳳友鸞交。鶯兒燕子。席上樽前。任誰任誰敬思。那些俊風流。那些樣子。那些意思。倚仗着杏臉桃腮。星眸皓齒。

【滿庭芳】問甚麽官人令史。者末儒流秀士。浪子人兒。但來的與兩箇相思字。端的是誰害相思。有伎倆越着俺道兒。既無錢休想通私。便是那些真誠志。恩情意思。誰得俺半星兒。

【十二月】無人處三思。無語的嗟咨。準備着求衣食的計策。安排着戀漢子的言詞。不使鈔怎由那厮。見放着掐腦子杓兒。

【堯民歌】掐將來子替恁辦家私。想他那陷人坑人那些兒。自嗟自嘆自尋思。天來大小罪名兒。若到。陰司。神天報應時。有多少虧心事。

【上小樓】且休説今年若此。當來何事。見如今肺間咳嗽。心間煩惱。眼前供事。得來的。問甚麽。張三李四。上床來早一家無二。

【幺篇換頭】知音的猶較可。村沙的拏勢子。有一等查查忽忽。喬喬畫畫。套出人兒。

但若是應付不着。早唇三口四。喫敲才也要做好人家似扶侍。

【紅綉鞋】人都道我心間無事。人都道我面帶驚疑。人怎知今年瘦似去年時。不覺的鬆了金釧。不覺的瘦了腰肢。寬掩過這湘裙五六指。

【耍孩兒】止不過二十三四。西風了却黄花事。減了精神瘦了龐兒。憔悴時病身軀恰似藕中絲。人都道我不宜時。滴溜溜臍下常疼痛。冷定定三關閉了脉息。到不的五七年上絶了事。人又道是退胞老鴇。那裏取花酒鶯兒。

【三煞】天可憐。有一時。烟花簿上除名字。脱了這沾花惹草長衫子。穿一件綉鳳描鸞大襖兒。遂了我心間事。丢了這翠花包髻。帶一箇帔子冠兒。

【二煞】當家也會當。使奴也會使。更添了兩箇夫人字。向碧紗窗下描些花樣。也强如白玉堦前舞柘枝。逐朝的事。收拾些針線。伴些箇書櫃箱兒。

【一煞】撇了這不值錢的烟花市。免見些不養家的浪漢子。棄了這巴家私心性循行止。早離了樽前席上歌春唱。情願做布襖荆釵無燀辭。都道我收心的是做了箇無憂愁的婦女。守着箇有疼熱的男兒。

【尾聲】到冬來燒取箇熱炕兒。到夏來住取箇凉院子。俺夫妻每説取箇家常事。到大來無是無非快活死。（雍熙樂府）

按：「傷」，原作「上」；兩「掐」字，俱作「叨」。

幽居

【北中呂粉蝶兒】旅寄山東。細思量老來無用。向荒村循理埋名。草堂幽。墻院闊。把柴門掩�。也不聞暮鼓晨鐘。樂身閑耳清身靜。

【醉春風】自從識破鏡中天。原來便似心上冗。中前事業總成空。到如今省。省。我把這萬卷詩書。百年活計。都做了一塲春夢。

【紅綉鞋】安樂窩琴書遣興。寒玉堂松柏孤青。閑來時展花牋背寫醉翁亭。妻兒侍左右。日月走西東。樂閑人心自省。

【石榴花】柴門靜坐也春風。四時佳興人同。等閑不與利名争。趂桑榆暮景。蘭菊秋容。三荒復理開幽徑。小床低炕煖窗明。坐間把酒添詩興。朗吟風月歲寒亭。

【鬭鵪鶉】管甚麽孰是孰非。自憐自省。樂道忘貧。離鄉背井。麄衣糲食隨時用。止不過守着這陋巷簞瓢。那裏有重裀列鼎。

【普天樂】氣神清。心安靜。撫琴鼓瑟。吟月嘲風。擎杯鸚鵡飛。舉筆龍蛇動。進退榮枯皆由命。淡生涯女織男耕。七里灘閑殺子陵。八陣圖忙殺孔明。五柳莊醉殺陶令。

【上小樓】自憐自警。休争休競。忍事饒人。藏舌閉口。静掩柴門。講黄庭。念道經。賢傳孔孟。養道人樂天知命。

【幺篇換頭】嘆自家時運乖。非干是道不行。見如今四海無虞。八方無事。萬國咸寧。奈賢者少。愚者多。賢愚交勝。這貧和富總關前定。

【滿庭芳】乾坤治平。民安國泰。海晏河清。萬民樂業一人慶。聖德涵弘。宸位遠群星向明。海量寬萬派朝宗。韶光勝。桑榆晚景。俯仰太平風。

【耍孩兒】喜得是四夷萬國干戈定。六合八方宇宙寧。河清海晏禎祥應。幸逢堯舜爲真主。不學巢由作外卿。脚到神仙洞。相伴着山中樵子。水上漁翁。

【十一煞】美唐虞治世寬。喜滄浪水正清。自憐老拙非時用。整竿鈎線臨溪釣。南畝荒田帶雨耕。真是吾家幸。一身飽煖。萬事無能。

【十煞】爲這性昏愚遠市朝。無才學趂下風。茅齋蓋處尋幽静。自從白屋親農叟。懶向青雲探月宫。獨樂田園俸。遂着老農莊圃。四季營生。

【九煞】到春來賞清明三月三。整杯盤祀祖宗。家家院落鞦韆送。雨催春色飛來甕。

風送花香入酒中。一弄兒新佳景。上林鴈叫。谷口鶯鳴。

【八煞】到夏來設蘆席坐柳陰。會知音三兩人。田園瓜果堪時用。瓜浮水甕漂孤月。柰浸冰盆落衆星。曲唱新時令。盞斟白酒。扇握清風。

【七煞】到秋來賞重陽九月天。會當行親與鄰。東籬賞菊希陶令。黄鷄啄黍脂漫脇。白酒初熟味正濃。要把豐年慶。三蠶老滿。五穀收成。

【六煞】到冬來静幽幽掩柴扉。看瓊花瑞雪傾。煨爐撥火星辰動。酒斟玉斝銀河泛。詩詠花箋戰鼓鳴。詩酒逼寒冷。歌兒舞女。煖煖烘烘。

【五煞】喜逍遥四季閑。任功名兩字空。自慚朽木堪何用。寧如塞上翁失馬。不管池中魚化龍。無辱無榮田舍翁。懶起群星衆。我向林泉有足。官府無名。

【四煞】愛閑人終得閑。避名人不顯名。專心致力尋幽静。三江口拜别周公瑾。七里灘相謁嚴子陵。知止心身定。一任教鴈飛南北。人走西東。

【三煞】恰纔見圓圓日落西。熒熒月轉東。兩輪日月無私鏡。任他天上搬昏晝。不管人間有死生。急急將人併。併的那朱顔憔悴。白髮鬖鬆。

【二煞】草近九月枯。人活百年終。寒來暑往無歇空。恰纔見柳絲春雨漫天緑。却又早楓葉秋霜滿地紅。世事如翻餅。古今興廢。轉首成空。

【一煞】花開花又凋。月圓月又更。榮枯遞轉相催併。光陰急急如流水。世事紛紛似轉蓬。死後貧富同一塚。你試着漢陵楚廟。兔跡狐蹤。

【尾聲】知命人坦蕩蕩不怨天。樂道人靜幽幽守固窮。六十年一枕通宵夢。直等待漏盡更殘那時節省。（雍熙樂府）

歸　隱

【北中呂粉蝶兒】歸去來兮。出塵寰綽然姿意。納還了靴簡朝衣。過了深坑。經了險路。不付能得占平地。趂西風拂袖而歸。樂閑身永絶名利。

【醉春風】纔離了帝王畿。早來到吾鄉里。入門稚子咲牽衣。好教我喜。喜。朋友相詢。衆親清話。滿堂和氣。

【紅綉鞋】急流中忽然湧退。半程兒便覓歸期。心爲形役獨何悲。迷途尚未遠。倦鳥不欲飛。因此上樂田園松菊美。

【普天樂】覓幽村。尋活計。耘瓜南畝。種菊東籬。盈疇禾黍香。滿目山峰翠。獨倚南窗安容膝。撫瑶琴風力吹衣。操一曲高山流水。釣一竿鈎頭新鯉。賦一篇歸去來辭。

【上小樓】幽村過日。柴門深閉。不管興亡。不觀邪正。不知是非。治三荒。栽五柳。蕭條活計。消磨盡古今興廢。

【幺篇換頭】想人生能幾何。嘆光陰似過隙。則不如静裡琴書。悶中美酒。閑裡圍棋。樂天命。修道德。抱仁懷義。養一身浩然之氣。

【滿庭芳】君子人隨時見機。都只爲中途荊棘。别尋箇小徑而歸。空讀了五車書不濟當時溺。且不如粧啞推痴。見如今哲人萎賢途否塞。太山傾梁木摧灰。空費了中條力。爲山漸虧。因此上拆卸了上天梯。

【耍孩兒】徒懷報國安民藝。時已危難推箇道誼。自來麒麟不與耕牛鬬。鸞鳳不同燕雀飛。薰蕕不一器。世無周公孔子。顯不出盜跖桓魋。

【十煞】一一將大道明。細細將今古推。孟軻正理拒楊墨。我這裏全憑經典闢邪説。又恐怕傍人講是非。不解其中意。自來賢愚不等。善惡難齊。

【九煞】從前錯怨天。如今纔省得。忽然參透天地理。榮枯枕上三更夢。成敗盤中一着棋。日月搬興廢。閑來飲一杯悶酒。展兩葉愁眉。

【八煞】所行將天爵尊。所看皆墳典集。五經歷歷説一會。赤緊的清音不入常人耳。

聽者雖多達者稀。不如緊把舌關閉。潛頭袖子。掩户絶扉。

【七煞】一年四季中。光陰似箭疾。榮枯遞轉催人世。眼前禍福誰能料。明日陰晴怎得知。何必貪高位。則不如野花村酒。快活便宜。

【六煞】到春來賞郊園爛熳花。聽上林鵪鴣啼。騎着箇骨瘦毛長驢。一壺村酒竿頭挑。數首荒詩逐景題。遊賞在花園内。尋幾箇詩朋酒友。只喫的酩酊而歸。

【五煞】到夏來避炎陽在五柳間。趂濃陰一葉席。把熟甜瓜打的凍凌碎。甕頭醪酒無帘壓。頭上摘巾渾漉着喫。一點甘如蜜。山妻摇扇。稚子傳杯。

【四煞】到秋來慶豐年社鼓敲。安排下擺桌盤時新食。肥透透嫩鷄脂漫着脇。邀九天明月觀金菊。會三島仙翁飲玉杯。翫賞重陽會。行歌松徑。醉卧東籬。

【三煞】到冬來卧着那煖烘烘熱炕頭。穿着領厚敦敦粗布衣。可床做四幅綿衲被。一任教飄飄瑞雪屯門户。除睡人間總不知。覺來呵胡收拾。爐煨白酒。烹宰黄鷄。

【二煞】喜逍遥四季閑。戀茅亭一所宜。有鴻儒談笑無俗氣。白雲出岫琴書潤。桂子風飄香滿衣。伴三益真朋輩。傲霜似松菊。欺雪若寒梅。

【一煞】我如今百歲太平過。樂天命永不疑。璇璣造化誰人識。壽夭富貴皆由命。進退安危不在機。空用分毫力。一朝省悟。萬事休題。

【尾聲】每日閑逍遥趂酒家。直喫得醉醺醺暮夜歸。一晚來睡徹三竿日。床直下山妻喚不起。（雍熙樂府）

甘　貧

【北中吕粉蝶兒】固守寒微。樂天命不思榮貴。掩柴門躲是潛非。一任教這箇言。那箇語。將咱侮戲。本來知却做不知。且抽頭莫争閑氣。

【醉春風】遣興數篇詩。遂心一管筆。覽今博古喻前賢。大抵來論箇理。理。把往日名場。昔時利路。到如今棄之於地。

【紅綉鞋】再不想蠅頭微利。再不想蝸角星輝。再不想鵬程萬里播天飛。再不想登雲路。再不想上天梯。喜的是避風塵茅舍底。

【普天樂】歲寒心。浩然氣。困中修養。難裡扶持。人憐我受貧。我笑人未識。古往今來英雄輩。覷黄金有似青泥。但得箇清名不毀。胸中有藝。管甚麼腹内無食。

【上小樓】聖人道安不忘危。窮不失義。我從來富而無驕。貧而無諂。困而無危。問甚麼穿惡衣。飡惡食。虛靈不昧。養一身浩然之氣。

【幺篇換頭】合受榮也受榮。合忍飢也忍飢。山不更名。人不改姓。道不那移。史魚直。顔回德。恰便似青天白日。這兩箇身雖歿。有名在世。

【滿庭芳】心存道義。問甚麽身寒腹煖。體瘦神疲。居安莫管形容悴。静裡忘機。湖水中埋名范蠡。陋巷中隱迹顔回。瑚璉器。時人不識。惟有老天知。

【耍孩兒】安居樂道修碩德。一任他人知我不知。有詩書筆硯同相會。喜的是數椽茅屋接天遠。兩葉蓬窗暎日底。到晚來落覺安心睡。也不聽。三更犬吠。五鼓鷄啼。

【六煞】貧居難不敢辭。守經常豈敢違。行藏要合天地理。夷齊固守西山餓。孔子甘貧陳蔡飢。也飽清風味。俺不失一時困節。落得萬古名奇。

【五煞】養浩然胸次高。樂簞瓢名不低。這兩箇廣居仁義包經濟。一箇三千徒衆摽名姓。一箇七國行遊四海知。道統傳千世。恰便似青天浩浩。華嶽巍巍。

【四煞】想仵員曾品簫。吕蒙正曾題筆。古人未遇遭淹滯。時來神鬼陰靈助。運去英雄僕輩欺。逆順皆天意。我怕待功名成就。赤緊的時運乖危。

【三煞】論興亡不敢言。聞是非不敢題。藏舌閉口休争氣。心無利己瞞人術。自有皇天后土知。守本分全身計。也不問誰長誰短。誰是誰非。

【二煞】嘆平生我爲人。敬神明心不欺。施財濟困周親戚。人憐漂母情何厚。我笑淮陰志節微。男兒漢無廉恥。若將夷齊相比。便自有高低。

【一煞】人笑我誇大言。大綱來論道理。聖人教同天地。光前絶却周公旦。繼往開來孔仲尼。勳業無碑記。恰便似青天湛湛。赤日輝輝。

【尾聲】講了一會明天心周公書。看了一會合神機顔孟術。男兒漢有志出乎類。便死後也做一箇袁安傲世鬼。（雍熙樂府）

慳吝

【北中吕粉蝶兒】節儉爲活。幹家心委實不懦。無明夜勤苦奔波。常則是忍些兒飢寒。熬些兒虀淡。儹些兒行貨。説喫穿怎敢張羅。題起箇麄字兒也魂驚膽破。

【醉春風】我只待咬嚼別人。別人休來侵害着我。見幾箇相識朋友上門來。小生抽身兒早躲。躲。聽的道置酒張筵。挑觔拔髓。忍啞不過。

【普天樂】一任您笑䁥呵。羨乞餓。誰似俺口腹中積儹。牙齒上騰那。你看那待賓客的麩糲糲。應節令糠餾餾。早飯白粥纔湌過。到晚來又插和和。似這般家常飲食。隨心受用。更待如何。

【快活三】官人是夾細哥。娘子喚乞䁥婆。同心合意做家活。怎教肯分毫錯。

【朝天子】下飯呵鹽醬着筋戳。開齋呵脂油將嘴抹。解饞呵啣指頭把鹹魚來摸。見了那時新的滋味。則着眼兒睃。嗤了些涎和唾。雖有些夾細的名聲。却無那奢華的罪過。任傍人笑我。我死呵便拖。休動着咱松紋錁。

【四邊静】親戚何須燒烙。鄰里不必炒爆。撈撈拖拖。指望相酬賀。寡茶熬下半鍋。灌的他軟飽來由他坐。

【脱布衫】又不是久白風魔。又不是一夢南柯。又不是大時大節。又不是着飢忍飢。

【小梁州】却怎生打夥兒拴通來撒科。科泛着慳吝的嘍囉。没來由平地裏起風波。却教我如何過。休爲這口腹上惹下干戈。

【幺篇換頭】逼臨了人命難結末。緊些兒我便自抹。枉念聒。乾咂嗑。誰敢道三聲真個。不覓井便投河。

【石榴花】謊的那親戚朋友走如梭。誰敢慢延磨。着咱計策好粧科。他到將咱來取撮罷波。作耍來也麽哥哥。我便道囲席一節都丢過。從今後再敢來麽。他們都對天説誓齊聲喝。再來時也只是談些夾細。講些慳吝。説些齷齪。

【鬭鵪鶉】再休題品味珍饈。那裏也杯盤酒果。止不過數米調湯。更那堪根柴把火。似這般麄過活是若何。更不如畫餅充飢。我只待望梅止渴。

【上小樓】見人家三湯兩割。喫桌看桌。你看我捋袖揎拳。狼飡虎嚥。恨少貪多。大食籮。小包裹。收拾起座。把幾箇使從人眼睛瞅破。

【么篇頭換】見鄉親到俺家。也待學大手脚。一椀蔓菁。半瓶凉酒。兩個饃饃。他一個。我一個。誰曾咬破。五六個瘦團臍倒除下三個。

【滿庭芳】從今後休來害我。似這般一時間受用。到勾俺十日消磨。今番負痛猶閑可。慶官酒怎的殺割。輪着次第兒實實的到我。只說的個且消停慢慢由他。我待推來又推不過。待請來其實的怕多。因此上兩躭閣。

【耍孩兒】告神天何時展放眉頭鎖。慶了官諸餘的較可。街坊鄰里莽邀喝。衆親朋暗暗的擠撮。他們雖不曾敲牛宰馬排筵宴。他也曾擔酒牽羊遞果盒。道恭喜作慶賀。免不的搭席棚收拾座榻。整厨竈刷洗下沙鍋。

【十煞】回席待聚賓。開筵列綺羅。今番看我把這慳來破。丹青幀上新鮮味。水墨圖中奇異果。雲中鴈飛騰過。醴泉郡井花白酒。右軍池水儹的肥鵝。

【九煞】更有那結了子蘿蔔頭。攛下苔的芥子柯。乾蔓菁晒下有十餘箇。應時的蔬菜雖然少。爽口的珍羞不用多。喫呵喫休眼皮兒餓。更有些掉抹來的孤兒點剁。添換上是蕎麥麪的餄餎。

【八煞】大柿餅擺下幾雙。乾軟棗定上八箇。秃了的栗子十餘箇。空了的榛子分做三處。油沁了的核桃措了五桌。用意兒對付了這五盤果。待賓朋只圖好看。潑家私那討若多。

【七煞】往常時喫別人的汗似澆。到今番喫我的淚似梭。庖丁行磨石斶節兒先題破。背皮煑爛何須按。猪首燒熟且慢割。不移時天色暗日頭落。却元來是風雲慶會。雷雨交作。

【六煞】割胸子用了四指脆骨。獻猪頭使了兩雙耳朶。盤腸膚肋都只是虚邀喝。厨頭燒炙也只是提名件。爐裡乾爆都只是假念聒。那裡有些兒箇。會支分的東家省儉。聽使喚的局長斟酌。

【五煞】碗兒裡青龍罩碧波。雙龍戲珠顆。衆星捧月名兒大。襯楪子的骨棒擂槌般大。蓋面子的腰脂紙葉似薄。待動筯没着摸。衆鄉鄰咂唇啖嘴。主人家睁着瞧科。

【四煞】小生唤點湯。賓朋索散火。一天風雨救了咱全家禍。盼歸家的遠客實心兒逓迫。逃席的東君假意兒拖。不移時棚兒漏又難存坐。恁只道遭風雨主人慳吝。我道來感天地節令調和。

【三煞】慌的那官人每把上蓋兒疊。娘子每把綉鞋兒脱。跟隨使從的都在人家房簷下躲。新鮮的錦綉稀泥中污。濟楚的衣冠大雨裡濯。惱殺他喜殺我。着雨的憂心悄悄。得手的大笑呵呵。

【二煞】羊背皮着熟醬擦。燒猪頭着滚醋兒潑。殘零的按酒着椒鹽兒抹。隄防着冬至重消受。準備着新正再享活。那其間用不用還由我。似這般全無撙節。到頭來定受折磨。

【一煞】炒菜水休要丢。煮肉湯争忍潑。楪兒中剩菜又有偖來箇。不分老少由他喫。那問尊卑一例喝。只有兩件兒難發落。饅頭皮曬成醬。黄菜餡兒插做和和。

【隔尾】熟菜蔬充了飢。腥湯水解了渴。乍喫葷的肚皮兒都傷破。家僮瀉倒難跟馬。荆婦撑翻怎上鍋。連我也弄的没殺合。出來的直腸直肚。東厠裡做不的存活。

【尾聲】輪到咱。輪到咱。没奈何。没奈何。這場破費敢道有天來大。再題起囤席兀的不謊殺我。（雍熙樂府）

村田樂

【北中吕粉蝶兒】白酒黄雞。正是俺莊農每賞樂天氣。那問他塵是塵非。俺閑時樂。

忙時做。子管俺一年四季。到春來下種耕犁。到夏來五穀成穗。到秋來收滿盈倉。到冬來飽食榮貴。

【醉春風】年年歲歲五穀豐。只願俺老莊家收成喜。喜。見如今雨順風調。萬民樂業。只喫的瓦盆邊如泥沉醉。

【普天樂】醉如泥。豐年歲。俺莊家富貴。新酒活魚。忙時種幾畝田。閑時團圓會。只喫的醺醺醉。卧斜陽頭枕耕犁。牧童弄笛。村歌唱起。衆田家喜樂太平日。（雍熙樂府）

按：「幾畝」，原作「已畝」。

警　世

【北中吕粉蝶兒】百歲人稀。勸知音少争閑氣。想當初楚漢争鋒。范增能。樊噲勇。盡埋土内。早尋箇林下棲遲。每日家醉醺醺醒而復醉。

【醉春風】只喫的月上柳稍頭。困眠花樹底。那時節萬事盡都忘。其實的美。美。八句詩才。兩隻琴手。幾盤碁勢。

【紅綉鞋】凹凸嶺閑觀鶴戲。崎嶇澗且聽猿啼。小茅菴躲了些是和非。你道是官榮貴。俺説是不便宜。眼見些英雄漢都做了鬼。

【上小樓】似不的張良范蠡。比不的崇陽蘇軾。更有那譚馬丘劉。王孫鍾呂。湘子希夷。張子陽。白玉蟾。許由之輩。這一夥樂陶陶壽同天地。

【么篇換頭】坐岩穴翫水涯。卧山頭遊洞裏。他只與牧童相伴。樵子相友。道士相隨。講一會。歎一會。周秦興廢。索強如鬧垓垓苦争名利。

【耍孩兒】齊梁晉宋豪傑輩。都喪在邙山土底。鄧通餓死錢山堆。富石崇難免輪迴。丁么劍下思前恨。韓信宫中悔後遲。總不如劉伶醉。無榮無辱。無是無非。

【四煞】近松陰檢史書。向蒲團參道理。棄虚名豈愛蠅頭利。只求壽躋南山遠。不戀金堆北斗齊。把浮華今日方知會。安排下芒鞋竹笠。準備着築杖簑衣。

【三煞】閑來時撫會琴。悶來時下會碁。柴門咲傲三公位。纔觀緑鬢朱顔子。旋踵蒼髯白髮垂。那時纔想長生計。風光易過。死限難推。

【二煞】你便有賽王祥孝順兒。比迎春節義妻。無常大限難移替。不若俺常吟遺興詩千首。且飲消愁酒數盃。好光陰一日無一日。如梭兔走。似箭烏飛。

【尾聲】十年九載功。一朝三品職。金魚玉帶多榮貴。總是黄粱一夢裏。（雍熙樂府）

春思

【北中吕粉蝶兒】小立徘徊。問東君有詩誰寄。把春光暗地催歸。則被這夜來風。今日雨。斷送了殘紅滿地。烟草萋迷。戀王孫似生愁意。

【醉春風】冷落了嬌馬競芳塵。眼見的新荷鋪緑水。鶯慵蝶老日遲遲。不由人悔。悔。空過了九十春光。多應爲半年卧病。辜負了四時春貴。

【紅綉鞋】血多似杜鵑啼淚。愁多如柳絮紛飛。睡中詩纔入草塘題。語喃喃喧紫燕。聲恰恰囀黄鸝。把一枕夢驚殘都是你。

【滿庭芳】闌干困倚。緑迷望眼。紅絮着泥。鞦韆閑却繩空繫。半放薔薇。杜陵叟無心品題。蘭亭宴已告收拾。盃盤備。空成歡喜。何處送春歸。

【上小樓】好教我茶裡飯裡。行行行立。忍不住短嘆長吁。淚眼愁眉。似醉如癡。空這壁。又那壁。春難尋覓。把俺這惜花人越添憔悴。

【幺篇換頭】翠陰陰柳色中。静巉巉行逕裡。早子是香散窻紗。風閑簾幕。晝掩朱扉。把這日。比那日。偏傷情意。挑不起愁擔兒怎生迴避。

【耍孩兒】打疊起風流笑擲金錢戲。準備下石枕藤牀竹簟席。南窻亭卧傲羲皇。引微涼曲檻芳池。悶來謾把琴三弄。醒後姑飲酒數杯。將煩惱都拋棄。想春去是四時代謝。天運推移。

【煞】惟至人能達觀。惟高明能燭理。悔前錯被愁煩累。從今肯因春花頻牽恨。不爲花殘緊皺眉。只今纔精細。但落得形骸放浪。管甚麼花柳狼藉。

【尾聲】笑寰中老散人。手高擎如椽筆。走龍蛇一掃何滂沛。寫一套特樣子的詞兒自歡喜。（雍熙樂府）

按：「煞」，原作「幺」。

思情

【北中呂粉蝶兒】燭滅香消。盼情人這早晚不到。捱今宵盼不到明朝。你那裡丟甜桃。尋酸棗。怎下的將奴拋吊。你原來笑裏藏刀。罵你聲負心賊不平天道。

【醉春風】有一日病來潮。小姐呵何日是了。那一日不念勾數十遭。你那裏逍遥。貪快樂。躭閣了青春年少。

【普天樂】好心焦。不來到。銀燈燦燦。鐵馬頻敲。靈鵲兒不住聲。燈花兒連連爆。靈鵲燈花無靈效。這其間委實的難調。堪堪的瘦了。相思病害倒。這病兒害的我蹊蹺。

【紅綉鞋】手拏着菱花來照。折磨的粉頦胭顋。這相思病苦最難熬。者麼你靈丹藥。要好是自然調。若見我意中人即漸好。

【耍孩兒】香肌瘦損俏容貌。針指無心懶綉作。兩件兒誰知道。面黄懶待搽胭粉。亂挽烏雲怕整描。想情人不住淚滔滔。倚帷屏轉轉心焦。白日裏茶湯怕進。到黄昏枕冷衾薄。

【二煞】一更裏獨自眠。二更裏睡不着。三更淚打腮邊落。四更恰待朦朧眼。可意寃家正撞着。錦帳裏同歡樂。猛聽的簷前鐵馬。驚的咱拆散鸞交。

【尾聲】五更裏珠淚垂。好姻緣不輳巧。凄凄凉凉傷懷抱。一萬聲長吁到不的曉。

（雍熙樂府）

思　情

【北中吕粉蝶兒】畫閣悲傷。杜鵑啼海棠枝上。别離情辛苦難當。躭閣了枕邊寒。坑陷了鴛帳冷。因此上帷屏懶傍。止不過夜永更長。幾曾遭這般魔障。

【醉春風】空設下海誓不堪題。道下些山盟都是謊。臨行留下巧言詞。怎不教人心兒裹想。想。恩情是瓶墜簪折。釵分鏡破。因此上串鬆金腕。止望清明到。誰想過重陽。空藏下寄來書添望想。

【紅綉鞋】舊歲同眠錦帳。今宵獨宿牙牀。悶的我似孟姜女淚汪汪。止望清明到。誰想過重陽。空藏下寄來書添望想。

【普天樂】鼓兒嗚。鐘兒響。銀缸猶燦。鐵馬兒玎璫。夢鮫綃衣枕寒。錦帳裏和誰傍。止不過夜永凄涼情難望。怕黄昏又早昏黄。别離情怎當。傷心最苦。愁悶難當。

【上小樓】一會家心中自想。想起才郎模樣。他生的恁般資質。恁般形容。恁般模樣。不由人口内談。腹内脹。心中猜量。好教我不思量越添惆悵。

【幺】這些時胭粉懶粧。幃屏不傍。只爲你清減憔顔。香肌瘦損。懶進茶湯。恨一場。怨一場。情懷悒快。空閑了錦被鴛帳。

【十二月帶過堯民歌】這幾日神魂心攘。不覺的又早秋涼。甘厮琅梧桐葉。冷清清菊綻花香。南樓外呀呀鴈行。是誰家枕上悲傷。我呵恰便似巫山神女。盼望殺楚襄王。襄王夜夢在高唐。思量。思量人怎當。呀。這些時瘦損嬌模樣。（雍熙樂府）

按：曲牌〔十二月帶過堯民歌〕原僅書〔堯民歌〕。

春　思

【北中吕粉蝶兒】三月春光。景初開萬花争放。鬪高飛蝴蝶雙雙。正遇着採花蜂。争巢燕。一般形象。不由人慘切凄涼。霧騰騰天有色。怎不教人越添惆悵。

【醉春風】可惜一朶嬌滴滴海棠花。再有誰人同共賞。多情一去信難通。好教我心兒裡想。想。廢寢忘飡。香肌清減。瘦損了模樣。

【紅綉鞋】這兩日孤眠錦帳。曉夜間怕宿在牙床。負心的更不知在誰行。眼睁睁叮嚀說。心兒裡想才郎。假若是不思量都是謊。

【上小樓】這些時胭粉上懶粧。幃屏懶傍。喜的是脂粉調胭。香肌清減。懶進茶湯。哭一場。痛一場。情懷難忘。錦被兒空閑了鴛帳。

【么】錦被兒空閑半床。那一日同眠錦帳。愁的是雨淚悲傷。慘切凄涼。珠淚成汪。爲才郎。燒夜香。神魂飄蕩。那一日完成了死生難忘。

【滿庭芳】眠思夢想。盼不見多情俊俏。可意才郎。滿懷愁都撮在眉尖上。不由人慘切凄涼。一回家心勞意攘。好夫妻水遠山長。瘦損了嬌模樣。離情病怎當。寂寞殺女嬌娘。

【耍孩兒】鮫綃淚濕情難忘。月缺花殘人少亡。三般兒盡在咱心上。想當初未登程許我還歸故。到如今一去了經年不轉鄉。都做了漫天謊。不由人悲悲切切。雨淚汪汪。

【三煞】這些時鴛枕閑。綉幃中金釧長。畫簷間鐵馬兒玎璫響。庭前靈鵲喧聲噪。總是離人也斷腸。霧鎖在明園巷。怕分開鶯燕。生拆散鸞凰。【二煞】去時節留下言。怎不教人心内想。今朝一去無承望。人離楚岫離情遠。線斷風箏在那廂。虛夢在陽臺上。空設下山盟海誓。甘罷了剪髮燃香。【一煞】收拾起腹内憂。再休題心内想。從今後眉尖悶鎖雙開放。志誠蘇氏還鄉已。薄倖王魁負桂娘。負心自有神靈鑒。再休題人前問信。也不索打卦燒香。【尾音】空閑了白玉幃。冷落了銷金帳。説來的言語全不當。一片真心翻騰做了謊。

（雍熙樂府）

馬嵬坡餞楊妃

【北中呂粉蝶兒】漢主登極。重娉婷慕求傾國。幾年間玉宇難祈。幸楊家。二八女。麗質難棄。選入宮闈。笑顏開六宮無色。【醉春風】始是受恩時。新承憐愛日。芙蓉帳暖度春宵。怕日高起。起。光彩門庭。弟兄列土。滿門榮貴。【紅綉鞋】奏管絃風飄聲細。舞霓裳袖拂塵低。盡朝開宴泛金盃。茶迷紅綉榻。酒污衮龍衣。只喫的醉醺醺傾玉體。

【滿庭芳】逗引起漁陽鼓鼙。霓裳驚破。城郭烟迷。千乘萬騎西南地。行色悽悽。無奈何六軍不起。可憐見馬踐楊妃。要救也應無計。君王淚垂。淋漓濕赭黃衣。

【上小樓】風吹的塵埃散起。旗耀的日光無色。帝主深情。行宮見月。抱恨含悲。夜雨零。續斷聲。芳心擊碎。眼睁睁死生迢遞。

【么篇換頭】馬嵬坡泥土中。玉容消塵霧裏。空只見綠水澄澄。浮雲慘慘。明月依依。信馬歸。池舘西。落紅滿地。都做了楚天秋意。

【耍孩兒】對離宮蕭索如痴醉。太液芙蓉正美。未央楊柳色淒其。想芙蕖似面柳如眉。春風桃李花開夜。秋雨梧桐葉落時。夕殿飛螢際。孤燈挑盡。鐘鼓遲遲。

【六煞】銀河欲曙天。柔腸愁陣裏。至少呵也有十萬聲長吁氣。鴛鴦瓦冷霜華重。翡翠衾寒夢寐稀。衡一弄淒涼味。别離有日。相見無期。

【五煞】臨邛一道人。善精致神鬼。感君王展轉相思意。遂教方士慇懃覓。魄落黃泉兩不知。聞海上仙山際。虛無縹緲。樓臺參差。

【四煞】其中多士仙。輕盈嬌態體。一人自比非常異。太真名喚無虛謬。雲鬢花顏甚整齊。出落的風流質。西廂金闕。扃户關幃。

【三煞】知漢家天使來。向九華魂夢飛。攬衣出户起徘徊。雲鬟不整偏垂。風吹仙袂飄飄舉。步蹴金蓮欵欵移。寂寞添憔悴。含情舒謝。涕淚淋漓。

【二煞】看人寰塵土生。望長安烟霧裡。但將舊物伸深意。釵留一股和一扇。釵擘黄金鈿兩離。臨别分盟誓。人間天上。再會相期。

【尾聲】願爲比翼鳥。願爲連理枝。天長地久何須計。惟此恨綿綿竟不已。（雍熙樂府）

按：「漁、土、擘」，原作「漢、上、壁」。

思　情

【北中吕粉蝶兒】心緒難憑。只落得守香閨一簾風静。對銀釭一寸寒燈。意張狂。心喬怯。神魂不定。子爲那可憎才一點真情。送的這俏韋娘染疾躭病。

【醉春風】我有意紅葉上寄新詩。他無情緑波中尋舊境。閃得人鮫綃被半床閑。暢好是冷。冷。怎能勾携手相將。香肌相揾。玉肩相並。

【迎仙客】往常似珠碎般手内擎。性命般斯看承。到如今玉簪折恰似瓶墜井。見如今信兒稀。意兒冷。幾時得鸞鳳和鳴。美滿重交頸。

【紅綉鞋】想着俺錦帳裏顛鸞倒鳳。今日箇斷人腸魚鴈無憑。想着俺臉兒揾懷兒抱口兒侵。只爲他龐兒整。性兒清。因此上傾心兒將春事逞。

【十二月帶過堯民歌】想起那巫山事踪。陽臺夢好事難成。輕憐痛惜。殢雨尤雲。紅爐内情濃。怕分美滿恩情。呀。閃的我垂床倒枕冷清清。幾時得鮫綃被裏煖烘烘。畫堂春色曉風生。笑吐丁香皺眉峰。情濃。纔覺素體輕。這的是醫治我相思病。

【尾聲】空把鮫綃錦帳懸。那裏也羅幃春自生。低垂簾幙人寂静。更那堪綉榻風寒被兒冷。（雍熙樂府）

村田樂

【北中吕粉蝶兒】瓦鉢磁甌。莊家每村田享受。一年價指望秋收。五穀豐登飫。唱的是村歌村奏。只喫的老瓦盆無了無休。管甚麽世塵中喧嘩争鬭。

【醉春風】這壁廂王太公扶起劉郎。那壁廂李二嫂攙着村叟。胡歌野叫鬧莊村。田家每喫的好醉酒。酒。他説道秋滿盈倉。納完糧税。便是俺老莊家一年成熟。

【普天樂】望春秋。還依舊。一年過了。又早年頭。見如今國泰安。衆百姓每樂業受。莊家每箇箇無昏晝。村厮兒犁耙疇。田禾内稻熟。村醪酒篘。再受用瓦鉢磁甌。

【水仙子】瀟瀟雨洒一扁舟。細細風吹兩岸柳。小船中共友閑窮究。笑吟吟茶共酒。

錦鱗熟旋折泥頭。說一會前唐西漢。講一會天長地久。論一會吴越春秋。

【幺】人生虚度七十年。捻指光陰在眼前。烏飛兔走疾如箭。嘆浮生有甚堅。争名利枉做徒然。千條計被天一算。萬物生止直憑天。天報有善惡姻緣。（雍熙樂府）

按：此套末曲〔幺〕聲韻及辭意均不合前。

嘆　世

【北中吕粉蝶兒】八字生時。富和貧皆因前世。無錢的受盡了驅馳。有錢的衣輕裘。乘肥馬。不枉了人生一世。賭不的伶俐精細。運不通不怕你千能百會。

【醉春風】每日家東奔西走有如飛。受貧窮何日止。困龍也有上天時。將前人來比。比。孟軻於齊。絶粮孔子。受窮殺蘇秦張儀。

【紅綉鞋】覷富貴不能富貴。有文齊福不能齊。世間人能走不能飛。有東西無南北。有南北少東西。因此上難明天地理。

【普天樂】富休誇。貧休笑。貧而無諂。富而無驕。貧休貪不義財。富休將貧人笑。富貴貧窮由天造。富和貧委實難學。陳雷膠漆。分金的管鮑。願平生善與人交。

【上小樓】富和貧無根無基。倘來物難存難聚。見幾家富了還貧。貧了還富。成敗興廢。爲錢呵。子父離。好相識教財絶義。這錢呵買佳人貞節輸志。

【幺篇換頭】身貧言語低。苦勞晝夜思。常言道大富由天。小富由勤。起早眠遲。一會家怨自已。思量了一會。元來是注定了飢寒二字。

【十二月】古到今貧窮有幾。我這裏暗暗情思。有幾箇文章似海。運不通倒受驅馳。見幾箇詩書意淺。後來呵金榜上名題。

【堯民歌】呀。我這裡焚香拱手告神祇。天宫注造有高低。與人厚薄有增虧。他人逞志我無時。躊躇。太公八十兮。後來纔把文王遇。

【耍孩兒】凄凉淚打腮邊轉。愁滿胸懷不恨天。如今光景都更變。紅纓白馬人人敬。赤手空拳箇箇嫌。猜透了曹兒面。有錢的人前説話。無錢的閉口藏言。

【二煞】無錢呵空説天花落掌中。眼前生並蓮。衣衫襴縷人輕賤。有錢歪談亂道胡有禮。無錢的説過六國機關總是閑。到處人輕慢。寧俺苟延歲月。莫辭二字飢寒。

【一煞】你記的長江水不迴。中年在眼前。爲家私愁的我朱顔變。人生有似當風燭。水上浮萍不耐堅。休誇羡。天折磨衰如燈滅。大運退雪滚湯煎。

【尾聲】本分的天可憐。困窮的守自然。豈知天意如車轉。有一日運至時來那時節

顯。（雍熙樂府）

按：「貞節」，原作「真節」。

慶　壽

【北中吕粉蝶兒】閬苑瑶池。老人星臨凡世。衆群仙左右相隨。一箇捧仙桃。一箇擎壽酒。一箇獻丹砂一粒。奉勅令文籍。願延年一生榮貴。

【醉春風】壽添似西岳嶺頭雲。福增如東洋海内水。一生福壽兩全齊。一家兒喜。喜。夫婦康寧。子孫孝順。弟兄和會。

【十二月】曹國舅將笊籬。李孔目鐵拐忙提。張四郎輪竿捲起。吕純陽寶劍光輝。陳七將霞光影裡。徐神翁披定仙衣。

【堯民歌】呀。韓湘子牡丹花頃刻不宜遲。張果老白驢勝似促風疾。蓬萊閬苑緊相隨。更有那益壽延年漢鍾離。堪和風細細吹。來慶賀長生日。

【尾聲】金童擎着仙酒。玉女捧着瓊盃。東華仙隱隱在祥雲裡。將百歲靈丹慶壽你。

（雍熙樂府）

南北中吕合套

祝太平

【粉蝶兒北】錦繡封疆。喜豐登太平景象。托吾皇聖德汪洋。輿情歡。天心順。萬方歸向。四海來王。撫華夷盡皆歡暢。

【泣颜回南】佳節欲回陽。律應黄鍾迎祥。南極昨夜。壽星靄靄生光。瑶池閬苑。衆羣仙跨鳳齊臨降。賀吾皇萬壽佳辰。祝遐齡永遠無疆。

【普天樂北】天性孝慈全。仁德寬洪量。常依六德。不失三綱。恩威信義和。禮樂恭謙讓。治國齊家無偏向。更施仁發政温良。洪福浩大。皇基永固。聖壽延長。

【泣颜回換頭南】時當。盛世喜非常。黎民樂業安康。賢臣良相。攄忠燮理陰陽。民安物阜。荷皇恩天下全生養。喜孜孜四序和調。笑吟吟萬邦瞻仰。

【上小樓北】你子看那金堦殿傍。瓊樓閣上。一朵祥雲。千條瑞氣。五色毫光。呈瑞祥。表聖昌。天垂佳貺。都子爲聖人德。慶雲特降。

【撲燈蛾南】華筵開玳瑁。金盃泛瓊漿。美孜孜孃娜纖腰舞。嬌滴滴玉鬟齊唱。香馥馥膳排異品。齊臻臻同和着新腔。〔和〕普天下臣民進禮。感吾皇聖恩廣大勝陶唐。

【上小樓換頭北】笙歌韻聒耳鳴。管絃聲不住響。則聽的畫鼓聲喧。玉笛音清。錦箏攸揚。遶畫梁。滿玉堂。仙音嘹喨。更過如九重天上。

【撲燈蛾南】巍巍皇恩浩蕩。攸攸聖德大廣。撫治的學校興。威懾的華夏寧。皆賴聖君賢相。四夷稽首萬萬里重譯梯航。〔和〕普天下臣民進禮。感吾皇聖恩廣大勝陶唐。

【餘音】黎民鼓腹咸擊壤。惟願皇圖帝業昌。祝聖壽綿延天地長。（雍熙樂府）

病寒述事

【北中呂粉蝶兒】流汗沾衣。換羅袍水亭遊戲。不隄防四面風吹。眼如剜。頭似打。身如繩繫。害得我目瞪呆痴。發狂言亂支胡對。

【醉春風】熱似火籠蒸。冷如冰窨洗。舌乾唇燥口難言。好教我悔。悔。夢裡昏沉。醒來没亂。看着狼狽。

【上小樓】這病症誰曾害你。也是我前緣前世。恰纔個手定頑麻。身體酸疼。肩背枸急。睡不得。坐不得。行步無力。眼睜睜只要嗑涼水。

【幺】想業障無其道理。害得我一絲兩氣。恰便似風裡楊花。水中落葉。雨内秋雞。

吐不得。嚥不得。吃着無滋味。每日價悶昏昏仰天長睡。

【紅綉鞋】叫先生看咱運氣。把生時八字詳推。論流年太歲有災危。交新春多不利。到立夏便清吉。算卦來還有喜。

【耍孩兒】請良醫幾個來調治。審寒熱查看虛實。入門不問是和非。一心兒只要東西。一個道夾陰病症十分重。一個道内損虛勞治不得。大話兒將人諕。恰便似再生扁鵲。現世的盧醫。

【七煞】張醫生檢藥方。李郎中切脉理。王大夫便把藥來配。一個道内傷元氣不當汗。一個道外感風寒不可推。把王叔和說一會。一個用補中益氣。一個用四物黄芪。

【六煞】衆親戚來問安。諸朋友都致禮。低言俏語胡猜忌。張三道的張三曉。李四說的李四知。葫蘆提倒把人驚異。一個道别的猶可。一個道這等難爲。

【五煞】人都笑神仙也有災。他不知日月也有蝕。乾坤也有興和廢。平生多病還多壽。一世無災病怎醫。這道理誰知會。如來也有三災八難。老子也有七病八疾。

【四煞】拙妻兒諕得慌。老尊堂無依倚。全家大小偷彈淚。晚間守到雞鳴後。清晨看到日斜西。晝夜間全無寐。一個個心驚膽顫。一個個魄散魂飛。

【三煞】請端公跳會神。請大仙捉會鬼。請道士忙把星辰祭。城隍廟裡明羊賽。東岳臺前紙馬隨。把土地家神跪。竈神前許下些燈燭。天地前許下個猪隻。

【二煞】早是我有主張。不聽他喬所爲。依方修合無差僞。先將承氣柴胡解。後把茵陳白虎催。涼膈散來相繼。霎時間汗出如雨。一會兒肚響如雷。

【一煞】看看的身不疼。漸漸的心不痞。吃湯吃粥知滋味。起來不害頭昏暈。睡倒全無鬼夢迷。走一步偏伶俐。無那外邪客熱。只覺的氣體充實。

【尾聲】一家兒轉笑顏。衆親朋齊賀喜。纔知道平安兩字千金貴。保養得復舊如初纔是美。（群音類選）

美　人

【北中呂粉蝶兒】玉骨冰肌。寶釵横半鬆雲髻。掩春衫將鴛枕斜攲。眼朦朧。腮堆赤。眉顰翡翠。當不的酒力禁持。你看他不顛狂一團兒和氣。

【醉春風】玉軟在綉幃中。香嬌在錦帳裡。翠盤中捧定舞霓裳。端的是美。美。言不盡風流。看不足嬌豔。畫不就可喜。

【紅綉鞋】眉淡掃遠山疊翠。髻高盤楚岫雲堆。他生的嬝嬝婷婷柳腰圍。比昭君争些兒瘦。比西施有些肥。便似重生下楊貴妃。

【石榴花】恰便似廣寒仙子下瑶池。他生的越素淡越相宜。近着這牡丹叢芍藥圃碧蓮池。靠湖山立地。掩映香肌。他比瓊花多一口兒元陽氣。比的那御園中景物狼籍。送春情眼角眉尖意。不由人一見了便着迷。

【鬬鵪鶉】但能勾半霎兒歡娱。也是我平生志已。遶着這玉砌閑行。把雕闌把雕闌悶倚。引的些蝶使蜂媒來往飛。半霎兒歸去疾。滴溜溜雁落在平沙。見撲刺刺的魚沉水底。

【上小樓】若宿在青紗帳底。紅羅衾内。恰便似出水芙蓉。和烟帶月。露滴香肌。倚綉幃。共枕席。天然旖旎。恰便似玉天仙降臨凡世。

【幺篇换頭】烏雲懶去梳。臉兒怕待洗。更那堪眼似秋波。眉灣新月。手似柔荑。他若是行坐間。睡夢裡。一絲無兩氣。恰便似弄春風海棠無力。

【耍孩兒】他生的一團兒和氣天生的美。無半點塵俗氣質。命丹青寫入錦鸞箋。端的是堪憎堪愛堪題。比貴妃少一簇人扶擁。比觀音少個魚籃手内提。説不盡風流勢。有千般湮潤。萬種嬌媚。

【二煞】比玉呵玉則是白。比珠呵珠則是赤。兩般兒珠玉應難比。比玉呵瑩皎皎光燦燦添些滋潤。比珠呵香馥馥顫巍巍有些肉體。一見了留情意。不由人身麻骨軟。魄散魂飛。

【三煞】他笑呵似秋蓮水面上開。他言呵似雛鶯枝上啼。他走呵似海棠嫩舞東風裡。操一曲庭前神鬼皆來聽。謳一曲遏住行雲不敢飛。走一筆龍蛇體。胸懷中包藏着錦綉。舌尖兒上調弄出珠璣。

【四煞】覷他在蘭堂畫閣中。羅幃錦帳裡。茶餘飯飽醺醺醉。高燒銀燭霞千縷。細看春風玉一圍。舒展開紅綾被。一任他蜂狂蝶亂。燕語鶯啼。

【五煞】羅衾上下翻。香腮左右肥。舌尖半吐丁香味。柳腰未動心先興。蓮足輕蹺情正美。粉汗芙蓉濕。相交玉體。暗度靈犀。

【六煞】鬢鬅鬆聲顫嬌。眼朦朧心似迷。困騰騰模樣猶如醉。把嬌娃摟抱的渾身軟。尤自輕輕着力爲。款款在懷兒内。説幾句山盟海誓。不許人知。

【尾聲】從黄昏點上燈。怕清晨報曉鷄。我和他同床同枕同歡會。紅日三竿恁時節起。（群音類選）

按：盛世新聲、盛世詞林無題，詞林摘艷題作「風情」，雍熙樂府題爲「美戀」。

財

【北中吕粉蝶兒】擺弄着鎗刀。向虎狼叢風波海。那答兒不到。使得我鬢髮蒼蕭。二十年不能安樂。

【醉春風】恰便似救命護身符。快心如意寶。經營如燕子壘窩巢。常不能了。了。受了半世驅馳。數年辛苦。幾場懊懆。

【普天樂】我爲你受風霜。擔煩惱。披星帶月。過嶺登高。恨不得似石季倫儘意貪。誰得似龐居士無心要。無夜無明交廝鬧。那裏管犯法違條。

【滿庭芳】愁得人老了。憂得人瘦了。害得人忘了。那裏問連雲棧閣。也不管山崩地瘴。雪浪風濤。恨不得天涯海角都行到。忍辜負了月夜花朝。那裏問嬌滴滴妻兒懊惱。痛殺殺父母劬勞。傷懷抱。心中想着。則是個無鋒刃殺人刀。

【上小樓】爲你呵將家鄉背了。把功名拋撇。疎了親朋。罷了清官。惡了知交。夢想着。坐想着。争强伏弱。恨不得捨殘生問人强要。

【幺篇換頭】有你呵胸氣高。膽氣豪。列鼎而食。重裀而卧。花朶而嬌。居繡閣。衣金貂。追歡買笑。你搬得世間事七顛八倒。

【耍孩兒】恨不得送窮船滿載粧成了。又恐怕被石崇恥笑。想黃金有許來高。則不知孰時閒眼不相抛。我從今日再不把心兒愛。去後那能把眼角兒睄。有幾個將君好。你與我從頭分説。逐一評跋。

【九煞】這官人爲你呵但開口便順情。但行事必弄巧。爲你呵將朝廷選法都差錯。爲你呵將清廉忠正沉埋了。把貪濫奸滑的舉保高。全不從公道。不分寃枉。不辨清濁。

【八煞】這令史爲你呵虚的紐做實。大事翻做小。掌刑名全不從公道。爲你呵向招伏裏面生枝節。書案旁邊説善惡。常恐怕分巡到。把窮民看如荆芥。將富户敬似瓊瑶。

【七煞】這和尚爲你呵立疏頭向施主行求。持鉢盂在鋪户家討。全不守如來教。爲你呵將梵音佛號無時請。把法鼓金鐸徹夜敲。那裏替我佛傳道。不肯修身養性。摩厲鶴巢。

【六煞】這道人爲你呵與人家做主行。替亡靈告赦表。專打聽人追齋醮。那裏肯一心守道修功行。那裏肯半夜朝元上碧霄。不管他全真笑假。書符遣祟。咒水驅妖。

【五煞】這婦人爲你呵私通人鶯燕期。暗和人鸞鳳交。全不守婦人道。爲你呵則待要粧施脂粉迷人眼。瞞昧兒夫寄簡約。不待要門閭求旌表。又不顧傍人笑。指姨夫搬挑。

【四煞】這富的爲你呵越貪圖越愛憐。越求謀越取討。恨不得蓋一座通行廟。爲你呵恨不得開一千處典庫收利息。發五百行頭走海道。不恨多常言少。爲你呵將官吏看如親眷。百姓每覷似兒曹。

【三煞】這窮的爲你呵衣不能遮身上寒。食不能教腹内飽。恨不得爲賊盜。爲你呵將六親九眷無情意。把四妹三兄絶舊交。恨不得把閻王來告。無人瞅睬。誰肯招邀。

【二煞】這神明爲你呵向風波處顯聖靈。凶危間見果報。去關津要路上興祠廟。爲你呵差焚化爐小鬼看臨守。立分表司判官掌簿消。爲你呵將祈禱。舟車保護。臨凡世照鑑。

【尾】我如今舒着心再不敢把你貪。袖着手再不敢把你來求。想着順人情傳世道。行鈔告别了。從今斷罷了。（北曲拾遺）

賞　春

【北中吕醉高歌】崎嶇路遠山遥。荏苒雲生額角。遠觀着崖畔嵯峨道。見峻嶺峰似削。

【快活三】春風梨蕋飄。夏帶雨蓮嬌。秋霜紅葉色堪描。冬雪梅擎蕚。

【剔銀燈】四季景春天最好。至楊柳亭軒談笑。海棠風一陣香先到。語呢喃燕子尋巢。緑茸茸莎茵嫩。紅馥馥桃杏嬌。看行客遊人鬬草。

【蔓菁菜】喬木上黄鶯叫。景堪描。使黎民快樂。麗日暖和風順雨如膏。看花草芬芳葶。（雍熙樂府）

按：群音類選題作「遊春」。注：「此套有南北調者在後」。

【北大石調六國朝】風吹羊角。雪剪鵝毛。飛六出海山白。凍一壺天地老。舉目觀琳瑯。巧筆難描。仰面瞻天表。青山似粉掃。幽窻下寒敲竹葉。前村外冷壓梅稍。我則見山伴野雲低。遥觀雪片小。

【歸塞北】莫不是春歸早。却怎生蝶翅舞飄飄。梅蕋粉填合滿長安道。柳花綿迷却霸陵橋。山舘酒旗摇。

【初問口】見那捕漁叟簑笠輪竿。他向那寒江獨釣。和俺這採樵人迷却歸來道。凍鵲又飛。寒鴉又噪。古木林中驀聽的山猿叫。

【怨別離】園林無處不蕭條。春歸也猶未覺。滿地梨花無人掃。寒料峭。遥望見那一點青山早不見了。

【歸塞北】白雲島。孤鬼吼荒郊。九天玉女驅造化。六丁神仗劒斬長蛟。就地捲風濤。

【么篇】孤村曉。稚子道。猶自月明高。玉女剪冰寒不散。黑龍噴雨凍難消。何處覓漁樵。

【鴈過南樓】我則見凍剥剥的一行老小。戰欽欽四體頻摇。一箇早骨聳着肩。一箇拳攣着脚。正值揚風攪雪的這天道。我則見兒扯定老父悲。父對着孩兒道。説道喫飯處霎時間行到。

【六國朝】早是這朔風凜冽。途路迢遥。我則見三箇人丕丕丕的走將來。呀。可怎生撲撲的都凍倒。用手忙扶策。緊拽住頭稍。軟兀剌的身軀倒。我則見剌達了手脚。我㲉㲉的將衣襟解放。悠悠的魄散魂消。救的一箇心坎兒上恰温和。那一箇早把牙關緊噤了。

【歸塞北】過了這條抄直道。那裏一横澗搭一横橋。白茫茫雪迷山崖角。淡濛濛霧鎖草團標。松檜一週遭。

【擂鼓體】那先生浩歌拍手舞黄鶴。他住在瑶池閬苑。十洲三島。一曲長笛秋氣高。數着殘棊江月曉。

【歸塞北】他服的是長生藥。端的也不許恁這世人學。三弄琴聲彈落葉。九重春色醉蟠桃。白日上青霄。

【浄瓶兒】那先生對雙手摇山嶽。一對眼瞅邪妖。劒輝星斗。胸捲江濤。難描。則他那惡像貌。伏的虎降的龍德行高。他恰似箇活神道。他也曾跨蒼龍曾把玉皇朝。

【玉翼蟬煞】那先生自舞自歌。飲的是仙酒仙桃。草舍茅菴。煞强如蘭堂畫閣。白雲不掃。蒼松不老。青山圍遶。淡烟籠罩。崎嶇古道。凹凸岩壑。門無綽削。洞無鎖鑰。香焚石卓。笛吹古調。雲黯黯。水沼沼。風凜凜。雪飄飄。柴門閉。竹籬高。檜柏青松。疎竹寒梅。瑞草靈芝。峻嶺顛峰。你遥望着那幽雅的仙莊你却休錯去了。

（盛世新聲）

【北大石調念奴嬌】園林雨過漸歇。梨花點點飄零香雪。旅舘蕭條人静悄。無奈春愁索結。燕子來時。海棠開後。值着清明節。羅衫初試。淚痕無限重疊。

【六國朝】三分春色。迅指俱絶。看滿地落紅。是離人彈的淚血。覽鏡驚憔悴。頓覺全別。又不是交戰的相思病。又不是酒灌的長庚怯。都則爲鸞孤鳳隻。致令的蝶怨蜂嗟。分古鏡甚時圓。斷離絃何日接。

【喜秋風】愁萬端。腸千結。此情甚日徹。白玉樓遠接神仙闕。彩雲迷鳳臺月。

【歸塞北】怕不待將心事説。争柰路途賒。情密忍看花底燕。病深非爲酒中蛇。無語痛傷嗟。

【好觀音煞】羅帶停分鴛鴦結。鱗鴻水隔山截。攻不破愁城盡力撅。填不滿的愁坑甚日歇。若將那砍不斷的連枝樹再接。恰將那擔不動相思擔兒卸。（盛世新聲）

按：此曲盛世詞林亦録。「砍」，原作「欲」。

【北大石調念奴嬌】冰肌勝雪。鬢鬟高一抹烏雲堆。畫堂生香人静悄。正是樗蒲時節。對擁紅爐。高燒銀蠟。耳畔低低説。今宵遮睡。待分箇勝負方歇。

【六國朝】梅稍馥郁。月影横斜。玉筍不知寒。牙籌相接。六擲分紅黑。點點俱别。慷慨懷别敵。常慕此英雄。金蘭芙蓉間隔。桃花柳葉重疊。休臨老入花叢。趂青春先去折。

【歸塞北】香爐也。舒與美人些。旋剖金橙消困歇。滿斟美釀戰寒邪。堦皷二更絶。

【好觀音煞】錦帳高懸幃屏列。玉娉婷左右闌遮。三寸金蓮走不迭。一顆櫻桃笑不絶。把來日歡娱約下者。唤梅香忙把銀燈欵吹滅。（盛世新聲）

按：此套亦見盛世詞林。

【北大石調驀山溪】冬天易晚。又早黄昏後。修竹小琅玕。空倚遍寒生翠袖。蕭郎寳馬。何處也恣狂遊。

【幺篇換頭】人已静。夜將闌。不承望今番又。大抵爲人圖是麽。况彼各青春年幼。似恁的斯禁持。尋思來白了人頭。

【好觀音】過一朝勝九秋。强拈針線把一扇鞋兒綉。驀聽的馬嘶人語。不付能盼的他來到。他却又早醺醺的帶酒。

【鴈過南樓】枉了交人深閨候。疎狂性慣縱的來自由。不承望今番做的漏斗。衣紐兒尚然不曾扣。等的他酒醒時將他來都明透。問着時節只辨的擺手。駡着時節永不開口。我將你耳朶兒揪。你可也共誰人兩箇歡偶。我將你錦片也似前程。花朶兒身體。遥望着梅稍上月牙兒呪。（盛世新聲）

隱　士

【北般涉調耍孩兒】我把百年事業隨芳草。一世文章暗野蒿。修身不用靈丹藥。藏舌閉口威名遠。忍事饒人識見高。教子弟行忠孝。安貧守分。善與人交。

【一煞】閑來時倚蓬窻看古書。會知音三兩交。静中欵把瑶琴操。梅花越調彈三曲。流水高山走一遭。曲罷從公好。或是投壺打馬。擊鼓吹簫。

【二煞】唤兒童煖鏇鍋。命山妻列酒肴。時新果排下三兩桌。鴨頭醁滿滿盛深甕。羊羔白潺潺泛小槽。美果堆山藥。蟹黄醋浸。雞肋烹燒。

【三煞】酒斟滴滴金。詞歌步步嬌。詩雄酒美相酧酢。一箇能吟詩李白酧三碗。一箇違酒令張仙罰兩瓢。鼓掌呵呵笑。片時間人人酩酊。箇箇酕醄。

【四煞】霎時間日轉西。紛紛的客散了。黑甜甜一枕不知曉。一任教山妻床下撼頭唤。稚子傍邊推枕摇。生把我夢驚覺。猛然睁眼。日影偖高。

【五煞】起身來再扶頭。喜獨居還自酌。柴門瀟洒無人到。一輪紅日邀茆屋。千丈白雲披布袍。共我同爲樂。日光燦燦。雲影飄飄。

【六煞】嘆攸攸世上人。難將歲月傲。後人催併前人老。年年野外添新塚。歲歲鄉中少故交。得便時須行樂。一朝身死。萬事都拋。

【七煞】章華臺已滅踪。阿房宫烟火消。秦樓漢闕都零落。銅駝頂上蔓天草。金谷園中滿地蒿。不見那行人道。止有青山隱隱。緑水滔滔。

【八煞】勉今人效古人。諫前錯戒後錯。興亡幾箇人知道。榮枯有似湯澆雪。富貴渾如火燎毛。世事真堪咲。你試看周郎赤壁。火滅烟消。

【九煞】歸田園智慮深。守甘貧節義高。但得妻賢子孝家中寶。床頭飲盡三盃酒。枕上横吹一管簫。更有兩件從君好。陳摶高卧。顔子簞瓢。

【十煞】從今後戒自家是與非。不論人低共高。專心致力攻農作。三蠶老滿衣豐足。五穀收成食有飽。要把那神天報。排門賽社。按月相邀。

【煞尾】我把利名塲静幽幽泯滅了蹤。安樂窩實拍拍踏定了脚。無憂愁詩酒閑歡樂。到大來無是無非快活到老。（雍熙樂府）

【北般涉調耍孩兒】喜的是四夷萬國干戈定。六合八方宇宙寧。河清海晏禎祥應。幸逢堯舜爲真主。不學巢由作外卿。脚到神仙洞。相伴着山中樵子。海上漁翁。

【十一煞】美唐虞治世寬。喜滄浪水正清。自憐老拙非時用。整竿鈎線臨溪釣。南畝荒田帶雨耕。真是吾家幸。一身飽煖。萬事無能。

【十煞】只爲俺性愚蒙遠市朝。無才學趁下風。茆齋蓋處尋幽静。自從白屋親農叟。懶向青雲探月宫。獨樂田園倖。遂着老農莊圃。四季營生。

【九煞】到春來賞清明三月三。整盃盤祀祖宗。家家院落鞦韆送。雨催春色飛來瓮。

風送花香入酒中。一弄兒新佳景。上林鴈叫。谷口鶯鳴。
【八煞】到夏來設蘆席坐柳陰。會知音三兩人。田園瓜果堪時用。瓜浮水瓮漂孤月。柰浸冰盆落衆星。曲唱時新令。盞斟白酒。扇鼓清風。
【七煞】到秋來賞重陽九月天。會當行親與隣。東籬賞菊希陶令。黄雞啄黍脂漫肋。白酒初熟味正濃。要把豐年慶。三蠶老滿。五穀收成。
【六煞】到冬來静幽幽掩柴扉。看瓊花瑞雪傾。煨爐撥火星辰動。酒斟玉斝銀河泛。詩詠花戕戰鼓鳴。詩共酒逼寒冷。歌兒舞女。煖煖烘烘。
【五煞】喜逍遥四季閑。任功名兩字空。自憐朽木堪何用。寧如塞上翁失馬。不管池中魚化龍。懶起羣星衆。我向林泉有足。官府無名。
【四煞】愛閑人終得閑。避名人不顯名。專心致力尋幽静。三江口拜别周公瑾。七里灘相謁嚴子陵。知止心身定。一任教鴈飛南北。人走西東。
【三煞】恰纔見圓圓日落西。忽又早熒熒月轉東。兩輪日月無私鏡。任他天上搬昏晝。不管人間有死生。急急將人併。併的朱顔憔悴。白髮鬔鬆。
【二煞】草近九月枯。人活百年終。寒來暑往無歇空。恰纔見柳陰春雨漫天緑。却又早楓葉秋霜滿地紅。世事如翻餅。古今興廢。轉首成空。

【一煞】花開花又凋。月圓月又更。榮枯遞轉相催併。光陰急急如流水。世事紛紛如轉蓬。死後貧富同一塚。你試看漢陵楚廟。兔跡狐踪。

【煞尾】知命人坦蕩蕩不怨天。樂道人靜幽幽守困窮。六十年一枕通宵夢。直等待漏盡更殘那時節省。（雍熙樂府）

勸孝雙親

【北般涉調耍孩兒】爲人不把爹娘孝。朽木之材禽獸般。良言幾句聽咱勸。懷躭十月娘心苦。分娩之時性命連。煨乾就濕勞心涓。潮床濕席娘身卧。煖被乾衣讓子眠。會扒學走時時看。放地下恐防溝凹。抱懷中怕叫喊驚慌。

【五煞】出痘疹父母憂。熱與寒看不休。父勞母碌無昏晝。養得長大成人日。邀友交朋到處遊。爹娘常盼到黄昏後。恐怕他心無拘管。對媒婆説個油頭。

【四煞】娶了妻心不同。漸漸的就變更。爹娘言語全不聽。父母罵着睁雙眼。妻要高言不作聲。愚多賢少何足論。多有半敬妻愛子。少見得孝順雙親。

【三煞】舜天子孝二親。有王祥去卧冰。武王孝感天心順。黄香扇枕人間少。郭巨埋兒天賜金。丁蘭刻木爲娘奉。那董永賣身葬父。天使得織女爲婚。

【二煞】老萊子戲斑衣。泣母杖是伯俞。王朋孝感封三倍。孟宗哭竹人間少。夏放擁墳世上稀。劉平被賊携娘去。賈恩同妻救椁。孫海宗至海尋屍。

【一煞】勸爲人在世間。今與古都一般。爹娘存日休輕慢。莫等父母歸泉後。畫影圖形是枉然。靈前空把珍饈現。供養的自家受用。止焚得一陌黄錢。

【清江引】孝順還生孝順子。將爹娘勤伏侍。活時要穿吃。供奉莫推辭。勝强如死後燒錢帋。（詞珍雅調）

無　題

【北般涉調耍孩兒】老天生我非容易。把俺置入花天月地。歡娱正值少年時。况兩人貌美才奇。我便是瓊瑶藏中無雙寶。你便是紫陽埸中第一枝。往古誰堪比。冠世才風流曹子建。傾城色窈窕太真妃。

【五煞】雖二人只一身。十分佳一樣齊。根如連理花同蒂。琪花瑶草相輝映。玉蕊金英好護持。誰知得真情意。博山下深深密約。洞房中悄悄幽期。

【四煞】情年深漸昵親。頭媾交又解擕。回頭間别三年矣。爾思予兩行紅粉淚。予思爾幾句斷腸詩。鱗鴻絶書難寄。百樣相思端緒。萬般離况情思。

【三煞】可勝嘆嗟。椿樹倒痛在心。那堪岸泮嚴束繫。欲重來。奈多修阻不克諧。我的心情秋冬春夏四時裏。恨怨悲傷四字兒。此無聊。不在心便在眉。令那割人腸的花開月白。那更苦人心的燕語鶯啼。

【二煞】我只道破鏡不圓。誰承望去璧重歸。訴艱辛。一一重頭起。耳才聞處腸先斷。口未言時淚早垂。相對幾聲長吁聲。哀哀怨怨。噫噫唏唏。

【煞尾】此意兒重若山。此情兒融似泥。兩人莫負平生志。情粘骨髓刀難割。病入膏肓藥怎醫。任生生死死。要一處相依。

【尾聲】如此如此。永由伊。由伊。肯嫁情人。殞身做一個風流鬼。休獨使崔張卓司馬專美。（萬錦情林·鍾情麗集）

畋　獵

【北般涉調哨遍】鷹犬從來無價。霜翎鐵翅天生下。早是忒超群。更那堪養手熟滑。是看咱。僕堆着秀氣。抖搜着精神。恰正三籠罷。標潔天然如畫。諸般兒可愛。所事兒堪誇。偏宜那錦衣臂出四公宅。飛騎從來五侯家。小覰那鐲脚新鮮。捽皮停當。五尺可恰。

【耍孩兒】遲疾緊慢皆如法。鷹鶻論其中是大。朝暮間須是用心機。誰敢道半米兒争差。腹内餘熱粆糠透。野性思山將這錦帽兒塔。到晚來燈直下。直擊到殘星半落。禁鼓三撾。

【十煞】覰清濁調藥匀。看閑忙濕藥兒灑。半星兒秋眼翎毛兒乍。情知磊落雲中物。不比尋常井底蛙。心上也常牽掛。身居在架上。志在天涯。

【九煞】少年胸次高。重門興未加。錦衣臂出朝中架。半千獵士臨郊野。似一簇天神降碧霞。結束的威風大。箭攢着柳葉。馬控着桃花。

【八煞】人來往走似飛。馬縱横没亂煞。飛鷹走獸真堪畫。不多時俊馬侵着雲漢。拳起處靈禽落在淺沙。觀瞻罷。馬蹄兒撩亂。人影兒交雜。

【七煞】見黄犬兒意正犇。蒼鷹氣轉加。馬嘶人語在疎林下。驚翻澗底啣花鹿。諕煞波中戲水鴨。真堪畫。縱細犬岩前白取。放蒼鷹水上活拿。

【六煞】一壁廂熊中鎗。一壁廂虎中叉。野猪着箭狼被金鵰諕。初退的小鷂拿住山雉。放起去黄鷹搦住水鴨。無虚詐。拿野物堆山積岸。似土如沙。

【五煞】恰開懷逞狀心。早夕陽照晚霞。鞭稍一點圍場罷。馬馱着鳥獸鷄和兔。强如那網打就鼉鼉魚共蝦。馬背後齊稍掛。掛的來力修緑簌。打番語一溜兀剌。

【四煞】將母鱗疾快拴。擦者兒連忙打。安排暢飲山坡下。酥蠟酒銀瓶向羅鍋裏旋。鹽燒肉鋼簽炭火上叉。答刺蘇俺喫刺。勞困盞疾勸。擡手盞忙拿。

【三煞】綠依依觀着五酥。翠巍巍對着倒刺。必答奴那可兒休奸詐。俺亦刺散銀哈。必把力撒銀五兒尺五兒答。兀竹兒五魯打。綽兒只吹着羌管。火撥必只撥着琵琶。

【二煞】奧刺朱獨盤中堆着米哈。奧刺雞讀壺中放着答刺。爲頭兒倚的從頭兒把。一箇胡論把盞。一箇胡論鬧那。那顏掃者刺它叭。海達兒兀者母楞納馬。只尺鬧都答刺海呀。

【一煞】母楞甲口叭。幸彈也叭哩。叭馬那孩兒把撒難當要。必答那奴那可因牙。步撒銀都鑾不毛刺馬兒上齊旦着。呀來來呀。來呀呀刺。興闌也歸去心足也還家。

【尾聲】意遲遲列着從人。跐蹬蹬騎着駿馬。有酒有肉圍塲罷。到大來無是無非快活煞。（詞林摘艷）

按：盛世新聲無題，雍熙樂府題作「大打圍」。「堪畫」，原作「填畫」。又：首曲「標潔天然如畫」句起原作【幺篇】另起一行，誤，茲據譜正。

秋夜懷情

【北商調二郎神】錦堂裡。漸覺紗幮似水。凛凛寒風侵玉體。梧桐雨漏永更遲。香盡燈殘人寂靜。促織兒唧唧啾啾訴聲不已。憶君行萬里。阻在江南塞北。

【梧葉兒】既上了青雲路。因何無尺素回。薄情子似王魁。去約定三春至。到如今半載期。越思想越悲啼。越悲啼。多管是淹留在旅邸。

【醋葫蘆】他那裡思量他自思。我這裡悲啼我自悲。相逢夢裡會佳期。一寸柔腸相牽着千萬里。有信青鸞頻寄。這的是好姻緣難廝守易別離。

【幺篇】聽戍樓畫角悽。韻攸攸砧杵催。竹稍搖風颯颯月輝輝。寂寞憂愁看看的成病疾。織女牛郎相會。俺一似嫦娥獨自在廣寒棲。

【金菊香】從央蝶使再倩蝶媒。寫成了一紙花箋。一字三行珠淚。司馬青衫紅更濕。寄與相知。心如醉意似癡。

【浪裡來煞】慵將紅葉題。懶把佳音寄。抵多少隴頭人寄一枝梅。誤了我月皎花嬌人正美。你那幸喜蟾宮折桂。豈不聞狀元歸去馬如飛。（雍熙樂府）

【北商調集賢賓】萬方寧仰賀明聖國。民皷腹樂雍熙。滅五毒青蒲似劍。納千祥緑艾如旗。感吾皇大德寬仁。因此上内宰扶持。則將這稀聞罕見驃騎習。擁旌幢緊驟狻猊。鑼鳴如霹靂。皷凱似轟雷。

【逍遥樂】人人争氣。箇箇威嚴。堪畫圖裏。我則見鐵桶週圍。志昂昂各逞雄威。簇擁定萬里威風百丈旗。大開門比並高低。拖了白練。争先鬭巧。忽的見鐙裏藏身。又閃出揭鞍换屜。

【金菊香】我則見隔一騙二最爲魁。童子拜觀音參悟理。趕鏇拖塵緊似飛。大捨身餓虎撲食。流星趕月朔風疾。

【醋葫蘆】關公斬蔡陽。三戰吕布威。穿錢隔肚幾人知。五馬破曹那氣勢。更有那枯木蟠根巧藝。耿恭拜井應天機。

【幺篇】仁貴跨海東。夜叉探海西。有踏梯望月夜眠遲。五鬼鬧判使見識。總不如陳摶蓋被。騎驏倒坐探烏騅。

【幺篇】英雄伍子胥。鞭伏柳盗跖。夾鎗趕鏇恰便似雷光飛。三馬解往來無賽比。最顯的金鷄獨立。唐僧三藏取經回。

【幺篇】夜叉争海潮。巴山能取水。仙人指路慶雲垂。九里山洞前拔虎尾。更有十賢子弟鬼捧龍。緊騦定赤狻猊。

【節節高】也有八仙慶壽。二郎趕日。摩利支飛刀對箭。四毛女穿金戴翠。也有那五猿爭菓。二仙傳道。登山取水。單獻靴。雙馬解。三耍旗。呀。有一箇戰八將英雄尉遲。

【元和令】歸湖的越范蠡。姜太公釣魚勢。耍孩兒量馬比高低。急穰穰追風小膩旗。更有那魁星踢斗奮神威。節節高前後催。剪刀股來往追。

【上馬嬌】也有那雙獻靴。大揭屜。更有那書畫共琴碁。金剛獻杵山門前立。左趕鏇疾。大趕鏇有誰及。

【遊四門】飛蟾起足燦光輝。六倒手最堪宜。我見登程邁步尋踪跡。弓箭鏇更無敵。斜插柳奇。後探鞦兩三回。

【賞花時】我則見玉女攛梭尋機織。鞦韆子施逞的真可嬉。單獻鷹打扮的俊美。野馬鏇偏整齊。倒捲簾緊追襲。堪覷這抱石投江女艷質。入海求珠獻寶貝。僵板撻縱金勒。挺身直。張子房圯橋進履。左入鞍右入鞍兩相宜。

【勝葫蘆】試看李廣英雄射鴈體。四夷朝貢盡皈依。見一箇老僧背坐窮妙理。見一對雙飛燕綽水。見一箇千里眼無比。見一箇順風耳下雲梯。見一箇倒掛枯松懸崖壁。

分左右埋伏用心機。見一箇存孝施逞打虎威。見一箇施身落地。見一箇衮胸過膛無對。見一箇四季跌落總難爲。

【後庭花】也有那陳香子劈華山。見一箇豹子翻身省氣力。且休題撼水磨千遭轉。更有那肩庄起範疾。見野馬三跳澗。緊相隨。射白猿深藏奇意。復奪窩燕子飛。張天師驅虎威。前金釣後伏屜。罕答煩爲第一。

【雙鴈兒】我則見擔水救火馬争馳。衆番官放鷹犬。大打圍。二鬼争環調猿臂。左插花下馬急。右揷花上馬疾。

【尾聲】金皷鳴旗幟捲。凱歌聲罷征旗。揚塵舞蹈叩丹墀。願吾皇穩登龍鳳椅。高呼萬歲。托賴着當今洪福與天齊。（盛世新聲）

【北商調集賢賓】乍别離這塲憔悴損。愁填滿兩眉顰。玉肌消腕鬆了金釧。粉香殘淺露朱唇。困騰騰勝似悲秋。悶懨懨不若傷春。則我這雲環倦梳鬆了緑雲。不由人夢斷勞魂。綉裙兒掩迴半褶。香羅帶趲了三分。

【逍遥樂】一去了無音無信。因此上廢寢忘飡。行眠立盹。知他在何處也薄情。意痴痴怕到黄昏。羅幃中冷落閑了綉裀。三般兒仔細評論。得志在畫閣蘭堂。負心在柳陌花街。飄零在孤舘荒村。

【金菊香】這些時頻斟着緑蟻。冷了金樽。倦理瑶琴。生了玉笋。卦錢兒算來不甚準。知他在何處安身。空交人織就錦迴紋。

【浪來裏】想着那唱陽春曲調熟。白詩詞字樣真。寫花箋下筆有如神。忒風流忒俊俏忒性兒純。更有那千般來聰俊。越思量越思想越消魂。

【後庭花】綉衾寒誰共温。篆香殘無意焚。畫閣空昏了青鏡。玉樓閑淡了膩粉。我這裏暗生嗔。常懷着愁悶。比目魚刀刃分。連枝樹斧斷了根。畫眉的無定準。傅粉的信不聞。竊玉的情性村。偷香的心内狠。

【柳葉兒】呀。閃的我無投無逩。空着人進退無門。路途遥千里關山恨。無音信。斷鴻鱗。一思量一陣消魂。（盛世新聲）

按：此曲雍熙樂府、盛世詞林亦録。

【北商調集賢賓】金殿上慶雲祥霧遶。觀林苑動簫韶。却遊翫御園中千紅萬紫。見了些緑楊垂紅杏夭桃。看了些滿目繁華。數不盡百媚千嬌。苔徑前紅茸茸鋪地草。杜鵑啼在花稍。杏開金殿遶。花綻玉樓高。

【逍遥樂】湖山倚靠。亭上排筵。歌聲韻遶。絃管簫韶。紫金盃滿捧香醪。寶鼎龍涎靄篆飄。排列下奇珎異寶。有玻璃㩉㯳。碧玉盃盤。銀碗玉杓。

【金菊香】我則見金釵十二列妖嬈。天仙般容顔怎的描。下瑤階半鈎羅襪小。挽烏雲螺髻偏高。朱唇一顆櫻桃。

【醋葫蘆】玉纖手象板敲。撥琵琶合鳳簫。舞翩翩一捻小蠻腰。金爐中靄煙香細裊。醉後把幃屏倚靠。抵多少海山銀闕宴蟠桃。

【後庭花】看紅桃緑柳遶。有青松間嫩稍。枝上鶯聲巧。梁間乳燕嬌。樂醄醄。玉鈎高吊。直吃的沉醉倒。恰朦朧眼閑着。有佳人簇擁着。玉纖扶策着。猛凝眸觀覷了。似天仙下碧霄。

【青歌兒】猛可的將人將人驚覺。醉後也不知不知顛倒。扶上雕鞍將寶鐙挑。將紫絲緊揝。似駕鸞鶴。如上青霄。早月上花稍。絳紗籠罩。翠遶珠圍一週遭。聽一派仙音樂。

【尾聲】玉鞭交付與。金爐異香燒。瓊酥滿捧玉匙調。趁寒風撲面酒力消。銀臺燈高照。衆金釵扶下玉逍遥。（盛世新聲）

按：此曲雍熙樂府、盛世詞林亦録。

悶損

【北商調集賢賓】花影月移風弄柳。香露滴杏稍頭。金龍注滴殘銀漏。玉蟬低斜墜紅樓。綉幃空冷落牙床。翠簾垂閑控金鈎。畫角吹梅花韻悠。心兒上越添僝僽。相思魂減爽。雲雨夢添愁。

【逍遥樂】纔合眼一心情厚。恰翻身兩意綢繆。正待要鸞交鳳友。燕侣鶯儔。偎香倚玉那風流。送丁香唾珠兒香噴口。雲情雨意相投。恰待設山盟海誓。怎當那黄鶯啼曉在樹稍頭。

【梧葉兒】唤醒了鴛鴦夢。驚回了鶯燕儔。猶兀自逞妖柔。花容減玉肌瘦。恨鸝鶹。百忙裏調舌弄喉。

【掛金索】緑慘紅愁。夢醒還依舊。悶的人粉悴臙憔。怎生熬春晝。翠檻前。花影入簾籠。一陣陣玉窻外香風透。

【金菊香】下牙床欵把綉鞋兜。出羅幃輕移月半鈎。露酥胸玉纖將金扣鈕。妖嬈體態更温柔。

【浪來裏】對粧臺越添腹内愁。傍明窻又增心上憂。見蜂蝶往來相趁逐。他那珠簾左右。翩翻上下不曾休。

【醋葫蘆】海棠亭倦待遊。芍藥圃羞去走。鬢鬅鬆亂挽緑雲稠。界殘粧一絲痕尚有。秋波偷溜。似楊妃睡醒懶擡頭。

【後庭花】端的是月羞閉花見愁。鴻見落魚不遊。體似冰肌如玉。臉如桃眉似柳。那風流。天然生就。世間希天上有。點櫻桃樊素口。露金蓮雙鳳頭。

【鳳鸞吟】半帶着愁。似一朵牡丹花含露羞。雙眉兒緊皺。俏身兒褪後。荒扭開香羅金袖。向檀口上遮。幾聲兒。輕咳嗽。恨的是夢斷魂遊。

【尾聲】意沉沉言談懶。情設設話不揪。悶懨懨常是閉星眸。則爲那雲慳雨澁不自由。雖然憔瘦。比西施嬝娜更風流。（盛世新聲）

按：此曲亦見雍熙樂府、盛世詞林。題從雍熙。

【北商調集賢賓】柳眉攢倦聽簷外鐵。則我這離恨亂重疊。秦臺上吹簫無伴。桃源路迢遞跋涉。盼佳期展轉躊躇。想薄情意斷恩絶。倚幃屏悶懨懨長嘆嗟。怎承望兩下離別。畫梁聽燕語。老樹囀鶯舌。愁臨臺榭舉目遥觀。把離愁暫撇。

【逍遥樂】這些時心不寧貼。悶懨懨痛口咨嗟。消減香魂引夢賒。畫角聲絶。離情空懊惱。愁悶眼前�。難熬今夜。欲寄音書。心慵倦寫。

【金菊香】誰承望玉簪掂斷兩三截。井墜銀瓶何處也。羞對鸞花鸞鏡缺。情思喬怯。以莊周一枕夢蝴蝶。

【醋葫蘆】怎禁那蛩亂吟。砧韻切。晨鐘暮鼓不休歇。怎做的容易得來容易捨。好着我腸荒腹熱。則我那故人難望被雲遮。

【尾聲】你則恁般情意短性薄劣。待一年半載見時節。見了那幸恩逆賊親自說。這場冤業。人生最苦怕離別。（盛世新聲）

按：此曲雍熙樂府、盛世詞林亦收。

閨　情

【北商調集賢賓】自別離到今不見影。空撇下誓海共山盟。心性似隨風柳絮。身飄蕩如水上浮萍。悶懨懨無語無聊。冷清清斜倚幃屏。不知送來誰志誠。姻緣如火上冰冷。孤幃愁戚戚。綉幙冷清清。

【逍遥樂】慵臨臺鏡。恰便似紙做的湯瓶。充飢的畫餅。我這裏側耳聽聲。却元來風擺簾楹。鬼病纏綿可慣經。瘦的來伶仃。悠悠一枕夢魂驚。

【鳳鸞吟】睡不寧。怎交人捱到明。這殘生風内燈。蘇小卿。怎不怨雙縣令。約當初山寺等。我這裏自評。撲簌簌淚傾。兩三番空着人傒倖。淅零零細雨霏。骨捱捱干成病。冷清清獨對孤燈。

【醋葫蘆】針線不待拈。鬢髯鬆不待整。不能調理强施逞。一去了半年不見影。在那裏誇强賭勝。從别後不記的一星星。

【金菊香】睡不安卧不寧。相思最苦捱殘更。樵樓上畫角愁倦聽。恨自薄倖。一無成事百無成。

【尾聲】怎禁這良夜冷月華静。自思量長嘆兩三聲。無情懶觀園内景。題起他疎狂情性。得見那負心的方顯卦兒靈。（詞林摘艷）

按：盛世新聲、盛世詞林無題，雍熙樂府題作「孤悶」。「慵臨臺鏡」三句，各本誤屬〔集賢賓〕，今據雍熙移入〔逍遥樂〕曲中。

漁樵樂

【北商調集賢賓】讚皇朝永安天地久。傳萬載播千秋。洪武闡威嚴浩大。至明寬萬里平收。文官每户列簪纓。武官每受賞封侯。都有那扶乾坤補完天地手。治軍民勉慮除憂。八方無士馬。四海息戈矛。

【逍遥樂】功成名就。社稷咸寧。吾皇萬壽。百姓每歌謳。慶豐年四野田疇。民樂業田蠶百倍收。托賴着洪福寬厚。立國安邦。君正臣賢。萬古傳留。

【梧葉兒】民安樂。軍袖手。擊壤牧童謳。詞訟減三綱正。户口增丁數有。田蠶勝四時收。保社稷天長地久。

【醋葫蘆】樵夫放下斧斤。漁翁每罷釣鈎。樂江湖歲月永無憂。使兒童再邀住林下叟。閑時節把詩書窮究。剖香橙共飲軟金甌。

【雙鴈兒】喜田疇百倍四時收。俺農家。閑袖手。耕種鋤鉋事完就。魚一頭。酒一甌。請賓朋邀故友。

【金菊香】黄花紅葉正中秋。泉水涓涓清自流。瑶琴一操由未週。舉目凝眸。見隣翁相請翫田疇。

【鳳鸞吟】禾黍又收。倉廒中米麥有。把佳醪自釀熟。農物又週。不耕耘閑坐久。訪知交謁故友。與賓朋趂逐。飲一場醉酒。今日罷明朝依舊。謝天公雨露恩。感聖主恩寬厚。俺農家無慮無憂。

【山坡裏羊】茅菴左右。山明水秀。有猿鶴共我相親厚。去閑遊。遇汀洲。飲罷黄昏後。笛吹道詞三四首。漁。相趂逐。樵。爲故友。

【酒旗兒】江水澄澄一小舟。垂鈎錦鱗釣得兩三頭。覓賓朋。知舊友。

【四季花】晚來漁夫至灘頭。樵子訪瀛州。偶然相遇松林後。携手笑相逐。一齊的長嘯海天秋。

【高過煞尾】飲數甌。莫窮究。民安樂業永無憂。且開懷暢飲這一盞歡悦酒。從今參透。常言道人無百歲七十休。（詞林摘艷）

按：盛世新聲、雍熙樂府、盛世詞林無題。

暢　懷

【北商調集賢賓】艷陽天麗人堪翫賞。正紅紫競芬芳。聽出谷鶯遷喬木。見尋巢燕語雕梁。繫花驄緑鬢匆匆。駐香輪紅粉雙雙。醉鄉中五陵人鬧攘。動仙音一派笙簧。端的是風流佳景色。勝日好風光。

【梧葉兒】恰梅子垂金彈。早榴花綻錦囊。看鴛戲小池塘。亭静荷香噴。軒幽竹蔭涼。此景豈非常。貪觀處偏宜日長。

【後庭花】却又早盼西巖丹桂芳。對東籬黄菊香。纔院宇炎光退。早園林秋氣爽。楚湘江。這其間賓鴻嘹喨。正蛩吟絮短牆。又寒蟬鳴緑楊。喜金風入户涼。喜金風入户涼。

【柳葉兒】呀。幸遇着豐年之象。剪瓊花六出翺翔。紅爐暖閣斟佳釀。陽春唱。放清狂。野梅開出嶺溪傍。

【青哥兒】應當把顰眉顰眉展放。必須將賞心賞心舒暢。莫惜千金醉一場。您可便解放吟囊。詠斷詩腸。想人生美景良辰莫教忘。且放開江湖量。

【尾聲】喜的是玉闌邊瓊樓上。漫漫風雪夜茫茫。一色無瑕似玉粧。（詞林摘艷）

按：盛世新聲、雍熙樂府、盛世詞林無題。

四季行樂

【北商調集賢賓】名山自然如畫裏。四野景清奇。分兩下青松檜柏。列週圍竹徑花溪。緑陰中啄鳥調舌。白雲下鶴唳猿啼。則聽的響潺潺細流金線水。玉泉山堪詠堪題。雲山天外倚。松柏怪龍垂。

【逍遥樂】巍巍山勢。遍地花開。山峰秀麗。怪嶺深堤。遍山林處處芳菲。亘古及今人詠題。山色增輝。端的是青山緑水。

【梧葉兒】山峰秀。秀水溪。溪澗遶山圍。圍遶山無數。數不盡石亂壘。壘岩下映疎籬。籬簷畔漁樵樂矣。

【醋葫蘆】春光如水清。桃花似火堆。隨風柳絮不沾泥。十二玉欄天外倚。松花飄墜。一年此景最爲魁。

【幺篇】夏天如降火。炎風撲面吹。披襟散髪醉扶歸。荷花蕩漾香拂鼻。清和天氣。浮瓜沉李飲金盃。

【幺篇】砧聲兒不住搥。鴈行兒擺得齊。龍山賞翫鬭芳菲。瀟瀟夜涼風力微。登高爲最。插黄花共飲賞東籬。

【幺篇】冬寒冷氣侵。疎窻梅綻蘂。撲簾瑞雪恰便似玉蝶飛。樂吾儕笑談飲數盃。冰花飄墜。紅爐暖閣醉如泥。

【尾聲】歸山絶物理。仰天垂慚愧。遊山翫水盡忘機。我愚癡盡交似木石。後生可畏。凴着這移星斗喚風雷。（詞林摘艷）

按：盛世新聲、盛世詞林無題，雍熙樂府題爲「山水娱情」。「巍巍山勢」三句，各本誤屬

〔集賢賓〕，今據雍熙移入〔逍遥樂〕曲中。

秋　思

【北商調集賢賓】半窻閑一輪涼月明。十分悶又被這兩椿兒應。怎禁那撲鼕鼕樓頭禁鼓。更和那銀臺上昏慘慘孤燈。倚單枕捱不盡淒涼。靠幃屏嘆不盡心情。則我這睡不安略應夢怎成。則我這綉衾寒風透疎櫺。怎聽的簷間鐵馬聲。誰想到音杳了紫鸞笙。

【逍遥樂】倦臨粧鏡。怕見鶯花。懶覷翠屏。想念俺梁鴻。端的是錦綉才能。俊俏多情瘦損形。空着人上危樓望斷雲鵬程。這些時魚沉滄海。鴈落沙汀。恰便似線斷了的風箏。

【金菊香】常記的春遊郊圃展才能。則他這花下題詩吟和的清。風流般俏罩曾。他和我並香肩同至郵亭。飲芳樽憶春色贈春情。

【醋葫蘆】他能栽洛陽縣内花。善取那東流紅葉影。學的是章臺走馬畫眉行。常記得正秋光操琴夜月清。唱一篇新詞美令。他向青樓端的占嘉名。

【梧葉兒】思薄倖。念可憎。説的話不相應。冷落了陽臺夢。蕭疎了楚岫屏。不由我淚盈盈。端的可望斷關山萬層。

【後庭花】則他那信不通鴻不鳴。則我這食不甜病已成。則俺這京兆尹把心情忘。因此上洛陽花把枝葉兒零。想起他舊恩情。誰承望今朝孤另。則我這情淚流深似井。黄昏悶高似嶺。錦箏閑鴈柱停。紫簫閑象板寧。

【柳葉兒】他多管占鰲頭已定。享榮華一舉成名。戀着畫堂金屋成婚娉。則我這相思症漸伶仃。則我這俏形骸難入丹青。

【尾聲】房櫳綉幙閑。簾外畫樓静。望巫山縹緲碧崚嶒。莫不是蘇州刺史不慣經。則我這多憂多病。也則是雨雲司積攢下的誓山盟。（詞林摘艷）

按：盛世新聲、盛世詞林無題，雍熙樂府題作「離思」。「則我這繡衾寒風透疎櫺」三句，各本誤屬〔逍遥樂〕，今據雍熙移入〔集賢賓〕曲中。

怨 别

【北商調集賢賓】晚生涼碧天清似水。秋意慘景凄凄。最關情寒蛩啾唧。助離愁塞鴈聲悲。聽樓頭禁鼓初敲。更那堪畫角頻吹。盼青鸞杳然無信息。想人生最苦别離。甚時成配偶。何日赴佳期。

【逍遥樂】那裏也安眠穩睡。在何處戀酒迷花。怎下得辜恩負德。消減了腰圍。淡春山誰畫蛾眉。則落的一聲長嘆息。空對着景物狼藉。花殘易發。葉落疾生。人去難迴。

【金菊香】金風淅淅衆星稀。玉露泠泠皓月輝。無心憑欄十二倚。寒透羅衣。不由人滿眼淚雙垂。

【醋葫蘆】意懸懸想念着伊。悶懨懨成病疾。臙憔粉悴似呆癡。向深沉畫閣庭院裏。倦舒鴛被。玉纖曲損數歸期。

【幺篇】幾時得笑吟吟兩意親。喜孜孜捧玉盃。雙雙携手入羅幃。同衾共枕成配對。那些兒重會。再不去愛月夜眠遲。

【尾聲】俏冤家情意改。早忘了言盟誓。料今生難得效于飛。捧名香再向神前祈。若得咱鸞鳳重配。那其間慶賀做筵席。（詞林摘艷）

按：盛世新聲、盛世詞林無題，雍熙樂府題作「秋懷」。

七　夕

【北商調集賢賓】碧天晴暑殘秋漸交。恰梧葉一飛凋。火雲收長空似水。晚風涼紈扇停摇。影莎邊蟋蟀初鳴。舞花前鸚鵡聲嬌。柔金柳絲非見裊。淡烟籠野渡浮橋。山屏列畫影。水鏡照人描。

【逍遥樂】新涼纔到。大火西流。清商應却。可又早玉露零飄。滿皇都秋景初交。鳳閣龍樓瑞氣遶。横波清淺露平郊。銀河萬里。星渚含光。秋聲漸高。

【知秋令】時遇着昇平世。鬪穿針相乞巧。任仕女逞妖嬈。耿耿雙星燦。迢迢銀漢遥。金殿上喜排筵。但只願長生不老。

【金菊香】我則見齊排錦瑟列檀槽。設列銀箏間鳳簫。半捲珠簾香霧繞。滿捧香醪。人共喜慶良宵。

【醋葫蘆】華筵開玳瑁。彩衣稱絳綃。長生殿裏勝天曹。鵲橋圖須索高掛挑。夜涼歡笑。捹沉醉樂酕醄。

【浪來裏煞】慶豐年人盡歡賀。雍熙萬民樂。華夷一統永堅牢。太平年四方皆納表。昇平佳兆。荷當今聖壽與天高。（詞林摘艷）

按：此曲盛世詞林亦收，無題。

南北商調合套

閨　情

【集賢賓北】爲薄情近來針線懶。意何處鎖雕鞍。對青銅千聲長嘆。傍粧奩萬種心煩。啼痕淚揾腫秋波。鎖新愁蹙損春山。盼得箇南樓鴈書真是罕。步蒼苔羅襪生寒。斜陽外烟水茫。古渡畔草凄灘。

【集賢賓南】曾來不曾受憔僝。消瘦了容顔。尺寸柔腸千結挽。空寫下心情。鸞箋鳳簡傳示懶。則落的抵牙嗟嘆。

【鳳鸞吟北】秋色又闌。冷清清蛩泣寒。戍樓中角韻殘。鐵馬珊。響瑲瑲簷舍間。助凄涼愁越堅。茶空了玉盞。香消了麝蘭。玉露冷金風飄散。紅葉詩水逆流。青鳥絶佳音赸。覷桃園洞口牢關。

【鬬雙鷄南】黄花綻。黄花綻。倦臨倚欄。梧桐落。梧桐落。懶觀怕看。翠環。翠環。無心粧扮。歡樂消。離恨攢。訴苦惱。除非是愁眉淚眼。

【節節高北】六幺輕按。錦箏空範。鴛幃象榻分外冷。何曾經慣。我則見寶簪分斷。

銀瓶墜井。珊枕閑。感凄凉歸鴉噪晚。

【耍鮑老南】人言鬼病都是謊。痛不似今番。衣鬆了金縷絲。紐鬆開丁香綰。鴛鴦被單。銀座間畫堂無伴安。空染相思患。燈煌煌。淚斑斑。悔當初收心晚。忒薄劣。忒逞奸。連理枝生硬砍。則落的後人訕。

【四門子北】告青天忙把明香辦。略佳期何日還。冰腕消素體拴。是前生降來孤運產。雲鬢又憔。淚血又彈。這愁懷越返。

【尾聲】恩情海枯石須爛。寂寞了青樓濃扮。要得相逢難上難。（詞林摘艷）

按：盛世新聲、盛世詞林無題，雍熙樂府題作「離恨」。

皇都八景

【北商調集賢賓】大明朝萬方聲教美。受天命建皇極。禮樂興立綱陳紀。賞罰明庶績咸熙。攝偏邦一統車書。掌中原萬里華夷。聖明君至仁行道德。股肱臣調鼎鹽梅。風雲齊慶會。日月燦光輝。

【八寶粧】德風被四夷。際遇昇平世。航海梯山。重譯來朝會。龍庭輳集。稱臣納禮。方物進獻多華麗。白象金獅。麒麟呈祥。禎祥迭至鳳來儀。玳瑁紋犀翡翠。陳詞拜跪皆歡忭。敬仰着天顔拱帝基。攄誠慕義。從此盡歸依。聖恩施仁惠。寰宇歡騰祝壽基。

【梧葉兒】烽燧息。無征戍。國朝安罷戰敵。懸酒旆。捲征旗。農物辨耕牛卧。士卒閑戰馬嘶。四海内樂雍熙。聽擊壤歌讚喜。

【侍香金童】嘉氣彩霞飛。繚繞都城映曉日。龍樓鳳池。金燦爛蓬萊圖裏。歌康衢士庶咸集。動歡聲快樂遊嬉。仰賴着仁明治美。民豐物熙。溥沾生意。太平年萬載應昌期。

【賀聖朝】壯觀皇都。八景堪題。翫晴雪西山霽。薊門外烟雨飛。瓊島春雲。月殿清奇。太液池秋風蕩緑漪。菡萏香飄。萬頃玻璃。

【水紅花】金臺夕照掛斜暉。錦屏幃。居庸疊翠。潺灣峻嶺勢崔嵬。更相宜。玉泉虹墜。恰亦似洞天福地。勝如那閬苑瑶池。蘆溝皓月色輝輝。也囉哩哩。

【青哥兒】幸逢着豐年豐年稔歲。端的是鞏固鞏固洪基。見如今雨順風調和氣美。普天下南北東西。瞻仰着京畿。朝賀彤幃。聖主垂衣。禮和樂備。列文武公卿。舞蹈揚塵頌聲齊。祝萬萬歲當今帝。

【尾聲】錦乾坤江山麗。聖恩寬厚撫黔黎。但願皇圖天地齊。（雍熙樂府）

按：北詞廣正譜録〔八寳粧〕、〔侍香金童〕、〔水紅花〕三支，署明人。

慶七夕

【北商調集賢賓】新月一彎蟾半影。如弓樣似梳形。彩樓上金風淅淅。御堦前玉露零零。看銀漢天星。期金殿賞人間節令。靈鵲兒駕河光耿耿。照簾櫳玉宇澄清。瑞雲光燦爛。踪跡顯分明。

【逍遥樂】今宵喜慶。此夜排筵。一時待等。望天邊女宿牛星。爇沉檀寳鼎香馨。奏笙簧一派清音。擺列着御堦前承應。輕吹玉管。慢品瓊簫。欵撥銀箏。

【金菊香】響瑲瑲恰便似鳳鸞鳴。韵攸攸有如鶯燕聲。唱宫調遶梁一韻清。舞的又嬝娜輕盈。勝閬苑賽蓬瀛。

【醋葫蘆】玉甌中瑞魁供細茗。瓊漿玉液注金瓶。對熒煌銀燭照玉屏。碧天邊風清雲净。不須再點九華燈。

【幺】渡鵲橋河漢等。駕牛車天上迎。喜蛛兒盒内網絲成。羅綺叢百花映。月明華筵擺定。穿針乞巧對雙星。

【幺】銅龍更漏長。銀漢光色清。殿堦前羅扇撲流螢。金風淅淅爽氣增。露花鮮管絃相應。看金梭墜下彩霞明。

【梧葉兒】金波淡。玉宇清。玉露滴金莖。祥光靄。瑞氣騰。對銀漢織女共牛星。滿注着瓊漿謾請。

【尾聲】金堦前管絃鳴。碧天邊韻相應。度金針得過喜歡聲。供珍羞百味滿殿馨。直喫的星回斗柄。但願年年華宴賀昇平。（雍熙樂府）

離　會

【北商調集賢賓】恨離情到今心上悔。這其間無語怎支持。冷清清寒衾孤枕。悶懨懨香冷金猊。静巉巉庭院深沉。淚汪汪不住悲啼。則俺那俏寃家這其間在那裡。空教人染病躭疾。這些時愁腸空懊惱。肺腑悶如痴。

【逍遥樂】則我這形容憔悴。粉淡胭消。不見了三稍末尾。空教我獨守香閨。呆答孩廢寢忘食。莫不我命犯孤辰不暫離。不由人感嘆傷悲。幾時香肩同並。素手相將。並頭再理。

【金菊香】一會家魂勞夢攘似着迷。抓耳揉腮口倦題。不茶不飯長嘆息。不由人雨淚扒推。心兒中懷恨有誰知。

【梧葉兒】想當日心厮愛。端的是不摘離。則爲他心聰俏意兒隨。美甘甘甜如蜜。喜孜孜情似水。我和他效于飛。到如今可也抛棄的眉南面北。

【後庭花】不承望並頭蓮兩下裡。我和他效鸞凰錦帳裡。放下紅錦蓮花帳。我將金鈎簌下垂。拂綽了錦藤席。我和他權時歡會。將鳳頭鞋脱下隻。綉羅衣權且離。咱兩箇心肝般厮愛惜。性命般心上題。

【青哥兒】恰便似蜂蝶蜂蝶遊戲。燕約燕約鶯期。趂着這嫩蕋嬌香白玉犀。你可休懶惰身體。柳困花遲。則要你乘興狂爲。我可也盡意扶持。趂着這軟玉温香。倒鳳顛鸞厮禁持。咱兩箇到來日重歡會。

【尾聲】則俺這姻緣重配偶。情深莫休棄。天生的一對兒俏夫妻。想着俺心厮愛那些兒情意美。我爲甚痛留些恩義。則要你永團圓諧老百年期。（雍熙樂府）

【北商調集賢賓】對菱花自傷憔悴損。無語暗消魂。鴈魚沉難傳音信。鳳鸞孤誰傚殷勤。大都來兩字相思。怎當他一襟鬱悶。天生下風流美眷姻。都做了打不開愁陣。因此上淹煎疾病減了精神。

【逍遥樂】想着他千般丰韵。萬種妖嬈。金蓮步穩。欵蕩湘裙。説言談出衆超群。懶去梳粧整鬢雲。自評跋聰俊。不弱西施。勝似楊妃。過如翠顰。

【金菊香】斷腸人和淚怕黄昏。枕剩衾寒獨自盹。守孤燈幾回心下忖。暗暗傷神。愁戚戚淚紛紛。

【醋葫蘆】想你美甘甘枕上言。甜膩膩心上人。誰承望一時離別在新春。卜佳期知他是何日準。怕的是桃溪難進。那裡去覓漁父。端的問通津。

【梧葉兒】瑶琴斷。寶鑑分。陽臺散雨和雲。何時會可意人。好着我命難存。莫不是相思病今番折本。

【後庭花】莫不是武陵溪少主親。閃的我出陽關别故人。月下老無公論。執柯的没斧斤。自評論。遭着這孤辰寡運。將鸞凰兩下分。把鴛鴦拆散群。紅綾被懶去温。白雪歌不待聞。玉獅爐冷篆雲。錦囊琹閑玉軫。

【青哥兒】呀。幾時得重諧重諧秦晉。幾時得再結再結朱陳。綉帳春風喜氣新。錦被重温。酒滿金樽。恁時節夫婦團圓。醉醺醺。跳出凄凉運。

【尾】染霜毫越增恨。拂花箋悶無盡。將一箇漢相如終日思昏昏。寫時節青衫袖兒和淚揾。將我這滿懷離恨。都做了一篇詞寄與卓文君。（雍熙樂府）

歡偶

【北商調集賢賓】則爲那風流俊厐兒心上想。交歡處忒顛狂。我愛他心腸兒聰俊。更那堪所事安詳。這些時悶懨懨蹙損蛾眉。往常時喜孜孜淡抹濃粧。到如今骨捱捱怎心痒。空教人曉夜思量。則我這雲鬟無意整。茶飯不曾湯。

【逍遥樂】想着他惜花模樣。所事聰明。諸般穩當。想着他憐愛我的心腸。到如今話短情長。空教我曉夜思量空念想。題着呵雨淚汪汪。則爲從前的意美温存。不由我心勞意攘。

【金菊香】則爲他平生貪愛女紅粧。我可也意惹情牽能對當。則爲我愛春情遇着好色郎。恰便似戲水鴛鴦。天生下一對兒俏雙雙。

【梧葉兒】則爲他心腸兒俏。端的是情意兒廣。更那堪交會不尋常。美甘甘香腮揾。軟濃濃乳味香。我和他效鸞凰。不由人雨雲罷昏迷了半晌。

【醋葫蘆】纔歇了無半霎。又思量第二場。把一塊絹帛兒展污的水郎當。等的我浴盆洗了揩抹的光。我和你再同鴛帳。則被你傒落的我忒着忙。

【後庭花】趂着這翠幃屏錦綉粧。簇珠簾將門閉上。準備着珊枕腰間用。香羅手内將。摘卸了鳳頭黄。我將這烏雲來盤上。將衣服脱在傍。鳳頭鞋無意謊。則被他禁害的荒。

【青哥兒】你這般千般千般别様。我則索百事百事斟量。則管裡倒鳳顛鸞無事當。則爲這一點紅粧。嫩蕋芬芳。軟玉嬌香。引逗的俊秀才郎心不荒張。再要成雙。只等的燕懶鶯慵。柳困花眠待何妨。敢恁時節將嬌雛放。

【尾聲】願生成配偶。趂良宵共鴛帳。則他那團香弄玉勝襄王。恰便似桃源洞玉仙配阮郎。常想着風流情况。我和你宴高樓重會錦雲鄉。（雍熙樂府）

思　愛

【北商調集賢賓】我如今意痴痴怎捱這心内苦。不由人展轉暗躊躕。鬢髮鬖雲鬟慵整。腰肢瘦嬝娜身軀。病懨懨離恨多端。困騰騰寸步趦趄。我這裡骨捱捱倦將針線取。呆答孩力盡觔舒。這些時容顔減瘦損。情意已蕭疎。

【逍遥樂】不由我心中憂慮。仔細沉吟。歸期暗數。送的人枕冷衾孤。到如今瘦的容枯。想着那可意情郎爲伴侶。論聰明俊俏誰如。則他那儀容俏美。性格風流。心腸間阻。

【金菊香】則爲他胸中錦綉捲江湖。更和這百事通達美丈夫。更和那妙藝知音能解呂。端的是所全殊。思量着教我淚如珠。

【梧葉兒】我和他初相見。端的是意自如。恰便似蜂蜜攪瓊酥。常想着肩同並。手相將心意舒。到如今氣長吁。翻做了私情的離魂倩女。

【後庭花】想着俺共交歡翡翠鋪。咱兩箇似鴛鴦水上浮。有如那花底分鶯燕。鮫綃錦被舒。我和他共歡娛。論的是陽臺會遇。楚襄王夢已疎。巫山廟情興孤。到如今没分福。

【青哥兒】呀。我和他鴛幃鴛幃相遇。常記的帳底帳底情居。則他那倒鳳顛鸞無是處。美滿夫妻。心愛嬌姝。恰便似老鳳將雛。軟玉温酥。你看得惜玉憐香。嫩蕋含金喜無拘。兩箇重匹配連環玉。

【尾】我如今青春年正小。好姻緣莫辜負。天生的配偶不塵俗。想着俺心兒順口兒揾舌漸吐。勝似那桃源洞仙凡得遇。有一日得團圓重會絳紗幮。（雍熙樂府）

憶　舊

【北商調集賢賓】我這裡急煎煎悶懷心内焦。这場苦對誰學。想着他初見時如膠似漆。今日箇間别也地遠天高。我愛他喜孜孜俊俏風流。他憐咱美甘甘玉軟香嬌。則俺那可憎才這些兒情意好。空教人曉夜煎熬。則我這寸腸千萬結。更和這愁蹙兩眉稍。

【逍遥樂】想着俺同衾歡樂。口吐丁香。恩情最好。似這般意攘情勞。瘦懨懨粉淡胭消。則爲他交愛情深忒性標。題起來苦痛難熬。則爲我有情難棄。送的倒枕垂床。心腸恨惱。

【金菊香】想着俺幽居蘭室飲香醪。更那堪共枕同眠兩意交。我和他交情怯怯人倦勞。恰便似比目魚合着。迷了半晌汗如澆。

【醋葫蘆】他如今歲數兒輕。我如今年紀兒小。恰便似一對錦鴛鴦。戲水在波濤。正青春偶然匹配的好。真乃是聰明年少。這的是九天下降在今朝。

【後庭花】我如今正青春逞艷嬌。端的也似嫦娥離碧霄。則我這玉腕鬆金釧。更有那金釵鳳髻翹。見了這美妖嬈。引的人神魂顛倒。粉腮香難畫描。玉纖尖手嫩嬌。湘裙緑簌地綃。

【青哥兒】真乃是天然天然聰俏。則他那性格性格風標。他則待弄玉團香隱鳳巢。準備着畫堂香燒。綉幙珠箔。鴛被鋪着。珊枕輕調。他則待倒鳳顛鸞。惜玉憐香。嫩蓝含羞。口搵着丁香柳輕摇。敢恁時節雨雲罷微微笑。

【柳葉兒】呀。將俺這幃屏幃屏輕靠。困騰騰汗濕鮫綃。我將這雲鬟鳳髻重梳掠。輕匀了芙蓉貌。將俺這粉輕調。梳粧罷預備來朝。

【尾聲】且收起這偷香竊玉巧。還想着俺情懷甚奇妙。今日箇尤雲殢雨不輕饒。惜花自來春事好。則要咱追歡也那取樂。則願的你和我永團圓相守勝今宵。（雍熙樂府）

按：「情怯怯」，原作「情怯情」。

夢思會合

【北商調集賢賓】則我這俏姻緣會合魂夢裡。可教我空没亂暗傷悲。呆答孩神思飄蕩。轉沉吟雨淚悲啼。想着他俊庬兒一段風流。俏容儀百樣稀奇。想着那可憎才委的心内喜。不由人越越的着迷。把我這愁腸千萬結。端的是愁恨百年期。

【逍遥樂】想着我黑乾乾憔悴。好教我胭粉慵施。鬢雲倦理。不由人切切悲悲。皆因是信杳音稀。如今這鴈杳魚沉無信息。空憂的面色尫羸。我這裡長吁短嘆。跌脚搥胸。千差萬悔。

【金菊香】空教人心下轉疑惑。不由我胸中似刀刃刺。我這般骨肉伶仃待怨誰。想着俺月下傳杯。到今日則落的淚雙垂。

【梧葉兒】想當日肩相並。更那堪手共携。我和他同宿在綉羅幃。美甘甘甜如蜜。香噴噴蘭麝裡。俺是一對俏夫妻。到如今生迸的眉南面北。

【後庭花】俺也曾向紗幮宿綉幃。端的是效鸞凰情意美。分開這軟玉金蓮瘦。怎棄的芙蓉忒秀質。我愛他俏容儀。更那堪天然聰慧。似花間鶯燕啼。效鴛鴦同戲水。似鶼鶼效比翼。

【青哥兒】呀。我和他如同如同酥蜜。共枕共枕相偎。就着這被繡鴛鴦重蓋裡。趁着這軟玉香肌。綉榻屏幃。香爇金猊。蘭麝風微。則待要盡老團圓共齊眉。敢端的是同相會。

【尾】指望待恩情心意。久歡娛盡今世。俺如今天長地久效于飛。美姻緣怎教情動移。也則是盡今生一世。喜孜孜重入繡羅幃。（雍熙樂府）

幽夢不成

【北商調集賢賓】睡醒酒醒愁未醒。聽樓鼓恰初更。獨自箇伴孤燈悽悽慘慘。怕銅壺瑲瑲玎玎。想起我有意的喬才。撇的我冷冷清清。十數日怕將容貌整。幾曾道半刻兒安寧。當初花開三月等。如今秋景不囬程。

【逍遥樂】駡那短命賊無情薄倖。並不見箇音書。那裡取箇志誠。好教我一夢難成。翻身嫌孤月偏明。則見窗前樹梢風弄影。刮竹聲嗚。一聲纔住一聲頻。

【梧葉兒】簷間鬧。鐵馬聲。風吹的響玎玎。促織叫。孤鴈鳴。最難聽。單捱着鮫綃被冷。

【掛金索】臨去呵叮嚀。他將我來親問。莫不是别處去。倚翠偎紅。被他人厮纏定。早知你如此心腸。如何肯放去教咱病。

【金菊香】側耳聽。唤梅香。即便來花園中。叫你荒行。見他時你與我即便請。今宵歡慶。怎禁那鐺鐺鐘撞兩三聲。

【後庭花】却原來夢未成。醒翻身不見影。空教人眼角眉尖恨。心間悶怎禁。俏魂靈。我和他步隨肩並。入羅幃雲雨興。正綢繆説誓盟。叫他時他連應。猛然間鐘一聲。

【鳳鸞吟】題起來心上疼。枉教人夢不成。相思病怎禁。也是我命薄倖。這煩惱石爛海枯纔定。爲才郎羞的我摔了菱花鏡。撲蔞蔞井墜銀瓶。

【尾】金雞叫冲散滿天星。日頭東出照窗明。有人叫來心上驚。不應呵又怕是那箇薄

倖短命。幾時得鴛鴦帳底鳳鸞吟。（雍熙樂府）

離 思

【北商調集賢賓】則我這黑瀰漫惡愁煩何日息。無一刻不思伊。粉容枯梨花冷淡。腰肢瘦楊柳依稀。困騰騰靠損幃屏。意遲遲懶步香閨。則爲俺可憎才那些兒情意美。迌逗的染病躭疾。怕的是更闌人静悄。愁的是天曉角聲催。

【逍遥樂】我委實難熬永日。想着他枕頭兒上輕憐。被窩兒裡痛惜。呆答孩似醉如痴。悶懨懨廢寢忘食。冷清清香燼金猊。這凄凉只是天地知。幾時得同心共結。帶扣合歡。並頭再理。

【金菊香】只因他信斷與音稀。好着我夢想眠思無盡期。則我這好姻緣有朝終到底。低首無言。星眸中不覺淚雙垂。

【梧葉兒】香肩並。玉體偎。可又早攸攸五魂飛。情濃也星眸閃。交歡處怎動移。忍不住哭微微。最難禁舌吐丁香味美。

【後庭花】只爲他忒聰明忒俊奇。恰便似心肝般怎摘離。更那堪通音吕明宫調。善言談所事知。更一表俏容儀。真乃是天然聰慧。性温柔有見識。曉詩書明道理。其實的也不及。

【鳳鸞吟】非是我癡。皆因他多俊質。眼傳情眉下知。件件兒事事宜。風流處那所爲。不由咱意相會心上隨。我忠心爲你。你知他戀誰。將一段美滿恩情。幾時得重配。則因他模樣兒撑。心腸兒㜲。不由人越越着迷。

【尾聲】願生前成配偶。向神前設盟誓。空教我無語痛傷悲。好姻緣這翻魂夢裡。則想今生榮貴。我如今得便宜翻做了落便宜。（雍熙樂府）

按：「忠心」，原作「終心」。

離　思

【北商調集賢賓】想着這俏嬌娘那些兒情意美。你可索急回首早歸期。虚飄飄半衾殘夢。淚汪汪空自悲啼。則爲那俏風流可意的冤家。着這箇俊嬌娃每夜傷悲。常想着繡幃中可人心上喜。題着時似醉如癡。這其間桃源雲閉塞。更和這神女夢魂迷。

【逍遥樂】俺本是夙緣仙契。端的是異種奇花。難與這凡花共比。則我這意肯情實。不知是那些兒失義忘機。這些時針線慵拈不自知。不由人想望佳期。這些時愁腸萬結。空教我雨淚千行。幾時得並頭再理。

【金菊香】則爲風流俊俏世間稀。今日箇美愛恩情不到底。我將他心肝兒般敬重頻愛惜。似恁的少有人知。則我這心中怨恨怎生移。

【梧葉兒】常記的初相見。端的是不暫離。我和他同衾枕效于飛。每日家相歡愛。真箇是兩意隨。俺須是俏相識。抛撇了閑伴等單則是爲你。

【後庭花】誰承望俏寃家兩下裡。空教我這凄涼訴與誰。想着俺共宿鮫綃帳。香幃簾幙低。鴛鴦被緊收拾。我和你權時歡會。將衣袂高掛起。鳳頭釵卸的疾。抹胸帶權摘離。我和你似鴛鴦水上飛。

【青哥兒】趁着這春宵春宵無寐。端的是百縱百縱千隨。則他那弄玉團香百事知。真箇是嫩柳腰肢。欸趂休離。美愛無及。似這般涼夜迢迢漏聲催。敢挤今宵無休棄。

【尾聲】趂着這青春年紀小。好姻緣重匹配。則俺這天生的一對兒俏夫妻。盡今生共成夫婦禮。休問阻一時半日。則願的團圓千載不廝離。（雍熙樂府）

離　思

【北商調集賢賓】爲才郎不由人心上焦。這凄涼景不相饒。黑漫漫愁深似海。痛煞煞離恨天高。好着我淚汪汪蹙損愁眉。瘦懨懨粉淡胭消。想着那可憎才那些情性好。

空教人曉夜煎熬。則我這愁腸千萬結。每日家長嘆百千遭。

【逍遥樂】好教我無顛無倒。枕上淒涼。心中恨惱。想着俺從前恩愛。每夜歡娛。到今日離多會少。

【金菊香】一會家無語自量度。他愛我軟欵温柔情意好。則爲那俏風流引的我魂消。空教人雨淚滔滔。口兒中無語痛難熬。

【梧葉兒】常念着他年少。更那堪我正嬌。我和他同衾枕逞丰標。喜孜孜同歡會。笑吟吟兩意交。趂着這好良宵。我和你便成配偶天長地老。

【後庭花】我與你控金鈎簇絳綃。向金爐將蘭麝燒。鋪開這翠暖鴛鴦被。整頓了鸞凰翡翠巢。我和你覷分毫。咱兩箇痴心同樂。眉兒淡懶去描。繡衾寬同意好。恰便似並頭蓮比翼鳥。

【青哥兒】我和你今生今生歡樂。成就了鳳友鳳友鸞交。一對兒美玉無瑕匹配了。你愛我玉軟香嬌。美貌清標。顔色絶高。鳳髻高翹。則爲我體態温柔動情嬌。敢到來日重歡笑。

【尾】則俺這姻緣重配偶。幃屏共挨靠。則將那從前恩愛辨個低高。我和你被兒中再將春事交。休負了青春年少。喜團圓諧老永和調。（雍熙樂府）

春思

【北商調集賢賓】掩重門猛驚春去也。無計把春景再留些。險些兒迤逗煞花間鶯燕。徘徊煞枝上蝴蝶。莫不敢俏園林粉散香飄。料應是小池塘緑映紅遮。這些時玉身體等閑都瘦怯。說不出心事疊疊。赤緊的深閨愁最冗。單枕恨偏賒。

【逍遥樂】經了些花開花謝。雲去雲來。月圓月缺。乍交歡又早離別。未知道薄倖人兒在那些。難支對淒涼時節。誰承望悶弓兒偏硬。愁窖兒偏深。鬼病兒偏邪。

【金菊香】往常時吹殘月下鳳聲別。今日箇望斷天邊鴈影絶。常則是閒倚朱闌心似鐵。害的乜斜。簾月捲棟雲遮。

【醋葫蘆】常想着楚陽臺偶夢着。武陵溪厮遇者。怎當他話綢繆情軟欵意和協。遂與他共把同心羅帶結。剗的早詩題紅葉。繡幃中春暖那驕奢。

【幺】他與我說私情將鳳枕偎。叙幽歡將鴛帳設。則他那嘲風詠月志豪傑。誰似他達律知音才思徹。不枉了擔着風月。他比那斗筲之器更懸絶。

【幺】他也曾翠屏前將緑綺彈。羅扇上將佳句寫。則他那噴珠噀玉巧喉舌。他生的文質彬彬誰似也。况又是喬門閥閲。我曾說效文君願與他駕高車。

【幺】他也曾背着人將心事言。向神前將盟誓説。他和我立花陰曾到月兒斜。他和我怕人知恐將春漏泄。他和我脚踪兒輕躡。他和我步蒼苔偷把面皮遮。

【幺】他情腸忒較真。他身材原自怯。則怕他害相思又比舊時別。果若是爲我懨懨躭病者。恨的是誰知他疼熱。好教我一身兩地費周折。

【幺】想着他非貪我臉襯霞。非圖我肌勝雪。則説道雲情雨意兩投者。今日箇月姊風姨都笑説。笑俺這香消蘭麝。我欲待向人分訴恐勞舌。

【幺】他曾説辜恩的壽不長。負心的命早絶。他曾説縈諧伉儷意休別。他曾説再見牆花何用折。他曾説王魁薄劣。他曾説桂英女子性兒呆。

【幺】誰承望硬分了鶯燕巢。生開了鸞鳳穴。這些時香消玉減病嗻嗻。幾番家夢裡相逢難棄捨。覺來時波心撈月。恰便似玉簪兒掂做了兩三截。

【幺】到如今畫簷間鐵馬藏。瑤箏上金鴈歇。到如今鸞簫象板盡閑者。自從那送上雕鞍他去也。翠被兒何曾薰爇。淚和愁常在面前遮。

【幺】常記得餞郵亭將緑蟻斟。唱陽關將羅袖扯。他曾説匆匆命駕暫相別。不料的言行今番不顧也。倒做了小車無軏。空教人盼歸期劃的掠兒折。

【幺】恨都來腹内包。愁偏在眉上惹。好教我展銀箋細把鴈書疊。訴離情恰纔和淚寫。兜的早玉山低趄。强擡身半晌似痴呆。

【幺】空教我將龜兒幾遍占。把羊腸不次結。更那堪辨吉凶蓍草數番揲。則落的濕青衫眼中流盡血。翻做了今生冤業。恨不的海神前告紙會婚牒。

【梧葉兒】今日箇鏡破鸞形散。釵分鳳股折。無語暗傷嗟。悶海深千丈。愁山高萬疊。清減的玉容別。何日把相思債徹。

【後庭花】聽了些杜鵑啼花下血。看了些粉蝶翻枝上雪。曾盼着九十日重相會。誰承望二三年音信絶。恨的是路途賒。病症兒添了寒熱。困騰騰眼腦斜。瘦伶仃樣勢別。酒難吞盞内蛇。夢不成枕上蝶。思量的智已竭。好恩情都棄撇。想當初話語喋。到如今成賺啜。

【青哥兒】呀。好教我難捱難捱長夜。這些時幾曾幾曾懽悦。則俺這萬縷愁腸腹内趄。阻隔着途路跋涉。這江樹重疊。巫岫雲遮。夢又隨邪。恨轉咨嗟。每日家挑孤燈月影斜。空撇下鴛鴦舍。

【浪裡來煞】怨孤眠三月天。負一刻千金夜。不能勾賺劉晨還到武陵者。幾時得會面重將心事説。我將他如何輕赦。準備着唾津兒嚥了那俊酸倈。（雍熙樂府）

離怨

【北商調集賢賓】怨今番拆開鶯燕友。剗的又添上許多愁。又没箇青鸞至通些音問。又無箇便鴻歸寄些情由。這些時瘦伶仃懶去粧容。鬢鬅鬆怕待梳頭。悶懨懨幾番如中酒。好教我難捱昏晝。兜的早香閨神思減。珊枕夢魂遊。

【逍遥樂】到如今冰絃誰奏。鴈歇瑤箏。盃空醁酒。盼知音何處淹留。赤緊的一點芳心無限憂。好着我如何禁受。每日家香消玉鼎。燈暗銀缸。簾控金鈎。

【金菊香】往常時朱顔常傲海棠羞。今日箇翠黛空攢柳葉愁。怨的是鳳去臺空人離久。望斷青眸。包淚眼罷歌喉。

【醋葫蘆】常記得並香肩月底行。靠酥胸羅帳宿。他和我説私情曾到五更頭。他和我共剪青絲燃玉肘。他和我神前發咒。只思量百年偕老永無休。

【幺】他爲我過瞞着結髮妻。生踈了同志友。他也曾經年動歲把心留。他與我美愛幽歡纔到手。忽的又雲遮巫岫。生生的驚散了鳳鸞儔。

【幺】莫不他錯疑我重生了節外枝。别尋了心上友。既不是却怎生今番一去不囬頭。我這裡一片真誠空自守。並無那半星兒虚謬。誰承望一場恩愛變爲讎。

【么】埋怨他俏冤家忒負心。謊喬才不應口。他將那海神前盟誓當胡謅。全不想薄倖王魁曾弄醜。將一箇桂英來忘舊。這都是癡心女子下場頭。

【么】他非貪我詠雲才。我非圖他扳月手。則說道他心我意兩相投。不料他一例看如臨路柳。待說他辜恩短壽。又不曾相逢會話問緣由。

【么】他那裡棄真情陡斷别。我這裡辦堅心寧耐守。我怎肯一塲恩愛半途休。常言道自古私情天下有。不似我因他忒厚。則俺這問來人問的話兒羞。

【梧葉兒】暗塵了流蘇帳。香消了結綵球。懶上晚粧樓。人去孤幃静。愁添兩鬢秋。清減了舊風流。離恨比相思更陡。

【後庭花】怕聽的亂鶯聲啼檻柳。厮合着衆幽禽鳴院竹。越感的薄倖妾芳心碎。更那堪斷腸人兩淚流。人問俺病根由。多管是因他迱逗。藥方兒案上投。瘦懨懨何日瘳。害的人無了休。茶飯又不到口。問安書空自修。卦錢兒常在手。

【青哥兒】呀。我這裡思前思前想後。又添上許多許多僝僽。怕的是燈照黄昏恨轉攸。到如今酒罄金甌。井墜吴鈎。月暗西樓。聽盡更籌。夢斷莊周。事在心頭。叫一聲短命才郎淚不收。濕透了羅衫袖。

【浪裡來煞】他如今雨雲情爲我躭。我空把花月體因他瘦。不能勾效鶼鶼比翼再綢

繆。盼着箇人月雙圓還配偶。將俺那破菱花來重輳。那時節把相思一筆盡都勾。（雍熙樂府）

夏日閑適

【北商調集賢賓】畫樓深日高簾未捲。正微雨霽遥天。凝翠柳輕烟冉冉。濕蒼苔清露涓涓。綴金丸梅子新熟。展瑶盤荷葉初圓。隔花陰數聲宫漏遠。畫屏開乳燕雙環。風微花影初定。林稍争鳥聲繁。

【逍遥樂】起來憑欄。只見那竹笋新添。芭蕉乍展。撫景盤桓。頓令人詩思飄然。特唤兒童展玉箋。研醉墨清香生硯。一任咱輕拈彩筆。陶寫情懷。敲琢新篇。

【醋葫蘆】得句時興轉深。搜奇時情自遣。這幽懷難向人言。更有那鳥窺吟景入花照眼。頃刻間雲霞盈案。爲吟這一篇詩撚斷了數根鬚。困來時伴閑鷗沙際眠。悶來時聽雛鶯花外轉。

【幺】一會家眺雲山倚眸舒望眼。一會家課兒孫熟讀經傳。一會家數落花坐到夕陽殘。一會家步蒼苔杖短笻訪隣翁跨瘦蹇。一會家放狂歌驚起白鷗眠。一會家對南薰總琴調素絃。一會家品瓊簫花下舞青鸞。

【幺】有時節斲寒冰調蔗漿。有時節剖霜桃沉玉盌。有時節庭花竹外引流泉。有時節掃堦除晒書攤蠹簡。有時節試湘毫把梧桐寫遍。有時節啜新茶旋煑小龍團。

【梧葉兒】耳不受煩囂聒。口不將俗事言。心不爲世情牽。門只許詩人扣。棋常尋道友談。琴每遇知音彈。更有那明月與清風來伴俺。

【後庭花】將這紫藤蓆花下展。直吃得頭上接歡。側床頭磁甕乾。歌浩蕩舞蹁躚。這良宵千金難買。只見那掛垂楊月影團。灑輕綈露氣寒。嗅荷香十里傳。聽蛙聲兩部喧。對新篁三四竿。踏殘紅千萬點。

【青歌兒】身世在蓬萊蓬萊閬苑。遊樂在廣寒廣寒宮殿。人似飄飄出世仙。俺這對嬋娟。聳着吟肩。倚着雕闌。望着青天。撥一會冰絃。弄一會清泉。採一朵芳蓮。誦一首騷篇。此時此景興無邊。清世界誰能見。

【浪裡來煞】只見那明河倒素波。清漏催銀箭。到雞鳴猶自未成眠。暢好是樂閑居藩政簡。更何妨朝朝開宴。儘今生歡賞太平年。（詞林一枝）

按：「隔花」、「伴俺」，原作「陰花」、「伴掩」。

追 悔

【北商調集賢賓】想着那二十年錦營花陣裡。幾了些幾聚散幾別離。往常時得之何喜。今日個捨之何悲。他贏了時。咱敗咱輸。能使他强他會。更有那老虔婆慣使乖。更有那小弟子。他可也會求食。

【逍遥樂】好教我難容他情理。今日個財散人離。好也羅好也羅。剗的來你東我西。

【梧葉兒】普天下男兒漢。不似我受孤恓。止望和你做夫妻。有心和你鴛鴦會。有心和你鸞鳳栖。有心和你燕鶯期。臘梅㖸。誰承望半路裡。抛閃的我眉南面北。

【醋葫蘆】我若是再和王臘梅說話呵。則除是死了我身軀。我若還再踏着王臘梅門呵。掂折了我大腿。則不是你歹哥哥誇强嘴。則想你嫂嫂勸着呵打裡駡裡禁持。誰想道肯依隨。

【幺】上寫着情人李孔目。心事人王臘梅。我的這帶刀兒順手實呸呸迷了我眼。我與你刮了泥坯。有那等舊相識見呵。寫下的至少呵有一千聲牙戲。李孔目由自說兵機。

【幺】兄弟呵有錢時。買下柴羅下米。常言道高樓一醉。倒與我窮漢每半年食。那潑烟花閃的我三不歸。他如今偎紅倚翠。我當初討便宜翻做了落便宜。

【幺】你若是有錢呵和你一樣親。無錢呵冷似冰。假若你吐出鮮血來。只當蘇木汁。休想我和你一家一計。你看他喬即世賣查梨。

【幺】那虔婆漸漸的筋力乏。看看的鬼病催。那虔婆少不的遭喪失火遇着强賊。那虔婆假若還不恁的。那業錢兒幾時能勾出世。只爭個來早共來遲。

【幺】那一個將郎君厮可憐。把子弟生愛惜。他一個個只待要挑人筋吸人髓。更待要剥人皮。將你那普天下虔婆妮子每。刷將來大鍋裡。骨突突熬成肉汁。你不信嘗來呵都一般滋味。那虔婆妮子那一個是人的。

【幺】你看我病懨懨減了飲食。眼巴巴盼個信息。則你那麗春園那一塊兒是望夫石。則你那瞞神諕鬼呵我今日都省的。更有那虛心冷氣。那傳書那寄柬那虛脾。

【尾聲】落花怎上枝。醃韮不入畦。他和那敲窻楞那鳥他兩個做夫妻。我則道鹽車兒怎生般穩坐的。他道是上聽行妓。天生本性怎生移。（群音類選）

按：盛世新聲、盛世詞林無題，雍熙樂府題同群音類選。「三不」原漫漶，據雍熙補。

南北商調合套

中　秋

【集賢賓北】太平年四時多美景。今夕景偏清。正遇着中秋佳節。普天下民庶歡騰。感吾皇一視同仁。撫華夷四方無警。文共武蹐蹌蹌欽仰皇綱正。齊都道此身何幸。

逢時須快樂。讚頌賀朝廷。

【喜梧桐南】金風送晚涼。浮雲浄。一色晴空。須臾飛上黄金鏡。散清光晃漾琉璃千萬頃。桂樹影婆娑。香清露冷。駕鳳飛鸞。環珮聲相應。擁羣仙來會清虛境。

【梧葉兒北】迭奏雲和笛。雙吹紫玉笙。妙舞更娉婷。金闕三千界。瑶臺十二層。風露寂無聲。真箇是良辰美景。

【山坡裡羊南】金水平分秋令。皓彩十分光瑩。霞盃滿泛金波輝映。夜氣清。銅壺箭屢更。瓊樓玉宇闌干憑。高捲水晶簾清興又增。怡情。雲影和月影。堪聽。簫聲雜鳳聲。

【賀聖朝北】月到中天。萬國同明。倒浸着山河影。桂魂孤凝。只見那玉兔銀蟾。顧影頻驚。寶鼎内香焚。金杯滿傾。遏行雲齊唱着新歌。共樂昇平。

【水紅花南】良時何幸際昇平。會蓬瀛。人人歡慶。那風月兩同清。永安寧。家家相慶。且喜得風調雨順。更遇着歲稔年登。福慶似雲蒸也囉。

【滿堂春北】樂昇平也波樂。昇平也波平。玉燭調和。海波澄也波澄。景星霄見卿。雲興也波興。醴泉盈。嘉禾盛。甘露零。人人共仰。萬福萃佳禎。

【一封書南】虔誠感聖明。廣仁心行德政。振綱常法度整。重官僚育俊英。鑿井耕田民樂業。連野桑蔴户不扃。滿城闉。管絃聲。皡皡熙熙喜氣臻。

【金菊香帶醋葫蘆北】德風遠被萬方遵。四海蠻夷總効誠。仰神京至心齊引領。會梯航輻輳來庭。貢方物獻奇珍。馱馳擎寶瓶。金獅簇絳纓。更希奇白象雪毫明。紋犀綉錦間翠翎。向丹墀齊擺定。悃愊拜舞表中情。

【梧桐樹南】四夷賓。邊方定。鉦鼓無聲閑將閫。烽烟不舉塵埃靜。見這商旅通行。任經營。那更閭閻鷄犬聲相應。正是華夷一統咸遵號令。

【村裏迓鼓北】正今日演武修文。因此上民皆興行。盡忠立孝。行慈悌夫從婦聽。撫子孫。信朋和里鄰。真箇是民風厚醇。

【簇御林南】民風厚。無鬪争。有司家詞訟省。最清閑曹案文書靜。衆官僚守法守法遵朝命。萬姓寧。托賴着一人有慶。時逢佳節總懽忻。

【元和令帶上馬嬌遊四門北】秋宵涼灝氣澄。暮靄散彩雲浄。一年此景最分明。愛光輝月底清。只道是山河遥浸雪波中。掛涼樓下遠汀。耀錦城。晃玉京。瓊佩響玎玎。羣仙翕聚鸞鳳詠。羽蓋雲軒。謾説道周生百尺繩。驀聽風飄桂樹聲。香濕露華凝。萬古高秋結水精。廣寒路近。璚霄飛鏡。一舉到蓬瀛。

【黄鶯兒帶梧葉兒南】香羅細白苧輕。翠屏開湘簟整。旋添沉速焚金鼎。珍饌再陳。

瓊巵更斟。慇懃捧進多誠敬。夜轉深。涼飈時薦爽。清沁透玉壺冰。忽見這珠簾外。度流螢。光輝散明星。又見得霞綃輕捲耿玉繩。浩興增。不負了良辰美景。

【雙雁兒北】看天邊斗轉與參橫。漏頻催。良夜永。金井梧桐月華映。香霧飄。花弄影。見銀河明耿耿。

【皂羅袍南】合管絃多清韻。盡歡娛快樂。笑語紛紜。普天下率土荷陶鈞。謳歌鼓腹據誠悃。天長地久。難忘聖恩。齊心讚頌。敷揚至仁。仰蓬萊咫尺龍顏近。

【尾聲南】效封人三祝多欽敬。深深拜月共瞻星。但願皇明萬萬春。（群音類選）

按：盛世新聲、盛世詞林無題，詞林摘艷、群音類選、雍熙樂府題作「中秋」。群音類選中〔金菊香〕和〔醋葫蘆〕，〔元和令〕、〔上馬嬌〕和〔遊四門〕，〔黃鶯兒〕和〔梧葉兒〕，皆爲平列而非帶過曲。玆從他本。

夏夜歡娱

【南越調小桃紅】夏初天氣晝偏長。見乳燕語在雕梁上。芰荷風裏遞清香。佳景喜非常。只見藕花開。葵花紅。榴花放。也真箇是無比風光。看了這緑荷池。端的是錦雲鄉。

【下山虎】向凉亭水閣。泛霞觴。擺列着珍羞味。玉壺蔗漿。咱兩箇對景開懷。趂時宴賞。一任教雲間烏兔忙。是咱心内想。漸覺薰風陣陣凉。猛可裏凝眸望。翠雲似粧。粧點亭臺添秀爽。

【山蔴稭】淺淺斟。低低唱。端的是趂此青春。同此徜徉。嬌娘。休得要放懷姿意歌聲嘹喨。但只要解他曲意。曉他宫調。聽此奇腔。

【蠻牌令】排佳宴在高堂。共携手入蘭房。繡衾諧雲雨效鸞凰。枕畔盟言細講。惟只願地久天長。風流况。情意廣。但能勾百年歡笑。盡老成雙。

【羅帳裏坐】尤雲殢雨。心勞意穰。憐香惜玉。志態踈狂。偎紅倚翠。情思悠揚。盟山誓海告穹蒼。豈敢丢輪調謊。

【餘音】歡娱不覺東方亮。撚指間遥天日上。只見花影重疊看看照緑窗。（雍熙樂府）

按：此曲新編南九宫詞無題，注樂府。彩筆情辭題作「歡會」，註明舊辭。盛世詞林無題，雍熙樂府題作「夏夜歡娱」，俱不注撰人。又：曲牌〔山蔴稭〕原書作〔山馬客〕，誤。簡譜云：「此與羽調山馬客無涉，而九宫譜定，誤並爲一。」下同，不另注。

宴　樂

【北越調黄薔薇帶慶元真】鈞天奏碧霄。寶鼎内香燒。舞着彈着唱着。端的是十分快樂。玉纖輕把錦箏挑。春葱慢撥紫檀槽。紅牙低按品鸞簫。堪描。齊賀着。仁聖大明朝。

【紅衲襖】插宫花衣錦袍。啓蘭堂開畫閣。設華筵列玉餚。珍饈遠厨庖。金盞飲香醪。尊席間動着音樂。恰便似神仙般歡樂。直喫的醉醺醺醉醺醺筵宴了。

【雪裡梅】見仙子跨黄鶴。乘雲霧下青霄。他特來進獻蟠桃。則願的延年益壽。不弱蓬萊三島。（雍熙樂府）

按：雍熙樂府題作「祝頌」（君天坐碧霄）小令與本套首曲同。又：首曲曲牌原僅書黄薔薇，據曲譜補。下曲「送別」同，不另注。

賞春

【北越調鬬鵪鶉】蝶使雙雙。蜂媒對對。燕語闗闗。鶯聲嚦嚦。仕女把芳尋。丫鬟將翠拾。節序宜。景物奇。麗日遲遲。和風習習。

【紫花兒序】嬌滴滴三春佳景。翠巍巍一帶青山。錦重重滿目芳菲。端的是宜晴宜雨。堪詠堪題。暢好是幽微。嫩柳夭桃傍小溪。時遇着春光明媚。人賀豐年。民樂雍熙。

【小桃紅】雕欄花簇綉屏圍。四季春爲貴。萬紫千紅可人意。轉黄鸝。鴛鴦如錦池塘睡。翫不盡山水。無窮景致。更那堪花下杜鵑啼。

【調笑令】賞奇葩異卉。休直待錦離披。多感謝春工造化機。彩繩懸畫板鞦韆戲。遍郊園暮天席地。動笙歌一派音韻美。列山靈水陸筵席。

【耍廝兒】花萼折香風拂鼻。柳絲垂翠靄攢眉。我則見蜂蝶趂花鶯燕飛。且歡賞莫催逼。對飲樽罍。

【聖藥王】就着這花滿溪。柳滿堤。掩映着數株紅杏出踈籬。風吹的酒力微。景助的詩興起。見滴溜溜墻外舞青旗。直喫的醉扶歸。

【尾聲】慶風調雨順昇平日。保一統江山社稷。托賴着千千載仁主聖明朝。齊仰賀萬萬歲吾皇大明國。（盛世新聲）

按：盛世新聲無題，雍熙樂府題作「賞春」，俱不注撰人。詞林摘艷題作「踏青」，注元宋方壺作，然此曲尾聲有「齊仰賀萬萬歲吾皇大明國」之語，似此當係明人無疑。

送　別

【北越調鬬鵪鶉】舉意兒全別。眼見的花殘月缺。瓶墜簪折。也是我緣薄命拙。露冷蒼苔。紗窻外影斜。好交我自哽咽。厮抛撇。枕冷衾寒。香消燭滅。

【紫花兒序】怕的是夜闌人静。獨守孤幃。感嘆傷嗟。這兩日相思怨恨。兀的不害殺人也。癡呆。心厮愛的人不知道在那些𠯈。知他是甚年何月。都做了眼前時光。怕的是最苦離别。

【小桃紅】逍遥人在七香車。忙把珠簾拽。寶髻斜簪半彎月。鳳釵斜。殘紅碾破胭脂血。則他這風流模樣。怕人瞧見。因此上忙把扇兒遮。

【調笑令】叫一聲小姐。暗傷嗟。我這裏暗想情人在何處也。不知你在那裏每調風月。隔雲山萬水千疊。你道是容易得來容易捨。要相逢須有箇時節。

【秃厮兒】即漸的把腰肢瘦怯。看看的害殺人也。沉暗了半晌和誰説。忽上我心來。一似癡呆。

【聖藥王】一會家悶懊惱。自堆跌。去時節説來的話兒别。等那厮。來時節。把耳朵兒撚。

【黄薔薇帶慶元真】則將這門兒掩者。付耳低説。則索把燈兒點者。是小生今番醉也。淚淹羅袖訴離别。意癡癡賴上七香車。玉纖手忙把面皮遮。道是阿者。他去也。你是必明夜早來些𠯈。

【絡絲娘】要相逢恁時節。想昨宵那時節。真心兒去也。又無一箇勸者。拆散鸞凰不寧貼。不付能暗約偷期。又恐怕歸去也。

【拙魯速】窻兒外。月影斜。倚幃屏。自嘆嗟。一會家嬝嬝婷婷。躡足潛踪。夜闌人靜。海誓山盟。好交我。煩煩惱惱。焦焦撇撇。哽哽咽咽。我可也覷不的覷不的沉醉也。

【尾聲】秦樓謝舘珠簾拽。一曲陽關去也。即漸的減盡我腰肢。不似你今番意難捨。

（盛世新聲）

按：盛世新聲、詞林摘艷、盛世詞林無題，雍熙樂府題作「送別」。兹據新聲録之，題從雍熙。「不知你、賴上」，原作「知他你、賴下」，兹從雍熙。

武　功

【北越調鬭鵪鶉】八方中同樂康衢。四海内謳歌擊壤。托賴着聖主寬洪。所以上人民讚揚。德配於天。恩慈布廣。過舜堯。邁禹湯。雄赳赳武有英能。氣昂昂文憑紀綱。德化的南蠻拱手。威伏的北狄來賓。掃蕩的東虜潛藏。

【紫花兒序】量寬如文景。豁達似高光。吾皇。道倣三王尊憲章。恢弘蕩蕩。洪福齊天。聖壽無疆。

【小桃紅】文臣武職顯忠良。保宇宙山河壯。韜略機謀勝吕望。存正事倣商湯。忠勤竭力當爲相。直言如汲黯。文學似劉向。端的是調鼎鼐理陰陽。

【鬼三台】齊列着英雄將。智壓在孫吴上。馬到處邊夷納降。居翰苑。集英華。似韓文柳章。識風雲氣色威虜羌。善安邦定國民物康。一箇箇標註麒麟。一箇箇堪登廟堂。

【尾聲】聖明有感天垂象。仁存仁慈普仰。保安百世際雍熙。永固皇基萬年享。（詞林摘艷）

按：盛世新聲、詞林摘艷題作「武功」，雍熙樂府題作「祝賀雍熙」，盛世詞林無題。

讚武功

【北越調鬬鵪鶉】領將驅兵。開疆展土。虎略龍韜。掌握着元戎帥府。八面威大將英雄。百靈助當今洪福。見如今滅四夷。平東虜。坐下馬勝似狻猊。鞍上將過如猛虎。

【紫花兒序】六韜書平安了北塞。三略法掃蕩西戎。十大功四海皆服。

【金蕉葉】我則見威凛凛雄兵萬旅。惡狠狠開弓蹬弩。氣昂昂拿雲握霧。雄赳赳呼風喚雨。

【調笑令】若論着智謀。勝孫吳。馬到處干戈一旦無。太平年受賞千鍾禄。盡都是保山河玉堂人物。一箇箇麒麟殿上入畫圖。胸藏着萬卷兵書。

【禿厮兒】金鑾殿加官進禄。禹門深駟馬高車。我則見旌旗兩行排着士卒。奉天命身穿着紫朝服。對着鑾輿。

【聖藥王】一心將社稷扶。朝帝都。静鞭鳴罷奏山呼。衆宰輔。文共武。侯門户列入椒塗。一箇箇玉帶上掛金魚。

【尾聲】棟梁材白玉擎天柱。貫滿皇都四宇。大明朝武將定乾坤。名播清風萬萬古。

（詞林摘艷）

按：盛世新聲題作「讚武功」、盛世詞林無題，雍熙樂府題作「贈總帥」。

獵　射

【北越調鬬鵪鶉】滿長空雲霽天開。鎖西風寒冰片片。落瓊蕊滚銀團似舞梨花。飛柳絮鋪膩粉鵝毛碎剪。寶雕鞍錦韉蹀躞玉轡金鞭。烏鐵鐙飛龍鱗桃花細碾。氣昂昂架着俊鷹。雄赳赳捧着細犬。貂鼠帽絡珠纓金頂偏宜。比裏寒趂煖日絨鋪着細毡。

【紫花兒序】白玉帶明晃晃錕鋙横掛。皂鵰翎急颩颩鬢角斜簽。呀。來來的口說着番言。慣甲將鎧征鼙鳴金擊鼓。錦衣郎吹曉日畫角聲喧。當先。旌旗颩飄彩帶應瑞靄。按八卦圖中。赤力力風吹開上面有金字懸。寫着道是沙陀國順天之篆。統貔貅有百萬雄兵布圍場。半合兒屯滿了坡前。

【幺】更有那飛魚袋彎一張描金漆鏤金粧弓彎鵲樺。走獸壺插幾枝皂鵰翎。銀纏桿狼牙箭百步穿錢。英賢。列七層圍子手在金頂蓮花寶帳前。出來的一箇箇性兒不善。耀武揚威。敢勇當先。

【寨兒令】錦茸茸的袍藹雲。光燦燦甲籠烟。銀飄飄鴈翎刀手腕上懸。鴉翎似蹬弩開弓。映日遮天。獸面牌揮宇宙滅狼烟。鎖子鎧柳綠絨穿。匙頭甲水磨清泉。一留兀刺說貼裹。剔溜禿魯打着番言。朔風。一似人馬到林川。

【小桃紅】銀河冰凍一似水晶簾。山色晴嵐佃。古釣灘頭怎下鈎線。敢何處覓打魚舡。臯蒼苔驚起雙飛鴈。先取我那檀台弓拽圓。後發我這穿楊準箭。中賓鴻滴溜撲墜落在草坡前。

【鬼三台】轉過這紫荆鋪草黄蘆岸。正落在蒲老枯荷蓮架上。見驚起些金翅雞銀頭鵝錦背鴛。觀山色端的如銀練。雪平鋪了萬里山川。我則見蒼松老枝上歇着野猿。碧天邊險凍殺了飛鳶。

【耍厮兒】捕禽網巡拖布展。獅頭弩蹬開一似秋月般團圓。我則見銅鈴細犬黃鷹向前。白海青緊相連。俊雅鶻斜穿。

【聖藥王】我則見馬驟駸。人語喧。赤力力錦貂旗磨綉雲連。寶鐙邊。綉鞊偏。捲黃旛豹尾鎖金錢。呀。來來齊上馬衆官員。

【青山口】我則見錦衣。錦衣。帳前喧。他每列笙歌排管絃。我則見幾員。幾員。吐實番官。都將荅絲叭兒頭上纏。風傳人語喧。弓開秋月般圓。則見鳥兒來舞蹁躚。披着羊襖簑毡。茶合毛的絨團。鼠尾線的香綿。紫貂鼠披肩。帶花泥金八寶蓮。袖擎舉金鞭。番馱客駿駸。鴈雞鵲滿褡褳。鴉鵝雀掛叉前。我則見委兀兒當先。凱歌聲喧。馬踐狼烟。馬跚坡前。金鐙敲遍。呀。來來來三軍也早歸去遠。（詞林摘艷）

按：盛世新聲題作「玂射」，盛世詞林無題，雍熙樂府題作「大打圍」。「鎧」，原作「凱」。

應　制

【北越調鬬鵪鶉】四海安然。八方寧息。萬國來朝。千邦進禮。道泰謌謠。豐年稔歲。五穀收。禾稼齊。處處謳歌。家家慶喜。

【紫花兒序】明晃晃兩輪日月。錦重重萬里江山。永綿綿一統華夷。文官武職。燮理鹽梅。其實。護國安民秉正直。一箇箇盡心竭力。拜舞金鑾。受賞丹墀。

【含笑花】衆星拱北極。彩雲飛。十二簾籠綉幕垂。寶爐中一陣香風細。動龍蛇日暖旌旗。分左右兩排錦衣。列宮人翠繞珠圍。

【小沙門】豐稔年麥秀二岐。太平時穀穗雙垂。慶雲景星耀太微。開玳筵。飲金盃。堪宜。

【聖藥王】絃管齊。音韵美。聖人出治樂雍熙。天下知。感聖德。皇基永固勝盤石。麒麟現鳳來儀。

【尾聲】宴羣臣龍虎風雲會。攝萬國歸依進禮。過玉府洞中仙。勝蓬萊畫圖裏。（詞林摘艷）

按：盛世新聲、盛世詞林無題，雍熙樂府題作「享賀昇平」。

幽　隱

【北越調鬭鵪鶉】高聳聳一黛青山。翠巍巍滿林綠柳。曲彎彎澗下蒼松。密匝匝園中翠竹。聲嚦嚦鶴唳猿啼。急穰穰烏飛兔走。清幽幽琴一張。香噴噴酒數甌。美甘甘淡飯黄虀。勝强似肥羊法酒。

【紫花兒序】静悄悄山中袖手。穩拍拍菴内存身。煖烘烘被裡藏頭。不知冬夏。不管春秋。都休。薄利虚名一筆勾。恰便似野雲出岫。舒卷無心。自在優游。

【金蕉葉】少是非柴門扣久。無煩惱山妻問候。畢罷了閑茶浪酒。拜别狂朋怪友。

【調笑令】我如今得修。樂清幽。收了莩藍罷了斗。怕的是紅塵碧海蝦蟆鬬。是非場無了無休。我和這山猿野鷗爲故友。相伴着瓦鉢磁甌。

【禿厮兒】名和利一齊罷手。好共歹並不躭憂。如痴似拙牢閉口。忙收拾釣魚鈎。無限清幽。

【聖藥王】但將這詩句酬。再將這飲興投。休將閑事掛心頭。管甚溪水渾。不飲牛。收拾一隻釣魚舟。趂着緑水且閑遊。

【尾聲】致誠端的是無塵垢。本是箇煙波釣叟。我向這草舍内不争名。再不去紅塵路上走。（詞林摘艷）

按：盛世新聲題作「幽隱」，雍熙樂府、盛世詞林無題。

聖　壽

【北越調鬬鵪鶉】電遶樞星。虹流華渚。紫氣氤氲。清香馥郁。海晏河清。修文偃武。感聖恩。過舜禹。喜遇着萬壽佳辰。更值着三冬節序。

【紫花兒序】丹墀内齊排着僊杖。玉爐裏細裊名香。金盃中滿泛着醍醐。托吾皇有德。保四海無虞。民樂康衢。見昨夜長庚燦太虚。正值着聖人初度。擺列武職文臣。一齊稱萬歲山呼。

【小桃紅】太平一統混車書。萬國蒙生育。黎庶謳歌感恩露。盡歡娱。皆仰賴聖主齊天福。君明如舜禹。臣賢比房杜。德勝似唐虞。

【尾聲】黎民樂業無差賦。共祝願皇圖永固。祝聖壽永無疆。掌中華聖明主。（詞林摘艷）

按：盛世新聲題爲「聖壽」，雍熙樂府、盛世詞林無題。

雪　景

【北越調鬬鵪鶉】密密飄飄。紛紛片片。帶雨隨雲。寒光冷焰。積玉堆瓊。鵝毛亂剪。雲滿天。雪滿川。潤物宜時。禎祥兆年。

【紫花兒序】剡溪中子猷訪戴。霸陵橋浩然騎驢。藍關道退之熬煎。正應着袁安閉户。蒙正歸窑。買臣山前。喜殺了穿鶴氅清閑那老仙。冰雪堂蘇秦不見。都不如錦帳内歡娛。煖閤排筵。

【金蕉葉】列金釵十二在面前。一箇箇品竹調絃。窻兒外梅花不遠。一陣陣風吹到酒筵。

【調笑令】對着這聖賢。作詩篇。可正是才思未興酒再傳。都一般韻脚兒相留戀。半空中柳絮飄綿。樓臺殿閣碧玉填。端的是逞才思酒興詩聯。

【禿厮兒】有似那天花亂剪。飛六出萬萬千千。從横往來撲面旋。垂玉柱掛簷前。堪憐。

【聖藥王】詩未全。酒興便。國家祥瑞慶豐年。舞一番。唱一篇。觥籌交錯笑聲喧。齊賀着豐稔太平年。

【尾聲】玉龍怒吼空中戰。戰敗的殘鱗遍天。上方鑾駕到人間。既不索誰把冰輪玉溝碾。（詞林摘艷）

按：盛世新聲題作「雪景」，雍熙樂府、盛世詞林無題。今據詞林摘艷録之。首句「密密」各本皆作「蜜蜜」，兹從雍熙。

怨　別

【北越調鬬鵪鶉】鵲噪霜枝。螢飛露草。月浸樓臺。風生院落。塞鴈聲悲。寒蛩韵巧。鐵馬摇。砧杵敲。金鼎香燒。銀缸焰少。

【紫花兒序】綉被空孤幃寂静。金鈎控獨坐凄凉。翠幃閑罩枕蕭條。窻前皓月。簾下風飄。好是難熬。漏滴銅壺良夜迢。越添焦燥。腰細裙寛。粉悴胭憔。

【小桃紅】深閨獨寢最難熬。好是傷懷抱。左右翻身盼難曉。淚珠抛。敗殘紅葉庭前落。金雞叫徹。玉蟾低墜。風動桂花飄。

【天浄紗】付能捱過良宵。如何捱得終朝。常好是添煩受惱。全無消耗。閃的人玉減香消。

【調笑令】我緣薄。你情薄。淺淡蛾眉不用描。倚幃屏展轉愁顛倒。怕聽那喜鵲聲啅。往常時雲鬟整罷將金鳳挑。這些時那曾道是湯着。

【尾聲】要梳粧直等他來到。這般苦何時是了。不是我恁的般上心愁。怎當他那風流情意兒好。（詞林摘艷）

按：盛世新聲、盛世詞林、雍熙樂府無題。

集秋聲賦

【北越調鬭鵪鶉】歐陽子方夜讀書。有聲自西南乍猛。掩黄卷危坐神驚。對青燈忽聽擔冷。響珊珊密洒疎敲。時爲金又象兵。秋爲官而司刑。可更傷情。忽然當此更凋零。敢這正是惟人乃物之靈。

【聖藥王】春發生。秋結成。世間草木本無情。草正青。木正榮。

【鬼三台】百憂感心無定。萬事執刑多病。動其中必摇彼精。尚日月有虧盈。笑癡人未省。思其智之所未能。憂其事之所未行。徒形體勞勞。昧心胸瞑瞑。

【尾聲】怪予童子呼無應。正鼾睡垂頭未醒。但聞的四壁閑空聲。更和這助我凄涼伴燈影。（詞林摘艷）

按：盛世新聲、詞林摘艷題作「集秋聲賦」，盛世詞林無題，雍熙樂府題作「秋聲賦」。惟首曲之後尚有五首，兹迻録如下：

〔紫花兒序〕凄涼如蕭颯淅瀝。聲惡似驟雨傾盆。呼號若砰湃奔騰。雷霆霹靂。金鐵鏦錚。堪驚。又似啣枚赴敵兵。不聞嚴令。但聽蕭蕭。人馬行聲。

〔小桃紅〕我謂童子此何聲。汝出堦前聽。童子聞言即從命。到中庭。悄無跡蹤大尤勁。銀河耿耿。疎星光暎。相伴月華明。

〔寨兒令〕童子驚。問先生。自沉吟坐到二三更。出户閑行。倚樹潛聽。聲在樹頭鳴。是商君今夜司征。遵號令法取施行。慘一天横殺氣。助萬籟起秋聲。聽。好教人感時序痛傷情。

〔金蕉葉〕其氣懸天高日晶。其聲慘雲騰霧昇。其激烈霜結露凝。其砭人肌寒骨冷。

〔禿厮兒〕商君主西方正聲。夷則爲七月之名。於時爲金又象兵。秋爲官。而司刑。可更傷情。

春游

【北越調鬪鵪鶉】春睡朦朧。家童喚起。燕語呢喃。鶯聲轉啼。紅杏枝頭。夭桃葉底。春日遲。景最奇。嫩柳拖金。嬌花豔緋。

【紫花兒序】花殘零落。柳絮沾泥。對景堪題。遥山一派。水泛玻璃。端的四景。其中春富貴。一簇簇鞦韆争戲。麗日融和。驕馬頻嘶。

【小桃紅】紛紛紅雨落花飛。雨洗山明媚。醉而復醒醒而醉。倒罇罍。春光映水山疊翠。緑楊影裏。尋芳拾翠。此景最堪題。

【禿厮兒】列綺羅香風細細。見仕女對對相隨。香車寶馬如畫裏。一處處飲金杯。相宜。

【聖藥王】麗日遲。節序催。王孫仕女鬪争馳。醉似泥。步步隨。緑楊枝上杜鵑啼。叫道不如歸。

【尾聲】笙歌皷樂喧天地。春賞名園景致。似這般賞心樂事慶豐年。一世兒爲人落得的。（詞林摘艷）

按：盛世新聲、詞林摘艷題作「春游」，雍熙樂府題作「遊春行樂」，盛世詞林無題。

南北越調合套

怨　別

【鬬鵪鶉北】萬種離愁。千般恨轉。無限傷情。心專意懸。一片芳心。愁眉淚眼。心已懸。眼似穿。情思逐驟雨瀟瀟。恨心隨楊花剪剪。恨愁似真真深趣。情緒似滾滾江河。煩惱似杳杳幽泉。

【綉停針南】小小停軒。静裏思量咱命限。怎得歡娱重相見。春纖把淚珠頻彈。辜負了良辰美景。消磨了粉面朱顔。這塲愁悶難消遣。青天。不管我熬煎。無柰水遠山遠人遠。

【紫花兒序北】山隱隱無邊難盡。水茫茫的千里無窮。人遠遠的一片心牽。怕的是秋天時候。塞鴈天邊。聲喧。不由人倒枕搥床。將他這鬼病纏。萬縷情牽。瓶墜簪折。琴斷冰絃。

【四般宜南】閑愁閑慮有萬千。無語無聊怨青天。凄凄涼涼閑庭院。孤孤另另我孤眠。相會時鸞交鳳友。别離後月缺花殘。鮫綃帕。淹淚眼。因何書信。全無半篇。

【金蕉葉北】怕的是紗窻外梧桐月轉。怕的是金井畔紅殘緑剪。怕的是樵樓上聲聲角喧。怕的是鐵馬兒簷前韻演。

【山馬客南】一曲陽關。早經數年。憶多情幾度酒筵歡勸。分鶯燕。阻鸞凰。欲寫情詞心事傳。流淚點。污濕素玉錦箋。痛傷心。怨恨薄倖少年。

【調笑令北】願青天可憐。俺無緣端的俺無緣。呀。這些時雲鬢鬅鬆懶貼翠鈿。這些時脂粉不施芙蓉面。綉裙寬腕鬆了金釧。數歸期暗暗的掐着玉纖。到黄昏孤枕獨眠。

【憶多嬌南】月正圓。人未圓。人月幾時心意轉。早晚遲疾重相見。受過寂寞。有如浮雲風捲。

【綿答絮北】我這裏冷清清的受熬煎。他那裏喜孜孜的戀着嬋娟。孤幃中悶倦。紗厨裏自眠。淅零零風兒透疎簾。薄怯怯錦被兒空閑。細氤氳。寶爐中香串烟。

【拙魯速北】不由我意似痴心似顛。音不寄信不傳。孤另另悶怎眠。冷清清自語言。怎能勾柳眉花鈿。月底星前。接續絲絃。藕綻荷蓮。恁時綉被紅鴛。羅列華筵。翠閣朱軒。玉斝相傳。誓語盟言。那其間爇明香又答謝天。

【尾聲南】笙歌笑語排歡宴。成就了夫婦心願。父母夫妻雙雙答謝天。（詞林摘艷）

按：盛世新聲、詞林摘艷題作「怨别」，雍熙樂府題爲「盼望」，盛世詞林無題。

宴慶皇朝

【北越調鬬鵪鶉】錦重重蘭殿椒房。光燦燦皇宫錦屋。齊臻臻彩檻雕欄。高聳聳瓊樓玉宇。更勝似閬苑仙鄉。又壓着清都紫府。金鈎懸翡翠簾。御鑾轝龍鳳車。慶雲生冉冉霏霏。佳氣靄葱葱欝欝。

【紫花兒序】錦褥裀芙蓉彩綉。金門開孔雀銀屏。篆香焚寶鴨金爐。這的是人間天上。不弱似翠水蓬壺。堪畫堪圖。端的是萬里山河壯帝居。受用享四海之富。玉盤盛有名奇珍。金盆放無價珊瑚。

【調笑令】動清歌妙舞。開玳宴飲芳醑。則聽的鳳管鸞簫絲共竹。進珍饈百味皆全具。造金波御膳天厨。列山靈美餚陳水陸。奏雲韶聲徹天衢。

【耍厮兒】端的是遶宫闕香風馥郁。遍樓臺翠錦糢糊。天香九成樂再舉。慶一統。會車書。奏山呼。

【聖藥王】論城池龍虎踞。説豪傑英俊出。保護着金枝玉葉壯皇圖。見如今天下伏。皆讃祝。端的是聖明天子百靈助。不枉了興龍業帝王都。

【尾聲】慶風調雨順依時序。軍民樂豐登五穀。齊賀着萬萬年大明朝。托賴着萬萬歲當今聖明主。（詞林摘艷）

按：盛世新聲、詞林摘艷題作「怨別」，雍熙樂府題爲「宴慶皇朝」，盛世詞林無題。兹據摘艷録之，題從雍熙。〔聖藥王〕末句原作「不往了興隆業帝王都」。兹據雍熙改。

驃　騎

【北越調鬬鵪鶉】萬國來朝。千邦納表。士庶康寧。黎民快樂。節遇端陽。大開殿閣，應蕤賓艾虎懸。宜時序蒲觴酌。都則爲聖主寬仁。内宰每慇懃走驃。

【紫花兒序】則聽的春雷也似鼓響。震地鑼鳴。雲磨旗摇。輕塵起處。駿馬咆哮。堪描。百丈旗開第一遭。隨後有二仙傳道。拖白練天下絶倫。大開門貫世奇標。

【寨兒令】坐鞍心一字牢。四夷解盡來朝。有仙人指路雲霧里睄。李存孝打虎威風。漢李廣射鴈穿鵰。尉遲恭戰八將逞英豪。取經回白馬馱着。雙飛燕綽水摘毛。挾鎗趕鏇疾。有背坐老僧喬。鬬争鐶二鬼厮奪着。

【小桃紅】隔鞍换屜使心苗。隔肚穿錢妙。倒掛枯松捨身落。跌塵在分毫。金鈎拂屜誰知道。且休説隔一騗二。流星趕月。都不如燕子復奪巢。

【金蕉葉】豹子翻身側倒。入海求珠取寶。枯樹盤根轉腰。踢斗魁星捻惱。

【調笑令】見八鑾進寶。四毛女逞妖嬈。呀。我則見六臂哪吒顯躁暴。張天師驅虎施玄妙。挾黄巾要見功勞。擔水救火馬上挑。後探鞦側坐鞍轎。

【鬼三台】姜太公垂鈎釣。五馬將追着曹操。童子拜觀音悟道。張子房進履在圯橋。大捨身登時放倒。金剛現杵手内搦。二郎神趕日轉幾遭。秋千子施展精神。有玉女攛梭弄巧。

【秃厮兒】野馬鏇從來見少。剪刀股前後相交。追風膩旗手内招。罕答頦最難學。可也無褒。

【聖藥王】彊板答直定腰。節節高。五猿争菓摘仙桃。左插花下手疾。右插花馬上牢。踏梯望月看雲霄。磨盡千遭。

【黄薔薇帶慶元真】夜叉探海潮。倒捲簾懸高。餓虎撲食煞爪。滚綉球獅子卧倒。耿恭拜井把香燒。五鬼鬧判亂揪着。歸湖的范蠡樂逍遥。雙馬解拖着。斜插着柳稍。五匹馬亂争跑。

【拙魯速】我則見滚膛過臍宜詠嘲。試看他左入鞍右入鞍有計較。

【幺】三上馬兩臂勞。見金雞獨立着。十閑子弟清標。三要旗摇。單獻韡蹺。箭對飛刀。我則見看莊偏高。攀胸絶妙。四季跌落。單獻鷹放的疾。大打圍纔散了。

【尾聲】嗚金皷鎧連聲砲。御街前揚塵舞蹈。願聖壽萬年安。長宴佳辰慶讚到老。

（詞林摘艷）

按：盛世新聲題作「驃騎」，雍熙樂府題爲「走驃騎」，盛世詞林無題。帶過曲原僅作〔慶元真〕。〔拙魯速〕缺中間五句，兹據雍熙樂府全録如下：「我則見滚鬃過膛又一遭。鐙裏藏身暗偷瞧。斬蔡陽氣豪。射白猿正着。要孩兒量馬比低高。弓箭鏇宜詠宜嘲。你試看左入鞍右入鞍百計較。」

南北越調合套

元宵應製

【鬬鵪鶉北】錦重重寶殿金門。高聳聳龍樓鳳閣。齊臻臻玉砌雕欄。密匝匝紅圍翠遶。笑欣欣節值元宵。喜孜孜生逢聖朝。明朗朗月正高。光輝輝的燈正皎。碧澄澄的月色婆娑。焰騰騰的燈光閃灼。

【山蔴稭南】寶月圓。花燈照。我只見萬朶金蓮。光射青霄。逍遥。端的是太平盛世人間絶妙。則聽得錦箏慢撥。美詞低唱。檀板輕敲。

【鬼三台北】同歡樂。齊歡笑。任銅壺漏曉。銀漢夜迢迢。勝瑶池玉島。喬三教綏行規範標。聚八仙揣舞勢樣巧。端的是冠古難逢。今時遇少。

【蠻牌令南】擊鼉鼓品鸞簫。歌金縷舞六幺。碧天香霧。靄彩霞飄。寶鼎内名香細裊。金盃中酒泛羊羔。黎民道。玉山倒。金吾不禁。風景偏饒。

【調笑令北】蠟炬燒。似一天星斗移來到。接鰲山火樹星橋。我則見筵開玳瑁。列着美殽。動仙音一派笙簫。

【皂羅袍南】喜遇豐年之兆。感皇恩浩蕩。德邁唐堯。省刑罰薄税歛罷差徭。河清海晏民安樂。禎祥迭現。麒麟鳳鳥。梯航重譯。奇珍異寶。看都城不弱蓬萊島。

【聖藥王北】社火將迓鼓敲。遊人把燈亂挑。見參横雲縹緲。則這燈光月色影重交。這的氣勢兩相高。

【梅花酒南】歡娱宴樂。觥籌交錯。珠唇唱徹櫻桃小。排美質多嬌。太平年元夜好。家家樂醄醄。同携共約。喜人生幸遇着良辰美宵。（詞林摘艷）

按：盛世新聲、盛世詞林、雍熙樂府無題。

賞元宵

【北越調鬬鵪鶉】讚當今帝主仁明。德過文武。臣宰忠良。才勝伊吕。治化的歲稔年豐。見如今民康物阜。統華夷立帝都。定洪基建殿宇。恰便似兜率天宮。不弱如清虛洞府。

【紫花兒序】恰過了新正令節。又遇着元夜燈宵。人盡皆在化日康衢。煒煌煌光冲霄漢。明朗朗月照寰衢。堪圖。則這燈月交輝光彩舒。傳柑宴雲山水陸。氣氤氳香靄雕盤。光瀲灩酒注金壺。

【金蕉葉】樓上下銀燈畫燭。殿週圍花錦攢簇。碧雲外鸞飛鳳舞。玉堦前金鞍綉轂。

【拙魯速】結鰲山翠扶踈。點花燈錦糢糊。有諸天佛祖。朝聖母。更有那春夏秋冬。古今人物。明滴溜簾簌珍珠。光燦爛。花放芙蕖。聽一派百花棚動仙音按樂圖。

【幺篇】採蓮船。美艷姝。貨郎擔。零碎鋪。承應的藝解相續。錦綉旗舒。笑樂歡娱。鼓震天隅。則聽的。百司班部。四夷賓服。舞蹈山呼。齊祝讚萬萬歲萬萬歲聖明主。（雍熙樂府）

清朝祝慶

【北越調鬬鵪鶉】見如今四海來賓。八方頓息。萬國來朝。千邦進禮。祝賀着聖壽無疆。真乃是堯年舜日。見如今黎庶安。禾稼實。你看這節序和調。風光正美。

【紫花兒序】托賴着吾皇仁聖。厚德寬洪。孝敬無及。我則見禎祥出現。萬物光輝。民樂雍熙。萬國衣冠皆拱北。更值着豐年時世。國祚風和。穩勝磐石。【小桃紅】我則見百司文武列丹墀。共祝當今帝。一派簫韶奏聲沸。兩班齊。更和這鑾儀掌扇如鱗砌。擺列着親軍護衛。恰便似天神出世。齊祝讚洪福與天齊。【調笑令】見騰騰雲霧。燦光輝。眼望着鳳閣龍樓錦綉堆。更和這雕欄玉砌真佳異。勝蓬萊閬苑瑶池。我則見金門暎日彩鳳飛。焚清香瑞遶丹墀。【禿廝兒】文共武高呼萬歲。静鞭鳴三下皆齊。他每都披袍秉笏列鳳池。尚膳監進金盃。祝賀着皇威。【聖藥王】則願的聖壽期。天地齊。千邦頓首獻龍墀。見如今四序和。賊盜息。官清法正理鹽梅。齊賀着一統華夷。【尾聲】見如今吾皇盛似唐虞世。遍四海謳歌共喜。賀一統大明朝。保乾坤萬萬里。

（雍熙樂府）

賞端陽

【北越調鬭鵪鶉】春意將殘。夏情又起。紫燕尋巢。鴛鴦戲水。鵲噪簾東。鶯啼舍西。杏已紅。梅正肥。榴綻籬邊。柳垂岸堤。

【紫花兒序】點青錢荷鋪如翠。綻紅蓮花勝緋衣。滴珍珠酒泛玻璃。青山隱暎。緑水澄溪。堪題。你看那日照顛巒共沼池。碧波魚戲。載酒携壺。暢飲傳盃。

【小桃紅】新篁倚岸助晴磯。蝶舞薰風裡。沉李浮瓜兩奇味。詠詩題。時逢節序蕤賓日。靈符護持。艾蒲門繫。我則見金粽六街提。

【鬼三台】此時節非常意。表義節忠精記。留萬古人皆感激。不朽美名奇。是爲臣至理。汨羅江弔古更有誰。念獨醒忘哉誰共齊。滄浪之水清兮。表大夫流芳萬紀。

【拙魯速】耳聽管絃齊。目覩彩船旗。輕輕畫鼓。低低唱起。六街三市遞相會。蒲酒恭催。爛醉如泥。我則見畫樓前畫樓前侍女衣。我這裏望庭槐望庭槐蟬噪低。趂着這緑陰風細。畫橋深際。幽亭門地。院落遊戲。炎炎酷暑。頻頻扇執。直等甑情休甑情休方幸己。

【尾聲】且休言這秋來丹桂芙蓉對。又不問冬月梅花雪飛。總然無春宵一刻勝千金。怎如我這夏日歡遊數十里。（雍熙樂府）

趯蘇卿

【北越調鬬鵪鶉】一葉舟中。千層浪裡。風送雲帆。星前月底。比着那臨海袁弘。歸湖范蠡。勝馬跑。賽烏飛。則爲他腹熱腸荒。因此上心忙意急。

【紫花兒序】明皎皎一輪皓月。熒燦燦萬點星辰。浪滔滔千頃玻璃。山橫南北。溪水東西。殿閣高低。遠望金山雲影迷。鐘聲相遞。這其間參了菩薩。禮拜阿彌。

【小桃紅】錦帆收住櫓聲低。岸口將船繫。山在雲峰半江內。遶週圍。清清烟鎖垂楊地。你看那松稠柏密。曲欄短砌。樓閣接天齊。

【金蕉葉】風鈴響江聲應隨。早行到山門這裡。蓋造的是名山古迹。

【調笑令】我這裏步移。下堦基。直到如來寶殿裡。燒香拜禮無心意。兩廊下往回尋覓。恨薄情小卿無道理。法堂上見一箇闍黎。

【禿廝兒】那和尚先施一禮。俏雙生舉手忙回。共禪師廝跟相伴隨。交談接語。追陪心急。

【聖藥王】走一回。看一回。見西廊壁上有詩題。看仔細。問的實。這新詩誰寫好蹺蹊。念罷了淚珠垂。

【幺篇】便告回。那一直。到船邊立定心慘慽。日落西。月漸起。那些煩惱好傷悲。獨自受孤悽。

【絡絲娘】船兒上將冰絃慢理。江岸邊星前月底。流水高山動情意。水泉漱千層怪石。

【東原樂】心中事。那箇知。我這裏自家閑撫聲遞。月朗風清二鼓催。筭來無計。這姻緣不能成濟。

【綿答絮】遊魚翻戲。鸞鳳聲啼。蒼龍出水。神鬼驚疑。心事傳情空自知。村漢拘束來不得。難捨難離。我如今怎棄擲。

【幺篇換頭】越教人心似癡。他心中總不知。驀然寫畢。一聲傷悲。來到根底。見了容儀。兩意徘徊。撇了馮魁。怎想道今宵相會。解纜休遲。岸口慌離。趂風力到江心一似飛。

【尾聲】馮魁酩酊昏沉睡。不計較蘇卿見識。一箇金山岸醒後痛傷悲。一箇臨川縣團圓慶賀喜。（雍熙樂府）

知　機

【北越調鬬鵪鶉】馬足車塵。蜂衙蟻穴。笑口難開。愁眉易結。燕子來時。春光去也。鬧炒炒的酒未闌。忙劫劫人送別。這壁廂澗嶺雲橫。那壁廂長安路賒。

【紫花兒序】八抱竅名韁利鎖。百戲孤象簡羅袍。三不歸水遠山疊。荒墳中土勝窩盤了些狐穴。斷碑上字難辨別了箇龍蛇。知他是晉也。秦也。一恁麽漁樵没話説。怪不着他一子不藉。催寒暑玉兔東昇。搬興廢紅日西斜。

【鬼三台】富貴似花開謝。人死如燈明滅。巧争如坌拙。向火牛陣裡不回頭。早則末肝腸似鐵。從來這花爲可觀遭夭折。柳因挺直招斫截。都不如拂袖希夷。休官靖節。

【東原樂】溪畔觀漁獵。田頭絮水車。有江上清風山間月。取之不禁。用之不竭。景鋪設。堯民圖滿川桑柘。

【綿答絮】喜的是門迎童稚。架滿琴書。困盈倉積。水色山光。這幾般兒被俺這閑人每閑人每結攬絶。有限的光陰强甚耶。假若你縱得春風。吹消頭上鬢雪。

【尾聲】且搠鹽兒緑野堂白蓮社。我將這閑工課薄批細切。嗜且則盡鸚鵡酒盃中。他自有人在麒麟畫圖裡寫。（雍熙樂府）

按：「東昇」，原作「東生」。

寵　愛

【北越調鬬鵪鶉】自從我一見着迷。這些時愁腸萬縷。空教我染病躭疾。豈知道離愁最苦。每日家似醉如癡。則想着恩情間阻。這些時愁悶生。送的我情意疎。無一箇蝶使蜂媒。誰肯與鶯花做主。

【紫花兒序】這些時雲鬢倦整。膩粉慵施。心意拘束。我爲他真情一點。並無那半米兒狂圖。空教我短嘆長吁。俺是這美意情濃爲伴侶。到如今不成一箇活路。常則是感嘆傷情。雨淚如珠。

【小桃紅】則爲我嬌容膩色美人圖。恰便似一塊無瑕玉。則他那儀表英才俏人物。端的是不塵俗。天生的一對兒爲夫婦。俺在那蘭堂畫屋。受用些翠屏錦褥。端的也難棄捨美歡娛。

【調笑令】往常時。共宿在紗幮。則待要倒鳳顛鸞無是處。他待要弄風情則管裏胡爲做。更怕我半星兒意懶情疎。他正是蒼鸞每番調弄雛。端的是美愛妻夫。

【禿廝兒】恩情滿調雲弄雨。契相合似水如魚。則在這鮫綃帳底心未足。美甘甘掌中珠。搵在這胸酥。

【聖藥王】我可也意不辜。興有餘。將我這金蓮高聳意無拘。則爲這嬌媚人。登時間汗似雨。不由我渾身通泰體如酥。我和你歇一會再從初。

【尾聲】我和你相偎相抱情猶緒。我將這香噴噴舌尖半吐。成就了俏才郎。則要你思量着俊嬌女。（雍熙樂府）

皇都賞雪

【北越調鬬鵪鶉】正值着冬景蕭疎。寒風亂起。凛冽嚴霜。冰壺四壁。萬里瓊瑶。一川畫裡。我則見瑞氣飄。冷霧催。冷颼颼四野嚴風。白茫茫銀河似水。

【紫花兒序】光燦爛瓊樓玉宇。明滴溜寶殿瑶臺。翠竹巒景物絶稀。托賴吾皇仁主。降禎祥瑞雪紛飛。端的是景堪題。我則見綉户氊簾獸炭赤。真乃是千邦歡會。見如今盛世年豐。稼穡成實。

【金蕉葉】見如今普天下謳歌共喜。保護着萬萬里江山社稷。如今這八方攄誠進禮。這的是文武每安邦定國。

【調笑令】輔安着帝畿。真乃是勝磐石。你看這瑞雪瓊花滿太微。更那堪篩瓊糁玉紛紛墜。暎樓臺上下高低。擺列着羊羔美饌更整齊。勝天仙宴賞瑶池。

【禿廝兒】白玉樓祥光瑞氣。黄金殿鳳舞龍飛。我則見紅圍翠繞左右隨。斟玉液捧金盃。擺列在丹墀。

【聖藥王】則聽的玉管吹。音韻美。簫韶一派遏天齊。覷了這鳳闕高。錦綉堆。你看這金門瑞靄燦光輝。齊賀着萬載樂雍熙。

【尾聲】你看這瓊花亂舞瑶臺砌。遍宇宙寒光射體。見如今黎民樂業盡安寧。共享中華洞天裏。（雍熙樂府）

美　愛

【北越調鬬鵪鶉】今日我廢寢忘飡。都則爲離多會少。空教我染病躭疾。這些時愁懷恨惱。俺也曾共枕同衾。則爲他青春幼小。鸞鳳鳴。翡翠巢。則爲他弄玉團酥。指望待天長地老。

【紫花兒序】美孜孜如花似玉。咲吟吟嬝嬝婷婷。香馥馥百媚千嬌。我爲他嬌容體態。端的有萬種妖嬈。子細量度。則他那嫩蕋嬌香真箇好。引的人心腸歡樂。一滴嬌紅。百様清標。

【小桃紅】則他那嬌容媚色怎生描。描不出十分俏。我和他同宿鴛幃共歡笑。俺須是鳳友鸞交。鴛鴦枕上相偎靠。我則索伏低做小。百般哀告。我和他今夜不相饒。

【調笑令】趁良天夜好。我和你共今宵。就着這錦帳歡娱喜氣高。則你那風流性格休懆躁。恰便似美甘甘酥蜜和調。我和你乘歡再來這一遭。休承望暫歇分毫。

【禿厮兒】鳳頭鞋金蓮最小。鴛鴦被裡面籠着。則在這鮫綃帳裡和氣遶。兩三番逞風騷。是他便聲高。

【聖藥王】他端的逞艷嬈。花月嬌。一天春色對誰學。更那堪情意兒真。心地兒好。莫不巫山雲雨夢迷消。我和你纔然罷等來朝。

【尾聲】則俺這今生歡愛十分妙。情意見端的是好。群花草委實多。似這般俏嬌娘世間少。（雍熙樂府）

離　思

【北越調鬭鵪鶉】眉蹙巫山。腰纖渭柳。眼困秋波。身遭病久。半點兒風情。千般自羞。我如今自漏兜。出盡醜。離恨天高。相思病陡。

【紫花兒序】想殺我也枕頭兒上思愛。盼殺我也懷抱兒裡温柔。望殺我也被窩兒裡綢繆。不能勾恩情美滿。語話相投。風流。一自相逢心上有。對誰窮究。則爲這寡鳳孤鸞。不能勾燕侶鶯儔。

【金蕉葉】赤緊的題柱的相如性㑺。因此上駕車的文君意否。變做虚勞證候。常則是淚揾濕香羅袖口。

【調笑令】願天長地久。楚雲收。越越的鴈杳魚沉不計秋。則俺這美姻緣甜受用無昏晝。指望待永團圓相守到白頭。從今後百年恩今日一筆勾。都做了綠慘紅愁。

【禿廝兒】又不曾停眠整宿。常則是獨立粧樓。天涯目斷離恨憂。人何在轉憂愁。無休。

【聖藥王】滿離懷怨未酬。恨未週。心頭纔離在眉頭。夢裡愁。醒後憂。想着他摶香弄玉那些溫柔。因此上中了他這箇巧舌頭。

【尾聲】迅指間一命難醫救。只因那倒鳳顛鸞意投。害殺我也薄倖負心的人。想殺我也多情畫眉手。（雍熙樂府）

慶七夕

【北越調鬭鵪鶉】正值着乞巧穿針。香筵粉席。擺列在畫屋屏幃。星前月底。你看這瓜果鋪陳。不弱如長生會裡。我則見梧葉飄。七月七。景色非俗。又見這星娥月質。

【紫花兒序】一壁廂中庭洒掃。畫燭明眸。寶鼎金猊。真乃是人人歡會。宴樂無疑。爲魁。則俺這仕女相逢皆賀喜。真乃是豐年時世。見如今慶賀蓬萊。共賞瑤池。

【小桃紅】你看這金波玉宇。正光輝綵結高樓勢。牛女佳期果然會。你看這素光移。家家宴樂歡聲沸。擺列着香嬌旖旎。雲鬟螺髻。他每都宴賞飲金盃。

【調笑令】喜今宵宴會。緊相隨。這的是月燭星橋相見疾。你看這牛郎織女相逢意。

鵲填河雨約雲期。喜遇着人間乞巧事事宜。看人間瓜果收拾。

【禿厮兒】綵樓上歡聲動矣。畫堂中酒泛玻璃。你看這佳人擺列顏貌美。他每都喜相隨。堪宜。

【聖藥王】我則見雲鬢堆。錦綉衣。恰便似桃源仙子下凡基。更和這羅綺叢。嬌媚體。這的是神仙慶會在今夕。齊賀着千千載永無期。

【尾聲】則願的年年乞巧同今日。普四海歡聲讚喜。你看這牛郎織女會今宵。永賀長生萬萬紀。（雍熙樂府）

賞中秋

【北越調鬬鵪鶉】你看這八月中秋。天高氣爽。飲興偏濃。詩魂漸長。絃管聲齊。謳歌擊壤。你看這簾幕懸。畫閣涼。皓月澄清。寒波漸朗。

【紫花兒序】恰便似銀盤金餅。兔跡蟾踪。怎禁這夜半秋長。今夜箇離情歡會。間阻成雙。淒涼。當日箇寂寞香閨難覷當。到如今心寬舒暢。他爲這孃娜娉婷。我爲他俊俏才郎。

【小桃紅】今日箇畫堂排宴正風光。糯酒新炊盪。美味筵開果奇樣。俺可便逞新粧。

夫榮婦貴情相向。擺列着珍饈是廣。淺斟低唱。賞翫這秋色果非常。

【調笑令】俺可便共享。飲瓊漿。你看這素魄蟾光景物良。似這般經年徹夜歡情放。樂陶陶沉醉何妨。更和這嬌容更合着白粉郎。俏書生匹配嬌娘。

【禿廝兒】玉露滴梧桐蕩颼。金風動爽氣清涼。我則見蟾光似水桂影香。歌金縷韻新腔。宮商。

【聖藥王】則要咱福壽昌。喜氣洋。人心天意正相當。夫婦榮。得久長。年年此夜慶嘉祥。則願的千載得安康。

【尾聲】你看這一輪皓月如天樣。普四海今宵共賞。喜夫婦兩歡娛。賀中秋萬民仰。

（雍熙樂府）

文武全才

【北越調鬭鵪鶉】見如今四海安寧。修文演武。萬國來降。千邦納土。黎庶謳歌。托賴着至尊洪福。你將這禮義習。經史讀。將筆硯琴書。改換做藍袍靴笏。

【紫花兒序】用心習九經文典。下苦志十載燈窗。一朝乘駟馬安車。則要你胸懷着錦綉。量闊似江湖。教化風俗。博取凌烟閣上圖。學詩詞歌賦。將五車書緊用工夫。

【金蕉葉】盡忠呵赤心報國。奉孝呵慇懃父母。學禮義習文演武。播聲名流傳萬古。
【調笑令】你呵便論武。說孫吳。呀。三略黃公常要讀。安邦治國心思慮。運籌謀多下工夫。第一來聖明天子福。第二來將相機謀。
【禿廝兒】讀大學中庸論語。都是齊家治國之書。君子不驕你休氣居。學聖夫做明儒。休要空虛。
【聖藥王】聖人道德不孤。樂有餘。磨穿鐵硯下工夫。則要你心志堅。萬事足。學多不足五車書。則要你明善復其初。
【尾聲】則今朝徑往京師去。文共武雙雙應舉。行忠孝正直股肱才。須輔佐當今聖明主。（雍熙樂府）

憶別

【北越調鬪鵪鶉】焰騰騰祆廟燒殘。白茫茫藍橋水起。昏鄧鄧楚岫雲遮。黑淹淹陽臺路迷。桃源洞霧鎖雲埋。武陵溪磚填土塞。
【紫花兒序】冷落了流蘇綉幕。蕭疎了畫閣蘭堂。寂寞了錦帳羅幃。生拆散鸞孤鳳隻。硬分開燕約鶯期。暗暗的傷悲。水遠山長隔萬里。一思量一番憔悴。離愁斷九曲柔腸。蹙損了八字蛾眉。
【小桃紅】伯勞東去燕西飛。一點芳心碎。魚雁無憑怎尋覓。信音稀。牙床冷落了鴛鴦被。減盡了千嬌百媚。害的人一絲兩氣。方信道最苦是別離。
【耍廝兒】美恩情眉南面北。好姻緣畫餅充飢。相逢笑談除是夢裡。這淒涼怎支持。誰知。
【聖藥王】想着我星月底。言海誓。盡今生一世效于飛。我如今廢寢忘飡。染病疾。上青山不見故人囬。險化做望夫石。
【尾聲】別離苦恨從頭記。有一日捱出淒涼日期。則俺那薄倖短命若囬程。我將這一件件一樁樁訴與你。（雍熙樂府）

慶元夕花燈

【北越調鬬鵪鶉】暖溶溶月色澄清。分朗朗星光燦彩。明皎皎月在中天。笑吟吟人遊緑海。龍袖嬌民。特賞翫鳳城春色。撒金蓮百萬斛。向皇都午夜開。月團圓燈火人家。春富貴綺羅巷陌。更勝似洞天福地。民樂如舜日堯年。人盡在閬苑蓬萊。
【調笑令】燈光照月色。顯耀的越明白。呀。端的是何處閙燈不看來。賞元宵景物真堪愛。結鰲山在御路金堦。扮千般錦隊接續擺。夜遊人穰穰垓垓。

【耍廝兒】端的是月色照三千世界。燈光暎十二樓臺。便有那金吾夜深不禁街。見人人喜盈腮。他每都開懷。

【聖藥王】五雲中鳳輦來。掌扇開。正遇着雪擁花燈月滿樓臺。香篆靄。美醞釃。奏簫韶一派樂音諧。齊臻臻文武兩邊排。（雍熙樂府）

元　夜

【北越調鬭鵪鶉】樂鼓腹舜日堯年。勝磐石大明聖國。壯山河一統天都。會車書萬方聚集。端的是雨順風調。更那堪豐時稔歲。急穰穰元夜值。暖溶溶風景奇。鬧炒炒讶鼓喧天。明晃晃金蓮遍地。

【紫花兒序】高聳聳蓬萊真境。捧三山瓊島飛臨。遍天街燈月光輝。寶鼎内香風馥郁。珠簾外瑞靄霏微。偏宜。鳳燭高燒照羅綺。列兩行珠翠。恰便似紫府神仙。闲遊在閬苑瑶池。

【調笑令】更豐年稔歲。賞佳節正堪宜。呀。萬盞花燈似錦綉堆。那千枝寶炬成行隊。錦乾坤萬頃玻璃。設珍饈玳筵陳美味。動一派絃管聲齊。

【耍廝兒】端的相生燈千般巧計。百花燈萬般稀奇。更有那諸佛聖賢燈整齊。數不盡錦成堆。翠遶紅圍。

【聖藥王】勝蓬萊萬歲山。賽瀛州太液池。端的是人間天上錦華夷。絳蠟點龍鳳燈。沉檀爇獸面猊。一對對喧天社火樂聲齊。宴享罷月沉西。

【尾聲】聖皇有感通天地。端的仁厚寬恩大德。慶嘉靖賞元宵。祝聖壽齊天萬萬紀。

（雍熙樂府）

贈唐院判

【北越調鬬鵪鶉】帝輦英才。侯門公子。豪氣盈襟。清名貫耳。堪稱那捧背佳人。擎鞭壯士。德行過子騫。才能勝蘇子。闊論高談。周旋動止。

【紫花兒序】窮八卦深通周易。正一心苦學中庸。配三才善講毛詩。敬遵嚴父。謹拜名師。孜孜。文質彬彬竟如此。然後君子。旦夕受勑牒皇宣。武職文資。

【小桃紅】有宋朝公子芙蓉姿。內外皆相似。擢用人才國家事。在於斯。致知格物俊然志。慎終如始。主一無適。堪作棟梁時。

【金蕉葉】則待秋圃籬邊樂爾。不肯黃閣腰金衣紫。淡處必然再思。豈肯顧功名半紙。

【耍三台】論整齊如陶學士。訪聖人君子九思。親戚處兢兢業業。朋友處切切偲偲。忒敬誠皦清高信有之。據那待賓客善治家私。百千内出衆超群。萬億間誰能傚爾。

【尾聲】唐公誰敢相輕視。是爵禄國家臣子。縱不省府内整朝綱。多管翰林院中編修撰國史。（雍熙樂府）

相　思

【北越調鬬鵪鶉】生的來嬝嬝婷婷。白白静静。媚媚姿姿。端端正正。也曾戰戰兢兢。潛潛等等。指望待圖箇久遠。撥一箇志誠。剗地冷冷清清。孤孤另另。

【紫花兒序】錢塘江上小小。昭陽殿裡瓊瓊。普救寺中鶯鶯。千般兒可喜。百事兒聰明。娉婷。便有丹青畫不成。悄的人欽敬。眼睛兒般惜愛。氣命兒般看承。

【幺篇】恨不的着香爐兒裡供養。被窩兒裡温存。手掌兒裡奇擎。將取咱性命。引了我魂靈。勞人。語句話真誠忒可憎。無半星兒不應。教我夢斷魂勞。惹恨牽情。

【絡絲娘】夢兒裡忽然撒驚。聞的我想他心痛。凄涼正值秋暮景。一弄兒兩相情。

【小桃紅】緑楊深處亂蟬鳴。梧葉凋金井。四壁秋蟲恰寧静。到初更。戍樓角品梅花韻。雨兒乍晴。風兒纔定。又聽的寒鴈兩三聲。

【天净沙】半緘不結恩情。半長不短前程。半死不活病證。更闌人静。守着盞半明不滅孤燈。

【尾聲】幾時捱過相思病。幾時盼得秋天盡。幾時捱徹枕兒單。幾時温的鮫綃被兒裡冷。（雍熙樂府）

按：第三曲〔幺篇〕牌調原無，曲文直接〔紫花兒序〕末句後，兹據律補。

別　恨

【北越調鬭鵪鶉】一點芳心。情函恨緘。九曲柔腸。愁躭病躭。千里關山。魂攙夢攙。珠淚含。瘦損嗒。寶鏡羞慚。瑶琴倦覽。

【紫花兒序】腕鬆了寶釧。眉淡了春山。肌褪了羅衣。幽歡易識。鬼病難躭。那堪。待道是相思又不敢。害的人不明不暗。口兒裡呫萬萬千千。心兒裡兩兩三三。

【鬼三台】這凄凉憑誰鑒。這别離將人賺。這煩惱怎躭。憔悴的瘦岩岩。倚危樓越感。山長水遠烟淡淡。天南天北雲黯黯。使不着蝶使蜂媒。盼不得魚封鴈緘。

【金蕉葉】可曾經練飽諳。陡恁的神昏意憨。僝僽的紅愁緑慘。折倒的香消玉减。

【調笑令】自慚。是貪婪。須有瓜兒苦盡甘。非是我疎狂性格多愚濫。好前程做得來岩嵌。料應來也是天對勘。致令的我面北眉南。

【尾聲】堆愁積恨相思擔。沉掂掂相思怎擔。比及相思病見他時節醫。少不得先被相思害殺俺。（雍熙樂府）

夏浴思

【北越調鬬鵪鶉】香篆簾櫳。槐陰院宇。舊恨鶯啼。新愁燕語。蝶繞雙飛。蜂穿對舞。短嘆息。長嘆吁。雲焰燒空。日當正午。

【紫花兒序】白玉枕灰塵遮護。紫藤床網結蛛絲。青紗帳塘土堆。蕪草生朱户。香燼金爐。衾餘。無限相思何日除。那的是痛傷心處。堪覩那池内青荷。堦下紅葵。

【小桃紅】亂盤雲髻不忺梳。懶插鸞釵玉。羞對菱花倦煩覷。淚盈珠。眉尖蹙損閑憂慮。雲慳雨阻。那人何處。常則是嘴古都。

【金蕉葉】紗窻下無言不語。香汗溶溶粉珠。羅帕兒輕揩汗無。早顯出無瑕玉膚。

【調笑令】唤小玉。聽分付。將八尺蝦鬚涼簟舒。安排準備蘭湯浴。脱輕紗體露香酥。嬌嬌媚媚天下無。那妖嬈不比尋俗。

【禿廝兒】則聽的一聲聲水撲。多管是盆內輕浮。出蘭湯又將小玉呼。似白雲玉肌膚。誰如。

【聖藥王】鸞髻梳。鳳鬟鋪。不須傅粉再施朱。羨美殊。體態酥。風流堪上美人圖。歇息在碧紗𢋨。

【綿搭絮】似楊妃模樣。西子人物。簟薙葉頭枕珊瑚。侍妾丫鬟使扇撲。似紗籠着碧玉酥。丹臉霞鋪。似嫦娥離洞府。

【幺篇換頭】不覺的昏沉沉墜金烏。忽剌的碧澄澄起蟾蜍。燈兒不滅。影兒又獨。急煎煎心似鳳孤。撲簌簌淚如珠。月光穿簾幕。又被那注銅龍漏滴壺。

【拙魯速】雲又疎。雨又無。鶯又單。燕又孤。有一日得成夫婦。錦帳歡娛。惜香憐玉。鸞鳳同居。得一個。風流佳壻。似水如魚。坐七香車。畫堂中春自餘。

【尾聲】莫不是當初錯勘了姻緣簿。既不是怎生結束了鴛鴦間阻。若能勾舉案共齊眉。休忘了朝思暮念苦。（雍熙樂府）

按：盛世新聲、盛世詞林無題，群音類選題作「夏浴思情」，詞林摘艷題作「怨別」。

娶妓未諧

【北越調鬬鵪鶉】棄舊迎新。受了些低情下情。年紀兒恰有三旬。少不得立一箇婦名。伴着那子弟郎君。更和那江湖上客人。圖他些金銀響鈔。他則要你席上峥嶸。他和你便有甚麽恩情。

【紫花兒序】他不和你白頭相守。則是這有限的恩情。恰便似水上浮萍。起一陣西風。把您來刮向東。不偢不問。趁早兒回頭。顯的你便半路裡聰明。

【小桃紅】自思自想自沉吟。休信那人搬弄。更有那知恩的報恩。則要做男兒每有信。休忘了知心有情。

【金蕉葉】會尋思有智能。嫁一個年紀小的後生。休嫁那年老的愚濁那等蠢人。

【寨兒令】你如今。正青春。尋一箇有智能丈夫護贍身。與您家裡避雨遮風。色數裡除名。不强似立欽欽。人欺負你鰥寡孤身。我與你改志重新。街坊每言語訕。姊妹每冷句兒侵。不强似臨老一場空。

【調咲令】你那裡信人。夫妻每幾時成。休信人片口張舌來破親。走將來閑言仗語歪談論。來的可便説我一會詞因。他道我鏖妻打婦情意兒村。姐姐你休信人謊鬼瞞神。

【禿廝兒】都是些趨人咲人。無一個與我成親。你便賣金撞着我買金人。成就了這門親也波堪成。我賣弄你打聽。又無那公婆將你苦逼臨。姐姐你直恁般假撇清。

【綿搭絮】每日家守着空房冷清清。則被你錦被兒裡綉幃中。你那裡嫁人。我這裡娶親。則怕俺這男兒每不志誠。你來到我跟前。我跟前你賣弄。有一日過了門。則怕你負我心。有一日錦堂花開。海誓山盟。

【尾聲】看了那你的動用。美滿恩情。那其間喜孜孜喜孜孜纔稱了我心。（群音類選）

按：此曲雍熙樂府題作「子弟娶妓者」。

中秋頌聖

【北越調鬬鵪鶉】玉露新涼。金風漸起。托賴着聖主洪寬。千邦進禮。喜遇着盛世年豐。興隆社稷。見如今四序和。萬姓喜。道泰歌謡。偏邦頓息。

【紫花兒序】感應的麒麟出現。彩鳳呈祥。青鳥來儀。四時八節。民樂雍熙。無及。他每都鼓腹謳歌讚聖德。見如今萬邦寧息。一統封疆。萬國扶持。

【金蕉葉】雄赳赳文臣武職。善通知天文地理。秉忠誠於家爲國。一個個威風萬里。

【鬼三台】我子見龍宫内。盡都是黄金砌。光晃晃瓊樓玉壁。見瑞靄燦光輝。勝蓬萊洞裡。玉樓臺巧鎸龍鳳飛。金粧成升斗錦綉堆。恰便似閬苑蓬萊。勝似那十洲勝跡。

【調笑令】蕩金風。氣質彩雲飛。更和那兔影蟾光明似水。見冰輪照徹天和地。桂花香月影風襲。祝賀着吾皇萬年延壽紀。更那堪洪福天齊。

【禿厮兒】萬乘主仁慈孝義。勝當年虞舜無爲。寬仁厚德秉正直。天心順百祥集。堪宜。

【聖藥王】擺列着玳瑁齊。百味奇。你看那金釵十二謹相隨。更和這玉液濃。瀲灧盃。則聽的笙歌一派奏塤篪。齊賀着萬萬歲永無極。

【尾聲】大平年四海民歡會。齊賀着年豐物美。中秋月喜團圓。托賴着聖壽無疆萬萬紀。（群音類選）

按：盛世新聲、詞林摘艷題作「中秋」，雍熙樂府無題。

【北雙調行香子】名利貪婪。世事魑魆。空使人白髮鬖鬖。輪千撥萬。暮四朝三。走江東。遊海北。涉淮南。

【喬木查】閑愁自覽。枉用英雄膽。争似閑心住草菴。伴老聃破碎襴衫。

【續斷絃】藥盈籃。月明龕。不強似亂石灘。風急舟絶纜。連雲棧。霜凝馬頓啣。是非場雪壓人折擔。嘆癡人着賺。

【尾】蒲團穩坐閑時暫。明窗讀易情疎淡。道參。任朝昏。從烏兔。猶將暗。竹葉席。蘆花毯。談玄口緘榮辱。縱教他風波近不得俺。（雍熙樂府）

【北雙調行香子】得也心焦。失也心焦。得共失争不分毫。榮也徒勞。辱也徒勞。鏡中霜。頭上雪。鬢邊毛。

【慶宣和】得失榮辱多。儘教塵世波滔。堪可林泉伴漁樵。醉倒。笑倒。

【錦上花】休喜休嗔。休煩休惱。暗裡光陰。幾個人知道。兩字功名。天涯海角。擾擾浮生。行人易老。

【幺篇換頭】朱顔已退却。青春再難到。學取先生。散誕逍遥。醉卧松陰。忽然睡着。比恁俗人。閑愁較少。

【清江引】芒鞋竹杖粗布袍。俯仰掀髯笑。伴老華山雲。不夢長安道。落葉滿庭風自掃。

【碧玉簫】一箇團瓢。瓦鼎乳香燒。三公黄閣。朱户描金標。俺清閑道德。恁爲官憂國朝。都睡着。不必晨雞叫咷。看此夢誰先覺。

【尾】誰人不向紅塵鬧。惟咱且對青山老。領鶴。澗邊歌。林外舞。花前酌。百歲千年調。光陰過了。人換幾千秋。江山自然好。（雍熙樂府）

【北雙調夜行船】新夢青樓一操琴。是知音果愛知音。箋錦香寒。帕羅粉滲。遥受了些粧孤處眼餘眉甚。

【幺篇】腰瘦剛争不姓沈。被閑愁惱至如今。只爲那鏡約釵期。翻做了花毒酒酖。揣上一箇罪名兒雨囚雲禁。

【喬木查】狠姨夫計深。刀斧般恩情甚。膈打槍頭軟厮金。好姻緣若用心。他待獨樹成林。

【慶宣和】花有清香月有陰。一刻千金。辜負良宵可憐甚。問審。問審。

【落梅風】至如道燒銀蠟。便做道度綉衾。托賴着這些福蔭。三衙家則推道娘未寢。不隄防幾場兒撒唔。

【風入松】耳邊消息謾沉沉。情淚濕衣襟。强將别酒捹一任。柰新來酒也慵斟。怕不待和愁强飲。却元來愁越難禁。

【撥不斷】細思尋。厮淋侵。熱温存漫想偎香枕。咭玎的生掂折玉簪。呆答孩空憶酬紅錦。要獨强性兒急淋。

【離亭宴帶歇指煞】口兒中不許别圖箇甚。意兒中既有何須恁。非瞞兒黑心。怎當那冷撒唔柳青哆。錯下書三婆啉。硬散楚的閑家譖。箏上絃怕支楞。井内瓶愁撲井。

這姻緣山高海深。倘若卦變了燕鶯爻。珓擲下鴛鴦兆。籤抽的鸞鳳讖。牙縫兒唧與些甜。耳朵兒吹與些任。我則怕這鍋水熱不熱。今番在恁。你則待調弄得話頭兒長承當的咒兒磣。（盛世新聲）

竊　歡

【北雙調夜行船】妙舞清歌人盡許。占斷柳陌花衢。解律知音。和詞填曲。端的箇中人物。

【步步嬌】比花花無語。比玉香如玉。欺越女。顏色精神有誰如。想嬌姝。無半點兒褒談處。

【風入松】起初時相見便情舒。端的如水如魚。若非先棄難心遇。心兒不比其餘。喜則喜多情的小姐。恨則恨統鏝的姨夫。

【沉醉東風】他常是停眠整宿。俺索似有如無。不受坎坷擔驚懼。則索潛潛等等歡娛。是則是將咱厮應付。終則是不自由朝雲暮雨。

【隨煞】偷香竊玉多情緒。一點靈犀暗許。但得些霎雨片雲懽。早忘了星前月下苦。

（雍熙樂府）

相　思

【北雙調夜行船】十載窗前月下苦。枉追陪燕儔鶯侶。花底年光。酒中風韻。可惜未嘗孤負。

【幺】自恨尋芳猶未足。花落水流人去。待月西廂。迎風朱户。空寫下斷腸詩句。

【風入松】自別來不到半年餘。直恁的減盡肥膚。闌干倚偏夕陽暮。望天涯人在何處。向西風數盡歸鴻。不見一紙帶來書。

【阿那忽】起初兒似水如魚。到如今鳳隻鸞孤。只落的短嘆長吁。待向誰分訴。

【尾】淚點兒盈盈何曾住。自暗忖。多似芭蕉葉兒上雨。（雍熙樂府）

離　恨

【北雙調夜行船】天上人間離恨苦。那堪箇中人物。月缺花殘。不歸人去。割不斷至誠腸肚。

【幺】燕燕鶯鶯誰是主。從別後甚娘情緒。準備相思。安排憔瘦。何日洞房花燭。

【掛玉鈎序】扇底歌。尊前舞。紅錦纏頭。絡背珍珠。鬢如鴉。顏如玉。世上誰如。

記當初。有可憐孤負。但常似水如魚。怎承望拆散鴛鴦侶。兩處淒涼。一夜孤獨。

【尾】錦帆張送上行人路。畫舡開載不得離愁去。誰知肺腑。楚山雲。庾嶺梅。湘江竹。那的是傷情處。兩件兒淒涼景物。你恨的是江月五更風。愁的是紗窗半夜雨。（雍熙樂府）

按：〔掛玉鈎序〕，原誤作〔掛玉鈎〕。下同，不另注。

間　別

【北雙調夜行船】楚雨巫雲空悵望。世人去水遠天長。從此歡娛。全無指望。冷清清甚娘情況。

【掛玉鈎序】旖旎郎。風流相。倚翠偎紅。惜玉憐香。他身上。日夜難忘。思量。慢悒怏。空惆悵。想當時携手相將。笑吟吟共赴鴛鴦帳。似恁的相思。不害煞了劉郎。

【離亭宴煞】淚漫漫常把佳期望。無限的相思怎當。果必你有些至誠心。不枉教人恁般想。（雍熙樂府）

按：〔掛玉鈎序〕第四句以下原誤作〔幺〕篇。又：末曲〔離亭宴煞〕疑有脱文。

楊妃鞋

【北雙調夜行船】一對金蓮寄與伊。結果得事事相宜。表段兒堅。裏帛兒細。針線兒幾曾失配。

【喬牌兒】繡工高花樣奇。針脚小線行密。些兒大小堪人意。瘦如葱尖似錐。

【鴈兒落】堪藏在鴛鴦帳裡。堪顯在珠簾外。堪踏在寶蹬上。堪舞在翠盤内。

【得勝令】堪作送行盃。堪襯緑金衣。堪印在沙痕路。堪沾柳絮泥。堪隨。羅襪蒼苔立。堪宜。湘裙簌地垂。

【沉醉東風】但宿處雙雙韻美。但行處步步相隨。就裏情。其中意。權時間把足下收拾。好姻緣常川要整齊。是必休胡行半米。

【尾】殷勤莫忘張良意。丁寧休染玄宗淚。想難撇下恩情。全不似纏上佳期。你若是碴踏處無心愛惜。踐污抛棄。想着你可喜娘的模樣兒下不得。（雍熙樂府）

殘春閨思

【北雙調夜行船】一片花飛減動春。風吹萬點愁人。苦雨連宵。酸風幾陣。二十四番花信。

【喬牌兒】嘆今春想去春。感舊恨接新恨。恨春春恨何時盡。恐因而僝僽損。

【新水令】落紅滿地錦鋪雲。促東皇綠濃紅褪。遇景值殘春。緊鎖眉顰。因春瘦。爲春困。

【天仙子】鶯聲韵。被燕子暗唧春。蜂怨消黄。蝶愁褪粉。空無語嘆東君。惱亂吟魂。雨打梨花深閉門。如此黄昏。

【離亭宴煞】杜鵑聲裡韵華盡。鶻鵃啼破鉛華暈。東風漸緊。腕鬆了金。肌羸了玉。香消了粉。人已别春誰問。悶倚屏山暗忖。春歸後有來時。人囬期甚時準。（雍熙樂府）

贈鳳臺春

【北雙調夜行船】春滿瑶臺瑞靄飄。鳳來儀飛下丹霄。白石貞堅。翠梧窈窕。聲價重每稱先兆。

【行香子】正春暖臺高。更鳳婉鸞嬌。聽玉人月下吹簫。芳名顯耀。美譽清標。志風雲。心廣豁。性浮遥。

【駐馬聽】幾度風和遊鳳沼。舞輕歌妙。九重春色醉仙桃。休去鳳凰臺上引黄鶴。則要蝴蝶夢裡來青鳥。忒輕盈。偏嬝娜煞妖嬈。

【沉醉東風】鎮寶髻釵簪鳳翹。休彩雲聲斷鸞簫。酒斟白玉甌。曲唱黄鍾調。閑争春五陵年少。池上于今有鳳毛。奈眼底知音較少。

【鳳引雛】鳳鸞交。芙蓉帳暖度春宵。海棠丰韻江梅俏。器具羣超。身騰碧虹橋。翹展青雲道。足躡荆山寶。任千轉錦鶚。儘萬里金雕。

【鴛鴦煞】休惹得鶯燕嫉妬蜂蝶鬧。和那等鸂鶒嬉戲鴛鴦笑。有意相從。無福難消。唱道俊雅瓊姬。風流子高。豈是邪妖。喜題目真妙。若伴着箇簫史英豪。共弄玉團圓快活到老。（雍熙樂府）

按：〔駐馬聽〕疑缺首句四字。

寄教坊歌者

【北雙調夜行船】湖上清香酒力微。不由人對景傷悲。楊柳鞦韆。海棠庭院。都不似舊時風味。

【風入松】畫梁新燕試香泥。迅指又春歸。玉京約踐當年寄。憐今後尋誰。緱氏山頭月黑。楚王臺上雲迷。

【新水令】故園極目草萋萋。盡消磨酒情詩意。再不去樽前傳觞急。席上賣花催。頓覺年來。三兩盞九分醉。

【胡十八】常記得。那一日。花錦墜。綺羅幃。牡丹亭畔醉如泥。死得。在那裡。人生百歲間。能有幾歡會。

【攪箏琶】誇精細。恁精細有誰及。行令藏鬮。承歡奉喜。知進退識高低。端實一氣。化生天地。歌舞奪魁。

【鴛鴦煞】如今章臺街舊路荆榛閉。平康巷故址蒼苔集。指冷鸞笙。聲斷龍笛。唱道歌罷行雲。香消舞衣。堂長諸生行坐裡。常縈繫。也是我白日裡斯掂提。因此上夜夜相逢在夢兒裡。（雍熙樂府）

【北雙調夜行船】射覆分題换酒籌。對花賞且盡金甌。世事輕微。人情薄淺。也須是粗頑時候。

【風入松】光陰迅速去難留。一日過三秋。開懷休把雙眉皺。狂歌痛飲且消愁。醉玩林間梅竹。醒看岸畔松楸。

【喬牌兒】功名念已休。歸隱心如舊。避紅塵盡緘談天口。故藏頭並袖手。

【甜水令】常則是放浪形骸。忘懷暢飲。歌兒左右。他事不干求。則我這詩集成篇。書修成卷。文學不陋。那希望拜將封侯。

【離亭宴煞】嬉遊信步閑亭後。行過堤外垂楊柳。翠荷淺方知夏去。碧梧凋又覺新秋。閑撫景心窮究。總不如蓬窗自守。種山間蔬菜苗。結林泉布衣友。（雍熙樂府）

【北雙調秋江送】清閑道。無事仙。講的是黄庭道德篇。酒三盃。詩一聯。醉了呵青松直下自在眠。仙鶴又舞翩。頑童又笑喧。誰似俺清閑。麻袍與藤冠。常則是啖柏飡松養道玄。我子待跨鶴遊閬苑。

【青哥兒】俺那裡蓬萊蓬萊仙苑。一個個益壽益壽延年。俺那裡四季長春花滿園。青耿耿萬里遥天。接着這弱水三千。鶴舞蹁躚。獻果白猿。是瑞草靈芝。檜柏青松。煉藥燒丹。不老長生。拂兩袖天風駕雲軒。俺共赴紫府靈虚殿。（雍熙樂府）

按：首曲亦見北曲拾遺〔秋江送〕無名氏小令。

秋　宴

【北雙調風入松】金風初動值清秋。灝氣爽星眸。長夜漸覺消白晝。正紅薑細藕時候。玳筵前金盃味美。雕闌畔玉簪香透。

【喬牌兒】炎光即漸收。大火已西流。新凉雨過山容瘦。對佳辰堪宴酬。

【新水令】時逢七夕景偏幽。韻攸揚管絃齊奏。排美饌。列珍羞。同上高樓。將蘭麝裊金獸。

【攪箏琶】初更候。織女會牽牛。喜鵲填橋。金甌泛酒。新月掛銀鈎。兩意綢繆。分手。怕別離不覺兩淚流。欲住無由。

【尾聲】丁寧囑付休忘舊。忽驚散楚雲巫岫。難支吾千般離恨。怎消磨萬種閑愁。指望待恩似膠情如漆厚。半霎兒分開了鸞交鳳友。怎能勾百載永團圓。千年共相守。

（雍熙樂府）

孤　另

【北雙調風入松】夢回鴛帳酒醺醒。簷鐵聒寒更。新凉雨過秋天静。閑愁對景傷情。冷落了花牋寶硯。空閑了繡袋瑶箏。

【喬牌兒】閑愁何日輕。也是咱薄命。我爲他積下些淹漸病。謾無言心自憑。

【新水令】金風梧葉盡凋零。恰正是夜凉人静。剛待寢。塞鴻驚。無信悲聲。把好夢兒叫得孤另。

【攪箏琶】相思病。枕上淚痕清。窗透蟾光。簾篩碎影。說海誓共山盟。惹恨牽情。當時。話兒無信行。好事難成。

【離亭宴煞】乍孤眠不慣寒偏剩。業眼何曾暫瞑。金鼎内香消黄串。銀臺上滅却銀燈。繡閣又清。蘭堂又静。倒枕翻身只到明。不甫能翡翠被兒温。却又早鴛鴦枕兒冷。（雍熙樂府）

別　思

【北雙調風入松】碧桃花下鳳鸞孤。畫閣景蕭疎。冷清清半掩迎風户。夜永沉香爇金爐。真假別離最苦。鴛枕剩。繡衾餘。

【喬牌兒】幾聲啼杜宇。今宵又各聚。那些兒寂寞愁人處。更那堪催禁鼓。

【新水令】意懸懸無夜不思慮。寫長空鴈歸南浦。可意種。俏人物。不帶紙音書。何日再完聚。

【攪箏琶】好夢何曾做。每夜哭到五更初。甚的是月夜花朝。尤雲殢雨。丹鳳隻翠鸞孤。短嘆長吁。急煎煎。倦聽窗外雨。滴損秋梧。

【尾】玎璫簷馬風敲玉。紗窗外不住寒蛩絮。一點真心。忘不了半霎兒歡娛。指望不過夢裡相逢。何時完聚。滿腹離愁。對誰分訴。甚法兒支吾。準備從今受些苦。（雍熙樂府）

享賀太平

【北雙調喬牌兒】四方民甚喜。豐稔太平日。香燈花果酬天地。托當今仁聖德。

【甜水令】山明水秀。青松檜柏。堆嵐叠翠。處處景幽奇。雲起峰尖。花生岩畔。水遶山溪。恰便似閬苑瑤池。

【四邊靜】金風淅淅。玉露零零紅葉濕。菊花嬌媚。三秋之際。有黄橙。醁醑。赴一個重陽會。（雍熙樂府）

【北雙調新水令】萬方齊賀大明朝。樂雍熙備陳禮樂。文宰賢。武臣豪。廉幹勤勞。無奸佞有忠孝。

【喬牌兒】四時節序調。普天下盡歡樂。聖明君每放徵賢詔。將山林隱士招。

【鴈兒落】托賴着明君同禹堯。聖壽過嵩嶽。忠臣通六韜。勇將知三略。

【掛玉鈎】一箇箇義膽忠肝輔聖朝。百姓每都安樂。真箇是訟簡官清減税徭。明聖帝興王道。玉葉榮。金枝茂。感應的出現禎祥。端的是雨順風調。

【亂柳葉】賀昇平萬國萬國來朝。聖明君四方四方臨照。普天下黎庶將皇恩報。幸喜得崇儒崇儒道。攝伏的邊疆邊疆浩。聖朝。壽高。端的是文風廣武功校。

【太平令】群臣每股肱賢良忠孝。賀昇平道泰謳謠。依節序家家歡樂。萬姓每人人忻笑。一壁廂舞着。一壁廂唱着。社火每賀着。賀的是歲稔年豐吉兆。

【荳葉黄】攝伏的東魯西戎。他每都拱首來朝。見如今北狄南蠻。歸伏儘勦。看了這宮殿風微燕鵲高。玉礙金粧光燦爛。瑶堦錦重重。龍樓鳳閣。

【七弟兄】丹墀内擺着。列着。衆臣僚。見瓊樓玉宇金光罩。静鞭鳴舉奏簫韶。百司官贊祝高呼噪。

【梅花酒】呀。見日光映赭袍。寶鼎内香燒。懸綉幕珠箔。列劍戟槍刀。賀吾皇聖壽高。風雨順四時調。百官每受品爵。刑錯減少差徭。甘露降産嘉苗。景星明慶雲飄。

【喜江南】呀。因此上九重春色醉仙桃。詩成珠玉在揮毫。征旗不動酒旗摇。罷干戈戰討。謳歌皷腹樂醄醄。

【鴛鴦煞】賽堯年舜日風光好。吏官清法正民無擾。四海安然。五穀豐饒。唱道爕理

陰陽。扶持聖朝。立國安邦宜正行仁道。濟世功勞。齊獻上萬萬當今太平表。（盛世新聲）

按：此曲盛世詞林亦録。雍熙樂府題作「享賀太平」。盛世新聲無題，題從雍熙。

【北雙調新水令】爲紅粧曉夜病懨懨。都則爲香馥馥玉花嬌艷。詩書懶去觀。斑管又慵拈。恨蹙眉尖。莫不這孤辰運我獨占。

【駐馬聽】苦恨無添。静悄悄書齋門半掩。銀缸微焰。天邊月色貫穿簾。都只爲卓王孫情切治家嚴。漢相如空把文君占。鶯鶯將君瑞閃。料應魂也索前生欠。

【鴈兒落帶得勝令】想着他心聰明語話兒甜。腰肢瘦厖兒現。臉兒柔性兒温。口兒甜舌兒倩。呀。更那堪一折藕牙尖。十指玉葱纖。體態千般俊。風流所事占。旋占。則落的常思念。將羅帕重淹。淚珠兒千萬點。

【川撥棹】他爲我受拘鉗。我因他病漸添。愁恨相間。苦恨無甜。兩意投芳心一點。渾如似膠漆粘。

【七弟兄】這愁悶。漸漸旋添。上眉尖。我將他模樣心坎兒上頻頻念。小名兒不住口中呫。相思病害煞何曾厭。

【梅花酒】任傍人語句兒拈。我也索等等潛潛。掐掐拈拈。眼角眉尖。到如今祆神廟烈火燒。藍橋下水沖渰。並頭蓮手內撏。隔紗窗透銀蟾。金錢卦懶去占。門半掩簇珠簾。消蘭麝捲重添。

【喜江南】呀。則聽的咭玎璫鐵馬兒鬧踈簷。風前翠竹夜相占。堦前促織兒語聲尖。看看的悶添。則我這瘦形骸徹骨病懨懨。（盛世新聲）

按：雍熙樂府、盛世詞林亦録。「鉗」，原作「謙」，兹從雍熙。

思　情

【北雙調新水令】紫簫聲斷彩雲低。別離情更增十倍。水深魚信少。天闊鴈書遲。無限傷悲。閣不住兩行淚。

【駐馬聽】無語徘徊。霧鎖桃源去路迷。芳心如醉。雲籠楚廟雨雲稀。無情難覓武陵溪。有心先到藍橋驛。心自悔。悔當初不把雕鞍繫。

【鴈兒落】這些時裙寬金縷衣。鬢亂烏雲墜。床閑翡翠衾。褥冷鮫綃被。

【得勝令】呀。辜負了花下燕鶯期。玉樹鳳凰棲。冷落了青銅鏡。空閑了白玉盃。端的。月滿彤雲蔽。今日。花開風雨催。

【川撥棹帶七弟兄】我和你對神祇。設山盟言海誓。俺兩箇步步相隨。一世夫妻。恰一似南柯夢裏。閃的人三不歸。我爲你。病疾。害的似呆痴。多應是蘭堂畫閣成婚配。秦樓謝舘飲金盃。花街柳陌爲活計。

【梅花酒帶喜江南】你可便甚所爲。瘦損腰圍。減盡香肌。憔悴身軀。病懨懨減了膩粉。愁戚戚淡了蛾眉。我這裏自嘆息。冷清清捱朝幃。哭啼啼淚珠垂。淚珠垂痛傷悲。呀。則俺那謊喬才心狠過王魁。上青山化做望夫石。想人生最苦是別離。天知地知。海神自有正直碑。

【尾聲】倩家人欲把音書寄。柰隔着千山萬水。有一日得見負心郎。將受過淒凉一星星訴與你。（詞林摘艷）

按：此曲盛世詞林無題。

元　宵

【北雙調新水令】鳳城佳節賞元宵。遶鰲山瑞雲籠罩。見銀河星皎潔。看天塹月輪高。動一派簫韶。開玳宴盡歡樂。

【川撥棹】花燈兒兩邊挑。更那堪一天星月皎。我到見綉帶風飄。寶蓋微摇。鰲山上燈光照耀。剪春蛾頭上挑。

【七弟兄】一壁廂舞着。唱着。共彈着。驚人的這百戲其實妙。動人的高戲怎生學。笑人的院本其實笑。

【梅花酒】呀。一壁廂舞鮑老。仕女每打扮的清標。有萬種妖嬈。更百媚千嬌。一壁廂舞迓鼓。一壁廂蹦高橇。端的有笑樂。細氤氳蘭麝飄。笑吟吟的飲香醪。

【喜江南】呀。今日箇喜孜孜開宴賞元宵。玉纖慢撥紫檀槽。燈光明月兩相耀。照樓臺殿閣。今日箇開懷沉醉樂醄醄。（詞林摘艷）

按：盛世新聲、盛世詞林無題，詞林摘艷題作「元宵」，雍熙樂府、金瓶梅詞話題作「燈詞」，俱不注撰人。

盼　望

【北雙調新水令】鳳臺人去憶簫聲。掩重門綉幃寂静。孤眠愁易感。單枕夢難成。昨夜燈花。今日又不應。

【駐馬聽】悶懨懨倚定幃屏。薄設設綉被微温良夜冷。氣吁吁倦臨寶鏡。曲彎彎蛾眉羞畫遠山青。呀呀的賓鴻頭直上訴離情。唧唧的寒蛩堦下添悲興。越越的不暫停。

更那堪瀟瀟梧葉凋金井。

【喬牌兒】這些時綉簾疎燕影。錦帳裏少人並。覷不的愁紅慘緑深秋景。鬢雲鬆不待整。

【鴈兒落】俺也曾並香肩月下行。俺也曾携素手臨芳徑。你如今鳳凰池上奪了狀元。龍虎榜上標了名姓。

【得勝令】閃的我孤孤另另冷清清。閃的我悲悲切切淚盈盈。知他是甚日爲夫婦。何年立箇婦名。指淡月踈星。薄倖的逢着薄倖。言海誓山盟。辦着箇志誠心逢着志誠。

【川撥棹】一會家盼多情。恰便似竹林寺不見影。這些時魚鴈無憑。恰便似綫斷了的風箏。知他在那裏也那臨川縣令。抛撇下蘇小卿。

【七弟兄】一會家自評。莫不在帝京。又閑行。止不過傳書寄緘相欽敬。想着俺眉尖眼角送春情。又不曾朝雲暮雨同歡慶。我身子上意不輕。則爲那陋巷裏的酸丁。惡了些寨兒裏的書生。閃下這畫閣内的娉婷。

【梅花酒】又不曾咭玎璫掂折玉簪。呀。敢撲鼕的墜了銀瓶。支楞的絃斷了粉面箏。好姻緣不完成。和淚眼捱殘更。倒身軀半微明。

【喜江南】呀。則聽的咭玎璫鐵馬兒鬧簷楹。風摇翠竹響踈欞。窻前斜月半微明。香消了寶鼎。銀臺畫燭碧熒熒。

【鴛鴦煞】眼前面一弄兒凄涼景。又感起心頭一點相思症。往常時同枕同眠。同坐同行。唱道那裏也題橋的相如。守信的尾生。則我這瘦損的形容。又被這摟帶兒趲。裙腰兒剩。幾番待撇勞成暫。合眼先到夢兒裏等。（詞林摘艷）

按：詞林摘艷、盛世詞林無題，題目從雍熙樂府。

【北雙調新水令】大明開放九重天。拜紫宸玉樓金殿。紅摇銀燭影。香裊御爐烟。奏鳳管冰絃。唱大曲梨園。列文武官員。降玉府神仙。齊賀太平年。

【慶東原】遣奉使傳丹詔。賑餓莩審滯冤。黜貪邪訪民瘼巡行遍。陛下恩極四邊。祥開萬年。和應三元。選人物治朝綱。取進士登科選。

【雁兒落】朝廷德化宣。臺察清風憲。都堂有政聲。樞府無征戰。

【得勝令】四海永安然。諸邦盡朝獻。武將黄閣麒麟上。文官青霄日月邊。仰洪福齊天。無東面征西夷怨。君聖臣賢。慶吾皇萬萬年。

【鴛鴦煞】萬萬載户口增田野闢民歸善。省刑罰薄税斂差徭免。日月同明。嵩岳齊堅。唱道是虎據中原。齊拜賀龍飛九天。雨順風調。合天意隨人願。照百二山川。

一點金星瑞雲裏現。（雍熙樂府）

按：此套亦見鈔本陽春白雪。北詞廣正譜引〔新水令〕一曲。

元日祝賀

【北雙調新水令】大明紅日麗中天。瑞雲籠玉樓金殿。香風飄霧靄。瑞氣隱霞邊。爐爇龍涎。萬邦會盡朝獻。

【駐馬聽】擺列着文武官員。秉笏垂紳玉殿前。更有這四夷朝見。你看這簫韶一派奏聲喧。有他這奇珍異寶貢奇鮮。麟駝犀象來投獻。讋偏邦來貢遠。托賴着當今聖主洪恩遍。

【沉醉東風】時遇着正旦節鴻鈞乍轉。泛醽酥酒注金船。有百司來慶會。更萬國趨朝見。賀昇平四海安然。正值着百穀豐登大有年。賀萬載皇圖永遠。

【攪箏琶】百姓每追歡勸。喜遇着春色正芳妍。你看這律管灰飛。鴻鈞氣轉。三陽泰景光鮮。萬物生焉。百草蒙暄。可又早報新春將殘臘遣。喜㕲登筵。

【川撥棹】我則見鳳樓前。列簪纓文武官員。這的是舜日堯年。萬古流傳。盛繁華當今帝輦。奏歌聲徹太玄。

【七弟兄】文武每大賢。志堅。奉天顔。見文修武備皆通練。安邦定國立山川。賀春光四海皆稱羨。

【梅花酒】呀。他每都喜氣喧。禾稼增延。民樂欣然。貧困哀憐。俺丹墀内呼萬歲。祝嵩嶽壽長年。宰臣每奉皇宣。一齊的御堦前。三舞蹈意誠虔。

【收江南】呀。托賴着當今天子重英賢。見如今歌謡道泰不虚傳。賀新春萬象以先。把仙音共演。贊齊天萬壽永長年。（雍熙樂府）

春　日

【北雙調新水令】慶豐年春色滿皇都。勝唐虞太平時務。八方皆讚喜。四海盡歡娱。萬國來服。托賴聖明主百靈助。

【江兒水】春光明媚。和風麗日遲。聽花陰深處。燕語鶯啼。看雙雙蝶對飛。緑柳翠盈堤。桃花遶澗溪。翫賞芳菲。玉樓人醉。金勒馬兒不住嘶。遠望着清池緑水。賽閬苑繁華勝地。萬花開似錦重重圖畫裡。

【沽美酒】贊當今明聖主。普天下喜無虞。攝伏的四海來賓皆納土。托賴着吾皇洪福。萬民樂盡歡娱。

【太平令】樂奏着簫韶音律。酒斟着玉液瓊巵。十二樓香風馥郁。九重宮祥雲擁護。文武每搢笏。拜舞。一齊的讚祝萬萬載皇基永固。

【川撥棹帶七兄弟】蜂蝶戲。萬紫千紅真箇美。我只見緑柳依依。畫輪過香塵蕩起。聽笙歌聲韻齊。待今宵沉醉歸。錦綉江山。景物最奇。見遊人來似蟻。海棠開血染胭脂。梨花放似江梅綻蕊。一齊的讚祝萬萬載永固皇基。

【餘音】一年此景春和氣。想蓬萊也只如是。端的美景良時。（雍熙樂府）

按：曲牌〔川撥棹帶七兄弟〕原僅書〔川撥棹〕，兹補；〔江兒水〕曲牌疑誤。

燈詞

【北雙調新水令】大明黎庶盡康寧。荷皇圖一人有慶。八方皆納土。萬國進趨呈。鳳産麟生。民擊壤誦歌詠。

【駐馬聽】海宴河清。白叟黄童喧市井。臣賢君聖。民安國泰好收成。疑承輔弼任賢能。皐夔稷契持公正。享太平。時逢佳節人歡慶。

【甜水令】高聳聳玉砌雕欄。貝闕珠宮。瑶池掩映。簫鼓樂昇平。齊臻臻寶輦金輿。鸞飛鳳舞。鰲山境勝。賞元宵春滿都城。

【鴈兒落】珍饈百味亭。樂奏天街静。龍樓鳳閣中。月色燈光暎。

【得勝令】天地一壺冰。錦綉萬枝燈。朶朶金蓮放。迢迢銀漢澄。彤庭。拜舞千官慶。公卿。高呼萬歲聲。

【側磚兒】來往往香車寶馬争馳競。金吾玉漏暫時停。燈光月色遥相暎。

【竹枝歌】銀漢碧澄澄。萬丈鰲山接太清。簇錦攢花列畫屏。鋪紅剪彩萬枝燈。樂陶陶遊閬苑。咲吟吟入蓬瀛。聽仙音嘹亮管絃聲。

【沽美酒】樂豐年百穀登。賞佳節好時令。萬國衣冠仰大明。獻禎祥表誠。重譯朝盡歸命。

【太平令】四海伏干戈肅静。民樂業法正官清。有武職文僚秉政。玉葉金枝昌盛。呀。賀一統大明。玉京。錦城。都仰賴當今明聖。（雍熙樂府）

燈　詞

【北雙調新水令】正元宵高點萬家燈。照樓臺綺羅相暎。金蓮陸地開。簫鼓揭天鳴。銀漢澄澄。鰲山結彩雲静。

【折桂令】樂豐年海晏河清。慶賞元宵。節屆新正。只聽得大樂鈞天。千門燈火。晃若蓬瀛。開萬斛金蓮滿城。振金臺一片歌聲。凝望分明。時遇昇平。賀吾皇洪福齊天。樂雍熙萬載康寧。

【鴈兒落】鳳城中軍民和氣生。鰲山畔燈月光輝暎。天街上香車寶馬喧。譙樓內銀漏銅壺靜。

【得勝令】韻悠悠鼓板管絃聲。香馥馥羅綺麝蘭馨。玉繩低旋轉從教動。金吾排威嚴不禁行。賀四海昇平。祝願着國祚千年盛。慶五穀豐登。照乾坤萬里明。

【沽美酒】聽笙歌滿鳳城。動歌舞宴龍庭。一𠹭悠然春自生。串香噴寶鼎。爇龍涎臘梅清。

【太平令】正值着邊庭安定。盡都來朝賀神京。又喜遇元宵佳令。恰好放梨園承應。略聽樂聲。讚稱。萬萬載臣賢君聖。（雍熙樂府）

一年美景

【北雙調新水令】看鰲山燈火徹雲霄。賀新正九重春到。三陽開泰日。萬國賞元宵。雨順風調。民庶總恣歡樂。

【駐馬聽】喜遇花朝。夭桃弄色杏含嬌。淡烟籠罩。盈盈橋柳發青條。沙暖鴛鴦宿舊沼。泥融燕子歸巢。難畫描。蛾眉淡露青山脚。

【喬牌兒】鞦韆庭院小。仕女語喧咲。車輪馬足紅塵道。家家將墳墓掃。

【水仙子】風翻麥浪翠雲摇。日暖楊花瑞氣飄。露凝萱草金簪倒。愛清和時節標。雨初晴滿地禾苗。浴佛水心香妙。賽神羊口願了。準備下幾領蠶箔。

【鴈兒落】禱雲龍春社炒。懸艾虎家家樂。浴蘭湯公子嬌。鬬百草佳人咲。

【得勝令】冰碗浸櫻桃。玉藕切瓊瑶。竹葉傾銀斝。松花釀翠飄。檀板輕敲。唱徹黄鍾調。把彩扇輕摇。凉生白苧袍。

【甜水令】和採菱歌。悠悠輕韻。合着仙樂。牛女渡星橋。素手相携。金橙旋摘。白魚新釣。端的是無福難消。

【折桂令】問嫦娥何處是逍遥。月吐寒蟾。書寄鳴鶴。丹桂花香。玄霜搗藥。金井梧凋。百年人百般計較。秋陽鬲酒和琴挑。夜景迢迢。醉也酕醄。醒也遊遨。痛飲狂歌。鼓瑟吹簫。

【對玉環】九月登高。無邊景物饒。社會龍山。西風落帽早。紅葉墜林稍。黄花初綻曉。錦片似秋光。重陽休負却。負却重陽。淵明空潦倒。

【清江引】小春時節陽氣薄。已有豐年兆。萬寶入天倉。一點通玄竅。天公造化真箇巧。

【沽美酒】撼龍山風怒號。簾幙外雪飄飄。銀海瑶山樹縹緲。粉粧成殿閣。白練練賽瓊瑶。

【太平令】梅花夢忽然驚覺。梅花神相友相交。聽一曲中和古調。彈一曲幽閑雅操。看了這錦貂。翠翹。綉襖。暖融融將畫屏倚靠。

【尾】豐年稔歲合温飽。酴酥酒除夜安排了。門上换桃符。户外蒼朮燎。處處歌謡。托賴着萬萬載洪基受用到老。（雍熙樂府）

中　秋

【北雙調新水令】一天清露散瑶光。香馥馥桂花初放。海天秋欲老。草木葉將黄。佳景非常。開宴在玉樓上。

【喬牌兒】我則見冰輪出海洋。瑞彩罩朱幌。平分金水多清爽。助詩人情興廣。

【沽美酒】則聽的歡聲動帝鄉。和氣蕩穹蒼。今夜團圓興趣長。開懷宴賞。對嫦娥舞霓裳。

【太平令】酒滿泛珍珠佳釀。歌聲奏美韻新腔。風力微蟾光偏亮。醉顔酡襟懷儘量。

呀。我今日對着這月光。讚揚。慶賞。幸遇着太平年豐登景象。【清江引】吾皇聖德天地長。四海皆歸向。一統錦江山。萬載長興旺。慶中秋玳筵常宴賞。（雍熙樂府）

翫　春

【北雙調新水令】輕風細雨養花天。賞韶光在海棠庭院。夭桃如噴火。楊柳似堆烟。景美花鮮。春風滿玉樓殿。【喬牌兒】異香飄禁苑。錦綉滿花園。堆紅積翠真堪羡。牡丹花正妍。【鴈兒落】蜜蜂兒高低在花内穿。粉蝶兒上下向林中旋。錦鳩兒雙雙在葉底飛。金翅兒對對向花枝轉。【掛玉鈎】紫燕兒輕飛舞翩。梁上歇簷前串。舌巧黄鶯枝上言。百種嬌千般囀。列玳筵。排華宴。宜男草遺興忘憂。好花兒似語無言。【亂柳葉】麗春花競綉競綉争妍。荼蘼架淡黄淡黄雲練。素馨放香氣飄。金殿上幽香遍。紫錢。翠錢。風吹動滿池面。【太平令】呀。翠萍藻魚游水面。玉泉清龜戲池邊。蜂採花花間留戀。蝶遶枝枝上盤旋。呀。柳綿。滿天。舞旋。亂穰穰榆錢滿院。

【豆葉黄】玉堦前畫板鞦韆。金殿上品竹調絲奏管絃。音清悠韻遠。對對嫦娥雲外顯。玉珮瓊簪。綉襖羅衣。翠環金釧。

【七弟兄】殿前。兩邊。列飛仙。似月宫仙子雲間現。輕踏畫板襯金蓮。高高下下空中轉。

【梅花酒】呀。見許飛瓊下洞天。寶髻垂偏。綉帶風搧。錦綉翻旋。光凝得釵釧輝。雲暎得佩衣鮮。捧金盃酒慢傳。彈銀綫燕鶯言。吹玉管鳳鸞翩。敲象板韻聲連。

【收江南】呀。端的則見這輕盈嬝娜舞蹁躚。歌聲清巧透天邊。笛音清亮透雲軒。勝蓬萊閬苑。不枉了良辰佳節賞花天。（雍熙樂府）

離愁卜信

【北雙調新水令】海棠枝上子規啼。伴離愁九分滋味。時當明媚景。紅綻嶺頭梅。陡憶相知。歡會在何日。

【駐馬聽】寬褪羅衣。昏曉相催能有幾。困人天氣。懨懨懶去傍朱扉。青鸞失却信音稀。近間鏡裡添憔悴。瘦形容猶似鬼。害相思鎮日情如醉。

【鴈兒落】我恰纔輕將蓮步移。欸向花前立。好教我含愁訴與誰。搵不住兩眼恓惶淚。

【得勝令】我這裏自嘆自傷悲。自怨自孤恓。月下燒香拜。盼的來伶仃瘦影微。一會家呆痴。怕入香閨内。獨自箇幽棲。滿懷愁只自知。

【川撥棹】曉夜家盼佳期。好恩情如同鹽落水。恨只恨短命强賊。飽病難醫。狠似王魁。恨薄情辜恩負德。撇奴家在兩下裏。

【七弟兄】一會家黛眉。慢蹙。數歸期。早離别三載淒涼日。怕黄昏鐘響漏聲催。怯啼春燕語鶯聲嚦。

【梅花酒】呀。減崔徽畫裡肌。恨芳草淒迷。恠浪蝶分飛。當時也臨遠别。呀。敢曾有話對咱題。百椿兒無一實。我恨不的死尋追。負心賊把咱欺。望永遠效于飛。生拆散各東西。

【收江南】呀。這些時懨懨悶守舊屏幃。孤眠獨枕淚珠垂。燈前月下費相思。全無箇信息。金錢每夜對神擲。（雍熙樂府）

春　怨

【北雙調新水令】海棠深院杜鵑啼。一聲聲喚將春去。落紅閑不掃。飄絮亂猶飛。簾幙低垂。曉風輕篆烟細。

【駐馬聽】心事羞題。畫閣無言空嘆息。春情空憶。瑶堦獨步自徘徊。纖腰寬褪絳綃衣。玉搔亂綰青螺髻。無歡容不理浥。鮫綃揾濕相思淚。

【喬牌兒】慵將這斑管揮。倦把那青銅對。玉容寂寞了心如醉。這芳菲誰愛惜。

【落梅風】和風細。麗日遲。燕呢喃往來相戲。弄春音鳥聲兒嬌更美。他咲愁人不禁憔悴。

【鴈兒落】這些時香消脂粉稀。清減腰肢細。香殘錦綉衾。夢破鴛鴦被。

【得勝令】呀。春意有誰知。春恨自心馳。鳳去簫聲斷。魚沉鴈信違。追隨。屈纖指把歸期記。孤栖。染霜毫將離恨批。

【滴滴金】空撇下翠幃華亭。絳燭銀臺。玉笙金珮。看幾度月昏迷。這些時鬬草無心。待月無情。吹簫無意。眼睁睁鳳寡鸞隻。

【折桂令】緑楊烟深鎖窗闈。槐影摇金。花氣侵衣。鈎控珊瑚。簾閑翡翠。香暗狻猊。本是箇美甘甘風光畫室。恰便似冷清清寂寞柴扉。那裏也蝶使蜂媒。衡一味信寡音稀。空教人盼斷行雲。聽徹殷雷。

【錦上花】無定光陰。將春搬去。有限精神。使人着迷。捱不徹的憂愁。恰欲教息。

丢不下的淒涼。目今又起。

【幺篇換頭】空臨錦帳眠。獨倚薰籠立。俏俏芳心。默默空惜。點點靈犀。暗暗自抵。減盡紅顔。消殘玉體。

【清江引】倚危樓只落的空嘆息。越感的芳心碎。釵分金鳳單。眉斂青蛾翠。半含情强把花柄理。

【鴛鴦煞】芭蕉微放青鸞尾。海棠欲墜金英蕋。物色已芳菲。鳥啼落花飛。時光迅疾。閑庭幽。白晝長。翠幙捲清風細。春歸也心空憶。俏性兒甚時依。癡心兒望到底。（雍熙樂府）

雙　美

【北雙調新水令】綉房春煖掛流蘇。喜孜孜兩情歡聚。你便是美甘甘鶯燕友。嬌滴滴鳳鸞雛。端的是美愛歡娛。蘭堂内那情趣。

【駐馬聽】暗想當初。弄粉搏香一處宿。閑中憂慮。輕憐痛惜兩情餘。則爲我妖嬈俊俏美粧梳。我愛他風流性格真英物。到于今兩意疎。更那堪魚沉鴈杳無尋處。

【川撥棹】徃常時共紗幮。暖溶溶爲伴侶。綉褥重鋪。鴛被輕舒。不弱如陽臺下朝雲暮雨。那些兒情意足。

【七弟兄】想着他俊儒。共我這艷妹。不塵俗。俺在那星前月底酬詩句。花陰柳影飲芳醑。蘭堂畫閣重相遇。

【梅花酒】俺在那錦帳居。軟玉温酥。蘭麝香拂。膩粉調朱。美姻緣同配偶。效比翼共相扶。端的是有分福。烏雲髆。粉香撲。透酥胸汗如珠。

【收江南】呀。成就了一生歡愛俏妻夫。真箇是郎才女貌豈非俗。百年恩愛在須臾。勝桃源洞府。恰便似瑶池仙種樂蓬壺。（雍熙樂府）

春期未會

【北雙調新水令】海棠枝上曉鶯啼。則被你躭閣的我半殘不濟。我爲你功名不就身。今日箇得便宜。翻做了落便宜。事事休題。我則待穿一件舊衣袂。

【駐馬聽】淡飯黄虀。不戀恁榮華享富貴。又不曾争名奪利。則我這憂愁思慮也傷悲。悶的人悶懨懨獨自箇受孤恓。共别人羅幃錦帳鴛鴦會。你道是容易捨來容易得。一時間心巧計。不止望他心中倒使着箇拖刀計。我如今悔時節怎地悔。

【鴈兒落】知他是甚道理。倒把咱相抛棄。可是未相隨百步恩。也有箇徘徊意。

【掛玉鉤】可正是失配。人間總不知。不曾道是。酒未飲心先醉。

【梅花酒】你可是甚所爲。入門來那些雄勢。推整頓素羅衣。你將我厮催逼。我如今怎迴避。

【收江南】呀。你正是坐而不覺立而飢。抵多少碧桃花底鳳鸞棲。把鴛鴦拆散兩分離。是做的恁的。只争來早共來遲。

【快活年】秀才每甚所爲。直喫的醉如泥。動不動將人來厮央及。又不是書房内使數的。

【玉嬌枝帶四塊玉】則索把梅香央及。則要你前程萬里。這一塲好事驚天地。愁損我這翠蛾眉。有才學怎生來無些兒見識。這其間等待的無消息。呀。要相逢花陰樹底。好一會。惱一會。則今番要箇端的。他如今所事兒别。將心昧。路柳花街内。列金釵捧玉盃。

【得勝令】呀。止望永遠做夫妻。誰承望半路裏兩分離。這些時不管人憔悴。只争一箇早共遲。其實。愛他的着他的誰想有今日。則我。這相思怨恨誰。

【尾聲】全無半點兒留情意。空教人惹下些風流罪。也是我一世兒聰明落得的。（雍熙樂府）

按：曲牌〔玉嬌枝帶四塊玉〕原僅書〔玉嬌枝〕。

慶中秋

【北雙調新水令】賀中秋佳節列瓊筵。錦模糊瑞雲籠罩。中官排錦綉。宫侍列雲綃。慶賀皇朝。祝萬歲永安樂。

【駐馬聽】托賴着聖德寬昭。見如今四海歡欣民業好。八方歡樂。千邦拱手盡來朝。賢臣忠義志勤勞。黎民道泰皆歡笑。讚當今萬歲高。永綿綿高聳如山岳。

【沉醉東風】你看這祥雲罩龍樓鳳閣。瑞烟籠綉幙珠箔。爇龍涎寶鼎中。燃畫燭紗籠照。翠模糊粉膩胭嬌。你看這翠袖慇懃捧壽醪。齊賀着天長地老。

【攪箏琶】喜孜孜追歡樂。見如今四海盡歌謡。普天下民業安然。更那堪官清法好。端的是風雨正和調。禾稼豐饒。四序逍遥。普天下都仰賴仁朝。

【川撥棹】正值着景蕭蕭。看蟾光明月皎。你看桂影飄飄。玉兔浮摇。正素魄光輝玉皎。賀新秋節令高高。

【七弟兄】則聽的勢高。畫閣。杵聲敲。雕欄外玉砌寒蛩叫。畫簷前鐵馬晚聲敲。梧桐畔風舞凋殘落。

【梅花酒】呀。端的是享聖朝。聽一派笙簫。樂奏簫韶。韻遏青霄。玳筵前羅織張珍饈。列品清高。端的是慶此宵。金盃注飲香醪。歡聲動樂陶陶。

【收江南】呀。祝賀着磐石社稷永堅牢。皇圖萬載福彌高。黎民樂業減差徭。賴吾皇壽考。齊賀着大明仁聖與天高。（雍熙樂府）

七夕會

【北雙調新水令】梧桐葉落暑初消。報新秋萬方知道。碧天涼似水。明月暎花稍。仕女相邀。鬬乞巧共歡笑。

【川撥棹】星月下共相邀。鬬穿針逞艷嬌。排列珍饈。酒泛羊羔。如宴蟠桃。亦似那群仙會着。共吹彈舞六幺。

【七弟兄】將摩訶羅擺着。立着。細氤氳麝蘭飄。晚風輕數點螢飛落。天街萬籟夜迢迢。看牛郎織女同歡樂。

【梅花酒】經一年會一宵。動一派笙簫。音呂和調。餘韻清標。樂陶陶沉醉倒。呀。敢歡聲笑語接天高。喜孜孜遇此宵。風淅淅雨瀟瀟。朧月色彩雲飄。紗籠罩緊隨着。

【收江南】呀。我則見重門深掩慢輕敲。丫鬟扶定女妖嬈。笑吟吟欵擺小蠻腰。沉沉

的醉倒。有丹青巧筆怎生描。（雍熙樂府）

訴　恨

【北雙調新水令】一輪明月控金盤。感愁懷不成佳翫。新愁臨月蹙。舊恨上眉攢。心事瀰漫。愁與悶怎生算。

【駐馬聽】音杳青鸞。暗數歸期空自纂。釧鬆冰腕。香肌瘦損綉裙寬。玉容憔悴鏡羞觀。金釵插烏雲亂。懶簪冠。幾般兒凄楚柔腸滿。

【喬木查】俺幽閨誰顧管。失却吹簫伴。冷清清獨寢鮫綃幔。恨更長嫌夢短。

【鴈兒落】明朗朗蟾輪光爛熳。昏澄澄畫燭烟消斷。絮叨叨蛩吟花檻邊。響璫璫鐵鬧雕簷畔。

【得勝令】呀。愁恨許多般。甚寐似陳摶。煩惱天來大。熬煎海樣寬。心酸。淚濕香羅段。情牽。今生緣分短。

【甜水令】凉夜迢迢。羅幃静悄。凄凉不斷。香燼紫金盤。禁鼓愁聞。賓鴻惓聽。神魂没亂。悶懨懨憶沈思潘。

【折桂令】記當時同會同歡。錦帳綢繆。透骨情鑽。誰承望鏡破釵折。花殘月缺。隻鳳孤鸞。嘆可意人兒幸短。再休題人月團圓。情緒多端。離恨千般。怎能勾生則同衾。死則同棺。

【尾聲】錦箋空有三千段。霜毫蘸滿難批判。端溪硯墨磨濃。則我這腹内憂愁訴不滿。（雍熙樂府）

樂道

【北雙調新水令】對青山蓋一座草團瓢。伴琴棋古書茶藥。門前栽野杏。院後種山桃。松竹週遭。無榮辱有歡樂。

【駐馬聽】散誕逍遥。貧不憂愁富不驕。誠心修道。韶光逝水不相饒。臨風對月品鸞簫。倚溪近澗將琴操。無憚勞。恁無情水火來週照。

【喬牌兒】蝸角名不甚好。蠅頭利有何妙。俺存心無甚閑煩惱。睡東窗紅日高。

【川撥棹】閑來時過溪橋。採藤花摘藥苗。林下漁樵。每日相邀。俺三箇知心故交。淡生涯活計小。無憂愁閑快樂。

【七弟兄】喚山童舞着。唱着。飲香醪。旋篘的村酒連壺調。將宜時野菜帶根挑。瓦盆中慢火煨山藥。醉了時就地倒。聽翠竹蕭蕭。見梧葉飄飄。看緑水迢迢。

【梅花酒】樂清閑度歲華。無憂愁過逐朝。四時中景物好。春花開滿山遥。夏天涼晚風飄。秋月明素蟾高。冬瑞雪壓梅稍。

【收江南】呀。看了一年四季樂陶陶。蘆花被煖度良宵。瓦爐中伏火暗香燒。掩柴門静悄。閑來無事跨雲鶴。

【轉調煞】散清香滿院松花落。風來敲翠竹如宫調。聽黄鶯弄巧。雲林散誕樂安然。一世兒清閑快活到老。（雍熙樂府）

知　　幾

【北雙調新水令】古今興廢轉頭空。嘆光陰一場春夢。今朝秦帝闕。明日漢家宫。多少英雄。都曾被利名送。

【駐馬聽】顯甚玲瓏。暗想空施十大功。粧些懵懂。自思愁待五更鐘。心閑難探緑波龍。志高不作青雲鳳。莫誇勇。争能楚漢成何用。

【喬牌兒】恰春光花正濃。又秋色葉飄動。怎禁那兔烏來往相搬弄。看看的故人稀添墓塚。

【鴈兒落】我如今避風波方悟通。遠是非分輕重。對柴門緑水溪。近草舍白雲洞。

【得勝令】跳出虎狼叢。居在鳥猿中。閑來時白酒磁壜注。清茶石鼎烹。從容。磯畔漁翁共。縱橫。林間稚子同。

【甜水令】有時樂意。圖觀清心。棋着忘機。詩咏景物玩無窮。桃李深栽。禾黍多收。桑麻廣種。喜銀蟾晚掛蒼松。

【折桂令】静巉巉坐對孤峰。一枕南華。三尺絲桐。厮引玄鶴。相隨白鹿。勝跨青驄。拖黎杖閑携着小童。掛椰瓢醉訪仙翁。每日家任走西東。儘着他帶露迎霜。管甚麽驟雨狂風。

【尾聲】覷不得紅塵俗事偏繁冗。且隨緣終朝和哄。麻袍草履少憂愁。髽髻環絛罷驚恐。（雍熙樂府）

燈 夕

【北雙調新水令】鳳城春色勝蓬瀛。照金門一輪金鏡。龍燈排寶殿。鳳燭滿都城。燈月光明。花燈照月光静。

【喬牌兒】玉堦前萬盞燈。似移下一天星。燈光月色相交暎。歸金門普大明。

【鴈兒落】燈燦爛六鰲海上明。月皎潔雙鳳雲中静。燈照耀玉堦仙仗鮮。月光徹金殿珠簾暎。

【掛玉鈎】絃管笙歌滿鳳城。歌壽詞昇平令。玉管低吹律呂清。銀線鳴瓊簫應。音韻清。宮商正。聲嘹喨鶯語嬌柔。舞蹁躚燕體輕盈。

【亂柳葉】玉堦前社火社火施呈。花燈下樂聲樂聲相稱。攢攢簇簇來呈應。金殿上排筵慶。錦箏。玉笙。咭玎瑲環珮響環珮響謹恭敬。

【太平令】玉碗内七珍擺飣。翠盤中百味攢成。蒙頂茶瓊甌香盛。玉液酒金瓶捧定。月燈。賽明。在殿庭。月暎燈燈月交暎。

【豆葉黄】祥雲下千朶金蓮。瑞光中萬盞花燈。端的是不夜天長。春宵勝景。香串烟濃焚玉鼎。風動鏗鏘。如閬苑瑶池。不弱如桃源勝景。

【七弟兄】鳳城。玉京。萬花生。牡丹燈芍藥千朶盛。芙蓉燈梔子百枝明。繡毬燈寶帶相排定。

【梅花酒】呀。水晶簾晃玉屏。滿殿香馨。一派清音。四下裏燈明。看梨花苑内生。萱草花半空檠。熒煌亮照鳳庭。看起火似流星。聽爆杖震雷鳴。紅蝴蝶火蛾迎。

【收江南】呀。玉樓金殿瑞光凝。翠圍珠遶月光清。錦鋪花簇焰光明。賞元宵鰲山勝景。銀花火樹百千層。

【鴛鴦煞】笙歌鼓吹喧天應。燈光月色交輝暎。鳳燭熒煌。蟾精照影。唱道一國康寧。百世藩屏。祝永永皇圖金殿上排筵慶。對着這萬盞花燈。千千歲元宵壽綿永。

（雍熙樂府）

按：〔鴛鴦煞〕，原寫作〔尾聲〕。

間　阻

【北雙調新水令】枕痕一線玉生紅。曉鶯啼唤回春夢。瘦來粧鏡裡。愁在夕陽中。獨立東風。晨光曙緲碧空。

【駐馬聽】信斷魚鴻。千里相思無計通。衾閑鸞鳳。幾番魂夢與君同。半堦苔翠草茸茸。我則見滿庭冷落胭脂重。透簾櫳。羞見這梁間燕子雙雙共。

【喬牌兒】悶來心越冗。愁向鬢邊種。悶和愁兩件兒相搬弄。多應是倦梳粧減了玉容。

【鴈兒落】這些時雲偏寶髻鬆。月暗蛾眉縱。烟消香篆閑。簾簌金鈎控。

【得勝令】枕剩翠幃屏。帳冷綉芙蓉。苦海三千丈。巫山十二峰。想當日相逢。渭水桃源洞。離別後匆匆。恰便似送垂楊渭水東。

【甜水令】想當日那月底星前。山盟海誓。全然無用。一去似飛絮趂狂風。多應是帝闕成都。章臺走馬。見慣司空。和誰人步步相逢。

【折桂令】倒做了竹林寺有影無形。咭玎璫掂折了瓊簪。厮琅琅摔碎了青銅。投至的文賦三場。官級一品。禄亭千鐘。更做道書信少尋不着一箇便鴻。直恁的路途遥倩不得一箇家僮。離恨重重。霧靄濛濛。若見俺那短命喬才。使不着他甜話兒相迎。

【尾聲】若是他來時節再休想相陪奉。難比那似從前放鬆。乞良的面皮兒羞。再休想被窩裏寵。（雍熙樂府）

悲　夏

【北雙調新水令】枕痕一線淚淋漓。愁見這緑苔前籟篁摇翠。一帶山遥遠。四面水週圍。驟雨鳴池。點點緑萍細。

【駐馬聽】玉腕清奇。鳳髓和茶丰韻美。金瓶飄逸。冰盤貯果色榮輝。暑消庭院最依稀。涼生枕簟多清致。心清明似水。傍池河懶覩鴛鴦戲。

【喬牌兒】倦將羅扇揮。慵把翠屏對。去時節少算了箇田程日。到如今心自悔。

【鴈兒落】怕見那薔薇開茉莉堆。葵綻錦榴花綴。素馨香萱草榮。白藕嫩紅蓮媚。

【得勝令】趁着這月上緑槐移。更和那風擺緑楊垂。則聽的池畔蛙聲鬧。更有那林幽蝶影稀。傷悲。無酒三分醉。别離。情深千里期。

【甜水令】幾時得帶綰同心。花枝連理。靈禽比翼。好着人心似醉意如癡。端的是每歲無歡。鎮日無聊。終朝無寐。怕炎光懶出香閨。

【折桂令】珠簾外燕語鶯啼。似説相思。如訴别離。不由我心緒熬煎。情懷懊惱。魂夢昏迷。者末你冰沉下金桃翠李。酒擎着玉斝瓊杯。形像尫羸。病體狼藉。減盡了萬種芳姿。瘦損了玉骨冰肌。

【尾聲】想着他風花雪月何時已。眼前得多嗔少喜。則少那薄倖短命負咱家。咱兩箇夢兒裏相逢。我不到的放過了你。（雍熙樂府）

怨 恨

【北雙調新水令】枕痕一線粉紅嬌。終不似舊時容貌。對天盟誓願。將酒帶愁澆。心緒寂寥。懶向鏡臺照。

【駐馬聽】數次登高。燕子樓空人静悄。幾回凝眺。鴈迷雲鎖信迢遥。碧桐井畔曉霜凋。緑楊月轉恰纔到。又被雨驚覺。情人一去何時到。這凄凉何時了。

【鴈兒落】藍橋驛水浪滔。祅廟火烟迷罩。楚陽臺絶雨雲。桃源洞無音耗。

【得勝令】呀。籬菊綻蕭蕭。敗葉舞飄飄。怕見金烏落。愁聞鐵馬敲。難熬。淚似珍珠落。心焦。面如烈火燒。

【甜水令】這些時鴈帖無踪。魚書無覓。鸞箋不到。空着我雨淚痛嚎咷。覷不的畫閣蕭疎。羅幃空設。銀缸獨照。冷冷清清寶鼎香消。

【折桂令】辜負了鳳友鸞交。愁的是淡月澄澄。落葉蕭蕭。曾經了幾遍相思。這番憔悴。折倒的骨化形消。無倒斷情懷怎了。多應是命限難逃。捱過今宵。怕到明朝。不由人廢寢忘湌。好着我夢斷魂勞。

【尾聲】雖然你九經三史都通曉。我怎肯伏低做小。你欺負我軟弱性兒柔。我呪駡你喬才壽命夭。（雍熙樂府）

望　信

【北雙調新水令】枕痕一線印香肌。更那堪玉葱纖細。慵將胭粉施。懶畫淡蛾眉。無限傷悲。鬆金釧髀雲髻。

【駐馬聽】無語徘徊。無限凄涼訴與誰。玉容憔悴。鸞孤鳳隻阻佳期。終朝衫袖淚淋漓。何時捱徹㮕惶日。廢寢忘食。傾心想念成何濟。

【喬牌兒】喜蛛兒無信息。靈鵲兒有何意。魚沉鴈杳書難寄。你因咱咱爲你。

【鴈兒落】盼青鸞無信息。望錦鯉絶盟誓。願鴛期怎配偶。想鳳友難成對。

【得勝令】呀。這些時閑却煖金杯。無分飲罇罍。冷落了芙蓉帳。蕭疎了錦綉幃。恰便似呆癡。知他是甚日成佳配。一會家悲啼。相思訴與誰。

【甜水令】每日家廢寢忘飡。行眠立盹。昏昏沉睡。何日得囬歸。我則怕懶去經商。花街柳陌。和誰歡會。閃的我獨自孤㮕。

【折桂令】悶懨懨自受岑寂。怕到黄昏。香盡金猊。一自别離。巫山隔阻。霧鎖雲迷。你那裏喜孜孜笑吟吟笙歌韻美。我這裏冷清清意遲遲魄散魂飛。早晚遲疾。别辨箇高低。有一日鸞鳳同林。那其間再整容儀。

【尾聲】等來時慢訴與真誠意。好夫妻如魚似水。你將那猜商謎飄蓬語話我根前言。我將這受凄楚的㮕惶訴與你。（雍熙樂府）

病 減

【北雙調新水令】枕痕一線印腮頰。界殘粧粉消蘭麝。蛾眉青黛減。蟬鬢緑雲斜。無限咨嗟。捱一日勝一月。

【駐馬聽】離恨重疊。羅帶拴成千萬結。情懷薄劣。玉簪掂做兩三截。淹藍橋波浪不曾絶。燒祆廟火焰何曾滅。心慘切。打撈起御水流紅葉。

【喬牌兒】想今生忒命拙。常記的那時節。想同行同坐同歡悦。這恩情都做了湯内雪。

【鴈兒落】那時節將陽臺楚廟钁。更將那謝舘秦樓拽。將銀箏錦瑟分。把鳳管鸞簫裂。

【得勝令】呀。將一座鴛鴦閣密雲遮。把一座燕子樓被風趄。本是對比目魚將鋼刀剉。一朶並頭蓮花上撧。休賣弄喉舌。想着俺言海誓明香爇。害的人似癡呆。這相思何日徹。

【甜水令】往常時弄盞傳杯。淺斟低唱。無明無夜。一去路途賒。想着俺倚翠偎紅。輕憐痛惜。翻成吴越。想人生最苦是離别。

【折桂令】想人生最苦是離别。章臺路賣弄你聰明。平康巷施展華奢。挨得至青銅鏡缺。更那堪音信稀絶。瓶墜簪折。相思病何日寧貼。思量恨甚日休歇。害殺人也感嘆傷嗟。只望待生則同衾。死則同穴。

【尾聲】淚珠點點腮邊血。受過的淒涼記者。若是他鞍馬上喜還家。我將這受過的憂愁慢慢說。（雍熙樂府）

蹴　踘

【北雙調新水令】論風流蹴踘最爲魁。另一種可人博戲。錦排場多俊雅。俏家風甚清奇。名號雲齊。撇演的有仁義。

【駐馬聽】六扇香皮。貫串乾坤造化機。一團和氣。包含着混沌範圍極。坎離斡運定璇璣。丹田圓滿方成器。玄妙理。箇中難曉真三昧。

【喬牌兒】搬弄時偏愛惜。參透也轉滋味。包含一點陰陽氣。走滾中幾箇知。

【落梅風】自上古軒轅鏡。每人中宗派習。潤家國又能親貴。修身養神人盡喜。三千丈五陵豪氣。

【鴈兒落】有錫峰張校尉。壓當行過前輩。曾將苦志習。學得驚人藝。

【得勝令】聲價四方馳。香譽任誰知。聲振臨蘇北。名騰到浙西。震動京畿。門下多歡跡。貫滿華夷。池邊有鳳衣。

【尾聲】千金不換真奇藝。内中包隱衠和氣。上古聖賢留。頃刻能教萬人喜。（雍熙樂

府）

南北雙調合套

【新水令北】枕痕一線粉胭消。則聽得賣花聲猛然驚覺。新愁離眼底。舊恨上眉稍。無語寂寥。人不至信不到。

【江兒水南】不是當時容貌。離愁悶怎消。自離別情緒杳。無音無耗。病懨懨憔瘦了。想我多命薄。今生緣分少。摔碎菱花。掂斷瓊瑤。夜迢迢。冷清清難到曉。仔細思量。怎捱今宵。早知道你將奴撇調。你只恁的有上稍没下稍。

【鴈兒落帶得勝令北】頻將寶串燒。忙把蒼天告。雲迷了楚岫峰。烈火燒袄廟。呀。我今日無伴品鸞簫。流淚濕鮫綃。拆散了鴛鴦會。分開了翡翠巢。一會家評跋。冷淡了芙蓉貌。我則索量度。衣鬆了楊柳腰。

【漿水令南】怎禁那羅幃靜悄。恁肌膚已覺瘦了。遠山眉黛倦慵描。冰肌瘦怯。減了妖嬈。黄昏後。人静悄。煩惱了煩惱了無顛倒。相思病。相思病。何日是了。凄涼景。凄涼景。委實難熬。

【川撥棹北】凄涼光景最難熬。幾椿兒都輳着。淅零零梧葉兒飄飄。踈刺刺翠竹蕭蕭。韻悠悠譙樓畫角。響璫璫鐵馬敲。明朗朗月漸高。

【錦衣香南】月漸高。昏鴉又噪。翠竹又敲。寒蛩又鬧。則聽得鴈過南樓。聲聲齊叫。幾番月下把香燒。相思病兒。怎捱今宵。耐衾寒枕冷。這淒涼委實難熬。無語傷懷抱。夢斷魂勞。離愁間阻。何年是了。

【喜江南北】呀。我這裏羅裙寬褪小蠻腰。朱唇一點淡櫻桃。粉慵香減玉容消。柰緣妾命薄。辜負了碧桃花下鳳鸞交。

【尾聲南】終須有日同歡樂。先付與俺故人知道。永遠團圓直到老。（雍熙樂府）

按：帶過曲原分列，兹改。

七　夕

【北雙調新水令】恨情深鴛被半床閑。況新秋悶懷愁怨。則爲那多情白粉郎。盼殺玉嬋娟。苦痛哀憐。思量起幾時見。

【駐馬聽】正值着秋景金天。良夜佳期難過遣。光陰如箭。蕭條寂寞索幽然。你看這金風玉露暑方潛。星橋月燭祥光現。賀七夕翡翠軒。穿針乞巧長生殿。

【川撥棹】他每將彩樓纏。綉重叠錦袋懸。擺列着瓜果新鮮。酒泛如川。更有這美貌香嬌玉軟。看星毬落照邊。

【七弟兄】俺可也意專。性堅。爇龍涎。有他這十洲三島蓬萊院。瀛洲方丈洞中玄。更和這瑶池閬苑扶桑獻。

【梅花酒】我則見瑞氣蹁躚。列着這粉席香筵。緑嫩紅鮮。翠幕樓前。設盃盤酒饌豐。陳瓜果列奇鮮。端的是喜咲喧。望牛女碧天邊。鵲填河喜相連。

【收江南】呀。這的是天星相會古今傳。夫妻完聚美團圓。人間乞巧意無偏。樂天長地遠。則願的延生益壽百千年。

【尾】且休説夫妻間阻天涯遠。今日箇洞房相會芙蓉面。俺如今福壽皆全。則俺這美滿夫妻再難選。（雍熙樂府）

南北雙調合套

重 會

【新水令北】悶無聊和淚倚東窗。意中人鎮縈心上。這時奇花不待賞。美酒幾曾嘗。離恨難當。越寂寞越惆悵。

【江頭金桂南】折倒盡當時模樣。對鸞臺懶去粧。柰香消體態。玉減容光。枉嗟咨空怨暢。似丹山彩鳳離凰。怎不恓惶。須信紅顔薄命。獨守空房。冷清清使人愁斷腸。恨不能勾共他。重相親向。怕到黄昏。閑却鴛紋被。空餘白象床。

【鴈兒落帶得勝令北】怎禁這良宵似歲長。孤悶如天樣。愁的是香殘寶鼎中。燭暗銀臺上。呀。這裏淚眼鎮汪汪。心緒已忙忙。少不的鬼病學張倩。離魂奔玉郎。參詳。弱體難扶杖。斟量。相思無藥方。

【攤破金字令南】菱花墜缺。陡恁情勞穰。瓊簪繫折。慢自心悲愴。懊惱寃家。怎生思想。枕畔山盟海誓。共伊曾講。緣何到今一旦忘。藍橋水波茫。陽臺雲雨荒。花落東牆。月暗西廂。鐵石人到此添慘傷。

【折桂令北】空教我無倒斷思量。則爲他俊俏聰明。恭儉温良。德並顔淵。才過子建。貌賽何郎。到如今附鳳翼名標金榜。誤了我效于飛歡宴華堂。虚度時光。擔誤年芳。空教人夢想眠思。腹熱腸荒。

【孝南枝南】天漸曉。人暗傷。千田萬轉懶下床。顛倒着衣裳。時復弄香囊。情懷怏怏。拈起金針。傷心又放。只見小玉傳言。佳婿歸來傍。口内强。心内忙。笑顔開。喜天降。

【沽美酒帶太平令北】挽烏雲向緑窗。步金蓮出蘭房。我見他下馬如虹英氣昂。他將那謙謙禮講。敍寒暄訴情況。再整理珠幃羅帳。重拂拭錦被牙床。投至得同心歡暢。受多少孤眠魔障。呀。不枉了女郎。兩相。對當。再誰肯霎時間抛漾。

【尾聲南】情厮順心相向。但歸處婦隨夫唱。今世裏盡老成雙。（雍熙樂府）

人月重圓

【北雙調新水令】恨相思長夜痛難熬。眼睁睁夢魂顛倒。則我這雲鬟無意整。針線懶慵挑。將這寶鴨香燒。空教我作念的眼皮兒跳。

【駐馬聽】我如今每夜勤勞。遥望蟾宫明月皎。我將這香焚烟裊。騰騰瑞氣徹雲霄。則願俺姻緣重會鳳鸞交。恩情美滿人之道。願嫦娥心意表。你團圓偏俺無着落。

【沉醉東風】往常時同宿在紗幮絳綃。慢施逞鳳友鸞交。我愛他憐香惜玉心。他重我閉月羞花貌。俺也曾共交歡徹夜連宵。端的他卧損香裀翡翠巢。俺可也共飲在蘭堂畫閣。

【攪箏琶】好教我欣然笑。不承望相會在今朝。閑叙些間闊之情。皆因是離多會少。喒于今堅意放下頭稍。準備今宵。綉被蒙着。我和你一夜不定交。休要論好弱低高。

【川撥棹】脱了這瑞雲綃。鴛鴦被重蓋了。簌下這錦帳鮫綃。翠幙珠箔。似戲水鴛鴦鬬巧。儘施呈不倦勞。

【七弟兄】則爲他像貌。俊俏。更清標。恰便似綉毬般上下多顛倒。柳枝般風擺任輕搖。吐櫻桃一點微微笑。

【梅花酒】不由我逞艷嬌。金鳳斜翹。雲鬢鬆着。粉汗胭消。綉幃中成配偶。鴛帳内鳳鸞交。端的是兩意好。似裴航遇藍橋。成仙眷得功高。

【收江南】呀。可又早一宵春色潤胸消。露滴花蕋動情高。兩情深密不相饒。這滋味更好。願天長地久永和調。（雍熙樂府）

閨　悶

【北雙調新水令】枕痕一線粉紅湮。對鸞臺不堪整頓。萬花無意賞。百鳥豈堪聞。怕到黄昏。又是我悶時分。

【駐馬聽】對景傷神。雨打梨花深閉門。無言感恨。又被這烟迷楊柳暗消魂。則我這憂愁折倒有誰論。相思害殺無人問。心内忖。今春更比前春恨。

【喬牌兒】任金爐沉水温。銀臺上燭花盡。才郎别後絶音信。這凄凉怎地忍。

【鴈兒落】則聽的鶯聲嬌囀巧新。燕語喃多丰韻。自別了有意人。展轉的添愁悶。

【得勝令】呀。桃花落紅雨遶堦痕。梨花謝白雪滿園春。海棠開雨過胭脂重。荼蘼敗風催瓊玉損。逡巡。人遠天涯近。慇懃。情疎恩義真。

【甜水令】好着我眼角低垂。眉尖頻蹙。腰肢寬褪。端的我無一日不思君。這些時減盡了風流。遭逢薄倖。消磨淹潤。懨懨的獨守閨門。

【折桂令】看何時暮雨朝雲。愁的是鐘送黃昏。怕的是鷄報清晨。這些時懶上粧樓。慵將酒飲。倦把香焚。淚漣漣難施朱粉。骨岩岩怎繫湘裙。想當日同步尋春。對面開樽。幾時將連理樹重栽。比翼鳥温存。

【尾聲】他將那盟山誓海全無準。可着我呆答孩心中自忖。逐朝家盼望見無因。每夜思量睡不穩。（雍熙樂府）

閨　病

【北雙調新水令】枕痕一線界芙蓉。悶懨懨似痴如夢。別離容易捨。相見甚時逢。間阻匆匆。傷感偶情動。

【駐馬聽】獨出房櫳。閑步瑶堦金釧鬆。和誰相共。千愁萬結惱人胸。相思久染病尤兕。多情反被無情送。喬閑人謊話兒哄。這其間無語傷情重。

【鴈兒落】甚日箇得相逢銅雀宮。見如今識破巫山夢。從去後闌珊了謝氏舘。這些時冷淡了天台洞。

【得勝令】呀。空設着孔雀屏風。鳳沼共焦桐。我恰纔將筆心方描寫。不似崔徽畫裡容。花叢。鬭草何人共。房櫳。拈鬮誰與同。

【川撥棹】終日家似鎮風。散烏雲腮半擁。怕的是報曉晨鼕。送晚昏鐘。鐵馬玎璫。何日得相偎相寵。迸長安無路通。

【七弟兄】一會家晚風。透櫳。恨偏供。幾般兒感起傷心痛。瘦身軀猶似鬼形容。被相思險把殘生送。

【梅花酒】但合眼夢裡逢。恨燕侶鶯朋。恠使蝶媒蜂。隔山水重重。無一語音通。當初也將遠别。呀。敢曾有誓告蒼穹。眼見的不志誠。怕人知自推啞自推聾。自屈指計前冬。向畫閣待東風。倚朱闌望青驄。

【收江南】呀。成就了夫妻美滿舊時同。從今畢罷恨綿叢。日疎日遠再相逢。斯言也不空。蘭房花燭百年榮。（雍熙樂府）

思慕

【北雙調新水令】幼年間曾入錦雲鄉。笑吟吟兩情歡暢。今日箇孤眠獨自宿。幾時得歡會共成雙。空教我曉夜思量。離别意不承望。

【駐馬聽】俺也曾意惹情牽。携手同行將情意講。則爲俺風流情況。到于今書齋獨守悶凄涼。陽臺無夢惱襄王。藍橋水泛疊千丈。好教我空念想。悶懨懨無語空惆悵。

【川撥棹】想着佳配鸞凰。繡幃中春事賞。準備着繡褥牙床。被刺鴛鴦。並頭蓮同蒂長。俏姻緣天配上。

【七弟兄】想着那玉娘。粉粧。腕生香。喜孜孜共賞銷金帳。綉簾低嬌色配才郎。美甘甘不捨風流樣。

【梅花酒】思量美艷粧。慢慢的斟量。不肯顛狂。也不索荒唐。俏風流旖旎嬌。俊龐兒顯高强。想着俺入蘭房。同衾枕共鴛鴦。金蓮瘦俏難量。

【收江南】呀。我將那殘花撇却不思量。則他這嬌紅一點嫩生香。恩情終日不能忘。心兒中自想。到來朝重會綉蘭房。（雍熙樂府）

和 諧

【北雙調新水令】繡幃中重會雨雲情。夜迢迢繡幃寂静。你看這銀蟾光皎潔。玉兔射寒冰。一任教徹窗檽。我和你同歡愛枕相並。

【駐馬聽】你看這和氣歡聲。恰便似並蔕蓮池一處生。這的是今生佳慶。鴛鴦交頸卧沙汀。俺須是風流一段美恩情。被兒中恩愛常相敬。將風流事儘意逞。拚今宵不捨無乾静。

【沉醉東風】我將這綉被兒從頭兒再整。袖稍兒揩抹了幃屏。重將珊枕欹。再把鮫綃定。控金鈎簌下簾櫳。趁着這良夜迢迢且受用。一任教更長漏永。

【鴈兒落】者末你風流所事成。則要你件件休薄倖。你愛我方纔花蘂香。我愛你一點根苗正。

【得勝令】呀。你可休風裡弄殘燈。水面蕩浮萍。我陪着數載真誠意。更和這千嬌百媚生。打迭起精神。施展會風流性。我爲你心疼。免不的到五更。

【沽美酒】料今宵不暫停。不歇氣到天明。者莫你弄玉團香所事精。休猜做充飢畫餅。料應咱敢相争。

【太平令】我俏聲兒全然不挣。儘教他左右翻騰。荒没出腰肢迭併。軟兀剌無言答應。呀。叫一聲可憎。是聽。不要你慢停。便死呵休惜一命。（雍熙樂府）

【北雙調新水令】翠荷翻露碎珠璣。一簾風藕花涼意。林鶯嬌舞醉。簾燕語還飛。幽夢驚回。紗窗外半竿日。

【駐馬聽】緑柳枝垂。飛絮纔沾燕嘴泥。碧桃子墜。殘花初釀蜜蜂脾。半窗竹射影風微。滿庭風鼓松聲碎。日遲遲。曉粧臺深鎖人憔悴。

【喬牌兒】怕臨粧鏡裡。不畫遠山翠。施朱傅粉無心意。難禁清淚洗。

【鴈兒落】倦聽的朱門外紫燕飛。羞覩着碧沼内紅鴛戲。懶簪的髀烏雲金鳳翹。愁擁的翻錦浪霞綃被。

【得勝令】最苦的是織回錦竇滔妻。酷害的是書險韻彩鸞姬。渴想的是文君令琴中意。深悲的是班婕好扇上題。空簌的羅幃。懸隔的是殢夜月千會。閑却是香煤。懶畫是蹙春山一黛眉。

【沽美酒】瑶琴上宫調稀。寶鼎内篆煙微。十二巫山雲夢迷。翠雲屏倦倚。寬掩過絳綃衣。

【太平令】行坐處似痴如醉。挑繡處有心無意。鎮日家揉眵抹淚。幾時得歡天喜地。我這想起。所爲。見識。多敢別做了乘龍嬌婿。

【水仙子】日斜楊柳乳鵶啼。烟鎖梧桐彩鳳棲。風恬菡萏嬌鴛睡。倚闌干心萬里。數歸期已誤了歸期。書不斷鴈來鴻去。食不飡龍肝鳳髓。味不甘熊掌駝蹄。

【折桂令】味不甘熊掌駝蹄。身雖在賞月亭南。心已在落日關西。芭蕉扇瘦掩酥胸。韮葉釧瘦鬆冰腕。藕絲裳瘦褪香肌。鶡鴝斷泥金面琵琶倦理。鳳頭閑紫瓊枝簫管慵吹。彼兮身兮。螓首蛾眉。駟牡騑騑。何日人歸。

【尾聲】不來時枉了閑淘氣。來時節從頭兒整理。先將他頑耳朶着錐兒剜。後把他謊舌頭着綉針兒刺。（雍熙樂府）

【北雙調新水令】桂花涼露楚天秋。瘦廉纖去年時候。詩題紅葉懶。鏡拂翠鸞愁。怕近粧樓。薄羅衣晚風透。

【駐馬聽】涼思颼颼。龍腦烟消閑玉斗。秋容皺皺。鴈行風急斷銀鈎。寂寞影對碧桐愁。懨煎人比黄花瘦。懶凝眸。一天恨壓雙眉皺。

【喬牌兒】淚淹羅袖口。鬢鬆寶釵溜。逼人愁思捱昏晝。天長和地久。

【鴈兒落】喜蛛兒絲慢溜。靈鵲兒聲遥受。夢魂兒九遍尋。名姓兒三番呪。

【得勝令】揉淚眼把書修。停心事整箏搊。門半掩紅燈夜。床空閑翠被秋。嬌羞。閃不掉相思扣。綢繆。掙不脱恩愛耩。

【沽美酒帶太平令】害的我瘦難禁珠臂韝。困壓損玉搔頭。十二簾攏不上鈎。非關是病酒。鎮日家苦僝僽。相約在清明左右。却又早重陽前後。他那裏花成蜜就。我這裏緑消紅瘦。這憂。那愁。怎休。心和口自家窮究。

【水仙子】麝臍煤淡遠山秋。獺髓朱勻滿鏡愁。鴛鴦被冷纖羅皺。數歸期淚暗流。惱愁懷萬緒千頭。入綉户窺人霜月。敲綉榻牽情露竹。滴銅龍索命更籌。

【折桂令】滴銅龍索命更籌。化鴛鴦妄想韓憑。變蝴蝶怎做莊周。叫不絶井露蛩螿。絮不斷寒堦蟋蟀。卧不安熱地蜒蚰。凄凉恨相關節一星星厮守。相思夢厮迴避一處處空投。俺念他線絍針頭。他戀俺高占鰲頭。不付能放下眉頭。却又早掛在心頭。

【尾聲】來時節準備着閑争鬬。玉纖手迎門便㲉。雖抓不着負情背恩的心。也摑綻他脱空賺人的口。（雍熙樂府）

雲窗秋夢

【北雙調新水令】玉簫吹斷鳳凰聲。彩雲飛洞房人静。麝塵棲綉榻。蛛網掛圍屏。感嘆傷情。又害起去年病。

【駐馬聽】燭暗銀檠。瘦怯怯羞看和淚影。梧飄金井。淅零零怕聽斷腸聲。冷清清羅帳内嫩寒生。薄設設翠被餘香剩。急煎煎心意不相誠。愁山悶海三千頃。

【喬牌兒】猛可裡心内有。也是我慣縱了他少年性。一心兒要嫁箇臨川令。到如今不見影。

【攪箏琶】莫不是喬行徑。流落在柳陣花營。我這裏雨澁雲慳。他那裏鶯招燕請。拈數瓊簪。心疼。一緘書欲問千里情。又只恐魚鴈無憑。

【慶宣和】翠幙低垂户半扃。綉枕慵憑。六幅鴛衾江紙般。輕那。冷冷。

【沉醉東風】明晃晃花前月明。響珊珊竹外風聲。凉夜天。清秋景。好教人對景傷情。早是那神思昏昏睡不成。但合眼是一箇相思病兒境。

【水仙子】錦香亭下見多情。携手在花陰移步行。俏聲兒問罷低聲應。春恣廝纏定。兩情濃㗇臉盈盈。不付能同歡慶。没揣的魂夢醒。端的是有影無形。

【折桂令】怕的是咭玎玎風擺簷鈴。響瑲瑲鐘送黄昏。撲鼕鼕鼓轉初更。韻悠悠砧杵凄凉。嗚呀呀賓鴻嘹嚦。絮叨叨促織兒悲鳴。聽一聲數一聲盼得來腦疼。長吁氣短吁氣捱不到天明。疎剌剌一弄兒秋聲。悶懨懨長夜難熬。急煎煎好夢兒難成。

【滴滴金】想當日粉臉相偎。玉手同携。香肩厮並。甜膩膩美恩情。到如今待月無期。吹簫失伴。吟詩無興。獨自箇冷冷清清。

【月上海棠】夢兒裡相見空傒倖。覺後相思怨恨生。打疊起愁懷花病。强聲兒扎挣。徒悲哽。舊歡娱如畫餅。

【么篇】想蘇卿枉接了馮魁定。桂英錯受了王魁聘。都一般語真誠。恰怎麼偏他報應。自思省。怎柰他離愁越逞。

【鴈兒落】三停刀割不開歡愛情。九還丹醫不可腌臢證。藕絛絲織不成錦字詩。鳳嘴膠粘不上菱花鏡。

【得勝令】夢兒裡似天外斷風筝。人兒去似井底墜銀瓶。活芒刺比翼鳥分飛去。亂忔答同心帶結未成。訴雨意雲情。巫娥女傷孤另。設海誓山盟。楚陽臺不志誠。

【落梅風】擔寂寞。無伴等。也是你命運中不幸。正青春未曾立箇節婦名。姻緣簿那裏前定。

【殿前歡】瘦伶仃。比離魂倩女不多争。一靈兒似遊絲飛無定。骨岩岩一捻身形。困騰騰酒未醒。呆答孩把香奩憑。慢欵欵把雲鬟整。春山隱約。秋水懵懂。

【清江引】錦薰籠未添黄串餅。且對鸞臺鏡。愁添翠黛濃。淚減雙眉静。瘦的那俊龐兒没了四星。

【七弟兄】猶古自半明。不明。枕前燈。想着他多情多錯多薄倖。自做下虧心斷送了好前程。枉教人惹下這等相思病。

【梅花酒】驀地自省。暗地傷情。暗地吞聲。撲簌簌珠淚傾。珠淚傾悶如縈。悶如縈可曾經。可曾經這等冷清清。

【收江南】怨只怨憐新棄舊小牢成。恰一似風中飛絮水中萍。那一箇玉天仙引動他的魂靈。知道是怎生不明。白折倒了玉娉婷。

【離亭宴帶歇指煞】金爐火冷香烟盡。紗窗月轉花摇影。睡覺來把愁懷再整。高的離恨天。深的是憂愁海。薄的是佳人命。土木般神思昏。鐵石似心腸硬。也捱不得天長漏永。活摘鳳凰心。生搊鸚鵡翅。扭斷鴛鴦頸。空餘待月心。不慣偷香性。比及見多情那生。三竿日尚嬌眠。五更鷄叫不醒。（雍熙樂府）

中州十九韻

【北雙調新水令】則他這項娘床上想郎歸。嘆單寒晚間彈淚。則因這憂愁猶舊有。恨悶近新積。一會家涕泣悲啼。好着我臨衾枕甚心睡。

【喬牌兒】這幾日飯饌難食。好着我焦燥號咷消耗體。見如今精形零替。歪揣歹瘵害衰脾。

【幺篇】倈瘸扯拽惹些疾。貪婪俺感腌臢氣。它麽陀我過失。我可便怨先前展轉綿纏你。

【沉醉東風】我如今觀鸞伴團圞歡喜。敬鶯朋情性誠實。鴻賓群論陣隨。鳳友酒甌酙醉。蜂媒隨爲美追陪。那一箇蝶使兹時自此離。我與那燕侶處驅書去矣。

【鴈兒落】那一箇賈大那花押。催施二使咨辭寄。譚慚減探參。支四止時思憶。

【得勝令】鄔五母阻吾囬。劉六舅誘你離。你看那齊七妹催媒退。怎當那夏八家把話譏。尤九友羞歸。季十妻提離異。怎捨俺漢患難山西。我可便懷揣孩來塞北。

【沽美酒】到春來送東風融凍冰。巨澍雨沭蔬畦。我可便靜聽鶯聲鳴影裡。則我這私事似子規。

【太平令】他與我呼吾夫不如歸。蝶歇栢斜遮葉密。燕沿椽旋填泥。靠郊桃萼凋落地。盈嶺杏瓊英零替。呀。這朝晚日西。醉回。倚閨扉睡起。端的是衠混沌困人天氣。

【川撥棹】到夏來粘焰焰漸炎極。夜歇些越熱逼。我將那圓扇搧肌。徙履披衣。挐那瓜食。更整冰喫。我恰便欵盤桓觀巒翫水。尋林蔭飲金盃。

【七弟兄】到秋來鴈回。燕歸。蝌蟣肥。呼奴釜煮鱸魚鱠。叫嫂鏖烙稻糕糜。央娘湯盪香糧穗。

【梅花酒】到冬來冷清清景正淒。送冬風凍松溪。兩場霜降桑堤。雪踅些些野斜飛。挽欄杆看寒梅。

【喜江南】呀。這一二日常常望想尚傷悲。慇懃問信恨分離。喜的期日你囬歸。正房床帳裡。我將那孤獨苦楚訴夫知。

【尾聲】我那時立其媒你配咱。你恰便下罷茶咱嫁你。君進門婚姻謹畢。我恰便貪奸汎濫俺含慙。你恰便臨寢尋婬恁深喜。（雍熙樂府）

【北雙調新水令】水晶簾下燕鶯忙。聽新蟬綠楊枝上。水清澄柳影。風細芰荷香。滿院清涼。紅似火錦榴放。

【喬牌兒】園林堪翫賞。庭影入池塘。黄鶯巧語聲嘹喨。在槐陰樹下藏。

【鴈兒落】蜀葵向日粧。石竹迎風放。荼蘼似火堆。榴蕋如霞絳。

【掛玉鈎】荷葉團團出水香。魚戲濯龜游漾。對對鴛鴦葉底藏。兩兩來囬往。翠槅明。紗窗亮。紫薇花一葉清香。

【亂柳葉】採蓮人捧動捧動衣裳。端坐在畫舡畫舡上。嬌滴滴風韵花模樣。恰一似嫦娥嫦娥像。岸傍。棹響。來囬在水上蕩。

【太平令】瑪瑙甌白雪浮浪。水晶盤沉李浮光。琥珀盃清香醞釀。玻璃盞酴蟻瓊漿。錦粧。列金釵。兩行。敲象板宫詞齊唱。

【豆葉黄】擊玎璫謾撫冰絃。品鸞簫齊和笙簧。端的是夏日長。薰風可賞。紈扇休摇風自狂。陣陣吹來香。馥馥飄飄。清清爽爽。

【七弟兄】四廂。八方。齊開了翠紗窗。水晶簾捲金鈎上。微風動自然香。看紅稀緑暗圍屏障。

【梅花酒】蜂蝶兒採蕋忙。蝶粉蜂黄。燕遶雕梁。對對雙雙。鶯聲向枝上鳴。鴛鴦在水邊廂。蜻蜓對舞狂。漾水面遶池塘。潛身在葉底藏。高飛去緑垂楊。

【喜江南】採蓮人水影照紅粧。翠荷風擺映波光。玉闌前看了景非常。端的是可賞。池中探上放花香。

【鴛鴦煞】聽仙音一派聲清亮。看宫粧兩下嬌容像。舞態蹁躚。歌聲韻響。唱道酒力微行。向白玉堦傍。蝦鬚簟鋪開。高枕在珊瑚。趂着那殿閣微涼。對着錦簇花鋪慢

慢的賞。（雍熙樂府）

按：〔鴛鴦煞〕，原誤作〔尾〕。

閨 情

又感起動情處。

【北雙調新水令】枕痕一線淚模糊。望天邊凍雲密佈。香倦爇。簡懶書。獨守紅爐。

【駐馬聽】羊角風噓。冷氣淒涼侵院宇。鵝毛雪聚。寒威凜冽透庭除。金爐香燼有情緒。銀瓶酒少無心注。空指望七香車。到如今誰想把佳期誤。

【喬牌兒】每時間心恍惚。鎮日家性猶豫。他去時我不合由他去。這些時把歸程空自數。

【鴈兒落】茶花開紅似朱。梅萼綻白如玉。翡翠簾風力摇。鴛鴦瓦霜花護。

【得勝令】相思債每日廝追逐。風流願無夜不躊躇。獨木橋誰曾過。望夫石那箇覷。趦趄。是漢子誰不待娶箇嬌媳婦。嗟吁。偏奴家怎不嫁箇美丈夫。

【甜水令】愁的人不辨春秋。怎度光陰。難捱朝暮。多應是斷送了瘦身軀。這淒涼無法消除。怎的支吾。如何發付。眼睜睜鳳隻鸞孤。

【折桂令】再幾時得似水如魚。事到如今。悔不當初。離恨無窮。愁眉怎展。淚眼難舒。則指望他成家做主。倒閃的我獨守幽居。盟誓皆虛。音信全無。他能勾除授官職。我便得改換門閭。

【尾】我如今冷清清寂寞將佳期阻。命兒裏消除了姻緣分福。容貌瘦慵梳掠。怎把寶奩窺。身體弱懶觀瞻。長將繡簾簌。（雍熙樂府）

次韻

【北雙調新水令】枕痕一線粉腮新。嵌香嬌玉湮紅暈。愁中多感病。夢裡不知春。禁害離人。蝶無奈躦花信。

【駐馬聽】寶篆輕焚。爻卦常排腥玉筍。緑窗横印。唾絲頻吐積絨觔。新啼痕壓舊啼痕。今春恨感前春恨。僝僽損。海棠顔色江梅韵。

【喬牌兒】心疼時索自忍。病沉也有誰問。梨花粉淡嬌容褪。比梨花瘦幾分。

【雁兒落】桃花飄片片新。楊柳擺絲絲嫩。暮雨微點點香。東風軟輕輕陣。

【得勝令】金釵懶鬅烏雲。纖腰減褪湘裙。尋睡思消長日。倚屏山勉强盹。眼皮跳頻頻。空鵲報傳虛信。耳輪熱炘炘。被鶯聲喚醒人。

【甜水令】悄悄香閨。寂寂畫閣。懨懨春困。無一語對芳樽。寶釧鬆金。香肌削玉。羅衫纔褪。炙孤燈深閉重門。

【折桂令】閉重門花落重門。渰藍橋失信了裴航。泛天台誤入了劉晨。鬢斑白甘老了潘安。疾消渴已病了司馬。體羸弱枉瘦休文。玉鏡臺香奩冷踈胭淡粉。紫鸞簫鳳臺空斷夢勞魂。仔細思君。在月户花門。倚青樓笑指銀瓶。賦新聲醉擁紅裙。

【尾聲】他來時節唤我三十頓。跪落在床面前慢慢處分。將他那受用過的歡娱從頭兒招。把我這厮害過的相思證了本。（雍熙樂府）

重　賦

【北雙調新水令】枕痕一線俏紅香。斷難穿淚珠千丈。腕鬆金響釧。腰褪翠羅裳。獨守殘粧。鶯聲近畫樓上。

【駐馬聽】羞對雙雙。玉鏡釵横金鳳凰。慵看兩兩。錦幃帶結繡鴛鴦。枕邊無夢寄襄王。眉尖有恨傳張敞。自徊徨。雨雲空鎖陽臺上。

【喬牌兒】猛抓着心上痒。纔説着口兒强。問靈龜常把佳期望。到如今都是謊。

【鴈兒落】情一樁恨一樁。别一向離一向。書一行淚一行。瘦一樣愁一樣。

【得勝令】探韓壽一分香。謁崔護一甌漿。學一滌相如器。偷一窺宋玉牆。劉郎。迷一去桃花浪。裴航。渰一宵玉杵霜。

【甜水令】不趂金波。難憑玉捺。殷勤海放。丹楓葉紫香囊暗。下瑶堦潛離綉户。花衢柳撞。角門深怎赴高唐。

【折桂令】抵多少品瓊簫跨鳳成雙。百結顰眉。九轉柔腸。悶過青春。魂消白晝。病捱黄昏。風兒冷月兒明芭蕉緑窗。人兒孤影兒單蓮葉銀缸。行也荒唐。坐也荒唐。情也淒涼。願也淒涼。

【尾】海神祠若把別離掌。先訴與心冤意枉。恰纔箇拜天香。又索向没折證團圓夢兒裡想。（雍熙樂府）

【北雙調新水令】綉簾風細控金鈎。展不開兩灣眉皺。香銷閑鳳枕。入静鎖粧樓。無語低頭。衫袖兒淚湮透。

【駐馬聽】緑暗紅休。寂寞闌干懶下樓。況值着殘春時候。香腮斜掩困雙眸。如柴瘦體難將就。病悠悠今番又比前番瘦。憔悴了。模樣兒漸漸的醜。

【走詞鴈兒落】爲他呵收拾下萬種愁。煎磨的我渾身瘦。爲他呵塵暗了寶鏡奩。帶鬆了香羅扣。呀。不由人枕兒邊凄凄凉凉淚交流。夢兒裡絮絮答答恨難收。打不準的龜卦兒説來的謬。治不好的惡病兒害來的陡。春去又難留。花寂閑長晝。悶在這心頭。相思無了休。

【折桂令】終日家昏昏悶悶無了無休。一天愁堆在心頭。九烼霜鎖在眉頭。只爲風流。捱過一朝。勝似三秋。喫不下茶飯兒何曾到口。擡不動脚步兒怕待閑遊。他撇下些温柔。害殺了嬌羞。都將這美滿恩情。變做了無打算的憂愁。

【上小樓】困騰騰腮拖玉手。静悄悄魂銷清晝。全不想枕兒上恩情。懷兒裡歡愛。他把我忍意撇丢。似這般别樣愁。改樣憂。好教我越躭越瘦。全不想臨行時對天説呪。

【寄生草】明和夜赤心兒盼。行共坐雨淚兒流。想當時錦重重被窩兒裡香偎轃。甜浸浸舌尖兒上惡親就。軟欽欽懷抱兒裡熱迤逗。到如今懶施胭粉臉兒黄。怕嘗茶飯身子兒瘦。

【快活三】燈兒昏夢也愁。火兒冷淚難收。火兒消燈兒滅枕兒幽。冷清清被窩兒剛温透。

【朝天子】睡着時罷休。魂夢兒又愁。猛醒來愁依舊。想着他偎床倚枕逞風流。到如今要團圓不能勾。幾時得潤濕丁香。温開荳蔻。也不枉躭了些乾生受。這恩情怎丢。

這煩惱怎休。鬼病兒鑽心透。

【耍孩兒】珠簾影底西風瘦。深院春歸景物收。樓南聲急鴈横秋。昏沉沉多病多憂。有情人在天涯裡。無限思量心坎頭。血染衣衫袖。無明無夜。重恨重愁。

【七煞】想當初行時節一處行。宿時節一處宿。到如今解不開香羅扣。一團病盡藏在心窩裡。萬種愁都攢在眉上頭。有藥餌難醫救。不茶不飯。誰問誰偢。

【六煞】望則望空斷腸。想只想難罷手。千千苦楚甘捱受。他在時銷金帳裡春長煖。他去後鉛粉腮邊淚暗流。人比黄花瘦。説不盡的煩惱。掃不去的憂愁。

【五煞】惡思量時在懷。好因緣不到頭。心猿意馬頻拖逗。當日箇麝蘭香靄花燭夜。今日箇枕簟凉生梧雨秋。怕聽寒更漏。窗兒外俏俏。燈影兒悠悠。

【四煞】内情兒只自知。邪心兒不自由。這兩日神魂飄蕩添了證候。想當時櫻桃腮顆輕輕潤。楊柳腰肢欵欵揉。到如今冷落了不能勾。衾寒了誰暖。眉淡了誰修。

【三煞】怕收拾綉與描。不思量茶共酒。我爲他提東忘西無前後。想當時夜沉沉對明月琴心挑。影重重隔牆詩句勾。俺兩箇親成就。約山盟不斷。説海誓如流。

【二煞】臉兒漸漸的黄。病兒越越的久。花枝般身體不如舊。想當時翠幃花滿同相守。我如今紙帳燈殘獨自宿。這凄凉難喫受。過了些淚汪汪的日月。度了些痛殺殺的春秋。

【一煞】丟則丟時下丟。有只有心上有。想當想靈犀一點渾身透。香籠錦繡春如海。柳拂笙歌月滿樓。到如今害的我懨懨瘦。惹下些羞答答的病證。撇下些惡恨恨的閑愁。

【遍煞】西風帶雨吹。香閨和淚守。俺將這指尖兒捏住衫兒袖。將他那離別了的月時細細數。（雍熙樂府）

按：曲牌【走詞雁兒落】即【雁兒落帶得勝令】。

南北雙調合套

閨　怨

【新水令北】靠東窗淚眼鎮常揩。不知俺那賽崔張故人安在。害的我腰肢枯似柳。骨格瘦如柴。雨淚盈腮。這永夜好難捱。

【柳搖金南】昏昏月色。薄霧籠津靄。好姻緣絶往來。常記的那般樣歡娛。這般樣恩愛。自別來到今。自別來到今。音稀信乖。焚一炷盟香。我便對月深深拜。鱗鴻斷絶。石沉大海。

【甜水令北】想着咱月下花前。瞻星拜斗。情牽可愛。呀。誰承望忽的兩分開。閃得我孤眠獨枕。廢寢忘湌。懨懨常害。看看的瘦損了形骸。

【江兒水南】花前歡愛。暗想起花前歡愛。我便不曾離了左側。配百年姻眷。兩意和諧。綰同心不放開。仙子下瑶臺。好似嫦娥離了玉堦。弄盞傳臺。暢飲開懷。樂歡娱綉幃中三四載。枉設下山盟誓海。倒惹下風流情債。數歸期倦將靈卦擺。

【鴈兒落帶得勝令北】我與你平分開鸞鳳釵。生扭斷合歡帶。咱雖是五百年前美眷姻。今日倒惹下相思債。呀。幾曾得魚水兩和諧。閃的我獨自一個受悽捱。美愛如山岳。我和他恩情深似海。暗想起多才。不知在那裡美裝尊待。思量的癡呆。好着我悶懨懨放不下懷。

【鎖南枝南】相思病。怎生捱。眠床卧枕頭懶擡。手懶去綉羅鞋。身懶去傍粧臺。衣服懶裁。懶上粧樓。懶去燒香拜。箏懶搊手懶擡。曲懶謳被重蓋。

【沽美酒帶太平令北】乍離別一二載。你怎生全不想寄封書來。雁杳魚沉音信乖。非是我將你來見責。臨行時説的明白。閃的我冷清清羅幃中等待。阻斷了好姻緣女貌郎才。憔悴了花枝體態。瘦損了腰肢一捻。我呵也是命該。運衰。好色不如好德。

不知你戀誰家花街柳陌。

【尾聲南】香消玉減無情彩。烟淡了遠山眉黛。不知他甚日得回來。（群音類選）

按：盛世詞林亦録，無題。原作北曲，不標合套。〔沽美酒〕亦不帶〔太平令〕。

慶　壽

【北雙調新水令】碧天邊一朶瑞雲飄。有南極老人來到。戴七星長壽冠。穿八卦九宫袍。引着這虎鹿猿鶴。則聽的九天外動仙樂。

【雁兒落】我則見長眉翁品玉簫。延壽星把瑶琴操。降福神捧玉觴。老人星看經教。

【得勝令】呀。我這裏唱一曲念奴嬌。奏一派九簫韶。俺這裡福海千旬盛。壽山萬丈高。玉玎璫聲飄。西王母親來到。跨鳳乘鶴。我則見舞飄飄下碧霄。

【川撥棹】俺這裡勸香醪。有仙童前後遶。俺這裡有仙酒仙桃，來慶英豪。一千歲長生不老。比延年壽更高。

【七弟兄】玳筵前擺着。果卓。共尊餚。暢開懷滿飲聽笙歌樂。畫梁間香靄彩雲飄。雕簷外鐵馬兒玎璫鬧。

【梅花酒】呀。衆神離三島。一個個草履麻袍。丫髻環縧。執袋椰瓢。奉天符玉帝勑。他敢來添壽不辭勞。俺這裡聽歌巧。鳴鼓吹動笙簫。動笙簫理仙樂。理仙樂飲香醪。

【收江南】呀。只願的延年益壽樂醄醄。壽山福海永堅牢。衆神仙白日裡下青霄。循環中是好。海山銀闕宴蟠桃。

【尾聲】親安子順妻賢孝。弟和兄無憂無惱。富貴共榮華。一家兒益壽延年快活到老。（群音類選）

按：此曲盛世新聲、盛世詞林、雍熙樂府俱無題。

南北雙調合套

骨牌名

【新水令北】雪消春水恨流東。順水魚兒我偏難共。斷幺何處覓。絶六甚時逢。柳綠桃紅。羞覩那穿花鳳。

【步步嬌南】天地分春紫陌香塵動。花開蝶滿枝頭擁。魚遊春水溶。公領孫兒。八紅陪從。臨老入花叢。恨貪花不滿成何用。

【折桂令北】亂紛紛楚漢争鋒。掛印將軍。一去無踪。又早見緑暗紅稀。好景難逢。爲落花紅滿地。淚痕萬種。覷紫燕穿簾幙。愁緒千重。負却西施。沉醉東風。去時節揉碎梅花。早不覺劈破蓮蓬。

【江兒水南】龍虎風雲會。鴛鴦順不同。櫻桃九熟添愁重。二士共入桃源洞。雙蝶戲梅做莊周夢。打散羣鴉噪鳳。入海雙龍。全不把鴈銜珠捧。

【鴈兒落帶得勝令北】我爲他被七紅將巧計籠。我爲他二姑把蠶閑評弄。我爲他一枝花懶去簪。我爲他八珠環無心控。我爲他碎米粟何曾嚥。我爲他錦裙襴綉帶鬆。孤紅。我爲他河圖十五多趨奉。真不同。八不就教奴家那樣縫。

【僥僥令南】雲散巫山十二峰。冷落了金菊對芙蓉。鰍入菱窩波濤涌。鐵索纜孤舟無定踪。

【收江南北】呀。我本待要踏梯望月呵早離了錦屏風。俺只見霞天隻雁過長空。正雙飛一對。拗雙飛一對。恨點不到綉房中。

【園林好南】晝夜停冬來漏永。十月應小春睡正濃。折脚雁聲驚殘夢。梅梢月轉玲瓏。梅梢月轉玲瓏。

【沽美酒帶太平令北】悶觀燈聽曉鐘。槅子眼望將窮。俺只見寒雀争梅報吉凶。火煉丹爐懶去烘。這離情圓一統。正馬軍和他厮弄。拗馬軍將咱調弄。我呵這相思天同。地同。人和不同。呀。火燒梅仗誰傳送。

【尾聲南】二十四氣如春夢。還上天梯望月空。纔有梅花便不同。（群音類選）

按：昔昔鹽題作「集牌敍景」。〔沽美酒帶太平令〕，原僅書〔沽美酒〕。

南北雙調合套

春　游

【新水令北】淡雲微雨困人天。映江堤柳拖金線。游人逞蹴踘。美女戲鞦韆。日暖風暄。開畫閣試春宴。

【步步嬌南】將舊恨新愁從今免。對此景難消遣。雙雙畫槳船。兩兩嬌娥。覓勝逢劉阮。撑入畫橋邊。綵結同心。揉碎桃花片。

【折桂令北】散芳心咲指前川。欸拂湘裙。微露金蓮。却擡頭在茉莉軒前。早翻身在芍藥闌邊。剛那步過牡丹庭畔。翠綰紅牽。他那裡將俊眼偷睃。俺這裡將饞口空嚥。

【江兒水南】轉過花藤轎。舒開錦綉簾。被物情調弄得我神魂倦。遊蜂兒採得花心遍。黄鶯兒遶定在楊枝囀。又見雙飛新燕。流水橋邊。静掩緑窻庭院。

【鴈兒落帶得勝令北】只聽得賣花聲滴溜溜雜管絃。鬧簇簇食罍兒珍羞膳。青疊疊峰巒似畫圖。碧溶溶江水如拖練。尋幾個詩中才子酒中仙。到如今誰惜杖頭錢。人不識予心樂。爲偷閑學少年。彩袖當筵。捧玉鍾頻相勸。碧草兒連也麽天。勝重裀捹醉眠。

【僥僥令南】院裡佳人笑語喧。墻頭上露嬋娟。欲問情由無方便。只聽得珮環聲漸漸遠。

【收江南北】呀。恰待要忙上馬百忙裡墜絲鞭。魂兮飛入在武陵源。據鞍無語自熬煎。都分付錦箋。把新詩成就了兩三篇。

【園林好南】要相逢佳期未圓。惹相思風流有萬千。想起他紅粧粉面。不由我意懸懸。空使我恨綿綿。

【沽美酒帶太平令北】霎時間絮團空香滾綿。花褪瓣亂紅顛。只見曉雨初收風力軟。傷心聽着杜鵑。不如歸去可人憐。叫空山血痕啼遍。聲哀訴似對人言。嘆歲歲光陰如箭。恨閃閃功名如電。我呵都不如自然坦然。任天。聽天。呀。儘世事覆去翻來千遍。

【尾聲南】桑田自古多更變。且把春衫來盡典。拚一個酒醉沉酣胡過遣。（群音類選）

按：新編南九宮詞無題，注舊詞。〔沽美酒帶太平令〕原不書〔太平令〕。

尼姑懷胎

【北雙調新水令】龍山佛祖會龍華。萬緣空寸絲不掛。迷時節罪根沉苦海。悟了也妙義遍河沙。一念纔差。這些兒放不下。

【駐馬聽】密密匝匝。寶相粧成無縫塔。塵塵剎剎。定香薰透有緣花。根塵半點不交雜。虛空五色難描畫。鎖心猿和意馬。團圞頭共說無生話。

【喬牌兒】如來禪意好答。祖師禪句難下。雲門臨濟家風大。遇着他箭鋒機不是耍。

【攪箏琶】常言道成蜜先成蠟。都是些空果結空花。題起那竪拂擎拳。却又早粧聾做啞。每日家開禪門撾鼓弄琵琶。又撞見歡喜冤家。天那。但得病兒難救拔。便有些兜答。

【沉醉東風】一壁廂紫梢花才丸海馬。一壁廂赤龍丹又搗靈砂。尋的是天雄尺許長。覓的是附子拳來大。偏能治下元虛氣冷精滑。若說那打座參禪莫賽他。都被這柳聖花妖弄殺。

【甜水令】奸淫罪怎按納。幾件事忒稀奼。賈清溪過犯方纔罷。李勾頭臟又發。

【折桂令】慣曾游海角天涯。常笑那斑鳩鳥怏叫姑姑。幾曾見比丘尼會養娃娃。莫不是上禪床引起禪心。叩禪機魔來纏你。出禪林你去纏他。見一個喫敲才會頑會耍。着那老尼姑賠酒賠茶。他正是做飯蒸砂。又早布種生芽。辱没殺五派禪宗。十地菩薩。

【錦上花】當初爲生死機關。聽經問法。善惡姻緣。披緇落髮。似這般漏永更長。業火難加。因此上竊雨偷雲。風流調發。

【幺篇換頭】扳折荳蔻梢。倒了葫蘆架。都道是二氣成形。知他是真是假。十月臨盆。知他是弄璋弄瓦。六道輪迴。知他是做驢做馬。

【清江引】鬼胡由好教他没亂殺。那一塊看看大。想當初雖親不是親。這一回要嫁如何嫁。小東西那些兒發付他。

【甜水令】尚兀自粧妖弄假。壞倫理傷風化。賣弄他俊俏庬兒不歹撒。也是姻緣匹配他。撞着個拾糞的莊家。

【水仙子】他生的丁丁拐拐滿頭疤。點點斑斑一臉麻。猛然見了教人怕。畫的那鳩盤茶都是那假。骨準腮頰嘴包牙。鼻梁骨高三寸。眼睫毛長半折。肚臍窩放下箇梢瓜。

【折桂令】瓜皮船小似他刀麻。容貌兒歪揣。行止又低答。似這般賣蒜饒葱。倒不如路柳墻花。比着那孫行者少一條尾八。比那猪八戒没兩個獠牙。體似缸柤。手似釘爬。能仁寺撞倒了金剛。毘沙宫唬倒了哪吒。

【雁兒落】金輪照海涯。佛力如天大。道高魔亦高。賢化愚難化。

【得勝令】也是你衣食太奢華。因此上人我易争差。一來是男女無分辨。僧俗忒混雜。呀呀。休道是長老擔驚怕。呷呷。連你那僧官也没禮法。

【沽美酒帶太平令】氣的那四天王心怒發。惱的那三大士眼睁睫。似這等業種塵根出甚麽家。都是那桑心婦老亡八。既養的男長女大。怎教他陰錯陽差。似這等懷胎立化。壞盡了禪林聲價。呀。我這裡問他。尼姑們有麽。如今在那答。便着他一個個還俗改嫁。（群音類選）

按：此曲雍熙樂府亦録。「體似缸柤」，「缸」，類選奪，兹據雍熙補之。

南北雙調合套

旅邸思情

【新水令北】鶯聲巧囀夢魂驚。艷陽天旅懷難禁。青茵横四野。紅錦簇千林。越倍離情。憶故園也是一般芳景。

【步步嬌南】薄利虚名苦把人牢籠。踪跡如萍梗。相隨劒與琴。篋底殘編。破我晨昏悶。晝永覺神慵。漸日移花影幽窻近。

【折桂令北】東郊外桃錦飄紅。西壠畔麥浪翻銀。動人愁雙飛燕鶯。呼友呼朋。他喜的遂因依柳密泥融。我恨的景蒼茫春樹暮雲。乍雨乍晴。此際愁人。枝頭上梅子垂青。端的是音信難憑。

【江兒水南】乳鴨翻紅掌。池塘水淺深。見新蒲刺水端陽近。對南薰菡萏傳香韵。理絲桐寶鼎沉烟噴。怎消得客窻日永。那有知心。沉李浮瓜相並。

【鴈兒落帶得勝令北】嘗憶那杏花村酒一尊。嘗憶那月明時琴三弄。嘗憶那浄几間共論文。嘗憶那詩壇上相聯韻。嘗憶那連床夜雨情偏重。嘗憶檀板輕敲聲遏雲。君似這等渭北與江東。獲富貴若浮雲。也只索飯食疏曲肱枕。賦歸辭田園行樂隱。
【僥僥令南】西風草木恁無情。三逕審荒存。愧我淹留輸陶令。斷續的寒砧夜月傍東鄰。
【收江南北】呀。静悄悄更漏滴壺銅。寂寥寥帳冷綉芙蓉。嘹嚦征鴈唳長空。近庭軒亂蛩。透窻楞月明。呀。這幾般更又增離人恨。
【園林好南】悶來時將筆硯親。説甚麼揮毫駕右軍。縱使博得鵞群。却與誰相烹飲。却與誰相烹飲。
【沽美酒帶太平令北】看梅花魁首春。那松竹後凋零。從來三友高風衆所稱。剪瓊瑶入研冰。添獸炭對圍屏。呵凍筆一聯佳興。我呵怕黄昏隻影對燈。擁寒衾和誰共温。呀。看看的虚負了一年光景。
【清江引南】幾回擬赴鷄黍盟。要怕歸鞭整。只恨雲山千萬重。豈憚車馬塵途頓。到尊前話舊情方纔渴思泯。（昔昔鹽）

按：〔雁兒落帶得勝令〕原不書〔得勝令〕，〔沽美酒帶太平令〕原不書〔太平令〕，兹補之。

氣

【北雙調新水令】險些兒將寒心燒做火焰山。急回頭只落得一聲長嘆。嗟吁得日月暗。夜夢斗牛寒。充塞乎天地之間。按不住邀雲漢。

【雁兒落】使得個韓元帥九里山。楚霸王烏江岸。鬬得個題橋的司馬憔。引得個濯足的高王慢。

【得勝令】則被你破我滿腹舊愁煩。耗散了一枕夢邯鄲。引得個人争强弱。搬得個人不静辨。當間。送了些英雄漢。今番。鎖心猿還不還。

【雁兒落】爲你呵是非場曾掛眼。鬧市裏鑽頭看。幾千般起鬬争。十數遍遭磨難。

【掛玉鈎】覷得殘生似等閑。便使呵心如憚。爲你呵難把心猿意馬拴。誰敢得突犯。捲海濤。冲霄漢。只落得短嘆長吁。皓首蒼顔。

【折桂令】端的怒吞了天上人間。覷半紙功名。似匹如閑。爲你呵染病躭疾。忘生捨死。斷義分顔。交一個班定遠間君在玉關。教一個王仲宣甘老在長安。都不肯養性修丹。使得人百計千方。斷了後再不回還。

【鴛鴦煞】我想這般情物成虚幻。引得人生來心意無辭憚。我如今斷罷了休提。告别了休看。常道爲酒呵誤了前程。爲色呵瘦了容顔。爲財呵將妻兒親友都疎慢。爲氣呵險些不與人馬平安。我如今一筆勾翻。再不把心兒意見挽。（北曲拾遺）

南北雙調合套

春　景

【錦上花北】霽景融和。春光明媚。輕暖輕寒。漏泄花枝。院宇沉沉。燕子乍歸。紫陌香街。金勒駿馬嘶。

【幺篇換頭】園林艷綺羅。桃杏鬬芳菲。聽一派簫韶。響度龍池。芳草和烟。緑漸齊。正是良辰。歡游佳景裏。

【銷金帳南】餘寒料峭。翠幕重重閉。滿皇都春意融。東風漸催景明媚。艷羅綺珠翠。濕花雨晴雨晴花枝撲地。花氣遍滿香街細。逐遊人袂。銅駝陌遍游遍游愛晝永日麗。

【折桂令北】章臺路嫩柳依依。渭水岸麗日遲遲。紅紫芳菲。褪粉梅稍。試花桃樹。鬬雪棠梨。吹柳絮香風細細。借游輪碧草萋萋。滿飲瓊巵。唱和歌詞。遇太平美景佳辰。一處處賞玩花時。

【江兒水南】春色隨遊人意。香風透羅綺。看花燈争放。月影光輝。更叢叢簇火樹枝。蠟炬萬條圍。銀河珠斗稀。三五佳期。勝似瑶池。艷芙蕖。照鰲山真箇是美。擁朱輪天街步遲。控寶馬貔貅萬騎。直看到樹影東月影西。

【鴈兒落帶得勝令北】沉烟寶篆奇。弄曉鶯聲碎。春風花草香。遲日江山麗。翠展柳顰眉。雨透海棠絲。社鼓田家樂。流觴祓禊時。須知。萬國昇平世。分題。鸞牋索賦詩。

【疊字錦帶沉醉東風南】祇恐緑暗巷陌春又早歸。祇恐緑暗巷陌春又早歸。子規啼。直喚得花飄柳絮飛。東風釀偏春光令辰。花半謝留得芍藥一兩枝。畫閣外煙岫翠浪圍。但見得墻頭鞦韆蹴起。珠鈿翠蓋。更照耀黄金轡。祇恐緑暗巷陌春又早歸也。上危樓闌杆偏倚。近清明禁烟寒食。風颭落紅貼席。宜春苑宴會。惜餘春卧斜陽沉醉。垂楊影裏。好鳥數聲驚睡。二十四番花信。算從前風光過幾。

【川撥棹帶七弟兄北】度柳徑。過桃溪。掠清波雙燕飛。芳草萋迷。落絮沾泥。杜宇頻啼。唤不住春歸迤邐。繫春住柳萬絲。趁日融景美。正緑暗。紅稀。最多情兩黄鸝。向人啼處聲和歌管沸。日移花影畫簾垂。正華夷共樂太平歲。

【川撥棹南】繁華地。覩樓臺圖畫裏。舞筵畔燕蹴花飛。度新聲秦箏按低。唤遊人鶯鬪啼。春過南園蝶不知。杏子青。梅荳肥。行蹀躞玉驄驕嘶。輕塵動。香車還逐隊。

太平年歡樂時。

【梅花酒帶喜江南北】看春沼躍錦鯉。聽綠樹囀黄鸝。萬物皆春意。他自得各熙熙。梅被東風把絮吹。趂草色到天涯。挽不住送春歸。落殘紅繫遊絲。畫樓外小橋西。梅如豆。柳如眉。呀。記得南園春半踏青回。鞦韆蹴罷試羅衣。緩歌金縷勸金卮。閑吟芍藥賞荼蘼。正令節佳時。荷大明一統福華夷。

【餘音】一年好景應須記。滿人間春光堪喜。聖主福壽天齊。（詞林摘艷）

按：盛世詞林、金瓶梅詞話無題，雍熙樂府題同摘艷。「荼蘼」，原作「酴醿」。

怨懷夜永

【五拗子】鳳友鸞交。自古從來少下稍。常言道稱心懷好事豈堅牢。花和柳都漸老。兩好合一好。半步也不曾抛。誰想今番是你心兒變了。

【前腔】相思苦惱。害得我没分曉。恨只恨短命俏冤家一去絶音耗。想是魚沉鴈杳。不記盟言並誓語。信那箇外人唆。起一片陷人心。你却全不記好。

【前腔】最苦是冷清清。最苦是静悄悄。最苦是悲悲切切鴈聲高。最苦是啾啾唧唧寒蛩鬧。最苦是嗶嗶碌碌砧聲韵。好教我夢不着。眼睁睁巴明捱不到曉。

【前腔】最苦是燈殘倦挑。最苦是離情多少。最苦是寂寞恨更杳。一更兒有五點敲。五更兒有十數敲。天那。只被他一聲聲敲。又被他一聲聲敲。敲得我的愁腸斷了。

【餘文】更兒捱徹鄰鷄叫。鷄叫鐵牌又敲。便是好睡的陳摶也捱不到曉。（昔昔鹽）

按：此曲樂府先春、吴騷集無題，俱注古調。樂府争奇無題，不注撰人。

病思憶舊

【虎兒序】懨懨病久。思慕精神。憶昔河橋路。曾説山海盟。只道你言而有信。誰知你别後忘情。似王魁撇却桂英。似雙生辜負蘇卿。心中想像謾自評論。他生得風流貌。語言動人。有始無終。心腸走滚。躭閣我青春。普天下薄情都不似恁。〔合〕銷金帳。錦綉衾。冷清清少個人温。

【前腔】菱花鏡剖。鸞鳳釵分。表記徒留下。密約也無成。狂教奴癡心待等。不由人覩物傷情。滿懷心事。織錦迴文。欲寄與薄情看。柰無便人。又不知他在何方。無踪無影。一日似三春。一别經年全没信音。〔合前〕

【尾聲】鱗鴻不與傳書信。暮暮朝朝獨倚門。未審何時得見君。（昔昔鹽）